StPO

Loewe-Rosenberg Strafprozessordnung

25. Auflage

Herausgegeben von
Rieß, Peter

31. Lieferung:
Autorenverzeichnis; Gesamtregister

Bearbeiter:
Brandt, Oliver

2005
Walter de Gruyter · Berlin · New York

Um in der Erscheinungsweise nicht festgelegt zu sein und auf diese Weise Bedürfnissen der Praxis besser gerecht werden zu können, wird darauf verzichtet, die Bände durchgehend zu paginieren. Durch Verwendung der Randnummern sind Seitenzahlen – vor allem für das Zitieren – entbehrlich.
Die einzelnen Lieferungen werden in der Reihenfolge des Erscheinens durchnummeriert; die Folge wird also von derjenigen des Gesamtwerks abweichen. Sobald ein Band vollständig ist, werden jeweils Einbanddecken geliefert.

Der Verlag

Erscheinungsdatum: August 2005
ISBN 978-3-89949-160-9
eISBN 978-3-11-027764-7

Printed in Germany.

Sachregister

Die fetten Zahlen verweisen auf die Paragraphen, die mageren auf die Randnummern.

Abbildungen
Lichtbilder zur Identifizierung des Beschuldigten **81b** 13
Lichtbilder, richterliche Augenscheinseinnahme **86** 19
Urteilsgründe, Inhalt/Darstellung **267** 11 ff
Abbildungen, Veröffentlichung
Abbildung eines Zeugen **Nachtr. 131b** 4
Abbildungen des Beschuldigten **Nachtr. 131b** 2
Eilkompetenzen **Nachtr. 131c** 3
Inhalt der Veröffentlichung **Nachtr. 131b** 7
Rechtsschutz **Nachtr. 131b** 8; **Nachtr. 131c** 8
Regelkompetenz **Nachtr. 131c** 2
Richtervorbehalt bei längerer Veröffentlichung **Nachtr. 131c** 5
Verhältnis zu Ausschreibungen **Nachtr. 131b** 1
Abgabe des Verfahrens
siehe auch Zuständigkeit des Gerichts
Abgabe des Verfahrens im Eröffnungsverfahren
Anwendungsbereich der Gleichstellungsvorschrift **209a** 3
auswärtige Strafkammern **209** 16
Bedeutung der Gleichstellungsvorschrift **209a** 1
Bedeutung der Verfahrensregelung **209** 1
an besondere Strafkammern *siehe unten*
Eröffnung vor Gericht niederer Ordnung
– abweichende rechtliche Würdigung **209** 21
– Bedeutung der Sache **209** 24
– Beschränkungen nach § 154a **209** 22
– Inhalt des Eröffnungsbeschlusses **209** 27
– Rechtsfolgenerwartung, abweichende **209** 23
– Rechtsschutz **209** 31
– Reichweite der Regelung **209** 18
– teilweise Ablehnung **209** 26
– Wirkung **209** 28
Fallgruppen besonderer Gerichte **209a** 2
Gerichtsbezirke allgemein **209** 13
Geschäftsverteilungsplan **209** 7
Jugendsachen/Jugendschutzsachen *siehe unten*
örtliche Zuständigkeit **209** 5
örtliche Zuständigkeitskonzentration **209** 14
Rangordnung der Gerichte **209** 11
Rechtsschutz (Beschwerde) **209a** 40
Rechtsschutz (Revision) **209** 48 ff; **209a** 43
Rhein- und Moselschifffahrtsgerichte **209** 10
sachliche Zuständigkeit **209** 3
Unzuständigkeitseinwand der StA, späterer **209a** 42
Unzuständigkeitseinwand des Beschuldigten, späterer **209a** 41
Verbindung und Trennung von Verfahren **209** 17
Verfahren bei besonderer funktioneller Zuständigkeit **209a** 38
Verhältnis zu anderen Zuständigkeiten **209a** 7
Vorlage an Gericht höherer Ordnung
– allgemein **209** 32
– Entscheidung auf die Vorlage **209** 42
– Inhalt der Vorlage **209** 38
– Jugendsachen **209** 44
– Rechtsschutz **209** 47
– Staatsschutz-Strafsachen **209** 45
– Verhältnis Strafrichter-Schöffengericht **209** 35
– Vermittlung der Staatsanwaltschaft **209** 40
– Vorlagegründe **209** 33
– Vorlageverfahren allgemein **209** 37
– willkürliche Zuständigkeitsbestimmung **209** 46a
– Zeitpunkt **209** 36
Zuständigkeit besonderer Spruchkörper **209** 6
Abgabe des Verfahrens vor Hauptverhandlung
Anwendungsbereich **225a** 4 ff
Aufspaltung der Tat, Verhinderung **225a** 56
Bescheidung unbegründeter Anträge **225a** 59
an besondere Strafkammern
– Einwand des Angeklagten **225a** 50
– Verweisung an nachrangiges Gericht **225a** 52
– Vorlage **225a** 51
– Zustellung des Verweisungsbeschlusses **225a** 55

Beweiserhebungen, einzelne
siehe dort
an die Gericht höherer Ordnung **225a** 8 ff
Haftentscheidungen **225a** 29
Hauptverhandlung, Änderung nach Beginn
siehe Zuständigkeitsänderung in der Hauptverhandlung
Rechtsschutz (Beschwerde) **225a** 60 ff
Rechtsschutz (Revision) **225a** 71
Rechtsschutz bei Entscheidungen des Vorsitzenden **225a** 70
Übernahme ablehnender Beschluss **225a** 25
Übernahme, Bekanntgabe **225a** 26
Übernahmebeschluss **225a** 21
Übernahmeentscheidung, Zuständigkeit **225a** 19
Voraussetzungen **225a** 8
Vorlage über Staatsanwaltschaft **225a** 17
Vorlagebeschluss **225a** 13
Wirkung des Übernahmebeschlusses **225a** 30 ff
Zuständigkeit für Nebenentscheidungen **225a** 57
Zweck der Vorschrift **225a** 1

Abgabe im Eröffnungsverfahren (an besondere Strafkammern)
nachrangige Gerichte, allgemein **209a** 10
nachrangige Gerichte, Bindung **209a** 12
nachrangige Gerichte, Einzelfälle **209a** 13
Rechtsschutz (Revision) **209a** 44
Verbindung und Trennung **209a** 18
Vorlage an vorrangige Gerichte **209a** 17
Vorrangreihenfolge **209a** 8

Abgabe im Eröffnungsverfahren (Jugendsachen)
Anwendung des § 47a JGG nach Abtrennung **209a** 27
Gerichte gleicher Ordnung **209a** 28
Rechtsschutz (Revision) **209a** 46
Reichweite der Regelung **209a** 19
Verhältnis zu Spezialstrafkammern **209a** 29
Zweifel über Beteiligung Jugendlicher/Erwachsener **209a** 21 ff

Abgabe im Eröffnungsverfahren (Jugendschutzsachen)
Bedeutung der Einbeziehung **209a** 30
Rechtsschutz (Revision) **209a** 47
Reichweite der Regelung **209a** 32
Verbindung/Trennung von Verfahren **209a** 36
Verhältnis zu Spezialstrafkammern **209a** 37
Zweifelsfälle, Behandlung **209a** 33

Abgabenordnung
siehe Finanzbehörde;
siehe Steuerstrafsachen

Abgeordneter
Anwesenheitsrechte und -pflichten in der Hauptverhandlung **230** 25
Beschlagnahme, Anordnung **98** 80
Beschlagnahmeverbot **97** 20, 123 ff
Durchsuchung bei Dritten **103** 24
Durchsuchung beim Verdächtigen **97** 123 ff; **98** 80 ff
Fahrerlaubnis, vorläufige Entziehung **111a** 99
Führerschein, Sicherstellung **111a** 99 ff
Herausgabepflicht bei Sicherstellung **95** 18
Immunität im Strafverfahren allgemein
siehe auch Immunität, parlamentarische
Immunität und Abschlussentscheidung im Ermittlungsverfahren **170** 31
Immunität, Klageerzwingungsverfahren **172** 17 ff
Indemnität, Begriff **152a** 1
körperliche Untersuchung (Beschuldigter) **81a** 103
Schöffenamt, Ablehnung **GVG 35** 3
Sicherstellung/Beschlagnahme **94** 99
Sitzungspolizei, Ordnungsmittel **GVG 178** 22
Verhältnis der StPO zu Landesgesetzen **EGStPO 6** 4; **EGStPO 8** 1 ff
Vernehmung (Ermittlungsrichter) **133** 19; **134** 12
Zeuge, Folgen des Ausbleibens **51** 34
Zeugnisverweigerungsrecht, berufliche Gründe **53** 41 ff; **53a** 5
Zwangsmaßnahmen bei Zeugnis-/Eidesverweigerung **70** 43

Ablehnung eines Richters (allgemein)
Ablehnungsberechtigte **24** 44
Ablehnungsgründe allgemein **24** 1 ff
bei Ausschluss kraft Gesetzes
siehe Ausschließung
außerhalb der Hauptverhandlung **25** 9
bedingtes Ablehnungsrecht **25** 20 ff
Befangenheit
siehe dort
Beginn der Ablehnung **25** 12
Beginn der Vernehmung **25** 15
entsprechende Anwendung
– Entscheidung des Vorsitzenden **31** 10
– Rechtsschutz bezüglich Schöffen **31** 13
– Rechtsschutz bezüglich Urkundsbeamten **31** 14
– beim Schöffen **31** 1 ff
– beim Urkundsbeamten **31** 4 ff
– Wirkung **31** 16
Erlöschen bei abwesendem Angeklagten **25** 16
Erlöschen der Ablehnung **25** 14
Erlöschen des Ablehnungsrechts, absolutes **25** 24
Erlöschen im ersten Rechtszug **25** 2
Erlöschen in anderen Verfahren **25** 7
Erlöschen in der Rechtsmittelinstanz **25** 6

Erlöschen, Ausnahmen **25** 8
Eröffnungsbeschluss **207** 51
Fortsetzung der Hauptverhandlung *siehe Hauptverhandlung*
Konzentrationsgebot **25** 18
Namhaftmachung der Gerichtspersonen **24** 48
Zeitpunkt der Ablehnung **25** 1 ff
Zeitpunkt, Inhalt der Regelung **25** 1
Zuständigkeit **27** 4

Ablehnung eines Richters, Entscheidung über
Ablehnung des Gesuchs **27** 37
Bekanntmachung **27** 43
Beschlussunfähigkeit **27** 18
Besetzung **27** 7
Entbehrlichkeit **27** 27
Entscheidung bei Amtsrichterverfahren **27** 16
Entscheidung bei OLG und BGH **27** 11
Entscheidung bei Strafkammer **27** 13
Inhalt **27** 30
Inhalt der Vorschrift **27** 1
obere Gerichte **27** 21
Reihenfolge **27** 35
Stattgabe **27** 40

Ablehnung eines Richters, Rechtsschutz (Beschwerde)
allgemein **24** 51; **24** 52; **28** 2
Anfechtung mit dem Urteil **28** 26
Beschwerdeentscheidung **28** 7
Entscheidung des Rechtsmittelgerichts **28** 34
erkennender Richter, Begriff **28** 11
erkennender Richter, Zeitpunkt **28** 16
Form **28** 29
sofortige Beschwerde **28** 5
stattgebender Beschluss **28** 1
Verbrauch des Ablehnungsrechts **28** 10
Verfahrensarten, erkennender Richter **28** 19 ff

Ablehnung eines Richters, Selbstablehnung/ von Amts wegen
Anzeige **30** 8
anzeigender Richter **30** 11
Entscheidungsfälle **30** 15
Inhalt der Vorschrift **30** 1
Rechtsschutz Dritter **30** 23
Rechtsschutz, Ausschlussfälle **30** 19
Verfahren **30** 17
Verhältnis zur Beantragung Dritter **30** 4
Wirkung **30** 26
Zuständigkeit **30** 7
Zweifel über den Grund **30** 14

Ablehnung eines Richters, unaufschiebbare Amtshandlungen
abgelehnter Richter **29** 7
aufschiebbare Handlungen **29** 21
Ausschließungsgrund **29** 20
Bedeutung und Inhalt der Regelung **29** 1
Erledigung des Ablehnungsantrags **29** 10
Haftentscheidungen **29** 17
Mitwirkung am Eröffnungsbeschluss **29** 24
Unaufschiebbarkeit **29** 14, 22

Ablehnung eines Richters, Verfahren
allgemein **27** 25
Anwendungsbereich der Vorschrift **26** 1
Ausnahme von der Schriftform **26** 24
Begründung, Entscheidungsvoraussetzungen **26** 7
Begründung, Inhalt **26** 9
dienstliche Äußerung **26** 20
Form des Gesuchs **26** 4
Glaubhaftmachung **26** 14
Glaubhaftmachung, Form **26** 18
Zuständigkeit für Ablehnungsgesuch **26** 2

Ablehnung eines Richters, Verwerfen bei Unzulässigkeit
Ablehnung des Gerichts als Ganzes **26a** 24
Bedeutung der Regelung **26a** 1 ff
fehlende Begründung **26a** 12
fehlende Glaubhaftmachung **26a** 15
Rechtsschutz **26a** 43
Verfahren, Entscheidung des Gerichts **26a** 39
Verfahren, Gerichtsbesetzung **26a** 30 ff
verfahrensfremde Zwecke **26a** 22
verfrühte Anträge **26a** 28
Verhältnis zur Ablehnungsentscheidung **26a** 5
Verschleppung des Verfahrens **26a** 18
Verspätung **26a** 8
Wiederholung **26a** 10

Ablehnung von Gerichtspersonen/Beteiligten
siehe Ausschließung und Ablehnung von Gerichtspersonen

Abordnung
Amtsrichter **GVG 22** 27

Abrufverfahren, automatisiertes
Angemessenheit **493** 7
Bedeutung der Vorschrift **493** 1
Bundesbeauftragter für den Datenschutz **493** 24
Empfänger der Daten **493** 4
Festlegungen zur Errichtung **493** 11
Festlegungen zur Errichtung, Inhalt **493** 13
Interesse, schutzwürdiges **493** 9
Protokollierung der Abrufe **493** 20
Prüfung durch Registerbehörde **493** 22
Schutz, wirksamer **493** 10
Selbstabruf allgemein **493** 2
Verantwortlichkeit der Beteiligten **493** 14
Verantwortlichkeit für Zulässigkeit **493** 15
Verwendung der Daten **493** 23

Abschiebung
aus dem Ausland, Verfahrenshindernis **206a** 48a

Folter, Verbot der **MRK Art. 3 (Art. 7 IPBPR)** 14
Freiheitsentziehung, Rechte bei **MRK Art. 5 (Art. 9, 11 IPBPR)** 85 ff, 91, 120
Abschiebungshaft
Anrechnung auf Freiheitsstrafe **450a** 14
Justizverwaltungsakt, Rechtsschutz **EGGVG 23** 72
Vollstreckung, Absehen/Nachholung bei Auslieferung/Ausweisung **456a** 4 ff
Abschlussvermerk
siehe Staatsanwaltschaft, Aktenführung
Abschrift
Auskünfte/Akteneinsicht/Informationsübermittlung **477** 2
Bekanntmachung der gerichtlichen Entscheidung **35** 8 ff
Absehen von der Verfolgung von Straftaten
siehe Einstellung
Absehen von Strafe (§ 60 StGB)
Ausspruch im Urteilstenor **260** 36, 78
Kostenpflicht des Verurteilten **465** 3
Nichtverfolgung bei Absehen von Strafe **153b** 3 f
Revision, Entscheidung des Gerichts **354** 14
Revision, Prüfung von Gesetzesverletzung **337** 242
Strafbefehlsverfahren, Zulässigkeit **407** 39
Urteilsgründe, Inhalt/Darstellung **267** 111
Wiederaufnahme des Verfahrens, Ausschluss **363** 14
Absehen von vorläufiger Festnahme
Fluchtgefahr **127a** 4
Rechtsschutz **127a** 12
gegen Sicherheitsleistung (Art) **127a** 7
gegen Sicherheitsleistung (Bemessung) **127a** 8
gegen Sicherheitsleistung (Rechtsfolgen) **127a** 13
gegen Sicherheitsleistung (Zweck) **127a** 14
Voraussetzungen allgemein **127a** 1
Vorliegen einer Straftat **127a** 5
Wohnsitz **127a** 2
Zuständigkeit **127a** 11
Zustellungsbevollmächtigter **127a** 9
Absprache
siehe Strafverfahrensrecht
Abwägungslehre (Beweisverwertung) Einl. K 25
Adhäsionsverfahren (allgemein)
analoge Anwendung in anderen Verfahren **Vor 403** 15
Angabe des Klägers in der Anklageschrift **200** 46
Antrag als Verfahrensvoraussetzung **404** 1
Antragsgegner allgemein **403** 6
Antragstellung **404** 1 ff
Aufhebung des Urteils in Rechtsmittelinstanz **406a** 11
Bedeutung, Rechtswirklichkeit **Vor 403** 8
Benachrichtigung des Verletzten **403** 22
Eingang, Wirkung des Antrags **404** 6
Entwicklungsgeschichte **Vor 403** 1 ff
Erbe, Antragsberechtigung **403** 2
Geltendmachung im Strafbefehlsverfahren **403** 20
Geltendmachung im Strafverfahren **403** 19
Heranwachsender als Antragsgegner **403** 8
Inhalt und Zweck der Vorschriften **Vor 403** 6
Insolvenzverwalter, Antragsberechtigung **403** 4
Jugendlicher als Antragsgegner **403** 7
Kosten des Verfahrens
– Form der Kostenentscheidung **472a** 4
– Kostentragungspflicht bei Absehen **472a** 3
– Kostentragungspflicht bei Stattgabe **472a** 2
– Rechtsschutz **472a** 4
– Zweck der Vorschrift **472a** 1
Lebenspartner, Teilnahmerecht **Nachtr. 404** 1
Prozessfähigkeit **403** 5
Prozesskostenhilfe **404** 23 f
Rechtshängigkeit **404** 7
Rechtsmittel der Staatsanwaltschaft **406a** 10
Rechtsmittel des Angeklagten
– allgemein **406a** 5
– Anfechtung des strafrechtlichen Teils **406a** 7
– Anfechtung des zivilrechtlichen Teils **406a** 9
– Anfechtung insgesamt **406a** 6
Rechtsmittel des Antragstellers **406a** 1
Rechtsnachfolger, Antragsberechtigung sonstiger **403** 3
Reformentwicklung **Vor 403** 10
Rücknahme des Antrags **404** 22
Staatsanwaltschaft, Beteiligung **404** 10
Strafverfahren, Funktion **Einl. B** 13
Strafverfahren, Struktur **Einl. F** 14
Verfahrensgarantien nach MRK und IPBPR **MRK Art. 6 (Art. 14 IPBPR)** 24
Verhandlungsfähigkeit des Beschuldigten **403** 9
Verletzter, Antragsberechtigung **403** 1
vermögensrechtlicher Anspruch **403** 10
Vollstreckung der Entscheidung
– Prozessgericht **406b** 2
– Vollstreckungsgegenklage **406b** 4
– Vollstreckungsgericht **406b** 3
– Zwangsvollstreckung nach ZPO **406b** 1
weiteres Verfahren **404** 8
Wiederaufnahme des Verfahrens
– Absehen statt Aberkennung **406c** 3
– Antragsberechtigung **406c** 4

– Entscheidung, wesentlich andere **406c** 2
– Voraussetzungen **406c** 1
Zeitraum der Antragstellung **404** 2 ff
Zeugnisfähigkeit des Antragstellers **Vor 48** 24
Zivilverfahren **403** 24
Zuständigkeit **403** 13
Adhäsionsverfahren, Absehen von Entscheidung
Beurteilungsspielraum des Gerichts **405** 9 ff
Entscheidung im Urteil **405** 12
Entscheidung vor dem Urteil **405** 13
kein Schuldspruch **405** 6
keine Maßregeln der Besserung und Sicherung **405** 6
Sachentscheidung, keine negative **405** 1
Umfang der Entscheidung **405** 15
Unbegründetheit des Antrags **405** 5
unzulässige Abweisung **405** 16
Unzulässigkeit des Antrags **405** 3
Adhäsionsverfahren, Entscheidung
Abschrift des Urteils **406** 15
allgemein **406** 1
besondere Klagen/Kostenentscheidung **406** 17
Bindungswirkung **406** 11
Ergebnis der Hauptverhandlung **406** 2
Stattgabe im Urteil **406** 3
Strafurteil **406** 7
Umfang der Entscheidung **406** 12
vorläufige Vollstreckbarkeit **406** 13
Wirkung **406** 14
Zwangsvollstreckung **406** 16
Adhäsionsverfahren, Rechtsstellung des Verletzten
Akteneinsichtsrecht **404** 15
Anerkenntnis **404** 18
Anfechtung **404** 17
Anhörungsrecht **404** 14
Anwesenheitsrecht **404** 12
Befangenheitsantrag, Ausschluss **404** 11
Geständnis **404** 20
Rechtsanwalt als Vertreter **404** 13
Unanwendbarkeit der Nebenklagevorschriften **404** 11
Vergleich **404** 21
Verzicht **404** 19
Widerklage **404** 16
Ad-hoc-Vergleichskommission MRK Anhang/ Verfahren 84
Aditionsverfahren
Wiederaufnahme des Verfahrens **Vor 359** 105 ff
Adoption
siehe auch Angehörige
privater Lebensbereich, Gewährleistung **MRK Art. 8 (Art. 17 IPBPR)** 28, 30
Ähnlichen-Service
Register für staatsanwaltschaftliche Verfahren beim BZR **492** 31
Änderung des Gesetzes
Revision, Entscheidung des Gerichts **354a** 1 ff
Änderung des rechtlichen Gesichtspunktes
Abwesenheit des Angeklagten **265** 66
Analogie bei Änderung der Sachlage
– Änderung der Tatzeit **265** 82
– Hinweispflichten **265** 81
– Problematik **265** 79
– Protokoll **265** 85
– Rechtsgrundlagen einer Unterrichtungspflicht **265** 80
– Unterrichtung, Einzelheiten **265** 83
anderes Strafgesetz
– allgemein geltende Vorschriften **265** 32
– anstatt/neben der angeklagten Tat **265** 20
– Anwendung des milderen Gesetzes **265** 23
– Begehungsweisen, verschiedene **265** 30
– Jugendrecht, Anwendung **265** 37
– Konkurrenzen, Wechsel **265** 29
– Schuldform, Änderung **265** 27
– Teilnahmeform, Wechsel **265** 28
– Unrechtsfolgen, Bestimmung **265** 33
– wahldeutige Verurteilung **265** 22
Anklage als Ausgangspunkt **265** 7
Ausgangspunkt bei besonderen Verfahrensarten/-lagen **265** 9
Auslegung **265** 3
Aussetzung der Hauptverhandlung
– Bedeutung der Angemessenheitsregelung **265** 95
– Bestreiten des Angeklagten **265** 91
– Dauer der Aussetzung **265** 108
– Entscheidung **265** 94, 105
– Rechtsanspruch **265** 86
– Sachlage, Veränderung **265** 87
– Sachverhaltsveränderung **265** 99
– schwereres Strafgesetz **265** 89
– Verfahrenslage, Änderung **265** 101
– Vorbereitung, ungenügende **265** 92
Begriff **265** 6
Gelegenheit zur Verteidigung **265** 65
Hinweis des Vorsitzenden **265** 50
Hinweisinhalt **265** 55
Hinweispflicht bei Verurteilung **265** 16
Hinweiszeitpunkt **265** 63
Maßregeln der Besserung und Sicherung **265** 47
Privatklageverfahren **384** 16
Protokoll **265** 74
rechtliches Gehör, Grundsatz **265** 4
Rechtsprechung, Beispiele **265** 38 ff
Rechtsschutz (Beschwerde) **265** 109
Rechtsschutz (Revision) **265** 110 ff
Revision, Entscheidung des Gerichts **354** 19
Sinn der Vorschrift **265** 1

straferhöhende Umstände **265** 41
Wahlfeststellung **261** 164
Wirkung des Hinweises **265** 72
Afrikanische (Banjul) Charta der Menschen- und Völkerrechte MRK Einf. (Einf. IPBPR) 9
Agent provocateur
Ermittlungsmaßnahmen der §§ 94 ff **Vor 94** 3, 79
Akkusationsprinzip
siehe Anklagegrundsatz
Akten
Abschlussvermerk der Staatsanwaltschaft **169a** 1 ff
Begriff **147** 23 ff; **199** 7 ff
Beweiswürdigung, freie richterliche **261** 20, 31 f, 183
Handakten der Staatsanwaltschaft **199** 21
Kenntnis der Schöffen **GVG 30** 4 ff
Revision, Prüfung von Gesetzesverletzung **337** 104
Revision, Verfahren bei Verlust **343** 9
sächliches Beweismittel **245** 22
Sicherstellung/Beschlagnahme **94** 24
Täter-Opfer-Ausgleich, Übermittlung an beauftragte Stelle **155b** 3
Urteil, Form/Absetzung **275** 4 ff, 65
Urteilsgründe, Inhalt/Darstellung **267** 16 ff
Vorlage durch die Staatsanwaltschaft **199** 7, 10 ff
Akteneinsicht
Amtshilfe zwischen Gericht und Behörde **GVG 168** 1 ff
Auskunftsverlangen der Staatsanwaltschaft **161** 6
Beschwerde gegen Ablehnung in der Hauptverhandlung **305** 27
Dolmetscher, kostenlose Beiordnung **MRK Art. 6 (Art. 14 IPBPR)** 242
faires Verfahren, Recht auf ein **MRK Art. 6 (Art. 14 IPBPR)** 69b
Freiheitsentziehung, Rechte bei **MRK Art. 5 (Art. 9, 11 IPBPR)** 124a
Gerichtsbesetzung, Unterlagen **222a** 17
Gleichheit vor dem Gericht **MRK Art. 6 (Art. 14 IPBPR)** 62
Justizverwaltungsakt, Rechtsschutz **EGGVG 23** 5, 114 ff
nichtöffentliche Stellen bei Einstellung des Ermittlungsverfahrens **170** 47
privater Lebensbereich, Gewährleistung **MRK Art. 8 (Art. 17 IPBPR)** 10
Privatpersonen bei Einstellung des Ermittlungsverfahrens **170** 47
Verteidigung, Recht auf Vorbereitung **MRK Art. 6 (Art. 14 IPBPR)** 181
Zeugenvernehmung, Bild- und Tonaufnahmen **Nachtr. 58a** 32 ff
Akteneinsicht des Beistandes Verfahrensbeteiligter
Adhäsionsverfahren **404** 15
Beiordnung eines Zeugenbeistandes **Nachtr. 68b** 23
Einziehungs-/Verfallsverfahren, Vertretung **434** 5
Nebenkläger bei Einstellung des Ermittlungsverfahrens **170** 47
Nebenkläger, Rechtsstellung **397** 6
Privatkläger bei Einstellung des Ermittlungsverfahrens **170** 47
Privatkläger, Rechte der Staatsanwaltschaft **385** 9; **Nachtr. 385** 1 ff
Verletzter bei Einstellung des Ermittlungsverfahrens **170** 47
Verletzter persönlich **406e** 1 ff; **Nachtr. 406e** 1 ff
Akteneinsicht des Verletzten
Akten, Beweisstücke **406e** 5
Aktenauskunft **Nachtr. 406e** 6
Auskünfte an den Verletzten selbst **406e** 19
Bedeutung der Regelung **406e** 1
Begrenzung allgemein **406e** 8
berechtigtes Interesse **406e** 6
Entscheidung **406e** 16
Gefährdung des Untersuchungszwecks **406e** 12
Mitgabe der Akten **406e** 15; **Nachtr. 406e** 2
Neuregelung allgemein **Nachtr. 406e** 1
Rechtsschutz gegen die Entscheidung **406e** 16; **Nachtr. 406e** 3
Reichweite der Regelung **406e** 2
Überwiegende schutzwürdige Fremdinteressen **406e** 9
Verfahrensverzögerung, erhebliche **406e** 14
Vertretung durch Rechtsanwalt **406e** 4
Zweckbindung **Nachtr. 406e** 8
Akteneinsicht des Verteidigers
Akten, Begriff **147** 23
Beiakten **147** 67
für den Beschuldigten
siehe auch Beschuldigter, Recht auf Information
Beweismittel, Begriff **147** 106 ff
Beweismittel, Besichtigung **147** 111
Beweismittel, Mitgabeverbot **147** 114
Beweisstücke mit Urkundenqualität **147** 117
im Disziplinarverfahren **147** 155
Einsicht, Umfang **147** 99
einsichtsberechtigte Personen **147** 18
nach Einstellung des Ermittlungsverfahrens **170** 47
Entscheidungen von Haft- oder Ermittlungsrichter **147** 75
Gefangenenpersonalakten **147** 80 ff

Geheimhaltungsbedürfnis (Akten anderer Behörden) **147** 61
Geheimhaltungsbedürfnis (Akten von StA/ Polizei) **147** 52
Geheimhaltungsbedürfnis allgemein **147** 51
Gerichtshilfe **160** 96
gesetzliche Geheimhaltungsgründe **147** 65
Grundrechte des Beschuldigten in der Untersuchungshaft **Vor 112** 23
Haftbefehl, mangelnde Begründung **114** 17
im Jugendstrafverfahren **147** 156
Kontaktsperre für Gefangene **EGGVG 34** 10
bei mehreren Beschuldigte **147** 70
Mitgabe der Akten **147** 141
Nicht zurückhaltbare Aktenteile (Abs. 3) **147** 140
im Ordnungswidrigkeitenverfahren **147** 154
Rechtsschutz
– Anfechtung der Sperrerklärung für Aktenteile **147** 169
– Entscheidungen der StA im Ermittlungsverfahren **147** 157
– Entscheidungen der StA nach Einstellung **147** 164
– Entscheidungen des Richters **147** 167
– Revision **147** 172
Sicherstellung/Beschlagnahme **94** 48
Spurenakten **147** 32, 46
Spurenakten, formeller Begriff **147** 33
Spurenakten, materieller Begriff **147** 41
im Steuerstraf-/Steuerordnungswidrigkeitenverfahren **147** 153
Strafregisterauszüge **147** 74
Verhältnis zur Vorlegung amtlicher Schriftstücke (§ 96 StPO) **147** 56 ff
Versagung wegen Gefährdung des Untersuchungszwecks **147** 132, 176
Wegfall der Gefährdung des Untersuchungszwecks **147** 137
Weitergabe von Aktenkenntnissen und -kopien **147** 126
Zeitraum (Verfahrensabschnitte) **147** 119
Zuständigkeit **147** 148
Zweck und Rechtsnatur des Akteneinsichtsrechts **147** 1 ff

Akteneinsicht/Auskünfte
Abschriften, Überlassung als Auskunftserteilung **477** 2
Bedeutung der Vorschrift **477** 1
Beweisverwertungsverbot bei Verstoß **477** 22
Fahndungs- und Ermittlungsmaßnahmen, spezielle **477** 11
Forschungsinhalte, spezielle **477** 14
Generalklauselcharakter **Vor 474** 14
Gesetzesmaterialien **Vor 474** 1
Gesetzgebungskompetenz des Bundes **Vor 474** 13
Inhalt der Vorschriften **Vor 474** 2
Kennzeichnung der Daten **477** 13
Persönlichkeitsschutz gegenüber privaten Nutzern **477** 15
polizeiliche Verwendung **477** 12
Prüfungspflichten der Beteiligten **477** 10, 16
Sprachgebrauch **Vor 474** 15
Strafverfahren, entgegenstehende Zwecke **477** 3
Verantwortlichkeit der Beteiligten **477** 10, 16
Verfahrensrechtliche Vorgaben **Vor 474** 10
Verfassungsrechtliche Vorgaben **Vor 474** 5
Verwendungsregelungen, entgegenstehende **477** 4
Zulässigkeit allgemein **477** 1 ff
Zuständigkeit zur Entscheidung
– Akten anderer Stellen, beigezogene **478** 11
– Bedeutung der Vorschrift **478** 1
– rechtliches Gehör **478** 7
– Rechtsschutz **478** 14
– Staatsanwaltschaft **478** 4
– Übermittlung zwischen Polizeibehörden **478** 10
– Vorsitzender Richter **478** 8
Zweckbindung der Übermittlung **477** 17

Akteneinsicht/Auskünfte für öffentliche Stellen
Bedeutung der Vorschrift **474** 1
Beweisstücke **474** 14
Darlegung **474** 11
DNA-Identitätsfeststellungsgesetz **Anhang 81g** 40
Erforderlichkeit **474** 10
für Justizbehörden zum Zwecke der Rechtspflege
– Akten **474** 5
– Empfänger **474** 3
– Erforderlichkeit **474** 6
– Rechtspflege **474** 4
öffentliche Stellen **474** 8
parlamentarische Ausschüsse **474** 16
Postbeschlagnahme **99** 29 ff; **100** 40 ff
Sicherstellung/Beschlagnahme **94** 67
Übermittlungszwecke **474** 9
Übersendung der Akten **474** 15
Vorrang der Auskunft vor Akteneinsicht **474** 12

Akteneinsicht/Auskünfte für Privatpersonen
Akteneinsicht bei zu großem Aufwand **475** 10
Anspruch des Betroffenen **MRK Art. 8 (Art. 17 IPBPR)** 10
Auskünfte aus Akten **475** 3
Auskünfte ohne Einschaltung des Anwalts **475** 12

Bedeutung der Vorschrift **475** 1
Beweisstücke, Besichtigung **475** 11
Ermessensentscheidung **475** 9
Interesse, Darlegung eines berechtigten **475** 5
Interesse, schutzwürdiges für Versagung **475** 6
Rechtsanwalt, Einschaltung **475** 4
Versagungsgründe, zwingende **475** 8
Vorrang der Auskunft vor Akteneinsicht **475** 4
Akteneinsicht/Auskünfte zur Forschung
Anonymisierung der Daten **476** 16
Bedeutung der Vorschrift **476** 1
Berücksichtigung anderer öffentlicher Interessen **476** 9
Bundesdatenschutzgesetz, Anwendung **476** 18
Darlegung des Anforderungsgrundes **476** 7
Datenschutz, verfahrensrechtliche Vorkehrungen **476** 12
Einwilligung des Betroffenen **476** 8
Ermessen/Interessenabwägung **476** 10
Forschungseinrichtungen **476** 3
Geheimhaltungspflichtige **476** 13
öffentliches Interesse **476** 5
Schutzvorkehrungen gegen Unbefugte **476** 15
Veröffentlichung, besondere Voraussetzungen **476** 17
Voraussetzung der Übermittlung **476** 4
Vorrang der Auskunft vor Akteneinsicht **476** 11
Wissenschaftsfreiheit und Datenschutz **476** 2
Zweckbindung der Verwendung **476** 14
Aktenführung
Polizei im Ermittlungsverfahren **168b** 2a
Staatsanwaltschaft im Ermittlungsverfahren **160** 61 ff; **168b** 1 ff
Aktenvorlage
siehe auch Datenübermittlung; Mitteilung in Strafsachen; Auskünfte
allgemein **96** 1
Amtshilfepflicht **96** 5
Berufung, Verfahren **319** 13; **321** 1 ff
Beschlagnahmefähigkeit von Behördenakten, These der
siehe dort
Beschlagnahmemöglichkeit **96** 4
Beschlagnahmeverbot, Ausnahmen **96** 15
Beschlagnahmeverbot, behördenbezogenes **96** 5
Beschlagnahmeverbot, Rechtsfolgen **96** 14
Revision, Verfahren bei Verspätung **346** 29
Revisionsverfahren **347** 8
Sperrerklärung der Dienstbehörde
siehe Sperrerklärung der obersten Dienstbehörde
Sprungrevision **335** 27
Vorlagepflicht **96** 4
Zwangsmittelverbot ggü. der Exekutive **96** 7, 9
Zwangsmittelverbot innerhalb der Exekutive **96** 8
Aktenvorlage im Eröffnungsverfahren
Ausnahmen von der Vorlagepflicht **199** 13
Bedeutung **199** 7
Begriff **199** 7a ff
Folgen unzureichender Aktenvorlage **199** 24
Handakten der Staatsanwaltschaft **199** 21
Spurenakten **199** 16
Umfang **199** 10
Vorlage **199** 23
Aktiv-, Passivlegitimation
Menschenrechtsbeschwerde (EGMR) **MRK**
Anhang/Verfahren 51
allgemeines Persönlichkeitsrecht (Art. 2 Abs. 1, Art. 1 Abs. 1 GG)
Auskünfte/Akteneinsicht zur Forschung (personenbezogene Daten) **476** 2
Beweiserhebung/-verwertung **Einl. K** 70
Ermittlungsmaßnahmen der §§ 94 ff **Vor 94** 42 ff
Nutzung von Blutproben und Körperzellen **81a** 79
Register für staatsanwaltschaftliche Verfahren beim BZR **492** 38
Steckbrieffahndung **Nachtr. Vor 131** 1 f; **Vor 132** 2
Amerikanische Menschenrechtskonvention
Menschenrechtsschutz, internationaler **MRK Einf. (Einf. IPBPR)** 9
Amnestie
allgemein, Abgrenzung zur Begnadigung **GVG Vor 12** 10
Anwendungsbereich **GVG Vor 12** 23
Bedeutung der Einstellungsentscheidung **GVG Vor 12** 25
DDR-Rechtsprechung **GVG Vor 12** 30
Einstellung des Verfahrens/Prozessvoraussetzung **206a** 44
Freispruch vor Niederschlagung, Vorrang **GVG Vor 12** 26
Gesetzgebungskompetenz **GVG Vor 12** 28
Gründe **GVG Vor 12** 29
In-dubio-pro-reo-Grundsatz **GVG Vor 12** 27
Wiederaufnahme des Verfahrens **Vor 359** 114 ff
Wirkung **GVG Vor 12** 24
Amtsanwaltschaft
Amtsanwälte **GVG 142** 28
Amtsgericht, Begriff **GVG 142** 27
Aufgabe im Strafverfahren **Einl. I** 64
Beschwerdeberechtigung allgemein **304** 49
Einschränkung durch Verwaltungsvorschrift **GVG 142** 32

Funktionsträger, sonstige **GVG 142** 31
Hilfsbeamter der Staatsanwaltschaft, Weisung **GVG 152** 19
Jugendlicher und Heranwachsender **GVG 142** 34
Rechtsmittel, Einlegungsbefugnis **296** 8
Rechtsstellung in der Hauptverhandlung **226** 3; **Vor 226** 22 ff, 36
Sitzungsvertreter, örtliche **GVG 142** 35
Staatsanwaltschaft, Ersetzungsbefugnis **GVG 145** 18
Unzuständigkeit, Auswirkungen **GVG 142** 41
Vollstreckungsbehörde **451** 7
Wirkung der Einschränkungen **GVG 142** 36 f
Zuständigkeit, Begrenzung **GVG 145** 18
Zuständigkeit, sachliche **GVG 142** 39
Zuständigkeit, Umfang **GVG 142** 40

Amtsaufklärungsgrundsatz
Anwendungsbereich der Vorschrift **155** 1 f
audiovisuelle Zeugenvernehmung **247a** 16
Bedeutung für andere Vorschriften **244** 60
beschuldigte Person **155** 5
Bestimmung des Blutalkohols **244** 91
Beurteilungsmaßstab **244** 46
Einschränkungen des Gerichts **155** 9
Einstellung des Verfahrens bei Verstößen **155** 10
Einziehungs-/Verfallsbeteiligte, Beweisanträge **436** 9
Entscheidungsfreiheit **155** 8
Erfolglosigkeit der Beweisaufnahme **244** 63
Ermittlungsfreiheit **155** 7
Folter, Verbot der **MRK Art. 3 (Art. 7 IPBPR)** 11
Gegenstand **244** 39
Geständnis der Tat, glaubwürdiges **Einl. H** 34
Glaubwürdigkeit von Kindern/Jugendlichen **244** 84
Glaubwürdigkeit, Sache des Tatrichters **244** 82
Inhalt im Einzelfall **244** 61
Klageerweiterung **155** 6
Leitlinie der Verfahrensgestaltung **244** 49
Menschenrechtsbeschwerde (EGMR) **MRK Anhang/Verfahren** 62
Prozessmaxime **Einl. H** 32 ff
Rechtsschutz (Revision) **155** 11
Reife des Jugendlichen/Heranwachsenden **244** 90
richterliche Überzeugung **244** 45
Sachkunde, eigene/Sachverständiger **244** 71
Sachverständiger für Glaubwürdigkeit **244** 89
Sachverständiger, Stellung im Strafverfahren **Einl. I** 131
Schuldfähigkeit **244** 76
Staatsanwaltschaft, Aufgaben/Pflichten im Ermittlungsverfahren *siehe dort*
Strafzumessungssachverhalt **155** 4
Tat, in der Klage bezeichnete **155** 3
technische/medizinische Fragen, Beurteilung **244** 92
Verfahrensgrundsatz **244** 38
Verhältnis zu speziellen Untersuchungspflichten **244** 53
Verhältnis zum Beschleunigungsgebot **244** 57
Verhältnis zur Ablehnung von Beweisanträgen **244** 59
Verletzung, Möglichkeiten **244** 62
Wiederaufnahme des Verfahrens **Vor 359** 3 ff
Wiederaufnahme des Verfahrens, Zulassungsverfahren **369** 3, 7
Zuziehung anderer Beweismittel **244** 68

Amtsermittlungsgrundsatz
siehe Amtsaufklärungsgrundsatz

Amtsgericht
Ablehnung eines Richters, Entscheidung **27** 16
Abordnung des Richters **GVG 22** 27
Anzahl der Richter **GVG 22** 31
Bereitschaftsdienst, richterlicher **GVG 22c** 1 ff; **GVG Nachtr. 22c** 2 ff
Bildung einer auswärtigen Strafkammer *siehe Landgericht*
Dienstaufsicht
– ausübender Richter und Vertretung **GVG 22** 39
– Landesjustizverwaltung **GVG 22** 40
– Umfang und Inhalt **GVG 22** 35
– weisungsgebundene **GVG 22** 38
– Wesen **GVG 22** 37
– Zuständigkeit **GVG 22** 33
Dienststunden, Gerichtsstelle **GVG 22** 20
Dienstzeit und Öffnungszeiten **GVG 22** 21
Eildienst **GVG 22** 23
Ein-Personen-Amtsgericht
– Begriff **GVG 22b** 2
– Eilfälle, zeitweiliger Vertreter **GVG 22b** 7
– Entwicklungsgeschichte der Vorschrift **GVG 22b** 1
– Vertreterbestellung **GVG 22b** 3
– Vertreterbestellung, Umfang **GVG 22b** 9
– vorübergehende Vertretung **GVG 22b** 4
– vorübergehende Vertretung, Ausschluss **GVG 22b** 6
– Zuständigkeit für Vertreterbestellung **GVG 22b** 8
Einzelrichter **GVG 22** 4
Gerichtstage **GVG 22** 3
Geschäftsverteilung **GVG 22** 30

Gültigkeit von Amtshandlungen
– Bedeutung der Vorschrift **GVG 22d** 1
– Einzelfälle **GVG 22d** 4
– Schöffengericht **GVG 22d** 5
– Ungültige Amtshandlungen **GVG 22d** 6
– willkürliche Amtshandlungen **GVG 22d** 2
Heranziehung zu nichtrichterlichen Aufgaben **GVG 22** 29
Präsidiumsvorsitz
– Bedeutung der Vorschrift **GVG 22a** 3
– Erhöhung der Planstellenzahl **GVG 22a** 4
– Geschäftsverteilung bei Amtsgerichten **GVG 22a** 1
– Präsidium, eigenes **GVG 22a** 2
Richter auf Lebenszeit **GVG 22** 11
Richter auf Probe/kraft Auftrags
– Bedeutung der Vorschrift **GVG 22** 12
– Besetzungsfehler **GVG 22** 19
– Grenzen der Verwendung **GVG 22** 15
Richteramt, weiteres (Abgrenzung) **GVG 22** 8
Richteramt, weiteres (Bedeutung) **GVG 22** 7
Richteramt, weiteres (Entwicklung) **GVG 22** 5
Status des Amtsrichters **GVG 22** 10
Strafanzeige/Strafantrag, Entgegennahme **158** 16, 27
Tätigkeit außerhalb der Dienststelle **GVG 22** 24
Tätigkeit im Ausland **GVG 22** 26
des Verwahrungsortes, Rechtsmittelverzicht/ Zurücknahme **302** 38
Zweigstellen **GVG 22** 2

Amtsgericht, Zuständigkeit
allgemein **GVG 22** 1
Anwendungsbereich **GVG 24** 9 f
besondere Bedeutung des Falles
– Änderung, nachträgliche **GVG 24** 23
– Begriff **GVG 24** 17
– Beispiele **GVG 24** 22
– Nachprüfung, gerichtliche **GVG 24** 24
– Sprungrevision **GVG 24** 26
– Straferwartung **GVG 24** 16
– willkürliche Annahme sachlicher Zuständigkeit **GVG 24** 25
bestimmende Vorschriften **GVG 27** 1
Entwicklungsgeschichte der Vorschrift **GVG 24** 1 ff
Geschäftskreis nach OWiG **GVG 27** 4
Geschäftskreis nach StPO, GVG, JGG **GVG 27** 2
Geschäftsstellen **GVG 27** 3
Grenzen der Strafgewalt
– Bedeutung der Vorschrift **GVG 24** 35
– Berufungsgericht **GVG 24** 38
– Freiheitsstrafe **GVG 24** 36
– Gesamtstrafe **GVG 24** 37
– Überschreitung **GVG 24** 42
Grundsatz und Ausnahmen der Bestimmung **GVG 24** 11
Jugendgerichte **GVG 24** 43
Jugendschutzsachen
– Anwendungsbereich **GVG 26** 1
– Ausnahmefälle **GVG 26** 6
– Begriff **GVG 26** 3
– entsprechende Anwendung der §§ 24, 25 GVG **GVG 26** 12
– Jugendgericht, Ausnahmezuständigkeit **GVG 26** 10
– Jugendgerichtsverfahren, Besonderheiten **GVG 26** 13
– Öffentlichkeitsgrundsatz **GVG 26** 14
– Straftaten gegen Kinder und Jugendliche **GVG 26** 4
– Verstoß gegen Jugendschutzvorschriften **GVG 26** 5
– Zuständigkeitsprüfung **GVG 26** 7
– Zweck der Vorschrift **GVG 26** 2
– zweiter Richter **GVG 26** 15
Rechtsfolgenerwartung
– Freiheitsstrafe über vier Jahre **GVG 24** 13
– Grundsatz **GVG 24** 12
– Maßregeln, freiheitsentziehende **GVG 24** 14
– Verfahren der Zuständigkeitsbestimmung **GVG 24** 15
Schöffengericht
– Mitwirkung der Schöffen allgemein **GVG 28** 1
– Verhältnis zum Strafrichter **GVG 28** 2
– Verpflichtung zur Einrichtung **GVG 28** 3
Strafrichter
– Amtsgerichte ohne Schöffengerichte **GVG 25** 17
– Bedeutung der Vorschrift **GVG 25** 1
– Entscheidung, gerichtliche **GVG 25** 14
– Feld- und Forstrügesachen **GVG 25** 18
– mindere Bedeutung, ungeschriebene **GVG 25** 7
– Privatklageverfahren **GVG 25** 2
– RiStBV, Bindung der Staatsanwaltschaft **GVG 25** 6
– Straferwartung, Anwendungsbereich **GVG 25** 3
– Straferwartung, Überschreitung **GVG 25** 12
– Straferwartung, Voraussetzungen **GVG 25** 4

Amtshaftung
Freiheitsentziehung, Rechte bei **MRK Art. 5 (Art. 9, 11 IPBPR)** 130

Sachverhaltsermittlung durch die Staatsanwaltschaft **160** 67
Amtshilfe
siehe auch Rechtshilfe
Führungsaufsicht, Aufsichtsstellen **463a** 8
Rechtshilfe, Verhältnis **GVG Vor 156** 17
Amtshilfe (Aktenvorlage)
Aktenvorlagepflicht **96** 5
amtliche Verwahrung **96** 39
Auskunftsersuchen **96** 43
Berechtigte **96** 27
Durchführung des Ersuchens **96** 53
Erledigung des Ersuchens **96** 54
Gegenstand allgemein **96** 38
Herausgabe von Akten **96** 39
Herausgabe von anderen Schriftstücken **6** 39
Herausgabe von Gegenständen **96** 42
Schutz der Privatsphäre **96** 51
Schweigepflichten von Polizeibehörden **96** 47
Schweigepflichten von Strafverfolgungsbehörden **96** 47
Schweigepflichten von Verwaltungsbehörden **96** 50
Schweigepflichten, behördliche **96** 46
Sperrerklärung der Dienstbehörde
siehe Sperrerklärung der obersten Dienstbehörde
Unzulässigkeit des Ersuchens **96** 46 ff
Unzulässigkeit des Ersuchens, Entscheidung **96** 52
verpflichtete Behörden/Beamten **96** 29
Verpflichtete, zuständige Behörde **96** 34
Amtshilfe bei Strafvollstreckung
Bedeutung der Vorschrift **GVG 163** 1
besondere Vollstreckungsfälle **GVG 163** 9
Entwicklungsgeschichte der Vorschrift **GVG 162** 1 ff
Freiheitsstrafen **GVG 162** 8
Generalbundesanwalt **GVG 162** 9
Prüfungskompetenz **GVG 163** 6
Rechtsbehelf **GVG 163** 7
Vollstreckbarkeitsbescheinigung **GVG 163** 5
Zuständigkeit **GVG 162** 10
Zuständigkeit der Staatsanwaltschaft **GVG 163** 4
Amtspflichtverletzung
Sachverhaltsermittlung durch die Staatsanwaltschaft **160** 67
Wiederaufnahme des Verfahrens **359** 34 ff; **362** 7
Amtstracht
Sitzungspolizei **GVG 176** 17
Amtsträger
siehe Angehörige des öffentlichen Dienstes
Analogie, entsprechende Gesetzesanwendung Einl. L 41 ff
Ermittlungsmaßnahmen der §§ 94 ff **Vor 94** 22
Rückwirkungsverbot von Strafgesetzen **MRK Art. 7 (Art. 15 IPBPR)** 6
verdeckter Ermittler **110c** 24
Anerkenntnis (Adhäsionsverfahren) 404 18
Anfechtung der Wahl des Präsidiums GVG 21b 14 ff
Anfechtung von Maßnahmen der Strafverfolgungsorgane
siehe Rechtsschutz (bei den jeweiligen Maßnahmen)
Anfechtung von Rechtsmittelverzicht; Zurücknahme 302 47
Angehöriger
Absehen von Vereidigung, Ermessen **61** 16 ff
Adhäsionsverfahren, Erbe als Antragsteller **403** 2
Anwesenheitsrecht bei Untersuchung einer Frau **81d** 7
Ausschließung eines Richters **22** 11
Benachrichtigung Dritter bei Verhaftung **114b** 10
Beschlagnahme, Anordnung **98** 47
Beschlagnahmeverbot **97** 20, 80
Bevollmächtigter des Beschuldigten im Rechtsmittelverfahren **Vor 296** 18
Beweissicherungsverfahren **286** 4
Durchsuchung, Anwesenheit **106** 5
Ehegatte
– Antrag auf Zulassung als Beistand **149** 1, 3, 17
– Ausschließung eines Richters **22** 10
– Öffentlichkeit, Zulassung einzelner **GVG 175** 8
Eidesverweigerungsrecht **63** 1 ff
Freiheitsentziehung, Rechte bei **MRK Art. 5 (Art. 9, 11 IPBPR)** 89
Identitätsfeststellung, Festhalten der Person **163c** 19b ff
Lebenspartner, Antrag auf Zulassung als Beistand **149** 1, 3, 17
Menschenrechtsbeschwerde (EGMR) **MRK Anhang/Verfahren** 26
Nebenklage, Berechtigung **395** 6
Privatklageberechtigung **374** 29
Schwägerschaft, Ausschließung eines Richters **22** 13; **Nachtr. 22** 1 ff
Wiederaufnahme des Verfahrens, Antragsrecht **361** 3
Zeugnisverweigerungsrecht, persönliche Gründe **52** 4 ff; **Nachtr. 52** 1 ff
Angeklagter
siehe Beschuldigter

Angeschuldigter
siehe Beschuldigter
Anhängigkeit des Verfahrens
beschleunigtes Verfahren **418** 2
Revisionsverfahren **347** 9 ff
Strafverfahren allgemein **151** 12
Verbindung/Trennung von Verfahren **2** 38; **4** 5
Anhörung der Beteiligten, gerichtliche
siehe auch rechtliches Gehör
Anhören **33** 17
außerhalb der Hauptverhandlung
– Anhörung vor nachteiliger Verwertung **33** 32 ff
– Erklärung der Staatsanwaltschaft **33** 27
– Inhalt **33** 26
– spezielle gesetzliche Regelungen **33** 30
Beteiligte **33** 18
Beurkundung **33** 13
Durchsuchung **105** 31, 79 ff
Entscheidungen, gerichtliche **33** 4
Ergehen einer Entscheidung, Begriff **33** 9
Gefährdung des Anordnungszwecks **33** 40
Hauptverhandlung (innerhalb) **33** 15
vor Maßnahmen der Sitzungspolizei **GVG 176** 41
mündlicher Erlass **33** 10
Rasterfahndung **98b** 9
Rechtsschutz (Beschwerde) **33** 43
Rechtsschutz (Revision) **33** 25
schriftlicher Erlass **33** 12
Sitzungspolizei, Ordnungsmittelbeschluss **GVG 178** 34 ff
spezielle gesetzliche Regelungen **33** 21, 38
Zweck der Norm **33** 1
Anhörung der Beteiligten, nachträgliche
Abhilfe durch Rechtsmittel **33a** 9 ff
Anwendungsbereich **33a** 2
Beschluss **33a** 4
Beteiligte **33a** 5
genereller Anfechtungsausschluss **33a** 10
Nachteil **33a** 13
Nachteil, Ausnahmen **33a** 14
Rechtsschutz (Beschwerde) **33a** 20 f
Vereinbarkeit mit Prozesszweck **33a** 3
Verfahren **33a** 17
Verhältnis zu den Beschwerderegelungen **33a** 1
Verwertung von Tatsachen **33a** 7
Anklageerhebung
Abschlussvermerk der Staatsanwaltschaft **169a** 1 ff
Adressat **170** 18
beschleunigtes Verfahren **418** 32 ff
Bindung an höchstrichterliche Rechtsprechung **170** 25
Formen der Klageerhebung **170** 17 ff
Rücknahme
siehe dort
Tatverdacht, hinreichender **170** 23 f
verfassungsrechtliche Bindung **170** 27
Voraussetzungen allgemein, materielle **170** 21
Voraussetzungen, formelle **170** 20
Wirkung **170** 29
Zuständigkeitswechsel (Haftentscheidungen) **125** 13
Anklagegrundsatz (Akkusationsprinzip)
Anhängigkeit, Rechtshängigkeit **151** 12
Anklagepflicht und Klagebefugnis **151** 3
Bedeutung allgemein **151** 1
Bindung des Gerichts **151** 2
Klage, Bedeutung und Wesen **151** 4
Klageerhebung, Arten **151** 8
Klageerhebung, Wirkungen **151** 10
Klageerhebung, Zeitpunkt **151** 9
Prozessmaxime **Einl. H** 10 ff
Reichweite **151** 6
Urteilsgegenstand, Bindung an angeklagte Tat **264** 1 ff
Verbrauch der Strafklage **151** 14
Wiederaufnahme des Verfahrens **Vor 359** 2 ff
Anklagemonopol der Staatsanwaltschaft
allgemein **152** 1 ff
Ausnahme Privatklageverfahren **152** 5, 58
Ausnahme Steuerstrafsachen **152** 6
Offizialprinzip **Einl. H** 15; **152** 5
Privatklagedelikte, öffentliches Interesse **376** 1 ff
Prozessmaxime **Einl. H** 17
Anklagesatz
allgemein **200** 6
Bedeutung der Tatbezeichnung **200** 11
Beweiswürdigung **200** 16
Bezeichnung der Tat und der gesetzlichen Merkmale der Straftat (konkreter und abstrakter Anklagesatz **200** 10
Bezeichnung des Angeschuldigten (Rubrum) **200** 7
Erwähnung anderer Personen **200** 16a
fortgesetzte Handlung **200** 14
gesetzliche Merkmale der Straftat (abstrakter Anklagesatz) **200** 10, 17
Rechtsfolgen betreffende Angaben **200** 18
Serienstraftaten u. ä. **200** 14a
Strafvorschriften, Auflistung der anzuwendenden **200** 21
tatbeschreibende Angaben **200** 12
tatkonkretisierende Angaben **200** 13
Wahlfeststellung **200** 15
Zeit und Ort der Begehung (abstrakter Anklagesatz) **220** 13a

Anklageschrift
Adhäsionskläger **200** 46
Änderung des rechtlichen Gesichtspunktes **265** 7
Angaben, weitere **200** 38 ff
Anträge **200** 48
Bedeutung der Vorschrift **200** 3
beschleunigtes Verfahren, Anklageerhebung **418** 32 ff, 40
Beweismittel, anzugebende **200** 32
Beweismittel, Auswahl **200** 33
Beweismittel, Form und Inhalt der Angaben **200** 35
Einleitung des Eröffnungsverfahrens **Vor 198** 5
Einziehungs-/Verfallsbeteiligte, Ladung/Mitteilungen **435** 6 ff
Fassung der Anklageschrift **200** 5
Fehlen/Verlust der Anklageschrift **200** 55
Gericht, zuständiges **200** 38
Gerichtssprache Deutsch **GVG 184** 9
Haftsachen **200** 43
Inhalt der Vorschrift **200** 2
Nebenbeteiligte, sonstige **200** 47
Nebenkläger **200** 44
Rechtsschutz (Revision) **200** 60
Reichweite der Vorschrift **200** 1
Revision, Prüfung von Gesetzesverletzung **337** 42
Sicherungsverfahren, Anwendbarkeit **414** 15 ff
Sonstige **200** 42
Staatsanwaltschaft, Unterschrift **200** 50a
Übersendung **200** 51
Unterrichtung des Angeklagten von Beschuldigung **MRK Art. 6 (Art. 14 IPBPR)** 170
Urteilsgegenstand, Bindung an angeklagte Tat **264** 13 ff
Verlesung des Anklagesatzes in der Hauptverhandlung **243** 5, 50 ff
Verletzter **200** 45a
Verteidiger **200** 41
wesentliches Ergebnis der Ermittlungen
– Bedeutung **200** 24
– Erforderlichkeit **200** 23
– Inhalt allgemein **200** 25
– persönliche Verhältnisse des Angeschuldigten **200** 28
– Prozessvoraussetzungen **200** 30
– rechtliche Ausführungen **200** 29
– sonstiger Inhalt **200** 31
– Tatgeschehen **200** 27
Zeugenschutz und Beweismittelangaben **200** 35a
Zuständigkeit der Staatsanwaltschaft **200** 50

Anklageschrift, Mängel
Bedeutung **200** 52
Behebung wesentlicher Fehler **200** 57
Erheblichkeit **200** 52b f
Fehlen des wesentlichen Ermittlungsergebnisses **200** 59
Fehlen sonstiger Angaben **200** 58
Meinungsverschiedenheiten zwischen Gericht und StA **200** 52a
Nachbesserung des Anklageschrift **200** 54a
Rückgriff auf wesentliches Ermittlungsergebnis **200** 54
ungenügende Konkretisierung von Tat/Täter **200** 56 ff

Annexkompetenz
Ermittlung, verdeckte mit technischen Mitteln **100c** 8

Anrufung des Gerichts bei Entscheidungen des Vorsitzenden
siehe auch Vorsitzender Richter, Verhandlungsleitung
Gang der Berufungsverhandlung **324** 29

Ansichziehen des Verfahrens (Evokationsrecht)
Generalbundesanwalt **GVG 120** 7

Anstaltsunterbringung
siehe Unterbringung

Antrag auf gerichtliche Entscheidung
Abgrenzung zur einfachen Beschwerde **Vor 304** 42 ff
Akteneinsicht des Verteidigers **147** 157 ff
Beschlagnahme/Arrest (Vollstreckungssicherung) **111e** 24 ff
Einstellung des Verfahrens, § 172
siehe Klageerzwingungsverfahren
Ermittlung, verdeckte mit technischen Mitteln, § 100d Abs. 6, **100d** 46 ff
im Klageerzwingungsverfahren
siehe dort
Notveräußerung, **111l** 17a ff
Postbeschlagnahme **100** 49
Rechtsschutz bei Erledigung und fehlender Anhörung
siehe Ermittlungsmaßnahmen der §§ 94 ff
im Strafvollzug
– nach § 109 StVollzG, Akteneinsicht des Verteidigers **147** 98
– nach § 116 Abs. 2 StVollzG, Besetzung der Kammer **GVG 78b** 13
– nach § 75 UVollzO, Untersuchungshaftvollzug **119** 154, 160
Vernehmung durch StA und Polizei **163a** 67
Wohnraumüberwachung, akustische **100d** 46
Zwangsmaßnahmen der StA **EGGVG 23** 92 ff

Antrag auf gerichtliche Entscheidung nach § 161a Abs. 3
allgemeines **161a** 47
Anordnung der Vorführung **161a** 51

Antragstellung **161a** 57
Bedeutung der Regelung **161a** 47
Beschwer **161a** 52
Entscheidung des Gerichts **161a** 61
Erledigung/prozessuale Überholung **161a** 52
Grundsatz **161a** 47
Kostenauferlegungsbeschluss **161a** 49
Ladung **161a** 51
Ordnungshaftbeschluss **161a** 49
Rechtsschutz gegen gerichtliche Entscheidung **161a** 66
Verfahren allgemein **161a** 55
Verfahrensablauf **161a** 60
Vorführungsbefehl **161a** 49
Zulässigkeit **161a** 47 ff
Zurückweisung des Zeugenbeistandes **161a** 50
Zuständigkeit **161a** 55
Zuständigkeit bei ersuchter Staatsanwaltschaft **161a** 65
Antrag auf gerichtliche Entscheidung nach § 23 EGGVG
Änderung im Vorschaltverfahren **EGGVG 23** 78
Akten- und Dateiverwaltung **EGGVG 23** 27
Akteneinsicht nach Einstellung/in Spurenakten **147** 162 ff
allgemeine Justizverwaltung **EGGVG 23** 32
allgemeiner Feststellungs- und Leistungsantrag **EGGVG 23** 76
Anfechtungs- und Verpflichtungsantrag **EGGVG 23** 75
Anordnung körperlicher Untersuchung (durch StA und ihre Hilfsbeamten) **81a** 90
Anträge Dritter **EGGVG 24** 5
Antrag, Bestimmtheit **EGGVG 23** 81
Antragsbefugnis, Bedeutung **EGGVG 24** 1
Antragsbefugnis, Einzelfälle **EGGVG 24** 4
Antragsfrist **EGGVG 26** 2 ff
Anwendungsbereich allgemein **EGGVG Vor 23** 1 ff
Aussagegenehmigung der Dienstbehörde **EGGVG 23** 25
Bedeutung der Vorschriften **EGGVG Vor 23** 1
Datei, Einrichtung/Speicherung/Weitergabe von Daten **489** 16
Dienstaufsichtsbeschwerde **EGGVG 23** 80
Einschränkung durch das StVollzG **EGGVG Vor 23** 7
Einschränkungen nach Rechtsprechung **EGGVG Vor 23** 12
Einschränkungen, geplante **EGGVG Vor 23** 9
einzelne Angelegenheiten
– Fallgruppen (Rechtsprechung zur VA-Qualität) **EGGVG 23** 46 ff
– Gegenstand der Nachprüfung **EGGVG 23** 42
– Maßnahme, Begriff **EGGVG 23** 43
– Regelungsbegriff **EGGVG 23** 45
– Strafverfolgungsbehörden, Maßnahmen **EGGVG 23** 52 ff
Entscheidung des Gerichts
siehe Gericht, Entscheidung über Justizverwaltungsakt
Entstehungsgeschichte **EGGVG Vor 23** 5
Finanzbehörden bei Strafverfolgung **EGGVG 23** 20
Form des Antrags **EGGVG 26** 1
Geltungsbereich der Vorschrift **EGGVG 23** 1
Gerichte, ordentliche **EGGVG 23** 4 ff
Gnadenwesen **EGGVG 23** 36
Identifizierungsmaßnahmen (§ 81 b) **81b** 32
internationale Rechtshilfe **EGGVG 23** 39
Jugendstrafsachen **EGGVG Vor 23** 8
Justizbehörden allgemein **EGGVG 23** 2
Justizbehörden, sonstige **EGGVG 23** 22
Justizminister **EGGVG 23** 26
Justizministerium **EGGVG 23** 3
Justizmitteilungsgesetz **EGGVG Vor 23** 11
Kosten des Verfahrens
– außergerichtliche Kosten **EGGVG 30** 4 f
– Gerichtskosten nach Kostenordnung **EGGVG 30** 1 ff
– Geschäftswert **EGGVG 30** 6
Mängel des Antrags **EGGVG 24** 6
Mitteilungen in Strafsachen **EGGVG 23** 31
NATO-Truppenstatut **EGGVG 23** 41
Polizei, Hilfsbeamte der Staatsanwaltschaft **EGGVG 23** 12
Presseerklärung **EGGVG 23** 29
Rechte, Geltendmachung eigener **EGGVG 24** 3
Rechtsmittel, Einlegung durch Inhaftierte **299** 5
Rechtsschutz nach § 161 StPO **EGGVG Vor 23** 10
Rechtsverletzung, Geltendmachung **EGGVG 24** 2
Regelungen für die ordentliche Justiz **EGGVG Vor 23** 13
Registerwesen (Datenbanken) **EGGVG 23** 34
Sachverhaltsermittlung durch die Staatsanwaltschaft **160** 68
Schiedsmannswesen **EGGVG 23** 35
Sperrerklärung der Dienstbehörde **EGGVG 23** 23
Sperrerklärung der obersten Dienstbehörde **96** 105
Staatsanwaltschaft **EGGVG 23** 11
Strafrechtspflege, Gebiet der **EGGVG 23** 27 ff
Strafvollstreckung, Aufschub/Unterbrechung **455** 31
Strafvollstreckung/Strafvollzug **Vor 449** 22

Subsidiarität des Rechtsbehelfs
siehe dort
Übergangsregelung als Ziel **EGGVG Vor 23** 6
Untätigkeitsantrag
– Aussetzung bei Verzögerungsgrund **EGGVG 27** 6
– Entscheidung der Behörde **EGGVG 27** 7
– Grundgedanke **EGGVG 27** 1
– Jahresfrist **EGGVG 27** 8
– Unzulässigkeit **EGGVG 27** 5
– Voraussetzungen **EGGVG 27** 2 ff
Untersuchung nicht tatverdächtiger Personen **81c** 63
Vollstreckung, Absehen/Nachholung bei Auslieferung/Ausweisung **456a** 17
Vollstreckungsbehörde, Herbeiführung des Vollzugs **457** 31
Vollzug der Untersuchungshaft **119** 160
Vollzugsbehörden, Maßnahmen
– Arten des Freiheitsentzugs **EGGVG 23** 61 ff
– Behördenbegriff **EGGVG 23** 60
– Handeln für Vollzugsbehörden **EGGVG 23** 73
– Vollzugsmaßnahmen **EGGVG 23** 74
Vorschaltverfahren
– Bedeutung der Regelung **EGGVG 24** 8
– erledigte Maßnahmen **EGGVG 24** 16
– förmlicher Rechtsbehelf, Begriff **EGGVG 24** 10
Wahrung einheitlicher Rechtsprechung
siehe Divergenzausgleich
Wiedereinsetzung in den vorigen Stand
siehe dort
Zulässigkeitsvoraussetzungen, weitere **EGGVG 24** 17; **EGGVG 26** 12
Zuständigkeit des OLG **EGGVG 25** 1 ff
Zweitbescheid **EGGVG 23** 79; **EGGVG 24** 7

Antrag auf gerichtliche Entscheidung nach § 98 Abs. 2 Satz 2
allgemeines **98** 48
Antrag **98** 51
Art und Weise der Vollstreckung **98** 55
Benachrichtigung Betroffener (verdeckte Datenerhebung) **101** 19
Führerschein, Sicherstellung **111a** 97
Gegenstand richterlicher Überprüfung **98** 55
Identifizierungsmaßnahmen (§ 81 b) **81b** 32
Inhalt richterlicher Überprüfung **98** 53
nächtliche Haussuchung **104** 15
Rechtsschutz nach § 23 EGGVG, subsidiärer **EGGVG 23** 85 ff
Rechtsüberprüfung, umfassende **98** 53
Untersuchung nicht tatverdächtiger Personen **81c** 63
zuständiger Richter **98** 52

Antrag auf gerichtliche Entscheidung nach §§ 458, 459h, 463
Anwendbarkeit des Rechtsbehelfs
– Auslegung eines Strafurteils **458** 2
– Beispiele für Einwendungen **458** 9 ff
– Bewährungs-/Strafaufschubsentscheidungen **458** 16
– Dienstaufsichtsbeschwerde **458** 19
– Folgerungen **458** 18
– Strafvollstreckungsbehörde, Maßnahmen **458** 1
– Strafzeitberechnung **458** 3
– Verhältnis zu § 23 EGGVG **458** 25
– Verhältnis zu Geldstrafen/Nebenfolgen **458** 23
– Vollstreckung nach Auslieferung/Ausweisung **458** 17
– vorläufige Anordnungen **458** 20
– Zulässigkeit der Vollstreckung **458** 6
Bedenken der ersuchten Vollstreckungsbehörde **458** 30
Beschlussverfahren
– Absehen von Anhörung **462** 7
– Antragstellung **462** 5
– Anwendungsbereich der Vorschrift **462** 2
– Beschwerde, aufschiebende Wirkung **462** 12
– Beschwerde, sofortige **462** 9
– Beschwerdeentscheidung **462** 14
– Entscheidung **462** 8
– Entwicklungsgeschichte **462** 1
– rechtliches Gehör **462** 4
– Rechtspfleger, vorangegangene Entscheidung **462** 13
– Verfahren **462** 3
– Vollstreckung **462** 15
Einwendung nach Beendigung **458** 34
Einwendung nach Verwerfung/Wiederholung **458** 33
Einwendungsberechtigte
– Dritte, beeinträchtigte **458** 29
– sonstige Personen **458** 27
– stillschweigende Ermächtigung **458** 28
– Verurteilter **458** 26
Ersatzfreiheitsstrafe/Nebenfolgen usw.
– Aufrechnung der Behörde **459h** 16
– Aufrechnung des Verurteilten **459h** 17
– Bedeutung der Vorschrift **459h** 3
– Beitreibung **459h** 8
– Einwendung, Begriff **459h** 4
– Einwendungen Dritter **459h** 15
– Einwendungen gegen Art und Weise der Vollstreckung **459h** 2, 13
– Einwendungen gegen Vollstreckung schlechthin **459h** 1

– Entscheidungen der Vollstreckungsbehörde **459h** 5
– Ersatzfreiheitsstrafe **459h** 9
– Nebenfolgen **459h** 10
– Rechtspflegeranordnungen **459h** 11
– Teilzahlungen, Verrechnung **459h** 7
– unpfändbares Vermögen **459h** 14
– Zahlungserleichterung **459h** 6
– Zulässigkeit der Vollstreckung **459h** 12
– Zuständigkeit des Gerichts **459h** 18
Gerichte der DDR **458** 36
Rechtspflegers, Entscheidungen des **458** 35
Rechtsschutz gegen gerichtliche Entscheidung **458** 31
Rechtsschutz nach § 23 EGGVG, subsidiärer **EGGVG 23** 98 ff
Strafvollstreckung, Aufschub/Unterbrechung **455** 30
Strafvollstreckung/Strafvollzug **Vor 449** 22

Antragsdelikt
Privatklageverfahren **374** 1
Staatsanwaltschaft im Ermittlungsverfahren **160** 21 f

Anwesenheitsfeststellung
Hauptverhandlung, Aufbau **243** 19

Anwesenheitsrechte bei Untersuchungshandlungen
Anwesenheit/Benachrichtigung bei Vernehmung **168c** 1 ff
Augenscheinseinnahme **168d** 1 ff
faires Verfahren, Recht auf ein **MRK Art. 6 (Art. 14 IPBPR)** 71
Gleichheit vor dem Gericht **MRK Art. 6 (Art. 14 IPBPR)** 59 ff
Verteidigung, Recht auf Vorbereitung **MRK Art. 6 (Art. 14 IPBPR)** 176

Anzeigenerstatter
Mitteilung über vorläufige Einstellung **153a** 112
Verfahrensgarantien nach MRK und IPBPR **MRK Art. 6 (Art. 14 IPBPR)** 28

Apotheker
Beschlagnahmeverbot **97** 118 ff
Zeugnisverweigerungsrecht, berufliche Gründe **53** 33 f

Arglist
Revision, Begründetheit **337** 282a

Arrest
Freiheitsentziehung, Rechte bei **MRK Art. 5 (Art. 9, 11 IPBPR)** 18, 24

Arrest, dinglicher
allgemeines **111d** 1
Anordnung
siehe im Übrigen unter Beschlagnahme
Anordnung allgemein **111e** 1
Anordnung, Bekanntmachung **111d** 29
Anordnung, Form **111d** 26
Anordnung, Inhalt **111d** 26
Anordnung, Zeitpunkt **111d** 23
Arrestansprüche **111b** 41; **111d** 4 ff
Arrestgrund **111b** 41; **111d** 15
Aufhebung **111e** 23
Aufhebung der Anordnung **111d** 34
Aufhebung der Vollziehung **111d** 35
Aufhebung der Vollziehung, sonstige Gründe **111d** 41
Aufhebung der Vollziehung, Zuständigkeit **111d** 42
Bedeutung der Vorschrift **111b** 39
Bekanntmachung der Anordnung **111e** 12
Bestätigung, gerichtliche (Anordnung der StA) **111e** 13 ff
bewegliches Vermögen, Vollziehung **111d** 31
Durchführung allgemein **111f** 6 ff
Eilkompetenz der Staatsanwaltschaft **111e** 10
Einzelheiten **111b** 41
Einziehung des Wertersatzes, § 74c StGB **111d** 8
Entschädigung **111d** 43
Forderungen u. a. Vermögensrechte **111f** 7
Form der Anordnung **111e** 11
Geldstrafe **111d** 9
Geringfügigkeit **111d** 14
Gesuch, Antragsbefugnis **111d** 20
Gesuch, Inhalt **111d** 21
Grundstück/grundstücksgleiche Rechte **111f** 8
Grundstücke, Vollziehung **111d** 33
Hinterlegung des Geldbetrages **111d** 35
Inhalt der Anordnung **111e** 11
Kosten des Verfahrens allgemein **Vor 464** 6
Luftfahrzeuge **111f** 9
Notlage des Beschuldigten **111d** 36
Rechtsschutz **111d** 44; **111e** 24; **111f** 11 ff
siehe im Übrigen unter Beschlagnahme
Regelungsgehalt der Vorschrift **111b** 40
Rückgabe von Sachen
siehe Herausgabe sichergestellter Gegenstände;
siehe auch Zurückgewinnungshilfe, strafprozessuale
Sachen, bewegliche **111f** 6
Schiffe und Luftfahrzeuge, Vollziehung **111d** 32
Schiffe und Schiffsbauwerke **111f** 10
Sicherstellung zur Vollstreckungssicherung
siehe dort
Verfahrenskosten **111d** 11
Verfall des Wertersatzes, § 73a StGB **111d** 4
Vollziehung allgemein **111d** 30
Zuständigkeit **111d** 25; **111e** 10

Arzt, Zahnarzt
Beschlagnahmeverbot **97** 118 ff
Durchsuchung, Zufallsfunde **108** 22
Urkundenbeweis, Verlesen von Behörden-/Ärzteerklärungen **256** 39 ff
Zeugnisverweigerungsrecht, berufliche Gründe **53** 33 f; **53a** 6
Asyl
Freiheitsentziehung, Rechte bei **MRK Art. 5 (Art. 9, 11 IPBPR)** 13, 86
Attest
Urkundenbeweis, Verlesen von Behörden-/Ärzteerklärungen **256** 39 ff
Aufbauseminar
Nichtverfolgung gegen Auflagen/Weisungen, vorläufige **153a** 65
Aufenthaltsermittlung, Ausschreibung zur
Anwendungsbereich der Vorschrift **Nachtr. 131a** 1
des Beschuldigten, Fahndungsgründe **Nachtr. 131a** 4
Eilkompetenz **Nachtr. 131c** 4
Eilkompetenz (Öffentlichkeitsfahndung) **Nachtr. 131c** 3
Ermittlung des Beschuldigten/Zeugen **Nachtr. 131a** 3
Fahndungshilfsmittel **Nachtr. 131a** 11
Inhalt der Ausschreibung **Nachtr. 131a** 8
Interessen des Zeugen **Nachtr. 131a** 9
nach dem DNA-IdentitätsfeststellungsG **Anhang 81g** 17
Öffentlichkeitsfahndung **Nachtr. 131a** 6
Rechtsschutz **Nachtr. 131a** 12; **Nachtr. 131c** 8
Regelkompetenz **Nachtr. 131c** 2
Regelkompetenz (Öffentlichkeitsfahndung) **Nachtr. 131c** 2
Richtervorbehalt bei längerer Veröffentlichung **Nachtr. 131c** 5
Verhältnismäßigkeitsprinzip **Nachtr. 131a** 2
Auflage/Weisung, Befragung zur Einwilligung
allgemein **265a** 4 ff
Befragung durch den Vorsitzenden **265a** 8
Befragung, Zeitpunkt **265a** 9
geeigneter Fall **265a** 5
Protokoll **265a** 15
Rechtsschutz (Beschwerde) **265a** 16
Rechtsschutz (Revision) **265a** 17
Schweigerecht **265a** 12
Strafaussetzung, Wahrscheinlichkeit **265a** 4
Verteidigerbefragung **265a** 14
Weisung bezüglich Heilbehandlung u. ä. **265a** 6
Zweck der Vorschrift **265a** 1
Aufopferung
Freiheitsentziehung, Rechte bei **MRK Art. 5 (Art. 9, 11 IPBPR)** 130
Kosten des Verfahrens allgemein **Vor 464** 20 f
Aufrechnung
Adhäsionsverfahren **404** 17
Gerichtsentscheidung bei Strafvollstreckungsmaßnahmen **459h** 16 f
Aufruf der Sache
Berufung, Gang der Hauptverhandlung **324** 1
Berufungsverhandlung ohne Angeklagten **329** 8
Hauptverhandlung, Aufbau **243** 16
Aufzeichnungen, technische
richterliche Augenscheinseinnahme **86** 14, 34
Wiederaufnahme des Verfahrens bei Fälschungen **359** 19; **362** 6
Augenschein (allgemein)
Ablehnung von Beweisanträgen **244** 324 ff
Augenscheinsbeweis **86** 1
Augenscheinsgehilfe **86** 4
Beschuldigter als Beweismittel **Einl. I** 85
Besichtigung durch Staatsanwaltschaft oder Polizei **86** 49
Beweisaufnahme, Hauptverhandlung **244** 14
Beweiswürdigung, freie richterliche **261** 100
EDV-Anlagen **86** 13
Einzelfälle, sonstige **86** 11 ff
Ermittlungsmaßnahmen der Staatsanwaltschaft **161** 33
Gegenstand des Beweises **86** 9
Hauptverhandlung, außerhalb **86** 41 ff
Hauptverhandlung, innerhalb **86** 46
Hauptverhandlungsprotokoll, Inhalt **273** 15
Informatorische Besichtigung **86** 8; **225** 9
kommissarische Einnahme **225** 1 ff
Lichtbilder **86** 19
Öffentlichkeit, Sitzungspolizei **GVG 169** 15 ff; **GVG 176** 7
Ortsbesichtigung **86** 24
Personen als Augenscheinsobjekte **86** 25
Rechtsschutz (Revision) **86** 50
Revision, Beweis der Gesetzesverletzung **337** 85, 106 f
richterlicher Augenschein **86** 2
Sicherstellung/Beschlagnahme **94** 12
Skizzen vom Tat- oder Unfallort **86** 30
technische Aufzeichnungen **86** 14, 34
Telekommunikationsüberwachung **100a** 76
Unerreichbarkeit des Beweismittels **244** 273
Untersuchung einer Frau, Abgrenzung **81d** 6
Urkunden **86** 38
Urkundenbeweis, Abgrenzung **249** 7 ff
Urkundenbeweis, Protokollverlesung **249** 24 ff, 30 ff

Urteilsgründe, Inhalt/Darstellung **267** 62
Wiederaufnahme bei neuen Beweisen **359** 120
Wiederaufnahme bei Objektfälschungen **359** 19; **362** 6
Zeuge, Ladung/Befragung durch den Angeklagten **MRK Art. 6 (Art. 14 IPBPR)** 211

Augenschein, Anwesenheitsrechte
allgemeines **168d** 1
Anwendungsbereich **168d** 3
Anwesenheitsrechte **168d** 6
Bedeutung der Vorschrift **168d** 1
Benachrichtigungspflichten **168d** 6
Rechtsschutz (Beschwerde) **168d** 20
Rechtsschutz (Revision) **168d** 21
richterliche Augenscheinseinnahme **168d** 4
Sachverständige, Zuziehung
– Antrag des Beschuldigten **168d** 13
– Antragsrecht anderer Personen **168d** 18
– Befugnisse des Sachverständigen **168d** 15
– Benachrichtigungen **168d** 10
– Benennung **168d** 11
– durch den Richter **168d** 8

Auskünfte, Erteilung/Einholung
siehe auch Datenübermittlung; Akteneinsicht; Mitteilung in Strafsachen

Auskunft über Telekommunikationsverbindung
Anordnung der Maßnahme allgemein **100h** 1
Antrag **100h** 8
Ausgangspunkt der Kommunikation **100g** 26
Auskunftserteilung, Art und Weise **100g** 30
Auskunftsgegenstand **100g** 21 ff
Beendigung der Maßnahme **100h** 30
Benachrichtigung Betroffener *siehe dort*
Beschluss, Begründung **100h** 16
Beschluss, Bekanntmachung **100h** 17
Beschluss, Genauigkeit **100h** 15
Beschluss, richterlicher **100h** 9 ff
Beschlussformel **100h** 9
Betroffene **100g** 20
Daten, anzugebende **100g** 22
Durchführung des Beschlusses **100h** 20
Eingriffsvoraussetzungen des Abs. 1 **100g** 11 ff
Endeinrichtung, Straftat mittels **100g** 14
Entscheidungsgrundlage **100h** 8
Fernmeldegeheimnis **100g** 2
Form der Anordnung **100h** 7
Funkzellenabfrage (§ 100h Abs. 1 Satz 2) **100g** 29
Gegenstand der gesetzlichen Regelung **100g** 1
gesetzliche Regelungen, Überblick **100g** 5
Kosten **100h** 34
Mobilfunknetz **100g** 23
Mobiltelefon, Überwachung *siehe Mobilfunkendgerät, Überwachung*
privater Lebensbereich, Gewährleistung **MRK Art. 8 (Art. 17 IPBPR)** 25b, 37
Prüfung, eigenverantwortliche richterliche **100h** 8
rechtliches Gehör **100h** 17
Rechtsschutz **100h** 35 ff
richterliche Anordnung **100h** 7 ff
staatsanwaltliche Anordnung **100h** 19
Straftat von erheblicher Bedeutung **100g** 13
Straftatenkatalog des § 100a Satz 1 **100g** 11
Täter oder Teilnehmer **100g** 16
Tatverdacht **100g** 18
Überwachung der Maßnahme **100h** 30
Unverzüglichkeit **100g** 33
Verbindung, versuchte **100g** 23
Verbindung, zukünftige **100g** 24
Verbindung, zustande gekommene **100g** 23
Verbindungsarten **100g** 25
Verbindungsdaten **100g** 21 ff
Verbindungsdaten des Beschuldigten **100g** 32
Verbindungsdaten des Nachrichtenmittlers **100g** 32
Verhältnismäßigkeit **100g** 19
Verlängerung der Maßnahme **100h** 18
Vernichtung **100h** 33
Verpflichtete, Netzbetreiber **100a** 8 f; **100b** 29
Versuch oder strafbare Vorbereitungshandlung **100g** 16
Verwendungsregelung **100h** 31
Zeugnisverweigerungsrechte
– Problematik **100h** 21
– Regelung des § 100h Abs. 2 **100h** 21
– Umfang des Schutzes **100h** 25
– Verhältnismäßigkeit **100h** 28
– Verstrickung **100h** 29
– Zeugnisverweigerungsrecht **100h** 24
Zielwahlversuche **100g** 27
Zuständigkeit **100h** 2

Auskunftsverlangen der Staatsanwaltschaft
siehe auch Auskünfte/Akteneinsicht
Adressaten des Anspruchs **161** 9 ff
Akteneinsicht **161** 6
allgemeines **161** 5 ff
Anspruch und Akteneinsicht **161** 6
Bankgeheimnis **161** 27
Behörden, öffentliche **161** 9
Berechtigte, zur Auskunft **161** 8
Durchsetzung (Zwangsmaßnahmen) **161** 29
Geheimhaltungsvorschriften, besondere **161** 17a, 26
Geheimnisschutz, strafprozessualer **161** 17
Gerichte **161** 11
Grenzen des Anspruchs **161** 14 ff
Polizeibehörden **161** 12
Post- und Fernmeldegeheimnis **161** 18

Privatpersonen **161** 13
Rechtsnatur **161** 5
Sozialgeheimnis **161** 22
Sperrerklärung nach § 96 **161** 15
Staatsanwaltschaften, andere **161** 11
Steuergeheimnis **161** 20

Auskunftsverweigerungsrecht
analoge Anwendung **55** 2
Ausübung, Erklärung **55** 16
Belehrung **55** 23
Beweiswürdigung bei Verweigerung **55** 21
Entscheidungsbefugnis des Gerichts **55** 18
Folgen der Weigerung **55** 19
Gefahr der Verfolgung
– Einzelfälle **55** 14
– Gefahrenbegriff **55** 10
– Grundsatz der früheren Tat **55** 12
– mittelbare Gefahr **55** 11
– Straftaten/Ordnungswidrigkeiten **55** 8
Glaubhaftmachung des Verweigerungsgrundes *siehe Zeugnis-/Auskunftsverweigerungsrecht*
Herausgabepflicht bei Sicherstellung **95** 15
Rechtsbeistand **55** 4
Rechtsschutz (Revision) **55** 27
Rechtsschutz (Revision), unrichtige Belehrung **55** 29
Rechtsschutz (Revision), unterlassene Belehrung **55** 28
eines Sachverständigen **72** 9; **76** 1
unberechtigte Weigerung *siehe Zeuge, Folgen der Zeugnis-/Eidesverweigerung*
Untersuchung nicht tatverdächtiger Personen **81c** 38
Verhältnis zum Zeugnisverweigerungsrecht **55** 3
Verweigerungsrecht allgemein **55** 5
Zweck der Vorschrift **55** 1

Ausländer
Beiordnung eines Zeugenbeistandes **Nachtr. 68b** 26
Bekanntmachung der gerichtlichen Entscheidung **35** 29
Bekanntmachung des Haftbefehls **114a** 7
Benachrichtigung Dritter bei Verhaftung **114b** 38
Briefverkehr in Untersuchungshaft **119** 70
Diskriminierungsverbot **MRK Art. 14 (Art. 2, 3, 16, 24 ff IPBPR)** 5, 16a; **MRK Art. 16** 1 ff
Dolmetscher, Hinzuziehung/Übersetzung **GVG 185** 16 ff
Eidesleistung eines Zeugen **66c** 4
Einstellung bei Auslieferung oder Ausweisung **154b** 2
Fahrerlaubnis, vorläufige Entziehung **111a** 81
Freizügigkeit, Ausweisungen **4. ZP MRK Art. 2 (Art. 12 IPBPR)** 1 ff; **4. ZP MRK Art. 3 (Art. 12 IPBPR)** 1 ff; **4. ZP MRK Art. 4 (Art. 13 IPBPR)** 1 ff
fremdsprachiger, Vereidigung **GVG 188** 1 ff
Führerschein, Sicherstellung **111a** 81
Gerichtssprache Deutsch **GVG 184** 1 ff
Identifizierungsmaßnahmen (§ 81b) **81b** 6
Meinungsäußerungsfreiheit **MRK Art. 10 (Art. 19 IPBPR)** 14; **MRK Art. 16** 1 ff
Mitteilung der Anklageschrift im Eröffnungsverfahren **201** 15
notwendige Verteidigung und Dolmetscher **140** 103 ff
Plädoyers bei fremdsprachigem Angeklagten **259** 4
Rechtsanwalt, Zeugnisverweigerungsrecht **Nachtr. 53** 5
Rechtsmittelbelehrung, gerichtliche **35a** 26
Sicherheitsleistung (Wohnsitz im Ausland) **132** 1
Strafbefehl, Inhalt/Belehrungen **409** 24 ff
Strafvollstreckung/Strafvollzug **Vor 449** 30 f
Taten im Inland auf ausländischen Schiffen/Luftfahrzeugen **153c** 12 ff
Taten nach dem VölkerStGB **Nachtr. 153f** 9 f, 14, 35 ff
Telekommunikationsüberwachung **100a** 77
Unterrichtung des Angeklagten von Beschuldigung **MRK Art. 6 (Art. 14 IPBPR)** 171 f
Urteilsverkündung, Rechtsmittelbelehrung **268** 35
Versammlungs- und Vereinigungsfreiheit **MRK Art. 11 (Art. 21, 22 IPBPR)** 2, 5; **MRK Art. 16** 1 ff
Vollstreckung, Absehen/Nachholung bei Auslieferung/Ausweisung **456a** 3
als Wahlverteidiger **138** 3a f, 7 ff, 26
Wiedereinsetzung in den vorigen Stand **44** 15, 25
Zeuge, Folgen des Ausbleibens **51** 35

Auslagen, notwendige
siehe unter Kosten des Verfahrens
Fahrerlaubnis, vorläufige Entziehung **111a** 102

Ausland
Absehen von der Verfolgung von Taten nach dem VölkerStGB *siehe dort*
Abwesenheit des Beschuldigten **276** 12
Anordnung persönlichen Erscheinens **236** 4
audiovisuelle Zeugenvernehmung **247a** 13, 21
Auskunftsverweigerungsrecht, Verfolgungsgefahr **55** 13

Berufungsverhandlung ohne Angeklagten **329** 5
Beschränkung der Berufung **318** 95
Beweisaufnahme **Einl. D** 11
Bindungswirkung von Hoheitsakten **262** 19
Datenübermittlung von Amts wegen **EGGVG 16** 1 ff
DDR, Absehen von der Verfolgung von Auslandstaten **153c** 9; **154** 10
Einstellung bei Auslieferung oder Ausweisung **154b** 2 ff, 6 f
Einstellung des Verfahrens/Prozessvoraussetzung **206a** 38a, 46c, 48a f
Ermittlungsmaßnahmen der Staatsanwaltschaft **161** 38
Ersetzen der Vernehmung durch Protokollverlesung **251** 22 ff
Flucht durch Verlegen des Aufenthalts **112** 29
Freiheitsstrafe, Anrechnung von Auslieferungshaft **450a** 5 ff
Gerichtsstand der Exterritorialen und Auslandsbeamten **11** 1 ff
Gutachten bei Geld- oder Wertzeichenfälschung **92** 4
Hauptverhandlung ohne Angeklagten **232** 2; **233** 4
Hauptverhandlung, Ladung **214** 4
Hinzuziehung von Sachverständigen **81f** 23
Hospitanten bei Gericht, Teilnahmerechte **GVG 193** 20, 25, 33 ff
Immunität, Beachtung bei Rechtshilfeersuchen **152a** 5
Inhalt eines Haftbefehls bei Einlieferungsantrag **114** 11
Internationale Rechtshilfe in Strafsachen **Einl. D** 3; **GVG Vor 156** 24 ff
kommissarische Vernehmung **223** 37 ff; **224** 2
Ladung eines Zeugen **48** 10
öffentliche Zustellung **40** 5 ff
Rechtsauskünfte im Eröffnungsverfahren **202** 9a
Schiffe, örtliche Zuständigkeit des Gerichts **10** 4
Sicherheitsleistung (Wohnsitz im Ausland) **132** 1
Strafverfahrensrecht, Berücksichtigung **Einl. D** 17
Tätigkeit des Amtsrichters **GVG 22** 26
Unerreichbarkeit des Beweismittels **244** 266
Urkundenbeweis, fremdsprachige Schriften **249** 32 ff
Urkundenbeweis, Verlesen von Behörden-/Ärzteerklärungen **256** 13
Urteile, Absehen von Strafverfolgung **153c** 15 ff; **Nachtr. 153c** 4 f
Verfolgung Flüchtiger über Landesgrenzen **GVG 167** 15
Vermögensabschöpfung **111b** 53
Zeuge, Ladung/Befragung durch den Angeklagten **MRK Art. 6 (Art. 14 IPBPR)** 229
Zeugen, Ablehnung von Beweisanträgen **244** 339 ff
Zeugnisverweigerungsrecht **53** 5
Zustellungsverfahren nach ZPO (n.F.) **Nachtr. 37** 3, 45

Auslegung
Auslegungsmethoden **Einl. L** 34 ff
von MRK und IPBPR *siehe jeweils dort*
des Rechts durch den Richter **GVG 1** 7 ff
Rückwirkungsverbot von Strafgesetzen **MRK Art. 7 (Art. 15 IPBPR)** 6a

Auslieferung/Ausweisung des Beschuldigten
Absehen von der Verfolgung von Taten nach dem VölkerStGB **Nachtr. 153f** 39
Einstellung bei Auslieferung oder Ausweisung **154b** 6 f
Folter, Verbot der **MRK Art. 3 (Art. 7 IPBPR)** 14
Freiheitsentziehung, Rechte bei **MRK Art. 5 (Art. 9, 11 IPBPR)** 84 ff
Mehrfachverteidigung, Verbot **146** 41
Staatsanwaltschaft, Zuständigkeit **GVG 143** 18
Unschuldsvermutung **MRK Art. 6 (Art. 14 IPBPR)** 122
Verfahrensgarantien nach MRK und IPBPR **MRK Art. 6 (Art. 14 IPBPR)** 35
Vollstreckung, Absehen/Nachholung bei Auslieferung/Ausweisung **456a** 4

Auslieferungshaft (§§ 15, 16 IRG)
Anrechnung auf Freiheitsstrafe **450a** 5 ff
Beschleunigungsgebot **Vor 112** 36
Einstellung bei Auslieferung oder Ausweisung **154b** 12
Justizverwaltungsakt, Rechtsschutz **EGGVG 23** 69
notwendige Verteidigung **140** 32 ff
Rechtsmittel, Einlegungsmöglichkeit **299** 2 ff

Auslieferungsverfahren
Dolmetscher, kostenlose Beiordnung **MRK Art. 6 (Art. 14 IPBPR)** 237
Ermittlungsmaßnahmen der §§ 94 ff, Geltungsbereich **Vor 94** 21

Auslobung
Ermittlungsmaßnahmen der Staatsanwaltschaft **161** 37

Ausnahmegericht
Abgrenzung zu Sondergerichten **GVG 16** 6
Anwendungsbereich der Vorschrift **GVG 16** 1

Begriff **GVG 16** 5
Verstöße gegen Errichtungsverbot **GVG 16** 7
Ausreisefreiheit 4. ZP MRK Art. 2 (Art. 12 IPBPR) 3
Aussagefreiheit
siehe Nemo-tenetur-Grundsatz
Aussagegenehmigung der Dienstbehörde
siehe auch Sperrerklärung der obersten Dienstbehörde
allgemein **54** 1
Angestellter des öffentlichen Dienstes **54** 8
Beamter **54** 6
Bindung an Behördenentscheidung **54** 20
Bundespräsident **54** 30
DDR, ehemalige Staatsbedienstete **54** 13
Einholung **54** 15
Europäische Gemeinschaften **54** 12
Folgen der Versagung **54** 22
Genehmigungsbeschränkung/Sperrerklärung **54** 19
Genehmigungserteilung **54** 18
für Gerichtshelfer **160** 104
öffentlicher Dienst, Sonstige **54** 9
Rechtsschutz (Revision) **54** 31
Rechtsschutz bei Verweigerung **EGGVG 23** 25
Rechtsschutz gegen Versagung **54** 25
Regierungsmitglieder **54** 29
Richter **54** 5
für Sachverständigen **72** 8
Soldaten **54** 11
Widerruf der Genehmigung **54** 21
Zeugnisverweigerungsrecht **54** 14
zuständige Dienstbehörde/Dienstvorgesetzte **54** 17
Ausschließung eines Richters
bei Beleidigung, Einzelfälle **22** 20
Beschuldigter, Begriff **22** 6
Beziehung zum Beschuldigten/Verletzten **22** 1 ff
Ehegatte/Vormund/Betreuer **22** 10
Eröffnungsbeschluss **22** 62; **207** 51
Gegenstand des Verfahrens **22** 4
Hauptverhandlung, Wiederholung **22** 55
Lebenspartner **Nachtr. 22** 1 ff
Mitwirkung an früheren Verfahren **23** 1
von der Rechtsmittelentscheidung
– höherer Rechtszug **23** 8
– niederer Rechtszug **23** 12
– Rechtsmittel **23** 7
– unterer Rechtszug **23** 5
Rechtsschutz (Revision) **22** 59
Richter als Beschuldigter **22** 21
Sache, Begriff **22** 23
Straftat **22** 1
Tätigkeit (Vortätigkeit), Begriff **22** 30
Verfahren der Ausschließung **22** 49
verletzter Richter **22** 9
Verletzter, Begriff **22** 7
bei Vermögensdelikten, Einzelfälle **22** 16
verwandter/verschwägerter Richter **22** 11; **Nachtr. 22** 1 ff
Vortätigkeit als Anwalt oder Verteidiger **22** 40
Vortätigkeit als Beamter der Staatsanwaltschaft **22** 35
Vortätigkeit als Polizeibeamter **22** 37
Vortätigkeit als Zeuge oder Sachverständiger **22** 42
Wirksamkeit bereits erfolgter Prozesshandlungen **22** 51
Wirkungen der Ausschließung kraft Gesetzes **22** 45
nach Zurückverweisung **23** 29
nach Zurückverweisung wegen Befangenheit **23** 32
Ausschließung eines Richters, Wiederaufnahmeverfahren
Mitwirkungsausschluss, Umfang **23** 24
Revisionsrichter bei erster Entscheidung **23** 16
Vorbereitungsverfahren **23** 26
Vorentscheidung **23** 13
Vorentscheidung in Berufungsinstanz **23** 20
Vorentscheidung in Revisionsinstanz **23** 22
Zurückverweisung, Verhältnis **23** 27
Ausschließung und Ablehnung von Gerichtspersonen
Ablehnung, Begriff **Vor 22** 1, 4
Ausschließung, Begriff **Vor 22** 1
Dolmetscher **GVG 191** 1 ff
Gerichtspersonen, Begriff **Vor 22** 5
Gerichtsvollzieher **GVG 155** 1 ff
Reformbestrebungen **Vor 22** 16 ff
Staatsanwaltschaft **Vor 22** 8 ff
Ausschreibung zur Aufenthaltsermittlung
siehe Aufenthaltsermittlung
Ausschreibung zur Festnahme
siehe Festnahme
Ausschreibung zur polizeilichen Beobachtung
siehe Beobachtung
Außenwirtschaftsgesetz
Telekommunikationsüberwachung **100a** 23
Zuständigkeitskonzentration der Gerichte **GVG 58** 19
Aussetzung (Vollzug des Haftbefehls)
Aufhebung der Ersatzmaßnahmen
siehe Haftbefehl, Aufhebung
Entscheidungsspielraum des Richters **116** 8 f
Form des Aussetzungsbeschlusses **116** 33
im Haftprüfungsverfahren **117** 26; **118a** 29; **122** 35

hinreichend begründete Erwartung **116** 12 ff
Jugendstrafsachen **116** 11
Kreis der Haftgründe **116** 2, 5
bei mehreren Haftbefehlen **116** 10
rechtliches Gehör der Beteiligten **116** 32
Rechtsschutz (Beschwerde)
– allgemein **116** 34 ff
– gegen Aufrechterhaltung des Haftbefehls **116** 35
– bei Haftersatzmaßnahmen **116** 36
– bei mehreren Aussetzungsentscheidungen **116** 37
– weitere Beschwerde; Beschlüsse von OLG und BGH **116** 38 ff
Sicherheitsleistung
siehe dort
Verfassungsmäßigkeit **116** 2
Verhältnismäßigkeitsgrundsatz **116** 1
Voraussetzungen allgemein **116** 3 f, 6, 16
weitere Beschwerde, Zulässigkeit **310** 32 ff
Widerruf der Aussetzung
– Aufhebung der Aussetzungsmaßnahmen **116** 46
– bei Fluchtvorbereitungen **116** 49
– Folgen des Widerrufs **116** 53
– bei gröblicher Zuwiderhandlung **116** 47 f
– bei neu hervortretenden Umständen **116** 50
– Rechtsschutz (Beschwerde) **116** 52
– Veränderung der Umstände **116** 44 f
– Verfahren **116** 51
Zuständigkeit
siehe Zuständigkeit (Haftentscheidungen)
Zuständigkeit in dringenden Fällen **126** 21
Zustellungsbevollmächtigter **116a** 24
Aussetzung der Hauptverhandlung
siehe Hauptverhandlung
Aussetzung des Strafrests zur Bewährung
siehe Strafaussetzung
Aussetzung des Verfahrens
allgemein **262** 48
Bundesverfassungsgericht, Vorlage
– konkrete Normenkontrolle **262** 49
– Normenqualifikationsprüfung **262** 53
– Völkerrecht, Zweifel bei Regeln **262** 51
– Vorlagebeschluss **262** 55
Europäischer Gerichtshof, Vorlage
– Bindungswirkung **262** 68
– Entscheidung von Amts wegen **262** 65
– Rechtsschutz **262** 67
– Vorabentscheidung **262** 60
– Vorlagepflicht **262** 63
Justizverwaltungsakt, Rechtsschutz **EGGVG 27** 6
im Klageerzwingungsverfahren **173** 10
Landesverfassungsgericht, Vorlage **262** 49 ff
verwaltungsgerichtliche Normenkontrolle **262** 69
bei zivilrechtlichen Vorfragen
siehe dort
Zwangsmaßnahmen bei Zeugnis-/Eidesverweigerung **70** 29
Ausweisung
Auslieferung **4. ZP MRK Art. 3 (Art. 12 IPBPR)** 1
Einreisefreiheit **4. ZP MRK Art. 3 (Art. 12 IPBPR)** 4
Einschränkung des MRK-Verbots **4. ZP MRK Art. 3 (Art. 12 IPBPR)** 3
Kollektivausweisung **4. ZP MRK Art. 3 (Art. 12 IPBPR)** 3; **4. ZP MRK Art. 4 (Art. 13 IPBPR)** 1 ff
Staatsangehörigen, Verbot bei eigenen **4. ZP MRK Art. 3 (Art. 12 IPBPR)** 2
Vollstreckung, Absehen/Nachholung bei Auslieferung/Ausweisung **456a** 4

Bagatellausschlussprinzip
Arrest, dinglicher (Vollstreckungssicherung) **111d** 14
Ermittlungsmaßnahmen der §§ 94 ff **Vor 94** 54
Bagatellsache
Aufhebung des Haftbefehls **120** 24
Begriff **113** 3
Berufungsverhandlung ohne Angeklagten **329** 47
Beschleunigungsgebot **113** 11
bei Flucht **113** 4
bei Fluchtgefahr **113** 7 ff
Hauptverhandlungshaft (§ 127 b Abs. 2) **113** 4
Jugendarrest **113** 3
Strafarrest (WStG) **113** 3
Täter-Opfer-Ausgleich **155a** 11
Ungehorsamshaft **113** 2
bei Verdunkelungsgefahr **113** 6
Verteidigerwahl des Beschuldigten, freie **MRK Art. 6 (Art. 14 IPBPR)** 203
bei Wiederholungsgefahr **113** 5
Bankinstitut
Auskunftsverlangen der Staatsanwaltschaft **161** 27
Durchsuchung beim Verdächtigen **102** 15
Beamter
Aussagegenehmigung der Dienstbehörde **54** 6 ff
Bundesanwaltschaft, Status **GVG 148** 1 ff
Durchsuchung, Durchsicht von Papieren **110** 10
Hilfsbeamter der Staatsanwaltschaft **GVG 152** 21 ff

Meinungsäußerungsfreiheit **MRK Art. 10 (Art. 19 IPBPR)** 14a
Richterstatus, Abgrenzung zum Beamten **GVG Vor 1** 9
Schöffe, Wahlausschuss **GVG 40** 3 ff
Schöffenungeeignetheit **GVG 34** 11 f
Verfahrensgarantien nach MRK und IPBPR **MRK Art. 6 (Art. 14 IPBPR)** 26
Zustellungs- und Vollstreckungsbeamter *siehe Gerichtsvollzieher*

Beamter, politischer
Generalbundesanwalt **GVG 147** 8; **GVG 149** 1
Schöffenungeeignetheit **GVG 34** 6

Bedingung
Revision, Einlegung **341** 4
Wirksamkeit einer Prozesshandlung **Einl. J** 23 ff, 27

Befangenheit
Absprachen **Einl. G** 66; **24** 40
Anzeigen gegen den Richter **24** 22
Ausschließung und Ablehnung von Gerichtspersonen **Vor 22** 4
Begriff **24** 4
Begriff, Einzelfallbetrachtung **24** 8
Begriff, objektiver Maßstab **24** 6
Einflussnahme, Parteilichkeit **24** 11
Eröffnung des Hauptverfahrens **24** 30
in früheren Verfahren **24** 33
im laufenden Verfahren **24** 35 ff
persönliche Verhältnisse
politische Bindung **24** 14
Richter, Ablehnung
– auswärtige Strafkammer beim Amtsgericht **GVG 78** 9
– Maßnahmen der Sitzungspolizei **GVG 176** 51
– Präsidium des Gerichts, Geschäftsverteilungsplan **GVG 21e** 67
– Revisionsgrund, absoluter **338** 62
– Sitzungspolizei, Ordnungsmittel **GVG 178** 38
Sachverständiger, Ablehnung *siehe Sachverständiger, Befangenheit*
Vorbefassung **24** 26
Zwischenbeurteilung **24** 28

Befristung einer Anordnung
Ermittlungen, verdeckte **98b** 6; **100c** 53; **100d** 30; **100d** 30; **100i** 22; **110b** 16
Fristen allgemein *siehe dort*
Telekommunikationsüberwachung **100b** 15; **100c** 53; **100d** 30; **100h** 15, 18

Begnadigung
allgemein, Abgrenzung zur Amnestie **GVG Vor 12** 10 f
Anwendungsbereich im Rechtsstaat **GVG Vor 12** 14
außerhalb des Strafrechts **GVG Vor 12** 16
Begriff **452** 3
Bewährung, Aussetzung des Strafrestes **454** 78
Datenverarbeitung zum Zwecke des Strafverfahrens **483** 9
Ersatzfreiheitsstrafe, Absehen von Vollstreckung **459f** 10
Freiheitsstrafe, Anrechnung von Krankenhausaufenthalt **461** 11
Gerichtsbarkeit des Bundes **452** 1
Gesamtstrafenbildung, nachträgliche **460** 19
Gnadentheorien **GVG Vor 12** 15
Gründe **GVG Vor 12** 12
Inhalt der Entscheidung **GVG Vor 12** 15
Justizverwaltungsakt, Rechtsschutz **EGGVG 23** 36
Nachprüfung, gerichtliche **GVG Vor 12** 17 ff
Sicherungshaft (§ 453 c) **453c** 3
Strafaussetzung zur Bewährung **453b** 7
Strafvollstreckung, Aufschub/Unterbrechung **455** 33
Verrechtlichung **GVG Vor 12** 13
Vollstreckungshindernisse **452** 4
Wesen des Gnadenrechts **452** 5
Wiederaufnahme des Verfahrens **Vor 359** 113
Wiederaufnahme, Wirkung der Anordnung **370** 45

Begründung von gerichtlichen Entscheidungen *siehe Entscheidungsgründe*
allgemein
faires Verfahren, Recht auf ein **MRK Art. 6 (Art. 14 IPBPR)** 74

Behinderung, geistige/seelische
Ersetzen der Vernehmung durch Protokollverlesung **251** 33
Freiheitsentziehung, Rechte bei **MRK Art. 5 (Art. 9, 11 IPBPR)** 75 ff, 124b
Freiheitsstrafe, Anrechnung von Krankenhausaufenthalt **461** 3, 12
Untersuchung nicht tatverdächtiger Personen **81c** 43
Vollstreckung, Aufschub/Unterbrechung **455** 8, 17

Behinderung, Menschen mit
blinde/sehbehinderte Person **GVG 191a** 2 f
Dolmetscher, kostenlose Beiordnung **MRK Art. 6 (Art. 14 IPBPR)** 236
Dolmetscherkosten für Hör- oder Sprachbehinderte **Nachtr. 464c** 1
Eidesleistung bei Hör- oder Sprachbehinderung **66e** 1 ff; **Nachtr. 66e** 1 ff
Hör- oder Sprachbehinderung **GVG 186** 2 ff

notwendige Verteidigung **140** 96; **Nachtr. 140** 1 ff
Plädoyers, Vermittlung dem behinderten Angeklagten **259** 4; **Nachtr. 259** 1 ff
Privatklageberechtigung bei Geisteskrankheit **374** 40
Rechtsschutzgarantie **MRK Art. 6 (Art. 14 IPBPR)** 44
Richter, freie Beweiswürdigung **261** 33 ff
Richter, Revisionsgrund **338** 39 ff
Schöffenungeeignetheit **GVG 33** 4; **GVG Nachtr. 33** 1 ff
Verständigung mit dem Gericht **GVG 186** 2 ff

Behinderung, Verständigung mit blinder/sehbehinderter Person
betroffene Personen **GVG 191a** 2
einzureichende Schriftstücke **GVG 191a** 10
Herstellung der Schriftstücke **GVG 191a** 9
Kosten **GVG 191a** 11
Rechtsverordnung **GVG 191a** 8
Schriftstücke, Bereitstellung **GVG 191a** 4 ff
Verhältnis zur notwendigen Verteidigung **GVG 191a** 1
wahrnehmbare Form **GVG 191a** 7

Behinderung, Verständigung mit hör- oder sprachbehinderter Person
Belehrung über Wahlrecht **GVG 186** 12
Bestimmung der Hilfe durch das Gericht **GVG 186** 13
betroffener Personenkreis **GVG 186** 2 ff
fremdsprachiger Behinderter **GVG 186** 15
Kosten **GVG 186** 18
Rechtsschutz (Revision) **GVG 186** 19
technische Hilfsmittel, Bereitstellung **GVG 186** 14
Unmöglichkeit der Verständigung **GVG 186** 17
Vereidigung **GVG 186** 16
Verhältnis zur notwendigen Verteidigung **GVG 186** 1
Verständigungsmöglichkeiten **GVG 186** 5
Wahlrecht des Betroffenen **GVG 186** 11

Behörde
Amtshilfe **96** 27 ff
Auskunftsverlangen der Staatsanwaltschaft **161** 9
beschleunigtes Verfahren, Beweiserhebung **420** 34 ff
Herausgabepflicht bei Sicherstellung **95** 17
Urkundenbeweis, Verlesen von Behörden-/Ärzteerklärungen **256** 7 ff
Urkundenbeweis, Vorrang persönlicher Vernehmung **250** 35 ff

Behörden/Beamte des Polizeidienstes
Aktenführung **168b** 2a
Anfangsverdacht **163** 17
Anwesenheit bei Leichenschau/-öffnung **87** 12, 28
Anzeigepflicht bei Todesfall/Leichenfund **159** 5
Aufgabe der Strafverfolgung allgemein **163** 1 ff
Aufgabe im Strafverfahren **Einl. I** 59 ff
Aufgabenzuweisung, Bedeutung **163** 1
Aufträge/Ersuchen der Staatsanwaltschaft
- Adressat **161** 52
- Auftrag **161** 51
- Ausführung **161** 51
- Bedeutung der Regelung **161** 45
- Befolgungspflicht **161** 57
- Befolgungspflicht, Adressat **161** 58
- Befolgungspflicht, Durchsetzung **161** 61
- Befolgungspflicht, Reichweite **161** 57
- Befolgungspflicht, Umfang **161** 59
- Befugnisse der Polizei **161** 56
- Behörden, gleichgestellte **161** 50
- Bundeskriminalamt **161** 49
- Ersuchen **161** 51
- Ersuchen, Inhalt und Form **161** 53
- Polizeibehörden/-beamte **161** 48
- Rechtsnatur **161** 45
- Rechtsschutz **161** 62

Auskünfte **163** 35
Auskünfte/Akteneinsicht, Zuständigkeit **478** 5, 10
Auskunftsersuchen **163** 32a
Auskunftsverlangen der Staatsanwaltschaft **161** 12
Ausschließung als Richter **22** 37
Ausschreibung zur polizeilichen Beobachtung *siehe dort*
Auswahl und Bestellung von Sachverständigen **73** 2
Begriff **163** 11
Beschlagnahme, Anordnung **98** 7, 29 ff
Beurteilungsspielraum bei Anfangsverdacht **152** 28
Bindung an Vernehmungsvorschriften **136** 2; **136a** 6
Datenverarbeitung für künftige Strafverfahren **484** 17
Datenverarbeitung zum Zwecke des Strafverfahrens **483** 2, 10
Dokumentation der Ermittlungen **168b** 2a
Eilkompetenzen, Ermittlungsmaßnahmen der §§ 94 ff **Vor 94** 127 ff
Eilzuständigkeit
- Beschlagnahme/Sicherheitsleistung **132** 10
- Vollzug der Untersuchungshaft **119** 143
- vorläufige Festnahme **127** 41

Eingriffsermächtigung **163** 6

Eingriffsermächtigungen, spezielle **163** 6a
Erforschung von Straftaten **163** 11 ff
erkennungsdienstliche Maßnahmen (§ 81b) **81b** 22
Ermittlungen im Eröffnungsverfahren **202** 14
Ermittlungen nach erstem Zugriff, weitere **163** 24
Ermittlungen, verdeckte
siehe dort
Ermittlungsmaßnahmen, sonstige **163** 34
Ermittlungsverfahren, Stellung **Vor 158** 25 ff; **Vor 158** 25 ff
Ersetzen der Vernehmung durch Protokollverlesung **251** 6, 50 ff
erster Zugriff **163** 24
Festnahme bei Amtsverrichtungen
siehe dort
Fluchtanzeige des Bürgen, Entgegennahme **123** 29
Formen/Mittel der Erforschung **163** 31 ff
Gefahrenabwehr **163** 4
Gefahrenabwehr und Strafverfolgung **163** 30
gleichgestellte Behörden **163** 14
Haftbefehl, Bekanntgabe nach Verhaftung **114a** 2 ff
Hilfsbeamte der Staatsanwaltschaft
siehe dort
Hilfsbeamter der Staatsanwaltschaft **163** 15
Hinzuziehung eines Sachverständigen (Gutachten zur Unterbringung) **80a** 2
Identitätsfeststellung/Festhalten von Personen
siehe dort
internationale Zusammenarbeit **Vor 158** 31
Justizverwaltungsakt, Rechtsschutz **EGGVG 23** 12 ff
Kenntniserlangung, Art und Weise **163** 19
Kenntniserlangung, private **163** 22
Legalitätsprinzip, Begrenzungen **163** 27
Meinungsäußerungsfreiheit **MRK Art. 10 (Art. 19 IPBPR)** 14a, 28
Mitteilungen **163** 35
Observation, längerfristige
siehe dort
Privatdetektive **163** 16
private Kenntniserlangung **163** 22
private Ordnungsdienste **163** 16
Privatklagedelikte **163** 27
Rasterfahndung, Datenverwendung **98b** 24a ff
Realisierung der Verteidiger-Wahlfreiheit **137** 16 ff, 56, 66 ff, 73 f
Rechtsnatur der Ermittlungstätigkeit **163** 3
Rechtsschutz
– Dienst-/Fachaufsichtsbeschwerde **163** 103 ff
– ordentliche Gerichtsbarkeit **163** 107
– Revision **163** 108
– Verwaltungsrechtsweg, Ausschluss **163** 106
Rechtsstellung im Strafverfahren **163** 3
Sachverhaltserforschung, Umfang **163** 23 ff
Sachverhaltserforschung, Ziel **163** 23
Schweigepflicht, Amtshilfe **96** 46 ff
Sitzungspolizei, Vollzugshilfe **GVG 176** 44
Speicherung kriminalpolizeilicher Akten
– Bewertung des Verfassers **163** 102
– Dateien für das Strafverfahren **163** 95
– Dateien/Sammlungen der Polizeibehörden **163** 99
– Dateien/Sammlungen im Justizbereich **163** 98
– Dateien/Sammlungen weitergehende **163** 97
– Hinweise (auf die Vorauflage) **163** 94
– Vorgangsverwaltung **163** 96
– Zugriff **163** 100
Staatsanwaltschaft, Verhältnis **163** 7 ff
Strafanzeige/Strafantrag, Entgegennahme **158** 16 f, 29
Tätigwerden, Voraussetzungen **163** 17 ff
Telekommunikationsüberwachung, Datentransfer **100a** 85
Übersendung der Ermittlungsakten/Gegenstände
siehe unter Ermittlungsakten
Umfang der Tätigkeit **163** 19
Unterrichtung durch die Staatsanwaltschaft **482** 1 f
verdeckter Ermittler **110a** 11 ff; **110b** 6
Verfolgung über Landesgrenzen **GVG 167** 1 ff
Vernehmung, Zeugenentschädigung **71** 3
Vernehmungen **163** 33
Versammlungs- und Vereinigungsfreiheit **MRK Art. 11 (Art. 21, 22 IPBPR)** 10
Verteidigerrechte **163** 36
Verwendung personenbezogener Informationen **481** 1 ff
Vollstreckung der körperlichen Untersuchung **81a** 70
Vollstreckungsbehörde, Herbeiführung des Vollzugs **457** 21 f
Zeugenvernehmung, Bild- und Tonaufnahmen **Nachtr. 58a** 8
Zwangsmittel **163** 32
Zweifelsfälle, rechtliche/tatsächliche **163** 29
Beiordnung eines Rechtsanwalts
siehe Rechtsanwalt;
siehe auch Strafverteidiger, Pflichtverteidigung
Beistand
siehe auch Rechtsanwalt;
siehe auch Strafverteidiger
Abwesenheit als absoluter Revisionsgrund **338** 97

Akteneinsicht/Auskünfte für Privatpersonen **475** 4, 12
Anhörungsrecht bei Zulassung **149** 6
Anwalt des Privatklägers **378** 1 ff
Anwesenheit bei Vernehmung durch StA und Polizei **163a** 98
Anwesenheit/Benachrichtigung bei Vernehmung **168c** 24, 34
ausgeschlossene Beistände **149** 14
Beistand, Begriff **149** 3
Einziehungs-/Verfallsverfahren, Beiordnung **434** 6ff
Einziehungs-/Verfallsverfahren, Vertretung **434** 1 ff
Identitätsfeststellung, Festhalten von Personen **163b** 34
Mitteilungen über Zulassung **149** 8
Nebenklage, Beiordnung eines Rechtsanwalts **397a** 1 ff, 15 ff
notwendige Auslagen
siehe auch unter Kosten des Verfahrens
Personenkreis **149** 1
Privatkläger, Rechtsmittel **390** 2
Privatklageverfahren, Klageerhebung **381** 6
Privatklageverfahren, Zeuge **384** 14
Rechtsbeistand für Nebenklagebefugte **406g** 4
Rechtsbeistand im Privatklageverfahren **387** 1 ff
Rechtsschutz (Beschwerde) **149** 20
Rechtsschutz (Revision) **149** 21
Teilnahme an erster richterlicher Vernehmung **136** 49
des Verletzten **172** 132, 141 ff, 159 ff, 171
Zeuge, Auskunftsverweigerungsrecht **55** 4, 17
Zeugenvernehmung durch die StA **161a** 11
Zeugnisfähigkeit **Vor 48** 25
Zulassung im Vorverfahren, Ermessensentscheidung **149** 10
Zulassung in Hauptverhandlung **149** 2
Zulassung, Widerruf **149** 19
Zulassungsverfahren, Antragstellung **149** 17

Bekanntmachung der gerichtlichen Entscheidung
Abschrift **35** 8
Auskunft über Telekommunikationsverbindung **100h** 17
Ausländer **35** 29
Bekanntmachung, Begriff **35a** 2
Betroffene **35** 3
Entscheidungen **35** 2
formlose Mitteilung **35** 21
Kosten **35** 15
Mobilfunkendgerät, Überwachung **100i** 24
nicht auf freiem Fuß befindlich **35** 27
Postbeschlagnahme **100** 13
Privatkläger, Rechte der Staatsanwaltschaft **385** 5
staatsanwaltschaftliches Verfahren **35** 18
Strafbefehl, Inhalt **409** 41 ff
Strafbefehlsverfahren, Entscheidung **411** 63
Telekommunikationsüberwachung **100b** 17
Verkündung **35** 5
Vermögensbeschlagnahme **291** 1 f
Vorlesen des Schriftstücks **35** 24
Wiederaufnahme, sofortiger Freispruch **371** 26
Zeitpunkt der Abschrifterteilung **35** 11
Zuständigkeit für Abschrifterteilung **35** 13
Zustellung, gerichtliche **35** 17
Zweck der Vorschrift **35** 1

Bekanntmachung der Verurteilung, öffentliche (Nebenfolge)
Berufung, Verbot der Verschlechterung **331** 114
Druckschriften, periodische **463c** 10
Entwicklungsgeschichte **463c** 1 ff
Rundfunk **463c** 18
Strafbefehlsverfahren, Zulässigkeit **407** 28
Strafvollstreckungsordnung **463c** 6
Veröffentlichungspflicht **463c** 11
Veröffentlichungspflicht, Eigenständigkeit **463c** 15
Vollzug allgemein **463c** 1 ff
Vollzug, anwendbare Vorschriften **463c** 17
Vollzug, Regelfall **463c** 9
Wiederaufnahme, Neuverhandlung **373** 33
Zustellung der Entscheidung **463c** 6
Zwangsgeld, Euroumstellung **Nachtr. 463c** 1
Zwangsmittel/Festsetzungsverfahren **463c** 16

Belastungsverbot
Beweisverwertungsverbote, Ermittlungsverfahren **Vor 94** 159

Belehrung (allgemein)
Berufung, Verfahren bei Verspätung **319** 6 f
Bewährung, Aussetzung des Strafrestes **454** 75
Beweisantragsrecht des Beschuldigten (Ermittlungsrichter) **136** 31
Beweisverwertung bei Verstößen **Einl. K** 28 ff
Ersetzen der Vernehmung durch Protokollverlesung **251** 14
eines Sachverständigen über Rechte und Pflichten **72** 11; **78** 5
Schweigerecht des Beschuldigten (Hauptverhandlung)
siehe unten
Strafaussetzung, nachträgliche Entscheidung **453a** 1 ff
Strafbefehl, Inhalt **409** 23 ff
Verteidigerwahl des Beschuldigten, freie **MRK Art. 6 (Art. 14 IPBPR)** 208
Vollstreckung, Absehen/Nachholung bei Auslieferung/Ausweisung **456a** 15
Zeuge **52** 45 ff; **57** 1 ff

Belehrung des Beschuldigten über Schweigerecht (Hauptverhandlung)
allgemein **243** 65
Bindungswirkung der Erklärung **243** 74
Erklärung zur Sache **243** 70
Recht auf Lüge, nicht bestehendes **243** 75
Rechtsschutz **243** 102 ff, 108
Unterlassen, versehentliches **243** 76
Weigerung **243** 71
Wortfassung des Hinweises **243** 67
Belehrung des Beschuldigten, Verstoß von StA oder Polizei
allgemein **163a** 119
Anwesenheitsrechte, Versagung **163a** 125
Belehrungsmängel, weitere **163a** 123
Einlassungsfreiheit **163a** 121
Vernehmungsmethoden, verbotene **163a** 124
Verteidigerkonsultation **163a** 121b
Belehrung des Zeugen
allgemein **57** 1
Form **57** 6
Inhalt **57** 4
Protokoll **57** 8
Rechtsschutz (Revision) **57** 9
Wiederholung **57** 7
Zeitpunkt **57** 3
Benachrichtigung Betroffener (verdeckte Datenerhebung)
Aktenführung in Fällen des § 100c Abs.1 **101** 18
allgemeines **101** 2
Aufschubgründe **101** 6
Beteiligte (Betroffene) **101** 3
Gefährdung der öffentlichen Sicherheit **101** 8
Gefährdung der Verwendung verdeckter Ermittler **101** 10
Gefährdung des Untersuchungszwecks **101** 7
Gefährdung von Leib und Leben **101** 9
Postbeschlagnahme, Aushändigung von Sendungen **101** 12
Postbeschlagnahme, Mitteilung von Briefteilen **101** 14
Rechtsschutz (Antrag auf gerichtliche Entscheidung) **101** 19
Rechtsschutz (Revision) **101** 22
Umfang **101** 5
Wohnraumüberwachung, akustische **101** 11
Zuständigkeit **101** 16
Zweck der Vorschrift **101** 1
Benachrichtigung Dritter bei Verhaftung/Haftbefehl
Angehöriger **114b** 10
Auswahl des Empfängers **114b** 22
Benachrichtigungsmittel des Verhafteten **114b** 31
Benachrichtigungspflicht (Bedeutung) **114b** 1 ff
Benachrichtigungspflicht (Umfang) **114b** 12 ff
Benachrichtigungsrecht des Verhafteten (Zugangsbrief) **114b** 29 ff
Beschränkung des Briefverkehrs **114b** 29
Ehepartner **114b** 37
Form **114b** 21
Gefährdung der Staatssicherheit **114b** 14 ff
Gefährdung des Untersuchungszwecks (Abs. 2) **114b** 32 f
Gefährdung Dritter **114b** 20
Grundrechtsbezug **114b** 2 f
Person des Vertrauens **114b** 11
Rechtsschutz **114b** 34 f
Verhaftung eines Ausländers **114b** 38 f
Verhaftung Jugendlicher **114b** 36
weitere Entscheidungen über Haftfortdauer **114b** 8 f
Zeitpunkt **114b** 21
Zuständigkeit **114b** 23 ff, 29
Benachrichtigung von Verfahrensbeteiligten
siehe Vernehmung durch der Ermittlungsrichter
Beobachtung, Ausschreibung zur polizeilichen
allgemeines **163e** 1
Anordnung, richterliche **163e** 38
Anwendungsbereich **163e** 7
Aufenthaltsermittlung **163e** 15
Bedeutung der Vorschrift **163e** 1 f
Bedeutung, erhebliche **163e** 12
Beendigung der Ausschreibung **163e** 44
Begleitpersonen **163e** 27
Behandlung der Daten **163e** 33
Behandlung der Daten, Einzelfragen **163e** 34
Benachrichtigung **163e** 45
Beschuldigter **163e** 21
Daten, zu meldende **163e** 31
Datenerfassung, Art und Umfang **163e** 29 ff
Durchführung der Maßnahme **163e** 30
Eilkompetenz **163e** 38
Entstehungsgeschichte **163e** 1
Ermittlung der Polizei, verdeckte **163** 53
Form **163e** 42
Höchstdauer der Ausschreibung **163e** 39
Inhalt **163e** 42
Inhalt der Regelung **163e** 2
Konkretisierung **163e** 43
Kontaktperson **163e** 22
Kontrollstellen, polizeiliche **163e** 29
Kraftfahrzeugkennzeichen **163e** 24
Kritik, Verfassungsmäßigkeit **163e** 1, 5
Löschungspflichten **163e** 44
meldepflichtige Daten **163e** 31
Observation, längerfristige *siehe dort*
Personenkreis, betroffener **163e** 20

Rechtsschutz **163e** 46
Sachverhaltsaufklärung **163e** 15
Subsidiarität **163e** 18
Tatverdacht, Grad **163e** 11
Verfahrensfragen **163e** 41
Verhältnis zu anderen Vorschriften **163e** 8
Verhältnismäßigkeit **163e** 11
Verlängerung der Anordnung **163e** 40
Voraussetzungen **163e** 911 ff
Wiederholung der Anordnung **163e** 40
Zufallserkenntnisse **163e** 36

Beratung (Ehe-, Erziehungs-, Suchtberatung)
Beschlagnahmeverbot **97** 121 f
Nichtverfolgung gegen Auflagen/Weisungen, vorläufige **153a** 78

Bereitschaftsdienst, richterlicher (Amtsgericht)
Ausgestaltung der Regelung (n. F.) **GVG Nachtr. 22c** 3
betroffener Personenkreis (n. F.) **GVG Nachtr. 22c** 4
Delegationsrecht der Landesregierung **GVG 22c** 7
Geschäftsverteilungsplan **GVG 21e** 84
Inhalt der Änderung **GVG Nachtr. 22c** 2
Inhalt der Regelung (a. F.) **GVG 22c** 2
Konzentration, Zulässigkeit (n. F.) **GVG Nachtr. 22c** 6
Neufassung der Vorschrift **GVG Nachtr. 22c** 1
Rechtsstellung der Bereitschaftsrichter (n. F.) **GVG Nachtr. 22c** 7
Stellungnahme (n. F.) **GVG Nachtr. 22c** 8
Zuständigkeit (n. F.) **GVG Nachtr. 22c** 5
Zuständigkeit des Präsidiums (a.F.) **GVG 22c** 5
Zweck der Regelung (a. F.) **GVG 22c** 1

Berichterstatter
Berufung, Vortrag des Sachstandes **324** 5 ff
Europäischer Gerichtshof für Menschenrechte **MRK Anhang/Verfahren** 7
Geschäftsverteilung innerhalb der Spruchkörper **GVG 21g** 18
Menschenrechtsbeschwerde (EGMR) **MRK Anhang/Verfahren** 58
Nachverfahren bei Vorbehalt der Sicherungsverwahrung **Nachtr. 275a** 19
Revision, Gang der Hauptverhandlung **351** 2 ff

Berichterstattung, öffentliche
Öffentlichkeitsausschluss, Staatssicherheit **GVG 174** 22 ff, 37

Berichtigung des Protokolls 271 38 ff

Berichtigung des Urteils
siehe Urteil

Berufsfreiheit
Ausschließung des Verteidigers **138a** 1, 3 ff
Gedanken-, Gewissens- und Religionsfreiheit **MRK Art. 9 (Art. 18 IPBPR)** 9a
Nichtverfolgung gegen Auflagen/Weisungen, vorläufige **153a** 75 f
Sklaverei/Zwangsarbeit, Verbot **MRK Art. 4 (Art. 8 IPBPR)** 5

Berufsverbot
Aufschub/Aussetzung
– Anrechnung **456c** 15
– Bedeutung der Vorschrift **456c** 2
– Beschluss, Voraussetzungen **456c** 3
– Beschlussverfahren **456c** 5
– Dauer **456c** 14
– Fahrverbot, Ausschluss entsprechender Anwendung **456c** 16
– Rechtsschutz **456c** 6
– Sicherheitsleistung **456c** 13
– Strafvollstreckungsordnung, Ergänzung **456c** 1
– Verlängerung, nachträgliche **456c** 8
– Vollstreckungsbehörde, Entscheidungsvoraussetzungen **456c** 9
– Vollstreckungsbehörde, Rechtsschutz **456c** 12
Ausspruch im Urteilstenor **260** 85
Berufung, Verbot der Verschlechterung **331** 97
Beschränkung der Berufung **318** 115
Revisionsbegründung, Beschränkung **344** 62
Sicherungshaft (§ 453 c) **453c** 2
Sicherungsverfahren
siehe dort
Vollstreckungsbehörde **451** 3

Berufsverbot, vorläufiges
siehe auch Maßregel der Besserung und Sicherung
gegen Abgeordneten **132a** 24
Anwendungsbereich **132a** 1
Aufhebung allgemein **132a** 15
Bekanntmachung der Anordnung **132a** 13
Beschluss **132a** 10
dringende Gründe **132a** 5
Erforderlichkeit **132a** 7
Eröffnungsverfahren, gerichtliche Entscheidung **204** 13
Immunität eines Abgeordneten **152a** 21
Inhalt der Anordnung **132a** 11
Nichtanordnung im Urteil **132a** 19
Nichtverfolgung unwesentlicher, einzelner Taten **154** 54
rechtliches Gehör **132a** 12
Rechtsschutz **132a** 21
Voraussetzungen nach § 70 StGB **132a** 4
Wegfall des Grundes **132a** 16
Wegfall durch Zeitablauf **132a** 17
Wirkung der Anordnung **132a** 14

Zuständigkeit für die Anordnung **132a** 9
Zuständigkeit für die Aufhebung **132a** 20

Berufung (allgemein)
Abgrenzung zur einfachen Beschwerde **Vor 304** 48
Amtsgericht, Zuständigkeit **GVG 24** 38
Ausschluss der Beschwerde **305** 13
Berechtigung (Einlegung des Rechtsmittels) **312** 3
Beschränkung *siehe unten*
Beschwerde gegen Strafaussetzungsbeschluss **305a** 9
Einstellung bei Gesetzesänderung **206b** 9
Einstellung des Verfahrens; Prozessvoraussetzung **206a** 14 ff
Eröffnungsbeschluss, Nachholung **207** 44a
erweitertes Schöffengericht **GVG 29** 14
gerichtliche Zuständigkeitsprüfung **6** 10
Jugendschutzsachen, Zuständigkeit **GVG 74b** 4
Kosten bei Erfolglosigkeit/Rücknahme *siehe dort*
Landgericht, Kammerbesetzung **GVG 76** 17 ff
Nachtragsanklage **266** 11
Nebenkläger, Rechtsmittel **400** 14; **401** 15 ff
öffentliche Zustellung **40** 10
Privatkläger, Rechtsmittel **390** 4
Privatklageverfahren, Ausbleiben des Klägers **391** 38
Rechtsmittel gegen Verurteilung, Recht auf **IPBPR Art. 14 (Art. 6 MRK)** 261 ff
Rechtsmittelverzicht; Zurücknahme **302** 14
Reformbestrebungen **Vor 312** 11
Revision, Prüfung des Berufungsurteils **337** 52 ff
Rhein- und Moselschifffahrtssachen **GVG 74** 19
Sprungrevision, Behandlung als Berufung **335** 20 ff
Statthaftigkeit, Berufungsgegenstand **312** 1 f
Überblick, Stellung im Rechtsmittelsystem **Vor 312** 2
Verhältnis zur Beschwerde **Vor 312** 4
Verhältnis zur Rechtsbeschwerde (OWiG)
– im gemischten Verfahren **Vor 312** 9
– im Ordnungswidrigkeitenverfahren **Vor 312** 6
– im Strafverfahren über Ordnungswidrigkeiten **Vor 312** 7
– Systematik **Vor 312** 5
Verhältnis zur Revision **Vor 312** 3
freie Verteidigerwahl des Beschuldigten **137** 44
vorläufige Einstellung nach § 205, Anwendbarkeit **205** 7
Wahl zwischen Berufung und Revision (Zeitpunkt) **312** 4
Wahl/Wechsel des Rechtsmittels **335** 8, 15 ff
Wahlrecht, Bedeutung **312** 5
Wahlrecht, Zweifelsfälle **312** 7
Wesen des Rechtsmittels **Vor 312** 1
Wiederaufnahme, gerichtliche Zuständigkeit **367** 10
Wiedereinsetzung in den vorigen Stand **44** 53; **45** 10
Wirtschaftsstrafkammer, Zuständigkeit **GVG 74c** 9
Zulässigkeit allgemein **Vor 312** 10
Zuständigkeit der kleinen Strafkammer des LG **GVG 74** 16; **312** 8
Zuständigkeit in Jugendstrafsachen **GVG 74** 17

Berufung, Aktenvorlage an Staatsanwaltschaft
Ablauf der Berufungsfrist **320** 2
Gegnererklärung **320** 8
Hinweispflicht **320** 9
Rechtsschutz (Revision) **320** 10
Zustellung von Einlegung/Rechtfertigung
– bei Berufung der Staatsanwaltschaft **320** 5
– bei Berufung des Angeklagten **320** 4
– bei Berufung des Nebenklägers **320** 7
Zweck der Regelung **320** 1

Berufung, Aktenweitergabe ans Berufungsgericht
Aktenverlust **316** 16 ff
Aktenversendung innerhalb der StA **321** 1
Fristbestimmung bei Wiederaufnahme **321** 2
Übergang der Zuständigkeit **321** 4

Berufung, Annahmeberufung
des Angeklagten **313** 26
Annahme bei beschränkter Berufung **313** 50
Annahmeentscheidung **322a** 5 ff
Annahmepflicht **313** 31
Annahmepflicht bei Freispruch/Einstellung **313** 34
Bedeutung und Ziel **313** 1 ff
Berufungsgegenstand allgemein **313** 21 f
Entscheidung **131** 27, 50 ff; **322a** 1 ff
Entscheidung durch Beschluss **313** 52; **322a** 2
Frist zur Entscheidung **322a** 4
Gegenstand der Annahmeentscheidung **313** 28
Geldbuße allein **313** 39
Geldbuße allgemein **313** 38
Geldbuße neben Geldstrafe **313** 40
Geldstrafe **313** 29
Gesamtgeldstrafe **313** 30
Nichtannahme der Berufung **322a** 7 ff
Ordnungswidrigkeiten betreffende Urteile **131** 38 ff
des Privatklägers **313** 25

Prüfungsumfang bei gemischten Verfahren **313** 42
Prüfungsumfang bei Ordnungswidrigkeiten allein **313** 41
Prüfungsumfang bei Straftaten **313** 43
rechtliches Gehör allgemein **313** 53
rechtliches Gehör, Bedeutung **313** 54 ff
rechtliches Gehör, Nichtbeachtung **313** 57
Rechtsmittelführer allgemein **313** 23
Rechtsmittelwechsel **313** 20
Rechtsschutz gegen Nichtannahme **322a** 9 f
der Staatsanwaltschaft **313** 24
Staatsanwaltschaft, beantragter Freispruch **313** 35
Statthaftigkeit der Revision **313** 19
Straftaten betreffende Urteile **313** 30 ff
bei Teilanfechtung **313** 27
teilweise Annahme **313** 51
Unbegründetheit, offensichtliche
– allgemein **313** 45
– Berufungsgründe, sonstige **313** 49
– revisible Gesetzesverstöße **313** 46
– Wesen **313** 44
Verhältnis zur Sprungrevision **313** 6 f
Voraussetzungen der Sprungrevision **313** 8 ff
Wesen der Entscheidung **322a** 1
Wesen der Regelung **313** 5
Zuständigkeit **322a** 3

Berufung, anwendbare Verfahrensvorschriften
Bewährung **332** 11
Umfang der Beweisaufnahme **332** 9
Vorschriften über das Urteil **332** 5 ff, 10
Vorschriften über den Angeklagten **332** 2 ff
Vorschriften über die Hauptverhandlung allgemein **332** 1

Berufung, Ausbleiben des Angeklagten
Ausbleiben **329** 4
Aussetzung der Hauptverhandlung **329** 9
Beginn einer Hauptverhandlung **329** 8
beiderseitige Einlegung der Berufung **329** 88 ff
Berufung des gesetzlichen Vertreters
– allgemein **330** 1
– Entfernen innerhalb der Verhandlung **330** 6
– Ladung, ordnungsgemäße **330** 4
– Vertretung **330** 7
– Verwerfung der Berufung **330** 2
– Zustellung des Urteils **330** 8
Entbindung von Erscheinenspflicht **329** 54
Erledigung vor Neuanberaumung **329** 91
genügende Entschuldigung
– äußere Hinderungsgründe **329** 39
– Auslegungsmaßstab **329** 34
– Ermessensspielraum **329** 33
– Freibeweis **329** 30
– persönliche Hindernisse **329** 36
– Prüfung von Amts wegen **329** 22
genügende Entschuldigung, Prüfung **329** 22
Ladung, ordnungsgemäße **329** 12
Ladungsfehler, relevante **329** 14
Ladungsfrist **329** 18
Rechtsschutz (Revision)
– allgemein **329** 95 ff, 105 f
– Antrag auf Wiedereinsetzung **329** 107
– Sachrüge bei Verwerfungsurteil **329** 98
– Verfahrensrüge bei Verwerfungsurteil **329** 100 ff
Unterbrechung der Hauptverhandlung **329** 11
Verhandlung in Abwesenheit, Urteilsgründe **329** 85
Verhandlung in Abwesenheit, Vertretung **329** 84
Verhandlung in Abwesenheit, Voraussetzungen **329** 82 f
Verhandlung in Abwesenheit, Zurücknahme **329** 86
Vertretung allgemein **329** 46
Vertretung in Bagatellsachen **329** 47
Vertretung in Privatklageverfahren **329** 53
Vertretung in Strafbefehlssachen **329** 50
Vertretung und persönliches Erscheinen **329** 51
Verwerfung der Berufung des Angeklagten *siehe unten*
Vorführung des Verhafteten **329** 19
Wiedereinsetzung in den vorigen Stand
– Entscheidung **329** 120
– Form des Antrags **329** 113
– Rechtsschutz (Beschwerde) **329** 124
– Wiedereinsetzungsgründe **329** 115
– Wirkung **329** 123
– Zulässigkeit **329** 111
Zwangsmaßnahmen **329** 92
Zwangsmittel, Voraussetzungen/Auswahl **329** 94
Zweck der Regelung/Überblick **329** 1 ff

Berufung, Begründung
Aktenvermerk der Staatsanwaltschaft **317** 7
Form **317** 6
Frist **317** 4
Fristversäumung **317** 5
Zweck der Regelung **317** 1

Berufung, Entscheidung des Gerichts
Einstellung durch Beschluss **328** 10
Einstellung innerhalb der Hauptverhandlung **328** 14
Entscheidungsmöglichkeiten allgemein **328** 1
bei mehreren Berufungen **328** 16 ff
Prüfungsgegenstand *siehe Berufung, Gegenstand gerichtlicher Prüfung*

Rechtsschutz (Revision)
– Sachentscheidung **328** 50
– Verweisung, unterlassene/fehlerhafte **328** 51 ff
Sachurteil allgemein **328** 2
Sachurteil, Tenor der Entscheidung **328** 5 ff
Sachurteil, Urteilsgründe **328** 9
Verweisungsentscheidung *siehe unten*
Zuständigkeitskonkurrenz
– erstinstanzliche Konkurrenz **328** 41 ff
– Konstellationen **328** 40
– zweitinstanzliche Konkurrenz **328** 47 ff

Berufung, Form und Frist
Eingang bei unzuständiger Stelle **314** 4
elektronische Post **314** 29, 32
Fernschreiben, Telebrief **314** 28
Fernsprecher **314** 25
Fristbeginn **314** 34
Fristbeginn bei Abwesenheit des Angeklagten **314** 36
Fristbeginn bei Abwesenheit sonstiger Berechtigter **314** 37
Fristende **314** 38
Fristende, Feststellung **314** 39
Niederschrift in das Sitzungsprotokoll **314** 10
zu Protokoll der Geschäftsstelle **314** 6 ff
schriftliche Erklärung **314** 15 ff
schriftliche Erklärung, fehlende Unterschrift **314** 19
schriftliche Erklärung, Stellungnahme **314** 22
Telefax **314** 29 ff
Telegramm **314** 26
Überblick **314** 1
Übermittlungsformen, moderne **314** 24
bei Wiedereinsetzungsantrag
– Anwendungsbereich **315** 1
– Aufschieben der Berufung **315** 3
– Auslegungszweifel **315** 6
– Verzicht auf Wiedereinsetzung **315** 4
– weiteres Verfahren **315** 7
Zuständigkeit des Gerichts **314** 2 f

Berufung, Gang der Hauptverhandlung
Abwesenheit von Zeugen **324** 22
anwendbare Vorschriften **324** 23
Beginn der Berufungsverhandlung **324** 1
Berichterstatter **324** 5
Berichterstattung, Funktion **324** 8
Gang der Berufungsverhandlung **324** 2
Rechtsschutz (Anrufung nach § 238 Abs. 2) **324** 29
Rechtsschutz (Beschwerde) **234** 30
Rechtsschutz (Revision) **324** 31
Sitzungsniederschrift **324** 28
Verlesen des vorangegangenen Urteils
– Bedeutung **324** 10
– keine Beweisaufnahme **324** 21
– Bindungswirkung
– Form und Inhalt der Verlesung **324** 12 ff, 19
– unvollständige/verlorene Urteile **324** 20
– Verzicht **324** 16
Vernehmung des Angeklagten **324** 25
Vortrag des bisherigen Verfahrens **324** 6

Berufung, Gegenstand gerichtlicher Prüfung
Begrenzung des Berufungsgegenstandes **327** 7
Berichtigung, Nachholung, Ergänzung **327** 11
Einbeziehung späterer Teilakte **327** 16
Einhaltung des Verfahrensrechts **327** 6
Gesetzesverletzungen, ausgeschiedene **327** 14
mehrere Berufungen **327** 17
neue Verhandlung der angeklagten Tat **327** 2
nicht angefochtene Urteilsteile **327** 15
Prüfung von Amts wegen **327** 12
Rechtsschutz (Revision) **327** 18
Verfahrensvoraussetzungen **327** 1

Berufung, Schlussvorträge
letztes Wort der Nebenbeteiligten **326** 3
letztes Wort des Angeklagten **326** 2
Rechtsschutz (Revision) **326** 6
Sitzungsniederschrift **326** 5
Verteidigervollmacht **326** 4
Vorträge **326** 1

Berufung, Verfahren bei Verspätung
Belehrung des Beschwerdeführers **319** 6
Kompetenzbeschränkung des Erstrichters **319** 2
Prüfung der Rechtzeitigkeit durch den iudex a quo **319** 4
Untersuchungshaft **319** 21
Verfahren des Berufungsgerichts (iudex ad quem)
– Abhilfe **319** 14
– Aktenvorlage **319** 13
– Antragsadressat **319** 11
– Antragsberechtigung **319** 12
– Ausschluss der Beschwerde **319** 10
– Entscheidung **319** 15
– Rechtskraft der Entscheidung **319** 19
– Rechtsnatur des Antrags **319** 9
– Rechtsschutz **319** 20
Verwerfung aus anderen Gründen **319** 5
keine Vollstreckungshemmung **319** 8
Wiedereinsetzung in den vorigen Stand **319** 22
Zweck der Regelung **319** 1

Berufung, Verlesung von Schriftstücken
Anordnung des Vorsitzenden **325** 24
Anwendungsbereich der Vorschrift **325** 5
Aufklärungspflicht **325** 3

Bekundungen in der vorangegangenen Verhandlung **325** 8
Beurkundung **325** 28
erleichterte Verlesbarkeit **325** 1
Nichtvorladung des Zeugen/Sachverständigen **325** 9
persönliche Einvernahme **325** 26
Rechtsschutz (Revision) **325** 29
Sitzungsniederschrift, Beeidigung **325** 22
Sitzungsniederschrift, Rechtmäßigkeitsmaßstab **325** 23
Sitzungsniederschrift, Verlesbarkeit **325** 19 ff
verspäteter Ladungsantrag des Angeklagten **325** 12
Zeugnisverweigerungsrechte **325** 25
Zustimmung zur Verlesung **325** 16

Berufung, Verschlechterungsverbot
Amtsfähigkeit, Wählbarkeit, Stimmrecht **331** 105
Anstaltsunterbringung **331** 31
Bekanntmachung der Verurteilung, öffentliche (Nebenfolge) **331** 114
Berufsverbot **331** 97
Berufung beider Seiten **331** 26
Berufung des Nebenklägers **331** 28
Berufung zugunsten des Angeklagten **331** 23
Bewährung, gesetzeswidrige **331** 81
Bewährung, Verschlechterungsbegriff **331** 77
Dauerstraftat **331** 76
Entziehung der Fahrerlaubnis **331** 90
Fahrverbot **331** 102
fortgesetzte Tat **331** 76
Führungsaufsicht **331** 98
Gegenstand des Verbots (Rechtsfolgen) **331** 6 ff
Gesamtstrafe aus Geld- und Freiheitsstrafe **331** 73
Gesamtstrafe, fehlerhafte Bildung durch das AG **331** 68 ff
Gesamtstrafen allgemein **331** 67
Jugendstrafsachen **331** 50
Korrekturen **331** 37
Kostenentscheidung **331** 116
Maßregeln der Besserung und Sicherung **331** 84
Mehrerlös, Abführung **331** 112
Mitbeschuldigter (Umfang) **331** 21
Nachholung erstinstanzlicher Entscheidungen **331** 38
Nachholung fehlender Entscheidungen **331** 39
Nachholung von Rechtsfolgenfestsetzung **331** 41
Nachverfahren, Verwaltungsverfahren (Umfang) **331** 20
Nebenstrafen und -folgen allgemein **331** 99
bei realkonkurrierenden Straftaten, § 53 StGB (Umfang) **331** 11
Rechtsfolgen, Art und Höhe **331** 30
Rechtsschutz (Revision) **331** 117 ff
Sachentscheidung, rechtskraftfähige **331** 22
Schuldspruch und Schuldfrage, Neubewertung **331** 7 ff
Sicherungsverwahrung **331** 89
Strafhöhe allgemein **331** 58
Strafhöhe bei Freiheitsstrafe **331** 62
Strafhöhe bei Geldstrafe **331** 64
bei Teilanfechtung (Umfang) **331** 13
Unbrauchbarmachung **331** 110
Unterbringung **331** 88
Verfall, Einziehung **331** 106
Verschlechterung **331** 32
Verschlechterung einer Straftat **331** 42
Verschlechterung von Rechtsfolgen **331** 44 ff
Verzichtbarkeit **331** 29
weiteres Strafverfahren (Umfang) **331** 16
Zweck und Rechtsnatur der Regelung **331** 1

Berufung, Verweisungsentscheidung
analoge Anwendung **328** 38 f
Berufungsbeschränkungen **328** 36
Bindungswirkung **328** 34
Form **328** 33
unktionelle Unzuständigkeit allgemein **328** 29
funktionelle Unzuständigkeit, Spezialkammern **328** 31
funktionelle Unzuständigkeit, Spruchkörper **328** 30
sachlich unrichtige Annahme **328** 24
Unzuständigkeit, örtliche **328** 22
Verschlechterungsverbot **328** 38
Verweisung an das Amtsgericht **328** 26
Verweisung an das Landgericht **328** 28
Voraussetzungen allgemein **328** 20 f

Berufung, Verwerfung bei Ausbleiben des Angeklagten
fehlen von Prozessvoraussetzungen **329** 64
mehrere Berufungen **329** 75
Rechtsnatur des Verwerfungsurteils **329** 76
ohne Sachverhandlung **329** 60
Urteilsbegründung **329** 69
Urteilsformel (Tenor) **329** 68
Wegfall einzelner Verurteilungen **329** 66
Zulässigkeit der Berufung **329** 63
Zurückverweisung des Revisionsgerichts **329** 79
Zustellung **329** 74

Berufung, Verwerfungsentscheidung
Änderung der Verwerfungsbeschlusses **322** 19
außerhalb der Hauptverhandlung **322** 4

Berufungseinlegung betreffende Vorschriften, weitere **322** 9
Entscheidung durch Urteil **322** 12
mehrere Rechtsmittel **322** 10
Prüfung von Amts wegen **322** 2
Rechtszugvoraussetzungen **322** 5
sofortige Beschwerde
– Annahmeberufung **322** 15
– Anwendungsbereich **322** 13
– Entscheidung des Beschwerdegerichts **322** 17
– Form, Frist, Berechtigung **322** 16
Verwerfungsbeschluss **322** 11
Zweck der Regelung **322** 1

Berufung, Vorbereitung der Hauptverhandlung
Gang des Berufungsverfahrens **323** 1
Ladung der Beweispersonen **323** 6
Ladung des Angeklagten, Form/Inhalt **323** 10 ff
Ladung des gesetzlichen Vertreters **323** 17
Ladung des inhaftierten Angeklagten **323** 16
Ladung des Verteidigers **323** 18
Ladungsfrist **323** 19
Tatsachen und Beweismittel, neue **323** 6
Vorbereitung **323** 2

Berufung, Wirkung der Einlegung
Aktenverlust **316** 16
Hemmung der Rechtskraft **316** 1
Rechtzeitigkeit der Berufung **316** 9
Zustellung des Urteils mit Gründen **316** 15
Zustellungsadressat **316** 11
Zustellungspflicht, Bedeutung **316** 7

Berufungsbeschränkung
Adressat und Form **318** 15
Auslegung **318** 11 ff
Beachtlichkeit von Verfahrensvoraussetzungen **318** 39
Bedingungsfeindlichkeit **318** 17
Beschränkung auf einzelne Verfahrensverstöße **318** 122
Beschränkung auf Nebenentscheidungen **318** 121
Beschränkungserklärung **318** 8 ff
bestimmte Beschwerdepunkte **318** 1
Bindung nicht angefochtener Urteilsteile
– horizontal beschränkte Anfechtung **318** 31 f
– Rechtsgrund und Wirkung **318** 23 f
– Teilrechtskraft **318** 26 ff
– Vollrechtskraft **318** 25
Eindeutigkeit, Bestimmbarkeit **318** 8, 10
Feststellung der (Un-) Wirksamkeit **318** 123 ff
Folgen **318** 22
Grenzen bei Beschränkung auf Prozessvoraussetzungen **318** 43
Grenzen bei horizontaler Beschränkung **318** 39
Grenzen bei vertikaler Beschränkung **318** 42
Grenzen der Bindungswirkung allgemein **318** 38
mehrere Rechtsmittel **318** 5
Mitwirkung des Verteidigers **318** 18
nachträgliche Erweiterung **318** 21
Prozesshandlung **318** 7
Prüfung durch das Revisionsgericht **318** 126
Rechtsgrund der Beschränkbarkeit **318** 2
Teilverzicht **318** 9
Umfang **318** 3
Wirksamkeit der Teilanfechtung, Streitstand **318** 36 f
Zeitraum **318** 19 ff
Zweifelsfälle, Behandlung **318** 14

Berufungsbeschränkung auf Rechtsfolgen, Unwirksamkeit
Berufsverbot **318** 115
Beschränkung innerhalb **318** 86 ff
Bindung des Berufungsgerichts **318** 79
Einziehung/Verfall **318** 102
Entziehung der Fahrerlaubnis **318** 108 ff
Entziehungsanstalt **318** 105
Fahrverbot **318** 100
Freiheitsstrafe **318** 92 ff
Geldstrafe **318** 89 ff
Maßregeln der Besserung und Sicherung **318** 103
Nebenstrafen/Nebenfolgen, sonstige **318** 101
Prüfungsumfang **318** 76
Verwarnung mit Strafvorbehalt **318** 99
Wirksamkeit, grundsätzliche **318** 74

Berufungsbeschränkung, Unwirksamkeit bei horizontaler
allgemein **318** 45
Fehlen ausreichender Feststellungen **318** 46 ff
fehlende Trennbarkeit, sonstige Fälle **318** 61
fehlerhafte Rechtsgrundlage **318** 52 ff
offensichtliches Unrecht, allgemein **318** 55 f
offensichtliches Unrecht, Rechtsprechung **318** 57 ff
Schuldspruch bei doppelrelevanten Tatsachen **318** 67
Schuldspruch bei Einzeltat **318** 63
Schuldspruch bei materiell einheitlichen Taten **318** 72
Schuldspruch bei Tateinheit (§ 52 StGB) **318** 66
Schuldspruch bei Tatmehrheit (§ 53 StGB) **318** 68 ff
Schuldspruch isoliert **318** 62

Berufungsbeschränkung, Unwirksamkeit bei vertikaler
allgemein **318** 116
Schuldspruch bei mehreren Taten **318** 118

Schuldspruch bei Tateinheit **318** 119
subjektive Beschränkung **318** 120

Berufungsgericht
Aufhebung des Haftbefehls **120** 17
Aufhebung vorläufigen Berufsverbots **132a** 17
beschleunigtes Verfahren **Vor 417** 35 ff
Beschwerdeentscheidung **310** 7
Bewährung/Strafvorbehalt, Beschluss **268a** 19
Erlass eines Haftbefehls (Zuständigkeit) **125** 15
Gerichtsstand, Zuständigkeitskonkurrenz **12** 49
Zuständigkeit, örtliche/Gerichtsstand **Vor 7** 23 ff

Berufungsverfahren
Änderung der gerichtlichen Zuständigkeit **225a** 6
Änderung des rechtlichen Gesichtspunktes **265** 13
Einziehungs-/Verfallsverfahren, Rechtsmittel **437** 12
Hauptverhandlung ohne Angeklagten **232** 3; **233** 2
Umfang **304** 68
Urkundenbeweis, Selbstleseverfahren **249** 62
Zuständigkeitsänderung/Verweisung **270** 6

Berufungsverhandlung
Anordnung persönlichen Erscheinens **236** 6
Auslegung der Berufungsbeschränkung **313** 14
präsente Beweismittel **245** 8
Strafbefehlsverfahren, Verhandlungsvertretung **411** 35

Besatzungsgericht
Rechtskraft von Entscheidungen **Einl. J** 112
Wiederaufnahme des Verfahrens **Vor 359** 103

Besatzungsrecht
Entwicklungsgeschichte des Strafverfahrensrechts **Einl. E** 74 ff

Beschlagnahme (allgemein)
Abgeordneter **94** 99
Aktenvorlage, Auslieferung von Schriftstücken *siehe Aktenvorlage (Beweissicherung)*
allgemein zur Sicherstellung *siehe dort*
Anordnung *siehe unten*
Ausschluss der Beschwerde, Ausnahme **305** 32
Beendigung **94** 94
Begriff **99** 17
Beschwerde gegen Entscheidungen von OLG und BGH **304** 77
Durchsuchung, Zufallsfunde **108** 8
einstweilige bei Zufallsfunden **108** 8 ff
Eröffnungsverfahren, gerichtliche Entscheidung **204** 13
Führerschein, Sicherstellung **111a** 63 ff
Herausgabe des Gegenstandes **94** 94
Herausgabepflicht *siehe Sicherstellung*
Nichtverfolgung unwesentlicher, einzelner Taten **154** 53
Postsendungen und Telegramme *siehe Postbeschlagnahme*
Presseerzeugnisse **94** 69
Presseerzeugnisse, keine Sonderregelung **94** 70
Presseerzeugnisse, quantitative Beschränkung **94** 72
Presseerzeugnisse, Verhältnismäßigkeit **94** 71
Rechtsmittel allgemein, Beschwer **Vor 296** 67
Schadensersatzansprüche **94** 95
in Untersuchungshaft **119** 39, 89
Verteidigung, Recht auf Vorbereitung **MRK Art. 6 (Art. 14 IPBPR)** 176
Vollstreckungsbehörde, Herbeiführung des Vollzugs **457** 11

Beschlagnahme (Vollstreckungssicherung)
allgemeines **111b** 32; **111c** 1
Anordnung **111b** 34
Anordnung allgemein **111e** 1
Aufhebung der Anordnung **111e** 20
Aufhebung, Verfahren **111e** 22
Ausschluss der Beschwerde, Ausnahme **305** 32
Bedeutung der Vorschrift **111b** 23
Beendigung durch Erlöschen **111e** 19
Bekanntmachung an den Verletzten **111e** 7
Bekanntmachung der Anordnung **111e** 6
Bekanntmachung, öffentliche **111e** 8
Belehrung über Rechte **111e** 9
Beschwerde gegen Entscheidungen von OLG und BGH **304** 77
Bestätigung, gerichtliche (Anordnung der StA)
– Antragspflicht **111e** 13
– Entscheidung **111e** 18
– Frist zur Beantragung **111e** 14
– Prüfungsgegenstand **111e** 16
– Zuständigkeit **111e** 15
Bewirkung **111b** 33; **111c** 2 ff
Drittschuldnererklärung, Aufforderung **111c** 10
Druckwerke/Schriften/Herstellungsmittel *siehe unten*
Durchführung **111b** 35
– allgemeines **111f** 1
– Forderungen u. a. Vermögensrechte **111f** 4

– Grundstück/grundstücksgleiche Rechte **111f** 3
– Rechtsschutz **111f** 11 ff
– Sachen, bewegliche **111f** 2
– Schiffe/Luftfahrzeuge **111f** 6
Eilkompetenz von StA und ihren Hilfsbeamten **111e** 3
Einziehungsgegenstände **111b** 26
Forderungen **111c** 7 ff
Form der Anordnung **111e** 4
Fristverlängerung **111b** 42 ff
Führerschein **111b** 38
Gegenstände der Beschlagnahme **111b** 24
Grundstücke und grundstücksgleiche Rechte **111c** 5
Herausgabe beschlagnahmter Gegenstände **111b** 36
Ingewahrsamnahme **111c** 2
Inhalt der Anordnung **111e** 5
Kenntlichmachung durch Siegel **111c** 3
Kenntlichmachung in anderer Weise **111c** 3
Pfändung **111c** 7
Pressebeschlagnahme
siehe Beschlagnahme von Druckwerken/Schriften
Rechtsschutz (Antrag auf gerichtliche Entscheidung) **111e** 24
Rechtsschutz (Beschwerde) **111e** 25
Rechtsschutz gegen Ablehnung/Aufhebung **111e** 26
Rechtsschutz gegen Vollstreckungsentscheidungen **111e** 27
Rückgabe allgemein **111c** 17
Rückgabe durch Erlegung des Wertes **111c** 18
Sachen, bewegliche **111c** 2 ff
Schiffe und Luftfahrzeuge **111c** 12 f
Schiffe und Luftfahrzeuge, eingetragene **111c** 13
Schiffe und Luftfahrzeuge, nicht eingetragene **111c** 13
Sicherstellung allgemein
siehe dort
Staatsanwaltschaft und ihre Hilfsbeamten **111e** 3
Überlassung zur Benutzung, vorläufige **111c** 19
– Rechtsschutz **111c** 22
Veränderung des Gegenstandes **111b** 31
Veräußerungsverbot **111c** 14
Verfallsgegenstände **111b** 25
Vermischung mit anderen Gegenständen **111b** 31
Vermögensrechte, andere **111c** 7 ff
Zuständigkeit **111e** 2
Zuständigkeit (Aufhebung) **111e** 21

Beschlagnahme bei Medienangehörigen
allgemein **97** 20
Deliktsgegenstände **97** 138
Gegenstände, geschützte **97** 132
gesetzliche Regelungen **97** 129
Gewahrsam **97** 136
Personenkreis **97** 131
Schutzzweck **97** 130
Teilnahmeverdacht **97** 137
Zeugnisverweigerungsrecht, Umfang **97** 134

Beschlagnahme von Druckwerken/Schriften
Abwägung der Interessen **111m** 14
Abwendung **111n** 23
allgemein **111m** 1 ff
Anordnung **111m** 20; **111n** 1 ff
Anwendungsbereich **111m** 3
Aufhebung **111n** 25
Aufhebungsantrag der StA **111n** 27
Aufhebungsgründe **111n** 19
Beschränkungen **111m** 11 ff
Bestätigung, gerichtliche (Anordnung der StA) **111n** 12
Druckwerke **111m** 7
Druckwerke, nicht periodische **111n** 10
Druckwerke, periodische **111n** 4
Einziehungsgegenstände **111m** 6
Ermessen, richterliches **111m** 19
Fristablauf (Anklageerhebung) **111n** 20
Fristbeginn **111n** 22
Fristverlängerung **111n** 23
Gefährdung öffentlichen Interesses **111m** 12
Gegenstand der Beschränkungen **111m** 5
gleichstehende Gegenstände **111n** 5
Herstellungsgegenstände **111m** 9
Inhalt **111n** 15
Nachteile, sonstige **111m** 13
öffentliches Interesse an Verbreitung **111m** 12
Rechtsfolgen **111m** 4
Rechtsschutz **111n** 29
Richtervorbehalt **111n** 3
Schriften, sonstige **111m** 8
Teile der Schrift, ausscheidbare **111m** 18
Verbreitung, Bestimmung zur **111m** 10
Verfassungsmäßigkeit **111m** 2
Verhältnismäßigkeit **111m** 11
Vollziehung **111n** 17
Wirkung **111n** 16
zuständiges Gericht **111n** 8
Zuständigkeit **111n** , 11
Zweck der Vorschrift **111m** 1

Beschlagnahmeanordnung
Abgeordnete **98** 80
Anhörung der Beteiligten **98** 17
Antrag **98** 14
Aufhebung, Verfahren **98** 62

Aufhebung, Voraussetzungen **98** 57
Aufhebung, Zuständigkeit **98** 61
Begründung **98** 20
Bekanntmachung **98** 21
Beschluss, Inhalt **98** 18 ff
Bezeichnung der Gegenstände **98** 18
Bundeswehrbereiche **98** 25
Eilkompetenz nicht im Pressebereich **98** 7
Entscheidungsgrundlage **98** 16
Erlöschen/Beendigung **98** 56
Form des Antrags **98** 15
freiwillige Herausgabe **98** 3
Notwendigkeit der Maßnahme **98** 3 f
Pressebereich, keine Eilkompetenz **98** 7
Prüfungsumfang **98** 16
Regelungsgegenstände **98** 1 f
Richtervorbehalt als Regelfall **98** 6
Rückgabe von Sachen
siehe Herausgabe sichergestellter Gegenstände;
siehe auch Zurückgewinnungshilfe, strafprozessuale
Rückgabe, Allgemeines **98** 63
Verwertungsverbot **98** 75
Vollstreckung **98** 22 ff
Vollstreckung, Zuständigkeit **98** 22
vorläufige Festnahme **98** 4
zeitliche Begrenzung **98** 23
Zuständigkeit nach Klageerhebung **98** 9
Zuständigkeit vor Klageerhebung **98** 8
Zwangsbefugnisse bei Vollstreckung **98** 24

Beschlagnahmeanordnung von Staatsanwaltschaft und ihren Hilfsbeamten
allgemein **98** 29
Bekanntmachung **98** 39
Belehrung **98** 40
Bußgeldverfahren **98** 33
Form der Anordnung **98** 38
Gefahr im Verzug **98** 34
Hilfsbeamte der Staatsanwaltschaft **98** 31
nach Klageerhebung **98** 40
richterliche Überprüfung
siehe unten
Staatsanwaltschaft **98** 30
Steuerstrafverfahren **98** 32
Zuständigkeit **98** 30 ff

Beschlagnahmeanordnung, Rechtsschutz
gegen Ablehnung/Aufhebung im Ermittlungsverfahren **98** 70
gegen Ablehnung/Aufhebung im Hauptverfahren **98** 71
gegen Anordnung **98** 72
gegen Art und Weise des Vollzugs **98** 72
Revision **98** 78
Zuständigkeit **98** 74

Beschlagnahmeanordnung, richterliche Überprüfung bei
allgemein **98** 42
Angehöriger, erwachsener, Begriff **98** 47
Antrag des Betroffenen **98** 48
Antrag des Betroffenen, Voraussetzungen **98** 51
Antragspflicht des Beamten **98** 43
Betroffener, Begriff **98** 47
Inhalt und Gegenstand **98** 53
Vollstreckung, Art und Weise **98** 55
Zuständigkeit **98** 52

Beschlagnahmefähigkeit von Behördenakten, These der
allgemein **96** 16
Beweisverfahrensverbot **96** 25
Beweisverlust, Ausgleich **96** 24
Editionspflicht, strafprozessuale **96** 17
Folgenbetrachtung **96** 23
Hintergrund **96** 21
Kritik **96** 22 ff
Rechtsprechung (Ermittlungsrichter des BGH) **96** 18
Rechtsprechungspraxis **96** 26
Systematik **96** 22

Beschlagnahmeverbot
Ärzte, Apotheker, Hebammen **97** 118
allgemein **97** 1
analoge Anwendung **97** 11
Angehörige **97** 20, 80
Aufzeichnungen der Angehörigen **97** 74
Aufzeichnungen des Zeugnisverweigerungsberechtigten **97** 72
Aufzeichnungen mit Bezug zum Vertrauensverhältnis **97** 73
Ausschluss bei Deliktsgegenständen **97** 42
Ausschluss bei Tatbeteiligungsverdacht **97** 36
Beratungs- und Begutachtungsstellen **97** 121
beschuldigter Zeuge mit ZVR **97** 25
Beweismittel als Gegenstand **97** 19
Buchhaltungsunterlagen von Geheimnisträgern **97** 111
Deliktsgegenstände **97** 42
Drogenberatungsstellen **97** 122
Durchsuchungs- und Beschlagnahmeanordnung **97** 140
Einverständnis mit weitergehender Verwertung **97** 150
Folgen **97** 140 ff
Gegenstände mit Bezug zum Vertrauensverhältnis **97** 76
Gegenstände, „andere“ **97** 75
Gegenstände, „andere“, Beispiele **97** 77
Gegenstände, geschützte **97** 65
Geistlicher **97** 81

Gewahrsam allgemein **97** 27
Gewahrsam, abgeleiteter **97** 31
Gewahrsam, alleiniger **97** 29
Gewahrsam, Begriff **97** 28
Gewahrsamsverlust **97** 33
Hilfspersonen von Berufsgeheimnisträgern **97** 139
Intimsphäre **97** 13
Medienangehörige
siehe bei Beschlagnahme
Pressegesetze **97** 17
Psychotherapeuten **97** 118
Rechtsanwälte und Notare **97** 109 ff
Rechtsschutz (Revision) **97** 151
schriftliche Mitteilungen an den ZV-Berechtigten **97** 69
schriftliche Mitteilungen des Beschuldigten **97** 66
Schutzzweck **97** 78
Selbstbezichtigung **97** 14
Tatbeteiligung **97** 38
Teilnahmeverdacht **97** 39
Verhältnis zum Zeugnisverweigerungsrecht **97** 5
Verhältnismäßigkeit **97** 12
Vermögensbeschlagnahme **443** 1 ff
Verteidigungsunterlagen **97** 18
Verwertung bei Einwilligung **97** 145
Verwertung trotz Unzulässigkeit **97** 146
Verwertungsverbot trotz Zulässigkeit **97** 147
Verwertungsverbot, Grundsatz **97** 141
Verzicht allgemein **97** 46
Verzicht des Klienten geschützter Berufsgruppen
– allgemein **97** 47
– Berechtigter **97** 48
– höchstpersönliches Recht **97** 51
– juristische Personen **97** 52
– Konkurs einer nat. Person **97** 54
– Verteidiger, Kern beruflicher Tätigkeit **97** 50
– Widerruf **97** 60
Verzicht des Zeugnisverweigerungsberechtigte
– Belehrung **97** 57
– Grundsatz **97** 55
– Widerruf **97** 61
Wirtschaftsprüfer u.ä. **97** 109 ff
zeugnisverweigerungsberechtigte Berufsangehörige **97** 21, 81, 109 ff
als Zeugnisverweigerungsrecht **97** 2
Zeugnisverweigerungsrecht, Verhältnis **97** 5

Beschlagnahmeverbot bei Abgeordneten
allgemein **97** 20, 123
Deliktsgegenstände **97** 128
Gewahrsam **97** 127
Personenkreis, geschützter **97** 124
Schriftstücke **97** 126
Teilnahmeverdacht **97** 128
Zeugnisverweigerungsrecht, Reichweite **97** 125

Beschlagnahmeverbot beim Verteidiger
allgemein **97** 24, 82
Aufzeichnungen des Verteidigers **97** 89
Ausschluss bei Tatverstrickung **97** 95 ff
Entbindung von der Schweigepflicht **97** 100
Gegenstände, andere **97** 91
Gegenstände, geschützte **97** 86
Gehilfen des Verteidigers **97** 101
Mitteilungen, schriftliche **97** 87
Personenkreis, geschützter **97** 83 ff
Verteidigerunterlagen beim Beschuldigten **97** 105

Beschlagnahmeverbot, verfassungsrechtliches **94** 73 ff
Beweisverwertungsverbote **94** 75
Bildaufzeichnungen **94** 91
Gefangenenpost **94** 93
Menschenwürde **94** 74
Persönlichkeitsrecht, allg. **94** 74
Tagebuchfälle **94** 78
Tonbandfälle **94** 88
Übermaßverbot **94** 73

beschleunigtes Verfahren (allgemein)
allgemein
siehe auch Verfahrensarten, besondere
allgemeine Vorschriften, Verhältnis **Vor 417** 11
Amtsgericht, Zuständigkeit **417** 3
Anhängigkeit **418** 2
Anträge in der Anklageschrift **200** 48
Aufbau der gesetzlichen Regelungen **418** 1
Aufbau und Ablauf, Regelungsgegenstand **419** 1
ausreichende Verteidigungsmöglichkeiten **Vor 417** 53
Ausschluss der Beschwerde **305** 12
Berufungsgericht **Vor 417** 35
beschleunigende Elemente **Vor 417** 4 ff
Beschleunigungsgebot und Beschuldigtenrechte **Vor 417** 51 f
Beschuldigtenbegriff **157** 4
Durchführung des Verfahrens **419** 17
Einstellung des Verfahrens/Prozessvoraussetzung **206a** 19, 48
Einziehungs-/Verfallsbeteiligte, Ladung/Mitteilungen **435** 14
Einziehungs-/Verfallsbeteiligter, Befugnisse **433** 4
Einziehungs-/Verfallsverfahren, Verhältnis **Vor 417** 30
Entscheidungsalternativen **419** 31

Ermittlungsverfahren, Abschlussentscheidung **170** 17
Eröffnung bei hinreichendem Tatverdacht **203** 2
Eröffnungsbeschluss **419** 32
Eröffnungsverfahren, gerichtliche Entscheidung **204** 1
Eröffnungsverfahren, Wirkung der Ablehnung **211** 16a
Ersetzen der Vernehmung durch Protokollverlesung **251** 5
Freiheitsentziehung, Rechte bei **MRK Art. 5 (Art. 9, 11 IPBPR)** 88, 108, 114 f
Geeignetheit, gerichtliche Prüfung **418** 15
Gerichte erster Instanz **Vor 417** 33
Gerichtsstand, Zuständigkeitskonkurrenz **12** 13, 26, 42
Immunität eines Abgeordneten **152a** 34
Jugendstrafsachen, Verhältnis **Vor 417** 27
Klageerhebung **151** 8
Klagerücknahme, zulässiger Zeitraum **156** 3
Kosten bei Klagerücknahme/Einstellung durch StA **467a** 7
NATO-Truppenstatut, Verhältnis **Vor 417** 28
Nichteröffnung, Konsequenzen **419** 39
notwendige Verteidigung **140** 131a
Privatklageverfahren, Verhältnis **Vor 417** 26
Prozessvoraussetzungen **417** 1 f
Prozessvoraussetzungen, gerichtliche Prüfung **418** 4
Rechtshängigkeit **418** 2
Rechtsschutz (Beschwerde) **419** 43
Rechtsschutz (Revision) **419** 44
Revisionsgericht **Vor 417** 34
Sicherungsverfahren, Verhältnis **Vor 417** 29
Strafbefehlsverfahren **Vor 417** 31
Strafverfahren, Struktur **Einl. F** 13
systematische Stellung im Strafverfahren **Vor 417** 11 ff
Tatverdacht, gerichtliche Prüfung **418** 11
Übergang aus dem Haftprüfungsverfahren (§§ 117 ff StPO) **118a** 7
Übergang ins Normalverfahren **419** 36 ff
Übergang ins Normalverfahren, Bedeutung **419** 38
Urkundenbeweis, Verlesen von Behörden-/Ärzteerklärungen **256** 2a
Verbindung/Trennung von Verfahren **4** 7
Verfahren nach Nichteröffnung, weiteres **419** 41
Verfahrensgrundsätze, Beeinträchtigung **Vor 417** 56
Verfahrensmodelle **Vor 417** 12 ff
Verfahrensverbindung **Vor 417** 49
Verhältnis zum Eröffnungsverfahren **Vor 198** 3, 9
Voraussetzungen, besondere **Vor 417** 25
vorläufige Festnahme/Haftbefehl **127b** 23 ff; **127b** 9
Wegfall des Eröffnungsverfahrens **418** 3 ff
Wesenselemente des Verfahrens **Vor 417** 3
Ziel des Verfahrens **Vor 417** 1
Zuständigkeit des erweiterten Schöffengerichts **417** 4
Zuständigkeit des Schöffengerichts **417** 5
Zuständigkeitsänderung/Verweisung **270** 5
Zuständigkeitsregelung **Vor 417** 32
Zwangsmittel bei Ausbleiben des Angeklagten **230** 31

beschleunigtes Verfahren, Ablehnungsbeschluss
Form der Entscheidung **419** 25
Grundsatz **419** 18
Inhalt **419** 28
Prüfung der Eignung **419** 20
Prüfung von Tatverdacht und Prozessvoraussetzungen **419** 22
Prüfungspflichten des Gerichts **419** 19
Rechtskraft **419** 30
Zeitpunkt **419** 26

beschleunigtes Verfahren, Antrag der Staatsanwaltschaft
Adressat **417** 8
Antragspflicht **417** 24
Form **417** 9
Inhalt **417** 12
prozessualer Charakter **417** 6
Rücknahme allgemein **417** 15
Rücknahme, Inhalt/Form **417** 23
Rücknahmerecht **417** 16
Rücknahmezeitraum **417** 17 ff
Zeitpunkt **417** 13

beschleunigtes Verfahren, Beweisaufnahme Vor 417 55
Ablehnungsentscheidung, Begründung **420** 41
allgemein **420** 1
Anwendungsbereich **420** 23
Behördenerklärungen **420** 34
Beweisantragsrecht **420** 39
dienstliche Bekundungen **420** 35
Erklärungen in Urkunden **420** 27
Form der Zustimmung **420** 38
Form verlesbarer Erklärungen **420** 30
Grenzen der Verlesbarkeit **420** 31
Kritik an gesetzlicher Gestaltung **420** 5 ff
Protokollverlesung statt Vernehmung **420** 26
Rechtsschutz **420** 43
Struktur/Aufbau der Regelung **420** 2 ff
Umfang **244** 171 f

Umfang der Zustimmung **420** 37
Zustimmung der Beteiligten **420** 36
beschleunigtes Verfahren, Eignung der Sache
Beweislage, klare **417** 30
Einfachheit des Sachverhalts **417** 27
Konsequenzen der Gerichtsentscheidung **417** 40
Rechtsnatur der Eignung **417** 36
sofortige Verhandlungsmöglichkeit **417** 32
Verfahrensvoraussetzungen **417** 37 ff
Voraussetzungen, Überblick **417** 25
Voraussetzungen, übrige **417** 34
beschleunigtes Verfahren, Hauptverhandlung
Anberaumung, Zuständigkeit **418** 16
Anberaumungsfrist **418** 17 ff
Anklageerhebung **418** 32
Ladung des Beschuldigten **418** 22
Ladung des Beschuldigten, Entbehrlichkeit **418** 26
Ladungen allgemein **418** 21
mündliche Anklage **418** 33 ff
mündliche Anklage, Verfahren **418** 37
notwendige Verteidigung **418** 42
schriftliche Anklage **418** 41
Verteidiger, Bestellung **418** 46 ff
Verteidigerbestellung, Dauer **418** 53
Verteidigerbestellung, Rechtsmittel **418** 54 f
Verteidigerbestellung, Voraussetzungen **418** 43
beschleunigtes Verfahren, Rechtsfolgen/Sanktionsrahmen
Berufung bei Überschreitung **419** 10
Hauptstrafen, Grenzen **419** 3
Maßregeln, Grenzen **419** 4
Rechtsfolgen, sonstige **419** 5
Revision bei Überschreitung **419** 15 f
Verfahrensvoraussetzung, Rechtsnatur **419** 6
Beschleunigungsgebot (Art. 6 MRK, 14 IPBPR)
siehe auch Grundrechte;
siehe auch Prozessmaximen
Adressaten **Einl. G** 33
allgemein **Einl. G** 29
Angemessenheit der Frist **MRK Art. 6 (Art. 14 IPBPR)** 77
Anspruch allgemein **MRK Art. 6 (Art. 14 IPBPR)** 76
Aufklärungspflicht, Beweisaufnahme **244** 57
Auslieferungshaft, Überhaft **112** 36
Berufungsverhandlung ohne Angeklagten **329** 1
beschleunigtes Verfahren allgemein **Vor 417** 51 ff
Beschuldigtenverhalten **MRK Art. 6 (Art. 14 IPBPR)** 78 ff
Einstellung des Verfahrens **MRK Art. 6 (Art. 14 IPBPR)** 85b
Einstellung des Verfahrens/Prozessvoraussetzung **206a** 54
Folgen des Verstoßes **MRK Art. 6 (Art. 14 IPBPR)** 83
Fristbeginn, Fristende **MRK Art. 6 (Art. 14 IPBPR)** 80
gesetzliche Ausprägungen **Einl. G** 32
Hauptverhandlung ohne Angeklagten **231a** 5
Jugendsachen **MRK Art. 6 (Art. 14 IPBPR)** 76
Prüfungs- und Feststellungspflichten **MRK Art. 6 (Art. 14 IPBPR)** 85a
Revision, Entscheidung des Gerichts **354** 14a
Staatsanwaltschaft im Ermittlungsverfahren **160** 38
Strafverfahren, Grundlagen **Einl. G** 29 ff
Überlastung, Personalnot **MRK Art. 6 (Art. 14 IPBPR)** 79
Umfang und Inhalt **Einl. G** 37
Untätigkeitsbeschwerde **304** 10, 19
Untersuchungshaft allgemein **Vor 112** 31, 35; **120** 16
Untersuchungshaft, Bagatellsachen **113** 11
Urkundenbeweis, Selbstleseverfahren **249** 54
Verantwortungsbereich des Staates **MRK Art. 6 (Art. 14 IPBPR)** 78
Verbindung/Trennung von Verfahren **2** 24
Verfassungsbeschwerde **MRK Art. 6 (Art. 14 IPBPR)** 85
verfassungsgerichtliches Verfahren **MRK Art. 6 (Art. 14 IPBPR)** 76
Verstöße **Einl. G** 38
Vorführung zur Vernehmung **135** 2
vorläufige Einstellung nach § 205 **205** 1
Beschluss
Anhörung **33** 17 ff, 32 ff
siehe auch Anhörung der Beteiligten, gerichtliche
Anhörung außerhalb der Hauptverhandlung **33** 26 ff
Anhörung, Nachholung
siehe Anhörung der Beteiligten, gerichtliche
Begriff **33** 8; **Vor 33** 5
Begründung (Entscheidungsgründe) **34** 1 ff
Bekanntmachung **35** 2 ff
Beratung und Abstimmung **GVG 194** 20 f
Beschlagnahme, Anordnung **98** 8 ff
Bestandskraft **Einl. J** 113 ff
Entscheidungen, nachträgliche **453** 1 ff
Ergehen, Erlass **33** 9 ff
Gerichtssprache Deutsch **GVG 184** 11
Kostenentscheidung **464** 6 ff
Nachverfahren/objektives Verfahren **441** 5 ff; **453** 38 ff

Nichtigkeit gerichtlicher Entscheidungen **Einl. J** 116 ff; **Einl. J** 138
Rechtskraft, Eintritt **34a** 1 ff
Rechtskraft, formelle **Einl. J** 78 ff
Rechtskraft, materielle **Einl. J** 83 ff
Rechtsschutz
siehe Beschwerde/Beschwerdegegenstände
Revision bei Falschbezeichnung **333** 6
Wiederaufnahme des Verfahrens **Vor 359** 49 ff

Beschränkung der Strafverfolgung auf Teile der Tat
abtrennbare Teile der Tat **154a** 6
Anwendungsbereich allgemein **154a** 3
Bedeutung der Vorschrift **154a** 1 f
Berufung, Prüfungsgegenstand des Gerichts **327** 14
Beschränkung durch das Gericht
– Verfahren und Entscheidung **154a** 27
– Verfahrensstadium **154a** 23
– Voraussetzungen **154a** 25
Beschränkung im Ermittlungsverfahren
– Ermittlungsstand **154a** 18
– Verfahren und Entscheidung **154a** 19
– Zuständigkeit, Ermessen **154a** 17
beträchtliche Rechtsfolgenerwartung **154a** 13
einzelne Tatteile oder Gesetzesverletzungen **154a** 9
Folgen des Ausscheidens **154a** 29
mehrere Gesetzesverletzungen **154a** 7
Nebenkläger, Rechtsstellung **397** 19
nicht beträchtliche Rechtsfolgen **154a** 10
Privatkläger, Rechte der Staatsanwaltschaft **385** 11
Rechtsfolgen einer anderen Tat **154a** 11
Rechtsschutz (Beschwerde) **154a** 28
Rechtsschutz (Revision) **154a** 46 ff
Rechtsschutz bei Wiedereinbeziehung **154a** 40
Staatsschutz-Strafkammer, Zuständigkeit **GVG 74a** 8
Stoffbeschränkung allgemein **154a** 9
Strafklageverbrauch **154a** 43
Unterbrechung der Verjährung **154a** 30
Urteilsgegenstand, Bindung an angeklagte Tat **264** 69
Verhältnis zu § 154 **154** 11 ff
Wiedereinbeziehung
– Ermessensspielraum **154a** 34
– im Ermittlungsverfahren, Folgen **154a** 22
– Grundsatz und Grenzen **154a** 31
– in der Revisionsinstanz **154a** 41
– Verfahren und Entscheidung **154a** 37
– Zuständigkeit **154a** 33
Zuständigkeit bei Stoffkonzentration **154a** 14

Beschuldigter (allgemein)
Absehen von Vereidigung, Verzichtserklärung **61** 35
Abwesenheit, Begriff **276** 1 ff
Adhäsionsverfahren, Antragsgegner **403** 6, 9
Angeschuldigter, Angeklagter (Begriff/Abgrenzung) **81a** 6; **133** 2; **157** 1, 3
Anhörung bei DNA-Analyse (§ 81g) **81g** 52
Anhörung bei Erlass eines Haftbefehls **114** 25 ff, 39
Anhörung der Beteiligten, gerichtliche **33** 20, 32 ff
Anhörung im Haftprüfungsverfahren (§§ 121, 122 StPO) **122** 21
Anhörung im Klageerzwingungsverfahren **173** 6; **175** 2 f
Anhörung während der Beweisaufnahme **257** 5 ff
Annahmeberufung, Einlegung **313** 26
Antrag auf Bestellung eines Pflichtverteidigers **141** 24
Antrag auf Zulassung eines Beistandes **149** 17
Anwesenheit in der Hauptverhandlung
siehe Hauptverhandlung
Anwesenheit/Benachrichtigung bei Vernehmung **168c** 11 ff, 34
Augenscheinseinnahme, Anwesenheitsrecht **86** 42
als Augenscheinsobjekt **Einl. I** 85
Auskunfts- und Mitwirkungspflichten **Einl. I** 96
Auslagenerstattung bei Einstellungsregelungen nach § 153a **153a** 130
Aussagefreiheit, Nemo-tenetur-Grundsatz **Einl. I** 88
Ausschreibung zur Aufenthaltsermittlung/Abbildungen **Nachtr. 131a** 4; **Nachtr. 131b** 2
Befragungsrecht in der Hauptverhandlung **240** 9
Befugnisse und Pflichten **Einl. I** 74
Begriff, Abgrenzung **Einl. I** 72 ff; **163a** 7 ff
Begriff; Abgrenzung **Einl. I** 72 f; **81a** 6; **81g** 11; **133** 2; **136** 4; **137** 4; **157** 2
Behinderung, notwendige Verteidigung **140** 96 f
Benachrichtigung Betroffener (verdeckte Datenerhebung) **101** 3
Berufsverbot, vorläufiges **132a** 1 ff
Beschlagnahmeverbot **97** 25 ff, 82, 87, 105
beschleunigtes Verfahren, Beweiserhebung **420** 36 ff
Bewährung, Aussetzung des Strafrestes **454** 5, 16, 21 ff, 68
Beweisantrag im Ermittlungsverfahren
siehe dort
Beweisantrag in der Hauptverhandlung **244** 96

Beweisantrag vor der Hauptverhandlung *siehe Hauptverhandlung, Vorbereitung*
Beweiserhebung bei Bild-Ton-Aufzeichnungen **255a** 12
Beweiserhebung bei Zuständigkeitsänderung/ Verweisung **270** 39 ff
Beweiswürdigung, freie richterliche **261** 73 ff
Datenmitteilung, Auskunftsrechte **EGGVG 21** 1 ff
DNA-IFG, Rechte im Verfahren allgemein **Anhang 81g** 18
Durchsuchung bei Dritten zur Ergreifung **103** 23
Durchsuchung beim Verdächtigen **102** 7 ff
Einstellung mangels hinreichenden Tatverdachts, Mitteilungspflicht **170** 38 ff
Einstellungserzwingung (Rechtsschutz) **170** 11 ff
Einstellungsregelungen nach den §§ 153 ff, Zustimmung **153** 69 ff; **153a** 41 ff, 107, 123; **153b** 17
einstweilige Unterbringung, Verfahrensrechte **126a** 12 ff
Einwand gegen Zuständigkeit des Gerichts **6a** 12 ff
Einwirkungs- und Beteiligungsrechte **Einl. I** 78
erkennungsdienstliche Maßnahmen, einzelne (§ 81 b) **81b** 11 ff
Ermittlung, verdeckte mit technischen Mitteln **100c** 56
Ermittlungsverfahren, Stellung **Vor 158** 43 ff
Fahndungsmaßnahmen, Verfahrensrechte *siehe Steckbrief, sowie Ausschreibung (Fahndungsarten)*
Freigesprochener **157** 3
Gerichtshilfe **160** 92
Gerichtsstand, Einwand der Unzuständigkeit **16** 11 ff
gesetzliche Grundlagen **Einl. I** 68
Haftbefehl, Personalangaben **114** 8
Haftbefehlsvollzug, Aufhebung von Ersatzmaßnahmen **123** 24
Haftbefehlsvollzug, Aussetzung **116** 8, 32 f; **116a** 3
Haftbeschwerde, mündliche Verhandlung **118** 3
Haftentscheidungen im Ermittlungsverfahren (Rechtsschutz allgemein) **114** 31 ff; **115a** 15; **116** 34 ff, 52
Haftprüfung, mündliche Verhandlung **118** 2
Haftprüfungsverfahren (§§ 117 ff StPO) **117** 12
Haftprüfungsverfahren (Rechtsschutz allgemein) **117** 23 ff, 32
Haftprüfungsverfahren vor dem OLG, Verfahrensrechte **122** 21, 24, 31 ff, 47, 54
Hauptverhandlungsprotokoll, Inhalt **272** 15 ff
Herausgabepflicht bei Sicherstellung **95** 14
Hindernisse, personenbedingt (vorläufige Einstellung nach § 205) **205** 10 ff
Immunität eines Abgeordneten *siehe dort*
körperliche Untersuchung *siehe dort*
körperliche Untersuchung einer Frau, Anwesenheitsrecht **81d** 7
kommissarische Vernehmung, Benachrichtigung **224** 12
Kostenlast bei Zurücknahme des Strafantrags **470** 6 ff
Kostenlast des Anzeigenerstatters **469** 12
Kostenlast im Privatklageverfahren **471** 5 ff
Ladung von Beteiligten (unmittelbare) *siehe dort*
Ladung zur Hauptverhandlung *siehe dort*
Leiche, Vorzeigen vor der Obduktion **88** 2
Leichenschau/-öffnung, Anwesenheitsrecht **87** 12, 28; **88** 2
letztes Wort, Recht auf **258** 28 ff
Mitteilung der Anklageschrift/Erklärungen *siehe Anklageschrift, Mitteilung …*
Mitteilung der Privatklage **382** 5
Mitwirkungspflichten, aktive und passive **Einl. I** 91
Nachtragsanklage **266** 14 ff
Namhaftmachung der Zeugen/Sachverständigen **222** 5
notwendige Auslagen im Klageerzwingungsverfahren **177** 7
notwendige Verteidigung *siehe dort*
Personalangaben in der Anklageschrift **200** 7 ff
Pflichten allgemein **Einl. I** 82
präsente Beweismittel, Verzicht **245** 35
Privatklageverfahren, Rücknahme **391** 4, 8
Protokoll über Untersuchungshandlung *siehe dort;* *siehe auch Vernehmung durch die Staatsanwaltschaft*
Rechte im Strafverfahren allgemein (eigene und Verteidigerrechte) **137** 16 ff *siehe auch unten Informationsrechte;* *siehe auch Verfahrensgarantien*
Rechtsmittel im Adhäsionsverfahren **406a** 5 ff
Rechtsmittel, Einlegungsbefugnis **296** 5; **Vor 296** 17
Rechtsschutz *siehe bei den jeweiligen Maßnahmen*

Rechtsstellung in der Hauptverhandlung **Vor 226** 22 ff, 29, 38 f
Rehabilitierung nach Verfahrenseinstellung **170** 9
Revision, Einlegung ohne Verteidiger **345** 15
Revision, Rechte in der Hauptverhandlung **350** 3 ff
Sachverständiger, Ablehnung wegen Befangenheit **74** 16
Sachverständiger, Antrag auf Vereidigung **79** 5
Schlussvortrag (Plädoyer) **258** 11, 15
Schutzvorschriften **Einl. I** 80
Sicherheitsleistung (Untersuchungshaft) **116a** 1 ff; **124** 1 ff; **127a** 7; **132** 7
Sicherungsverfahren, Täterbegriff **Vor 413** 8
Sitzungspolizei, Ordnungsmittel **GVG 177** 6, 32
Stellung allgemein **Einl. I** 65
Stellung als Beweismittel **Einl. I** 85
Strafbefehl, Übergang in die Hauptverhandlung **408** 50
Strafbefehlsantrag nach Eröffnung **408a** 13
Täter-Opfer-Ausgleich, Zustimmung **155a** 1; **155b** 13, 15
Telekommunikationsüberwachung **100a** 64 f
Unschuldsvermutung **Einl. I** 75
Unterrichtung nach Entfernung bei Vernehmungen **247** 44 ff
Untersuchungshaft über 6 Monate, Verursachen der Haftfortdauer **121** 34
Untersuchungshaft, Grundrechte **Vor 112** 40 f
Untersuchungshaft, Vollzug **119** 18, 138
Untersuchungshaft, Vollzug (Rechtsschutz allgemein) **119** 153 ff
Urkundenbeweis, Selbstleseverfahren **249** 80
Verdächtiger, Begriff/Abgrenzung **81a** 8; **136** 7
verdeckter Ermittler **110b** 4, 11
Verfahren bei Ergreifung nach Steckbrief (§ 131 a. F.) **131** 26
Verfall der Sicherheit im Haftbefehlsverfahren **124** 49 f
Verfall der Sicherheit im Haftbefehlsverfahren (Rechtsschutz allgemein) **124** 39
Verhältnis Angeklagter/Verteidiger **243** 100
Vernehmung durch Beamte des Polizeidienstes **163a** 71 ff
Vernehmung durch den Ermittlungsrichter *siehe Vernehmung des Beschuldigten*
Vernehmung durch die Staatsanwaltschaft *siehe Vernehmung des Beschuldigten*
Vernehmung in Berufungsverhandlung **324** 25 ff
Vernehmung nach Verhaftung (Haftbefehl) **115** 12 ff; **115a** 7
Vernehmung, Beweisverbote **Einl. K** 8
Vernehmungsprotokoll, Verlesung bei Geständnis/Wiederspruch **254** 1 ff
Verteidiger allgemein
siehe auch Strafverteidiger;
siehe auch Verteidigung, notwendige
Verteidiger, Bestellung durch das Gericht **117** 34, 37 ff; **118a** 17; **122** 21; **140** 20 ff, 47 ff, 145
siehe auch notwendige Verteidigung
Verteidiger, erwünschte Pflichtverteidigung **140** 6; **141** 3
Verteidiger, freie Wahl *siehe Verteidigerwahl des Beschuldigten, freie*
Verteidiger, Prozesssubjekt/Organ der Rechtspflege **Einl. I** 106
Verteidiger, unerwünschte Pflichtverteidigung **140** 7 ff; **141** 5 ff
Verteidiger, Verkehr/Kontakt *siehe Verteidigerkonsultation des Beschuldigten*
Verteidiger, Wahl- und Pflichtverteidiger *siehe Strafverteidiger*
Verteidigung, gesetzliche Grundlagen **Einl. I** 104
Verteidigung, materielle und formelle **Einl. I** 101
Verteidigung, Recht auf Vorbereitung *siehe dort*
Verurteilter, Begriff/Abgrenzung **81a** 6; **81g** 11; **157** 3
vorläufige Festnahme, Verfahrensrechte **128** 3, 11 ff, 17
Wahrheitspflicht **Vor 137** 169
Warnung durch den Verteidiger vor Durchsuchung/Beschlagnahme/Verhaftung **147** 127
Wiederaufnahme, Anwesenheitsrecht/Benachrichtigung **369** 18 ff
Würdigung des Prozessverhaltens **Einl. I** 92
Zeugenvernehmung durch die StA **161a** 31 ff
Zeugnisfähigkeit **Vor 48** 26
Zeugnispflichten in anderen Verfahren **Einl. I** 96

Beschuldigter, Abwesenheit
Beweissicherungsverfahren **276** 1 ff; **285** 1 ff
Einstellung des Verfahrens/Prozessvoraussetzung **206a** 35
Revision, Prüfung von Gesetzesverletzung **337** 38; **338** 88
Revisionsfrist **341** 20
sicheres Geleit **295** 1 ff
Vermögensbeschlagnahme *siehe dort*

Beschuldigter, Informationsrechte
Akteneinsicht im Fall notwendiger Verteidigung **140** 76
Akteneinsicht, Einzelheiten
siehe Akteneinsicht des Verteidigers
Akteneinsichts- und Informationsrechte bei Untersuchungshaft **Vor 112** 23
Akteneinsichtsrecht, Struktur/Verfahren **147** 1 ff, 8, 18, 126
Ausschließung des Verteidigers, Mitteilung über Verfahren **138c** 17; **138d** 5 f
Benachrichtigung nach Verhaftung **114b** 29 ff
DNA-Analyse, Benachrichtigung **81e** 41; **81f** 35
DNA-Analysedatei beim BKA (rechtliches Gehör/Akteneinsicht) **81g** 51 f
Haftbefehl, Begründung **114** 19 ff
Haftprüfung, Ladung zur mündlichen Verhandlung **118a** 10 ff
Kontaktsperre für Gefangene **EGGVG 34** 10 ff
Mitteilung über vorläufige Einstellung **153a** 112, 128
nach MRK und IPBPR
siehe faires Verfahren, Recht auf; siehe auch Verfahrensgarantien
Untersuchungshaft **Vor 112** 23
Verhaftung Bekanntgabe des Haftbefehls **114a** 2 ff
Vernehmung nach Verhaftung (Haftbefehl) **115** 17, 21 ff; **115a** 7
Beschwer
siehe Rechtsmittel
Berufung, Verweisungsentscheidung **328** 56
nachträgliche gerichtliche Anhörung **33a** 14
Privatkläger, Rechtsmittel **390** 5
Revision, Prüfung von Gesetzesverletzung **337** 93 ff
Revision, Zulässigkeit **333** 20
Wiederaufnahme des Verfahrens **Vor 359** 124
Beschwerde (allgemein)
Abgrenzung zu Anträgen auf gerichtliche Entscheidung **Vor 304** 42
Abgrenzung zu Berufung, Revision **Vor 304** 48
Abgrenzung zum Antrag auf gerichtliche Entscheidung nach § 23 EGGVG **Vor 304** 44
Abgrenzung zum Einspruch gegen Strafbefehl **Vor 304** 48
Abgrenzung zum Klageerzwingungsverfahren **Vor 304** 43
Abgrenzung zur Dienst-/Fachaufsichtsbeschwerde **Vor 304** 41
Abgrenzung zur Einstellungsbeschwerde **Vor 304** 43
Abgrenzung zur Gegenvorstellung **Vor 304** 47
Ausschluss und Rechtsschutzgarantie des Art. 19 Abs. 4 GG **Vor 304** 76
außerordentliche Beschwerde **Vor 304** 32
Befugnisse des Beschwerdegerichts **Vor 304** 12
Berufung, Ausschluss bei Verspätung **319** 10
Beschwerdegericht
– Eröffnungsbeschluss, Abgabe an ein anderes Gericht **209a** 5
– Zuständigkeit und Abänderung von Entscheidungen **Vor 304** 65
Beschwerdegericht, Zuständigkeit **310** 9
Eigenschaften des Rechtsmittels **Vor 304** 6
einfache, unbefristete Beschwerde allgemein **Vor 304** 27
Ermittlungsmaßnahmen der §§ 94 ff **Vor 94** 141 ff
Geltungsbereich der gesetzlichen Regelungen **Vor 304** 1
Haftbeschwerde **Vor 304** 36
im Haftprüfungsverfahren (§§ 117 ff StPO) **117** 31 ff
Individualbeschwerde **MRK Anhang/Verfahren** 15b, 86, 91, 93, 100; **MRK Einf. (Einf. IPBPR)** 7
Jugendschutzsachen, Zuständigkeit **GVG 74b** 4
Kosten bei Erfolglosigkeit/Rücknahme
siehe dort
Kostenbeschwerde **Vor 304** 40
Landgericht (große Strafkammer)
siehe dort
Maßnahmen im Vollzug der Untersuchungshaft **119** 155
Menschenrechtsbeschwerde
siehe dort
nachträgliche gerichtliche Anhörung **33a** 1, 9 ff
Nebenkläger, Rechtsmittel **400** 24
Oberlandesgericht, Wahrung einheitlicher Rechtsprechung **GVG 121** 31
Oberlandesgericht, Zuständigkeit **GVG 120** 11 ff, 15; **GVG 121** 3, 18 ff
prozessuale Überholung **Vor 304** 68
Rechtskraft und nachträgliche Abänderung **Vor 304** 55
Rechtsmittel gegen Verurteilung, Recht auf **IPBPR Art. 14 (Art. 6 MRK)** 261 ff
Rechtsschutz bei Erledigung und fehlender Anhörung
siehe auch Ermittlungsmaßnahmen der §§ 94 ff
Revision, Ausschluss bei Verspätung **346** 26
Revision, Prüfung von Vorwegentscheidungen **336** 16
Sondervorschriften **Vor 304** 4

Staatenbeschwerde **MRK Anhang/Verfahren** 15a, 84 f, 105; **MRK Einf. (Einf. IPBPR)** 7
Staatsschutz-Strafkammer, Zuständigkeit **GVG 74a** 9
Staatsschutz-Strafkammer-Entscheidungen **GVG 74a** 17
Teilanfechtung **Vor 304** 16
Umdeutung von Rechtsbehelfen **Vor 304** 49
Untätigkeitsbeschwerde **Vor 304** 31
Verhältnis zur Berufung **Vor 312** 4
Verschlechterungsverbot (reformatio in peius) **Vor 304** 13
freie Verteidigerwahl des Beschuldigten **137** 44
Wiederaufnahme des Verfahrens **372** 6
Wirtschaftsstrafkammer, Zuständigkeit **GVG 74c** 11
Zuständigkeit, örtliche **Vor 304** 19
Zuständigkeit, sachliche **Vor 304** 20

Beschwerde gegen Haftentscheidungen
Abgrenzung zur einfachen Beschwerde **304** 74 ff; **Vor 304** 36 ff
allgemein zur Beschwerde *siehe dort*
Beschwerdeberechtigter **114** 37
Beschwerdegegenstände, -ziele **114** 31
Beschwerdegericht **114** 42 ff
BGH **114** 44
Entscheidungen des Ermittlungsrichters des BGH, erstinstanzlich **114** 34 f
Entscheidungen des Ermittlungsrichters des OLG, erstinstanzlich **114** 34 f
Entscheidungen von OLG und BGH **114** 32
Entscheidungskompetenz **114** 41
Heilung von Mängeln des Haftbefehls **114** 4, 21
mehrere Haftentscheidungen **114** 33
mehrfache Erhebung durch den Beschuldigten **114** 41
mündliche Verhandlung **114** 38; **118** 3
Prüfungsumfang, Tatsachengrundlage **112** 20
rechtliches Gehör der Beteiligten **114** 39 f
Umdeutung im Berufungsverfahren **114** 46
Unterbringung, einstweilige **126a** 20
Verfahren des Beschwerdegerichts **309** 19
Verhältnis zum Haftprüfungsantrag (§§ 117 ff StPO) **114** 45
Wechsel in der Zuständigkeit **114** 43
weitere Beschwerde **114** 36
weitere Beschwerde bei Aussetzung des Haftbefehls **116** 39
Zulässigkeit allgemein **114** 31 ff
Zurückverweisung **114** 39
Zuständigkeit **114** 42 ff
Zuständigkeit für sonstige Haftentscheidungen **125** 9; **126** 7
Zuständigkeitswechsel bezüglich sonstiger Haftentscheidungen **125** 9

Beschwerde, Ausschluss bei Zusammenhang mit Urteil
Akteneinsicht **305** 27
analoge Anwendung **305** 7
Auslegung anhand der Ausnahmeregelung **305** 4 f
Auslegung der Ausschlussregelung **305** 6
Ausnahmen vom Ausschluss **305** 30 ff
Ausschluss bei obligatorischer (Mit-) Prüfung **305** 18
Aussetzung der Hauptverhandlung **305** 26
Beschlüsse bezüglich Beweisaufnahmen **305** 23
Bestehen von Rechtsschutz gegen das Urteil **305** 19
Entscheidungen vor Urteilsfällung **305** 15
erkennendes Gericht **305** 8
innerer Zusammenhang mit der Urteilsfällung **305** 16
keine weitere prozessuale Bedeutung **305** 22
Pflichtverteidigung **305** 29
Terminsverlegung **305** 28
durch Urteil nicht behebbare Umstände **305** 21
Verzögerung des Verfahrens **305** 20
Vorbereitung des Hauptverfahrens **305** 25
Vorbereitung des Urteils **305** 17
Zweck der Regelung **305** 1

Beschwerde, sofortige
Abgrenzung zur einfachen Beschwerde **Vor 304** 28
Abhilfe bei unterlassener Anhörung **311** 11
Änderungs- und Abhilfeverbot **311** 9
allgemein **Vor 304** 28
Begriff und Verfahren **311** 1
Beschwerdegegenstände allgemein **311** 5
Einlegung **311** 6
Rechtskraft **311** 14
Revision, Prüfung von Vorwegentscheidungen **336** 19
Wiederaufnahme des Verfahrens **372** 4, 13 ff
Wochenfrist **311** 7
Zurückgewinnungshilfe, strafprozessuale **111g** 15

Beschwerde, Strafaussetzungsbeschluss, § 268a
Beschwerdeberechtigung **305a** 2
Entscheidung des Beschwerdegerichts **305a** 6
Entscheidung über (Nicht-) Abhilfe **305a** 4
Gesetzwidrigkeit **305a** 5
Verhältnis zu anderen Rechtsbehelfen **305a** 8
Verschlechterungsverbot **305a** 7
Zulässigkeit, Begründung **305a** 3
Zweck der Regelung **305a** 1

Beschwerde, weitere
Abgrenzung zur einfachen Beschwerde **Vor 304** 30
allgemein **Vor 304** 30
Auflagen, einzelne bei Außervollzugsetzung **310** 35
Bundesgerichtshof, Zuständigkeit **GVG 135** 3 ff
Haftanordnungen gegen Zeugen **310** 41
Haftbefehl (Untersuchungshaft) **310** 30
Haftbefehl, Außervollzugsetzung **310** 32
Heimunterbringung, vorläufige **310** 47
Sicherungshaftbefehl **310** 44
Überhaft **Vor 112** 56; **310** 34
Unanfechtbarkeit von Beschwerdeentscheidungen **310** 1
Ungehorsamshaft **310** 39
Unterbringung, einstweilige **310** 46
Unzulässigkeit, Voraussetzungen
– Beschwerdeberechtigte **310** 15
– Beschwerdegegenstand, identischer **310** 10
– Beschwerdegegner **310** 16
– erstmalige Beschwer **310** 14
– Staatsanwaltschaft, Einlegung zu Lasten des Beschuldigten **310** 18
– Vorliegen einer Beschwerdeentscheidung **310** 6
– Zuständigkeit des Beschwerdegerichts **310** 9
Verfahren **310** 5
Verfall der Sicherheit (Haftbefehl) **310** 38
Verhaftung, Strafvollstreckung **310** 45
Vollzugsmaßnahmen, einzelne **310** 37
Zulässigkeit allgemein **310** 29
Zuständigkeit **310** 3

Beschwerde, Zulässigkeit
Aktivlegitimation, Berechtigung allgemein **304** 46
Ausschluss bei Zusammenhang mit Urteil *siehe oben*
Ausschluss, gesetzlicher **304** 17
Ausschluss, konkludenter **304** 26
Ausschluss, stillschweigender **304** 28
beauftragter Richter **304** 70
Begründung **304** 14
Berufungsverfahren **304** 68
Beschlüsse und Verfügungen **304** 4
Beschwer (Rechtsschutzbedürfnis) **Vor 296** 46 ff; **304** 41
Beschwerdeberechtigung ausgeschlossene Personen **304** 52
Beschwerdeberechtigung der Staatsanwaltschaft **304** 48
Beschwerdeberechtigung des Privat-/Nebenklägers **304** 50
Beschwerdeberechtigung des Verteidigers **304** 47
Beschwerdeberechtigung sonstiger Personen **304** 51
Einlegung vor Erlass **304** 12
Entscheidungen des Ermittlungsrichters von OLG und BGH **304** 85
Entscheidungen im Vorverfahren **304** 62
Entscheidungen, sonstige **304** 6
Erheblichkeit der Entscheidung **304** 3
Erledigung/Überholung **304** 53
erster Rechtszug (Amts- und Landgerichte) **304** 63
ersuchter Richter **304** 69
Form/Adressat **304** 13
Kostenbeschwerde, Einschränkungen **304** 35
Prüfungskompetenz des Beschwerdegerichts **304** 30
richterliche Anordnungen **304** 60
Strafaussetzungsbeschluss, § 268a *siehe oben*
Untätigkeitsbeschwerde **304** 7
Zulässigkeitsvoraussetzungen allgemein **304** 1
Zurücknahme/Verzicht **304** 58

Beschwerde, Zulässigkeitsentscheidungen von OLG und BGH
Abwesenheit des Angeklagten **304** 79
Akteneinsicht, Beschränkung **304** 80
Ausnahmen für den ersten Rechtszug allgemein **304** 73
Ausschließung des Verteidigers **304** 84
Ausschluss, grundsätzlicher **304** 71
Beschlagnahme, Durchsuchung **304** 77
Einziehungsverfahren, selbstständiges **304** 83
Eröffnungsverfahren, ablehnender Beschluss **304** 78
Sonderregelungen **304** 87
Strafvollstreckungsverfahren **304** 81
Unterbringung, einstweilige **304** 76
Verhaftung **304** 74
Wiederaufnahmeverfahren **304** 82

Beschwerdegegenstände, einzelne
siehe auch bei den jeweiligen gerichtlichen Entscheidungen
Ablehnung der Wiederaufnahme nach § 154 **154** 79
Änderung der gerichtlichen Zuständigkeit **225a** 60 ff
Akteneinsicht des Verteidigers, Versagung **147** 167
Anhörung der Beteiligten, gerichtliche **33** 43
Anwesenheit/Benachrichtigung bei Vernehmung **168c** 61
Ausschließungsverfahren, Verteidiger **138c** 22
Ausschreibung zur Festnahme/Aufenthaltsermittlung **Nachtr. 131** 30; **Nachtr. 131a** 12

Aussetzung der Vollziehbarkeit bei Beschwerdeeinlegung **307** 9
Befragungsrecht in der Hauptverhandlung **241** 28
Beiordnung eines Zeugenbeistandes **Nachtr. 68b** 33
Beistand, Zulassungsverfahren **149** 20
Benachrichtigung Dritter (§ 114b) **114b** 34 f
Benachrichtigung nach Verhaftung (Haftbefehl) **114b** 34
Berufsverbot, Aufschub/Aussetzung **456c** 7
Beschwerde, Nachverfahren zur Anhörung **311a** 16
Bewährung/Strafvorbehalt, Beschluss **268a** 23 ff
Beweisbeschaffung von Amts wegen (Richter) **221** 8
Beweiserhebung bei Bild-Ton-Aufzeichnungen **255a** 25
Datenabgleich (justizintern) **98c** 17
DNA-Analyse, Anordnung **81f** 36
DNA-Analyse, erkennungsdienstliche Maßnahmen **81g** 60
DNA-IFG-Verfahren **Anhang 81g** 18
Einstellungen bei falscher Verdächtigung/Beleidigung **154e** 18
Einstellungsregelungen nach den §§ 153 ff, Einstellungsbeschluss **153** 82; **153b** 19 f; **153e** 20
einstweilige Unterbringung **126a** 20
Entschädigung bei Ladungen durch den Angeklagten **220** 39 ff
Ermittlungsrichter, Untersuchungshandlungen **162** 51
Eröffnungsbeschluss, Abgabe an ein anderes Gericht **210** 29 ff
Eröffnungsverfahren, Mitteilung der Anklageschrift **201** 36 f
Ersatzmaßnahmen (Haftbefehl), Aufhebung **123** 29
Fahrerlaubnis, vorläufige Entziehung **111a** 86 ff
gerichtliche Beweiserhebungen im Eröffnungsverfahren **202** 17
gerichtliche Zuständigkeitsprüfung **6** 21 ff
Gerichtsbesetzung, Besetzungsrüge **222b** 40 ff
Gerichtsstand des Zusammenhangs **13** 35 ff
Gerichtsstand, Einwand der Unzuständigkeit **16** 16
Haftbefehl, Aufhebung **120** 30
Haftbefehlvollzug, Aussetzung **116** 34 ff, 52
Haftprüfungsverfahren (§§ 117 ff StPO) **117** 31; **118a** 32
Hauptverhandlungsprotokoll, Berichtigung **271** 65 ff
Herausgabefreiheit bei Sicherstellung **95** 32
Identitätsfeststellung, Festhalten der Person **163c** 18
körperliche Untersuchung, Anordnung **81a** 84
körperlicher Untersuchung, Anordnung durch StA und ihre Hilfsbeamten **81a** 89
Kostenlast bei Zurücknahme des Strafantrags **470** 16
Kreuzverhör von Zeugen **239** 12
Maßnahmen gegen Fernbleiben des Angeklagten **231** 33
Nachholung gerichtlicher Anhörung **33a** 21
Nebenklage, Anschlusserklärung **396** 27 f
Nichtverfolgung unwesentlicher, einzelner Taten **154** 49
notwendige Verteidigung, Bestellungsmängel **141** 48 ff; **142** 38; **143** 15; **145** 39
öffentliche Zustellung **40** 21
Öffentlichkeitsausschluss, Schweigegebot **GVG 174** 34
Postbeschlagnahme **100** 46 ff
Privatklageverfahren, Eröffnungsentscheidung **383** 14 ff, 32 ff
Privatklageverfahren, Rücknahme **391** 44 ff
Prozesskostenhilfe für Privatkläger **379** 31
Rasterfahndung **98b** 30
Reisekostenvorschuss, Ladung **214** 27
Sachverständiger, Auswahl und Bestellung **73** 36
Sachverständiger, Befangenheit **74** 37
Sachverständiger, Entbindung von der Gutachterpflicht **76** 8
Sachverständiger, Ordnungsgeldbeschluss **77** 21
Schöffe, Sanktionen bei Pflichtverletzungen **GVG 56** 13
sicheres Geleit **295** 26
Sicherheitsleistung (Wohnsitz im Ausland) **132** 13, 18
Sicherstellung zur Vollstreckungssicherung **111f** 12 f
Sicherungshaft/-befehl (§ 453 c) **453c** 18
Strafaussetzung, nachträgliche Entscheidung **453** 22 ff
Strafbefehlsverfahren, Verteidigerbestellung **408b** 17
Telekommunikationsüberwachung **100b** 42 ff
Überhaftbefehl **Vor 112** 56
Unterbringung zur Begutachtung, Ablehnung **81** 4
Untersuchung nicht tatverdächtiger Personen **81c** 61
Untersuchungshaft allgemein **114** 31
Untersuchungshandlungen, richterliche **165** 17 ff

Urteilsverkündung, Berichtigungsbeschluss **268** 57 ff
Verkehr des Beschuldigten mit dem Verteidiger, Einschränkung **148** 49; **148a** 20
Vermögensbeschlagnahme **290** 15
Vermögensbeschlagnahme, Aufhebung **293** 6
Vernehmung durch Ermittlungsrichter, Art und Weise **136** 52
Vollstreckungsaufschub, Wiedereinsetzung **47** 5
Vorführung zur Vernehmung (Haftrichter) **115** 25; **115a** 15
Vorführung zur Vernehmung (Ermittlungsrichter) **134** 11
vorläufige Einstellung nach § 205 **205** 31 ff
vorläufige/endgültige Einstellung nach § 153a **153a** 132 ff
Wiederaufnahme des Verfahrens, Aufschub/Unterbrechung **360** 8
Wiederaufnahme des Verfahrens, Verteidigerbestellung **364a** 15; **364b** 16
Wiederaufnahme, Anordnungsbeschluss **370** 52
Wiederaufnahme, sofortiger Freispruch **371** 30
Wiederaufnahme, Zulassungsverfahren **368** 38 f; **369** 28
Wiedereinbeziehung nach Beschränkung der Strafverfolgung **154a** 40
Zeuge, Folgen des Ausbleibens **51** 28 ff
Zeugenvernehmung, Bild- und Tonaufnahmen **Nachtr. 58a** 38
Zurückgewinnungshilfe, strafprozessuale **111g** 15
Zurückweisung des Wahlverteidigers, gerichtliche **Vor 137** 173; **146a** 15
Zuständigkeitsbestimmung bei bes. Strafkammern **6a** 22
Zwangsmaßnahmen bei Zeugnis-/Eidesverweigerung **70** 40
Zwangsmittel bei Ausbleiben des Angeklagten **230** 49 f

Beschwerdegegenstände, sofortige Beschwerde
Anordnung der Unterbringung zur Begutachtung **81** 40
Ausschließung des Strafverteidigers **138d** 13
Berufung, Verwerfungsbeschluss **322** 13 ff; **322a** 9 f
Berufung, Wiedereinsetzungsantrag **329** 124
Bewährung, Aussetzung des Strafrestes **454** 63 ff
Einstellung bei Gesetzesänderung **206b** 17 ff
Einstellung des Verfahrens/Prozessvoraussetzung **206a** 70 ff
Einziehungs-/Verfallsbeteiligter, Ablehnungsbeschluss **431** 70 ff
Entscheidung über Kosten und notwendige Auslagen **464** 33 ff
Eröffnungsverfahren, ablehnender Beschluss **210** 15 ff, 19 ff
Eröffnungsverfahren, Eröffnungsbeschluss **210** 8 ff, 19 ff
Gebührenvorschuss im Privatklageverfahren **379a** 17
Geldbuße gegen jur. Personen/Personenvereinigungen **444** 14 ff
Gerichtsentscheidung bei Strafvollstreckungsmaßnahmen **462** 9 ff
Gesamtstrafenbildung, nachträgliche **460** 50
Hauptverhandlung ohne Angeklagten, Verhandlungsunfähigkeit **231a** 40
Kostenfestsetzungsverfahren **464b** 9 ff
Nachverfahren/objektives Verfahren **441** 21 f
Sitzungspolizei, Ordnungsmittel **GVG 181** 1 ff
Strafaussetzung, nachträgliche Entscheidung **453** 28 ff
Verfall der Sicherheit (Haftbefehl) **124** 40
Verwerfung des Ablehnungsantrags **28** 2 ff
Wiederaufnahme, Verwerfungsbeschluss **370** 51
Wiedereinsetzung in den vorigen Stand **46** 15 ff

Beschwerderecht bei Konventionsverletzung
akzessorische Garantie **MRK Art. 13 (Art. 2 Abs. 3 IPBPR)** 1
allgemeines **MRK Art. 13 (Art. 2 Abs. 3 IPBPR)** 1 ff
Bedeutung der Verfahrensgarantie **MRK Art. 13 (Art. 2 Abs. 3 IPBPR)** 4
Behauptung mit vertretbaren Argumenten **MRK Art. 13 (Art. 2 Abs. 3 IPBPR)** 19
Dienst-, Fachaufsichtsbeschwerde **MRK Art. 13 (Art. 2 Abs. 3 IPBPR)** 20a
Entscheidungen der Gerichte **MRK Art. 13 (Art. 2 Abs. 3 IPBPR)** 6a
Entscheidungskompetenz, ausreichende **MRK Art. 13 (Art. 2 Abs. 3 IPBPR)** 21
Europäische Grundrechte-Charta **MRK Art. 13 (Art. 2 Abs. 3 IPBPR)** 3a
Fristenregelungen, innerstaatliche **MRK Art. 13 (Art. 2 Abs. 3 IPBPR)** 22b
Konventionsrechte, Geltendmachung **MRK Art. 13 (Art. 2 Abs. 3 IPBPR)** 11
Menschenrechte, Allgemeine Erklärung der **MRK Art. 13 (Art. 2 Abs. 3 IPBPR)** 1
Nachprüfbarkeit der Gesetze **MRK Art. 13 (Art. 2 Abs. 3 IPBPR)** 6d
nationale Beschwerdestelle **MRK Art. 13 (Art. 2 Abs. 3 IPBPR)** 20

Parallelregelungen **MRK Art. 13 (Art. 2 Abs. 3 IPBPR)** 3
Prüfungskompetenz, ausreichende **MRK Art. 13 (Art. 2 Abs. 3 IPBPR)** 21
Rechts-/Freiheitsverletzung **MRK Art. 13 (Art. 2 Abs. 3 IPBPR)** 11 ff
Rechtsbehelf, wirksamer (eingerichteter) **MRK Art. 13 (Art. 2 Abs. 3 IPBPR)** 20 ff
Rechtsschutz, kein allgemeiner **MRK Art. 13 (Art. 2 Abs. 3 IPBPR)** 7
Rechtsverletzung durch öffentliche Gewalt **MRK Art. 13 (Art. 2 Abs. 3 IPBPR)** 15
Tragweite der Konventionsgarantie **MRK Art. 13 (Art. 2 Abs. 3 IPBPR)** 4 ff
UN-Antifolterkonvention von 1984 **MRK Art. 13 (Art. 2 Abs. 3 IPBPR)** 3
Untätigkeitsbeschwerde **MRK Art. 13 (Art. 2 Abs. 3 IPBPR)** 6e
Verfahren, innerstaatliches **MRK Art. 13 (Art. 2 Abs. 3 IPBPR)** 22
Verfahrensdauer, überlange **MRK Art. 13 (Art. 2 Abs. 3 IPBPR)** 6d
Verfassungsgerichtsbarkeit **MRK Art. 13 (Art. 2 Abs. 3 IPBPR)** 10, 17
Verletzung in einem Gerichtsverfahren **MRK Art. 13 (Art. 2 Abs. 3 IPBPR)** 6c
Voraussetzungen **MRK Art. 13 (Art. 2 Abs. 3 IPBPR)** 11 f
weitergehender Rechtsschutz **MRK Art. 13 (Art. 2 Abs. 3 IPBPR)** 6
Wiederaufnahme des Verfahrens **MRK Art. 13 (Art. 2 Abs. 3 IPBPR)** 18
Wiedergutmachung **MRK Art. 13 (Art. 2 Abs. 3 IPBPR)** 26
Wirksamkeit innerstaatlicher Vollzug **MRK Art. 13 (Art. 2 Abs. 3 IPBPR)** 25
Wirksamkeitsnachweis **MRK Art. 13 (Art. 2 Abs. 3 IPBPR)** 23
Zulässigkeit **MRK Art. 13 (Art. 2 Abs. 3 IPBPR)** 11 ff

Beschwerdeverfahren
Abhilfeentscheidung, positive **306** 18
Anhörung der Staatsanwaltschaft **309** 3
Ausnahmen von der Anhörung **308** 16
Begründung **306** 6
Beschränkung der Sachaufklärung **308** 21
Beschwerdebegehren/Teilanfechtung **309** 11
Beschwerdegegenstand allgemein **309** 9
Beschwerdegegner allgemein **308** 7
Einlegung allgemein **306** 1
Einlegung bei Gericht des Verwahrungsortes **306** 4
Einlegung, Form **306** 2
Einlegungsfrist **306** 5
Entscheidungen zum Nachteil des Gegners **308** 6
Entscheidungsreife **309** 12
Erledigungserklärung **309** 6
Ermittlungen bezüglich Beschwerdegegenstand **308** 20
Gegenvorstellung in der Vorbereitung **308** 22
Gegner anderer Beschwerdeführer **308** 10
Gegner der Staatsanwaltschaft **308** 8
Gegner des Beschuldigten **308** 9
Gegnererklärung **308** 15
Haftbeschwerde **309** 19
Mitteilung, Form **308** 12
Mitteilung, Frist **308** 13
Mitteilung, Inhalt **308** 11
Mitteilung, weitere Hinweise **308** 14
Nachholung rechtlichen Gehörs **308** 23
Nichtabhilfeentscheidung **306** 14
Nichteröffnung des Hauptverfahrens **309** 17
Pflicht zur eigenen Entscheidung **309** 7
Prüfung durch den iudex a quo **306** 9
Prüfung von Amts wegen **308** 18
rechtliches Gehör **308** 2
schriftliches Verfahren/Ausnahmen **309** 1
Umfang der Ermittlungen **308** 19
Untätigkeit des iudex a quo **306** 21
Verfahrensgrundregeln **308** 1
Verfall der Sicherheit **309** 18
Verschlechterungsverbot (reformatio in peius) **309** 21
Verwerfung als unzulässig/unbegründet **309** 4
Vorlagefrist **306** 23
Vorlagepflicht des iudex a quo **306** 22
Wirkung der Entscheidung **309** 20
Zurückverweisung **309** 13

Beschwerdeverfahren, Aussetzung der Vollziehbarkeit
Anhörung des Beschwerdegegners **307** 7
Anordnung der Vollzugshemmung **307** 5
ausdrückliche Entscheidung **307** 8
Dauer der Aussetzung **307** 6
keine Vollzugshemmung durch Einlegung **307** 1
Rechtsschutz **307** 9
sofortiger Eintritt der Vollziehbarkeit **307** 2

Beschwerdeverfahren, nachträgliche Anhörung des Gegners
von Amts wegen **311a** 9
Antrag **311a** 13
Antrag, fehlender **311a** 14
keine aufschiebende Wirkung **311a** 12
Ermittlungen **311a** 11
Frist **311a** 8
Gelegenheit zur Äußerung **311a** 10
Nachteil **311a** 7

Rechtsschutz **311a** 16
Unanfechtbarkeit **311a** 4
unterlassene Anhörung des Gegners **311a** 5
Verhältnis zu § 33a **311a** 2
Zweck der Regelung **311a** 1
Beseitigung eines gesetzwidrigen Zustandes
Anwendbarkeit der Einziehungsvorschriften **442** 1
Kosten/notwendige Auslagen des Nebenbeteiligten **472b** 1 ff
Besetzung der Kammer
siehe bei den einzelnen Gerichten
Eröffnungsbeschluss, Bestimmung **207** 29a, 50
Bestandskraft der Entscheidung
siehe Strafverfahrensrecht
Betäubungsmittelverfahren
Verhältnis zu den Einstellungsregelungen der §§ 153 ff **153** 15; **153a** 20 ff
Vollstreckung der Freiheitsstrafe, Nachtragsentscheidungen **462a** 26 ff
Betreuer
Privatklageberechtigung **374** 36
Sicherungsverfahren, Beteiligung **415** 12
Beugehaft/Erzwingungshaft
Freiheitsentziehung, Rechte bei **MRK Art. 5 (Art. 9, 11 IPBPR)** 51 ff
Rückwirkungsverbot von Strafgesetzen **MRK Art. 7 (Art. 15 IPBPR)** 14
weitere Beschwerde, Zulässigkeit **310** 42 f
Zwangsmaßnahmen bei Zeugnis-/Eidesverweigerung **70** 17 ff, 32
Beurteilungsspielraum
Adhäsionsverfahren, Absehen von einer Entscheidung **405** 9 ff
Anfangsverdacht (zureichende tatsächliche Anhaltspunkte **152** 28
Auslegung von MRK und IPBPR **MRK Einf. (Einf. IPBPR)** 64 ff
Meinungsäußerungsfreiheit **MRK Art. 10 (Art. 19 IPBPR)** 21
Notstandsrechte zur Abweichung von MRK/IPBPR **MRK Art. 15 (Art. 4 IPBPR)** 10
privater Lebensbereich, Gewährleistung **MRK Art. 8 (Art. 17 IPBPR)** 9, 21
der StA bei Abschluss des Ermittlungsverfahrens **170** 3, 16
Staatsanwaltschaft, Weisungsrecht **GVG 146** 19
Strafverfolgungsbehörden bei Anfangsverdacht **152** 28
Telekommunikationsüberwachung **100a** 99a
Bevollmächtigter
siehe auch Zustellungsbevollmächtigter/gesetzlicher Vertreter/Beistand
Begriff, Abgrenzung **298** 9, 13
Bewährung, Aussetzung des Strafrestes
siehe Strafaussetzung
Bewährungshelfer
Datenverarbeitung zum Zwecke des Strafverfahrens **483** 2
Führungsaufsicht, Aufsichtsstellen **463a** 1
Strafaussetzung, nachträgliche Entscheidung **453** 14 ff
Zeugnisfähigkeit **Vor 48** 27
Bewährungshelfer, Unterrichtung
allgemein **453** 14
Erkenntnisse aus anderen Strafverfahren **Nachtr. 453** 2
Folgen des Unterlassens **Nachtr. 453** 6
Form Nachtr. 453 5
Zeitpunkt **Nachtr. 453** 4
Zweck der Gesetzesänderung **Nachtr. 453** 1
Zweckbindung **Nachtr. 453** 3
Beweis
Begriff **Einl. K** 1
Beweisanregung/-erbieten in der Hauptverhandlung **244** 123 ff
Beweiserhebung und -verwertung **Einl. K** 5
Beweiserhebungs- und -verwertungsverbote **Einl. K** 14 ff
Beweiswürdigung, freie richterliche **261** 60 ff
Freibeweis, Strengbeweis **Einl. K** 9
Grenzen der Wahrheitsfindung **Einl. K** 10 ff
Inhalt **Einl. K** 3
Umfang, Beschuldigtenvernehmung **Einl. K** 8
Beweis (Freibeweis)
Berufungsverhandlung ohne Angeklagten, Entschuldigung **329** 30
Beschwerdeverfahren, gerichtliche Ermittlungen **308** 19
Beweisaufnahme, Hauptverhandlung **244** 3
Einstellung des Verfahrens/Prozessvoraussetzung **206a** 59
Entfernen des Angeklagten bei Vernehmungen **247** 8
Ersetzen der Vernehmung durch Protokollverlesung **251** 72 ff
Feststellung dringenden Tatverdachts **112** 20
gerichtliche Beweiserhebungen im Eröffnungsverfahren **202** 11
Öffentlichkeit, Ausschlussverhandlung **GVG 174** 5
Revision, Beweis der Gesetzesverletzung **337** 74
Strafverfahren, Wahrheitserforschung **Einl. G** 53
Vernehmung des Angeklagten zur Person **243** 47
Zurücknahme des Rechtsmittels/Zustimmung **303** 13

Beweis (Strengbeweis)
Berufung, Verlesung von Schriftstücken **325** 6
Beweisaufnahme, Hauptverhandlung **244** 3
Strafverfahren, Wahrheitserforschung **Einl. G** 53
Urkundenbeweis **249** 1, 4 ff
Urkundenbeweis, Vorrang persönlicher Vernehmung **250** 2
Wiederaufnahme des Verfahrens, Zulassungsverfahren **369** 9

Beweisantrag (allgemein)
Abschrift des Beschlusses **244** 152
Änderung der Ablehnungsgründe **244** 155
Antragsberechtigte **244** 96
Antragsrecht und Aufklärungspflicht **244** 93
Auslegung **244** 111
Austausch der Beweismittel **244** 157
bedingter Beweisantrag **244** 160 ff
bedingter, Beweisaufnahme **244** 160 ff
Begriff **244** 94
Begründung der Ablehnung **244** 145
Bekanntgabe der Ablehnung **244** 144
beschleunigtes Verfahren **420** 7 ff, 39 ff
beschleunigtes Verfahren, Beweiserhebung **420** 39
Beweisanregungen, sonstige **244** 127
Beweiserbieten **244** 123
Beweisermittlungsantrag, Begriff **244** 115
Beweisermittlungsantrag, Bescheidung **244** 121
Beweisermittlungsantrag, Sachdienlichkeit **244** 119
Beweismittelbezeichnung **244** 107
DNA-Analyse **81e** 42
Einziehungs-/Verfallsbeteiligte, Beschränkung **436** 7 ff
Erklärung des Angeschuldigten im Eröffnungsverfahren **201** 22, 30
im Ermittlungsverfahren
siehe unten Beweisantrag des Beschuldigten
im Eröffnungsverfahren
siehe Eröffnungsverfahren, Mitteilung der Anklageschrift
Eventualantrag, Beweisaufnahme **244** 160 ff
Eventualbeweisantrag **244** 160 ff
Form **244** 103
Gerichtsbeschluss, Erforderlichkeit **244** 141
Hilfsantrag, Beweisaufnahme **244** 160 ff
Hilfsbeweisantrag **244** 160 ff
Mangelhaftigkeit **244** 113
nachträgliche Anordnung der Beweisaufnahme **244** 156
Protokoll **244** 174
Prüfung durch das Gericht **244** 140
Recht des Angeklagten vor Verhandlung **219** 2 ff
Rücknahme der gerichtlichen Entscheidung **244** 153
Tatsachenbezeichnung, Bestimmtheit **244** 104
Urteilsgründe, Begründung der Ablehnung **244** 150
Verfahrensarten, besondere **244** 171
verspäteter
siehe Hauptverhandlung, Aussetzung
Verzicht, Rücknahme **244** 136
auf Wiederholung der Beweisaufnahme **244** 132
Zeitpunkt, Ort **244** 100

Beweisantrag des Beschuldigten (an Ermittlungsrichter)
Anwendungsbereich **166** 2
Bedeutung der Vorschrift **166** 1
Beweisantrag **166** 4
Beweismittelverlust, drohender **166** 6
Durchführung **166** 10
Eignung zur Freilassung **166** 7
Entlastungsbeweis, erheblicher **166** 5
Rechtsschutz **166** 12
Umfang der Beweiserhebung **166** 9
Verfahren **166** 11
Vernehmung, richterliche **166** 3
Verstöße **166** 12
Voraussetzungen **166** 3 ff
weiteres Verfahren **167** 1 f
Zuständigkeit **166** 2

Beweisantrag des Beschuldigten (an StA oder Polizei)
Antragstellung **163a** 111
Bedeutung der Regelung **163a** 107
Begriff des Beweisantrags **163a** 109
Behandlung des Antrags **163a** 112 ff
Entscheidungskompetenz **163a** 114
Entscheidungsmaßstab **163a** 112
Erhebung der Beweise **163a** 115
Unterlassen der Beweiserhebung **163a** 116
Unterlassen, Folgen **163a** 117
Voraussetzungen **163a** 109 ff
Zeitpunkt **163a** 114

Beweisantrag, Ablehnung
Ablehnungsgründe, gesetzliche **244** 178
Erwiesenheit der Tatsache **244** 235 f
Gründe allgemein **244** 208
Sonderfälle, gesetzliche **244** 180
unzureichende Gründe allgemein
– Abweichen vom Sinn des Antrags **244** 181
– sachfremde Erwägungen **244** 185
– Vorwegnahme der Beweiswürdigung **244** 182

Beweisantrag, Ablehnung bei Offenkundigkeit
allgemein **244** 227
allgemeinkundige Tatsachen **244** 228

Erörterung in der Hauptverhandlung **244** 234
gerichtskundige Tatsachen **244** 230
Stimmenverhältnis bei Kollegialgerichten **244** 233
Tatbestandsmerkmale der Tat **244** 231

Beweisantrag, Ablehnung bei Unerheblichkeit der Tatsachenbehauptung
Erheblichkeit **244** 219
Gerichtsbeschluss **244** 224
Hilfstatsachen **244** 223
Nachschieben von Ablehnungsgründen **244** 225
rechtliche Gründe **244** 220
tatsächliche Gründe **244** 222

Beweisantrag, Ablehnung bei Unerreichbarkeit des Beweismittels
allgemein **244** 259
Aufenthalt, unbekannter **244** 262
Gerichtsbeschluss **244** 275
kommissarische Einvernahme **244** 268
Ladung im Ausland **244** 266
Rechtsgründe **244** 270
Unerreichbarkeit, Begriff **244** 260
Urkunds-/Augenscheinsbeweis **244** 273
vorübergehender Zustand **244** 265

Beweisantrag, Ablehnung bei Ungeeignetheit
allgemein **244** 276
Augenschein **244** 288
Begründung des ablehnenden Beschlusses **244** 294
Beurteilung **244** 279
Beweiswert, mangelnder subjektiver **244** 289
Sachverständigengutachten **244** 283
Urkunden **244** 287
Zeuge, Unvermögen zur Bekundung **244** 281

Beweisantrag, Ablehnung bei Unzulässigkeit der Beweiserhebung
Abgrenzung zum unzulässigen Antrag **244** 186
Ablehnungspflicht **244** 187
allgemein **244** 188
Ausschluss durch Gesetz **244** 192
Beweismethoden, verbotene **244** 200
Beweisverbote allgemein **244** 189
Bindung an fremde Feststellungen **244** 194
rundrechtsschutz des persönlichen Lebensbereichs **244** 201
Grundrechtsschutz, Verwendungsverbot **244** 205
Missbrauch für verfahrensfremde Zwecke **244** 206
Verfahrensvorschriften, Verletzung **244** 199
Vorrang öffentlicher/privater Interessen **244** 195
Wahrheitsfindung, Verlässlichkeit **244** 193

Beweisantrag, Ablehnung bei Verschleppungsabsicht
allgemein **244** 209
Gerichtsbeschluss **244** 216
Hilfsbeweisantrag **244** 218
Verteidigeranträge **244** 215
Voraussetzungen **244** 211

Beweisantrag, Ablehnung bei Wahrunterstellung
ablehnender Beschluss **244** 246
Antragstellung **244** 243
Aufklärungspflicht **244** 238
Bedeutung **244** 237
Bindung des Gerichts **244** 149
Gegenstand **244** 239
nachträgliche Erkenntnis **244** 254
Sonderfälle **244** 257
Urteilsgründe **244** 256
weiteres Verfahren **244** 247

Beweisantrag, Ablehnung der Augenscheinseinnahme
Ablehnungsgründe, allgemeine **244** 329
allgemein **244** 324
Aufklärungspflicht, Abwägung **244** 327
Erforderlichkeit **244** 330
präsente Beweisgegenstände **244** 326
Protokoll **244** 337
Ton- und Bildträger **244** 333

Beweisantrag, Ablehnung der Sachverständigenvernehmung
Abgrenzung zum Zeugenbeweis **244** 296
Ablehnungsgründe, allgemeine **244** 298
Ablehnungsgründe, zusätzliche **244** 299
allgemein **244** 295
Entscheidung des Kollegialgerichts **244** 301
Nachweis eigener Sachkunde **244** 302
Sachkunde des Gerichts, eigene **244** 300
Sachkunde, Einzelfälle eigener **244** 305
überlegene Forschungsmittel **244** 318
unzutreffende tatsächliche Voraussetzungen **244** 315
weiterer Sachverständiger **244** 306
weiterer Sachverständiger, Ablehnung **244** 308; **244** 321
Zweifel an erstem Sachverständigen **244** 310

Beweisantrag, Ablehnung von Auslandszeugen
Ablehnungsgründe, allgemeine **244** 343
Aufklärungspflicht **244** 340
Bindung des Gerichts **244** 346
Gerichtsbeschluss **244** 345
Ladung im Ausland **244** 344
Zweck der Regelung **244** 339

Beweisantrag, Rechtsschutz (Revision) bei Ablehnung
Ablehnung der Anträge anderer Beteiligter **244** 362

Antragsablehnung, Hilfsbeweisanträge **244** 365
Antragsablehnung, Rügebegründung **244** 360
Antragsablehnung, Rügegegenstand **244** 359
Aufklärungsrüge, Begründung **244** 355
Aufklärungsrüge, Nachprüfbarkeit **244** 357
Aufklärungsrüge, zusätzliche **244** 372
Aufklärungsrüge, Zweck **244** 349
Nachprüfung, Umfang **244** 374
Nichtausführung der Beweisanordnung **244** 371
Nichtbescheidung eines Antrags **244** 370
Rechtsfehler bei der Ablehnung **244** 364
Sachrüge **244** 373
ungenügende Ausschöpfung der Beweismittel **244** 351
Verletzung der Aufklärungspflicht **244** 347
Verstoß gegen das Fair-Trial-Gebot **244** 368

Beweisaufnahme (allgemein)
Amtsaufklärungsgrundsatz
siehe dort
Anordnung durch Richter/Gericht **244** 34
Anwendungsbereich der Regelung **245** 8
audiovisuelle Zeugenvernehmung **247a** 1 ff
Aussetzung bei verspätetem Vorbringen
siehe Hauptverhandlung, Aussetzung
Beendigung **258** 3 ff
Begriff (im engen Sinn) **244** 12
Begriff, materieller (im weiten Sinn) **244** 9
Berufung, Gang der Hauptverhandlung **324** 4, 21, 23; **327** 15
Berufungsverfahren **323** 3
beschleunigtes Verfahren **420** 1 ff
Beschränkung bei Schätzungen
– Aufklärungspflicht **244** 23
– Beweisanträge **244** 27
– materielles Strafrecht **244** 21
– präsente Beweismittel **244** 32
Durchführung der Beweiserhebung **245** 81
Einstellung des Verfahrens **245** 86
Entfernen des Angeklagten, zeitweiliges
siehe Hauptverhandlung ohne Angeklagten
Erkenntnisquellen, Nutzung zulässiger **244** 8
Freibeweis und Strengbeweis **244** 3
Fürsorgepflicht **245** 83
Gegenstand **244** 1
Gericht, Beratung und Abstimmung **GVG 193** 10
in der Haftprüfungsverhandlung (§§ 117 ff StPO) **118a** 25
Handlungen/Versuche zur Erforschung der Tat **244** 15
Nachverfahren bei Vorbehalt der Sicherungsverwahrung **Nachtr. 275a** 23 ff
Notwendigkeit **244** 33
Privatklageverfahren **384** 4 ff
Protokollverlesung bei Zeugnisverweigerung
siehe dort
Protokollverlesung zur Ersetzung der Vernehmung
siehe dort
Rechtsschutz (Beschwerde) **245** 88
Rechtsschutz (Gerichtsentscheidung) **245** 87
Rechtsschutz (Revision) **245** 89
Reihenfolge **244** 36
Revision, Beweis der Gesetzesverletzung **337** 77 ff
Revision, Gang der Hauptverhandlung **351** 5
Selbstladungsrecht der Beteiligten **245** 84
Umfang, präsente Beweismittel **245** 1 ff
Unterscheidung nach gerichtlicher Veranlassung **245** 3
Urkunden/Schriftstücke, Verlesung
siehe Protokollverlesung zur Ersetzung der Vernehmung;
siehe Urkundenbeweis
Verfahrenstrennung **245** 85
Verhältnis zu anderen Vorschriften **245** 6
Vernehmung des Angeklagten, Trennung **244** 10
Vernehmung von Mitangeklagten
siehe Mitbeschuldigter;
siehe auch Urkundenbeweis
Vernehmung von Sachverständigen
siehe dort;
siehe auch Urkundenbeweis
Vernehmung von Zeugen
siehe dort;
siehe auch Urkundenbeweis
Wahrheit, Pflicht zur Erforschung
siehe Amtsaufklärungsgrundsatz
Wiederaufnahme des Verfahrens, Zulassungsverfahren **369** 1, 4 ff, 9 ff
Zweck der Regelung **245** 1

Beweisaufnahme, Beweismittel von Verteidigung und StA
Ablehnung bei Erwiesenheit/Offenkundigkeit **245** 68
Ablehnung bei fehlendem Sachzusammenhang **245** 71
Ablehnung bei Verschleppungsabsicht **245** 76
Ablehnung bei völliger Ungeeignetheit **245** 74
Ablehnung, sonstige Gründe **245** 77
Ablehnungsgründe allgemein **245** 65
Beweisantrag **245** 55
Entscheidung über Beweisantrag **245** 62
Erscheinen von Beweispersonen **245** 49
Ladung von Beweispersonen **245** 46
präsente sächliche Beweismittel **245** 52
Protokoll **245** 80

Unzulässigkeit der Beweiserhebung **245** 63
Verzicht auf Beweiserhebung **245** 79

Beweisaufnahme, Entlassung der Zeugen/Sachverständigen
Anhörung der Beteiligten **248** 6
Entscheidung des Vorsitzenden **248** 9
Folgen der Entlassung **248** 11
Protokoll **248** 13
Rechtsschutz (Revision) **248** 14
Verbleiben an der Gerichtsstelle **248** 4
vorläufige Beurlaubung **248** 12
Zweck der Regelung **248** 1

Beweisaufnahme, gerichtlich veranlasste Beweiserhebung
ablehnender Beschluss **245** 44
Anwesenheit des Zeugen/Sachverständigen **245** 13
Beweismittel, sächliche **245** 22
herbeigeschafft von Gericht/StA **245** 24
Ladung durch das Gericht **245** 11
Präsenzfeststellung bei sächlichen Beweismitteln **245** 25
Protokoll **245** 45
Unzulässigkeit der Beweiserhebung **245** 28 ff
Verfügbarkeit des Zeugen/Sachverständigen **245** 16
Verwendbarkeit des Sachverständigen **245** 21
Verwendbarkeit des Zeugen **245** 20
Verzicht, Aufklärungspflicht **245** 43
Verzicht, Einvernehmlichkeit **245** 32
Verzicht, Form und Grenzen **245** 36
Verzicht, Wirkung **245** 41

Beweisaufnahme, Sachverständigenvernehmung bei Unterbringung
Rechtsschutz (Revision) **246a** 12
Untersuchung des Angeklagten **246a** 9
Vernehmung in der Hauptverhandlung **246a** 3
Voraussetzungen **246a** 2
Vorbehalten der Sicherungsverwahrung **Nachtr. 246a** 1 ff
Zweck der Regelung **246a** 1

Beweiserhebung
Änderung der gerichtlichen Zuständigkeit **225a** 34 ff
Berufung, Verlesung von Schriftstücken **325** 5
Beschwerde gegen Beweisbeschluss, Ausschluss **305** 23
Durchführung **244** 173
Gerichtshilfe, Bericht/Gerichtshelfer **160** 100 ff
Hauptverhandlungsprotokoll, Inhalt **273** 14
präsente Beweismittel
siehe Beweisaufnahme
Revision, Prüfung von Gesetzesverletzung **337** 33 ff
Zuständigkeitsänderung/Verweisung **270** 39

Beweiserhebungen bei Abgabe des Verfahrens, einzelne
Antragsrecht des Angeklagten **225a** 34
Beweissicherung, kommissarische **225a** 48
Durchführung **225a** 47
Entscheidung des Vorsitzenden **225a** 43
Erledigung, sonstige **225a** 49
Fristbestimmung **225a** 37
Staatsanwaltschaft, Anhörung **225a** 42

Beweiserhebungsverbot
siehe Beweisverbot

Beweisermittlungsantrag
Beweisantrag, Stellung in der Hauptverhandlung **244** 115 ff

Beweismittel
Akteneinsicht des Verteidigers, Besichtigung **147** 111
allgemeines zu Sachverständigen und Augenschein **Vor 72** 1 ff
Angabe im Klageerzwingungsantrag **172** 152
Angaben im Haftbefehl **114** 15
Angaben in der Anklageschrift **200** 32 ff
Austausch bei Beweisantrag **244** 157
Begriff **147** 107; **359** 131 f
Beiakten justizfremder Behörden **147** 68 f, 108
Berufungsverfahren, Beibringung neuer **323** 5
Beschaffung von Amts wegen (Richter) **221** 1 ff
Beschlagnahme
siehe dort
Besichtigung, Aufzeichnungen von/über Beweisstücke **147** 113
Durchsuchung beim Verdächtigen **102** 21 ff
Einwirken darauf als Haftgrund **112** 46 f
Gegenstände, Herbeischaffen für die Hauptverhandlung **214** 18
Hauptverhandlungsprotokoll, Inhalt **273** 36; **274** 1 ff
Namhaftmachung vor der Hauptverhandlung **222** 2 ff
präsente Beweismittel
siehe Beweisaufnahme
Revisionsbegründung, Angabe **344** 77
sächliches Beweismittel **245** 22
Sicherstellung
siehe dort
Strafbefehl, Inhalt **409** 14
Unerreichbarkeit
siehe Beweisantrag, Ablehnung
Ungeeignetheit
siehe Beweisantrag, Ablehnung
Urteilsgründe, Inhalt/Darstellung **267** 47 ff, 56
vorläufige Einstellung bei Unerreichbarkeit **205** 22
Wegfall bei Zeugnisverweigerung **52** 39

Wiederaufnahme des Verfahrens, Beibringung neuer **359** 51 ff, 82 ff
Wiederaufnahme, Zulassungsverfahren **368** 15, 19 ff
Zuziehung in der Hauptverhandlung **244** 68

Beweismittel, Verwendung
Ermittlung, verdeckte mit technischen Mitteln **100d** 33
Rasterfahndung **98b** 24 ff
Telekommunikationsüberwachung **100b** 37
Wohnraumüberwachung, akustische **100f** 1 ff

Beweissicherung
Staatsanwaltschaft im Ermittlungsverfahren **160** 51
vorläufige Einstellung nach § 205 **205** 35

Beweissicherungsverfahren
Abwesenheit, Begriff **276** 1
allgemein **285** 4
Angeklagter, Begriff **285** 6
Anklageschrift, Einreichung **285** 10
Anwendungsbereich **Vor 276** 8
Anwendungsbereich der Sondervorschriften **286** 1
Ausland **276** 13
Benachrichtigung der Abwesenden **287** 10
Benachrichtigung des Verteidigers **287** 11
Entstehungsgeschichte **Vor 276** 1
Ermittlungsverfahren **285** 7
Gestellung, Begriff **276** 5
Gestellung, nicht angemessene **276** 8
Gestellung, nicht ausführbare **276** 6
Hauptverfahren, eröffnetes **285** 14
Interessenwahrnehmung durch Angehörige **286** 4
Interessenwahrnehmung durch den Verteidiger **286** 3
Interessenwahrnehmung für den Beschuldigten **286** 2
kommissarische Beweisaufnahme
– Anordnung des Gerichts **289** 2
– beauftragter/ersuchter Richter **289** 3
– Regelungsgegenstand **289** 1
öffentliche Aufforderung zum Erscheinen **288** 12
unbekannter Aufenthalt **276** 4
Verbot der Verhandlung gegen Abwesende
– allgemeiner Grundsatz **285** 1
– Ausnahmen, gesetzliche **285** 2
– Bedeutung/Folgen **285** 3
Verfahrensgarantien nach MRK und IPBPR **MRK Art. 6 (Art. 14 IPBPR)** 20a
Verfahrenslagen **285** 6 ff
Zeugenvernehmung, eidliche **286** 7
Zeugenvernehmung, richterliche **286** 8
Zweck der Sondervorschriften **286** 1

Beweisstücke
Akteneinsicht/Auskünfte für Justizbehörden/öffentliche Stellen **474** 14

Beweisverbot
siehe auch Beweiserhebungsverbot;
siehe auch Beweisverwertungsverbot
Abwägungslehre **Einl. K** 25
Aufklärungspflicht, Abwägung **244** 43
bei Ausschließung des Richters **22** 53
Beweisantrag, Ablehnung **244** 189 ff
Beweiserhebung bei Bild-Ton-Aufzeichnungen **255a** 21
Beweismethodenverbote **Einl. K** 125
Beweismittelverbote **Einl. K** 123
Beweisregelungs-/-verfahrensverbote **Einl. K** 127
Beweisthemenverbote **Einl. K** 119
Beweisverwertungsverbot
siehe auch dort
eigene Auffassung
– Ausgangspunkt **Einl. K** 140
– gesetzgeberische Maßnahmen **Einl. K** 171
– nachteilige Beweisverwertung **Einl. K** 154
– Verstoß gegen die Rechtsordnung **Einl. K** 145
Eigenständigkeitslehren **Einl. K** 114
Einteilung der Beweiserhebungsverbote **Einl. K** 118
Erhebungs- und Verwertungsverbot, Kritik **Einl. K** 112
Erkenntnisse von Privatpersonen **Einl. K** 99
faktorielle Theorieansätze **Einl. K** 131
Fernwirkung **Einl. K** 92
formale Beweisverbotslehren **Einl. K** 115
formal-materiale Beweisverbotslehren **Einl. K** 129 ff
Funktionslehre der Rechtsprechung **Einl. K** 17
Funktionslehre und Lehre von der Eigenständigkeit **Einl. K** 113
komplexe Theorieansätze **Einl. K** 135
Möglichkeit rechtmäßiger Beweisgewinnung **Einl. K** 101
Nachweis, verfahrensrechtlich **Einl. K** 102
präsente Beweismittel **245** 28 ff
Rechtskreistheorie **Einl. K** 19
Rechtsprechungsübersicht **Einl. K** 104
Reichweite der Verwertungsverbote **Einl. K** 92 ff
Schutz der Privatsphäre, Dreistufentheorie **Einl. K** 72
selbstständige und unselbstständige Verwertungsverbote **Einl. K** 106
Sphärentheorie/Dreistufentheorie **94** 77

Staatsanwaltschaft im Ermittlungsverfahren **160** 39
Strafverfahren, Grundlagen **Einl. G** 50
Urkundenbeweis **249** 3
Verfahrensstadium als Kriterium **Einl. K** 107
Verletzung bei nicht bestehenden Zeugnis-/Aussageverweigerungsrechten **Einl. K** 39
Verletzung der Privatsphäre **Einl. K** 70
Vernehmungsprotokoll, Verlesung bei Zeugnisverweigerung **252** 3
Verstoß bei Beschuldigtenbelehrung (Schweigerecht) **Einl. K** 43
Verstoß gegen das Rechtsstaatsprinzip **Einl. K** 62
Verstoß gegen die Menschenwürde **Einl. K** 64
Verstoß gegen grundrechtsrelevante Normen **Einl. K** 50
Verstoß gegen informationelle Selbstbestimmung **Einl. K** 88
Verstoß gegen Normen der Sachverhaltsermittlung **Einl. K** 53
Verstoß gegen Prozessgrundsätze **Einl. K** 56
Verstoß gegen verfassungsrechtliche Verbote **Einl. K** 60
Verstoß gegen Zeugenbelehrung **Einl. K** 28 ff
Vorauswirkung von Verwertungsverboten **Einl. K** 110

Beweisverwertungsverbot (allgemein)
Anfangsverdacht, Begründung **152** 26 f
Auskünfte/Akteneinsicht/Informationsübermittlung **477** 22
Beschlagnahmerecht allgemein **98** 75
Beschlagnahmeverbot **97** 141 ff
beschleunigtes Verfahren **420** 31 ff
Beweisantrag, Ablehnung **244** 205
Bildaufzeichnungen **94** 91
DNA-Analyse an rechtswidrig erlangtem Material **81e** 47; **81f** 37
DNA-Analyse bei Zweckentfremdung **81e** 46; **81f** 37
Durchsuchung **105** 114; **106** 17
Durchsuchung, Durchsicht von Papieren **110** 23
Durchsuchung, Zufallsfunde **108** 18
Ermittlung, verdeckte mit technischen Mitteln **100d** 39 ff
Gefangenenpost **94** 93
Herausgabepflicht bei Sicherstellung **95** 33 ff
Immunität eines Abgeordneten, Verstoß **152a** 52
Kontrollstellen, Einrichtung von **111** 36
Mobilfunkendgerät, Überwachung **100i** 40
nächtliche Haussuchung **104** 15
objektives Verfahren (Einziehung/Verfall) **440** 36
Observation, längerfristige **163f** 18 f
Postbeschlagnahme **99** 32
Rasterfahndung **98a** 37; **98b** 29
Schleppnetzfahndung **163d** 66 ff, 75 ff
Schweigepflicht, Amtshilfe **96** 78 ff
Tagebuchfälle **94** 78
Telekommunikationsüberwachung *siehe dort unter Verwertungsverbote*
Tonbandfälle **94** 88
unselbstständig, Geltendmachung **Vor 94** 141 ff
Untersuchungshandlungen, richterliche **165** 18
verdeckter Ermittler **110a** 38; **110e** 1 ff
Verfahren nach dem DNA-IFG **Anhang 81g** 18
Vernehmung durch StA und Polizei **163a** 18, 21a, 46, 105, 119 ff
Vernehmungsmängel allgemein *siehe dort*
Vernehmungsmethoden, verbotene *siehe dort*
Zeugnisverweigerungsrecht, persönliche Gründe **52** 54

Beweisverwertungsverbot, Geltendmachung im Ermittlungsverfahren
Argumentation der Widerspruchslösung **Vor 94** 146
Inhalt der Widerspruchslösung **Vor 94** 144
personelle Reichweite der Widerspruchslösung **Vor 94** 150
Verlust des Widerspruchsrechts **Vor 94** 152
Vorwirkungen unselbstständiger Verwertungsverbote **Vor 94** 141
Widerspruch, Bescheidung **Vor 94** 151
Widerspruchslösung bei Maßnahmen nach den §§ 94 ff **Vor 94** 148

Beweisverwertungsverbot, Geltendmachung in der Revision Vor 94 153
Belastungsverbote **Vor 94** 159
Beurteilungsspielraum im Vorverfahren **Vor 94** 154
Darlegungspflicht des Revisionsführers **Vor 94** 155
Reichweite, sachliche **Vor 94** 158
Revisionsgründe **Vor 94** 156

Beweisverwertungsverbot, körperliche Untersuchung des Beschuldigten
fehlende Belehrung **81a** 95
fehlerhafte Anordnung von Maßnahmen **81a** 94
fehlerhafte Auswertung **81a** 99
fehlerhafte Eingriffsvornahme **81a** 96
Grundsatz **81a** 93
Täuschung/Zwang **81a** 97
Verstoß gegen Verwendungs- und Vernichtungsregelung **81a** 100

Beweiswürdigung, freie richterliche
Absehen von Vereidigung, zwingend **60** 13
Angaben in der Anklageschrift **200** 16
Aufklärungspflicht **244** 45
Augenscheinsbeweis **261** 100
Auskunftsverweigerungsrecht, Verfolgungsgefahr **55** 21
Aussageverhalten, Schweigen des Beschuldigten **136** 26
Aussagewert und Verfahrensrolle **261** 71
Berufung, Prüfungsgegenstand des Gerichts **327** 4
beschleunigtes Verfahren **420** 9
Beweisverbote **261** 64
Beweisvermutungen **261** 64
Denkgesetze **261** 44
Denkgesetzen **337** 165 ff
DNA-Analyse **81e** 43
Einlassung des Angeklagten **261** 72
Einschränkungen **261** 64
Erfahrungssätze **261** 45; **337** 170 ff
erschöpfende Beweiswürdigung, Pflicht **261** 56
Feststellung dringenden Tatverdachts **112** 21
Gericht, Beratung und Abstimmung **GVG 194** 13 f
Grundsatznorm für das Strafverfahren **261** 1
Inbegriff der Verhandlung
siehe Verhandlung, Inbegriff der
Indizienbeweis **261** 60
In-dubio-pro-reo-Grundsatz
siehe dort
Logik **337** 167
objektiv einleuchtende **261** 12
offenkundige Tatsachen **337** 179
Pflichten des Gerichts allgemein **261** 2
Prognoseentscheidung **261** 11
Protokoll, ausschließliche Beweiskraft **274** 4
Prozessmaxime **Einl. H** 41 ff
Rechtsschutz (Revision) **261** 171 ff
Revision, Prüfung von Gesetzesverletzung **337** 144 ff
Sachverständigenbeweis **261** 90
Schweigen des Angeklagten **261** 74
Überzeugung, Begriff **261** 7
Überzeugung, Revision **337** 157
Überzeugung, ursächlicher Zusammenhang **261** 10
unberechtigtes Schweigen des Zeugen **261** 86
Urkundenbeweis **261** 97
Urteilsgründe **261** 58
Urteilsgründe, Inhalt/Darstellung **267** 51 ff
Verhältnis zu den Urteilsgründen **261** 6
Verhalten und partielles Schweigen bei Vernehmung **136** 26
Vernehmungsprotokoll, Verlesung zur Gedächtnisunterstützung **253** 24
Verwertung eingestellter Taten **154** 61
Vorwegnahme **261** 70
Vorwegnahme durch Ablehnung eines Beweisantrags **244** 182 ff
Wahlfeststellung
siehe dort
Wahrunterstellung **261** 70
Wesen **261** 41
Wiederaufnahme, gerichtliche Entscheidung **370** 18 ff
Wiederaufnahme, Vorwegnahme im Zulassungsverfahren **368** 23 ff
wissenschaftliche Erkenntnisse **261** 51
Zeugenaussage **261** 80
bei Zeugnisverweigerung **52** 42
Zeugnisverweigerung, berechtigte **261** 87

Bewirkungshandlung
siehe Prozesshandlung

Bezugnahme
Urteilsgründe, Inhalt/Darstellung **267** 11 ff

Bild, Recht am eigenen
siehe auch Persönlichkeitsrecht, allgemeines; informationelle Selbstbestimmung
privater Lebensbereich, Gewährleistung **MRK Art. 8 (Art. 17 IPBPR)** 8

Bild-Ton-Aufzeichnung
Ermittlung, verdeckte mit technischen Mitteln **100c** 20
Ersetzen der Vernehmung durch Protokollverlesung **251** 68
Hauptverhandlungsprotokoll **271** 1
Maßnahmen der Sitzungspolizei **GVG 176** 28 f
Protokollverlesung zur Gedächtnisunterstützung **253** 18
Übertragung einer Vernehmung, audiovisuelle
siehe Vernehmung des Zeugen
Unerreichbarkeit des Beweismittels **244** 268, 333
Urkundenbeweis, Vorrang persönlicher Vernehmung **250** 10
Urteilsgründe, Inhalt/Darstellung **267** 24, 27
Vernehmungsprotokoll, Verlesung bei Geständnis/Wiederspruch **254** 10
Vernehmungsprotokoll, Verlesung bei Zeugnisverweigerung **252** 25
Zeugenvernehmung **Nachtr. 58a** 1 ff; **168e** 1 ff; **247a** 22 ff; **255a** 1 ff

Bild-Ton-Aufzeichnung der Zeugenvernehmung
Akteneinsicht in Videoaufzeichnungen **Nachtr. 58a** 32
Anwendbarkeit auf andere Beteiligte **Nachtr. 58a** 10

Anwendung der Vorschriften über Urkundenbeweis **255a** 1 ff
Anwendungsbereich **Nachtr. 58a** 1
Aufzeichnungsermächtigung **Nachtr. 58a** 12
Aufzeichnungsgebot **Nachtr. 58a** 16
Beweisverbote **255a** 21
Durchführung, Zulässigkeit **Nachtr. 58a** 11
Einverständnis **Nachtr. 58a** 13
Entscheidungskompetenz **Nachtr. 58a** 26
ergänzende Vernehmung **255a** 14
ergänzende Verwendung nach § 253 StPO **255a** 7
Ermessen des Gerichts **255a** 18
Ersatz der Zeugenaussage nach § 251 StPO **255a** 5
Fehlen in der Hauptverhandlung **Nachtr. 58a** 18
Gerichtsbeschluss **255a** 17
Gesetzgebungsverfahren **Nachtr. 58a** 2
jugendlicher Verletzter **Nachtr. 58a** 17
Kopieren der Aufzeichnungen **Nachtr. 58a** 35
Löschungsgebot **Nachtr. 58a** 37
Mitwirkung des Angeklagten/Verteidigers **255a** 12
polizeiliche Vernehmung **Nachtr. 58a** 8
Protokoll **Nachtr. 58a** 28; **255a** 24
Rechtsschutz (Beschwerde) **Nachtr. 58a** 38; **255a** 25
Rechtsschutz (Revision) **Nachtr. 58a** 40; **255a** 26
richterliche Vernehmung **Nachtr. 58a** 5
Schutz jugendlicher Zeugen **255a** 8
staatsanwaltschaftliche Vernehmung **Nachtr. 58a** 7
Straftatenkatalog **255a** 10
Struktur der Regelung **Nachtr. 58a** 4
Technik **Nachtr. 58a** 23
Umfang **Nachtr. 58a** 24
Unanwendbarkeit der Vorschrift **255a** 16
Verweis auf Urkundsvorschriften, Zweck **255a** 1
Verwendung **Nachtr. 58a** 29
Verwendung zur Wahrheitserforschung **Nachtr. 58a** 31
Verwendungszweck Strafverfolgung **Nachtr. 58a** 30
Vorhalt **255a** 23
Zeugnisverweigerungsrecht **255a** 20
Zwangsmittel **Nachtr. 58a** 14

Bildung, Recht auf 1. ZP MRK Art. 2 (Art. 18 IPBPR) 1 ff

Blankettvorschrift
Rückwirkungsverbot von Strafgesetzen **MRK Art. 7 (Art. 15 IPBPR)** 8

Blutalkoholkonzentration (BAK)
Aufklärungspflicht, Beweisaufnahme **244** 67, 91, 284
Urkundenbeweis, Verlesen von Behörden-/Ärzteerklärungen **256** 25, 46 ff

Blutprobe
Entnahme in Untersuchungshaft **119** 39
Freiheitsentziehung, Rechte bei **MRK Art. 5 (Art. 9, 11 IPBPR)** 22
körperliche Untersuchung
– Entnahme **81a** 40
– Nutzung allgemein **81a** 79
– Vernichtung **81a** 81
– Verwertung **81a** 80
Untersuchung nicht tatverdächtiger Personen **81c** 23

Botschaft, ausländische
siehe diplomatische, konsularische Vertretung

BRAGO
Zurückgewinnungshilfe, strafprozessuale **111g** 20

Brechmittel (Vomitivmittel)
körperliche Untersuchung **81a** 52

Brief-, Post- und Fernmeldegeheimnis (Art. 10 GG)
Allgemein zu Eingriff, Schranken
siehe Telekommunikationsüberwachung
Auskunft über Telekommunikationsverbindung **100g** 2
Auskunftsverlangen der Staatsanwaltschaft **161** 18
Benachrichtigung Dritter bei Verhaftung **114b** 29 ff
Menschenrechtsbeschwerde **MRK Anhang/Verfahren** 25
Postbeschlagnahme **99** 1 ff
Schriftverkehr in Untersuchungshaft **119** 68
Telekommunikationsüberwachung **100a** 12

Brief-, Post- und Fernmeldegeheimnis (MRK/IPBPR)
Briefgeheimnis **MRK Art. 8 (Art. 17 IPBPR)** 39
Gefangenenüberwachung **MRK Art. 8 (Art. 17 IPBPR)** 39a
Hausdurchsuchung **MRK Art. 8 (Art. 17 IPBPR)** 37
Schutzbereich **MRK Art. 8 (Art. 17 IPBPR)** 37
Schutzpflichten des Staates **MRK Art. 8 (Art. 17 IPBPR)** 40
Telefonüberwachung **MRK Art. 8 (Art. 17 IPBPR)** 37
Überwachungsmaßnahmen, staatliche **MRK Art. 8 (Art. 17 IPBPR)** 39
Verteidigerkorrespondenz **MRK Art. 8 (Art. 17 IPBPR)** 39

Briefannahmestelle
Wahrung der Erklärungsfrist **Vor 42** 22
Briefkasten
Wahrung der Erklärungsfrist **Vor 42** 16, 19 ff
Zustellungsverfahren nach ZPO (n. F.) **Nachtr. 37** 58 f
Buchprüfer, vereidigter/Wirtschaftsprüfer
Zeugnisverweigerungsrecht, berufliche Gründe **53** 30 ff
Bürge, Sicherheitsleistung (Aussetzung des Haftbefehls
Befreiung **123** 17
Fluchtanzeige **123** 21
Gestellung des Beschuldigten **123** 18
Hinterlegung **116a** 5 ff
Rechtsschutz **123** 29
Bürge, Verfall der Sicherheit (Haftbefehl)
rechtliches Gehör **124** 32, 42
Rechtsschutz **124** 39
Wirkung der Entscheidung **124** 48 ff
Bundesgerichtshof (allgemein)
Ablehnung eines Richters, Entscheidung **27** 11
Anfechtung von Rechtshilfeentscheidung **GVG 159** 11
auswärtige Senate, Bildung **GVG 130** 3
Beschwerde gegen erstinstanzliche Entscheidungen **304** 22, 71 ff, 85
Beschwerde, erstinstanzliche Zuständigkeit **Vor 304** 24
Beschwerde, Zuständigkeit
– Bedeutung der Regelung **GVG 135** 7
– Entscheidungen der Oberlandesgerichte **GVG 135** 3
– Entscheidungen des Generalbundesanwalts **GVG 135** 6a
– Verfügungen des Ermittlungsrichters des BGH **GVG 135** 5
Besetzung der Senate, Anzahl der Richter **GVG 139** 1 ff
Besetzung, Ausschluss von Hilfsrichtern **GVG 124** 1
Entscheidung über Fortdauer der Untersuchungshaft **121** 48
Entstehungsgeschichte **GVG Vor 123** 1
Ermittlungsrichter **GVG 130** 2
Ermittlungsrichter des OLG und BGH **169** 2, 5
Gerichtssitz, Bedeutung **GVG 123** 1 ff
Gerichtsstand, Zuständigkeitsbestimmung **13a** 1 ff
Oberlandesgericht, Wahrung einheitlicher Rechtsprechung **GVG 121** 39 ff, 50, 75 ff
Revision, Zulässigkeit **333** 24
Revision, Zuständigkeit **GVG 135** 1
Staatsanwaltschaft **GVG Vor 123** 4
Strafsenate, Bildung **GVG 130** 1
Verbindung/Trennung von Verfahren **4** 11 ff
weitere Zuständigkeiten **GVG 135** 8
Zuständigkeit (Untersuchungshaft) **125** 6; **126** 6, 9
Zuständigkeit bei Ausschließung eines Strafverteidigers **138c** 5
Zuständigkeit in Strafsachen **GVG Vor 123** 2
Bundesgerichtshof, Ernennung der Mitglieder
Bundespräsident **GVG 125** 2
Dienstaufsicht über den BGH **GVG 125** 1
Präsident/Vorsitzender Richter **GVG 125** 5
Richterwahlausschuss/-gesetz **GVG 125** 6
Vorschlagsrecht **GVG 125** 3
Bundesgerichtshof, Große und Vereinigte Große Senate GVG 132 1
Abstimmung **GVG 132** 51
Anhörung des Generalbundesanwalts **GVG 135** 10
Ausschließung und Ablehnung **GVG 132** 47
Besetzung allgemein **GVG 132** 44
Bestellung der Mitglieder **GVG 132** 50
Beteiligung anderer Senate **GVG 132** 46
Bindungswirkung der Entscheidung **GVG 138** 3
Entscheidungsfreiheit **GVG 132** 52
Entscheidungskompetenz **GVG 138** 2
Mitgliederzahl **GVG 132** 44
Präsident **GVG 132** 49
Verfahren allgemein **GVG 138** 8
Verfahren, Rechtsnatur **GVG 138** 1
Verfassungsbeschwerde **GVG 138** 11
wiederholte Vorlage **GVG 138** 7
Bundesgerichtshof, Vorlage wegen grundsätzlicher Bedeutung
Bedeutung und Inhalt der Regelung **GVG 132** 33
Entscheidungserheblichkeit **GVG 132** 42
Fortbildung des Rechts **GVG 132** 36
grundsätzliche Bedeutung, Begriff **GVG 132** 34
Sicherung der Einheitlichkeit **GVG 132** 37
Voraussetzungen **GVG 132** 38
Zurücknahme/Erledigung **GVG 132** 43
Bundesgerichtshof, Wahrung einheitlicher Rechtsprechung
Abweichung, Erheblichkeit **GVG 132** 6
Anfrageverfahren allgemein **GVG 132** 29
Anfrageverfahren, Beantwortung **GVG 132** 27
Anfrageverfahren, Bedeutung **GVG 132** 16
Anfrageverfahren, Besetzung der Senate **GVG 132** 22
Anfrageverfahren, Bindungswirkung **GVG 132** 21

Anfrageverfahren, Form **GVG 132** 18
Anwendbarkeit der Regelung **GVG 132** 4
Bedeutung und Inhalt der Regelung **GVG 132** 2
bei bestehender uneinheitlicher Rechtsprechung **GVG 132** 15
Identität der Rechtsfrage **GVG 132** 10
Strafsenat, Begriff **GVG 132** 3
Vorlagepflicht, Einschränkung **GVG 132** 12
Vorlagepflicht, Nichtbeachtung **GVG 132** 32
Vorlageverfahren **GVG 132** 31

Bundesgrenzschutz
Ermittlungsverfahren, Stellung **Vor 158** 29

Bundeskriminalamt
Aufträge/Ersuchen der Staatsanwaltschaft **161** 49
Ermittlungsverfahren, Stellung **Vor 158** 30 f
Verfahren nach dem DNA-IFG **Anhang 81g** 1, 5, 23

Bundesminister der Justiz
Kontaktsperre für Gefangene **EGGVG 32** 3
Staatsanwaltschaft, Dienstaufsicht **GVG 147** 4

Bundespräsident
Aussagegenehmigung der Dienstbehörde **54** 30
Bundesgerichtshof, Ernennung der Richter **GVG 125** 2
Nebenklage, Berechtigung **395** 12
Rechtsmittelbelehrung, gerichtliche **35a** 7
Schöffenungeeignetheit **GVG 34** 4
Vernehmung als Zeuge **49** 1 ff

Bundesrat
siehe Regierungsmitglieder/oberste Staatsorgane

Bundesregierung
siehe Regierungsmitglieder/oberste Staatsorgane

Bundestag
siehe Abgeordnete;
siehe Regierungsmitglieder/oberste Staatsorgane

Bundesverfassungsgericht
Aussetzung des Verfahrens **262** 6, 49 ff
Beschwerde, Ausschluss **304** 29
Beschwerderecht bei Konventionsverletzung **MRK Art. 13 (Art. 2 Abs. 3 IPBPR)** 10, 17
Beweiskraft des Protokolls, Prüfung von Verfahrensverstößen **274** 9
Dreistufentheorie zur Privatsphäre **Einl. K** 72 ff
Gnadenentscheidungen, Rechtsprechung zu **GVG Vor 12** 17
Medienberichterstattung in Verfahren **GVG Vor 169** 22
Rechtsschutz nach § 23 EGGVG, subsidiärer **EGGVG 23** 108
Verwerfungsmonopol für nachkonstitutionelles Recht **GVG 1** 16
Vorlage im Eröffnungsverfahren, Art. 100 GG **202** 9a; **203** 5
Vorlagepflicht **GVG 121** 56; **262** 49 ff

Bundesversammlung
siehe Regierungsmitglieder/oberste Staatsorgane

Bundeswehr
Beschlagnahme, Anordnung **98** 25
Durchsuchung **105** 72
Versammlungs- und Vereinigungsfreiheit **MRK Art. 11 (Art. 21, 22 IPBPR)** 10

Bundeszentralregister
siehe auch Datei/Datenbank
Justizverwaltungsakt, Rechtsschutz **EGGVG 23** 34
Register für staatsanwaltschaftliche Verfahren beim BZR **492** 2; **494** 16 ff
Urkundenbeweis, Verlesung von Auszügen **249** 21
Wiederaufnahme, Wirkung der Anordnung **370** 44
Zuständiges OLG für § 23 EGGVG-Rechtsschutz **EGGVG 25** 2

Bundsanwaltschaft
siehe Generalbundesanwalt;
siehe Staatsanwaltschaft

Bußgeldverfahren
siehe auch Ordnungswidrigkeitenverfahren
Anwendbarkeit von Beschlagnahmeregelungen **132** 22
Ausspruch im Urteilstenor **260** 31, 38, 98
Beschlagnahme, Anordnung **98** 33
Dolmetscher, kostenlose Beiordnung **MRK Art. 6 (Art. 14 IPBPR)** 237
Einstellung des Verfahrens/Prozessvoraussetzung **206a** 16a, 33, 67
Einziehungs-/Verfallsverfahren **Vor 430** 18
Festnahme bei Amtsverrichtungen **164** 2
Hilfsbeamte der Staatsanwaltschaft **GVG 152** 45
Identitätsfeststellung/Festhalten von Personen **163b** 8, 26, 45
Justizverwaltungsakt, Rechtsschutz **EGGVG 23** 19
Klageerzwingungsverfahren **172** 32; **174** 7
Kosten bei Klagerücknahme/Einstellung durch StA **467a** 8
Kosten des Verfahrens allgemein **Vor 464** 10
Kosten des Verfahrens bei Freispruch **467** 2, 26, 44 ff, 55, 63

Kosten/notwendige Auslagen des Nebenklägers **472** 9
Mehrfachverteidigung, Verbot **146** 40
notwendige Auslagen **464a** 30
objektives Verfahren (Einziehung/Verfall) **440** 72
Postbeschlagnahme **99** 11
Protokoll über Untersuchungshandlung *siehe dort*
Rechts- und Amtshilfe **GVG Vor 156** 22
Rechtsbeschwerde bei fehlerhafter Urteilsform/-absetzung **275** 77
Rechtsschutzgarantie **MRK Art. 6 (Art. 14 IPBPR)** 42
Schleppnetzfahndung **163d** 75
Sicherstellung zur Vollstreckungssicherung **111b** 22
Sicherstellung/Beschlagnahme **94** 3
Strafbefehlsverfahren, Einspruchsrücknahme **411** 53
Strafvollstreckung/Strafvollzug **Vor 449** 26 ff
Untersuchungshandlungen, richterliche **165** 4
Urkundenbeweis, Selbstleseverfahren **249** 63
Urkundenbeweis, Verlesen von Behörden-/Ärzteerklärungen **256** 2a
Urteilsgegenstand, Bindung an angeklagte Tat **264** 16
Verlesung des Anklagesatzes in der Hauptverhandlung **243** 59
Vernehmung durch StA und Polizei, § 163a Abs. 3 Satz 3 **163a** 6
Vollstreckbarkeit/Rechtskraft der Entscheidung **449** 5
Wiederaufnahme, Zuständigkeit **GVG 140a** 14
Zuständigkeitskonzentration der Gerichte **GVG 58** 19

Darstellungsrüge
Revision, Prüfung von Gesetzesverletzung **337** 120 ff

Datei/Datenbank (allgemein)
Akten, Begriff **Vor 483** 17
Akten, kriminalpolizeiliche **163** 94 ff
Auskunft an Betroffene
– Anwendung des BDSG **491** 3
– Auskunftsverweigerung nach BDSG **491** 14
– Bedeutung der Vorschrift **491** 1
– Verfahrensfragen **491** 12
– Zuständigkeit bei gemeinsamen Dateien **491** 20
Auskunft an Nichtverfahrensbeteiligte
– Anwendungsbereich **489** 17
– Gefährdung des Untersuchungszwecks **491** 18
– Interessen Dritter, überwiegende schutzwürdige **491** 18
– Zweck der Regelung **491** 16
Auskunft, Begriff **Vor 483** 25
Bedeutung der gesetzlichen Regelungen **Vor 483** 1
Berichtigung/Löschung/Sperrung *siehe Daten*
Datei, Begriff **Vor 483** 15
Datenabgleich (justizintern) **98c** 1 ff
Datenverarbeitung *siehe dort*
DNA-Analyse-/Identifizierungsdatei beim BKA **81g** 1, 43, 47; **Anhang 81g** 1 ff, 33 ff
Entwicklung, weitere (international) **Vor 483** 36
Erheben von Daten, Begriff **Vor 483** 18
Errichtungsanordnung für automatisierte Dateien **490** 1 ff
Errichtungsanordnung für kurzzeitige Dateien **490** 10
Europäisches Polizeiamt **Vor 483** 35
Gesamtstrafenbildung, nachträgliche **460** 13
Informationssysteme, internationale **Vor 483** 32
Informationssysteme, sonstige innerstaatliche **Vor 483** 31
Interpol **Vor 483** 33
Justizverwaltungsakt, Rechtsschutz **EGGVG 23** 27 f, 34
Löschen von Daten, Begriff **Vor 483** 26
Nutzen von Daten, Begriff **Vor 483** 21
personenbezogene Daten, Begriff **Vor 483** 13
personenbezogene Informationen, Begriff **Vor 483** 9
Personendaten, Begriff **Vor 483** 14
präventiv-polizeiliche Dateien **Vor 483** 30
Register für staatsanwaltschaftliche Verfahren beim BZR *siehe dort*
Repressiv-Dateien **Vor 483** 28
Schengener Informationssystem SIS **Vor 483** 34
Schleppnetzfahndung **163d** 33
Speichern von Daten, Begriff **Vor 483** 22
Sperren von Daten, Begriff **Vor 483** 27
Sprachgebrauch des Gesetzes **Vor 483** 8
Staatsarchiv, Abgabe von Daten statt Löschung **489** 15
Telekommunikationsüberwachung **100a** 18
Übermitteln von Daten, Begriff **Vor 483** 24
Urkundenbeweis, Verlesung von Auszügen **249** 21

Verändern von Daten, Begriff **Vor 483** 23
Verarbeiten von Daten, Begriff **Vor 483** 20
Verwenden von Daten, Begriff **Vor 483** 19
Datei/Datenbank, gemeinsame
Art der Daten und des Dateisystems **486** 3
Bedeutung der Vorschrift **486** 1
beteiligte Stellen **486** 4
Errichtungsanordnung **486** 9
Kennzeichnung der Daten **486** 8
länderübergreifende Dateien **486** 6
Schadensersatzansprüche **486** 10
speichernde Stelle **486** 2
Zugangsberechtigung **486** 7
Daten, Berichtigung/Löschung/Sperrung
Bedeutung der Vorschrift **489** 1
Berichtigung von Daten **489** 2
Erledigung des Verfahrens **489** 7
Löschung von Daten **489** 5
Mitführung der Daten bei weiteren Verfahren **489** 12
Mitteilung unzulässiger Übermittlung **489** 14
Prüffristen **489** 8
Prüffristen, Einführung kürzerer **489** 11
Rechtsschutz **489** 16
Sperrung von Daten **489** 13
Staatsarchiv, Abgabe statt Löschung **489** 15
Daten, elektronisch gespeicherte
Akten, kriminalpolizeiliche **163** 94 ff
Augenscheinseinnahme, richterliche **86** 13
Ausschreibung zur polizeilichen Beobachtung **163e** 29 ff, 33 ff
Durchsuchung, Durchsicht von Papieren **110** 5, 16, 21
Herausgabepflicht bei Sicherstellung **95** 5
Identitätsfeststellung, Festhalten der Person **163c** 25 ff
Kontrollstellen, Einrichtung von **111** 32
Rasterfahndung
siehe dort
Rasterfahndung, Löschung **98b** 23
Rasterfahndung, Rückgabe der Datenträger **98b** 22
Schleppnetzfahndung **163d** 24 ff, 66 ff
Sicherstellung/Beschlagnahme **94** 14, 27
Datenabgleich
Rasterfahndung **98a** 5 f
Datenabgleich (justizintern)
Abgleich **98c** 12
Abgrenzung zu anderen Ermittlungsmaßnahmen **98c** 15
Abgrenzung zur Rasterfahndung **98c** 15
allgemeines **98c** 1
Anwendungsbereich **98c** 4 ff
Daten aus einem Strafverfahren **98c** 5
Daten, andere gespeicherte **98c** 6
Daten, zur Gefahrenabwehr gespeicherte **98c** 10
Daten, zur Strafverfolgung gespeicherte **98c** 8
Daten, zur Strafvollstreckung gespeicherte **98c** 9
Einsatzziel **98c** 4
einschränkende Regelung **98c** 13
polizei- und justizexterner Datenabgleich
siehe Rasterfahndung
Rechtsschutz (Beschwerde) **98c** 17
Rechtsschutz (Revision) **98c** 18
Tatverdacht **98c** 4
Verhältnismäßigkeit **98c** 13
Voraussetzungen **98c** 4 ff
Datenschutz
Entwicklungsgeschichte des Strafverfahrensrechts **Einl. E** 152
nach dem DNA-Identitätsfeststellungsgesetz **Anhang 81g** 35
Strafverfahren, Funktion **Einl. B** 12
Täter-Opfer-Ausgleich, beauftragte Stelle **155b** 1 ff, 16 ff
Datenschutz, Bundesbeauftragter
automatisierter Abruf beim Verfahrensregister der STA **493** 24
Datenübermittlung im automatisierten Abrufverfahren **488** 21
Datenübermittlung
Akteneinsicht
siehe dort
Akteneinsichtsberechtigung **487** 7
Aktenvorlage
siehe dort
allgemein **487** 1
von Amts wegen
siehe Mitteilung in Strafsachen
Auskünfte
siehe dort
Auskunftserteilung **487** 5
personenbezogene Daten
siehe auch Akteneinsicht; Auskünfte; Mitteilungen in Strafsachen
Übermittlungsbefugnis **487** 2
Verantwortlichkeiten für die Zulässigkeit **487** 9
verfahrensübergreifende Mitteilungen
siehe Mitteilung in Strafsachen
Vorschriften, fortgeltende **487** 11
wissenschaftliche Zwecke **487** 10
Zweckbindung **487** 12
Datenübermittlung, automatisiertes Abrufverfahren
Angemessenheit **488** 6
Bedeutung der Vorschrift **488** 1
Betreiber/Beteiligte **488** 3

Bundesbeauftragter für den Datenschutz **488** 21
Festlegung allgemein **488** 9
Festlegung, Inhalt **488** 11
Interessen, schutzwürdige **488** 8
Rechtsgrundlage **488** 2
Übermittlungen **488** 4
Verantwortlichkeiten für die Zulässigkeit **488** 12 ff
Zulässigkeit einzelner Abrufe **488** 13
Zulässigkeit, Protokollierung **488** 18
Zulässigkeit, Stichproben **488** 18
Zulässigkeit, Überprüfungsbefugnis **488** 20

Datenverarbeitung für künftige Strafverfahren
Bedeutung der Vorschrift **484** 1
Beschuldigtendaten, weitere **484** 9
Dateien der Polizei, Verwendungsvorschriften **484** 17
Datenspeicherung, Befugnis/Umfang **484** 7
Erforderlichkeit **484** 7
Erwartung weiterer Verfahren **483** 11
Nichtverurteilung des Beschuldigten **484** 14
Rechtsverordnungen zur Konkretisierung **484** 16
repressive Aufgabe, Abgrenzung **484** 3
Tatbeteiligte **484** 10
Verhältnis zum Register der StA **484** 6
Vorgangsverwaltung **485** 1 ff
Weitergehende Datenspeicherung **484** 9 ff

Datenverarbeitung zum Zwecke des Strafverfahrens
Bedeutung der Vorschrift **483** 1
Befugnisse der Datenverarbeitung/-nutzung **483** 3
berechtigte Stellen **483** 2
Dateisystem, zulässiges **483** 5
Erforderlichkeit der Speicherung usw. **483** 8
Nutzung für andere Verfahren/Belange **483** 9
Speicherung in Datei der Polizei, gemeinsame **483** 10
Vorgangsverwaltung **485** 1 ff
Zwecke der Verarbeitung, zulässige **483** 4

DDR
Anwendungsbereich der Strafprozessordnung **EGStPO 1** 3
Bindungswirkung von Hoheitsakten **262** 19
Entwicklungsgeschichte des Strafverfahrensrechts **Einl. E** 162 ff
Geldstrafe, Vollstreckung **459** 12
Gerichtsentscheidung bei Strafvollstreckungsmaßnahmen **458** 36
Internationaler Pakt über bürgerliche und politische Rechte **IPBPR Einf.** 32
Menschenrechtskonvention **MRK Einf.** 31
Rechtskraft von Entscheidungen **Einl. J** 111
Staatsbedienstete, Aussagegenehmigung der Dienstbehörde **54** 13
Staatssicherheitsdienst, Schöffenungeeignetheit **GVG 33** 15, 17
Strafvollstreckung/Strafvollzug **Vor 449** 35 ff
Urkundenbeweis, Verlesen von Behörden-/Ärzteerklärungen **256** 13
Vollstreckung von Maßregeln **463** 29
Wiederaufnahme des Verfahrens **Vor 359** 95

Demonstrationsrecht
privater Lebensbereich, Gewährleistung **MRK Art. 8 (Art. 17 IPBPR)** 25

Dienst-/Fachaufsicht
über Amtsrichter **GVG 22** 33 ff
Bundesgerichtshof **GVG 125** 1
richterliche Unabhängigkeit **GVG 1** 21
Staatsanwaltschaft, Dienstweg **GVG 147** 2

Dienst-/Fachaufsichtsbeschwerde
Abgrenzung zur einfachen Beschwerde **Vor 304** 41
Absehen von der Strafverfolgung nach den §§ 153 ff **153** 41; **153c** 36
allgemein **Vor 296** 4, 88 f
siehe auch Rechtsmittel
Aussagegenehmigung der Dienstbehörde **54** 26
Berufsverbot, Aufschub/Aussetzung **456c** 12
Beschwerderecht bei Konventionsverletzung **MRK Art. 13 (Art. 2 Abs. 3 IPBPR)** 20a
Gerichtshilfe **160** 105
Hauptverhandlung, Terminsbestimmung **213** 20
Justizverwaltungsakt, Rechtsschutz **EGGVG 23** 80
Maßnahmen der Sitzungspolizei **GVG 176** 50
Maßnahmen im Vollzug der Untersuchungshaft **119** 153
Rechtshilfeersuchen **GVG 160** 6
Sachverhaltsermittlung durch die Staatsanwaltschaft **160** 65
Staatsanwaltschaft, Dienstaufsicht **GVG 147** 3
Strafvollstreckung, Aufschub/Unterbrechung **455** 32
freie Verteidigerwahl des Beschuldigten **137** 45
vorläufige Festnahme **127a** 12
vorläufiges Absehen von Klageerhebung gegen Auflagen/Weisungen **153a** 119
Vorschaltbeschwerde, Klageerzwingungsverfahren **172** 9 f, 101 ff

Dienstleistungsfreiheit
Meinungsäußerungsfreiheit **MRK Art. 10 (Art. 19 IPBPR)** 4a

Dienstvorgesetzter
Einleitung eines Ermittlungsverfahrens/Strafanzeige **160** 26
Privatklageberechtigung **374** 27
Privatklageverfahren, Sühneversuch **380** 54
diplomatische, konsularische Vertretung
Benachrichtigung bei Verhaftung eines Ausländers **114b** 38
Einstellung des Verfahrens/Prozessvoraussetzung **206a** 40
Immunität der Mitglieder u. a.
siehe Gerichtsbarkeit, deutsche, Befreiung
körperliche Untersuchung eines Konsularbeamten **81a** 104
kommissarische Vernehmung **223** 37
Rechtsschutz, internationaler **MRK Art. 1 (Art. 2 IPBPR)** 19
Verteidigung, Recht auf Vorbereitung **MRK Art. 6 (Art. 14 IPBPR)** 180
Diskriminierungsverbot
Abgrenzung Ungleichbehandlung – Diskriminierung **MRK Art. 14 (Art. 2, 3, 16, 24 ff IPBPR)** 22
allgemeines **MRK Art. 14 (Art. 2, 3, 16, 24 ff IPBPR)** 1 ff
Anwendungsbereich **MRK Art. 14 (Art. 2, 3, 16, 24 ff IPBPR)** 8
Ausländer, politische Tätigkeit **MRK Art. 14 (Art. 2, 3, 16, 24 ff IPBPR)** 5, 16a; **MRK Art. 16** 1 ff
Beachtung beim Vollzug der Gesetze **MRK Art. 14 (Art. 2, 3, 16, 24 ff IPBPR)** 17
Beachtung durch Gesetzgeber **MRK Art. 14 (Art. 2, 3, 16, 24 ff IPBPR)** 17
Differenzierung, unzulässige **MRK Art. 14 (Art. 2, 3, 16, 24 ff IPBPR)** 15 f
Drittwirkung, mittelbare **MRK Art. 14 (Art. 2, 3, 16, 24 ff IPBPR)** 18
Eigentumsschutz **1. ZP MRK Art. 1** 7a
EU-Bürger **MRK Art. 14 (Art. 2, 3, 16, 24 ff IPBPR)** 6
Europäische Gemeinschaften, Recht der **MRK Art. 14 (Art. 2, 3, 16, 24 ff IPBPR)** 6
Europäische Grundrechte-Charta **MRK Art. 14 (Art. 2, 3, 16, 24 ff IPBPR)** 6a
Gedanken-, Gewissens- und Religionsfreiheit **MRK Art. 9 (Art. 18 IPBPR)** 1
Gleichbehandlung bei Konventionsrechten **MRK Art. 14 (Art. 2, 3, 16, 24 ff IPBPR)** 8 ff
Gleichbehandlungspflicht, Grenzen **MRK Art. 14 (Art. 2, 3, 16, 24 ff IPBPR)** 5
Gleichheit vor dem Gericht
siehe dort
Gleichheit vor dem Gesetz **MRK Art. 14 (Art. 2, 3, 16, 24 ff IPBPR)** 19
Gleichheitsgarantie, selbstständige **MRK Art. 14 (Art. 2, 3, 16, 24 ff IPBPR)** 18
ILO-Abkommen **MRK Art. 14 (Art. 2, 3, 16, 24 ff IPBPR)** 6b
Inhalt des Verbots **MRK Art. 14 (Art. 2, 3, 16, 24 ff IPBPR)** 12
internationale Verträge **MRK Art. 14 (Art. 2, 3, 16, 24 ff IPBPR)** 6b
Konventionsgarantien **MRK Art. 14 (Art. 2, 3, 16, 24 ff IPBPR)** 1
KSZE-Abschlussdokument **MRK Art. 14 (Art. 2, 3, 16, 24 ff IPBPR)** 6b
Mann und Frau, Gleichberechtigung **MRK Art. 14 (Art. 2, 3, 16, 24 ff IPBPR)** 10
Menschenrechte, Allgemeine Erklärung der **MRK Art. 14 (Art. 2, 3, 16, 24 ff IPBPR)** 1
Menschenrechtsbeschwerde **MRK Anhang/ Verfahren** 98 ff
Minderheitenschutz **MRK Art. 14 (Art. 2, 3, 16, 24 ff IPBPR)** 24
Minderheitenschutz-Rahmenübereinkommen **MRK Art. 14 (Art. 2, 3, 16, 24 ff IPBPR)** 6b, 24
nationales Recht **MRK Art. 14 (Art. 2, 3, 16, 24 ff IPBPR)** 7
Notstandsrechte zur Abweichung von MRK/ IPBPR **MRK Art. 15 (Art. 4 IPBPR)** 9
politische Rechte von Staatsbürgern **MRK Art. 14 (Art. 2, 3, 16, 24 ff IPBPR)** 5
Propaganda- und Verhetzungsverbot **IPBPR Art. 20 (Nach Art. 10 MRK)** 2
Rassendiskriminierungs-Übereinkommen **MRK Art. 14 (Art. 2, 3, 16, 24 ff IPBPR)** 6b
Schutz, gleicher gesetzlicher **MRK Art. 14 (Art. 2, 3, 16, 24 ff IPBPR)** 20
Ungleichbehandlung, Rechtfertigung **MRK Art. 14 (Art. 2, 3, 16, 24 ff IPBPR)** 13, 16a
Ungleichbehandlung, staatliche **MRK Art. 14 (Art. 2, 3, 16, 24 ff IPBPR)** 8
Wertvorstellungen, herrschende **MRK Art. 14 (Art. 2, 3, 16, 24 ff IPBPR)** 14
Disziplinarverfahren
Anwendungsbereich der Strafprozessordnung **EGStPO 3** 4
Einstellungen bei falscher Verdächtigung/ Beleidigung **154e** 5 f, 9
Eröffnungsverfahren **Vor 198** 4
Immunität eines Abgeordneten **152a** 10
Klageerzwingungsverfahren **172** 32
Mehrfachverteidigung, Verbot **146** 41
Rechtskraft von Entscheidungen **Einl. J** 101
richterliche Unabhängigkeit **GVG 1** 34
Rückwirkungsverbot von Strafgesetzen **MRK Art. 7 (Art. 15 IPBPR)** 11

Strafklageverbrauch **IPBPR Art. 14 (Art. 6 MRK)** 277
Strafverfahren, Verhältnis **Einl. B** 28
Unschuldsvermutung **MRK Art. 6 (Art. 14 IPBPR)** 121
Verfahrensgarantien nach MRK und IPBPR **MRK Art. 6 (Art. 14 IPBPR)** 34
Wiederaufnahme, gerichtliche Zuständigkeit **367** 18

Divergenzausgleich (§§ 23 ff EGGVG)
Aussetzung des Vollzugs **EGGVG 29** 5
Bekanntgabe, Vollstreckung **EGGVG 29** 9
einstweilige Anordnung **EGGVG 29** 6
Entscheidung **EGGVG 29** 8
Prozesskostenhilfe **EGGVG 29** 10
Sachentscheidung des BGH **EGGVG 29** 3
Verfahrensbeteiligte **EGGVG 29** 4
Verweisung **EGGVG 29** 7
Vorlagepflicht **EGGVG 29** 2

Divergenzausgleich (OLG-Rechtsprechung)
Abweichung von der Rechtsprechung *siehe auch Rechtsprechung*
anderes Oberlandesgericht **GVG 121** 42, 51 f
Bescheidung der Rechtsfrage **GVG 121** 80
bei Beschwerdeentscheidungen **GVG 121** 31
BGH-Rechtsprechung, zu beachtende **GVG 121** 39 ff, 50
Einheitlichkeit, Umfang
– auf Bundesebene **GVG 121** 27
– Europäisches Gemeinschaftsrecht **GVG 121** 28
– ordentliche Gerichtsbarkeit **GVG 121** 26
Entscheidung des Verfahrens durch BGH **GVG 121** 82
Entwicklungsgeschichte **GVG 121** 24 f
Ergehen einer Entscheidung, Begriff **GVG 121** 57
Erheblichkeit der BGH-Entscheidung **GVG 121** 84
Erledigung der Vorlegung **GVG 121** 72
Gegenstand der Vorlegungspflicht **GVG 121** 36
innerhalb eines Oberlandesgerichts **GVG 121** 30, 43 ff
Nichtvorlage, Folgen **GVG 121** 73
OLG, nicht mehr bestehendes **GVG 121** 44
Prüfung durch den BGH **GVG 121** 75
Reformvorschläge **GVG 121** 88
Strafvollzugsangelegenheiten **GVG 121** 86
System der Ausgleichung **GVG 121** 29
unzulässige Revision **GVG 121** 81
Verfahren nach Vorlage **GVG 121** 79 ff
verfahrensrechtliche Bindung **GVG 121** 70
Verfolgungspflicht der Staatsanwaltschaft **GVG 121** 33
Vorlagebeschluss **GVG 121** 74
Vorlegungsverfahren, Wirkung **GVG 121** 85
weiteres Verfahren vor dem OLG **GVG 121** 83
Zurücknahme der Vorlegung **GVG 121** 71

Divergenzausgleich, Vorlegungspflicht (OLG)
Änderung/Wegfall abweichender Rechtsprechung **GVG 121** 45
Bedeutung vorangegangener Entscheidungen **GVG 121** 48
Landesrecht **GVG 121** 38
nach dem OWiG **GVG 121** 87
spätere höherrangige Entscheidung **GVG 121** 46
Sprungrevision **GVG 121** 37
Vorentscheidungen, zu beachtende **GVG 121** 54 ff

DNA-Analyse (allgemein)
allgemein **81e** 1 ff
Anhörung/Einwilligung **81f** 14
Anordnung bei unbekanntem Beschuldigten/Spurenmaterial **81f** 8
Anordnung der Untersuchung allgemein **81f** 3
Anordnung und Durchführung allgemein **81f** 1
Anwendungsbereich der Vorschrift **81e** 4
Ausschreibung zur Aufenthaltsermittlung **Nachtr. 131a** 5
Auswahl des Sachverständigen **81f** 18
Benachrichtigung der betroffenen Person **81e** 41; **81f** 35 *siehe auch Benachrichtigung Betroffener (verdeckte Datenerhebung)*
Bestimmung des Sachverständigen/der Methode **81f** 9 f
Beweisantrag **81e** 42
Beweisverwertungsverbote **81e** 46; **81f** 37
Beweiswürdigung **81e** 43
Entwicklungsgeschichte des Strafverfahrensrechts **Einl. E** 152
Ermittlungsrichter des OLG und BGH **169** 8a
Ermittlungsrichter, Untersuchungshandlungen **162** 15, 20a
Feststellung von Spuren, Tatfolgen oder Abstammung **81e** 23
Form und Inhalt der Anordnung **81f** 13
Geheimhaltungs-/Datenschutz **81f** 24
Identitätsfeststellung **163b** 42
Massen-Gen-Tests/Untersuchung von Personen **81c** 29
Material einer nicht verdächtigen Person **81e** 29
Material unbekannten Ursprungs **81e** 36
Material vom Beschuldigten **81e** 27
Nutzung von Blutproben und Körperzellen **81a** 40, 80

Qualitätskontrolle **81f** 33
Rasterfahndung **98a** 43
Rechtsschutz (Beschwerde) **81f** 36
Rechtsschutz (Revision) **81e** 53; **81f** 37
richterliche Prüfungspflicht bei der Anordnung **81f** 11
Speicheltest **81a** 60
Untersuchungsmaterial **81e** 14
Verwendung/Vernichtung
– Körpermaterial **81e** 31
– sonstig erlangtes Material **81e** 39
– Untersuchungsergebnisse **81e** 34
wissenschaftliche Grundlagen **81e** 7

DNA-Analyse, erkennungsdienstliche Maßnahmen
allgemein **81g** 1 ff
Anhörung/Akteneinsicht **81g** 52
Anwendungsbereich der Vorschrift **81g** 4
Ausschluss der Beschwerde, Ausnahme **305** 34
DNA-Identitätsfeststellungsgesetz *siehe dort*
Durchführung der Maßnahmen **81g** 55
Einwilligung **81g** 51
Form und Inhalt der Anordnungen **81g** 54
Geeignetheit für weitere Verwendung **81g** 37 ff
getrennte Aktenführung **81g** 62
Körperzellenentnahme, (Anordnung) **81g** 45 f
künftige Strafverfahren **81g** 13
Negativprognose allgemein **81g** 27
Negativprognose, Bindungswirkung **81g** 28
notwendige Verteidigung **81g** 53; **140** 131c
Personenkreis **81g** 11
Rechtsschutz (Beschwerde) **81g** 60
Rechtsschutz (Revision) **81g** 64
Straftaten von erheblicher Bedeutung **81g** 16 ff
Tatsachengrundlage der Prognose **81g** 31 ff
Tatverdacht (zeitlich/inhaltlich) **81g** 24 ff
Tatverdacht, Einzelfallprüfung **81g** 17
Untersuchung, (Anordnung) **81g** 48
Verfassungsmäßigkeit **81g** 3
Verhältnis zum DNA-Identitätsfeststellungsgesetz **81g** 39
Verhältnismäßigkeit **81g** 5
Verwendung und Vernichtung (Material/Daten) **81g** 40
Wahrscheinlichkeit **81g** 29
Zweckbindung des Eingriffs **81g** 12, 44

DNA-Identitätsfeststellungsgesetz
Abgleich mit der Haftdatei (§ 2e) **Anhang 81g** 30
Antragsbefugnis, etc. (§ 2a) **Anhang 81g** 21
Auskünfte (Verwendungsregelung, § 3) **Anhang 81g** 40
Betroffenenrechte (§ 2) **Anhang 81g** 18
Datennutzung (Verwendungsregelung, § 3) **Anhang 81g** 34
Datenschutz (Verwendungsregelung, § 3) **Anhang 81g** 35
entsprechende Anwendung des § 81 g StPO **Anhang 81g** 9
Entstehungsgeschichte des Gesetzes **Anhang 81g** 1 ff
Fahndungsmaßnahmen (§ 2) **Anhang 81g** 17
Gesetzestext der §§ 2 a bis e DNA-IFG **Anhang 81g** 18
Regelungsgegenstand/Personenkreis (§ 2) **Anhang 81g** 6
Übermittlungsbefugnis des BZR (§ 2b) **Anhang 81g** 24
Umfang der Auskunft/Anlage (§ 2c) **Anhang 81g** 26
Umfang der Datei beim BKA **Anhang 81g** 5
Umwidmung (Verwendungsregelung, § 3) **Anhang 81g** 37
Verhältnis zu § 81 g StPO **81g** 39
Verwendung und Löschung (§ 2d) **Anhang 81g** 28
Wiederholungsgefahr (§ 2) **Anhang 81g** 10
Zitiergebot (§ 4) **Anhang 81g** 42
Zuständigkeit (§ 2) **Anhang 81g** 14

Dolmetscher (allgemein)
Abgrenzung zum Übersetzer **GVG 185** 1
Ablehnung
– Ablehnbarkeit **GVG 191** 3
– Ablehnungsgründe **GVG 191** 4
– Entscheidung des Gerichts **GVG 191** 7
– Folgen **GVG 191** 5
– Protokoll, Beweiskraft **GVG 191** 6
– Rechtsschutz (Revision) **GVG 191** 8
Abwesenheit als absoluter Revisionsgrund **338** 100
Anwesenheitspflicht in der Hauptverhandlung **226** 14
Anzahl, erforderliche **GVG 185** 13
audiovisuelle Zeugenvernehmung **247a** 18
Auswahl **GVG 185** 14
Befangenheit **GVG 185** 20
Beherrschung der deutschen Sprache **GVG 185** 2 ff
Durchführung der Übersetzung **GVG 185** 15 ff
Entbehrlichkeit **GVG 185** 5
Gericht, Teilnahme an Beratung/Abstimmung **GVG 193** 29
Hauptverhandlungsprotokoll, Inhalt **272** 12
Kosten des Verfahrens **464a** 8 ff; **464c** 1 ff
Kosten für den Beschuldigten **GVG 185** 12
Mitnahme bei Kontakt von Verteidiger und Beschuldigtem **148** 13
NATO-Truppenstatut **GVG 185** 6
notwendige Verteidigung **140** 107

Öffentlichkeitsausschluss bei Gefährdung **GVG 172** 12, 49
Person, Qualifikation **GVG 191** 1
Plädoyers bei fremdsprachigem/behindertem Angeklagten **259** 1 ff
Protokoll **GVG 185** 22 f
Prüfung von Amts wegen **GVG 185** 8
Rechtsschutz (Revision) **GVG 185** 24
Rechtsstellung **GVG 191** 2
Schutz vor Gefährdungen **GVG 185** 21
Unterrichtung des Angeklagten von Beschuldigung **MRK Art. 6 (Art. 14 IPBPR)** 171 f
Unverzichtbarkeit **GVG 185** 7
Urkundenbeweis, fremdsprachige Schriften **249** 32 ff
Urkundsbeamter der Geschäftsstelle (UdG) **GVG 190** 1 ff
Urteilsverkündung **268** 23
Verfahrenskosten, Haftung Mitangeklagter **466** 14
Vernehmung durch den Ermittlungsrichter, Hinzuziehung **136** 46
Vernehmung durch den Haftrichter, Hinzuziehung **115** 16
Verteidigergespräche **GVG 185** 9 ff
Zeugnisfähigkeit **Vor 48** 28

Dolmetscher, kostenlose Beiordnung
Akteninhalt, Übersetzung **MRK Art. 6 (Art. 14 IPBPR)** 242
von Amts wegen **MRK Art. 6 (Art. 14 IPBPR)** 239
Antrag **MRK Art. 6 (Art. 14 IPBPR)** 239
Anwendungsbereich **MRK Art. 6 (Art. 14 IPBPR)** 237
Auslieferungsverfahren **MRK Art. 6 (Art. 14 IPBPR)** 237
Auswahl **MRK Art. 6 (Art. 14 IPBPR)** 234
Bußgeldverfahren **MRK Art. 6 (Art. 14 IPBPR)** 237
Ermittlungsverfahren **MRK Art. 6 (Art. 14 IPBPR)** 237
Form der Sprachübertragung **MRK Art. 6 (Art. 14 IPBPR)** 246
Haftprüfungsverfahren **MRK Art. 6 (Art. 14 IPBPR)** 241
Kostenfreistellung **MRK Art. 6 (Art. 14 IPBPR)** 247
Menschen mit Hör- oder Sprachbehinderung **MRK Art. 6 (Art. 14 IPBPR)** 236
Nebenklage **MRK Art. 6 (Art. 14 IPBPR)** 237
Privatklageverfahren **MRK Art. 6 (Art. 14 IPBPR)** 237
Sprache der Verhandlung, Gerichtssprache **MRK Art. 6 (Art. 14 IPBPR)** 235
Umfang der Beiziehung **MRK Art. 6 (Art. 14 IPBPR)** 240
Umfang der Sprachübertragung **MRK Art. 6 (Art. 14 IPBPR)** 246
Verteidigerverkehr **MRK Art. 6 (Art. 14 IPBPR)** 244
Voraussetzungen des Anspruchs **MRK Art. 6 (Art. 14 IPBPR)** 238
Zweck der Verfahrensgarantie **MRK Art. 6 (Art. 14 IPBPR)** 233

Dolmetscher, Vereidigung
Berufen auf allgemeinen Eid **GVG 189** 8
Eidesabnahme allgemein **GVG 189** 6
Eidesformel **GVG 189** 4
fremdsprachiger Dolmetscher **GVG 188** 1 ff
mehrfache Hinzuziehung in gleicher Sache **GVG 189** 3
notwendige Verteidigung **GVG 189** 1
Protokollierung **GVG 189** 10
Rechtsschutz (Revision) **GVG 189** 11
Reichweite der Regelung **GVG 189** 9
Übertragungen der betreffenden Art **GVG 189** 7
Unterbleiben, Folgen **GVG 189** 12
Voreid **GVG 189** 5

Doppelaburteilung, Verbot der
siehe Strafklageverbrauch

doppelrelevante Tatsache
Berufungsbeschränkung **318** 7, 67 ff
Revision, Prüfung von Gesetzesverletzung **337** 35

Dreistufentheorie (Beweisverbote) 94 77

Drittes Reich, Nationalsozialismus
Entwicklungsgeschichte des Strafverfahrensrechts **Einl. E** 46 ff

Drittschuldnererklärung
Beschlagnahme (Vollstreckungssicherung) **111c** 10

Drittwirkung
Unschuldsvermutung **MRK Art. 6 (Art. 14 IPBPR)** 113

Drogenberatungsstelle
Zeugnisverweigerungsrecht, berufliche Gründe **53** 39

Drohung
Wirksamkeit einer Prozesshandlung **Einl. J** 30 ff

Druckwerke/Schriften
siehe auch Beschlagnahme von Druckwerken/Schriften;
siehe Presse/Rundfunk

Durchbrechung der Rechtskraft Einl. J 106

Durchsicht von Papieren (Durchsuchung)
allgemeines **110** 1 ff
Anwendungsbereich **110** 3

befugte Personen **110** 6 ff
Durchsicht, Begriff **110** 12
elektronische Speichermedien **110** 5, 16, 21
Genehmigung an andere Beamte **110** 10
Hilfskräfte **110** 8
Papiere **110** 4
Rechtsschutz (Antrag auf gerichtliche Entscheidung) **110** 19
Rechtsschutz (Revision) **110** 24
Staatsanwaltschaft **110** 6
Steuerstrafverfahren **110** 7
Verfahren **110** 16
Verfahren, nachfolgendes **110** 18
Versiegelung **110** 17
Verwertungsverbot **110** 23
Zweck der Vorschrift **110** 1

Durchsuchung (allgemein)
Abgeordnete **97** 123 ff; **98** 80 ff
Abgrenzung zur körperliche Untersuchung **81a** 19
Abgrenzung zwischen § 102 und § 103 **102** 37
allgemeines (Durchsuchung beim Verdächtigen) **102** 1 ff
bei anderen Personen als dem Verdächtigen *siehe unten bei Dritten*
Anfangsverdacht **102** 5
Anhaltspunkte, tatsächliche **102** 11
Anwendungsbereich, zeitlicher **102** 4
Auffinden von Spuren/Beweismitteln **102** 21 ff
Ausschluss der Beschwerde, Ausnahme **305** 32
Banken als Durchsuchungsort **102** 15
Bedeutung in der Praxis **102** 6
Beendigung **105** 71
Begriff der Durchsuchung **102** 1
Beschwerde gegen Entscheidungen von OLG und BGH **304** 77
Besitztum, befriedetes **102** 32
Beweismittel/Spuren, Begriffe **102** 21
Beziehung zum Beschuldigten **102** 37
Bundeswehreinrichtungen **105** 72
Durchsicht von Papieren *siehe dort*
Entschädigung **105** 122
Ergreifung des Verdächtigen **102** 19
Ergreifung des Verdächtigen, allg. Vermutung **102** 20
Ergreifung des Verdächtigen, Verdachtsmaß **102** 17
Geldstrafe, Vollstreckung **459** 9
bei Gelegenheit gefundene Gegenstände *siehe Zufallsfunde*
gesetzliche Regelungen **102** 2
Haussuchung, nächtliche *siehe dort*
Identifizierungsmaßnahmen (§ 81 b) **81b** 25
Identitätsfeststellung **163b** 36 ff
Immunität eines Abgeordneten **152a** 20
juristische Personen **102** 10
Kenntlichmachung verwahrter Gegenstände **109** 2
Kontrollstellen, Einrichtung von **111** 30
Maßnahmen, erforderliche **105** 58
mehrere Tatverdächtige **102** 14
Mitteilung, nachträgliche schriftliche *siehe oben Bescheinigung*
zur Nachtzeit *siehe Haussuchung, nächtliche*
Objekte der Durchsuchung **102** 25 ff
Parteien, politische **102** 41
Personen, zu durchsuchende **102** 36
Pressebereich **102** 40
privater Lebensbereich, Gewährleistung **MRK Art. 8 (Art. 17 IPBPR)** 34, 37
Räume, andere **102** 32
Rechtsschutz **105** 79 ff *siehe auch Ermittlungsmaßnahmen, Rechtsschutz*
Rechtsschutz (Revision) **105** 121
Sachen, zu durchsuchende **102** 32
Schadensersatz **105** 122
Schriftenbeschlagnahme **102** 16
Siegelung von Gegenständen **109** 2
Sitzungspolizei **GVG 176** 21 f
Sonderfälle **102** 40 ff
Spuren/Beweismittel, Begriffe **102** 21
Täter oder Teilnehmer **102** 7
Tatverdacht **102** 11 ff
Untersuchung einer Frau *siehe Untersuchung, körperliche*
Verdachtsmaß (Verhältnismäßigkeit) **102** 18
Verdachtsmaß für Beweissicherung **102** 23
Verdächtiger, Begriff/Abgrenzung **102** 8
Verfahren, Regelungsbereich der Vorschrift **105** 1
Verfalls- Einziehungsgegenstände **102** 24
Verteidiger, Verkehr mit dem Beschuldigten **148** 20
Verwertungsverbot **105** 114
Verzeichnis beschlagnahmter Gegenstände **109** 2
Vollstreckung von Nebenfolgen **459g** 5
vorläufige Festnahme, Durchführung **114** 30; **127** 34, 43
Wohnungen **102** 28
Zeugen, Hinzuziehung außenstehender (Abs. 2)
– geeignete Personen **105** 54
– Grundsatz **105** 53

- Möglichkeit der Hinzuziehung **105** 55
- Verzicht des Betroffenen **105** 57
- wesentliche Förmlichkeit **105** 56

Zielerreichung bei Ergreifungsdurchsuchung **105** 67
Zielerreichung bei Ermittlungsdurchsuchung **105** 68
Zuständigkeit (richterliche) **105** 29
Zwangsmaßnahmen zur Durchsetzung **105** 58
Zwecke allgemein **102** 19 ff

Durchsuchung bei Dritten
Abgeordnete **103** 24
andere Personen **103** 3
Auffindungsverdacht **103** 14
Einwilligung **103** 6
freiwillige Herausgabe **103** 8
Gebäudedurchsuchung **103** 17
Gebäudedurchsuchung, Auffindungsverdacht **103** 21
Gebäudedurchsuchung, Objekte **103** 22
Gebäudedurchsuchung, Zweck **103** 18
Objekte der Durchsuchung **103** 15
Räume bei Ergreifung der Beschuldigten **103** 23
Räume bei Verfolgung der Beschuldigten **103** 23
Verfalls- und Einziehungsgegenstände **103** 16
Verhältnismäßigkeit **103** 7
Voraussetzungen, allgemeine **103** 1
Voraussetzungen, besondere **103** 2
Zwecke der Durchsuchung **103** 9

Durchsuchung, Anwesenheitsrechte
Abwesenheit des Inhabers **106** 5
allgemeines **106** 1
Bekanntmachung des Durchsuchungszwecks **106** 14
Beschuldigter **106** 11
Betroffener **106** 2 ff
Finanzbehörde **106** 10
Inhaber der Räume/Gegenstände **106** 2
Rechtsnatur der Vorschrift **106** 15
Rechtsschutz **106** 16
Rechtsschutz (Revision) **106** 17
Staatsanwaltschaft **106** 9
Verteidiger des Beschuldigten **106** 11
Verwertungsverbot **106** 17
Verwirkung des Betroffenen **106** 4
Verzicht des Betroffenen **106** 4
Wartepflicht des Betroffenen **106** 3
Zuziehung Dritter bei Abwesenheit **106** 5

Durchsuchung, nachträgliche Bescheinigung an Betroffenen
allgemeines **107** 1
Anspruchsberechtigte **107** 4
Beschlagnahmeverzeichnis **107** 3
über Grund und Straftatverdacht **107** 2
Negativbescheinigung **107** 3
Rechtsschutz (Antrag auf gerichtliche Entscheidung) **107** 6
Rechtsschutz (Revision) **107** 6
Verwertungsverbot **107** 6
Zeitpunkt **107** 5

Durchsuchung, Richtervorbehalt
Bedeutung **105** 14
Grundsatz **105** 13
Konsequenzen der Rechtsprechung **105** 28
Praxis der Anordnung **105** 15

Durchsuchung, Richtervorbehalt; BVerfGE vom 20.02.2001
allgemein **105** 17
Bedeutung des Vorbehalts **105** 18
Dokumentationspflicht **105** 27
Eilkompetenz als Ausnahme **105** 22
Eilkompetenz, Fälle **105** 23
Gefahr im Verzug, Voraussetzungen **105** 21
gerichtsorganisatorische Maßnahmen **105** 25
Rechtsbegriff, unbestimmter **105** 26

Durchsuchung, Zufallsfunde
allgemeines **108** 1 ff
Beschlagnahme, einstweilige **108** 8 ff
Beschlagnahme, Grenzen **108** 9
Einziehung/Verfall **108** 5
Gebäudedurchsuchung **108** 16
Gebäudedurchsuchung, Mitteilungspflicht **108** 17
Patientenkartei eines Arztes **108** 22
Rechtsschutz **108** 21
Rechtsschutz (Revision) **108** 20
Regelungsbereich der Vorschrift **108** 3
Schwangerschaftsabbruch **108** 22
Untersuchungshaft, Briefkontrolle **108** 6
Verhältnis zu den §§ 94, 98, 105 **108** 4
Verwendung im gleichen Verfahren **108** 7
Verwendung in anderen Verfahren **108** 22
Verwertungsverbote **108** 18
vorläufige Maßnahme **108** 8
weitere Behandlung **108** 13
Zuständigkeit (Beschlagnahme) **108** 11
Zweck der Vorschrift **108** 1

Durchsuchungsanordnung
bei Durchführung anderer Maßnahmen **105** 8
bei Einwilligung **105** 2
Notwendigkeit **105** 2 ff
stillschweigende oder implizierte **105** 8

Durchsuchungsanordnung der StA und ihrer Hilfsbeamten
allgemein **105** 13 ff
Bekanntmachung **105** 77
Eilsituationen **105** 21 f, 73
Form **105** 75

Verhältnismäßigkeit **105** 76
Vollstreckung **105** 78
Zuständigkeit **105** 74
Durchsuchungsbeschluss
Abwägung der Erforderlichkeit **105** 35
Abwägung des Gewichts der Straftat **105** 34
Abwägung des Grades des Tatverdachts **105** 34
Anhörung der Beteiligten **105** 31
Antrag **105** 30
Auffindungsvermutung **105** 42
Begründung **105** 38
Bekanntmachung **105** 49
Beschlussformel **105** 38
Entscheidungsgrundlage **105** 30
Form **105** 30
Inhalt **105** 37
Konkretisierung des Einzelfalles **105** 44
Modalitäten der Durchsuchung **105** 48
Prüfungsumfang **105** 32
Sammelbeschlüsse **105** 50
Tatverdacht **105** 41
Tatvorwurf **105** 40
Verhältnismäßigkeit, Begründung **105** 43
Verhältnismäßigkeitsprüfung **105** 33
Vollstreckung, zeitliche Begrenzung **105** 52
Vollstreckung, Zuständigkeit **105** 51
Zweck der Maßnahme **105** 42

Ehe und Familie (Art. 6 GG)
siehe auch Familie
Benachrichtigung Dritter bei Verhaftung **114b** 4, 36 f
Eheschließung in Untersuchungshaft **119** 26, 105
Schriftverkehr in Untersuchungshaft **119** 68
Ehe- und Familiengründungsrecht
siehe auch Familie
allgemeines **MRK Art. 12 (Art. 23 IPBPR)** 1 ff
Bildungsrecht, Erziehungsrecht der Eltern **1. ZP MRK Art. 2 (Art. 18 IPBPR)** 1 ff
Ehe, Recht auf **MRK Art. 12 (Art. 23 IPBPR)** 4
Einschränkungen **MRK Art. 12 (Art. 23 IPBPR)** 10
Europäische Grundrechte-Charta **MRK Art. 12 (Art. 23 IPBPR)** 2
Familie, Recht auf **MRK Art. 12 (Art. 23 IPBPR)** 4
Freiwilligkeit der Eheschließung **MRK Art. 12 (Art. 23 IPBPR)** 6
Gleichberechtigung **MRK Art. 12 (Art. 23 IPBPR)** 7
Grundlagen **MRK Art. 12 (Art. 23 IPBPR)** 1
Homosexuellenehe **MRK Art. 12 (Art. 23 IPBPR)** 4
Institutsgarantie der Familie **MRK Art. 12 (Art. 23 IPBPR)** 9
Kinder, Schutz bei Eheauflösung **MRK Art. 12 (Art. 23 IPBPR)** 7
Menschenrechte, Allgemeine Erklärung der **MRK Art. 12 (Art. 23 IPBPR)** 1, 6
nationales Recht **MRK Art. 12 (Art. 23 IPBPR)** 3
Scheidungsrechte **MRK Art. 12 (Art. 23 IPBPR)** 6
Schutzbereich, Überblick **MRK Art. 12 (Art. 23 IPBPR)** 4 ff
Strafgefangene **MRK Art. 12 (Art. 23 IPBPR)** 11
Transsexuelle **MRK Art. 12 (Art. 23 IPBPR)** 4
Ehegatte
siehe auch Angehörige
Anwesenheit/Benachrichtigung bei Vernehmung **168c** 25 f, 36
Ehre
Frage nach Vorstrafen/entehrende Tatsachen **68a** 2 ff
privater Lebensbereich, Gewährleistung **MRK Art. 8 (Art. 17 IPBPR)** 41
Ehrengericht
Wiederaufnahme, gerichtliche Zuständigkeit **367** 18
Eid
siehe Eidesleistung
Eidesleistung
Abnahme beim Zeugen (Vereidigung) **59** 11
Abnahme, Erledigung durch Referendar **GVG 10** 9, 11
allgemein **66c** 1
Anfügen der Beteuerungsformel **66c** 7
Eidesnorm und Eidesformel **66c** 3
Erheben der Hand **66c** 5
Menschen mit Hör- oder Sprachbehinderung **Nachtr. 66e** 1 ff
Personen, nicht deutsch sprechende **66c** 4
Protokoll **66c** 6
Rechtsschutz (Revision) **66c** 9
Schöffe **GVG 31** 3
Stumme Analphabeten (a. F.) **66e** 3
Stumme Personen (a. F.) **66e** 1
Taubstumme (a. F.) **66e** 5
Umfang des Eides **66c** 8
Eidesleistung, Berufen auf früheren Eid
Belehrung **67** 11
dasselbe Hauptverfahren **67** 7
dasselbe Hauptverfahren (1. Rechtszug) **67** 8

dasselbe Hauptverfahren (Rechtmittelinstanz) **67** 9
dasselbe Hauptverfahren (Wiederaufnahme) **67** 10
dasselbe Vorverfahren **67** 6
Entscheidung des Gerichts **67** 16
Ermessen des Gerichts **67** 17
Form der Versicherung **67** 13
früher geleisteter Eid **67** 2
nochmalige Vernehmung **67** 1
Protokoll **67** 19
Rechtsschutz (Revision) **67** 20 f
Verfahren gegen denselben Beschuldigten **67** 5
Vorabentscheidung des Vorsitzenden **67** 18
Voraussetzungen allgemein **67** 3
Wirkung **67** 15
Zeitpunkt **67** 12

Eidesleistung, eidesgleiche Bekräftigung
allgemein **66d** 1
Anfügen der Beteuerungsformel **66d** 4
Bekräftigungsnorm und -formel **66d** 3
Gleichstellung **66d** 6
Protokoll **66d** 5
Rechtsschutz (Revision) **66d** 8
Voraussetzungen **66d** 2

eidesstattliche Versicherung
Vollstreckung von Nebenfolgen **459g** 7
Wiedereinsetzung in den vorigen Stand **45** 22
Zeugnis-/Auskunftsverweigerungsrecht **56** 8

Eigentumsschutz
allgemeines **1. ZP MRK Art. 1** 1
Auffangregelung, Charakter **1. ZP MRK Art. 1** 3
Berufsfreiheit **1. ZP MRK Art. 1** 10a
Diskriminierung **1. ZP MRK Art. 1** 7a
Eigentum, Begriff **1. ZP MRK Art. 1** 4
Eigentumsrecht, Achtung **1. ZP MRK Art. 1** 3
Eingriffe **1. ZP MRK Art. 1** 4b
Einziehung, Verfall **1. ZP MRK Art. 1** 12
Enteignung **1. ZP MRK Art. 1** 5
Enteignung im öffentlichen Interesse **1. ZP MRK Art. 1** 5, 7
Entschädigung für Enteignung **1. ZP MRK Art. 1** 6, 8 f
Erwerb künftigen Eigentums **1. ZP MRK Art. 1** 4a
Europäische Grundrechte-Charta **1. ZP MRK Art. 1** 2
geistiges Eigentum **1. ZP MRK Art. 1** 4
Geldstrafen **1. ZP MRK Art. 1** 11
Gewerbebetrieb, eingerichteter **1. ZP MRK Art. 1** 4
Grundzüge der Regelung **1. ZP MRK Art. 1** 3 ff
KSZE-Abschlussdokument **1. ZP MRK Art. 1** 2
Nutzungsregelungen **1. ZP MRK Art. 1** 10
Privatheit des Eigentums **1. ZP MRK Art. 1** 4
Rassendiskriminierungs-Übereinkommen **1. ZP MRK Art. 1** 2
Steuern **1. ZP MRK Art. 1** 11
Verhältnismäßigkeit von Enteignungen **1. ZP MRK Art. 1** 6 f
Versorgungsansprüche **1. ZP MRK Art. 1** 4

Einigungsvertrag
Art. 18, Strafvollstreckung/Strafvollzug **Vor 449** 36 ff
Entwicklungsgeschichte des Strafverfahrensrechts **Einl. E** 177 ff
Fortgeltung von DDR-Strafurteilen **GVG Vor 12** 7
Gerichtsvollzieher, Qualifikation **GVG 154** 2
Struktur der Strafgerichtsbarkeit **GVG 12** 3
Zuständigkeitskonzentration der Gerichte **GVG 58** 23 ff

Einlegung durch inhaftierten Beschuldigten
allgemein **299** 1
analoge Anwendung **299** 6
ausdrückliche Verweisung **299** 5
Durchführung **299** 9
Erklärungen bezüglich Rechtsmittel **299** 4
Fristwahrung **299** 7
nicht auf freiem Fuß befindlich **299** 2
Rechtsschutz bei Nichtgewährleistung **299** 9

Einlieferungshaft
Haftbefehl, Aufhebung **120** 12

Einschreiben
Zustellungsverfahren nach ZPO (n. F.) **Nachtr. 37** 37 ff

Einstellung des Verfahrens (allgemein)
Aufhebung des Haftbefehls **120** 21
Berufung, Entscheidung des Gerichts **328** 10 ff
Beschleunigungsgebot **MRK Art. 6 (Art. 14 IPBPR)** 85b
Beschwer bei vorläufiger/entgültiger **Vor 296** 68
Entscheidung über Kosten und notwendige Auslagen **464** 6 ff, 10 ff
in der Hauptverhandlung (im Urteil) *siehe Urteil, Einstellung*
Kosten bei Klagerücknahme/Einstellung durch StA **467a** 9 ff
Kosten des Verfahrens bei Freispruch **467** 63 ff, 71 ff
Kostenlast im Privatklageverfahren **471** 12 ff
Nebenklage, Berechtigung **395** 26
objektives Verfahren (Einziehung/Verfall) **440** 13

Privatklageverfahren **375** 16
Rechtsmittelverzicht; Zurücknahme bei vorläufiger/entgültiger **302** 12 f
Revision, Entscheidung des Gerichts **354** 7 ff
Revision, Prüfung von Vorwegentscheidungen **336** 5
Sachverhaltsermittlung durch die Staatsanwaltschaft **160** 32
Strafbefehlsverfahren **408** 29 ff
Unschuldsvermutung **MRK Art. 6 (Art. 14 IPBPR)** 141
Vernehmung durch StA und Polizei **163a** 32
Wiederaufnahme des Verfahrens **Vor 359** 54; **371** 11
Wiederaufnahme des Verfahrens, Ziel **359** 138

Einstellung des Verfahrens nach den §§ 153 ff
Revision, Entscheidung des Revisionsgerichts **353** 2
Staatsschutz-Strafkammer, Zuständigkeit **GVG 74a** 9
Wiederaufnahme des Verfahrens **359** 73
Wirtschaftsstrafkammer, Zuständigkeit **GVG 74c** 13 f

Einstellung des Verfahrens, Bescheidung des Strafantragstellers
allgemein **171** 1
Begriff des Strafantrags **171** 2
Belehrungspflicht (Verletzter) **171** 14 ff
Einstellungsbescheid, Begründung **171** 11
Einstellungsbescheid, Empfänger **171** 8
Einstellungsbescheid, Form **171** 10
Einstellungsbescheid, querulatorische Strafanzeigen **171** 9
Folgen fehlerhafter Bescheidung/Belehrung **171** 17
nachträglicher/wiederholter Antrag **171** 4
Teileinstellung **171** 6
Verfahrenseinstellung, erfasste Fälle **171** 5
vorläufige Einstellung, Abgabe **171** 7

Einstellung in Fällen des Absehens von Strafe
Absehen von Klageerhebung, Verfahren, Entscheidung **153** 55; **153b** 15
Absehen von Klageerhebung, Zuständigkeit, Zeitpunkt **153** 35 ff; **153b** 12
Absehen von Klageerhebung, Zustimmungen **153** 42 ff; **153b** 14
Absehen von Strafe nach StGB **153b** 3
Bedeutung der Vorschrift **153b** 1 f
Einstellung durch das Gericht **153** 77 ff; **153b** 18
Folgen der Einstellung, Sperrwirkung **153** 86 ff, 93; **153b** 21
prozessuale Tat **153b** 5
Rechtsschutz bei Einstellung (Beschwerde) **153** 46, 81 ff; **153b** 19 f
Rechtsschutz bei Einstellung (Revision) **153** 96; **153b** 22
Verhältnis zu anderen Einstellungsmöglichkeiten **153b** 6
Verhältnis zur Entscheidung durch Urteil **153b** 4
Zuständigkeit bei Einstellung, zeitlich **153b** 16
Zustimmungen bei Einstellung **153** 69 ff, 75; **153b** 17

Einstellung in Staatsschutz-Strafsachen
andere in derselben Tat zusammentreffende Straftaten **153d** 4
Bedeutung **153d** 1
Generalbundesanwalt, Zuständigkeit **153c** 29 ff; **153d** 10; **153e** 13
Rechtsschutz **153c** 36; **153d** 11; **153e** 15, 20 f
Staatsschutz-Strafsachen **153d** 3
Voraussetzungen **153d** 7

Einstellung in Staatsschutz-Strafsachen bei tätiger Reue
Absehen von Verfolgung **153e** 13 ff
Anwendungsbereich **153e** 2 f
Ausgleichshandlung nach Kenntnis **153e** 8
Bedeutung/Inhalt der Vorschrift **153e** 1
Einstellung durch das Gericht **153e** 16 ff
Ermessensspielraum **153e** 12
Gegenstand der Ausgleichshandlung **153e** 6
NATO-Vertragsstaaten **153e** 22
Voraussetzungen allgemein **153e** 4

Einstellung mangels hinreichenden Tatverdachts
Akteneinsichtsrechte nach Einstellung **170** 47
Begriff **170** 31
Bescheidung des Strafantragstellers *siehe oben*
Einstellungsverfügung, Begründung **170** 36
Einstellungsverfügung, Erforderlichkeit **170** 30
Einstellungsverfügung, Voraussetzungen **170** 35
Entschädigung des Beschuldigten **170** 44
Kosten des Verfahrens **170** 48
Mitteilung an den Beschuldigten, Inhalt und Form **170** 43
Mitteilung an den Beschuldigten, Voraussetzungen **170** 38
Mitteilung an den Beschuldigten, Zeitpunkt **170** 45
Nebenentscheidungen **170** 37
Verhältnis zu den Einstellungsregelungen der §§ 153 ff **170** 32
Verhältnis zur Nichtverfolgung unwesentlicher, einzelner Taten **154** 29
vorläufige Einstellungen, Teileinstellung **170** 33 f
Wiederaufnahme/Anklageerhebung **170** 49
Wirkungen bezüglich des Beschuldigten **170** 46

Einstellung nach Klärungsfrist für Vorfragen
Anwendungsbereich der Vorschrift **154d** 1
Entscheidung über entgültige Einstellung **154d** 16 f
Folgen der Fristsetzung **154c** 12
Fortsetzung des Strafverfahrens **154d** 14
Fristsetzung allgemein **154d** 8
Klärungsbedürftigkeit **154d** 6
Klageerzwingungsverfahren **154d** 19
Steuerstrafsachen, Verhältnis zu § 396 AO **154d** 7
Verfahren und Entscheidung **154d** 10
Verfahrensfortsetzung **154d** 18
Vergehen **154d** 3
Voraussetzungen für entgültige Einstellung **154d** 15
Vorfragen eines anderen Rechtsgebiets **154d** 4
vorläufige Einstellung bei anhängigem Verfahren **154d** 13
Einstellung unwesentlicher, einzelner Taten
Absehen von der Verfolgung
– Entscheidung **154** 32
– Ermittlungsstand **154** 29
– Fortsetzung des Verfahrens **154** 35
– Rechtsschutz **154** 34
– Verfahren **154** 31
– Zuständigkeit **154** 30
Anwendungsbereich **154** 6 ff
Bedeutung, Zweck der Vorschrift **154** 1 ff
Berücksichtigung bereits eingestellter Taten
– allgemein **153** 87; **153b** 6; **154** 56
– Beweiswürdigung **154** 61
– Strafzumessung **154** 57
Einstellung durch das Gericht
– Entscheidungen **154** 41 ff
– Rechtsschutz (Ablehnung der Einstellung) **154** 47
– Rechtsschutz (Einstellungsbeschluss) **154** 48
– Rechtsschutz (Nebenentscheidungen) **154** 50
– Verfahren **154** 40
– Voraussetzungen **154** 38
– Zuständigkeit **154** 37
Folgen der Einstellung
– allgemein **154** 51
– Beschlagnahmen **154** 53
– Untersuchungshaft **154** 54
Rechtsschutz (Revision) **154** 80 ff
Verhältnis zu § 154a **154** 11
Voraussetzungen allgemein
– ausbleibendes Urteil, in angemessener Frist **154** 25
– ausreichende Einwirkung/Verteidigung der Rechtsordnung **154** 27
– beträchtliche Rechtsfolgen, allgemein **154** 22
– geringe Rechtsfolgen, Ermessen **154** 21
– geringe Rechtsfolgen, Maßstab **154** 18 ff
Wiederaufnahme des Verfahrens
– Bedeutung und Reichweite **154** 62
– nach Einstellung wegen rechtskräftig erkannter Rechtsfolgen **154** 71
– nach Einstellung wegen zu erwartender Rechtsfolgen **154** 73
– Entscheidung von Amts wegen **154** 64
– Entscheidungsmaßstab **154** 65
– Rechtsschutz (Ablehnung der Wiederaufnahme) **154** 78
– Rechtsschutz (Anordnung der Wiederaufnahme) **154** 77
– Rechtsschutz allgemein **154** 76
– Verfahren und Entscheidung **154** 68
– Zuständigkeit **154** 67
Einstellung von Verfahren wegen Auslandstaten
Änderungen aufgrund Völkerstrafgesetzbuch
– allgemein, Bedeutung **Nachtr. 153c** 1
– Berücksichtigung von Auslandsurteilen (Abs. 2 n. F.) **Nachtr. 153c** 4
– Distanztaten (Abs. 3 n. F.) **Nachtr. 153c** 6
– Verhältnis zu § 153f (Abs. 1 Satz 2 n. F.) **Nachtr. 153c** 2
Änderungen, Abs. 1 Nr. 3 n. F. (terroristische Vereinigungen)
– Bedeutung, Anwendungsbereich **Nachtr. 153c** 7
– Bestehen im Ausland **Nachtr. 153c** 9
– Beteiligungshandlungen, geringfügige **Nachtr. 153c** 10
– Mitgliedschaft **Nachtr. 153c** 11
Auslandstaten
– Geltungsbereich der StPO, räumlicher **153c** 9
– Tatbegehung im Ausland **153c** 10
– Teilnahmerecht **153c** 11
Auslandstaten/Ausländertaten
– Absehen von der Verfolgung von Taten nach dem VölkerStGB *siehe dort*
Bedeutung, Zweck und Inhalt der Vorschrift **153c** 1 ff
Berücksichtigung von Auslandsurteilen, Abs. 1 Nr. 3 (Abs. 2 n.F.)
– ausländische Verurteilung **153c** 25
– ausländischer Freispruch **153c** 26
– Strafklageverbrauch **153c** 15
– Strafklageverbrauch im europäischen Kontext **153c** 17
Distanztaten, Abs. 2 (Abs. 3 n. F.) **153c** 27
Generalbundesanwalt, Zuständigkeit **153c** 32 f

Inlandstaten von Ausländern **153c** 12
Rechtsschutz **153c** 36
Verfahren bis Eröffnung Hauptverfahren **153c** 28
Verfahren nach Eröffnung Hauptverfahren **153c** 29
Voraussetzungen allgemein, Anwendungsbereich **153c** 4 ff
Wirkung der Einstellungsentscheidung **153c** 34

Einstellung von Verfahren wegen falscher Verdächtigung/Beleidigung
Absehen von Klageerhebung
– Ermessensspielraum **154e** 11
– Ermittlungsstand **154e** 10
– Verfahren und Entscheidung **154e** 12
Anhängigkeit des Disziplinarverfahrens **154e** 9
Anhängigkeit des Strafverfahrens (Bezugstat) **154e** 7
Anwendungsbereich der Vorschrift **154e** 1 ff
Bezugstat (Straf- oder Disziplinarverfahren) **154e** 5
falsche Verdächtigung oder Beleidigung **154e** 4
Fortsetzung des Strafverfahrens **154e** 19
Rechtsschutz (gerichtliche Einstellung) **154e** 18
Rechtsschutz (Revision) **154e** 22
Revision, Prüfung von Gesetzesverletzung **337** 47
Verjährung **154e** 21
vorläufige Einstellung durch das Gericht
– Verfahren nach Urteil in 1. Instanz **154e** 16
– Verfahren und Entscheidung **154e** 14
– vorübergehendes Verfahrenshindernis **154e** 13

Einstellung von Verfahren wegen Nötigung/Erpressung
Ausschluss der Nichtverfolgung (Schwere der Tat) **154c** 6
Ausschluss im Hauptverfahren **154c** 13
Bedeutung und Zweck der Vorschrift **154c** 1
Drohung mit Offenbarung einer Straftat **154c** 3
Fortsetzung des Verfahrens **154c** 12
Nötigung oder Erpressung **154c** 2
Strafanzeige des Genötigten **154c** 5
Verfahren bei Einstellung **154c** 9

Einstellung von Verfahren wegen Taten nach dem VölkerStGB
Bedeutung allgemein **Nachtr. 153f** 1
Ermessensausübung **Nachtr. 153f** 40
internationale Zuständigkeit **Nachtr. 153f** 6
Straftaten bei Auslandsaufenthalt
– allgemein **Nachtr. 153f** 8
– Aufenthalt im Inland **Nachtr. 153f** 15
– Auslandstat **Nachtr. 153f** 13 f
– Beschuldigter **Nachtr. 153f** 14
– Ermessensspielraum **Nachtr. 153f** 17
– Straftaten nach den §§ 6 bis 14 VStGB **Nachtr. 153f** 9
Straftaten Deutscher bei Auslandsaufenthalt
– allgemein **Nachtr. 153f** 18
– Tatortstaat oder Heimatstaat des Opfers **Nachtr. 153f** 19
– Verfolgung vor einem internationalen Gerichtshof **Nachtr. 153f** 20 ff
Straftaten von Ausländern bei Auslandsaufenthalt
– Ermessensspielraum **Nachtr. 153f** 32
– Verhältnis zu Abs. 1 der Vorschrift, Systematik **Nachtr. 153f** 25
– Voraussetzungen der Abs. 2 Satz 1 Nr. 1 bis 4 **Nachtr. 153f** 28 ff
– Voraussetzungen des Abs. 1 der Vorschrift **Nachtr. 153f** 26 f
Straftaten von Ausländern bei Inlandsaufenthalt
– allgemein **Nachtr. 153f** 33
– Ausländer **Nachtr. 153f** 35
– Auslandstat **Nachtr. 153f** 34
– Auslieferung an den verfolgenden Staat **Nachtr. 153f** 39
– Inlandsaufenthalt **Nachtr. 153f** 36
– Überstellung an internationalen Gerichtshof **Nachtr. 153f** 38
– Voraussetzungen des Abs. 2 Satz 1 **Nachtr. 153f** 37
Systematik der Vorschrift allgemein **Nachtr. 153f** 7
Verfahren bis Eröffnung Hauptverfahren **Nachtr. 153f** 43
Verfahren nach Eröffnung Hauptverfahren **Nachtr. 153f** 44
Zweck und Inhalt der Vorschrift **Nachtr. 153f** 4

Einstellung wegen Auslieferung oder Ausweisung
Absehen von der Klageerhebung **154b** 9
Auslieferung **154b** 5
Ausweisung **154b** 7
Bedeutung der Vorschrift **154b** 1
Einstellung durch das Gericht **154b** 10
Folgen der Einstellung **154b** 12
Fristbestimmung bei Wiederaufnahme **154b** 14
Nationalität des Beschuldigten **154b** 2
Rechtsschutz **154** 80 ff; **154b** 16
Stand des Auslieferungs-/Ausweisungsverfahrens **154b** 3
Überstellung an internationalen Gerichtshof
– internationaler Strafgerichtshof **Nachtr. 154b** 4

– Überstellung **Nachtr. 154b** 3
– Verfahrensstand **Nachtr. 154b** 2
– Zweck der Gesetzesänderung **Nachtr 154b** 1
Wiederaufnahme des Verfahrens **154b** 13

Einstellung wegen Geringfügigkeit
analoge Anwendung **153** 20
Bedeutung der Vorschrift **153** 1 ff
Berücksichtigung eingestellter Taten, anderweitige **153** 87
im Betäubungsmittelverfahren **153** 15
Diskussionsstand **153** 21
Ermessensspielraum **153** 38
Folgen der Entscheidung allgemein **153** 86
geringe Schuld, Begriff **153** 24
geringe Schuld, Einzelfragen **153** 26
im Jugendstrafverfahren **153** 14
Nebenklage, Anschlusserklärung **396** 26
öffentliches Interesse, Begriff **153** 28
öffentliches Interesse, Einzelfragen **153** 31
im Ordnungswidrigkeitenverfahren **153** 16
Privatkläger, Rechtsmittel **390** 20
im Privatklageverfahren **153** 11
Privatklageverfahren, Eröffnungsentscheidung **383** 19 ff
prozessuale Tat **153** 8
Rechtsschutz (Revision) **153** 96
im Sicherungsverfahren **153** 19
Strafklageverbrauch
– allgemein, Streitstand **153** 88
– Stellungnahme **153** 90
– verfahrensmäßige Behandlung **153** 93
– Verfall, Einziehung **153** 94
– Wiederaufnahme nach BVerfGG **153** 95
Tatverdacht allgemein **153** 35
Tatverdacht, Einzelfragen **153** 37
überlange Verfahrensdauer/Tatprovokation **153** 34
Vergehen **153** 9
Voraussetzungen **153** 21 ff

Einstellung wegen Geringfügigkeit, gerichtliche
Entscheidung, Form und Inhalt **153** 77
nach Klageerhebung **153** 57
Kosten- und Entschädigungsentscheidung **153** 79
in jeder Lage des Verfahrens **153** 59
Mitwirkung der Finanzbehörde **153** 76
Mitwirkung des Nebenklägers **153** 75
Rechtsschutz bei Ablehnung **153** 81
Rechtsschutz bei Einstellung **153** 82
Rechtsschutz des Nebenklägers **153** 83
Rechtsschutz gegen Nebenentscheidungen **153** 84
in der Revisionsinstanz **153** 60
bei Teilrechtskraft **153** 61
Voraussetzungen **153** 63
Zuständigkeit **153** 62
Zustimmung der Staatsanwaltschaft **153** 64 ff
Zustimmung des Angeschuldigten, Bedingungen **153** 70
Zustimmung des Angeschuldigten, Entbehrlichkeit **153** 69, 73 f
Zustimmung des Angeschuldigten, Inhalt **153** 69
Zustimmung des Verteidigers **153** 72

Einstellung wegen Geringfügigkeit, staatsanwaltschaftliche
Entscheidung der Staatsanwaltschaft **153** 55
geringe Folgen **153** 51
im Mindestmaß erhöhte Strafe **153** 50
Voraussetzungen **153** 41
Zuständigkeit **153** 40
Zustimmung des Gerichts allgemein **153** 42
Zustimmung des Gerichts, Entscheidung **153** 45
Zustimmung des Gerichts, Rechtsbehelfe **153** 46
Zustimmung des Gerichts, Wirkung **153** 47
Zustimmung des Gerichts, Zuständigkeit **153** 43
Zustimmungsfreiheit, Bedeutung **153** 48
Zustimmungsfreiheit, Feststellung **153** 53

Einstellung wegen Gesetzesänderung
Anwendung im Berufungsverfahren **206b** 9
Anwendung im Ermittlungs- und Eröffnungsverfahren **206b** 5
Anwendung im erstinstanzlichen Verfahren **206b** 7
Anwendung im Revisionsverfahren **206b** 10
dogmatische Bedeutung **206b** 3 f
Inhalt und Wirkung der Entscheidung **206b** 15
Rechtskraft der Entscheidung **206b** 20
Rechtsschutz **206b** 17
Revision, Verwerfung ohne Hauptverhandlung **349** 35
Verfahren und Form der Entscheidung **206b** 14
Verhältnis zu Verfahrenshindernissen **206b** 13
Wegfall der Strafbarkeit **206b** 12
Zweck und Funktion der Vorschrift **206b** 1

Einstellung wegen Verfahrenshindernissen
Anwendungsbereich **206a** 8 ff
Bedeutung der Vorschrift **206a** 1
beschleunigtes Verfahren **206a** 19
Bestandskraft des Einstellungsbeschlusses **206a** 75
Einstellungsbeschluss, fehlerhafter **206a** 77
Ermittlungs- und Eröffnungsverfahren **206a** 8
Erstreckung auf den Nichtrevidenten, § 357 **206a** 18
Form der Entscheidung **206a** 62

Inhalt und Bekanntmachung der Entscheidung **206a** 63
mehrere Einstellungsmöglichkeiten **206a** 60
Rechtsbehelfe der Staatsanwaltschaft **206a** 71
Rechtsmittelverfahren allgemein **206a** 14
Rechtsschutz allgemein **206a** 67
Rechtsschutz bei Ablehnungsbeschluss **206a** 73
Rechtsschutz des Angeschuldigten **206a** 68
Rechtsschutz, Beschwerdeentscheidung **206a** 72
Revision, Verwerfung ohne Hauptverhandlung **349** 35
spezielle gesetzliche Regelungen, Vorrang **206a** 4
Strafbefehlsverfahren **206a** 20
nach Teilrechtskraft eines Urteils **206a** 16
bei unzulässigem Rechtsmittel **206a** 17
nach Urteilserlass **206a** 10, 74; **206a** 9
Verfahren zur Feststellung **206a** 59
Verfahrenshindernisse
siehe Verfahrenshindernis/Prozessvoraussetzung
Verhältnis zu sonstigen Vorschriften **206a** 6
Verhältnis zur Einstellung durch Urteil **206a** 5
Verhältnis zur vorläufigen Einstellung nach § 205 **206a** 3
Vorrang anderer Entscheidungen **206a** 61a
Wegfall des Verfahrenshindernisses **206a** 79
Wiederaufnahme des Verfahrens **Vor 359** 61, 139
Wiederaufnahme, Zulassungsverfahren **368** 3 ff
Wiederaufnahmeverfahren **206a** 21
Wirkung der Entscheidung **206a** 65
Zulassungsverfahren (OWiG) **206a** 16a

Einstellung, vorläufige (gegen Auflagen/Weisungen)
Absehen von der Klageerhebung
- Eintragung in Dateien und Register **153a** 115
- Rechtsschutz des Beschuldigten **153a** 116
- Rechtsschutz des Verletzten **153a** 117
- sonstige Zustimmungen/Anhörungen **153a** 107
- Verfahren bei Nichterfüllung der Auflagen/Weisungen **153a** 114
- Verfahren nach Erfüllung der Auflagen/Weisungen **153a** 113
- Verfahren nach Erteilung der Auflagen/Weisungen **153a** 111
- Verfahren vor Erteilung der Auflagen/Weisungen **153a** 108
- Voraussetzungen, Zuständigkeit **153a** 102
- Zustimmung des Gerichts **153a** 103 ff
- zustimmungsfreie Einstellung **153a** 106

Änderung/Aufhebung der Auflagen und Weisungen **153a** 81
Änderungen der Auflagen und Weisungen **153a** 85
analoge Anwendung **153a** 29
Anwendungsbereich, Statistiken **153a** 29
Aufbauseminar, Teilnahme **153a** 65
Aufhebung der Auflagen und Weisungen **153a** 86
Auflagen und Weisungen allgemein **153a** 47
Bedeutung, rechts- und kriminalpolitische **153a** 1 ff
Beseitigung des öffentlichen Interesses **153a** 35
Betäubungsmittelverfahren **153a** 20
Ermessensspielraum **153a** 46
Fehlen schwerer Schuld **153a** 32
Folgen der Einstellung **153a** 142
Fristenverlängerung **153a** 84
Geldzahlung **153a** 55
gemeinnützige Leistungen, sonstige **153a** 58
gerichtliche
- allgemein **153** 57 ff
- Auslagen des Nebenklägers **153a** 130
- endgültige Einstellung **153a** 128
- Erteilung der Auflagen/Weisungen **153a** 125
- Fortsetzung des Verfahrens **153a** 126
- Rechtsschutz allgemein **153a** 132
- Rechtsschutz bei endgültigen Entscheidungen **153a** 135
- Rechtsschutz bei vorläufigen Entscheidungen **153a** 133
- Verfahren vor Erteilung der Auflagen/Weisungen **153a** 124
- Zuständigkeit **153a** 121
- Zustimmung **153a** 122

Inhalt und dogmatische Bedeutung **153a** 5 ff
Jugendstrafsachen **153a** 19
Kontrolle der Erfüllung **153a** 80
Kosten/notwendige Auslagen des Nebenklägers **472** 20
Kritik an der Regelung **153a** 11 ff
Leistungsstörungen **153a** 88
Monopol der Strafgerichtsbarkeit **GVG 13** 3
öffentliches Interesse, Begriff **153** 28 ff
Ordnungswidrigkeitenverfahren **153a** 27
Privatklagedelikte **153a** 17
prozessuale Tat, Vergehen **153a** 16
Rechtsschutz (Revision) **153a** 143
Schadenswiedergutmachung **153a** 51 ff
sonstige Anordnungen **153a** 69 ff
Steuerstrafverfahren **153a** 26
Strafklageverbrauch
- allgemein, Bedeutung **153a** 91
- bedingte Sperrwirkung, Beginn **153a** 92

– bedingte Sperrwirkung, Dauer/Wirkung **153a** 94
– endgültige Sperrwirkung, Eintritt/Umfang **153a** 96 f
– endgültige Sperrwirkung, Grenzen **153a** 99
– Verfahrensabschluss, formaler **153a** 101
Täter-Opfer-Ausgleich **153a** 60
Tatverdacht **153a** 39
Unterhaltspflichten, Erfüllung **153a** 59
unzulässige Auflagen und Weisungen **153a** 74
Verhältnis zu den §§ 153 ff **153a** 31; **153b** 7 ff
Verjährung **153a** 139
Zustimmung des Beschuldigten, Inhalt **153a** 41
Zustimmung des Beschuldigten, Verteidiger **153a** 45
Zustimmung des Beschuldigten, Widerruf **153a** 44
Zustimmungsrechte bei Änderung/Aufhebung **153a** 83

Einstellung, vorläufige (wegen Abwesenheit des Angeschuldigten)
Abwesenheit des Angeschuldigten **205** 10
Bedeutung der Vorschrift **205** 1
behebbare Verfahrenshindernisse **205** 23
Beweissicherung **205** 35
Entscheidung, Form und Inhalt **205** 26
Entscheidung, gebundene **205** 24
Entscheidung, Wirkung **205** 27
im Ermittlungsverfahren **205** 4
im Eröffnungsverfahren **205** 5
Fortsetzung des Verfahrens nach Einstellung **205** 28
für längere Zeit **205** 8a
Geltungsbereich allgemein **205** 3
im Hauptverfahren **205** 6
Hindernisse, andere vorübergehende, längerfristige **205** 21
Hindernisse, sonstige in der Person des Angeschuldigten **205** 20
Hindernisse, vorübergehend **205** 8
im Rechtsmittelverfahren **205** 7
Rechtsschutz (Revision) **205** 34
Rechtsschutz, Ablehnungsbeschluss **205** 32
Rechtsschutz, Einstellungsbeschluss **205** 31
Rechtsschutz, Fortsetzung des Verfahrens **205** 33
Unerreichbarkeit von Beweismitteln **205** 22
Verfahren bis zur Entscheidung **205** 25
Wiederaufnahme des Verfahrens **Vor 359** 139

Einstellung, vorläufige (wegen Verhandlungsunfähigkeit)
allgemeine Verhandlungsfähigkeit **205** 14
Bedeutung **205** 12
Feststellung, Zweifel **205** 19
Hauptverhandlungsfähigkeit **205** 15
Lebens- und Gesundheitsgefährdung **205** 17
Revisionsverfahren **205** 16a

Einwilligung
Auflagen/Weisungen, Befragung des Angeklagten **265a** 8
des Beschuldigten in die körperliche Untersuchung **81a** 12
Durchsuchung **105** 2, 57
Durchsuchung bei Dritten **103** 6
nächtliche Haussuchung **104** 3
Telekommunikationsüberwachung **100a** 35

Einziehung/Verfall
Anwesenheit/Benachrichtigung bei Vernehmung **168c** 22, 34
Ausspruch im Urteilstenor **260** 86
Berufung, Hemmung der Rechtskraft **316** 4
Berufung, Verbot der Verschlechterung **331** 106
Beschränkung der Berufung **318** 102; **318** 102
Durchsuchung bei Dritten **103** 16
Durchsuchung beim Verdächtigen **102** 24
Durchsuchung, Zufallsfunde **108** 5
Eigentumsschutz **1. ZP MRK Art. 1** 12
Gegenstände der Beschlagnahme **111b** 24 ff
Hauptverhandlung ohne Angeklagten **232** 11
Revision, Entscheidung des Gerichts **354** 39
Revision, Prüfung von Gesetzesverletzung **337** 252
Revisionsbegründung, Beschränkung **344** 64
Sicherstellung
siehe Sicherstellung zur Vollstreckungssicherung
Strafbefehlsverfahren, Zulässigkeit **407** 31 ff
Urteilsgründe, Inhalt/Darstellung **267** 118
Verhältnis von Verfall zur Geldbuße **444** 3
Vollstreckung von Nebenfolgen **459g** 3 ff
Wiederaufnahme, Neuverhandlung **373** 32
Zeugnisfähigkeit der Beteiligten **Vor 48** 29

Einziehung/Verfall von Wertersatz
Arrest, dinglicher (Vollstreckungssicherung) **111d** 4 ff

Einziehungs-/Verfallsbeteiligter (allgemein)
Ablehnung eines Sachverständigen wegen Befangenheit **74** 16
Bedeutung des Eigentumsübergangs **431** 27
Befragungsrecht in der Hauptverhandlung **240** 9
Berechtigte an der Sache, sonstige **431** 11
Beschränkung der Beteiligung **431** 52
Besteller/Adressaten von Schriften **431** 17
Beteiligung, formelle Voraussetzung **431** 2
Beteiligung, materielle Voraussetzung **431** 3
Beteiligungsbefugnisse, Hauptverfahren **433** 5
Beteiligungsfreiheit **433** 33

Beweisantragsrecht und Amtsermittlung **436** 9
Beweisantragsrecht, Beschränkung **436** 7
Eigentümer der Sache **431** 5
Einziehung zur Sicherung **433** 32
Einziehung/Verfall bei Tod **433** 31
Erscheinenspflicht **433** 24
Erwerb der Rechtsstellung **432** 1
Geschäftsfähigkeit, Bedeutung **433** 21 f
juristische Person/Personenvereinigung **431** 65
Nebenbeteiligte, sonstige **431** 28
Nebenbeteiligter, Begriff **431** 1
persönliches Erscheinen, Anordnung **433** 33 ff
Personenkreis **431** 4
Prozessfähigkeit, Bedeutung **433** 21 f
Rechtsmittel, Einlegungsbefugnis **296** 1
Rechtsmittel, kein Verbesserungsverbot **301** 10
Rechtsmittelbefugnis **433** 8
Rechtsstellung im beschleunigten Verfahren **433** 4
Rechtsstellung im normalen Strafverfahren **433** 2
Rechtsstellung im Strafbefehlsverfahren **433** 3
Rechtsstellung in der Hauptverhandlung **226** 13; **Vor 226** 41
Rechtsstellung, Beginn der Befugnisse **433** 1
Sitzungspolizei, Ordnungsmittel **GVG 177** 13
Tod des Nebenbeteiligten **433** 29
Umfang der Beteiligung **431** 51
Ungehorsamsfolgen **433** 35
Urkundenbeweis, Selbstleseverfahren **249** 79
Verfallsbeteiligte, Arten **431** 23
Verfallsbeteiligter, Begriff **431** 21
Verfallsverfahren, materielle Voraussetzungen **431** 22
Verzicht, Umfang/Form **431** 77 f
Verzicht, Unwiderruflichkeit **431** 76
Verzicht, Wirkung **431** 74
Verzichtsberechtigung **431** 73
Wiederaufnahmebefugnis
– Entscheidung im Wiederaufnahmeverfahren **433** 20
– Grenzen **433** 17
– Problemstellung **433** 9
– Zulässigkeit der Wiederaufnahme **433** 11
als Zeuge **431** 61
als Zeuge bei Verzicht **431** 75
Zeugnisfähigkeit **Vor 48** 42

Einziehungs-/Verfallsbeteiligter, Anhörung im vorbereitenden Verfahren
Absehen **432** 7
Anhörung, Begriff **432** 3
Anwendung der Vernehmungsvorschriften **432** 14
Ermessen **432** 5
Glaubhafterscheinen **432** 9
informatorische Befragung **432** 15
rechtliches Gehör, Gewährung **432** 2
Vernehmung **432** 10
Voraussetzungen **432** 4
Zeugenstellung **432** 8
Zweck der Regelung **432** 6

Einziehungs-/Verfallsbeteiligter, Ausbleiben in der Hauptverhandlung
Ausbleiben **436** 4
Verhandeln ohne Nebenbeteiligten **436** 1
Verzicht auf Befugnisse **436** 5
Wiedereinsetzung **436** 6
Wirkung der Zustellung **436** 22
Zustellung des Urteils **436** 21
Zustellung, Teile des Urteils **436** 23

Einziehungs-/Verfallsbeteiligter, Einbeziehung
Anordnung der Nebenbeteiligung **431** 30
Anschein der Berechtigung, glaubhafter **431** 33
Beschränkung auf das Hauptverfahren **431** 62
Beschränkung auf das Nachverfahren **431** 64
Beschwerde gegen Ablehnungsbeschluss **431** 70 ff
Fortgang des Verfahrens **431** 79
Glaubhaftigkeit, Ausnahmen **431** 50
Nachverfahren **431** 82
Nichtausführbarkeit **431** 45
Prüfung der Einziehung **431** 39
Prüfung der Rechtsfolgenentscheidung **431** 38
Prüfung des Verfalls **431** 44
Prüfungszeitraum **431** 37
Rücknahme des Anordnungsbeschlusses **431** 67
Sonderfälle des Ausschlusses **430** 48
Unanfechtbarkeit des Anordnungsbeschlusses **431** 66
Verfahrensfortgang und rechtliches Gehör **431** 80
Voraussetzungen, Prüfung allgemein **431** 36

Einziehungs-/Verfallsverfahren (allgemein)
allgemein
siehe auch Verfahrensarten, besondere
Bedeutung **Vor 430** 1
Beschwerde gegen Entscheidungen von OLG und BGH **304** 83
Beteiligung des Betroffenen allgemein **Vor 430** 10
Bußgeldverfahren **Vor 430** 18
Eigentum von mittelbar Beteiligten **Vor 430** 6
Eigentum von Tatbeteiligten **Vor 430** 5
Entschädigung, materiellrechtliche Regelung **Vor 430** 14

Entschädigung, verfahrensrechtliche Regelung **Vor 430** 15
Entwicklungsgeschichte **Vor 430** 7
Ermittlungsverfahren, Abschlussentscheidung **170** 17
Gesetzeszweck allgemein **Vor 430** 4
Kosten/notwendige Auslagen des Nebenbeteiligten **472b** 1 ff
Ladung zur Hauptverhandlung
- Bekanntmachung des Termins **435** 2
- Form **435** 3
- Frist **435** 5
- Terminsbenachrichtigungen **435** 1
Nachverfahren
siehe dort
objektives Verfahren (Einziehung/Verfall)
siehe dort
Sicherstellung/Beschlagnahme **94** 21
Verfahrensgarantien nach MRK und IPBPR **MRK Art. 6 (Art. 14 IPBPR)** 33
Verfall, Abführung des Mehrerlöses **442** 5
Verfall, Anwendung der Einziehungsvorschriften **442** 1 ff
Verfall, Sonderregelung **442** 2
Vollstreckung **Vor 430** 16
Wegfall des Eröffnungsverfahrens **Vor 198** 9
Wiederaufnahme des Verfahrens, Antrag **365** 15

Einziehungs-/Verfallsverfahren in der Rechtsmittelinstanz
Berufung, Wegfall der Beschränkungen **437** 12
Einwendungen gegen Schuldspruch **437** 7
Höhe der Entschädigung
- analoge Anwendung der Regelung **437** 28
- Auslegung des § 72 Abs. 1 OWiG **437** 22
- Beschluss, Unanfechtbarkeit **437** 27
- Beschlussverfahren **437** 21
- Entstehungsgeschichte der Regelung **437** 19
- Form der Entscheidung **437** 20
- Zuständigkeit **437** 26
Nachprüfung des Schuldspruchs **437** 4
Nichtanhörung, unverschuldete **437** 5
Rechtsmittelberechtigung **437** 1
Revision, Einwendung gegen Schuldspruch
- Nachtragsverfahren **437** 18
- Voraussetzungen, allgemeine **437** 13
- Voraussetzungen, Nebenbeteiligung **437** 14
- Voraussetzungen, Revision **437** 16
Umfang der Nachprüfung **437** 2 f
Wirkung der Einwendungen **437** 10

Einziehungs-/Verfallsverfahren, Beiordnung eines Rechtsanwalts
Initiative **434** 7
Ladung **434** 15
Personenkreis **434** 8
Rechte/Pflichten des Beistands **343** 10
Rechtsschutz **434** 13
Rücknahme **343** 14
Umfang **434** 12
Voraussetzungen, inhaltliche **434** 11
Zuständigkeit **343** 6

Einziehungs-/Verfallsverfahren, Beschränkung auf andere Rechtsfolgen
Anwendungsbereich **430** 2
Aufwand, unangemessener **430** 7
Erschwerung der Rechtsfolgenfestsetzung **430** 9
Grundgedanke der Regelung **430** 1
im Nebenklageverfahren **430** 18
im Privatklageverfahren **430** 17
Rechtsschutz **430** 20
im Steuerstrafverfahren **430** 19
im Strafbefehlsverfahren **430** 16
Strafverfahren, bestehendes **430** 11
Unerheblichkeit, relative **430** 4 ff
Verhältnis der Voraussetzungen zueinander **430** 10
Verhältnismäßigkeit **430** 21
Voraussetzungen allgemein **430** 3
Zuständigkeit für Ausscheidung **430** 12
Zuständigkeit für Wiedereinbeziehung **430** 15

Einziehungs-/Verfallsverfahren, Einspruch im Strafbefehlsverfahren
Beteiligungsanordnung, Form **438** 3
Beteiligungsanordnung, Voraussetzungen **438** 1
Einspruchsberechtigung **438** 10
Hinweispflichten **438** 8 f
rechtskräftiger Strafbefehl **438** 5
unterlassene Beteiligungsanordnung **438** 4
Zustellung, gerichtliche **438** 7

Einziehungs-/Verfallsverfahren, Einspruch nach Erlass des Strafbefehls
Beschuldigteneinspruch **438** 11
Einspruch mehrerer **438** 19
Erfolg **438** 18
Nachverfahren **438** 13
Nebenbeteiligte, Einspruch **438** 12
Nebenbeteiligter ohne Beistand **438** 16

Einziehungs-/Verfallsverfahren, Entschädigungsentscheidung
Aberkennung **436** 11
Entscheidung von Amts wegen **436** 16
Form **436** 19
Hinweispflicht **436** 20
Zuerkennung **436** 15
Zuständigkeit **436** 10

Einziehungs-/Verfallsverfahren, Mitteilung von Anklageschrift/Eröffnungsbeschluss
bei Aussetzung **435** 9
Beschränkung auf Mitteilung **435** 6
Beschränkung der Mitteilung **435** 10 f
Mitteilung im beschleunigten Verfahren **435** 14
Mitteilung im Strafbefehlsverfahren **435** 15
Mitteilung von Belehrungen **435** 13
bei nachträglicher Beteiligung **435** 7
bei Nachtragsanklage **435** 8
öffentliche Zustellung **435** 12
Einziehungs-/Verfallsverfahren, Vertretung durch Rechtsanwalt
Bedeutung der Vorschrift **434** 1
in jeder Lage des Verfahrens **434** 2
Umfang **434** 5
Vertreter, Personenkreis **434** 3
Vollmacht, schriftliche **434** 4
elektronische Dokumente/Signatur
Übermittlung der Berufungsschrift **314** 33
Zustellungsverfahren nach ZPO (n. F.) **Nachtr. 37** 31 f
elektronische Medien
„Steckbrief"-Fahndungen (§§ 131 ff n. F.) **Nachtr. 131c** 5; **Nachtr. Vor 131** 11
Übermittlung der Berufungsschrift **314** 24 ff, 32
Übermittlung der Revisionsschrift **341** 15 ff
Eltern
siehe Erziehungsberechtigte;
siehe auch unter Jugendlicher; Familie; Ehe
Empfangsbekenntnis
Zustellungsverfahren nach ZPO (n. F.) **Nachtr. 37** 29 ff
Enteignung
siehe Eigentumsschutz
Entgegennahme von Erklärungen
Ablehnung eines Richters **26** 5
Berufung, Einlegung **314** 6 ff
Beschwerde, Erhebung **304** 13; **306** 2
Einlegung der sofortigen Beschwerde **311** 6
Rechtsmittel, Einlegung durch Inhaftierte **299** 8; **306** 4
Rechtsmittelbelehrung, gerichtliche **35a** 18
Rechtsmittelverzicht; Zurücknahme **302** 15, 35
Revision, Einlegung **341** 11
Revisionsbegründung, Form **345** 30 ff
Strafbefehlsverfahren, Einspruch **410** 9
Wahrung der Erklärungsfrist **Vor 42** 8 ff
Wiederaufnahme des Verfahrens, Antrag **366** 14 ff
Entschädigung
Arrest, dinglicher (Vollstreckungssicherung) **111d** 43
Auslagenerstattung nach Untersuchungshaft **Vor 112** 67
Durchsuchung **105** 122
Eigentumsschutz **1. ZP MRK Art. 1** 6, 8 ff
Einstellung bei Gesetzesänderung **206b** 16
Einstellungsregelungen nach den §§ 153 ff **153** 79, 85; **153a** 129; **153b** 18; **154** 44, 50
Einziehungs-/Verfallsverfahren **Vor 430** 14 ff; **436** 10 ff
Einziehungs-/Verfallsverfahren, Rechtsmittel **437** 19 ff
Eröffnungsverfahren, gerichtliche Entscheidung **204** 13
Fahrerlaubnis, vorläufige Entziehung **111a** 7, 102
bei Freiheitsentziehung
siehe dort
Identitätsfeststellung, Festhalten von Personen **163b** 35
Kosten bei Klagerücknahme/Einstellung durch StA **467a** 27
bei Ladungen durch den Angeklagten **220** 13 ff, 24 ff
Menschenrechtsbeschwerde (EGMR) **MRK Anhang/Verfahren** 70 ff, 77c
eines Sachverständigen **72** 25
Schadensersatz bei Untersuchungshaft **Vor 112** 67
Schöffen, Wahlausschussmitglieder **GVG 55** 1
Sicherstellung zur Vollstreckungssicherung **111k** 26
Sicherungshaft/-befehl (§ 453 c) **453c** 19
Tötung durch Hoheitsträger **MRK Art. 2 (Art. 6 IPBPR)** 13
Unschuldsvermutung **MRK Art. 6 (Art. 14 IPBPR)** 144 f
des Verletzten
siehe Adhäsionsverfahren
Vernehmung durch die Staatsanwaltschaft **161a** 23
Wiederaufnahme, Neuverhandlung **373** 37
Wiederaufnahme, sofortiger Freispruch **371** 29
Zwangsmaßnahmen bei Zeugnis-/Eidesverweigerung **70** 44
Entschädigung bei Fehlurteil
allgemeines **IPBPR Art. 14 (Art. 6 MRK)** 268
Aufhebung des Urteils **IPBPR Art. 14 (Art. 6 MRK)** 270
Begnadigung **IPBPR Art. 14 (Art. 6 MRK)** 270
Erbenanspruch **IPBPR Art. 14 (Art. 6 MRK)** 272
Freiheitsentziehung **IPBPR Art. 14 (Art. 6 MRK)** 273

Maßgabe der innerstaatlichen Gesetze **IPBPR Art. 14 (Art. 6 MRK)** 272
Verschulden **IPBPR Art. 14 (Art. 6 MRK)** 271
Verurteilung, rechtskräftige **IPBPR Art. 14 (Art. 6 MRK)** 269
Voraussetzungen **IPBPR Art. 14 (Art. 6 MRK)** 269 ff
Wiederaufnahme des Verfahrens **IPBPR Art. 14 (Art. 6 MRK)** 270

Entscheidung durch das Gericht, Umfang
siehe Amtsaufklärungsgrundsatz

Entscheidung, Recht auf gerichtliche
siehe Rechtsschutzgarantie

Entscheidungsgründe
ablehnende Entscheidungen **34** 4
anfechtbare Entscheidungen **34** 1
Anwendungsbereich, Inhalt **34** 6
Beurkundung **34** 9
Fehlen von Entscheidungsgründen **34** 10
Rechtsmittel allgemein, Beschwer **Vor 296** 59
Urteil
siehe Urteilsgründe

Entziehung der Fahrerlaubnis
Berufung, Verbot der Verschlechterung **331** 90
Beschränkung der Berufung **318** 108, 113 f
Kosten des Rechtsmittels bei Erfolglosigkeit/Rücknahme **473** 53 ff
Revisionsbegründung, Beschränkung **344** 36, 57 ff
Sicherungsverfahren
siehe dort
Urteilsgründe, Inhalt/Darstellung **267** 115
Vollstreckung des Fahrverbots **463b** 2

Entziehungsanstalt
Berufung, Verbot der Verschlechterung **331** 31, 88
Beschränkung der Berufung **318** 105
einstweilige Unterbringung **126a** 14
Revisionsbegründung, Beschränkung **344** 54
Sachverständigenbegutachtung bei Unterbringung **246a** 1 ff
Sicherungsverfahren
siehe dort
Vollstreckung von Maßregeln **463** 26

Ergänzungsrichter
Anordnung der Zuziehung **GVG 192** 4 ff
Anwesenheit in der Verhandlung **GVG 192** 12 ff
Anzahl **GVG 192** 7
Auswahl nach Zuziehungsanordnung **GVG 192** 10 f
Fortgang der Verhandlung **GVG 192** 21
Personenkreis **GVG 192** 6
Rechtsschutz (Revision) **GVG 192** 22
Verhinderung **GVG 192** 15 ff
Verhinderung des Vorsitzenden **GVG 192** 20
Zurücknahme der Anordnung **GVG 192** 9
Zweck der Regelung **GVG 192** 3

Erkenntnisverfahren
Ermittlungsmaßnahmen der §§ 94 ff, Geltungsbereich **Vor 94** 19
Strafverfahren, Struktur **Einl. F** 3 ff
Unschuldsvermutung **MRK Art. 6 (Art. 14 IPBPR)** 130

erkennungsdienstliche Maßnahmen
Ausländer **81b** 6
Durchsetzung (Zwangsmaßnahmen) **81b** 24
Ermittlungsverfahren allgemein **Vor 158** 26
Maßnahmen im Einzelnen
siehe Identifizierungsmaßnahmen
Nutzung der Unterlagen **81b** 27
Nutzung der Unterlagen (Grundrechtseingriff) **81b** 29
Personenkreis **81b** 9
Rechtsschutz (Verwaltungsgericht) **81b** 35
Regelung materiellen Polizeirechts **81b** 3
Verhältnismäßigkeit **81b** 10
Zuständigkeit **81b** 23

Erkrankung
Berufungsverhandlung ohne Angeklagten, Entschuldigung **329** 36
Beschuldigter (Haftfähigkeit) **112** 38, 68 ff

Erledigung
Widerklage, Privatklage **388** 37

Ermächtigung zur Strafverfolgung, behördliche
Einstellung des Verfahrens/Prozessvoraussetzung **206a** 45a
Revision, Prüfung von Gesetzesverletzung **337** 45
Sicherungsverfahren **413** 13

Ermahnung (Dienstaufsicht)
richterliche Unabhängigkeit **GVG 1** 30

Ermessen
Aufklärungspflicht, Beweisaufnahme **244** 50
Fahrerlaubnis, vorläufige Entziehung **111a** 15
Nichtverfolgung unwesentlicher, einzelner Taten **154** 21, 24
Revision, Prüfung von Gesetzesverletzung **337** 87 ff
Sicherstellung/Beschlagnahme **94** 50
der Strafverfolgungsbehörden bei Nichtverfolgung wegen Geringfügigkeit **153** 38; **153a** 46; **153e** 12; **Nachtr. 153f** 17, 32, 40; **154** 21, 65; **154a** 34; **154c** 9

Ermittler, verdeckter
siehe verdeckter Ermittler

Ermittlung, verdeckte mit technischen Mitteln
Abhören des nichtöffentlich gesprochenen Wortes

siehe unten Überwachung, akustische (Lauschangriff);
siehe auch Wohnraumüberwachung, akustische (großer Lauschangriff)
allgemein **100c** 1 ff
Anordnung allgemein **100d** 1
Beendigung, auch vorzeitige **100d** 31
Befristung der Maßnahme **100d** 30
Begleitmaßnahmen **100c** 7
Benachrichtigung Betroffener
siehe dort
Beschuldigte, Einsatz gegen **100c** 56
Betroffener als Objekt des Verfahrens **100c** 13
Bildaufzeichnungen **100c** 20
Datentransfer mit Polizei **100d** 38
Dritte, Einsatz gegen **100c** 57
Dritter, unvermeidbare Betroffenheit **100c** 60
Einsatz der Mittel **100c** 26
Ermittlung der Polizei, verdeckte **163** 47 ff
Gefahrenabwehr, polizeiliche **100c** 5
Lauschangriff, großer
siehe Wohnraumüberwachung, akustische
Lichtbilder **100c** 20
Lücken der Regelung **100c** 7
mehrere Ermittlungsmaßnahmen, Kumulierung **100c** 65
Menschenwürde **100c** 13
Mittel, sonstige technische **100c** 24
nemo-tenetur-Grundsatz **100c** 19
optische Überwachung **100c** 10
Persönlichkeitsrecht, Kernbereich **100c** 16
privater Lebensbereich, Gewährleistung **MRK Art. 8 (Art. 17 IPBPR)** 5 ff, 25b, 36 ff
Privatsphäre, Kernbereich **100c** 16
Rechtsschutz (Antrag auf gerichtliche Entscheidung) **100d** 46
Rechtsschutz (Revision) **100d** 53
Rechtsschutz bei akustischer Überwachung **100d** 47
Rechtsschutz bei Bildaufzeichnungen **100d** 51
Rechtsschutz bei sonstiger technischer Überwachung **100d** 52
Regelungszusammenhang **100c** 1
sonstige technische Mittel **100c** 24
Straftat erheblicher Bedeutung **100c** 31
Subsidiarität **100c** 32
technische Mittel, Einsatz **100c** 20 ff
Überwachung, akustische (Lauschangriff)
– Abhören **100c** 35
– allgemein **100c** 37
– Aufzeichnen **100c** 35
– Einsatz außerhalb von Wohnungen (kleiner Lauschangriff) **100c** 40
– Einsatz der Mittel **100c** 37
– Katalogtat nach § 100a **100c** 41
– Mittel, technische **100c** 35
– Nichtöffentlich gesprochenes Wort **100c** 33
– Richtervorbehalt **100c** 45
– Subsidiarität **100c** 43
– Wohnraumüberwachung (großer Lauschangriff)
siehe dort
Verdacht (einer Straftat) **100c** 54
verdeckte Ermittler **100c** 6
Verfassungsmäßigkeit des Lauschangriffs **100c** 11 ff
Vernichtung der Aufzeichnungen **100d** 32
Verwendung als Ermittlungsansatz **100d** 37
Verwendung im Ausgangsverfahren **100d** 35
Verwendung in anderen Verfahren **100d** 36
Verwendungsregelung bei akustischer Überwachung **100d** 34
Verwendungsregelung bei Wohnraumüberwachung
siehe dort
Verwendungsregelung bez. § 100c Abs. 1 Nr. 1 **100d** 33
Verwertungsverbote
– allgemeines **100d** 39
– förmliche Voraussetzungen, mängelbehaftete **100d** 44
– Überwachung mit technischen Mitteln **100d** 43
– Überwachung, akustische **100d** 42
– Widerspruchslösung **100d** 40
– Zeugnisverweigerungsrechte **100d** 45
ohne Wissen des Betroffenen **100c** 1, 20
Wohnraumüberwachung, akustische
siehe dort
Zuständigkeit (§ 100c Abs. 1 Nr. 1) **100d** 4
Zuständigkeit (Abs. 1 Nr. 2, akustische Überwachung) **100d** 5 ff
– Außerkrafttreten der Anordnung der StA **100d** 7
– Eilanordnung der StA, Außerkrafttreten **100d** 7
– Form der Anordnung **100d** 6
– Inhalt der Anordnung **100d** 6
– Richtervorbehalt **100d** 5
– Verfahren, Einzelheiten **100d** 8
Zuständigkeit (Abs. 1 Nr. 3, Wohnraumüberwachung)
siehe Wohnraumüberwachung, akustische
Zweck der Regelung **100c** 1
Ermittlungsmaßnahmen der §§ 94 ff
Abschließender Charakter der Regelungen
analoge Anwendung **Vor 94** 23

Auslieferungsverfahren, Geltungsbereich **Vor 94** 21
Bagatellausschlussprinzip **Vor 94** 54
Begleitmaßnahmen, unselbstständige **Vor 94** 39
Eilkompetenzen, Bedeutung der Unterschiede **Vor 94** 135
Eilkompetenzen, Gefahr im Verzug **Vor 94** 127
Eilkompetenzen, unterschiedliche Ausgestaltung **Vor 94** 128 ff
Eingriffe ins allg. Persönlichkeitsrecht **Vor 94** 42 ff
Erkenntnisverfahren, Geltungsbereich **Vor 94** 19
Ermittlungsnotstand **Vor 94** 67
Erweiterung der Eingriffsbefugnisse **Vor 94** 38
Exklusivität der Regelungen **Vor 94** 22
faires Verfahren, Recht auf ein **Vor 94** 57
Gefahrenabwehr-Maßnahmen **Vor 94** 75
Gesetzgebung, Übergangsmodus **Vor 94** 71
Gewohnheitsrecht **Vor 94** 68
Grundrechtseingriffe bei Freiwilligkeit **Vor 94** 53
Grundrechtseingriffe nach Generalklauseln **Vor 94** 48
Grundrechtseingriffe, Ermächtigungsgrundlagen **Vor 94** 1
Informationsbeherrschungsrechten, Lehre von den **Vor 94** 37
Informationseingriff, Lehre vom **Vor 94** 36
Normadressaten **Vor 94** 2
Rechtsschutz allgemein
siehe unten
Regelungsbestand für Grundrechtseingriffe **Vor 94** 43
Regelungsgegenstände des achten Abschnitts **Vor 94** 6
Schwellentheorie **Vor 94** 32
Selbstbelastungsfreiheit **Vor 94** 57
Sphärentheorie **Vor 94** 33
subsidiäre Anwendung der Generalklausel **Vor 94** 23
Tatverdacht (Eingriffsvoraussetzung)
siehe dort
Verhältnismäßigkeit, Abwägungsfaktoren **Vor 94** 123
Verhältnismäßigkeit, gesetzgeberische Wertungen **Vor 94** 121
Verhältnismäßigkeit, Prüfung von Eingriffsnorm und -akt **Vor 94** 117
Vollstreckungsverfahren, Geltungsbereich **Vor 94** 21
Vorbehalt des Gesetzes **Vor 94** 25 ff
Vorermittlungen zur Verdachtskonkretisierung **Vor 94** 105 ff
– Begründungsversuche **Vor 94** 110
– Eingriffscharakter **Vor 94** 107
– Legalitätsprinzip **Vor 94** 113
– Praxis **Vor 94** 106
– Verdachtsbegriff **Vor 94** 113
Wesentlichkeitstheorie **Vor 94** 28

Ermittlungsmaßnahmen der Staatsanwaltschaft
Adressatenkreis **161** 3
Aktenbeiziehung **161** 35
allgemeines **161** 1 ff
Arten von Ermittlungshandlungen **161** 33 ff
Augenscheinseinnahme **161** 33
Auskunftsersuchen **161** 35
Auskunftsverlangen
siehe dort
Auslandsermittlungen **161** 38
Auslobungen **161** 37
Bedeutung der Vorschrift **161** 1 ff
Bekanntmachungen, öffentliche **161** 36
eigene Ermittlungen, Bedeutung **161** 40
eigene Ermittlungen, Organe **161** 43
eigene Ermittlungen, Zulässigkeit **161** 40
Erforschung des Sachverhalts
siehe Ermittlungsverfahren, Einleitung
Ermittlungen durch Dritte
Ermittlungen jeder Art **161** 31 ff
Fahndungen **161** 36
Geltungsbereich **161** 3 f
Grenzen **161** 32
Herausgabeverlangen **161** 35
Inhalt der Vorschrift **161** 1
Lockspitzeln, Einsatz von **161** 39
Mittel der Sachverhaltserforschung allgemein **161** 31
Polizei, Erteilung von Aufträgen/Ersuchen
siehe Behörden/Beamte des Polizeidienstes
präventiv-polizeiliche Erkenntnisse
siehe unten Wohnraumüberwachung, polizeirechtliche
Rechtsnatur der Regelungen **161** 2
richterliche Untersuchungshandlung, Antrag
siehe Ermittlungsrichter
Sachverständigengutachten **161** 33
Umfang der Sachverhaltserforschung
siehe Ermittlungsverfahren, Einleitung
Vernehmungen **161** 33
Vertraulichkeitszusagen **161** 39
V-Leuten, Einsatz von **161** 39
Wohnraumüberwachung, polizeirechtliche
siehe dort
zeitlicher Geltungsbereich **161** 4
Zwangsmaßnahmen **161** 34

Ermittlungsmaßnahmen, Rechtsschutz
Beschwerderechtszug **Vor 94** 137
Beweisverwertungsverbote, Geltendmachung **Vor 94** 141 ff
Beweisverwertungsverbote, Revision **Vor 94** 153 ff
Eilkompetenzen, richterliche Kontrolle **Vor 94** 127 ff
nachträgliche gerichtliche Kontrolle **Vor 94** 126
Richtervorbehalt **Vor 94** 137
vorbeugende gerichtliche Kontrolle **Vor 94** 126

Ermittlungsmaßnahmen, Rechtsschutz bei Erledigung und fehlender Anhörung
gegen Anordnung der Maßnahmen (früher) **105** 80
gegen Art und Weise der Durchführung (früher) **105** 84
Art und Weise der Vollstreckung (neuere Rspr.) **105** 103
BGH, Umsetzung der BVerfGE **105** 90
Effizienz des Rechtsschutzes, mangelnde **105** 86
Ermittlungsbehörden, Anordnungen **105** 105
Gefahr im Verzug, Annahme von **105** 89
rechtliches Gehör, Nachholung **105** 107
Rechtslage, frühere **105** 79
Rechtsprechung des BVerfG, neuere **105** 85
Rechtsschutzbedürfnis **105** 97
Rechtsschutzbedürfnis bei Erledigung **105** 99
Rechtsweg **105** 97
Rechtsweg bei Erledigung **105** 99
Rechtswegklarheit **105** 88
Rechtswegspaltung **105** 106
richterliche Entscheidungen **105** 104
Umfang der Überprüfung **105** 111
Ziel nach neuerer Rechtsprechung **105** 96
Zuständigkeit **105** 110

Ermittlungsmaßnahmen, verdeckte
Abhören (Lauschangriff) **163** 49
Abhören in Wohnungen (großer Lauschangriff) **163** 50
allgemein **163** 39 ff
Auskünfte/Akteneinsicht/Informationsübermittlung **477** 6 f, 11 ff
Entwicklung **163** 40
Ermittler, verdeckter (Einsatz) **163** 55
siehe auch verdeckter Ermittler
Fernmeldeverkehr, Überwachung **163** 46
siehe auch Telekommunikationsüberwachung
Geheimhaltung **163** 66
Generalklausel, Verhältnis **163** 42
Informanten allgemein **163** 57
Informanten, Begriff/Abgrenzung **163** 59
Kontrollfahndung/polizeiliche Beobachtung **163** 53
Lichtbilder/Bildaufzeichnungen **163** 47
Lockspitzel
– Abgrenzung **163** 68
– allgemeines **163** 67
– Folgen unzulässigen Einsatzes **163** 73
– Folgen zulässigen Einsatzes **163** 72
– Zulässigkeit des Einsatzes **163** 70
Observation **163** 54
privater Lebensbereich, Gewährleistung **MRK Art. 8 (Art. 17 IPBPR)** 25 ff
Problematik **163** 39
Rasterfahndung **163** 52
spezialgesetzliche Regelungen **163** 43
Spezialregelungen, Übersicht **163** 44
technischer Mittel, Verwendung **163** 48
Vertraulichkeitszusage, Grenzen **163** 66
V-Leute allgemein **163** 57
V-Leute, Begriff/Abgrenzung **163** 59
V-Leute-Einsatz, Problematik **163** 62
V-Leute-Einsatz, Zulässigkeit **163** 63
Zulässigkeit, Zweifel an der **163** 41

Ermittlungsnotstand
Ermittlungsmaßnahmen der §§ 94 ff **Vor 94** 67

Ermittlungsrichter (allgemein)
Beschlagnahme, Anordnung **98** 8 ff, 42 ff
Beweisantrag des Beschuldigten
siehe dort
beim Bundesgerichtshof **GVG 130** 2
beim Bundesgerichtshof, Beschwerdezuständigkeit **GVG 132** 5
Fahrerlaubnis, vorläufige Entziehung **111a** 44 f
Identitätsfeststellung, Festhalten der Person **163c** 9 ff
Kontrollstellen nach § 111 **111** 16 ff
Mobilfunkendgerät, Überwachung **100i** 17
Oberlandesgericht, Bestimmung **GVG 116** 3
Observation, längerfristige **163f** 16
beim OLG und BGH, Beschwerde gegen erstinstanzliche Entscheidungen **304** 85 f
Postbeschlagnahme **100** 4 ff
Pressebeschlagnahme **111n** 3 ff
Protokoll über Untersuchungshandlung
siehe dort
Sicherstellung zur Vollstreckungssicherung **111b** 34; **111e** 2 ff
Sicherstellung, Herausgabe **95** 27
Staatsschutz-Strafsachen
siehe unten Ermittlungsrichter des OLG und BGH
Telekommunikationsüberwachung **100b** 2 ff
Zeuge, Folgen des Ausbleibens **51** 23

Zuständigkeit im Verfahren nach dem DNA-IFG **Anhang 81g** 14 f
Zwangsmaßnahmen bei Zeugnis-/Eidesverweigerung **70** 34 f

Ermittlungsrichter des OLG und BGH
Bedeutung der Vorschrift **169** 1
Befugnisse **169** 8
Bundesgerichtshof **169** 5
DNA-Analyse **169** 8a
Ermittlungsrichter **169** 2
Generalbundesanwalt **169** 3
Oberlandesgericht **169** 5
Rechtsschutz (Beschwerde) **169** 10
Staatsschutz-Strafkammer **169** 3
Zuständigkeit allgemein **169** 3
Zuständigkeit, amtsgerichtliche **169** 7

Ermittlungsrichter, Untersuchungshandlungen
Abschluss des Verfahrens **162** 46
allgemeines **162** 5
Antrag
– berechtigte Behörden **162** 9
– Form **162** 13
– Inhalt **162** 11
– Konkretisierungspflicht **162** 11
– sonstiger Verfahrensbeteiligter **162** 14 a
– Vorlage von Unterlagen **162** 13
– Zurücknahme **162** 14
Bedeutung der Vorschrift **162** 1
Bindungsgrundsatz **162** 32
Durchführung von Ermittlungen **162** 46
Durchführung von Zwangsmaßnahmen **162** 47
Ermittlungsmaßnahmen **162** 33; **162** 6
Gestaltungsraum **162** 3
Inhalt der Regelung **162** 3
Prüfung bei Vernehmungen **162** 41
Prüfung bei Zwangsmaßnahmen **162** 44
Prüfung besonderer Voraussetzungen **162** 39
Prüfung der Ermittlungsmaßnahme **162** 41
Prüfung der Zuständigkeit **162** 38
Prüfungspflicht **162** 36
Prüfungspflicht, Grenzen **162** 36
Rechtsschutz
– Ablehnung der Untersuchungshandlung **162** 50
– allgemeines **162** 49
– Entscheidung des Beschwerdegerichts **162** 51
– Erledigung, prozessuale Überholung **162** 52
– Revision **162** 53
Umfang **162** 32 ff
Untersuchungshandlungen, Rechtsnatur **162** 2
Verfahren, weiteres **162** 46
Vornahme **162** 32 ff
Wirkung der Beteiligung **162** 48
Zuständigkeit **162** 15
Zuständigkeit, Ausnahmen **162** 15
Zuständigkeit, örtliche **162** 17
Zuständigkeit, Reichweite **162** 15
Zuständigkeit, sachliche **162** 16
Zuständigkeitskonzentration **162** 22
Zuständigkeitskonzentration, Ausnahmen **162** 28
Zuständigkeitsperpetuierung **162** 31
Zwangsmaßnahmen **162** 35
Zwangsmaßnahmen, Anordnung **162** 8
Zwangsmaßnahmen, Bestätigung **162** 8

Ermittlungsrichter, Untersuchungshandlungen ohne Antrag (im Eilfall)
Anlass **165** 7
Anwendungsbereich, zeitlicher **165** 3
Bedeutung der Regelung **165** 1
Durchführung **165** 15
Erforderlichkeit **165** 13
Gefahr im Verzug **165** 9
Notstaatsanwalt **165** 1
Protokoll
siehe auch Protokoll über Untersuchungshandlung
Rechtsschutz **165** 17
Umfang der Tätigkeiten **165** 12 ff
Unerreichbarkeit des Staatsanwalts **165** 10
Untersuchungshandlungen **165** 12
Verstöße **165** 17
Vollstreckung **165** 15
Voraussetzungen **165** 9 ff
weiteres Verfahren **165** 16; **167** 1 f
Zuständigkeit **165** 5

Ermittlungsverfahren (allgemein)
Abschlussvermerk der Staatsanwaltschaft **169a** 1 ff
Aktenführung, Dokumentationspflicht
siehe Staatsanwaltschaft, Aktenführung
Aufbau der gesetzlichen Regelungen **Vor 158** 4
Bedeutung und Notwendigkeit **Vor 158** 1
Begriffe, gesetzliche **Vor 158** 3
ohne Beschuldigten/Verteidiger **Vor 158** 43
Beschuldigter/Verteidiger, Stellung **Vor 158** 44
Bestandteil des Strafverfahrens **Vor 158** 14
Beteiligte allgemein **Vor 158** 20
Beteiligung von jur. Personen/Personenvereinigungen **444** 25
Beweissicherungsverfahren **285** 4 ff
Bundeskriminalamt **Vor 158** 30
Dokumentation, Aktenführung
siehe Staatsanwaltschaft, Aktenführung
Dolmetscher, kostenlose Beiordnung **MRK Art. 6 (Art. 14 IPBPR)** 237

Eingriffsbefugnisse **Vor 158** 19
Europäisierung des Verfahrens **Vor 158** 13a
aires Verfahren, Recht auf ein **MRK Art. 6 (Art. 14 IPBPR)** 68
Gefahrenabwehr, Verhältnis **Vor 158** 9 ff
Gegenstand/Zweck **Vor 158** 7
Generalbundesanwalt, Gestaltung **GVG 142a** 20
Gericht **Vor 158** 40
Gerichtshilfe **Vor 158** 42
Gerichtsstand, Zuständigkeitskonkurrenz **12** 14, 32
Gleichheit vor dem Gericht **MRK Art. 6 (Art. 14 IPBPR)** 61
Internationalisierung des Verfahrens **Vor 158** 13a
Interpol **Vor 158** 30
Kosten bei Einstellung durch StA **467a** 21 ff
Kriminalpolizei **Vor 158** 28
Polizei, gleichgestellte Behörden **Vor 158** 32
Polizeibehörden/-beamte allgemein **Vor 158** 25
präventiv-polizeiliche Rechtsgrundlagen **Vor 158** 11
Prinzipien des Verfahrens **Vor 158** 17; **160** 35 ff
Protokoll über Untersuchungshandlungen *siehe dort*
Rechtsschutz (Rechtsbehelfe) **Vor 158** 48
Rechtsschutz (Revision) **Vor 158** 50
Reformentwicklung **Vor 158** 53
Richter als Verfahrensbeteiligter **Einl. I** 10
Schöffenunfähigkeit **GVG 32** 11
Schutzpolizei **Vor 158** 28
Sicherungsverfahren, Anwendbarkeit **414** 2 ff
Sonderpolizeibehörden **Vor 158** 29
Staatsanwaltschaft, Amtsträger **Vor 158** 32
Staatsanwaltschaft, Aufgabe **Vor 158** 21
Staatsanwaltschaft, Aufgaben allgemein *siehe dort*
Staatsanwaltschaft, gleichgestellte Behörden **Vor 158** 24
Staatsanwaltschaft, Zuständigkeit **GVG 142** 39 ff
Staatsschutz-Strafsachen, Übernahme durch GBA **GVG 74a** 11 ff
Strafantrag, Einleitung durch *siehe dort*
Strafanzeige, Einleitung durch *siehe dort*
Strafverfahren, Absprachen **Einl. G** 72, 85
Übersendung polizeilicher Ermittlungsakten/Gegenstände *siehe dort*
Unschuldsvermutung **MRK Art. 6 (Art. 14 IPBPR)** 124 f
Verbindung/Trennung von Verfahren **2** 33 ff, 47
Verfahrensgarantien nach MRK und IPBPR **MRK Art. 6 (Art. 14 IPBPR)** 39
Verhältnis Staatsanwaltschaft – Polizei **Vor 158** 33 ff
Verletzter **Vor 158** 47
Verteidiger **Vor 158** 46
vorbeugende Verbrechensbekämpfung **Vor 158** 12
Vorermittlungen **Vor 158** 12b
vorläufige Einstellung nach § 205, Anwendbarkeit **205** 4
Vorsorge für künftige Strafverfolgung (repressiv) **Vor 158** 12a
Zeuge, Ladung/Befragung durch den Angeklagten **MRK Art. 6 (Art. 14 IPBPR)** 227a
Zwangsmaßnahmen **Vor 158** 19
Zweck der Verdachtsklärung **Vor 158** 6

Ermittlungsverfahren, Abschluss
Bedeutung und Inhalt der Vorschrift **170** 1 ff
Beurteilungsspielraum **170** 16
einheitliche Abschlussentscheidung, prozessualer Tatbegriff **170** 13
Einstellung mangels hinreichenden Tatverdachts *siehe dort*
Erhebung der öffentlichen Klage *siehe Anklageerhebung*
Ermittlungen, Erforderlichkeit vorausgehender **170** 6
Ermittlungsstand, Umfang **170** 8
Straftaten und Ordnungswidrigkeiten **170** 14
unverzögerte Abschlussverfügung **170** 11
Zuständigkeit **170** 5

Ermittlungsverfahren, Einleitung durch StA
Adressaten der Strafverfolgungspflicht **160** 10
Aufgabenzuweisung/Eingriffsermächtigung **160** 3
Ausnahmen von der Erforschungspflicht **160** 31
be- und entlastende Umstände, Erforschung **160** 47 ff
Beschleunigungsgebot **160** 38
Beweiserhebungs-/Beweisverwertungsverbote **160** 39
Beweissicherung **160** 51
Datenspeicherung/-nutzung (Dateien) **160** 64
Dokumentation, Aktenvollständigkeit **160** 61
Erforschungspflicht bei alsbaldiger Einstellung **160** 32
Erforschungspflicht bei alsbaldiger Klageerhebung **160** 34
Ermittlungen Privater **160** 14a
Ermittlungsverfahren, Begrenzung **160** 14

Ermittlungsverfahren, Verantwortlichkeit **160** 2
Gebot des fairen Verfahrens **160** 40
Gegenstand der Sachverhaltserforschung **160** 17
Gerichtshilfe, Ermittlungsaufträge *siehe dort*
gesetzliche Regelungen, Konzeption **160** 5
Gestaltung des Ermittlungsverfahrens, Grundsätze **160** 35
Güter- und Pflichtenkollision **160** 43
Kenntniserlangung allgemein **160** 20
Kenntniserlangung als Dienstvorgesetzter **160** 26
Kenntniserlangung auf anderem Wege **160** 23
Kenntniserlangung durch Anzeige **160** 21
Kenntniserlangung im Privatbereich **160** 27 ff
Legalitätsprinzip und Amtsaufklärungsgrundsatz **160** 1
Mittel der Sachverhaltserforschung **160** 46
ökonomischer Einsatz der Mittel **160** 44
Ordnungswidrigkeiten **160** 13
personenbezogene Daten, Erhebungsbefugnis **160** 6
Rechtsbehelfe/Kontrollmöglichkeiten
– allgemein **160** 65
– allgemeine gerichtliche Überprüfung, Ausschluss **160** 68
– Amtspflichtverletzung/Amtshaftung **160** 67
– Grundrechtseingriffe, gesetzlich geregelte **160** 66
– Revision **160** 69
– Zwangsmaßnahmen, gesetzlich geregelte **160** 66
Rechtsfolgenzumessung
– Bedeutung der Sachverhaltsermittlung **160** 55
– Umfang und Grenzen der Ermittlungen **160** 59
– Umstände, zu ermittelnde **160** 56
– Zeitpunkt der Sachverhaltsermittlung **160** 60
Umfang der Ermittlungen **160** 47 ff
unzulässige Maßnahmen **160** 9c
Verdacht einer Straftat **160** 18
Verhältnismäßigkeit **160** 40
Vorbehalt anderer gesetzlicher Regelung **160** 9
Ziel der Sachverhaltserforschung **160** 15
Zuständigkeit, örtliche **160** 19

Eröffnungsbeschluss
Abhandenkommen des Beschlusses **207** 43
abweichende rechtliche Würdigung **207** 15
Änderung/Rücknahme des Beschlusses **207** 34
Änderungen der Anklage allgemein **207** 12
Antragsbindung des Gerichts allgemein **206** 1
Bedeutung der Vorschrift (Eröffnungsbeschluss) **203** 1
Bedeutung der Vorschrift, dogmatische **207** 5
Bedeutung der Vorschrift, funktionelle **207** 3
Begründung **207** 32
Bekanntmachung der Entscheidung **207** 33
beschleunigtes Verfahren **418** 3 ff; **419** 18 ff, 32 ff
Beschränkung der Strafverfolgung nach § 154a **207** 18
Besetzung der Hauptverhandlung **207** 29a
Besetzungsfehler **207** 50
Einstellung wegen Fehlern oder Mängeln **207** 65 f
Einstellung, vorläufige **207** 29
Einziehungs-/Verfallsbeteiligte, Ladung/Mitteilungen **435** 6 ff
Entscheidung, Inhalt und Form **199** 4
Entscheidung, Wirkung **199** 5
Entscheidungsgrundlage **203** 5
Fehlen anderer Entscheidungen **207** 42
Fehlen von Prozessvoraussetzungen **207** 60
Fehlen/Mängel des Beschlusses allgemein **207** 37
fehlende Zuständigkeitsbestimmung **207** 49
fehlender Beschluss **207** 41
Fehler beim Zustandekommen, sonstige **207** 54
Folgen veränderter Anklagezulassung **207** 19
Haft und einstweilige Unterbringung **207** 24
Heilung von Mängeln **207** 64
Inhalt und Umfang allgemein **207** 6 ff
Mängel bei Ergänzungen der Anklagesatzes **207** 57
Mängel der Anklage, inhaltliche **207** 55 f
Mängel, sonstige inhaltliche **207** 59
Maßnahmen eines ausgeschlossenen Richters **22** 62
mehrere Eröffnungsbeschlüsse **207** 62
Nachholung **207** 44
Nichtigkeit gerichtlicher Entscheidungen **Einl. J** 138
Privatklageverfahren **284** 3; **383** 1, 12 ff
rechtliche Hinweise **207** 26
rechtliches Gehör, Versagung **207** 35
Rechtsschutz (Beschwerde) **207** 69
Rechtsschutz (Revision)
– Ablehnung von Aussetzungsanträgen **207** 73
– sonstige Mängel **207** 71
– unklare Verfahrenslage **207** 72
– Unwirksamkeit **207** 70
Regelungsgehalt der Vorschrift **207** 1
Revision, Prüfung von Gesetzesverletzung **337** 44

Revision, Prüfung von Vorwegentscheidungen **336** 6 ff
Schriftform **207** 30
Strafbefehl, Funktion **409** 2
Strafbefehlsverfahren nach Einspruch **411** 16 f
Tatverdacht, hinreichender *siehe dort*
Teilablehnung der Anklage **207** 14
Terminbestimmung **207** 27
Umgestaltung des Antrags der Staatsanwaltschaft **206** 4
Umgestaltung des Antrags, Bedeutung/Folgen **206** 7
unzulässige Mitwirkungen **207** 51
Unzuständigkeit des Gerichts **207** 47
Verbindung mit Ladung zur Hauptverhandlung **215** 1 ff
Verbindung und Trennung von Verfahren **207** 28
Verzicht **207** 42a
Voraussetzungen **199** 5; **203** 1 ff
Wegfall des Tatverdachts **207** 36
einander widersprechende Beschlüsse **207** 63
Zulassung der Anklage, unveränderte **207** 10
zuständiges Gericht, Bestimmung **207** 22
Zuständigkeitsänderung/Verweisung **270** 32

Eröffnungsverfahren
Abgabe der Sache an ein anderes Gericht *siehe Eröffnungsbeschluss, Zuständigkeitskorrektur*
analoge Anwendung **Vor 198** 4
Anklageerhebung **Vor 198** 5
Bedeutung **Vor 198** 10
Begriff **Vor 198** 1
Beteiligung von jur. Personen/Personenvereinigungen **444** 26
Beweissicherungsverfahren **285** 4 ff
Einleitung, Vorlage der Akten *siehe Aktenvorlage*
Einstellungen/vorläufige Einstellungen **203** 4
Entscheidungen allgemein **Vor 198** 7
gerichtliche Tätigkeit **Vor 198** 6
Kritik und Reformvorschläge **Vor 198** 15 ff
Protokoll über Untersuchungshandlung *siehe dort*
Regelungsgegenstand des Abschnitts **Vor 198** 2
Sicherungsverfahren, Anwendbarkeit **414** 15
Staatsschutz-Strafsachen, Übernahme durch GBA **GVG 74a** 11 ff
Wegfall **Vor 198** 9
Zuständigkeit des Gerichts **199** 3
Zuständigkeitsänderung/-korrektur *siehe dort*

Eröffnungsverfahren, ablehnender Beschluss
Aufhebung des Haftbefehls **120** 20
Bedeutung der Vorschrift **204** 1
Bestandskraft **204** 17
Haftbefehl **204** 13a
Hauptentscheidung **204** 11
mehrere Ablehnungsgründe **204** 12a
Mitteilung an den Angeschuldigten **204** 14
Mitteilung an sonstige Verfahrensbeteiligte **204** 15
Nebenentscheidungen **204** 13
örtliche Unzuständigkeit **204** 6
bei Ordnungswidrigkeiten **204** 9
Revision, Prüfung von Gesetzesverletzung **337** 63
sachliche Unzuständigkeit/besondere Zuständigkeiten **204** 5
bei Straftaten **204** 8
Unzuständigkeit allgemein **204** 4
Wirkung *siehe Eröffnungsverfahren, Wiederaufnahme*

Eröffnungsverfahren, Einleitung
Einleitung allgemein **199** 1
Einleitung durch Antrag der Staatsanwaltschaft **199** 2

Eröffnungsverfahren, gerichtliche Beweiserhebungen
Bedeutung und Reichweite der Vorschrift **202** 1
Befugnisse des Vorsitzenden **202** 5
Durchführung allgemein **202** 11
Ermittlungen von Staatsanwaltschaft und Polizei **202** 14
Ermittlungsbefugnisse der Staatsanwaltschaft **202** 6
Form **202** 9
Inhalt **202** 9 ff
Mitteilung der Ergebnisse **202** 16
Rechtsschutz (Beschwerde) **202** 17
Rechtsschutz (Revision) **202** 18
richterliche Untersuchungen **202** 13
Umfang und Notwendigkeit von Beweiserhebungen **202** 2
Zeitpunkt **202** 8
Zuständigkeit **202** 7

Eröffnungsverfahren, Mitteilung der Anklageschrift
Adressat der Mitteilung **201** 12
allgemein **201** 3
Art und Weise der Mitteilung **201** 14
Aufforderung zur Erklärung **201** 10; **209** 27
Bedeutung der Vorschrift **201** 1
Bestimmung einer Erklärungsfrist **201** 16
Beweisanträge des Angeschuldigten **201** 22
Einwendungen des Angeschuldigten **201** 23

Entscheidung des Gerichts
– Beweisanträge **201** 30
– Form **201** 32
– Inhalt allgemein **201** 29
– Zeitpunkt **201** 27
– Zuständigkeit **201** 26
– Zuständigkeitseinwendungen **201** 31
Erklärung des Angeschuldigten, Form **201** 21
Erklärung des Angeschuldigten, Zweckmäßigkeit **201** 20a
Folgen der Fristüberschreitung **201** 18
Folgen fehlerhafter Mitteilung **201** 34
Folgen nicht beachteter Einwendungen **201** 35
Mitteilung durch den Vorsitzenden **201** 4
Übermittlung einer Anklageschrift **201** 9
Verteidigerbestellung **201** 11
Vorprüfung der Anklage **201** 5
Wiedereinsetzung in den vorigen Stand **201** 20
Zeitpunkt der Mitteilung **201** 6

Eröffnungsverfahren, Rechtsschutz
Abgabe an ein anderes Gericht
– Abgrenzung zu anderen Eröffnungsentscheidungen **210** 29
– Beschwerde der Staatsanwaltschaft **210** 32
– Beschwerde des Angeschuldigten **210** 31
– Beschwerdeentscheidung **210** 33
ablehnender Beschluss **204** 16
ablehnender Beschluss, erneute Klageaufnahme **211** 24
allgemein **199** 25
Anwendungsbereich der Vorschrift **210** 1 ff
Geltung bei Eröffnungsentscheidungen **210** 4
Mitteilung der Anklageschrift (Beschwerde) **201** 8, 36 f
Mitteilung der Anklageschrift (Revision) **201** 38 ff
sofortige Beschwerde allgemein
– Bestimmung des Gerichts durch das Beschwerdegericht **210** 24
– Inhalt der Entscheidung **210** 21
– Umfang und Maßstab der Entscheidung **210** 20
– Wirkung der Entscheidung **210** 27
– Zuständigkeit **210** 19
sofortige Beschwerde gegen ablehnenden Beschluss
– durch den Angeschuldigten **210** 15
– durch Privatkläger, Nebenkläger, Verletzten **210** 18
– durch die Staatsanwaltschaft **210**
sofortige Beschwerde gegen Eröffnungsbeschluss
– durch den Angeschuldigten **210** 8
– durch Privatkläger, Nebenkläger **210** 14
– durch die Staatsanwaltschaft **210** 10
Verfassungsbeschwerde **210** 36

Eröffnungsverfahren, Wiederaufnahme nach Ablehnung
Bedeutung der Regelung **211** 1
Erheblichkeit der Erkenntnisse **211** 11
Ermittlungsverfahren nach Neuaufnahme **211** 15
Eröffnungsverfahren nach Neuaufnahme **211** 18
Form der erneuten Klageaufnahme **211** 14
neue Tatsachen oder Beweismittel **211** 9
Neuheit der Erkenntnisse **211** 10
bei Nichteröffnung aus mehreren Gründen **211** 13a
bei Nichteröffnung aus prozessualen Gründen **211** 13
bei Nichteröffnung aus sachlichen Gründen **211** 12
Sperrwirkung des Beschlusses **211** 3
Umfang der Sperrwirkung **211** 7
weiteres Verfahren nach Neuaufnahme **211** 21

Ersatzfreiheitsstrafe
Anordnung der Vollstreckung **459e** 2
Aussetzung des Strafrestes **459e** 13
Bedeutung der Vorschrift **459e** 1
Gerichtsentscheidung bei Strafvollstreckungsmaßnahmen **458** 23
rechtliches Gehör **459e** 5
Regelstrafe, Wiederholungsversuch **459e** 11
Strafbefehlsverfahren, Zulässigkeit **407** 16 ff
Teilzahlungen unterhalb des Tagessatzes **459e** 8
Tilgung durch gemeinnützige Arbeit **459e** 14 ff
Vollstreckung
siehe unter Geldstrafe, Vollstreckung
Vollstreckung mehrerer Freiheits-/Ersatzfreiheitsstrafen **454b** 1 ff
Vollstreckung, Absehen/Nachholung bei Auslieferung/Ausweisung **456a** 12
Vollstreckungsverfahren **459e** 12

Ersatzfreiheitsstrafe, Absehen von Vollstreckung
Entwicklungsgeschichte **459f** 1
erneuter Versuch **459f** 9
Gnadenentscheidung **459f** 10
unbillige Härte, Bedeutung **459f** 3
unbillige Härte, Begriff **459f** 5
Wirkung der Anordnung **459f** 8
Zuständigkeit **459f** 7

Ersatzzustellung
Zustellungsverfahren nach ZPO (n. F.) **Nachtr. 37** 49 ff

Erscheinens, Anordnung des persönlichen
siehe auch Hauptverhandlung, Anwesenheit des Angeklagten
Berufungsverhandlung ohne Angeklagten **329** 51
Einziehungs-/Verfallsbeteiligter, Befugnisse **433** 33
Strafbefehlsverfahren, Verhandlungsvertretung **411** 25
Erwirkungshandlung
siehe Prozesshandlung
Erziehungsberechtigter
Anwesenheit bei Vernehmung durch StA und Polizei **163a** 65, 99
Anwesenheit/Benachrichtigung bei Vernehmung **168c** 21, 34
Freiheitsentziehung, Rechte bei **MRK Art. 5 (Art. 9, 11 IPBPR)** 71 ff
Erziehungsrecht der Eltern 1. ZP MRK Art. 2 (Art. 18 IPBPR) 1 ff
Erziehungsregister
Urkundenbeweis, Verlesung von Auszügen **249** 22
Erzwingungshaft
Vollstreckung der Freiheitsstrafe, Nachtragsentscheidungen **462a** 7
Europäische Charta der Regionalsprachen des Europarats
Verständigung mit dem Gericht **GVG Vor 184** 8
Europäische Datenschutzkonvention
privater Lebensbereich, Gewährleistung **MRK Art. 8 (Art. 17 IPBPR)** 4
Europäische Folterkonvention
Folter, Verbot der **MRK Art. 3 (Art. 7 IPBPR)** 4
Menschenrechtsschutz, internationaler **MRK Einf. (Einf. IPBPR)** 11
Europäische Grundrechte-Charta
Beschwerderecht bei Konventionsverletzung **MRK Art. 13 (Art. 2 Abs. 3 IPBPR)** 3a
Bildungsrecht, Erziehungsrecht der Eltern **1. ZP MRK Art. 2 (Art. 18 IPBPR)** 2
Diskriminierungsverbot **MRK Art. 14 (Art. 2, 3, 16, 24 ff IPBPR)** 6a
Ehe- und Familiengründungsrecht **MRK Art. 12 (Art. 23 IPBPR)** 2
Eigentumsschutz **1. ZP MRK Art. 1** 2
faires Verfahren, Recht auf ein **MRK Art. 6 (Art. 14 IPBPR)** 64a
Folter, Verbot der **MRK Art. 3 (Art. 7 IPBPR)** 1
Gedanken-, Gewissens- und Religionsfreiheit **MRK Art. 9 (Art. 18 IPBPR)** 1
Geltung von MRK und IPBPR **MRK Einf. (Einf. IPBPR)** 47
Meinungsäußerungsfreiheit **MRK Art. 10 (Art. 19 IPBPR)** 4a
Menschenrechtskonvention **MRK Einf.** 36a
privater Lebensbereich, Gewährleistung **MRK Art. 8 (Art. 17 IPBPR)** 2
Rückwirkungsverbot von Strafgesetzen **MRK Art. 7 (Art. 15 IPBPR)** 1
Sklaverei/Zwangsarbeit, Verbot **MRK Art. 4 (Art. 8 IPBPR)** 1
Strafklageverbrauch **IPBPR Art. 14 (Art. 6 MRK)** 274
Unschuldsvermutung **MRK Art. 6 (Art. 14 IPBPR)** 104
Verfahrensgarantien nach MRK und IPBPR **MRK Art. 6 (Art. 14 IPBPR)** 4a
Versammlungs- und Vereinigungsfreiheit **MRK Art. 11 (Art. 21, 22 IPBPR)** 4
Europäische Menschenrechtskonvention
siehe Menschenrechtskonvention
Europäische Sozialcharta
Menschenrechtsschutz, internationaler **MRK Einf. (Einf. IPBPR)** 11
Versammlungs- und Vereinigungsfreiheit **MRK Art. 11 (Art. 21, 22 IPBPR)** 4
Europäische Strafvollzugsgrundsätze IPBPR Art. 10 (Nach Art. 5 MRK) 5
Europäische Union
Diskriminierungsverbot **MRK Art. 14 (Art. 2, 3, 16, 24 ff IPBPR)** 6 ff
Ermittlungsverfahren **Vor 158** 13 a
Freiheitsentziehung, Rechte bei **MRK Art. 5 (Art. 9, 11 IPBPR)** 27, 86
Geltung von MRK und IPBPR **MRK Einf. (Einf. IPBPR)** 45
ne bis in idem Übereinkommen **IPBPR Art. 14 (Art. 6 MRK)** 279 f
Schöffenamt, Eröffnung **GVG 31** 7 ff
Verhältnis der nationalen Strafverfolgung **GVG Vor 12** 8
Vertrag von Maastricht **Einl. C** 9
Europäischen Gemeinschaften, Recht der
Aussagegenehmigung der Dienstbehörde **54** 12
Beweisaufnahme, Hauptverhandlung **244** 2
Fahrerlaubnis, vorläufige Entziehung **111a** 85
Geltung von MRK und IPBPR **MRK Einf. (Einf. IPBPR)** 46 ff
Nichtverfolgung von Straftaten nach den §§ 153 ff **153** 29; **153c** 18 ff
Oberlandesgericht, Wahrung einheitlicher Rechtsprechung **GVG 121** 28, 55
Rasterfahndung **98a** 48
Staatsanwaltschaft, Entwicklung **GVG Vor 141** 28
Strafverfahren, Entwicklung **Einl. B** 36
Zeugnisverweigerungsrecht **53** 6

Europäischer Gerichtshof
Aussetzung des Verfahrens/Vorlage **GVG 121** 55; **262** 6, 60 ff
Bindungswirkung für das Gericht **262** 6, 14
Geltung von MRK und IPBPR **MRK Einf. (Einf. IPBPR)** 48
Verfahrensgarantien nach MRK und IPBPR **MRK Art. 6 (Art. 14 IPBPR)** 5
Vorabentscheidung bei nationalem Rechtsstreit **GVG 1** 18
Vorlage im Eröffnungsverfahren **202** 9a; **203** 5
Europäischer Gerichtshof für Menschenrechte
Abgabe an die Große Kammer **MRK Anhang/Verfahren** 10
Amtssprache der Vertragsparteien **MRK Anhang/Verfahren** 18
Ausschuss, Drei-Richter-Ausschuss **MRK Anhang/Verfahren** 7
Berichterstatter **MRK Anhang/Verfahren** 7
Einstellung des Verfahrens/Prozessvoraussetzung **206a** 55 f
Entwicklungsgeschichte **MRK Anhang/Verfahren** 1 ff
Geleit, freies **MRK Anhang/Verfahren** 21
Generalsekretär des Europarats **MRK Anhang/Verfahren** 13
Gerichtssprache/Amtssprache **MR Anhang/Verfahren** 18
Immunität für Äußerungen **MRK Anhang/Verfahren** 20
Individualbeschwerde **MRK Anhang/Verfahren** 15b
Individualbeschwerde, Einzelheiten *siehe Menschenrechtsbeschwerde*
Kammern **MRK Anhang/Verfahren** 6
Kammern, Große **MRK Anhang/Verfahren** 9
Kanzlei **MRK Anhang/Verfahren** 12
Kanzler **MRK Anhang/Verfahren** 12
Menschenrechtsschutz, europäischer **MRK Anhang/Verfahren** 1 ff; **MRK Einf. (Einf. IPBPR)** 1 ff
Menschenrechtsschutz, weiterer internationaler *siehe dort*
Ministerkomitee des Europarats **MRK Anhang/Verfahren** 14, 78 ff
Öffentlichkeit des Verfahrens **MRK Anhang/Verfahren** 16
Offizialverfahren **MRK Anhang/Verfahren** 17
Organisation **MRK Anhang/Verfahren** 4 ff
Parlamentarische Versammlung des Europarates **MRK Anhang/Verfahren** 4
Plenum des Gerichtshofes **MRK Anhang/Verfahren** 5
Präsident, Vizepräsident **MRK Anhang/Verfahren** 5
Prozesskostenhilfe (Verfahrenshilfe) **MRK Anhang/Verfahren** 19
Prozessvertretung **MRK Anhang/Verfahren** 19
Rechtsanwalt, zugelassener **MRK Anhang/Verfahren** 19
Reformen, weitere **MRK Anhang/Verfahren** 3
Richter **MRK Anhang/Verfahren** 4
Richter, nationaler **MRK Anhang/Verfahren** 6
Sachverständige **MRK Anhang/Verfahren** 18
Sektionen, Sektionspräsidenten **MRK Anhang/Verfahren** 5
sicheres Geleit **295** 34
Spruchkörper des Gerichts **MRK Anhang/Verfahren** 6 ff
Staatenbeschwerde **MRK Anhang/Verfahren** 15a
Strafverfahren, Entwicklung **Einl. B** 37
Übereinkommen über den Zugang der Beteiligten **MRK Anhang/Verfahren** 20
Verfahren allgemein **MRK Anhang/Verfahren** 15 ff
Verfahrensarten **MRK Anhang/Verfahren** 15
Verfahrensgrundsätze **MRK Anhang/Verfahren** 16 ff
Verfahrensordnung, neue **MRK Anhang/Verfahren** 2, 5
Verfahrenssystem, derzeitiges **MRK Anhang/Verfahren** 2
Verfahrenssystem, ursprüngliches **MRK Anhang/Verfahren** 1
Verkehr mit dem EGMR, ungehinderter **MRK Anhang/Verfahren** 20
Verweisung an die Große Kammer **MRK Anhang/Verfahren** 11
Zeugen **MRK Anhang/Verfahren** 18
Zwangs-/Pflichtarbeit, Verbot **MRK Art. 4 (Art. 8 IPBPR)** 17
Europäisches Niederlassungsabkommen
Menschenrechtsschutz, internationaler **MRK Einf. (Einf. IPBPR)** 11
Europäisches Parlament, Mitglieder
siehe auch Regierungsmitglieder/oberste Staatsorgane
Immunität eines Abgeordneten **152a** 12
Vernehmung als Zeuge **50** 2
Wahlrecht der Bürger **1. ZP MRK Art. 3 (Art. 25 IPBPR)** 2
Europarat
EGMR, Generalsekretär/Ministerkomitee **MRK Anhang/Verfahren** 13 f, 78 ff
Menschenrechtskonvention **MRK Einf.** 13
Europol
Ermittlungsverfahren **Vor 158** 13c

Strafverfahren, Entwicklung **Einl. B** 38
Strafverfahren, Rechtsgrundlagen **Einl. C** 9

Exequaturverfahren
Verfahrensgarantien nach MRK und IPBPR **MRK Art. 6 (Art. 14 IPBPR)** 36

Exterritorialität
siehe Ausland und Ausländer;
siehe diplomatische, konsularische Vertretung;
siehe Gerichtsbarkeit, deutsche, Befreiung
Zeuge, Folgen des Ausbleibens **51** 35

Fälschung
Protokoll, ausschließliche Beweiskraft **274** 28

Fahndung
Anwendbarkeit der §§ 657 ff BGB (Auslobung) **Nachtr. 131** 31
Ermittlungsmaßnahmen der Staatsanwaltschaft **161** 36
Erweiterungen der früheren Regelung **Nachtr. 131** 1
Inhalt der Ausschreibung zur Festnahme **Nachtr. 131** 27
Rechtsschutz **Nachtr. 131** 30
Vorführung nach Ergreifen **Nachtr. 131** 29

Fahndung mit Haftbefehl
Ausschreibung **Nachtr. 131** 5
Eilkompetenz **Nachtr. 131** 10
Flucht Nachtr. 131 3
Haftarten **Nachtr. 131** 4
Haftbefehl (Arten) **Nachtr. 131** 2
Regelkompetenz **Nachtr. 131** 9

Fahndung ohne Haftbefehl
Anordnungskompetenz **Nachtr. 131** 15
Eilausschreibung **Nachtr. 131** 13
Haftentscheidungshilfe **Nachtr. 131** 16

Fahndung, Öffentlichkeitsfahndung
allgemein **Nachtr. 131** 17
Eilkompetenz **Nachtr. 131** 24
erhebliche Bedeutung, Subsidiarität **Nachtr. 131** 18
Regelkompetenz **Nachtr. 131** 23

Fahndungsarten
Abbildungen, Veröffentlichung
siehe dort
Abgrenzung zu Fahndungsmethoden **Nachtr. Vor 131** 18
Ausschreibung zur Aufenthaltsermittlung
siehe Aufenthaltsermittlung, Ausschreibung zur
Ausschreibung zur Festnahme
siehe Festnahme, Ausschreibung zur
Steckbrief
siehe dort

Fahndungsmaßnahmen
Beschuldigter, Stellung im Strafverfahren **Einl. I** 81
Immunität eines Abgeordneten **152a** 20
Unschuldsvermutung **MRK Art. 6 (Art. 14 IPBPR)** 131
Vollstreckungsbehörde, Herbeiführung des Vollzugs **457** 12

Fahndungsmethode
Abgrenzung zu Fahndungsarten **Nachtr. Vor 131** 18
Rasterfahndung **98a** 1 ff

Fahrerlaubnis, Entziehung
Hauptverhandlung ohne Angeklagten **232** 8
Strafbefehlsverfahren, Zulässigkeit **407** 30

Fahrerlaubnis, vorläufige Entziehung
Abgeordnete bei Festnahme aus frischer Tat **111a** 100
Abgeordnete, allgemeine Genehmigung **111a** 101
Abgeordnete, Grundsatz **111a** 99
Anrechnung auf Fahrverbot **450** 26
keine Anrechnung auf Sperrfrist **111a** 4
Antrag auf Entziehung **111a** 49
Anwendungsbereich **111a** 16
Aufhebung bei anderslautendem Urteil **111a** 43
Aufhebung, Voraussetzungen **111a** 33
Auslagen **111a** 102
Ausnahme für Kraftfahrzeugarten **111a** 25
Ausnahmen, Folgen **111a** 32
Ausnahmen, zulässige **111a** 27
Ausschluss der Beschwerde, Ausnahme **305** 32
Begründung des Beschlusses **111a** 53
Bekanntmachung des Beschlusses **111a** 61
dringende Gründe **111a** 13
Entschädigung **111a** 7, 102
Entscheidungsgrundlage **111a** 49
Ermessen, fehlendes **111a** 15
Eröffnungsverfahren, gerichtliche Entscheidung **204** 13
Form des Beschlusses **111a** 49
Immunität eines Abgeordneten **152a** 21, 34
Kosten **111a** 102
Mitteilungspflichten **111a** 6
Nichtverfolgung unwesentlicher, einzelner Taten **154** 54
rechtliches Gehör **111a** 54
Rechtsschutz (Beschwerde)
– allgemein **111a** 86
– Berechtigte **111a** 89
– Bindungswirkung der Entscheidung **111a** 96
– Entscheidung des Beschwerdegerichts **111a** 91
– rechtliches Gehör **111a** 95
– weitere Beschwerde **111a** 88
– Wirkung, keine aufschiebende **111a** 90
– Zuständigkeitswechsel **111a** 94

Sicherstellung des Führerscheins
siehe Führerschein, Sicherstellung
Verfahren bei Anordnung/Aufhebung **111a** 44 ff
Verhältnismäßigkeit **111a** 24
Verkehrszentralregister **111a** 6
Verwirkung **111a** 23
Vollstreckung des Beschlusses **111a** 61
Voraussetzungen **111a** 8
Voraussetzungen nach § 69 StGB **111a** 9
Wegfall des Grundes **111a** 34
Wirkung der Maßnahme **111a** 5; **111a** 59
Zeitablauf in der Berufung **111a** 39
Zeitablauf in der Revision **111a** 40
Zuständigkeit allgemein **111a** 44
Zuständigkeit bei Revision **111a** 48
Zuständigkeit des Berufungsgerichts **111a** 47
Zuständigkeit im Vorverfahren **111a** 45
Zuständigkeit nach Anklageerhebung **111a** 46
Zweck der Vorschrift **111a** 1

Fahrtenschreiber
Urkundenbeweis, Verlesen von Behörden-/Ärzteerklärungen **256** 46 ff

Fahrverbot
Anrechnung der vorläufige Entziehung **450** 26
Belehrung bei Urteilsverkündung **268c** 1 ff
Berufsverbot, Aufschub/Aussetzung **456c** 16
Berufung, Verbot der Verschlechterung **331** 47, 93, 102
Beschränkung der Berufung **318** 100
Führerscheinverwahrung, Anrechnung **450** 26
Hauptverhandlung ohne Angeklagten **232** 12
notwendige Verteidigung **140** 65
Revisionsbegründung, Beschränkung **344** 45
Strafbefehlsverfahren, Zulässigkeit **407** 27
Urteilsgründe, Inhalt/Darstellung **267** 117

Fahrverbot (§ 44 StGB)
Führerschein, Sicherstellung **111a** 79

Fahrverbot, Vollstreckung
Beschlagnahme ausländischer Führerscheine **463b** 3
Beschlagnahme inländischer Führerscheine **463b** 1
eidesstattliche Versicherung **463b** 4
Entziehung der Fahrerlaubnis **463b** 2
ZPO-Änderungen **Nachtr. 463b** 1

faires Verfahren, Recht auf (Art. 20 GG, 6 MRK, 14 IPBPR)
Ableitung von Verfahrensgrundsätzen **MRK Art. 6 (Art. 14 IPBPR)** 64b
Anhörung im Beschwerdeverfahren **308** 3
Anwendungsbereich **MRK Art. 6 (Art. 14 IPBPR)** 66
Anwesenheitsrechte **MRK Art. 6 (Art. 14 IPBPR)** 71
Begründung von Entscheidungen, Pflicht zur **MRK Art. 6 (Art. 14 IPBPR)** 74
Beispiele **MRK Art. 6 (Art. 14 IPBPR)** 71
Belehrungen **MRK Art. 6 (Art. 14 IPBPR)** 73a
Ermittlungsmaßnahmen der §§ 94 ff **Vor 94** 57
Ermittlungsverfahren **MRK Art. 6 (Art. 14 IPBPR)** 68
Europäische Grundrechte-Charta **MRK Art. 6 (Art. 14 IPBPR)** 64a
Europäische Union **MRK Art. 6 (Art. 14 IPBPR)** 64a
Freiheitsentziehung, Rechte bei **MRK Art. 5 (Art. 9, 11 IPBPR)** 124
Gesamtwürdigung **MRK Art. 6 (Art. 14 IPBPR)** 64, 69
Gleichheit vor dem Gericht
siehe dort
Informationsrechte
siehe auch Beschuldigter, Recht auf Information
Inhalt **MRK Art. 6 (Art. 14 IPBPR)** 69
Kontaktsperregesetz **EGGVG Vor 31** 10 ff
Prozessmaxime **Einl. H** 99 ff; **MRK Art. 6 (Art. 14 IPBPR)** 65
Staatsanwaltschaft im Ermittlungsverfahren **160** 40
Tatprovokation, Lockspitzeleinsatz **MRK Art. 6 (Art. 14 IPBPR)** 68
Untersuchungshaft **Vor 112** 23 f
Verfahren, ausgenommene **MRK Art. 6 (Art. 14 IPBPR)** 75
Verfahrensgarantie, Kernstück **MRK Art. 6 (Art. 14 IPBPR)** 64
Verfahrensrechte des Angeklagten, besondere **MRK Art. 6 (Art. 14 IPBPR)** 160
siehe auch Verfahrensgarantien
Verfassungsrang **MRK Art. 6 (Art. 14 IPBPR)** 64b
Verteidigerwahl, freie (Begrenzung der Anzahl) **137** 79
Verwertung eingestellter Taten **154** 57
Verwirklichung in der Hauptverhandlung **Vor 226** 15
Waffengleichheit **MRK Art. 6 (Art. 14 IPBPR)** 69b, 72
Wahrheitspflicht der Strafverfolgungsorgane **MRK Art. 6 (Art. 14 IPBPR)** 73 f

Familie
siehe Angehöriger;
siehe auch Ehe und Familie;
siehe auch Ehegatte

Abgrenzung zu Privatleben **MRK Art. 8 (Art. 17 IPBPR)** 29
Adoption **MRK Art. 8 (Art. 17 IPBPR)** 30
Aufenthaltsrecht **MRK Art. 8 (Art. 17 IPBPR)** 31
Ausweisung **MRK Art. 8 (Art. 17 IPBPR)** 32
Eherecht **MRK Art. 8 (Art. 17 IPBPR)** 29
Eingriffe **MRK Art. 8 (Art. 17 IPBPR)** 32
Erbrecht **MRK Art. 8 (Art. 17 IPBPR)** 29
Erziehungsrecht **MRK Art. 8 (Art. 17 IPBPR)** 30
Familiengründung, Recht auf *siehe Ehe- und Familiengründungsrecht*
Kindeswohl **MRK Art. 8 (Art. 17 IPBPR)** 30
Nichtehelichenrecht **MRK Art. 8 (Art. 17 IPBPR)** 30
Rechte, positive **MRK Art. 8 (Art. 17 IPBPR)** 30
Scheidungsrecht **MRK Art. 8 (Art. 17 IPBPR)** 29
Schutzbereich (MRK/IPBPR) **MRK Art. 8 (Art. 17 IPBPR)** 28
Verhaftung eines Ehegatten **MRK Art. 8 (Art. 17 IPBPR)** 29
Züchtigung **MRK Art. 8 (Art. 17 IPBPR)** 30

Fangschaltung **100a** 33, 36

Feiertag, Fristberechnung **43** 7 ff

Feld- und Forstrügesachen
Landgericht, Kammerbesetzung **GVG 76** 26

Ferienspruchkörper
Geschäftsverteilungsplan **GVG 21e** 20
Landgericht, Struktur **GVG 60** 16

Fernmeldegeheimnis
siehe Brief-, Post- und Fernmeldegeheimnis

Fernmeldeverkehr, Überwachung
siehe Telekommunikationsüberwachung

Fernschreiben
Telekommunikationsüberwachung **100a** 29, 45
Wahrung der Erklärungsfrist **Vor 42** 29

Fernsehen
siehe auch Bild-Ton-Aufzeichnung; siehe Massenmedien

Fernwirkung
Beweisverwertungsverbot **100a** 116
von Beweisverwertungsverboten **136** 74
Vernehmungsprotokoll, Verlesung bei Zeugnisverweigerung **252** 40

Fesselung des Angeklagten
Maßnahmen der Sitzungspolizei **GVG 176** 25

Festhalten des Beschuldigten
Identifizierungsmaßnahmen (§ 81 b) **81b** 25
Rechtsmittel, Einlegungsmöglichkeit **299** 2 ff

Festhalten zur Identitätsfeststellung
siehe dort

Festnahme
Ausschreibung *siehe Fahndung*
Entschädigung, Schadensersatz *siehe Freiheitsentziehung*
Gründe, Mitteilung *siehe unten Mitteilung*
Haftkontrolle, gerichtliche *siehe Freiheitsentziehung*
Tatverdacht, konkreter **MRK Art. 5 (Art. 9, 11 IPBPR)** 105
Tötung durch Hoheitsträger **MRK Art. 2 (Art. 6 IPBPR)** 20
Unterrichtung des Betroffenen *siehe oben Mitteilung*
Verfahrensgarantien **MRK Art. 5 (Art. 9, 11 IPBPR)** 89 ff
Vollstreckungsbehörde, Herbeiführung des Vollzugs **457** 20, 25 ff

Festnahme auf frischer Tat
Betreffen und Verfolgen **127** 14
Festnahme **127** 28
Festnahme von Kindern **127** 8
Festnahmeberechtigte **127** 26
Festnahmegründe **127** 18
Festnahmemittel **127** 29
Fluchtverdacht **127** 21
formale Beschränkungen **127** 33
Frischebegriff **127** 13
Identitätsfeststellung **127** 25
Identitätsnachweis, fehlender **127** 22
Kraftfahrer als Täter **127** 32
Tatbegriff **127** 7
Verdachtsgrad **127** 9

Festnahme bei Amtsverrichtungen
Adressaten der Maßnahme **164** 5
Amtshandlungen, richterliche **164** 3
Amtshandlungen, strafprozessuale **164** 2
Anordnungskompetenz **164** 17
Anwendungsbereich **164** 2 ff
Bedeutung **164** 1
Bußgeldverfahren **164** 2
Dauer der Freiheitsentziehung **164** 15
Durchführung der Festnahme **164** 14
Festnahme und Festhalten **164** 13
Maßnahmen, zulässige **164** 11
Ort der Amtshandlung **164** 4
Rechtsschutz (Anordnungen von StA und Polizei) **164** 19
Rechtsschutz (Beschwerde) **164** 20
Störung, vorsätzliche **164** 7
Verhältnismäßigkeit **164** 1
Verteidiger als Störer **164** 5a

Voraussetzungen **164** 7 ff
Wegfall der Störung **164** 16
Widersetzlichkeit **164** 10

Festnahme, Haftprüfung
Beamter mit richterlicher Funktion **MRK Art. 5 (Art. 9, 11 IPBPR)** 107
Befristung der Maßnahme **MRK Art. 5 (Art. 9, 11 IPBPR)** 113
Frist zur Aburteilung, angemessene **MRK Art. 5 (Art. 9, 11 IPBPR)** 115
Frist zur Haftentlassung **MRK Art. 5 (Art. 9, 11 IPBPR)** 113
Gericht **MRK Art. 5 (Art. 9, 11 IPBPR)** 107
Haftkontrolle, gerichtliche *siehe Freiheitsentziehung*
Sicherheitsleistung **MRK Art. 5 (Art. 9, 11 IPBPR)** 118
Sonderregelung **MRK Art. 5 (Art. 9, 11 IPBPR)** 102
Vorführung des Verhafteten **MRK Art. 5 (Art. 9, 11 IPBPR)** 106 ff
Vorführung, Begriff **MRK Art. 5 (Art. 9, 11 IPBPR)** 110
Vorführung, unverzügliche **MRK Art. 5 (Art. 9, 11 IPBPR)** 111
Vorführung, Zweck **MRK Art. 5 (Art. 9, 11 IPBPR)** 110

Festnahme, Mitteilung der Gründe
Abschiebungshaft **MRK Art. 5 (Art. 9, 11 IPBPR)** 91
Beschuldigung, erhobene **MRK Art. 5 (Art. 9, 11 IPBPR)** 100
Festnahmegründe **MRK Art. 5 (Art. 9, 11 IPBPR)** 99
Form **MRK Art. 5 (Art. 9, 11 IPBPR)** 95
Inhalt **MRK Art. 5 (Art. 9, 11 IPBPR)** 99 ff
Sprache, verständliche **MRK Art. 5 (Art. 9, 11 IPBPR)** 97
Vernehmung unter Drohungen **MRK Art. 5 (Art. 9, 11 IPBPR)** 96
Wiederholung **MRK Art. 5 (Art. 9, 11 IPBPR)** 101
Zeitpunkt **MRK Art. 5 (Art. 9, 11 IPBPR)** 92
Zweck der Regelung **MRK Art. 5 (Art. 9, 11 IPBPR)** 89

Festnahme, vorläufige
Absehen von der Festnahme *siehe dort*
Antrag der Staatsanwaltschaft (Haftbefehl) **128** 8, 16
bei Antragsdelikten **127** 50
Anwendungsbereich, Zweck **127** 1 ff
Beendigung **128** 1
Beschlagnahme, Anordnung **98** 4
beschleunigtes Verfahren
– Festnahmevoraussetzungen **127b** 17
– Rechtswidrigkeit der Festnahme **127b** 22
– Verfahren **127b** 23
– Verhältnis zu anderen Festnahmegründen **127b** 6
– Zweck der Sonderregelung **127b** 1 ff
beschleunigtes Verfahren, Anklageerhebung **418** 35 ff
Entscheidung des Gerichts nach Klageerhebung **129** 6
Entscheidung des Richters bei mehreren Haftbefehlen **128** 18
Entscheidung des Richters nach Vernehmung **128** 14
bei fehlenden Prozessvoraussetzungen **127** 49
bei fehlender Ermächtigung/fehlendem Strafverlangen **127** 51
Freiheitsentziehung, Rechte bei **MRK Art. 5 (Art. 9, 11 IPBPR)** 63, 72 ff
Freilassung **127** 44
auf frischer Tat *siehe oben*
Gefahr im Verzug
– Begriff **127** 35
– Durchführung der Festnahme **127** 43
– Festnahmeberechtigte **127** 40
– Voraussetzungen eines Haft- oder Unterbringungsbefehls **127** 37
Immunität eines Abgeordneten **152a** 24
Rechtsfolgen **127** 6
Rechtsmittel, Einlegungsmöglichkeit **299** 2 ff
Rechtsmittelbelehrung **128** 17; **129** 9; **136** 30
Rechtsschutz allgemein **127** 46
Rechtsschutz gegen Feststellung der Rechtswidrigkeit **127** 47
Straftat in der Verhandlung, Sitzungspolizei **GVG 183** 8
Verfolgungshindernisse **127** 4
Verhältnis zu anderen Vorschriften **127** 5
Verhältnis zum Verfahren bei Haftbefehl **128** 3
zur Vollziehung körperlicher Untersuchung **81a** 72
als Voraussetzung der Untersuchungshaft **112** 3
Vorführung *siehe dort*

Feststellungsantrag
Justizverwaltungsakt, Rechtsschutz **EGGVG 23** 76 f

Feststellungsverfahren
Schöffenungeeignetheit **GVG 33** 21

Finanzbehörde
siehe Steuerstrafsachen
Befragungsrecht in der Hauptverhandlung **240** 9

Datenverarbeitung zum Zwecke des Strafverfahrens **483** 2
Durchsuchung **106** 10
Ermittlungsrichter, Untersuchungshandlungen **162** 9, 22 f, 40
Rasterfahndung **98a** 42
Stellung im Ermittlungsverfahren **160** 11
Strafanzeige/Strafantrag, Entgegennahme **158** 16, 29

Fingerabdruck
Identifizierungsmaßnahmen (§ 81 b) **81b** 12

Fingerabdruck, genetischer
Beweiserhebung/-verwertung **Einl. K** 89

Flucht
Anzeige des Bürgen bei Sicherheitsleistung **123** 21
Aussetzung des Vollzugs eines Haftbefehls **116** 2
Begriff **112** 28 f
Fortfall des Haftgrundes **112** 31
Freiheitsentziehung, Rechte bei **MRK Art. 5 (Art. 9, 11 IPBPR)** 68, 86, 118, 126
Sicherungshaftbefehl (§ 453 c) **453c** 9
sich verborgen halten **112** 30
Verfall der Sicherheit (Haftbefehl) **124** 15

Fluchtgefahr
Abgrenzung zu neutralem Verhalten **112** 33
Aufhebung des Haftbefehls nach Fortfall **120** 7
Aussetzung des Vollzugs eines Haftbefehls *siehe Haftbefehl*
bei Bagatellsachen **113** 7 ff
Berücksichtigung von Parallelverfahren **112** 40
einstweilige Unterbringung **126a** 4
entziehen, sich der Vorführung **112** 33
Entziehungshandlungen **112** 34 ff
Erlass eines Haftbefehls in der Hauptverhandlung **112** 13, 33, 54
Fernbleiben des Beschuldigten trotz Ladung **112** 33
Festnahme, vorläufige **127** 21
Fluchtbegriff **112** 28 f
Gefahrenbegriff **112** 32 ff
Grad der Gefahr **112** 25
Herbeiführen von Verhandlungsunfähigkeit **112** 32, 38
sicheres Geleit **295** 18
Sicherungshaftbefehl (§ 453 c) **453c** 9
Straferwartung als Indiz **112** 39 f
Subsidiarität des Haftgrundes **112** 65
Tatsachenfeststellung **112** 24, 36
Verfall der Sicherheit (Haftbefehl) **124** 15
Vollstreckungsbehörde, Herbeiführung des Vollzugs **457** 18

Flugverkehr
Schleppnetzfahndung **163d** 22

Folter, UN-Antifolterkonvention
Beschwerderecht bei Konventionsverletzung **MRK Art. 13 (Art. 2 Abs. 3 IPBPR)** 3
Folter, Verbot der **MRK Art. 3 (Art. 7 IPBPR)** 3, 19
Menschenrechtsbeschwerde **MRK Anhang/ Verfahren** 103 ff
Menschenrechtsschutz, internationaler **MRK Einf. (Einf. IPBPR)** 10

Folter, Verbot der (Art. 3 MRK, Art. 7 IPBPR)
Abschiebung **MRK Art. 3 (Art. 7 IPBPR)** 14
Auslieferung **MRK Art. 3 (Art. 7 IPBPR)** 14
Ausnahmen, Verbot von **MRK Art. 3 (Art. 7 IPBPR)** 7
Ausweisung **MRK Art. 3 (Art. 7 IPBPR)** 14
Behandlung, Begriff **MRK Art. 3 (Art. 7 IPBPR)** 13
Bestrafung, Begriff **MRK Art. 3 (Art. 7 IPBPR)** 16
Demütigung, Lächerlichmachung **MRK Art. 3 (Art. 7 IPBPR)** 28
Disziplinarmaßnahmen **MRK Art. 3 (Art. 7 IPBPR)** 29
erniedrigende Behandlung **MRK Art. 3 (Art. 7 IPBPR)** 28
erniedrigende Bestrafungen **MRK Art. 3 (Art. 7 IPBPR)** 30
Europäische Folterkonvention von 1987 **MRK Art. 3 (Art. 7 IPBPR)** 4
Europäische Grundrechte-Charta **MRK Art. 3 (Art. 7 IPBPR)** 1
Folter nach UN-Konvention **MRK Art. 3 (Art. 7 IPBPR)** 19
Folter, Begriff **MRK Art. 3 (Art. 7 IPBPR)** 18
Freiheitsentziehung, Behandlung bei *siehe dort*
Gewährleistungspflicht des Staates **MRK Art. 3 (Art. 7 IPBPR)** 11
grausame Behandlung, Wortlautunterschiede **MRK Art. 3 (Art. 7 IPBPR)** 21
grausame, unmenschliche Behandlung **MRK Art. 3 (Art. 7 IPBPR)** 21 ff
Haftbedingungen, normale **MRK Art. 3 (Art. 7 IPBPR)** 24
Heilbehandlung, zwangsweise **MRK Art. 3 (Art. 7 IPBPR)** 27
Internationale Menschenrechtspakte **MRK Art. 3 (Art. 7 IPBPR)** 1
ius cogens des allgemeinen Völkerrechts **MRK Art. 3 (Art. 7 IPBPR)** 6
Lage, menschenunwürdige **MRK Art. 3 (Art. 7 IPBPR)** 15
medizinische/wissenschaftliche Versuche, zwangsweise **MRK Art. 3 (Art. 7 IPBPR)** 25

Menschenwürde, Art. 1 Abs. 1 GG **MRK Art. 3 (Art. 7 IPBPR)** 8
Notstandsfestigkeit **MRK Art. 3 (Art. 7 IPBPR)** 7
Prügelstrafe, Leibstrafe **MRK Art. 3 (Art. 7 IPBPR)** 31
Recht auf körperliche Unversehrtheit **MRK Art. 3 (Art. 7 IPBPR)** 8
Römisches Statut über den Internationalen Strafgerichtshof **MRK Art. 3 (Art. 7 IPBPR)** 5
Todesstrafe **MRK Art. 3 (Art. 7 IPBPR)** 33
Tragweite allgemein **MRK Art. 3 (Art. 7 IPBPR)** 10 ff
Übereinkommen, weitere multinationale **MRK Art. 3 (Art. 7 IPBPR)** 5
UN-Antifolterkonvention von 1984 **MRK Art. 3 (Art. 7 IPBPR)** 3, 11
unmenschliche Behandlung **MRK Art. 3 (Art. 7 IPBPR)** 10, 22
Unterlassungspflicht des Staates **MRK Art. 3 (Art. 7 IPBPR)** 10
Untersuchung von Amts wegen **MRK Art. 3 (Art. 7 IPBPR)** 11
Untersuchungshaft **MRK Art. 3 (Art. 7 IPBPR)** 29
Verbote, Einzelheiten **MRK Art. 3 (Art. 7 IPBPR)** 17 ff
Verfassungsrecht, innerstaatliches **MRK Art. 3 (Art. 7 IPBPR)** 8
Verhältnismäßigkeit von Strafen **IPBPR Art. 7 (Art. 3 MRK)** 34
Völkerrecht, Entwicklung **MRK Art. 3 (Art. 7 IPBPR)** 1 ff
Vollzug von Freiheitsstrafen **MRK Art. 3 (Art. 7 IPBPR)** 29

Forderungen/Rechte
Sicherstellung zur Vollstreckungssicherung **111b** 39 ff; **111c** 7 ff; **111d** 1 ff; **111f** 4, 7

Forst- und Feldrügesachen
Anwendungsbereich der Strafprozessordnung **EGStPO 3** 10 ff

Fortbildung des Rechts
Bundesgerichtshof, Vorlageverfahren **GVG 132** 36
durch den Richter **GVG 1** 7

Fortsetzungsfeststellungsantrag
Justizverwaltungsakt, Rechtsschutz **EGGVG 28** 7 ff
siehe auch Antrag auf gerichtliche Entscheidung

Fotokopie
Berufung, Einlegung **314** 17
Sicherstellung/Beschlagnahme **94** 28, 63
Übersendung von Erklärungen **308** 12

Fragen, Zurückweisung durch den Vorsitzenden
Entziehung des Fragerechts **241** 22
Geltungsbereich **241** 5
Protokoll **241** 23
Rechtsschutz (Beschwerde) **241** 28
Rechtsschutz (Gerichtsentscheid) **241** 24
Rechtsschutz (Revision) **241** 29 ff
unzulässige Fragen im einzelnen **241** 9
Wirkung der Zurückweisung **241** 21
Zeugen unter 16 Jahren **241a** 11
zurückweisbare Fragen allgemein **241** 6, 15
Zurückweisung **241** 16
Zweck der Regelung **241** 1

Fragerecht der Verfahrensbeteiligten in der Hauptverhandlung
Anrufung des Gerichts
– allgemein **242** 2
– Anwendungsbereich **242** 1
– beauftragter/ersuchter Richter **242** 7
– Entscheidung über Zulässigkeit
– Form der Entscheidung **242** 6
– Protokoll **242** 8
– Rechtsschutz **241** 29 ff; **242** 9
Berechtigte **240** 7
Durchführung **240** 11
Form und Ausübung **240** 14
Fragen an den Angeklagten **240** 15
Fragen an die Staatsanwaltschaft **240** 16
Geltungsbereich **240** 2
Rechtsschutz **240** 17
des Richters nach dem Kreuzverhör **239** 10
unmittelbare Befragung **240** 5
Zeugen unter 16 Jahren **241a** 1 ff
Zurückweisung von Fragen
siehe Fragen, Zurückweisung durch den Vorsitzenden
Zweck der Vorschrift **240** 1

Frau
siehe auch Mädchen
Frauenhandel, Verbot der Sklaverei/Zwangsarbeit **MRK Art. 4 (Art. 8 IPBPR)** 1
Frauenrechte-Übereinkommen **MRK Einf. (Einf. IPBPR)** 10
Untersuchung
siehe dort

Freiheit der Person (Art. 2 Abs. 2 Satz 2, 104 GG)
Aussetzung des Haftbefehlvollzugs bei Schwerkriminalität **116** 30
Benachrichtigung Dritter bei Verhaftung **114b** 3, 13 ff
Eingriff durch Untersuchungshaft **Vor 112** 16 f; **119** 95
Vorführung des Beschuldigten nach Verhaftung **115** 1

Freiheit der Person (Art. 5 MRK, Art. 9, 11 IPBPR)
Anwendungsbereich, Auslegung **MRK Art. 5 (Art. 9, 11 IPBPR)** 3
Außerkraftsetzung **MRK Art. 5 (Art. 9, 11 IPBPR)** 14
Bewegungsfreiheit, Entziehung der körperlichen **MRK Art. 5 (Art. 9, 11 IPBPR)** 16
Entschädigung
siehe dort
Freiheit, körperliche **MRK Art. 5 (Art. 9, 11 IPBPR)** 5
Freiheitsbeschränkung, Abgrenzung **MRK Art. 5 (Art. 9, 11 IPBPR)** 18
Freiheitsentziehung i.S.v. Festnahme und Haft **MRK Art. 5 (Art. 9, 11 IPBPR)** 17
Freiheitsentziehung, enge Auslegung **MRK Art. 5 (Art. 9, 11 IPBPR)** 17
Freiheitsentziehung, Zulässigkeit
siehe dort
Freiheitsverbürgungen, weitere **MRK Art. 5 (Art. 9, 11 IPBPR)** 6
Gefangene, Behandlung **MRK Art. 5 (Art. 9, 11 IPBPR)** 2
Gewaltverhältnis, besonderes **MRK Art. 5 (Art. 9, 11 IPBPR)** 24
Häftlinge **MRK Art. 5 (Art. 9, 11 IPBPR)** 25
Haftprüfung, Haftkontrolle
siehe jeweils dort
kurzfristige Freiheitsentziehung **MRK Art. 5 (Art. 9, 11 IPBPR)** 21
Menschenrecht **MRK Art. 5 (Art. 9, 11 IPBPR)** 1, 10
Pflichtenverhältnis, besonderes **MRK Art. 5 (Art. 9, 11 IPBPR)** 24
Schutz der körperlichen Freiheit/Sicherheit **MRK Art. 5 (Art. 9, 11 IPBPR)** 5 ff
Schutzgut **MRK Art. 5 (Art. 9, 11 IPBPR)** 1 ff
Sicherheit, körperliche **MRK Art. 5 (Art. 9, 11 IPBPR)** 7
Staatsnotstand **MRK Art. 5 (Art. 9, 11 IPBPR)** 14
Verfahrensgarantien
siehe Freiheitsentziehung
Verhältnis zu anderen Vorschriften **MRK Art. 5 (Art. 9, 11 IPBPR)** 1 ff
Verpflichtung des Staates **MRK Art. 5 (Art. 9, 11 IPBPR)** 13

Freiheitsbeschränkung
Identitätsfeststellung **163b** 22
Immunität eines Abgeordneten **152a** 19
MRK/IPBPR, Abgrenzung zu Freiheitsentziehung **MRK Art. 5 (Art. 9, 11 IPBPR)** 17 ff

Freiheitsentziehung (allgemein)
Alkoholsucht **MRK Art. 5 (Art. 9, 11 IPBPR)** 82
Auslegung der Haftgründe **MRK Art. 5 (Art. 9, 11 IPBPR)** 35
Auslieferung und EU-Recht **MRK Art. 5 (Art. 9, 11 IPBPR)** 86
Ausschluss bei vertraglicher Verpflichtung **MRK Art. 5 (Art. 9, 11 IPBPR)** 31
Ausweisung/Auslieferung, allgemein **MRK Art. 5 (Art. 9, 11 IPBPR)** 84
Ausweisung/Auslieferung, formale Garantie **MRK Art. 5 (Art. 9, 11 IPBPR)** 88
Ausweisung/Auslieferung, Rechtmäßigkeit **MRK Art. 5 (Art. 9, 11 IPBPR)** 85
Begriff, Abgrenzung
siehe Freiheit der Person
Bekanntmachung der gerichtlichen Entscheidung **35** 27
Bestimmtheit des Gesetzes **MRK Art. 5 (Art. 9, 11 IPBPR)** 29
Beugehaft **MRK Art. 5 (Art. 9, 11 IPBPR)** 43
Drogensucht **MRK Art. 5 (Art. 9, 11 IPBPR)** 82
Erziehungsgründe bei Minderjährigen **MRK Art. 5 (Art. 9, 11 IPBPR)** 73
Fallgruppen zulässiger Haftgründe **MRK Art. 5 (Art. 9, 11 IPBPR)** 33
Festnahme im Einzelnen
siehe dort
Fluchtgefahr **MRK Art. 5 (Art. 9, 11 IPBPR)** 68
Folter, Verbot der **MRK Art. 3 (Art. 7 IPBPR)** 29
Freiheitsbeschränkung, Abgrenzung **81b** 25
Freiheitsstrafe **MRK Art. 5 (Art. 9, 11 IPBPR)** 42
Geisteskrankheit **MRK Art. 5 (Art. 9, 11 IPBPR)** 79
Gesetzesgrundlage, materielle **MRK Art. 5 (Art. 9, 11 IPBPR)** 27
Gesetzmäßigkeit der Maßnahme **MRK Art. 5 (Art. 9, 11 IPBPR)** 26 ff
Gründe, Recht auf Mitteilung
siehe Festnahme
Haftgründe im Verhältnis zum nationalen Recht **MRK Art. 5 (Art. 9, 11 IPBPR)** 34
Identitätsfeststellung, Festhalten von Personen **163b** 23 ff
Immunität eines Abgeordneten **152a** 19
Jugendarrest **MRK Art. 5 (Art. 9, 11 IPBPR)** 42
Krankheit, ansteckende **MRK Art. 5 (Art. 9, 11 IPBPR)** 77

Krankheitsverhinderung, etc. **MRK Art. 5 (Art. 9, 11 IPBPR)** 75
Landstreicherei **MRK Art. 5 (Art. 9, 11 IPBPR)** 83
Maßregel der Besserung und Sicherung **MRK Art. 5 (Art. 9, 11 IPBPR)** 42
Minderjähriger **MRK Art. 5 (Art. 9, 11 IPBPR)** 71
Minderjähriger, Vorführung **MRK Art. 5 (Art. 9, 11 IPBPR)** 74
Mitteilung der Festnahmegründe *siehe Festnahme*
wegen Nichtbefolgung einer Pflicht (Buchst. b)
- allgemein **MRK Art. 5 (Art. 9, 11 IPBPR)** 49
- Entscheidung, gerichtliche **MRK Art. 5 (Art. 9, 11 IPBPR)** 50
- Erzwingung gesetzlicher Verpflichtungen **MRK Art. 5 (Art. 9, 11 IPBPR)** 53
- gleichwertiger Schutz **MRK Art. 5 (Art. 9, 11 IPBPR)** 59
Ordnungshaft **MRK Art. 5 (Art. 9, 11 IPBPR)** 42
Rauschgiftsucht **MRK Art. 5 (Art. 9, 11 IPBPR)** 82
Rechtmäßigkeit, materielle **MRK Art. 5 (Art. 9, 11 IPBPR)** 27
Schadensersatz *siehe oben Entschädigung*
Schöffengericht **MRK Art. 5 (Art. 9, 11 IPBPR)** 39
Schutzgut Freiheit der Person *siehe dort*
Seuchengefahr **MRK Art. 5 (Art. 9, 11 IPBPR)** 75, 77
Sicherungsverwahrung **MRK Art. 5 (Art. 9, 11 IPBPR)** 42
Störer im Polizeigewahrsam **MRK Art. 5 (Art. 9, 11 IPBPR)** 57
Strafverfolgung **MRK Art. 5 (Art. 9, 11 IPBPR)** 64
wegen Strafverfolgung/Straftatenverhütung **MRK Art. 5 (Art. 9, 11 IPBPR)** 60
Strafvollstreckung/Strafvollzug **Vor 449** 8
Sucht- und Geisteskrankheiten **MRK Art. 5 (Art. 9, 11 IPBPR)** 78
Tatverdacht, Überprüfung **MRK Art. 5 (Art. 9, 11 IPBPR)** 66
Ungehorsamshaft **MRK Art. 5 (Art. 9, 11 IPBPR)** 43
Unterbringung **MRK Art. 5 (Art. 9, 11 IPBPR)** 42, 47, 81, 89
Untersuchungshaft **MRK Art. 5 (Art. 9, 11 IPBPR)** 44, 60 ff, 65 ff
Verfahren, gesetzlich vorgeschriebenes **MRK Art. 5 (Art. 9, 11 IPBPR)** 32
Verfahrensgarantien allgemein **MRK Art. 5 (Art. 9, 11 IPBPR)** 89 ff
Verhütung von Straftaten **MRK Art. 5 (Art. 9, 11 IPBPR)** 70
Vorführung dem zuständigen Gericht **MRK Art. 5 (Art. 9, 11 IPBPR)** 61
Willkürverbot **MRK Art. 5 (Art. 9, 11 IPBPR)** 26
Zulässigkeitsvoraussetzungen **MRK Art. 5 (Art. 9, 11 IPBPR)** 26 ff
Zulässigkeitsvoraussetzungen, besondere **MRK Art. 5 (Art. 9, 11 IPBPR)** 33 ff
Zwecke allgemein **Vor 112** 1 ff

Freiheitsentziehung, Entschädigung
allgemein **MRK Art. 5 (Art. 9, 11 IPBPR)** 130
Anrufung von MRK-Organen **MRK Art. 5 (Art. 9, 11 IPBPR)** 139
Prüfungskompetenz des EGMR **MRK Art. 5 (Art. 9, 11 IPBPR)** 139
Rechtsweg **MRK Art. 5 (Art. 9, 11 IPBPR)** 138
Schaden, immaterieller **MRK Art. 5 (Art. 9, 11 IPBPR)** 136
Schadensersatz, Umfang **MRK Art. 5 (Art. 9, 11 IPBPR)** 136
Staat als Leistungsschuldner **MRK Art. 5 (Art. 9, 11 IPBPR)** 134
Verjährung **MRK Art. 5 (Art. 9, 11 IPBPR)** 137
Voraussetzungen des Anspruchs **MRK Art. 5 (Art. 9, 11 IPBPR)** 131

Freiheitsentziehung, Gefangenenbehandlung
Bedeutung der Vorschrift **IPBPR Art. 10 (Nach Art. 5 MRK)** 1 ff
Europäische Strafvollzugsgrundsätze **IPBPR Art. 10 (Nach Art. 5 MRK)** 5
Geltungsbereich **IPBPR Art. 10 (Nach Art. 5 MRK)** 7
Gewährleistung in der MRK **IPBPR Art. 10 (Nach Art. 5 MRK)** 4
Grundsätze der Behandlung **IPBPR Art. 10 (Nach Art. 5 MRK)** 1
jugendliche Beschuldigte **IPBPR Art. 10 (Nach Art. 5 MRK)** 14
Jugendsachen, Beschleunigungsgebot **IPBPR Art. 10 (Nach Art. 5 MRK)** 16
Kinderkonvention **IPBPR Art. 10 (Nach Art. 5 MRK)** 5
Menschenwürde, Art. 1 Abs. 1 GG **IPBPR Art. 10 (Nach Art. 5 MRK)** 6
Menschenwürde, Geltungsbereich des Schutzes **IPBPR Art. 10 (Nach Art. 5 MRK)** 11
Menschenwürde, Schutzpflicht des Staates **IPBPR Art. 10 (Nach Art. 5 MRK)** 9

Mindestanforderungen **IPBPR Art. 10 (Nach Art. 5 MRK)** 5
Rechtsstellung nicht verurteilter Inhaftierter **IPBPR Art. 10 (Nach Art. 5 MRK)** 12
Resozialisierung **IPBPR Art. 10 (Nach Art. 5 MRK)** 17
Strafgefangene **IPBPR Art. 10 (Nach Art. 5 MRK)** 17
Trennung von Beschuldigten und Verurteilten **IPBPR Art. 10 (Nach Art. 5 MRK)** 13
Trennung von Jugendlichen und Erwachsenen **IPBPR Art. 10 (Nach Art. 5 MRK)** 18
Unterbringung, einstweilige **IPBPR Art. 10 (Nach Art. 5 MRK)** 12
Untersuchungsgefangene **IPBPR Art. 10 (Nach Art. 5 MRK)** 12 ff
Verfassungsrecht, innerstaatliches **IPBPR Art. 10 (Nach Art. 5 MRK)** 6
Verhältnis zu anderen Garantien **IPBPR Art. 10 (Nach Art. 5 MRK)** 3

Freiheitsentziehung, gerichtliche Haftkontrolle
Akteneinsicht **MRK Art. 5 (Art. 9, 11 IPBPR)** 124a
Anwendungsbereich **MRK Art. 5 (Art. 9, 11 IPBPR)** 120
Richtervorbehalt **MRK Art. 5 (Art. 9, 11 IPBPR)** 121
Sachverständiger, psychiatrischer **MRK Art. 5 (Art. 9, 11 IPBPR)** 128a
Unterbringung, psychiatrische **MRK Art. 5 (Art. 9, 11 IPBPR)** 126
Unverzüglichkeit **MRK Art. 5 (Art. 9, 11 IPBPR)** 128
Verfahren **MRK Art. 5 (Art. 9, 11 IPBPR)** 124

Freiheitsentziehung, gerichtliche Verurteilung
Begriff **MRK Art. 5 (Art. 9, 11 IPBPR)** 41
Gericht, Begriff **MRK Art. 5 (Art. 9, 11 IPBPR)** 39
Vollstreckung, rechtmäßige **MRK Art. 5 (Art. 9, 11 IPBPR)** 46
als Voraussetzung, formelle **MRK Art. 5 (Art. 9, 11 IPBPR)** 38
Wegfall, nachträglicher **MRK Art. 5 (Art. 9, 11 IPBPR)** 48

Freiheitsrecht, allgemeines, Art. 2 Abs. 1 GG
faires Verfahren, Recht auf ein **MRK Art. 6 (Art. 14 IPBPR)** 64b

Freiheitsstrafe
Abgrenzung zur Maßregel (freiheitsentziehende) **118** 12 ff
Amtsgericht, Zuständigkeit **GVG 24** 13, 36
Anrechnung der Untersuchungshaft **Vor 112** 67
Ausspruch im Urteilstenor **260** 71
Berufung, Verbot der Verschlechterung **331** 44, 62
beträchtliches Gewicht bei Nichtverfolgung von Straftaten **154** 19
Gerichtsentscheidung bei Strafvollstreckungsmaßnahmen **458** 1 ff
lebenslanger, Bewährung bei **Nachtr. 454** 2, 5
Revisionsbegründung, Beschränkung **344** 34
Strafbefehlsverfahren, Zulässigkeit **407** 12
Strafvollstreckung/Strafvollzug **Vor 449** 8, 16, 20 f
Urteilsgründe, Inhalt/Darstellung **267** 101
Verfall der Sicherheit (Haftbefehl) **124** 10
Vollstreckung mehrerer Freiheits-/Ersatzfreiheitsstrafen **454b** 1 ff
Vollstreckung, Absehen/Nachholung bei Auslieferung/Ausweisung **456a** 12
Wiederaufnahme, Neuverhandlung **373** 30

Freiheitsstrafe, Anrechnung der Untersuchungshaft
absolute Rechtskraft, Bedeutung **450** 8 ff
Bedeutung der Vorschrift **450** 3 f
Entweichen aus dem Strafvollzug **450** 18
Entwicklungsgeschichte **450** 1 f
Gnadenentscheidung **450** 20
Jugendstrafsachen **450** 24
Strafzeitberechnung des Rechtsmittelgerichts **450** 23
Teilanfechtung, Bedeutung **450** 11
Untersuchungshaft, Begriff **450** 19
Vollstreckungshaftbefehl **450** 16
Vorführungsbefehl **450** 16
Wegfall im Rechtsmittelverfahren **450** 21 f
Wiedereinsetzung, Wegfall der Rechtskraft **450** 15
Wirkung der Anrechnung **450** 6 f

Freiheitsstrafe, Anrechnung von Auslieferungshaft
Abschiebehaft **450a** 14
ausländische Auslieferungshaft, Begriff **450a** 5
Entwicklungsgeschichte **450a** 1 ff
Gegenstand allgemein **450a** 8
Maßstab der Anrechnung **450a** 12
mehrere Strafen **450a** 10
Nichtanrechnung auf Antrag der StA **450a** 15
Nichtanrechnung, Entscheidungsgegenstand **450a** 17
bei Nichtauslieferung **450a** 7
Verfolgungs- und Vollstreckungsauslieferung **450a** 9
Verhalten, nicht gerechtfertigtes **450a** 16

Freiheitsstrafe, Anrechnung von Krankenhausaufenthalt
Anwendungsbereich **461** 1
Ausnahmen von der Anrechnung **461** 5
Bedeutung, Inhalt **461** 2
Entweichen eines Gefangenen **461** 7
geisteskranke Personen **461** 3

Maßregel, freiheitsentziehende **461** 17
Rechtsschutz **461** 16
Unterbrechung der Strafvollstreckung
- Durchführung **461** 12 ff
- Ende der Untersuchungshaft **461** 15
- Gnadenentscheidung **461** 11
- Nachteile **461** 9
- unwirksame **461** 14
- Vollzugsuntauglichkeit **461** 8
- zuständige Verwaltungsbehörde **461** 12
Zuständigkeit **461** 16

Freispruch
Aufhebung des Haftbefehls **120** 19
Ausspruch im Urteilstenor **260** 32 ff
Kosten des Verfahrens *siehe dort*
Kostenpflicht des Verurteilten bei Teilfreispruch **465** 26, 35 ff
Rechtsmittel allgemein, Beschwer **Vor 296** 72
Revision, Entscheidung des Gerichts **354** 2 ff
Unschuldsvermutung **MRK Art. 6 (Art. 14 IPBPR)** 142, 159
Urteilsgründe, Inhalt/Darstellung **267** 148 ff *siehe auch dort*
Wiederaufnahme des Verfahrens **362** 5, 8 ff; **371** 8, 16 ff
Wiederaufnahme des Verfahrens, Ziel **359** 133

Freizügigkeit
Aufenthalt im Land, rechtmäßiger **4. ZP MRK Art. 2 (Art. 12 IPBPR)** 2
Ausreisefreiheit **4. ZP MRK Art. 2 (Art. 12 IPBPR)** 3
Beschränkung auf Gebiete **4. ZP MRK Art. 2 (Art. 12 IPBPR)** 5
Einreise ins eigene Land **4. ZP MRK Art. 2 (Art. 12 IPBPR)** 6; **4. ZP MRK Art. 3 (Art. 12 IPBPR)** 4
Einschränkungen **4. ZP MRK Art. 2 (Art. 12 IPBPR)** 4
Haft, rechtmäßige **4. ZP MRK Art. 2 (Art. 12 IPBPR)** 4
Schutzgut **4. ZP MRK Art. 2 (Art. 12 IPBPR)** 1
Strafverfolgung, Sicherung **4. ZP MRK Art. 2 (Art. 12 IPBPR)** 4
Voraussetzungen 4**. ZP MRK Art. 2 (Art. 12 IPBPR)** 2 ff

Frist
Angemessenheit bei Entscheidungen *siehe Beschleunigungsgebot*
Anklageschrift, Erklärungsfrist **201** 16 ff
Auslieferung, Ausweisung **154b** 14
Ausschlussfristen **Vor 42** 5
Begriff allgemein **Vor 42** 1; **43** 1
Berufung **314** 34 ff
Berufungsbegründung **317** 1 ff
Beschwerde **306** 5 ff
Beschwerde, sofortige **311** 7 f
Einstellung durch die Staatsanwaltschaft **153a** 41, 48, 82 ff; **154** 23; **154d** 8
Ermittlungsmaßnahmen, Befristung *siehe Befristung*
Fernschreiben **Vor 42** 29
Festnahme, vorläufige **128** 9
Fristversäumnis **Vor 42** 33
Handlungsfristen **Vor 42** 3
Klageerzwingungsverfahren **172** 36, 39, 127 ff
neue Übermittlungsmethoden, Reform **Vor 42** 36
Pressebeschlagnahme **111n** 11
Rechtsmittel allgemein **Vor 296** 26 ff
Revision, Einlegung **341** 18 ff
Revisionsbegründung, Anbringung **345** 1 ff
Strafantrag **158** 25
Stundenfristen **42** 6
Tagesfrist, Berechnung **42** 1
Tagesfrist, Fristende **42** 3
Telebriefe **Vor 42** 30
Telefax **Vor 42** 31
Telegramm **Vor 42** 26
Untersuchungshaft **115** 8 f; **115a** 5; **121** 10 ff; **122a** 1 ff
Wahrung von Erklärungsfristen
- Briefannahmestelle **Vor 42** 22
- Briefkasten **Vor 42** 19
- Fernmündliche Erklärungen **Vor 42** 8
- mündliche Erklärungen **Vor 42** 6
- Postschließfach **Vor 42** 25
- schriftliche Erklärungen allgemein **Vor 42** 13
- Übergabe mit Einlieferungsschein **Vor 42** 18
Wiedereinsetzung in anderen Fällen als Fristversäumnis **Vor 42** 34
Wochen- und Monatsfristen
- besondere Fristen **43** 10
- Feiertage, allgemeine **43** 9
- Fristberechnung **43** 2
- Wochenenden und Feiertage **43** 7
Zwischenfristen **42** 5

Führerschein, Rückgabe nach Sicherstellung
Ablehnung der vorläufigen Entziehung **111a** 76
Aufhebung der vorläufigen Entziehung **111a** 77
Aufschiebung wegen Fahrverbots **111a** 79
Fahrverbot (§ 44 StGB), Aufschiebung **111a** 79

Rückgabepflicht allgemein **111a** 75
Sicherstellung, erfolgte **111a** 73
Urteil, anderslautendes **111a** 78
Zuständigkeit **111a** 80

Führerschein, Sicherstellung
Abgeordnete **111a** 99 ff
allgemeines **94** 33; **111a** 62
ausländische Führerscheine
– Aufhebung der vorl. Fahrerlaubnisentziehung **111a** 85
– Sicherung der vorl. Fahrerlaubnisentziehung **111a** 82
– Voraussetzungen **111a** 81
Beschlagnahme **111a** 63, 66 f, 72
Beschlagnahme (Vollstreckungssicherung) **111b** 38
Beschlagnahme, Anordnung **98** 1; **111a** 63
Beschlagnahme, keine richterliche **111a** 66
Entscheidung, richterliche **111a** 69
Fahrerlaubnis, vorläufige Entziehung *siehe dort*
Gefahr im Verzug, Beschlagnahme **111a** 67
Gefahrenabwehr, unmittelbare **111a** 72
Rechtsschutz (Antrag auf gerichtliche Entscheidung) **111a** 97
Sicherstellung allgemein **111a** 64

Führungsaufsicht
Berufung, Verbot der Verschlechterung **331** 98
Bewährung *siehe dort*
Datenverarbeitung zum Zwecke des Strafverfahrens **483** 2
Revisionsbegründung, Beschränkung **344** 56
Vollstreckung von Maßregeln **463** 7

Führungsaufsicht, Aufsichtsstellen
Amtshilfe **463a** 8
Aufgabe **463a** 1
Bedeutung **463a** 3
Befugnisse **463a** 4
Behörden **463a** 5
Bewährungshelfer **463a** 1
eidliche Vernehmung **463a** 7
Organisation und Besetzung **463a** 2
polizeiliche Beobachtung **463a** 10
Zuständigkeit, gerichtliche **463a** 14
Zuständigkeit, örtliche **463a** 13
Zwangsmittel **463a** 9

Fürsorgepflicht der Strafverfolgungsorgane
Prozessmaxime **Einl. H** 120 ff
bei Untersuchungsgefangenen **119** 34, 181

Funktionslehre
Beweisverwertung **Einl. K** 17 f

Fußfessel, elektronische
Freiheitsentziehung, Rechte bei **MRK Art. 5 (Art. 9, 11 IPBPR)** 64

Nichtverfolgung gegen Auflagen/Weisungen, vorläufige **153a** 75

Gebührenvorschuss
Privatkläger, Rechtsmittel **390** 18

Gedanken-, Gewissens- und Religionsfreiheit
allgemeines **MRK Art. 9 (Art. 18 IPBPR)** 1
Art. 4 GG **MRK Art. 9 (Art. 18 IPBPR)** 10
Aufhebungsmöglichkeit **MRK Art. 9 (Art. 18 IPBPR)** 2
Auslegung **MRK Art. 9 (Art. 18 IPBPR)** 3
Ausübung **MRK Art. 9 (Art. 18 IPBPR)** 5
Berufsfreiheit **MRK Art. 9 (Art. 18 IPBPR)** 9a
Beurteilungsspielraum **MRK Art. 9 (Art. 18 IPBPR)** 9
Bildungsrecht, Erziehungsrecht der Eltern **1. ZP MRK Art. 2 (Art. 18 IPBPR)** 1 ff
Bräuchen/Riten, Praktizieren von **MRK Art. 9 (Art. 18 IPBPR)** 5
Diskriminierungsverbote der EU **MRK Art. 9 (Art. 18 IPBPR)** 1
Einschränkungen **MRK Art. 9 (Art. 18 IPBPR)** 7
Erziehung **MRK Art. 9 (Art. 18 IPBPR)** 6
Europäische Grundrechte-Charta **MRK Art. 9 (Art. 18 IPBPR)** 1
Gedankenfreiheit, Inhalt **MRK Art. 9 (Art. 18 IPBPR)** 3
Gefangene, Behandlung **MRK Art. 9 (Art. 18 IPBPR)** 9c
Gewissensfreiheit, Inhalt **MRK Art. 9 (Art. 18 IPBPR)** 3
Gleichbehandlungsgrundsatz **MRK Art. 9 (Art. 18 IPBPR)** 3
Kindererziehung, religiöse und sittliche **MRK Art. 9 (Art. 18 IPBPR)** 6
Kirchenrecht **MRK Art. 9 (Art. 18 IPBPR)** 11
kollektive Garantien **MRK Art. 9 (Art. 18 IPBPR)** 3a
Kruzifix **MRK Art. 9 (Art. 18 IPBPR)** 9b
Menschenrechte, Allgemeine Erklärung der **MRK Art. 9 (Art. 18 IPBPR)** 1
Recht, nationales **MRK Art. 9 (Art. 18 IPBPR)** 10
Religionsfreiheit, Inhalt **MRK Art. 9 (Art. 18 IPBPR)** 3
Schächtung von Tieren **MRK Art. 9 (Art. 18 IPBPR)** 9a
Schulerziehung **MRK Art. 9 (Art. 18 IPBPR)** 9b
Schutzpflichten des Staates **MRK Art. 9 (Art. 18 IPBPR)** 4a
Staatsreligion/-kirche **MRK Art. 9 (Art. 18 IPBPR)** 4

Verlautbarungen, amtliche **MRK Art. 9 (Art. 18 IPBPR)** 5a

Gefahr der Verfolgung
Auskunftsverweigerungsrecht **55** 10

Gefahr im Verzug
siehe auch Zuständigkeit im Eilfall
Beschlagnahme, Anordnung **98** 34
Durchsuchung **105** 21 f, 73, 89
Ermittlungsmaßnahmen der §§ 94 ff **Vor 94** 127 ff
Festnahme, vorläufige **81a** 72; **127** 35
Gefahr, Begriff **112** 25
Gerichtsstand, örtliche Zuständigkeit **21** 7
Mobilfunkendgerät, Überwachung **100i** 18, 26
nächtliche Haussuchung **104** 6
Observation, längerfristige **163f** 14
Postbeschlagnahme **100** 5, 15
Rasterfahndung **98b** 5, 15
Schleppnetzfahndung **163d** 41 ff
Sicherheitsleistung (Wohnsitz im Ausland) **132** 9
Telekommunikationsüberwachung **100b** 19
Untersuchungshandlungen, richterliche **165** 1 ff
Vereidigung im vorbereitenden Verfahren **65** 2

Gefahr im Verzug (dringender Fall)
Erlass eines Haftbefehls **114** 24; **125** 11
Haftentscheidungen (Untersuchungshaft) **126** 17
Vollzug der Untersuchungshaft **119** 143

Gefahr im Verzug (Gefährdung des Maßnahmenerfolgs)
„Steckbrief"-Fahndungen (§§ 131 ff n. F.) **Nachtr. 131** 10 ff, 24; **Nachtr. 131c** 3, 6
Anordnung körperlicher Untersuchung **81a** 66; **81a** 72 ff
Leichenöffnung/-ausgrabung **87** 18, 32
Untersuchung nicht tatverdächtiger Personen **81c** 52

Gefahrenabwehr
siehe Verbrechensbekämpfung, vorbeugende
Ausschreibung zur polizeilichen Beobachtung **163e** 4
Datenabgleich (justizintern) **98c** 10
Ermittlung, verdeckte mit technischen Mitteln **100c** 5
Ermittlungen der Polizei **163** 4, 21, 30, 76
Ermittlungsmaßnahmen der §§ 94 ff **Vor 94** 75
Kontrollstellen, Einrichtung von **111** 6
Wohnraumüberwachung, akustische **100f** 14, 18 ff

Gegenüberstellung
allgemein **58** 10
Beweisaufnahme, Hauptverhandlung **244** 17
Durchführung **58** 13
zur Identifizierung **58** 12
Lichtbildvorlage **58** 14
Staatsanwaltschaft im Ermittlungsverfahren **160** 51
Stimmvergleich **58** 15
bei Untersuchungsgefangenen **119** 39
Verhältnis zu Identifizierungsmaßnahmen (§ 81 b) **81b** 19
zur Vernehmung **58** 11
im Vorverfahren, Folgen für Verhandlung **58** 16
Zeuge mit Beschuldigtem/anderen Zeugen **58** 10 ff
Zeuge, Ladung/Befragung durch den Angeklagten **MRK Art. 6 (Art. 14 IPBPR)** 210

Gegenvorstellung
Absehen von der Verfolgung von Bagatellsachen, Anregung **153** 41
allgemein
siehe Rechtsmittel
Beschwerdeverfahren **308** 22
Hauptverhandlung ohne Angeklagten **233** 16
Hauptverhandlung, Terminsbestimmung **213** 18
Sachverhaltsermittlung durch die Staatsanwaltschaft **160** 65 ff
Verwerfung im Klageerzwingungsverfahren **174** 13

Geheimhaltungsgebot
Öffentlichkeit, Ausschlussverhandlung **GVG 174** 26

Geheimschrift
Urkundenbeweis, Verlesbarkeit **249** 36

Geistlicher
Beschlagnahmeverbot **97** 81
Zeugnisverweigerungsrecht **53** 20 ff

Geldbuße für Ordnungswidrigkeit
Rückwirkungsverbot von Strafgesetzen **MRK Art. 7 (Art. 15 IPBPR)** 11
Urteilsgründe, Inhalt/Darstellung **267** 91

Geldbuße gegen jur. Personen/Personenvereinigungen
Ausbleiben in der Verhandlung **444** 29 ff
Beteiligung im Ermittlungsverfahren **444** 25
Beteiligung im Eröffnungs- und Hauptverfahren **444** 26 ff
Beteiligungsanordnung
– Anforderung, Voraussetzungen **444** 12
– Anwendbarkeit der Einziehungsvorschriften **444** 17 ff
– Personenkreis **444** 11
– Rechtsschutz allgemein **444** 14
– Rechtsschutz der juristischen Person **444** 15
– Rechtsschutz der Staatsanwaltschaft **444** 16

– Überblick **444** 9
– Wirkungen **444** 13
– Zeitpunkt **444** 10
Inhalt der Verfahrensregelung **444** 1
Kosten/notwendige Auslagen des Nebenbeteiligten **472b** 6
Mehrheit von Vertretungsberechtigten **444** 28
Notwendigkeit der Beteiligung am Verfahren **444** 6
Rechtsschutz im Nachverfahren **444** 35
Rechtsschutz, Strafbefehl **444** 34
Rechtsschutz, Urteilsanfechtung **444** 33
Selbstständiges Verfahren
– Kosten **444** 39
– Unverfolgbarkeit aus rechtlichen Gründen **444** 38
– Verfahren **444** 37
– Voraussetzungen **444** 36
Verhältnis zum Verfall **444** 3
Vertretung durch Rechtsanwalt **444** 32
Wesen der Verfahrensregelung **444** 2
Zweck der Beteiligung am Verfahren **444** 4

Geldstrafe
Arrest, dinglicher (Vollstreckungssicherung) **111d** 9
Ausspruch im Urteilstenor **260** 72
Berufung, Verbot der Verschlechterung **331** 46, 64
beträchtliches Gewicht bei Nichtverfolgung von Straftaten **154** 19
Eigentumsschutz **1. ZP MRK Art. 1** 11
Gerichtsentscheidung bei Strafvollstreckungsmaßnahmen **458** 23
Hauptverhandlung ohne Angeklagten **232** 10
Revisionsbegründung, Beschränkung **344** 32 ff
Strafbefehlsverfahren, Zulässigkeit **407** 14 ff
Strafvollstreckung, Aufschub/Unterbrechung **455** 36
Urteilsgründe, Inhalt/Darstellung **267** 90
Wiederaufnahme, Neuverhandlung **373** 30

Geldstrafe, Absehen von Beitreibung
Anordnungsvoraussetzung, Regelfall **459d** 4
Anwendungsfälle **459d** 1
Erledigung der Vollstreckung **459d** 6
Ermessen **459d** 7
Gesamtstrafe, nachträgliche Bildung **459d** 8
gesonderte Verhängung **459d** 5
öffentliches Interesse **459d** 9
Verfahrenskosten **459d** 11
Wirkung der Anordnung **459d** 10
Zusammentreffen in demselben Verfahren **459d** 2
Zusammentreffen in verschiedenen Verfahren **459d** 3

Geldstrafe, Beitreibung
allgemein **459** 8
Durchführung der Vollstreckung **459c** 4
Entfallen der Schonfrist **459c** 7
Erfolglosigkeit **459c** 10
Gesamtfreiheitsstrafe, Einbeziehung **459c** 15
Schonfrist, Beginn **459c** 2
Schonfrist, Wirkung **459c** 3
Schonfrist, Zweck **459c** 1
Teilbeträge **459c** 5
Tod des Verurteilten **459c** 12
Tod des Verurteilten, Nebenfolgen **459c** 14
Unterbleiben **459c** 8
Unterbleibensanordnung, Wirkung **459c** 11
Verfahren nach Fristablauf **459c** 3
Vollstreckung während der Frist **459c** 6

Geldstrafe, Verrechnung von Teilzahlungen
Anwendungsbereich der Regelung **459b** 1
Mehrheit von Schuldtiteln **459b** 6
Rechtsschutz **459b** 7
bei Zahlungserleichterung **459b** 2; **459b** 3
Zweck der Vorschrift **459b** 4

Geldstrafe, Vollstreckung
Beitreibung von Verfahrenskosten **459** 10
DDR-Geldstrafen **459** 12
Durchsuchung von Wohnungen **459** 9
Einforderung der Geldstrafe **459** 7
Entwicklungsgeschichte **459** 1 ff
Ersatzfreiheitsstrafe
siehe dort
Justizbeitreibungsordnung **459** 4
Rechtsschutz **459** 11
Reformvorschläge **459** 13
Verfahren allgemein **459** 6
Verwaltungsvorschriften, ergänzende **459** 5

Geldstrafe, Zahlungserleichterungen
Änderungsbefugnis **459a** 9
Anwendungsgrundsätze **459a** 8
bisherige Mängel der Regelung **459a** 6
Entstehungsgeschichte **459a** 1
erhebliche Gefährdung **459a** 7
Kosten **459a** 15
Kostenzahlungsvergünstigung, isolierte **459a** 18
Nebenfolgen **459a** 22
Rechtsschutz **459a** 20
Regelungen des StGB **459a** 5; **459a** 5
Schadenswiedergutmachung, Gefährdung **459a** 4
Verfallsklausel **459a** 12
Vollstreckungsverjährung, Ruhen **459a** 21
Zuständigkeit für Bewilligung **459a** 2

Gemeingefährlichkeit
Unterbringung zur Begutachtung **81** 9

gemeinnützige Tätigkeit
Ersatzfreiheitsstrafe, Vollstreckung **459e** 14 ff
Nichtverfolgung gegen Auflagen/Weisungen, vorläufige **153a** 58
Gemeinschaftseinrichtungen
Zustellungsverfahren nach ZPO (n. F.) **Nachtr. 37** 53 ff
Generalbundesanwalt
Absehen von der Verfolgung von Auslandstaten **153c** 32 f
Absehen von der Verfolgung von Staatsschutz-Strafsachen **153d** 10; **153e** 13, 18
Absehen von der Verfolgung von Taten nach dem VölkerStGB **Nachtr. 153f** 43 f
Amt der Staatsanwaltschaft **GVG 142a** 6
Anhörung im Klageerzwingungsverfahren **173** 5
Anhörung vor Entscheidung des Großen Senats **GVG 138** 10
Bundesgerichtshof, Beschwerdezuständigkeit **GVG 135** 6a
Datenübermittlung von Amts wegen, Kontaktstellen **EGGVG Nachtr. 16a** 1 ff
Einstellungsbescheid im Klageerzwingungsverfahren **172** 103
Entscheidung über Zuständigkeiten **GVG 142a** 5
Ermittlungsrichter des OLG und BGH **169** 3
Gestaltung des Ermittlungsverfahrens **GVG 142a** 20
Hilfsbeamte der Staatsanwaltschaft **GVG 152** 37
Rückgabe übernommener Sachen **GVG 142a** 16 ff
Staatsanwaltschaft, Weisungsrecht **GVG 146** 39
Staatsschutz-Strafsachen, Übernahme **GVG 74a** 11 ff
Strafverfolgung durch Organleihe **GVG 142a** 1
Vollstreckungsbehörde, -hilfe **451** 25
Zuständigkeit des OLG **GVG 120** 6 ff
Zuständigkeit, Bedeutung/Umfang **GVG 142a** 2
Generalbundesanwalt, Abgabe der Sache an Landes-StA
Abgabepflicht **GVG 142a** 9
Abgabeverbot **GVG 142a** 14
Übernahme, erneute **GVG 142a** 13
Überprüfbarkeit der Entscheidung **GVG 142a** 15
Voraussetzungen **GVG 142a** 10
Wirkung **GVG 142a** 7
Zeitpunkt **GVG 142a** 12
Generalprävention
Nichtverfolgung unwesentlicher, einzelner Taten **154** 27
Generalstaatsanwalt beim Oberlandesgericht
Anhörung im Klageerzwingungsverfahren **173** 5
Einstellungsbescheid im Klageerzwingungsverfahren **172** 103
Genfer Konventionen
Behandlung von Kriegsgefangenen **GVG Vor 184** 5
Flüchtlingskonvention **MRK Einf. (Einf. IPBPR)** 10
Menschenrechtsschutz, internationaler **MRK Einf. (Einf. IPBPR)** 10
Gerechtigkeit (Verfahrensziel)
Wiederaufnahme des Verfahrens **Vor 359** 5
Gericht (allgemein)
siehe auch Richter
Aufbau und Organisation
siehe auch Gerichtsbarkeit, Geschäftsverteilung, Präsidium
Auskunftsverlangen der Staatsanwaltschaft **161** 11
Begründung von Entscheidungen
Berufung, funktionelle Zuständigkeit/Verweisungsentscheidung **328** 29 ff
Berufung, örtliche Zuständigkeit/Verweisungsentscheidung **328** 22
Berufung, sachliche Zuständigkeit/Verweisungsentscheidung **328** 24 ff
Beschuldigtenbegriff, Verwendung **157** 6
eigene Sachkunde **244** 300
Einstellungen nach den §§ 153 ff, Verfahren/Entscheidungen
siehe dort
Entscheidung über Maßnahmen von StA und Polizei
siehe Antrag auf gerichtliche Entscheidung
Entscheidung über Verhandlungsleitung des Vorsitzenden **238** 16 ff
Ermittlungen im Eröffnungsverfahren, eigene **202** 13
Freiheitsentziehung, Rechte bei **MRK Art. 5 (Art. 9, 11 IPBPR)** 102 ff
Hilfsstrafkammer, Vorsitz **GVG 21f** 12
Justizverwaltungsakt, Rechtsschutz **EGGVG 23** 4 ff
kleine Strafkammer, Vorsitz **GVG 21f** 18
Nichtigkeit von Entscheidungen
siehe dort
Rechtskraft von Entscheidungen **Einl. J** 73 ff, 114
Revision, fehlerhafte Besetzung des erkennenden Gerichts **338** 8 ff
Sitz, Struktur der Strafgerichtsbarkeit **GVG 12** 10
Überlastung, Personalnot
siehe dort

Gericht, Beratung und Abstimmung
siehe auch Urteil
absolute Mehrheit der Stimmen **GVG 196** 1
Abstimmung nach Teilen **GVG 194** 4
Abstimmung über Schuld und Rechtsfolgen
– Abgrenzung von Schuld- und Rechtsfolgenfrage **263** 2
– Einheit der Entscheidung über die Schuld **263** 5
– Entscheidungen mit einfacher Stimmenmehrheit **263** 13 ff
– Erfordernis der Zweidrittelmehrheit **263** 3 ff
– Festsetzung der Rechtsfolgen **263** 11
– Nachteil für den Angeklagten **263** 3
– Rechtsschutz (Revision) **263** 19
– Strafausschließungsgründe **263** 7
– Straferhöhungsgründe **263** 9
– Strafminderungsgründe **263** 8
– Verhältnis zum Gerichtsverfassungsgesetz **263** 1
abweichende strafrechtliche Bewertung **GVG 195** 5
Änderung der Stimmabgabe **GVG 194** 19
Anwendungsbereich **GVG 193** 2
Anzahl der Richter, notwendige (Quorum) **GVG 192** 1 f
Art der Abstimmung **GVG 194** 2
Beratung, Begriff **GVG 193** 3
Beratung, Ort und Art **GVG 193** 5
Beschäftigung/Zuweisung **GVG 193** 22
Beschlüsse außerhalb der Hauptverhandlung **GVG 194** 20 f
Beurkundung **GVG 193** 9
Beweisaufnahmen, Trennung **GVG 193** 10
Beweiswürdigung **GVG 194** 13
dasselbe Gericht **GVG 193** 21
Entscheidung nach dem Ergebnis **GVG 194** 3
Ergänzungsrichter
siehe dort
Gestattung durch den Vorsitzenden **GVG 193** 23
mehrere Abstimmungen **GVG 194** 17
Meinungsbildung bei Summen **GVG 196** 5
Rechtsschutz (Revision) **GVG 193** 30 ff; **GVG 194** 22
Reihenfolge der Abstimmung **GVG 194** 5; **GVG 197** 1
Reihenfolge nach Aufgabenverteilung **GVG 197** 3
Reihenfolge nach Dienst- und Lebensalter **GVG 197** 2
Revisionsinstanz **GVG 194** 18
Schlussvorträge, Berücksichtigung **258** 46 ff
Schuldform **GVG 194** 12
Schuldfrage **GVG 194** 6
Schuldfrage, Ausnahmen von der Einheitlichkeit **GVG 194** 15 f
Sondervotum **GVG 195** 7
Stichentscheid des Vorsitzenden **GVG 196** 7
Stimmenverschiedenheit, Entscheidungsbildung **GVG 196** 6
teilnahmeberechtigte Personen **GVG 193** 11 ff, 26 ff
überstimmter Berichterstatter **GVG 195** 6
überstimmter Vorsitzender **GVG 195** 6
Urteilsgründe, Inhalt/Darstellung **267** 8
Verbindlichkeit des Mehrheitsbeschlusses **GVG 195** 2
Verpflichtung ausländischer Hospitanten **GVG 193** 33
Verpflichtung zur Abstimmung **GVG 195** 1
Verteilung der Aufgaben **GVG 194** 1
Vorberatung **GVG 193** 6 ff
Wahlfeststellung **GVG 194** 11
Zugegensein von Personen **GVG 193** 24

Gericht, Beratungsgeheimnis
Ausnahmen **GVG 193** 50 ff
Gegenstand der Geheimhaltung **GVG 193** 44
Geheimhaltungspflichtige **GVG 193** 39 f
Sondervotum überstimmter Richter **GVG 193** 46 ff
Verhältnis zur allgemeinen Schweigepflicht **GVG 193** 45
Verletzung, Folgen **GVG 193** 61
Wesen und Zweck **GVG 193** 14 ff
Zeugenaussage eines Richters **GVG 193** 58

Gericht, Entscheidung über Justizverwaltungsakt, § 28 EGGVG
Aufhebung der Maßnahme **EGGVG 28** 3
Bedeutung der Regelung **EGGVG 28** 1
Bescheidungsverpflichtung **EGGVG 28** 14
Endgültigkeit **EGGVG 29** 1
erledigte Maßnahmen **EGGVG 28** 5
Ermessen, unbestimmte Rechtsbegriffe **EGGVG 28** 16
Folgenbeseitigung **EGGVG 28** 3
Fortsetzungsfeststellungsinteresse **EGGVG 28** 7 ff
Prüfungsumfang und -zeitpunkt **EGGVG 28** 2
Verpflichtung zur Vornahme **EGGVG 28** 12
Verpflichtung, Spruchreife **EGGVG 28** 13
vollzogene rechtswidrige Maßnahmen **EGGVG 28** 4

Gericht, Entscheidungen/Bekanntmachung
Anordnung, Begriff **Vor 33** 7
Beschluss, Begriff **Vor 33** 5
Entscheidung, Sprachgebrauch des Gesetzes **Vor 33** 2
Inhalt der Vorschriften **Vor 33** 1
Reformvorschläge **Vor 33** 9

staatsanwaltschaftliche Entscheidungen **Vor 33** 8
Strafbefehl, Begriff **Vor 33** 4
Urteil, Begriff **Vor 33** 3

Gericht, Sprache/Verständigung
Behinderung, Menschen mit *siehe dort*
Dolmetscher *siehe dort*
Europarats-Charta (Regionalsprachen) **GVG Vor 184** 8
Geltungsbereich der gesetzlichen Regelungen **GVG Vor 184** 1
Genfer Kriegsgefangenenabkommen **GVG Vor 184** 5
Gerichtssprache *siehe dort*
Gesetz über Rechtsstellung heimatloser Ausländer **GVG Vor 184** 6
Grundlagen, verfassungsrechtliche **GVG Vor 184** 3
Menschenrechtskonvention (Art. 5 Abs. 2 MRK) **GVG Vor 184** 4
NATO-Truppenstatut **GVG Vor 184** 7
Zweck der Vorschriften **GVG Vor 184** 2

Gericht, Spruchkörper
Besetzung durch Geschäftsverteilungsplan **GVG 21e** 9 ff
Besetzung, gesetzlicher Richter **GVG 16** 19 ff
Struktur der Strafgerichtsbarkeit **GVG 12** 4

Gericht, Vorsitz in den Spruchkörpern
Bedeutung/Grundgedanke der Regelung **GVG 21f** 2
Geltungsbereich **GVG 21f** 1
Realisierung der gesetzlichen Anforderungen **GVG 21f** 5
Umgehung bei Überbesetzung **GVG 21f** 9
Umgehung durch Abteilungsbildung **GVG 21f** 8
Verhinderung des Vorsitzenden *siehe dort*
Vorsitz in Hilfsstrafkammern **GVG 21f** 12
Vorsitz in mehreren Spruchkörpern **GVG 21f** 10
Vorsitzender als Beisitzer **GVG 21f** 11

Gericht, Zuständigkeit
Auswahl und Bestellung von Sachverständigen **73** 3
Entbindung von der Gutachterpflicht **76** 4
Entscheidung über die Befangenheit eines Sachverständigen **74** 29
Festsetzung von Kosten/Ordnungsmitteln gegen den Sachverständigen **77** 17
Haftentscheidungen allgemein **Vor 112** 44; **114** 2, 22; **114b** 23; **115a** 1; **116** 32; **117**
Hinzuziehung eines Sachverständigen (Gutachten zur Unterbringung) **80a** 2
Legalitätsprinzip, Geltung **152** 16
Realisierung der Verteidiger-Wahlfreiheit **137** 17 ff, 22 ff, 74b

Gerichtsbarkeit des Bundes
Oberlandesgericht, Ausübung **GVG 120** 17 ff

Gerichtsbarkeit, Befreiung bei diplomatischer Vertretung
Bedeutung der Regelung **GVG 18** 1
Behandlung der ehemaligen DDR **GVG 18** 3
Dauer der Befreiung **GVG 18** 8
Kreis der Exterritorialen **GVG 18** 5
Richtlinien **GVG 18** 4
Rundschreiben des BMI vom 17.8.1993 **GVG 18** 9
Wirkung der Immunität **GVG 18** 6 f

Gerichtsbarkeit, Befreiung bei konsularischer Vertretung
Bedeutung der Regelung **GVG 19** 1
Dauer der Befreiung **GVG 19** 12
Kreis der begünstigten Personen **GVG 19** 4
Richtlinien **GVG 19** 3
Wirkung/Umfang der Befreiung **GVG 19** 8 f

Gerichtsbarkeit, Befreiung nach Völkerrecht
allgemeine Regeln des Völkerrechts **GVG 20** 4
Bedeutung der Regelung **GVG 20** 3
NATO-Truppenstatut **GVG 20** 8
Sonderbotschafter **GVG 20** 6
sonstige Rechtsvorschriften **GVG 20** 9
völkerrechtliche Vereinbarungen **GVG 20** 7

Gerichtsbarkeit, deutsche
Befreiung von Staatsrepräsentanten **Einl. D** 9; **GVG 20** 1 f
Einstellung des Verfahrens/Prozessvoraussetzung **206a** 38
räumlicher Geltungsbereich **GVG Vor 12** 7
Schiffe und Luftfahrzeuge **Einl. D** 13 ff
Urteilsgegenstand, Bindung an angeklagte Tat **264** 71
Verhältnis zu Gerichten der EU-Mitgliedsstaaten **GVG Vor 12** 8
Verhältnis zu internationaler Strafgerichtsbarkeit **GVG Vor 12** 9

Gerichtsbarkeit, freiwillige
Vermögensbeschlagnahme **292** 7

Gerichtsbarkeit, ordentliche
Ausnahmegerichte *siehe dort*
Bedeutung der Regelung **GVG 12** 1
Begriff **GVG Vor 1** 6
Behörden, gerichtsähnlich organisierte **GVG Vor 1** 8
besondere Namen für Gerichte **GVG 12** 2

Bundes- und Landesgerichte, Aufteilung **GVG Vor 12** 1
ehrenamtliche Richter (Schöffen) **GVG Vor 1** 11
Einigungsvertrag **GVG 12** 3
Entstehungsgeschichte der §§ 1 bis 21 GVG **GVG Vor 1** 1
Gericht und Spruchkörper **GVG 12** 4
gerichtliche Zuständigkeitsprüfung **6** 31
Gerichts **GVG Vor 1** 7
Gerichtsbarkeitsbegriff **GVG Vor 1** 6
Gliederung/Geschäftskreis der Gerichte **GVG 12** 6
Justizhoheit und Rechtspflegegebiet **GVG Vor 12** 2
Organe der Strafgerichtsbarkeit **GVG 12** 5
private Gerichtsbarkeit **GVG Vor 1** 13
Rechtshängigkeit, bundeseinheitliche **GVG Vor 12** 6
Rechtskraft, bundeseinheitliche **GVG Vor 12** 6
Rechtspflege **GVG Vor 1** 5
Rechtspfleger **GVG Vor 1** 10
Rechtsprechung **GVG Vor 1** 4
Rechtsprechungsmonopol **GVG Vor 1** 3
Rechtszüge **GVG 12** 7
Richter **GVG Vor 1** 7
Richterstatus, Abgrenzung zum Beamten **GVG Vor 1** 9
Sitz und Bezirke der Gerichte **GVG 12** 10
Sondergerichte
siehe dort
Staatsanwaltschaft **GVG Vor 1** 12
Strafverfolgung durch die Länder **GVG Vor 12** 3
Unabhängigkeit, richterliche **GVG Vor 1** 2
Verfahrensabschnitte **GVG 12** 9
Verhältnis zu Sondergerichten **GVG 13** 11
Zuständigkeit
– Ausnahme der Nichtverfolgung gegen Auflagen/Weisungen **GVG 13** 3
– Bedeutung der Vorschrift **GVG 13** 1
– Monopol der Strafgerichtsbarkeit **GVG 13** 2
– Strafsachen, Begriff **GVG 13** 4
Zuständigkeit mehrerer Länder **GVG Vor 12** 4

Gerichtsbezirk
Eröffnungsbeschluss, Abgabe an ein anderes Gericht **209** 13 ff
Schöffengericht, gemeinsames Amtsgericht **GVG 58** 5
Struktur der Strafgerichtsbarkeit **GVG 12** 10

Gerichtshilfe
Aufgabenbereich allgemein **463d** 2
Aufgabenbereich/Stellung **160** 79, 87
Auftraggeber **160** 82
Bericht **160** 95
Beweisverwertung des Berichts im Freibeweis **160** 99
Beweiswürdigung, freie richterliche **261** 20
Bezeichnung nach dem Gerichtssitz **160** 72
Bindungswirkung der Aufträge **160** 82
Datenverarbeitung zum Zwecke des Strafverfahrens **483** 2
Einführung des Berichts in die Hauptverhandlung **160** 101
Entwicklung und Bedeutung **160** 73
Ermittlungsaufträge der Strafverfolgungsorgane **463d** 4
Ermittlungsverfahren, Stellung **Vor 158** 42
gesetzliche Grundlagen **160** 70
Gespräch mit dem Beschuldigten **160** 92
Nachforschungen **160** 94
Organisation **160** 77; **463d** 2
Rechtsschutz **160** 105
Rechtsstellung in der Hauptverhandlung **Vor 226** 46
Reformentwicklung **160** 107
Stellung in der Hauptverhandlung **160** 100
Strafverfahren, Funktion **Einl. I** 37, 63
Tätigkeiten allgemein **160** 89
Umfang der Heranziehung **160** 83
Urkundenbeweis, Verlesen von Behörden-/Ärzteerklärungen **256** 18
Vernehmung des Gerichtshelfers **160** 103
Verwertung in der Hauptverhandlung **160** 100 ff
Vollstreckung, Aufgabenübertragung **463d** 1
Zeitpunkt der Heranziehung **160** 86

Gerichtspräsident
siehe Präsident

Gerichtssprache
Anklageschriften **GVG 184** 9
Bedeutung **GVG 184** 6
deutsche Sprache, Begriff **GVG 184** 2
Dolmetscher, kostenlose Beiordnung **MRK Art. 6 (Art. 14 IPBPR)** 235
Einigungsvertrag, Sonderregelung **GVG 184** 1
Europäischer Gerichtshof für Menschenrechte **MRK Anhang/Verfahren** 18
Fachausdrücke **GVG 184** 4
Gericht, schriftliche Äußerungen **GVG 184** 7
Gerichtsentscheidungen **GVG 184** 11
Ladungen **GVG 184** 10
mathematische Formeln **GVG 184** 5
Mundarten **GVG 184** 3
Rechtshilfeersuchen **GVG 184** 14
Rechtsmittelbelehrungen **GVG 184** 13
Sprache, Verständigung
siehe auch Gericht, Sprache/Verständigung
Strafbefehle **GVG 184** 9

Verfahrensbeteiligte, schriftliche Erklärungen **GVG 184** 15 ff
Verfahrensbeteiligte, Übersetzungspflicht **GVG 184** 19
Wiedereinsetzung in den vorigen Stand **GVG 184** 20
zwingende Natur **GVG 184** 21

Gerichtsstand (allgemein)
Änderung der Rechtslage **Vor 7** 32
Änderung der Voraussetzungen **Vor 7** 30
Begriff **Vor 7** 1
Entscheidung oberer Gerichte **Vor 7** 33
gesetzliche Vorschriften, spezielle (StPO) **Vor 7** 2
gesetzliche Vorschriften, zusätzliche **Vor 7** 5
Konkurrenzen **Vor 7** 17
Oberlandesgericht, Zuständigkeit **GVG 120** 16
Rechtsmittelgerichte **Vor 7** 23
Rechtsschutz **Vor 7** 36
Staatsanwaltschaft, Zuständigkeit **Vor 7** 40
Untersuchungen bei Gefahr im Verzug **21** 1 ff
Untersuchungshandlungen, Begriff **20** 2
Unzuständigkeit, örtliche **20** 4
Verfassungsmäßigkeit **Vor 7** 41
Vorschriften für das vorbereitende Verfahren **Vor 7** 37
Wirksamkeit der Untersuchungshandlungen **20** 1, 5 ff
Zuständigkeitskonkurrenz *siehe unten*
Zuständigkeitskonzentration **Vor 7** 11
Zuständigkeitsstreit *siehe unten*

Gerichtsstand bei Schiffen/Luftfahrzeugen
Luftfahrzeuge **10** 9
Schiffe und Luftfahrzeuge **10** 1
Schiffe, Führen der Bundesflagge **10** 6
Schiffe, Geltungsbereich der StPO **10** 7
Schiffe, Heimathafen **10** 8

Gerichtsstand bei Straftaten im Bereich des Meeres 10a 1 f

Gerichtsstand des Ergreifungsortes
Änderung **9** 6
Beziehung zur Straftat **9** 8
Ergreifungsort **9** 1
Zweck der Norm **9** 10

Gerichtsstand des Tatortes
Druckschriften **7** 14
Erscheinungsort **7** 16
Mehrheit von Begehungsorten **7** 4
Offizialverfahren (Gerichtsstand der Presse) **7** 27
Pesseinhaltsdelikte **7** 19
Presse allgemein **7** 6
Privatklagedelikte (Gerichtsstand der Presse) **7** 23
Rundfunk **7** 12
Straftat der Begünstigung **7** 5
Tatbegehung **7** 1

Gerichtsstand des Wohnsitzes/Aufenthalts
Aufenthalt, gewöhnlicher **8** 4
letzter Wohnsitz **8** 10
Wohnsitz **8** 1
Wohnsitz eines Berufssoldaten **8** 2, 9
Zeitpunkt der Wohnsitz-/Aufenthaltsbestimmung **8** 11

Gerichtsstand des Zusammenhangs
Ablehnung der Verbindung **13** 31
Aufhebung der Verbindung **13** 41
Auswahl des Gerichtsstandes **13** 10
Begründung der Verbindungsentscheidung **13** 30
gemeinschaftliches oberes Gericht **13** 26
Inhalt der Regelung **13** 1
Rechtsschutz **13** 15
Rechtsschutz gegen Verbindung **13** 35
Verbindung, Antrag der Staatsanwaltschaft **13** 21
Verbindung, Durchführung **13** 32
Verbindung, Voraussetzungen **13** 17
Verfassungsmäßigkeit der Verbindungsregelung **13** 25
verschiedene Gerichte **13** 7
Wirkung und Dauer der Entscheidung **13** 38

Gerichtsstand für Beamten im Ausland
Beamter im Ausland **11** 2
exterritoriale Deutsche **11** 1

Gerichtsstand, Bestimmung durch den BGH
Bestimmung des Gerichtsstandes **13a** 4
Dauer **13a** 14
Inhalt der Bestimmung **13a** 9
Voraussetzungen **13a** 1 ff
Wegfall deutscher Gerichtsbarkeit **13a** 17
Zuständigkeit **13a** 11

Gerichtsstand, Einwand der Unzuständigkeit
Einwand des Angeklagten **16** 11
Inhalt der Vorschrift **16** 1
örtliche Zuständigkeit der Staatsanwaltschaft **16** 2
Rechtsschutz (Beschwerde) **16** 16
Rechtsschutz (Revision) **16** 18
Unzuständigkeit des Rechtsmittelgerichts **16** 21
Verbrauch des Einwands **16** 14
Verfahren bei Eröffnung **16** 8
Verfahren nach Eröffnung **16** 10
Verfahren vor Eröffnung **16** 7
Verfahren, Übersicht **16** 6
Verlust des Einwands **16** 13
Zuständigkeitsprüfung von Amts wegen **16** 4

Gerichtsstand, Verhinderung des zuständigen Gerichts
Auswahl des Gerichts **15** 17
beauftragtes Gericht **15** 21
Gefährdung der öffentlichen Sicherheit **15** 8
Gerichtsstand des Auftrags **15** 1
Rechtsschutz (Beschwerde) **15** 23
Übertragung der Sache **15** 13
Verhinderung, Begriff **15** 5
zunächst oberes Gericht **15** 10
Gerichtsstand, Zuständigkeitskonkurrenz
Eröffnung der Untersuchung **12** 10
Gegenstand der Untersuchung **12** 15
mehrere Gerichte **12** 4
Übertragung des Sache, Empfänger **12** 45
Übertragung des Sache, Rechtsschutz **12** 54
Übertragung des Sache, Wirkung **12** 51
Übertragung des Sache, Zulässigkeit **12** 47
Übertragung des Sache, Zweck **12** 38
umfassende Zuständigkeit **12** 16
Verfahren allgemein **12** 24
Verfahren im Ermittlungsverfahren **12** 32
Verfahren in der Rechtsmittelinstanz **12** 29
Verfahren nach Eröffnung **12** 28
Verfahren vor Eröffnung **12** 25
Vorrangregelung, Inhalt **12** 1
Wirkung der Vorrangregelung **12** 20
Gerichtsstand, Zuständigkeitsstreit
Entscheidung des oberen Gerichts **14** 7
Klärung durch Beschwerde **14** 5
Unzuständigkeitserklärung, unanfechtbare **19** 1 ff
Zuständigkeitsstreit, Begriff **14** 1
Gerichtstafel
öffentliche Zustellung **40** 17
Gerichtsverfassungsgesetz (GVG)
Aufgabenverteilung in Stadtstaaten **EGGVG 4a** 1 f
Bedeutung des Gesetzes allgemein **GVG Einl 1** 5
Begriff der Gerichtsverfassung **GVG Einl 1** 1
Entwicklungsgeschichte **Einl. E** 10, 16, 34, 53, 93, 105, 166
Geltungsbereich
– Einschränkungen **EGGVG 1** 5
– Landesrecht, Verhältnis **EGGVG 1** 6
– ordentliche streitige Gerichtsbarkeit **EGGVG 1** 1
– Rechtslage **EGGVG 1** 3 f
– verwandte Angelegenheiten **EGGVG 1** 2
Gesetzgebungskompetenz **GVG Einl 1** 2
Justizhoheit **GVG Einl 1** 3
Landesrecht, Zuweisung von Justizverwaltungsgeschäften **EGGVG 4** 1, 3 f
Landesrecht, Zuweisung weiterer Aufgaben **EGGVG 4** 1 f
Übertragung der Aufgaben der Sonderstrafgerichte **EGGVG 3** 1 f
Verhältnis von Bundes- und Landeskompetenzen **GVG Einl 1** 4
Gerichtsvollzieher
Ausschließung, Folgen der Nichtbeachtung **GVG 155** 2
Ausschließung, Voraussetzungen **GVG 155** 1
Bedeutung der Regelung **GVG 154** 1
Begriff **GVG 154** 2
Ladung, unmittelbare gerichtliche **38** 2
Rechtshilfeersuchen **GVG 160** 3; **GVG 161** 1 f
Rechtsstellung **GVG 154** 4
Zustellungs- und Vollstreckungsaufgaben **GVG 154** 3
Zustellungsverfahren nach ZPO (n. F.) **Nachtr. 37** 24
Gesamtschuldner
Kosten/notwendige Auslagen des Nebenklägers **472** 25
Kostenlast im Privatklageverfahren **471** 36
Gesamtstrafe
Amtsgericht, Zuständigkeit **GVG 24** 37
Annahmeberufung, Zulässigkeit **313** 27, 30
Ausspruch im Urteilstenor **260** 73 ff
Berufung, Verbot der Verschlechterung **331** 40, 67 ff
beträchtliches Gewicht bei Nichtverfolgung von Straftaten **154** 20
Geldstrafe, Vollstreckung **459d** 8
Revision, Aufhebung des Urteils **353** 15
Revision, Prüfung von Gesetzesverletzung **337** 231 ff
Revisionsbegründung, Beschränkung **344** 37
Urteilsgründe, Inhalt/Darstellung **267** 92
Vollstreckbarkeit bei Teilanfechtung **449** 25 ff
Vollstreckung mehrerer Freiheits-/Ersatzfreiheitsstrafen **454b** 6
Vollstreckungsbehörde **451** 50
Wiederaufnahme des Verfahrens **Vor 359** 69, 151
Wiederaufnahme, gerichtliche Zuständigkeit **367** 20
Wiederaufnahme, Neuverhandlung **373** 24
Wiederaufnahme, Wirkung der Anordnung **370** 38
Gesamtstrafenbildung, nachträgliche
Auflösung früherer Gesamtstrafe **460** 28
Begründung im Beschluss **460** 49
Begründung, Grundsatz **460** 46
Begründungsumfang **460** 47
Bemessung **460** 34
Einzelstrafen
– Auslieferung ohne Vollstreckungsbewilligung **460** 27

– auszuscheidende **460** 15
– Einbeziehung, Grundsatz **460** 14
– einzubeziehende **460** 18
– Gnadenerweise, Bedeutung **460** 19
– nachträglich vollstreckbare **460** 26
– nicht rechtskräftige **460** 25
– Strafaussetzung im Gnadenwege **460** 23
– verjährte Strafen **460** 24
Geldstrafen allgemein **460** 7
Gesamtgeldstrafe **460** 8 f
Gesamtvermögensstrafe **460** 10 ff
jugendgerichtliches Verfahren
– Einheit der Unrechtsfolgen **460** 59
– mehrere Straftaten in mehreren Alters-/Reifestufen **460** 62 ff
– nachträgliche Entscheidung (§ 66 JGG) **460** 60
Nebenfolgen **460** 37 ff
Rechtsfehler, Berücksichtigung früherer **460** 35
Rechtskraft **460** 51
Rechtsschutz **460** 50
registerliche Behandlung **460** 13
Strafaussetzung zur Bewährung **460** 40 ff
Strafaussetzung zur Bewährung, Ausnahmen **460** 43
Strafzeitberechnung **460** 55
Strafzeitberechnung, Beginn **460** 56
Übergangsregelung **460** 66
Untersuchungshaft, Anrechnung **460** 57
Urteile **460** 5
Verfahren **460** 41
Verfahrensgebühr **460** 65
Verhältnis zum materiellen Recht (§ 55 StGB) **460** 1 ff
Verschlechterungsverbot **460** 29 ff
Verwarnung mit Strafvorbehalt **460** 6
Vollstreckbarkeitsbescheinigung **460** 52
Vollstreckung der Freiheitsstrafe, Nachtragsentscheidungen **462a** 62 ff
Voraussetzungen allgemein **460** 4
Widerruf der Strafaussetzung **460** 53 f
Zuständigkeit **460** 40

Geschäftsfähigkeit
Einziehungs-/Verfallsbeteiligter, Befugnisse **433** 21 ff

Geschäftsgeheimnis
Öffentlichkeitsausschluss bei Gefährdung **GVG 172** 15 ff

Geschäftsordnung
Präsidium des Gerichts/Geschäftsverteilungsplan **GVG 21e** 63

Geschäftsräume
Zustellungsverfahren nach ZPO (n. F.) **Nachtr. 37** 52

Geschäftsstelle der Staatsanwaltschaft
allgemein **GVG 153** 5
Aufgabenbereich **GVG 153** 10
Entwicklungsgeschichte der Regelung **GVG 153** 1 f
Hauptverhandlung, weitere Ladungen **214** 17
nähere Vorschriften zur Ausführung **GVG 153** 14
Service-Einheiten **GVG 153** 9
Urkundsbeamter der Geschäftsstelle (UdG) **GVG 153** 6
Urkundsbeamter, Rechtsstellung **GVG 153** 12

Geschäftsstelle des Gerichts
allgemein **GVG 153** 3
Amtsgericht, Zuständigkeit **GVG 27** 3
Aufgabenbereich **GVG 153** 10
Entgegennahme von Erklärungen *siehe dort*
Entwicklungsgeschichte der Regelung **GVG 153** 1
Hauptverhandlung, Ladung **214** 11
nähere Vorschriften zur Ausführung **GVG 153** 14
Schöffenlisten **GVG 45** 18
Service-Einheiten **GVG 153** 9
Strafverteidiger, Ladung zur Hauptverhandlung **218** 13
Urkundsbeamter der Geschäftsstelle (UdG) **GVG 153** 6
Urkundsbeamter, Rechtsstellung **GVG 153** 12
Urteil, Form/Absetzung **275** 44, 54, 58, 69
Zustellungsverfahren nach ZPO (n. F.) **Nachtr. 37** 21 ff, 41 ff

Geschäftsverteilung
Amtsgericht **GVG 22** 30
Staatsanwaltschaft, Organisation **GVG 144** 3

Geschäftsverteilung innerhalb der Spruchkörper
Abstimmungsverfahren **GVG 21g** 7
Änderungsbeschluss **GVG 21g** 20
allgemein **GVG 21g** 1
Anhörung eines betroffenen Richters **GVG 21g** 11
Berichterstatter **GVG 21g** 18
Eilzuständigkeit **GVG 21g** 10
Einzelrichter, Bestellung **GVG 21g** 23
Entwicklungsgeschichte der Vorschrift **GVG 21g** 2 f
Grundsätze der Mitwirkung der Mitglieder **GVG 21g** 13
Rechtsprechung zur Meinungsbildung **GVG 21g** 4 ff
reduzierte Richterbank **GVG 21g** 17
Teilzuweisung eines Richters **GVG 21g** 16
Verhinderung, Vertretung **GVG 21g** 9

Verstoß gegen Mitbestimmung, Folgen **GVG 21g** 21
Verteilung durch Beschluss des Spruchkörpers **GVG 21g** 7
Vertretung untereinander **GVG 21g** 19
Geschäftsverteilungsplan
Abweichen, Folgen **GVG 21e** 35
Änderungen im laufenden Geschäftsjahr
– Änderungsgründe allgemein **GVG 21e** 44
– Anhörung des Vorsitzenden **GVG 21e** 53
– Entlastung der Richter **GVG 21e** 45
– Überlastung einzelner Richter **GVG 21e** 48
– Überlastung, dauernde **GVG 21e** 46
– Überlastung, vorübergehende **GVG 21e** 47
– ungenügende Auslastung **GVG 21e** 49
– Verhinderung, dauernde **GVG 21e** 52
– Wechsel einzelner Richter **GVG 21e** 50
– Zuständigkeitsfortdauer allgemein **GVG 21e** 54
– Zuständigkeitsfortdauer bei Tätigkeit in der Sache **GVG 21e** 55 f
– Zuständigkeitsfortdauer, Anordnung **GVG 21e** 60
– Zuständigkeitsfortdauer, einzelner Richter **GVG 21e** 58
– Zuständigkeitsfortdauer, Hilfsspruchkörper **GVG 21e** 57
– Zuständigkeitsfortdauer, Schöffen **GVG 21e** 59
Anhörung von Nichtmitgliedern
– vor Änderung des Aufgabenbereichs **GVG 21e** 38 ff
– vor Änderungen im laufenden Geschäftsjahr **GVG 21e** 37, 53
– vor Jahresgeschäftsverteilung **GVG 21e** 36
– Richterrat **GVG 21e** 42
Aufgabenbereich des Präsidiums **GVG 21e** 1 f
Aufgabenbereich, abschließende Regelungen **GVG 21e** 3
Bedeutung allgemein **GVG 21e** 5
Bereitschaftsdienst **GVG 21e** 84
Besetzung der Spruchkörper
– allgemein **GVG 21e** 9
– Ergänzungsrichter **GVG 21e** 14
– Hilfsrichter **GVG 21e** 13
– Überbesetzung **GVG 21e** 10 ff
Eröffnungsbeschluss, Abgabe an ein anderes Gericht **209** 7
fehlerhafte Geschäftsverteilung, Auswirkungen **GVG 21e** 33 f
Ferienspruchkörper, Wegfall **GVG 21e** 20
Freistellung für Justizverwaltung **GVG 21e** 61
Geschäftsverteilung des Präsidenten **GVG 21e** 31
Rechtsnatur **GVG 21e** 7
Rechtspflegeraufgaben **GVG 21e** 4
Revision, fehlerhafte Gerichtsbesetzung **338** 18 ff
Revision, Gesetzesverletzung **337** 13
richterliche Unabhängigkeit **GVG 21e** 6
Übertragbarkeit der Aufgaben des Präsidiums **GVG 21e** 8
Verfahren des Präsidiums
– Anfechtung von Beschlüssen **GVG 21e** 77 ff
– Befangenheit **GVG 21e** 67
– Beratungs- und Abstimmungsvorschriften (§§ 192 ff GVG) **GVG 21e** 66
– Beschlussfassung im Umlaufverfahren **GVG 21e** 75
– Beschlussfassung, Arten **GVG 21e** 62
– Beurkundung, Protokoll **GVG 21e** 74
– Einberufen der Sitzung **GVG 21e** 64
– Einsichtnahme durch Auflegung **GVG 21e** 81
– Einsichtsberechtigte **GVG 21e** 82
– fakultative Richteröffentlichkeit der Sitzung **GVG 21e** 69 ff
– Feststellungsklage vor dem Verwaltungsgericht **GVG 21e** 80
– Geschäftsordnung **GVG 21e** 63
– Nichtöffentlichkeit der Sitzung **GVG 21e** 68
– Schweigepflichten **GVG 21e** 76
– Unterrichtung der Richter **GVG 21e** 72
– Veröffentlichung beim BVerfG **GVG 21e** 83
– Verstoß gegen Anwesenheitsrechte **GVG 21e** 73
Verteilung der Geschäfte
– nach allgemein abstrakten Merkmalen **GVG 21e** 27
– nach anderen Zuweisungskriterien **GVG 21e** 28
– Grundsatz **GVG 21e** 21
– Verhalten bei Überbelastung **GVG 21e** 26
– Zuständigkeitskonflikte, Entscheidungsvorbehalt **GVG 21e** 22
– Zuständigkeitskonflikte, Konzentrationen **GVG 21e** 25
– Zuständigkeitskonflikte, Sonderfälle **GVG 21e** 23
– Zuständigkeitskonflikte, Spezialzuständigkeiten **GVG 21e** 24
Vertreterregelung
– allgemein **GVG 21e** 16
– Einzelfälle **GVG 21e** 17
– Umfang **GVG 21e** 15
– Verhältnis zu den §§ 77, 117 GVG **GVG 21e** 18
– Verhältnis zum Ergänzungsrichter **GVG 21e** 19

Zeitpunkt der Aufstellung **GVG 21e** 29
Zeitraum der Geltung **GVG 21e** 30
Zugehörigkeit zu mehreren Spruchkörpern **GVG 21e** 32

Gesetz über Rechtsstellung heimatloser Ausländer
Verständigung mit dem Gericht **GVG Vor 184** 6

Gesetz zu Art. 10 GG (G 10)
Postbeschlagnahme **99** 6
Rasterfahndung **98a** 44
Telekommunikationsüberwachung **100a** 24

Gesetzgebungskompetenz
Gerichtsverfassungsgesetz **GVG Einl. 1** 2

gesetzlicher Richter (Art. 101 Abs. 1 Satz 2 GG) **GVG 16** 3, 8 ff
Amtsgericht, Zuständigkeit **GVG 24** 30; **GVG 26** 1
Geschäftsverteilung innerhalb der Spruchkörper **GVG 21g** 2 ff
Geschäftsverteilungsplan **GVG 21e** 27
Haftentscheidungen, Besetzung des Schöffengerichts **GVG 30** 18 ff
Revision, fehlerhafte Gerichtsbesetzung **338** 10, 13
Stellung des Richters **Einl. I** 17
zivilrechtliche Vorfrage, Mitentscheidung **262** 5

gesetzlicher Vertreter/Erziehungsberechtigter
Abgrenzung zum Beistand **149** 7
Ablehnung eines Sachverständigen wegen Befangenheit **74** 16
Anhörung während der Beweisaufnahme **257** 9
Befragungsrecht in der Hauptverhandlung **240** 9
Berufung, Verbot der Verschlechterung **331** 23
Berufung, Zustellung des Urteils **316** 13
Berufungsfrist **314** 37
Berufungsverhandlung ohne Angeklagten/Vertreter **330** 1 ff
Ersetzen der Vernehmung durch Protokollverlesung **251** 45
Kosten des Rechtsmittels bei Erfolglosigkeit/Rücknahme **473** 10
Ladung zur Berufungsverhandlung **323** 17
Mitteilung der Anklageschrift im Eröffnungsverfahren **201** 13
Privatklageberechtigung **374** 31
Rechtsmittel, Einlegungsbefugnis **296** 1; **Vor 296** 17
Rechtsmittel, selbstständige Einlegungsbefugnis **298** 1 ff
Rechtsmittelbelehrung, gerichtliche **35a** 9 ff
Rechtsstellung in der Hauptverhandlung **Vor 226** 42
Revision, Einlegung **341** 6
Revisionsfrist **341** 22
Schlussvortrag (Plädoyer) **258** 11, 15, 18 ff
Teilnahme an erster Vernehmung (Ermittlungsrichter) **136** 50
Untersuchung nicht tatverdächtiger Personen **81c** 45
freie Verteidigerwahl **137** 76
Wiederaufnahme des Verfahrens, Antragsrecht **361** 4
Wiedereinsetzung in den vorigen Stand **44** 28
Zeuge mit fehlender Verstandesreife/-kraft **52** 30 ff; **Nachtr. 52** 2
Zeugnisfähigkeit **Vor 48** 30
Zulassung als Beistand **149** 1, 3, 7,9 , 17

Geständnis
Adhäsionsverfahren **404** 20
Strafverfahren, Absprachen **Einl. G** 81
Strafverfahren, Wahrheitserforschung **Einl. G** 55
Unschuldsvermutung **MRK Art. 6 (Art. 14 IPBPR)** 115
Vernehmungsprotokoll, Verlesung **254** 11 ff
Wiederaufnahme des Verfahrens **362** 8 ff

Gesundheitsgefährdung
privater Lebensbereich, Gewährleistung **MRK Art. 8 (Art. 17 IPBPR)** 8, 18c

Gewahrsam
Beschlagnahme (Vollstreckungssicherung) **111c** 2
Beschlagnahmeverbot **97** 25
Herausgabe sichergestellter Gegenstände **111k** 5, 15
Postbeschlagnahme **99** 22
Rasterfahndung **98b** 11

Gewahrsam, behördlicher
Sicherstellung von Beweismitteln **94** 32, 47

Gewerbebetrieb, eingerichteter 1. ZP MRK Art. 1 4

Gewerbezentralregister
Urkundenbeweis, Verlesung von Auszügen **249** 22

Gewerkschaften
Versammlungs- und Vereinigungsfreiheit **MRK Art. 11 (Art. 21, 22 IPBPR)** 7 ff

Gewissensfreiheit
siehe Gedanken-, Gewissens- und Religionsfreiheit

Gewohnheitsrecht
Beweisaufnahme, Hauptverhandlung **244** 2
Ermittlungsmaßnahmen der §§ 94 ff **Vor 94** 67

Glaubensfreiheit (Art. 4 Abs. 1 und 2 GG)
siehe auch Gedanken-, Gewissens- und Religionsfreiheit
Vollzug der Untersuchungshaft **119** 132

Glaubhaftmachung
Ablehnung eines Richters **26** 14 ff; **26a** 15
Ablehnungsgrund, Gerichtspersonen **24** 2
Befangenheit eines Sachverständigen **74** 25
Nachverfahren **439** 13 ff, 22
Prozesskostenhilfe für Privatkläger **379** 25
Strafverfahren, Wahrheitserforschung **Einl. G** 54
Wiedereinsetzung in den vorigen Stand **45** 16 ff
Zeugnis-/Auskunftsverweigerungsrecht **56** 1 ff
Zurückgewinnungshilfe, strafprozessuale **111g** 9
Glaubwürdigkeit
Aufklärungspflicht, Beweisaufnahme **244** 82 ff
Wiederaufnahme des Verfahrens nach Geständnis **362** 19
Gleichheit vor dem Gericht
Akteneinsicht **MRK Art. 6 (Art. 14 IPBPR)** 62
Anforderung der MRK **MRK Art. 6 (Art. 14 IPBPR)** 58
Anforderung des IPBPR **MRK Art. 6 (Art. 14 IPBPR)** 56
Beweiserhebung **MRK Art. 6 (Art. 14 IPBPR)** 60
Diskriminierungsverbot
siehe dort
Ermittlungsverfahren **MRK Art. 6 (Art. 14 IPBPR)** 61
faires Verfahren
siehe dort
Immunitäten **MRK Art. 6 (Art. 14 IPBPR)** 56
Informationsrecht **MRK Art. 6 (Art. 14 IPBPR)** 59
Ungleichbehandlung, Entscheidung über **MRK Art. 6 (Art. 14 IPBPR)** 63
Verfahrensprinzip **MRK Art. 6 (Art. 14 IPBPR)** 56 ff
Verfahrensstoff, Zugang **MRK Art. 6 (Art. 14 IPBPR)** 60
Waffengleichheit der Beteiligten **MRK Art. 6 (Art. 14 IPBPR)** 59
Gleichheitsgrundsatz (Art. 3 Abs. 1 GG)
allgemein
siehe Diskriminierungsverbot
Aussetzung des Haftbefehlvollzugs bei Sicherheitsleistung **116a** 2
Gnadenrecht
Anrechnung auf Freiheitsstrafe **450** 20
Beschleunigungsgebot **MRK Art. 6 (Art. 14 IPBPR)** 85b
Menschenrechtsbeschwerde (EGMR) **MRK Anhang/Verfahren** 41
Verfahrensgarantien nach MRK und IPBPR **MRK Art. 6 (Art. 14 IPBPR)** 41
GPS (global positioning system)
Ermittlung, verdeckte mit technischen Mitteln **100c** 25
Großer Senat für Strafsachen
siehe Bundesgerichtshof
Großverfahren
Verteidigung, Recht auf Vorbereitung **MRK Art. 6 (Art. 14 IPBPR)** 185
Grundgesetz der Bundesrepublik Deutschland
Auslegung anhand MRK und IPBPR **MRK Einf. (Einf. IPBPR)** 41, 66 ff
Strafverfahren, Rechtsgrundlagen **Einl. C** 6
Grundrechte
besonderes Gewaltverhältnis bei Vollzug der U-Haft **119** 23
Beweisantrag, Ablehnung **244** 201 ff
Bindungswirkung von Revisionsentscheidung **358** 10
Eingriffsermächtigungen im Ermittlungsverfahren **Vor 94** 1, 22 ff, 42ff
Einzelheiten
siehe bei den jeweiligen Freiheits- und Verfahrensrechten
Landesverfassungsrecht und StPO (Untersuchungshaft) **Vor 112** 42
MRK und IPBPR und Untersuchungshaft **Vor 112** 43
Sachverhaltsermittlung durch die Staatsanwaltschaft **160** 66
Sicherstellung/Beschlagnahme **94** 6
Grundstück
Arrest, dinglicher (Vollstreckungssicherung) **111d** 33
Beschlagnahme (Vollstreckungssicherung) **111c** 5; **111d** 33; **111f** 3, 8
Zurückgewinnungshilfe, strafprozessuale **111g** 17; **111h** 1 ff
Güterpflegschaft/Abwesenheitspflegschaft
Vermögensbeschlagnahme **292** 3 ff
Gutachten
siehe Sachverständigengutachten

Härte, unbillige
Ersatzfreiheitsstrafe, Absehen von Vollstreckung **459f** 3 ff
Haft
Verteidigung, Recht auf Vorbereitung **MRK Art. 6 (Art. 14 IPBPR)** 177
Zwangs-/Pflichtarbeit, Verbot **MRK Art. 4 (Art. 8 IPBPR)** 18 ff
Haftbefehl (allgemein)
Änderung **114** 47 ff

Aussetzung des Vollzugs
siehe dort
Begriff **114** 4
Bekanntmachung
– Aushändigung einer Abschrift **114a** 5 f
– einem Ausländer **114a** 7
– Form **114a** 2
– rechtliches Gehör des Beschuldigten **114a** 1
– vorläufige Mitteilung **114a** 3 f
Benachrichtigung Dritter
siehe Verhaftung
Beschuldigter, rechtliches Gehör **114** 26 f
Beschuldigter, rechtliches Gehör bei Änderung des Haftbefehls **114** 49
Beschuldigter, rechtliches Gehör bei Hauptverhandlungshaft (§ 127 b) **114** 25
Einstellung mangels hinreichenden Tatverdachts, Mitteilungspflicht **170** 40
Erlass bei Antragsdelikten
– allgemein **130** 1
– Antragsdelikte **127** 50
– Unterrichtung des Antragsberechtigten **130** 3
– Zuständigkeit für Unterrichtung **130** 6
Erlass bei Ermächtigung/Strafverlangen **130** 11 ff
Erlass bei Selbstmordgefahr **112** 38
Erlass nach Ablehnung **29** 17
Form **114** 3
Freiheitsentziehung, Rechte bei **MRK Art. 5 (Art. 9, 11 IPBPR)** 61 ff
Heilung von Mängeln **114** 4, 21
mehrfache Haft, Doppelhaft **Vor 112** 51 ff
Privatklageverfahren **384** 20
Rechtsmittel allgemein, Beschwer **Vor 296** 67
Rechtsschutz
siehe Beschwerde gegen Haftentscheidungen
richterliche Vernehmung des Beschuldigten
siehe auch Haftprüfungsverfahren;
siehe Vernehmung des Beschuldigten (Haftrichter)
Sicherungshaft/-befehl (§ 453 c) **453c** 9 ff
Sicherungsverfahren, Anwendbarkeit **414** 4
Staatsanwaltschaft, Beteiligung **114** 23
Staatsanwaltschaft, Beteiligung bei Änderung **114** 50
Staatsanwaltschaft, Beteiligung bei Gefahr im Verzug **114** 24
Tatsachengrundlage für die Entscheidung **114** 22
Überwachung des Beschuldigten, Verkehr mit dem Verteidiger **148** 40
Umstellung in Unterbringungsbefehl **126a** 19
Vermögensbeschlagnahme **290** 8 ff
Vollstreckung
siehe Verhaftung
Vollstreckungsbehörde, Herbeiführung des Vollzugs **457** 14 ff
Voraussetzungen allgemein **112** 1 ff, 15 ff; **Vor 112** 44; **114** 1, 5 ff
Vorführung des Verhafteten
siehe dort
Wirksamkeit bei Ausschließung des Richters **22** 51
Zuständigkeit (Erlass)
siehe dort
Zuständigkeit (sonstige)
siehe Zuständigkeit (Haftentscheidungen)
Zwangsmittel bei Ausbleiben des Angeklagten **230** 35 ff

Haftbefehl, Aufhebung
nach Ablauf der Haftfrist **121** 45
Ablehnung der Eröffnung des Hauptverfahrens **120** 20
allgemein **Vor 112** 59 ff
von Amts wegen **120** 25
Antrag der Staatsanwaltschaft
– Antrag **120** 43
– Bindungswirkung **120** 41
– nach Eilerlass durch den Richter **125** 11
– Freilassung **120** 46
– Voraussetzungen **120** 39
Antragsdelikte
– allgemein **130** 8
– Antrag der Staatsanwaltschaft **130** 15
– erfolgloser Fristablauf **130** 9
Anwendungsbereich **120** 1
Bagatellsachen **120** 24
Einlieferungshaft **120** 12
Einstellung der Strafverfolgung nach den §§ 153 ff **154** 54 f; **154b** 12
Einstellung des Verfahrens **120** 21
Einstellung des Verfahrens/Prozessvoraussetzung **206a** 64a
Entlassung des Beschuldigten **120** 26
Entstehen neuer Haftgründe **120** 35
Ermächtigung/Strafverlangen **130** 11 ff
Eröffnungsverfahren, gerichtliche Entscheidung **204** 13a
Ersatzmaßnahmen bei Aussetzung
– Antritt der Strafhaft **123** 11
– Antritt des Maßregelvollzugs **123** 14
– Anwendungsbereich der Vorschrift **123** 1 ff
– bei Aufhebung des Haftbefehls **123** 4
– Bürgenbefreiung **123** 17
– Entscheidung, Antragsbefugnis **123** 24
– Fluchtanzeige des Bürgen **123** 21
– Freiwerden der Sicherheitsleistung **123** 25
– Gestellung auf Veranlassen des Bürgen **123** 18
– Rechtsschutz **123** 29

– Vollzug der Untersuchungshaft **123** 9
– Zuständigkeit
fehlende Prozessvoraussetzungen allgemein **130** 15
Freispruch **120** 19
Gründe, gesetzlich geregelte **120** 18
im Haftprüfungsverfahren
siehe dort
Rechtskraft des Beschlusses **112** 57
Rechtsschutz
- allgemein **120** 17, 30
- Beschwerdegericht **120** 33
- neue Haftgründe **120** 35
- weitere Beschwerde **120** 31
bei Unterbringungsbefehl (bestehendem) **114** 51
bei vorläufiger Einstellung nach § 205 **205** 26
Vorliegen mehrerer Haftbefehle **120** 9
Wegfall der einzelnen Haftgründe **120** 7
Wegfall der Haftvoraussetzungen **120** 5
Wegfall der Verhältnismäßigkeit **120** 10
Zuständigkeit
siehe Zuständigkeit (Haftentscheidungen)
Zuständigkeit in dringenden Fällen **126** 21

Haftbefehl, Aussetzung des Vollzugs trotz Fluchtgefahr
Abgabe von Reisepass/Personalausweis **116** 23 f
allgemein
siehe Aussetzung (Vollzug des Haftbefehls)
Aufsicht bei Verlassen der Wohnung **116** 21
elektronische Handschellen **116** 23
Meldung auf einem Polizeirevier **116** 19
Residenzverpflichtung **116** 20
sonstige Maßnahmen **116** 25

Haftbefehl, Inhalt
Angabe der Haftgründe **114** 12 ff
Angabe der Tatsachen zur Begründung **114** 15 ff
Angaben zur Straftat **114** 9 ff
bei Auslandsbezug **114** 11
Begründung bei geringer Strafe **114** 20
Begründung der Verhältnismäßigkeit **114** 19 f
Begründungsmangel **114** 4, 21
Begründungspflicht, Ausnahmen **114** 18
Mehrzahl von Straftaten **114** 10
Personalangaben **114** 8
Umfang der Begründung **114** 17

Haftgrund
Hauptverhandlungshaft (§ 127 b Abs. 2) **127b** 4
Sicherungshaft (§ 112 a)
siehe Wiederholungsgefahr
Untersuchungshaft
siehe dort

Haftprüfungsverfahren
Abgrenzung zur einfachen Beschwerde **Vor 304** 36 ff
Dolmetscher, kostenlose Beiordnung **MRK Art. 6 (Art. 14 IPBPR)** 241
Eröffnungsbeschluss, Ersetzung bei Terminsanberaumung **207** 42
Kontaktsperre für Gefangene **EGGVG 34** 14
notwendige Verteidigung **140** 32 ff
Unterrichtung des Angeklagten von Beschuldigung **MRK Art. 6 (Art. 14 IPBPR)** 167

Haftprüfungsverfahren (§§ 117 ff StPO)
Anordnung weiterer Ermittlungen **117** 29
Antragsberechtigung **117** 10 ff; **118b** 2 f
Anwendbarkeit (Haftarten) **117** 4 f
Anwendbarkeit (zeitlich) **117** 6
Berechnung der Frist zur Haftprüfung **117** 45
Beschwerdeverfahren
- Antrag des gesetzlichen Vertreters **117** 19
- mehrere Anträge **117** 21
- mündliche Verhandlung **117** 17
- Rücknahme des Antrags **117** 20
- Unzulässigkeit **117** 18
- Verhältnis der Verfahren zueinander **117** 16
- Wechsel der Zuständigkeit **117** 22
Bestellung eines Verteidigers
siehe dort
Bindung an die Frist zur Haftprüfung **117** 46
Durchführung der weiteren Ermittlungen **117** 30
Entscheidung ohne mündliche Verhandlung **117** 26 ff
Form des Antrags **117** 13 f; **118b** 1
Formulierung des Antrags **117** 15; **118b** 1
Funktion **117** 1 ff
Haftprüfung von Amts wegen **117** 43 f
Haftvollzug in anderer Sache **117** 8
mündliche Verhandlung
siehe dort
rechtliches Gehör der Staatsanwaltschaft **117** 23
rechtliches Gehör des Beschuldigten **117** 23; **117** 25
rechtliches Gehör des Verteidigers **117** 24
Rechtsmittel gegen Haftprüfungsentscheidungen (Beschwerde) **117** 31 ff
reformatio in peius **118b** 4
Voraussetzung des Haftvollzugs **117** 7
weitere mündliche Verhandlung
siehe Mündliche Verhandlung (Haftprüfung)
Zuständigkeit
siehe Zuständigkeit (Haftentscheidungen)

Haftprüfungsverfahren (§§ 121, 122 StPO)
vor Ablauf der Höchstdauer der Untersuchungshaft **122** 29

Anwendungsbereich **122** 1 ff
Aufhebung des Haftbefehls **122** 27
Aussetzung des Haftbefehlvollzugs **122** 35
Entscheidungen in besonderen Verfahren **121** 48
gerichtliche Entscheidung **122** 25
Haftprüfung für weitere Verlängerung der Haft **122** 54
Haftprüfung nach § 117 Abs. 1 StPO **122** 52
Haftprüfung nach Verlängerungsentscheidung **122** 47
Inhalt der Entscheidung **122** 31
mündliche Verhandlung **122** 24
neuer Haftbefehl nach Entscheidung **122** 40
rechtliches Gehör der Beteiligten **122** 21
Rechtslage bei Aufhebung des Haftbefehls **122** 38
Verfahren bei Wiederholungsgefahr **122a** 12
Verfahren des BGH **122** 45
Vorlegungsverfahren
– Antrag der Staatsanwaltschaft auf Vorlegung **122** 17
– Frist der Aktenvorlegung **122** 11
– Fristenkontrolle **122** 20
– Verfahren des vorlegenden Gerichts **122** 13
– Vermittlung der Staatsanwaltschaft **122** 12
Wiederholung der Haftprüfung **122** 57
Zuständigkeit allgemein **122** 4
siehe auch Zuständigkeit (Haftentscheidungen)
Zuständigkeit bei Mitbeschuldigten **122** 42

Haftrichter, Zuständigkeit
Erlass eines Haftbefehls **125** 6
siehe dort
Erlass eines Haftbefehls durch das OLG **125** 6
Ermittlungsrichter des OLG und BGH, erstinstanzlich **114** 34 f
Haftentscheidungen allgemein **126** 7

Haftunfähigkeit
Abgrenzung zur Vollzugsunfähigkeit **112** 69
Begriff **112** 68
Freiheitsstrafe, Anrechnung von Krankenhausaufenthalt **461** 8

Handy
siehe Mobilfunkendgerät

Hauptverfahren
Beteiligung von jur. Personen/Personenvereinigungen **444** 26 f
Beweissicherungsverfahren **285** 4 ff
Sicherungsverfahren, Anwendbarkeit **414** 23 ff
Übergang vom Sicherungsverfahren **416** 1 ff
vorläufige Einstellung nach § 205, Anwendbarkeit **205** 6

Hauptverhandlung (allgemein)
Änderung des rechtlichen Gesichtspunktes
siehe dort
Akten **Vor 226** 7
Anhörung der Beteiligten, gerichtliche **33** 15 ff
Auflagen/Weisungen, Befragung zur Einwilligung **265a** 1 ff
Ausschließung eines Richters **22** 55
Begriff **Vor 226** 1
Beistand, Anhörung **149** 6
Beistand, Zulassung **149** 2, 17, 19
Beteiligte, Verhältnis zueinander **Vor 226** 26
Einziehungs-/Verfallsbeteiligte, Abwesenheit **436** 1 ff
Einziehungs-/Verfallsbeteiligter, Befugnisse **433** 5 ff
Fesselung des Untersuchungsgefangenen **119** 67
Förmlichkeit der Verhandlung **Vor 226** 4
Grundlage der Entscheidung über Untersuchungshaft **112** 20
Heilung von Verfahrensmängeln **Vor 226** 49
Inbegriff der Verhandlung (Beweiswürdigung) **261** 14 ff
Kernstück des Strafverfahrens **Vor 226** 3
Kontaktsperre für Gefangene **EGGVG 34** 15
Leitvorstellungen, Verfahrensgrundsätze **Vor 226** 9
Medienberichterstattung **Vor 226** 8
Menschenrechtsbeschwerde (EGMR) **MRK Anhang/Verfahren** 64 f
mehrere Beteiligte in gleicher Prozessrolle **Vor 226** 30
Oberlandesgericht, Besetzung des Senats **GVG 122** 4
Öffentlichkeit **Vor 226** 8
Öffentlichkeit der Verhandlung **GVG 169** 7, 19 ff
Protokoll/Verhandlungsniederschrift
siehe dort
Protokollverlesung bei Zeugnisverweigerung
siehe dort
Protokollverlesung zur Ersetzung der Vernehmung
siehe dort
Prozessmaximen **Einl. H** 50
rechtliches Gehör **Vor 226** 14
Rechtsmittelverzicht; Zurücknahme **302** 17
rechtsstaatliches, faires Verfahren **Vor 226** 15
Reformdiskussion **Vor 226** 53
Ruhen der Frist bei Untersuchungshaft **121** 19
Sachaufklärungspflicht **Vor 226** 11
Schöffenmitwirkung innerhalb/außerhalb **GVG 30** 13 ff, 28
Staatsanwaltschaft, Weisungsrecht **GVG 146** 26
Stellung der Beteiligten, Rechtsgrundlagen **Vor 226** 22
Strafbefehlsverfahren, Übergang **408** 42

Strafbefehlsverfahren, Verwerfung bei Ausbleiben **412** 11 ff
verbotene Vernehmungsmethoden **136a** 12, 22, 30
Verhältnis zur mündlichen Verhandlung im Haftprüfungsverfahren **118** 8 ff
Verhandlungsleitung des Vorsitzenden *siehe Vorsitzender Richter, Verhandlungsleitung*
Waffengleichheit der Beteiligten **Vor 226** 29
Wiederaufnahme, Neuverhandlung **373** 1 ff
Zeugenvernehmung, Bild- und Tonaufnahmen **Nachtr. 58a** 19 ff

Hauptverhandlung ohne Angeklagten
Abbruch der Hauptverhandlung **232** 30
Anwendungsbereich **232** 2 ff
Durchführung allgemein **232** 23
eigenmächtiges Entfernen **232** 18
Eigenmächtigkeit des Fernbleibens **232** 14
Einlassungen des Angeklagten **232** 24
Entbindung von der Erscheinenspflicht *siehe unten*
Entfernen nach ordnungswidrigem Benehmen *siehe unten*
Entfernung während einer Vernehmung *siehe unten*
Entscheidung des Gerichts **232** 21
Hinweis auf Durchführung trotz Ausbleibens **232** 6
Ladung, ordnungsgemäße **232** 5
nachträgliches Erscheinen **232** 33
Protokoll **232** 39
Rechtsbehelfsbelehrung **323** 38
Rechtsfolgenerwartung **232** 9
Rechtsschutz (Berufung) **232** 41
Rechtsschutz (Beschwerde) **232** 40
Rechtsschutz (Revision) **232** 42; **233** 39
Rechtsschutz (Wiedereinsetzung) **232** 47; **233** 42
Sicherungsverfahren **415** 2 ff
teilweises Fernbleiben eines Mitangeklagten *siehe unten*
Urteil **232** 34
Verhandlungsunfähigkeit *siehe unten*
Vertretung durch Verteidiger *siehe unten*
Verzicht auf Anwesenheit **232** 17
Vorbereitung der Verhandlung *siehe unten*
Wiedereinsetzung in den vorigen Stand *siehe dort*
Zustellung des Urteils **232** 35
Zweck der Vorschrift **232** 1

Hauptverhandlung, Anhörung der Verfahrensbeteiligten
Antrag von Staatsanwaltschaft/Verteidigung **257** 10
Beschränkung auf die jeweilige Beweiserhebung **257** 18
Eingreifen des Vorsitzenden **257** 16
Eingrenzung des Erklärungsinhalts **257** 11
Erklärungsrecht anderer Beteiligter **257** 9
Erklärungsrecht des Angeklagten **257** 7
Fragepflicht des Vorsitzenden (Angeklagter) **257** 5
Protokoll **257** 23
Rechtsschutz (Revision) **257** 25
Rechtsschutz, Anrufung des Gerichts **257** 17
Sachleitungsbefugnis des Vorsitzenden **257** 13
Schlussvortrag, keine Vorwegnahme **257** 20
Widersprüche gegen Beweisverwendung **257** 12
Zweck der Vorschrift **257** 1

Hauptverhandlung, Anwesenheit des Angeklagten
Abwesenheit **276** 1 ff; **285** 1 ff
Abwesenheitsverfahren **IPBPR Art. 14 (Art. 6 MRK)** 190
Auslieferung eines EU-Bürgers **IPBPR Art. 14 (Art. 6 MRK)** 190
Auslieferungsverfahren **IPBPR Art. 14 (Art. 6 MRK)** 190
Ausnahmen **230** 3
dauernde Anwesenheit **230** 7
geistige und körperliche Anwesenheit **230** 9
Heilung des Verstoßes **230** 18
inhaftierter Angeklagter **230** 10
Mitbeschuldigter
– abgetrennte Verhandlung **230** 12
– Duldung freiwilligen Ausbleibens **230** 17
– förmliche Trennung **230** 15
persönliches Erscheinen, Anordnung
– Auslandsaufenthalt **236** 4
– Ermessen des Gerichts **236** 9
– erster Rechtszug **236** 5
– Privatklageverfahren **236** 8
– Rechtsmittelverfahren **236** 6
– Rechtsschutz (Beschwerde) **236** 16
– Rechtsschutz (Revision) **236** 17
– Selbstbindung des Gerichts **236** 12
– Zustellung des Beschlusses **236** 14
– Zwangsmittel **236** 15
– Zweck der Vorschrift **236** 1
Personenverwechslung **230** 11
Recht und Pflicht der Anwesenheit, Zweck **230** 1
Rechtsmittelverfahren **IPBPR Art. 14 (Art. 6 MRK)** 191
Rechtsschutz (Beschwerde) **230** 49

Rechtsschutz (Revision) **230** 51
Rechtsschutz gegen Maßnahmen **231** 33
Rechtsschutz gegen Verhandeln in Abwesenheit **231** 34
Unterbrechung bei Abwesenheit **231** 27 ff
Verbot, sich zu entfernen
- Anordnung von Verhinderungsmaßnahmen **231** 6
- Ausnahmen von der Anwesenheitspflicht **231** 5
- Verhinderungsmaßnahmen **231** 7
- Vollzug der Maßnahmen **231** 9
- Zweck der Regelung **231** 1

Verfahrensgarantie **IPBPR Art. 14 (Art. 6 MRK)** 188
Verfahrensvoraussetzungen **230** 6
Vertretung durch Verteidiger **IPBPR Art. 14 (Art. 6 MRK)** 190a
Verzicht **IPBPR Art. 14 (Art. 6 MRK)** 189
Wiedereinsetzung in den vorigen Stand **231** 32
Zweck der Verfahrensgarantie **IPBPR Art. 14 (Art. 6 MRK)** 187

Hauptverhandlung, Anwesenheitspflichten
anderweitige Regelungen **226** 11
Gegenwart der Richter **226** 1
Gegenwart der Staatsanwaltschaft **226** 3
Gegenwart des Dolmetschers **226** 14
Gegenwart des Sachverständigen **226** 15
Gegenwart des Verteidigers **226** 12
Gegenwart eines Urkundsbeamten **226** 9
Gegenwart von Nebenbeteiligten **226** 13
gleichzeitige Anwesenheit **226** 18
Mitwirkung mehrerer Staatsanwälte **227** 1
Mitwirkung mehrerer Strafverteidiger **227** 4
Protokoll, Sitzungsniederschrift **226** 19
Rechtsschutz (Revision) **226** 21
Teilung der Verrichtungen innerhalb Anklage/Verteidigung **227** 9

Hauptverhandlung, Aufbau/Ablauf
Abweichungen im Verfahrensgang **243** 3
Abweichungen, Beispiele **243** 7
Abweichungen, Punktesachen **243** 4
Anhörung der Verfahrensbeteiligten
siehe oben
Aufruf der Sache **243** 16
Beratung und Abstimmung des Gerichts
siehe Gericht, Beratung und Abstimmung
Beweisaufnahme
siehe dort
Einheitlichkeit des Gesamtverfahrens **243** 11
Entfernung der Zeugen aus dem Sitzungssaal **243** 27
Entfernung der Zeugen, Befugnisse des Vorsitzenden **243** 31
Erläuterungen des Vorsitzenden **243** 12
Nachverfahren bei Vorbehalt der Sicherungsverwahrung **Nachtr. 275a** 16 ff
Präsenzfeststellung **243** 19
Protokoll **243** 101
Protokollierung der Anwesenheit **243** 26
Rechte bis zur Vernehmung des Angeklagten **243** 99
Rechtsschutz allgemein **243** 102 ff
Rechtsschutz, Aufruf/Präsensfeststellung **243** 102, 104
Schlussvorträge (Plädoyers)
siehe dort
Schuldinterlokut, informelles **243** 9
Urteilsverkündung
siehe Urteil allgemein
Urteilsverkündung, Schluss
siehe dort
Verfahrensgang allgemein **243** 1
Verhältnis Angeklagter/Verteidiger **243** 100
Verhandlung ohne Angeklagten, Abweichung **243** 98
Verlesen des Anklagesatzes
- Bedeutung **243** 50
- Erklärung des Verteidigers **243** 64
- Erläuterungen, zusätzliche **243** 56
- geänderte Anklage **243** 52
- Protokoll **243** 63
- Rechtsschutz **243** 102 ff, 107
- Sonderfälle **243** 59

Vernehmung des Angeklagten
siehe dort
Wartepflicht des Gerichts **243** 25
Zeugen, vernommene **243** 32

Hauptverhandlung, Aussetzung
Änderung des rechtlichen Gesichtspunktes **265** 86 ff
Antragstellung **228** 14
Ausschließungsverfahren, Strafverteidiger **138c** 19
Ausschluss der Beschwerde **305** 26
Befugnisse von Vorsitzendem und Gericht **228** 2
Begriff **228** 1
Begründung des Beschlusses **228** 17
Belehrung des Angeklagten **228** 24
Berufungsverhandlung ohne Angeklagten **329** 9
Beschluss, ausdrücklicher **228** 15
Einziehungs-/Verfallsbeteiligte, Ladung/Mitteilungen **435** 9
Folgen der Aussetzung **228** 26
Gründe für eine Aussetzung **228** 8
Ladung, Antrag des Beschuldigten/Verteidigers **215** 8; **217** 6 ff; **218** 21 ff
Namhaftmachung der Zeugen/Sachverständigen **222** 17 ff

Rechtsschutz **228** 29 ff
Untersuchungshaft, Ruhen der Frist **121** 21
Verhinderung des Nebenklägers **228** 23
Verhinderung des Verteidigers **228** 18
Verteidigerbestellung/Zeitverschaffung **145** 19 f, 25 ff

Hauptverhandlung, Aussetzung bei verspätetem Vorbringen von Beweismitteln/Tatsachen
Antragsgegner **246** 10
Antragstellung bis zum Urteil **246** 2
Antragstellung, Zeitpunkt **246** 11
Aussetzung von Amts wegen **246** 19
Belehrung **246** 12
Beweiserhebung, Verbot der Ablehnung **246** 1
Entscheidung des Gerichts **246** 13
Erkundigungen, Gelegenheit zum Einholen **246** 9
Kosten der Aussetzung **246** 27
Namhaftmachung der Beweisperson **246** 6
Protokoll **246** 20
Rechtsschutz (Beschwerde) **246** 21
Rechtsschutz (Revision) **246** 22
Tatsachenvorbringen **246** 7
Unterbrechung der Hauptverhandlung **246** 18
Zweck der Aussetzung der Hauptverhandlung **246** 3

Hauptverhandlung, Beweisanträge des Angeklagten
Bedeutung der Vorschrift **219** 1
Begründung der Entscheidung **219** 16
Bekanntmachung der Entscheidung **219** 18 ff
Beweisantrag **219** 2 f
Bindungswirkung der Entscheidung **219** 23
Entscheidung vor Hauptverhandlung **219** 8
Entscheidungskriterien **219** 11
Erneuerung **219** 24
Form und Inhalt der Verlesung **219** 4
Hinweispflichten **219** 25
Rechtsschutz (Beschwerde) **219** 33
Rechtsschutz (Revision) **219** 35
Selbstladungsrecht **219** 31
Staatsanwaltschaft, Anhörung **219** 7
Verzicht **219** 28
Vorläufigkeit **219** 10
Vorsitzender, Zuständigkeit **219** 6

Hauptverhandlung, Beweisbeschaffung von Amts wegen
Anordnung des Vorsitzenden **221** 3
Anwendungsbereich der Vorschrift **221** 1
Ausführung von Anordnungen **221** 6
Aussetzungsantrag **221** 7
Rechtsschutz (Beschwerde) **221** 8
Rechtsschutz (Revision) **221** 9

Hauptverhandlung, Entbindung des Angeklagten von der Erscheinenspflicht
Antrag des Angeklagten **232** 5
Anwendungsbereich **233** 1 ff
Bekanntgabe des Beschlusses **233** 12
Beschluss, Beschwerde **233** 15
Beschluss, Gegenvorstellung **233** 16
Entscheidung des Gerichts **233** 10
Protokoll **233** 36
Teilnahme des Angeklagten **233** 37
Urteil **233** 38
Verfahrensfragen **233** 34
Verlesung des Vernehmungsprotokolls **233** 30 ff
Verzicht auf Befreiung **233** 9

Hauptverhandlung, Entfernen des Angeklagten nach ordnungswidrigem Benehmen
Anwendungsbereich **231b** 2
Beschluss nach § 177 GVG **231b** 4
Entbehrlichkeit der Anwesenheit **231b** 5
Entscheidung des Gerichts **231b** 13
Gelegenheit zur Äußerung **231b** 17
Rechtsschutz (Beschwerde) **231b** 22
Rechtsschutz (Revision) **231b** 23
schwerwiegende Beeinträchtigung **231b** 6
Unterrichtung, spätere **231b** 21
Zweck der Vorschrift **231b** 1

Hauptverhandlung, Entfernen des Angeklagten während einer Vernehmung
Abgrenzung zu anderen Vorschriften **247** 9
Anordnung von Amts wegen **247** 30
Auslegungsmaßstab **247** 4
Befürchtung des Gerichts **247** 15
Beurkundung **247** 51
Eingrenzung des Zeitraums **247** 38
ersuchter/beauftragter Richter **247** 12
Freibeweis **247** 8
Gerichtsbeschluss **247** 34
Grundgedanke der Vorschrift **247** 1
Heilung von Fehlern **247** 41
Jugendstrafsachen **247** 13
Nachteil, schwerwiegender gesundheitlicher **247** 26
Rechtsschutz (Revision) **247** 52
Sachverständigenvernehmung **247** 6
Schutz des Angeklagten **247** 31 ff
Unterrichtung des Angeklagten, nachträgliche **247** 44 ff
Unterrichtung, Fragerecht **247** 50
Unterrichtung, Inhalt **247** 45
Unterrichtung, Zeit **247** 47
Unterrichtung, Zweck/Form **247** 44
Urkundsbeweis **247** 5
Veränderung der Verfahrenslage **247** 42
Verhältnis von Wahrheitsfindung und Zeugenschutz **247** 29

Vernehmung **247** 19
Zeuge unter 16 Jahren **247** 23 ff
Zweck der Wahrheitsfindung **247** 14

Hauptverhandlung, Fortsetzung der Verhandlung in Abwesenheit des Angeklagten
Entbehrlichkeit der Anwesenheit **231** 25
Fernbleiben **231** 12
Fernbleiben, eigenmächtiges **231** 14
Gelegenheit zur Äußerung **231** 11
Gerichtsbeschluss **231** 26
Urteil und Bekanntmachung **231** 31
Verteidiger, anwesender **231** 30
Zweck der Regelung **231** 10

Hauptverhandlung, Fortsetzung trotz Richterablehnung
Entscheidung ohne Verzögerung **29** 34
Entscheidungen nach Verhandlungsschluss **29** 39
Folgen bei begründeter Ablehnung **29** 37
Folgen bei fehlerhaften Anträgen **29** 36
Folgen für andere Gerichtspersonen **29** 42
Folgen für den Richter **29** 41
Grundsatz **29** 26
Hauptverhandlung, Begriff **29** 27
Rechtsschutz **29** 43
spätester Termin **29** 35
Unterbrechung **29** 28
Verfahren **29** 31

Hauptverhandlung, Gerichtsbesetzung/Besetzungseinwand
Anwendungsbereich **222b** 2
Beanstandungsberechtigung **222b** 3
Begründung **222b** 17
Bindungswirkung der Entscheidung **222b** 37
Einwand und Aussetzung **222b** 10
Endzeitpunkt bei Abwesenheit **222b** 8
Endzeitpunkt bei Verfahrensverbindung **222b** 9
Entscheidung in Beschlussbesetzung **222b** 22
Entscheidung über Einwand **222b** 29 ff
erste Vernehmung **222b** 5
förmlicher Rechtsbehelf, Begriff **222b** 11 ff
Fortsetzung des Verfahrens **222b** 33
Konzentration der Beanstandungen **222b** 18 ff
neue Hauptverhandlung **222b** 34
Rechtsschutz (Beschwerde) **222b** 40 ff
Rechtsschutz (Revision) **222b** 43 ff
Zweck der Regelung **222b** 1
Zwischenverfahren **222b** 25 ff

Hauptverhandlung, Hemmung der Unterbrechungsfrist durch Krankheit
Bedeutung **229** 40
Beschlussfassung, Bekanntgabe **229** 35 ff
Erkrankung **229** 19
Fristenhemmung **229** 23
Hemmung, Beginn/Ende **229** 26
Hemmungsbeschluss **229** 29
Prüfungspflicht **229** 31
Verhandlungsdauer **229** 18
Zehntagesfrist (nach Ablauf der Hemmung) **229** 27

Hauptverhandlung, Mitteilung der Gerichtsbesetzung
Änderungsmitteilung **222a** 11 ff
analoge Anwendung **222a** 28
Anwendungsbereich **222a** 2
Beginn der Hauptverhandlung **222a** 4
Belehrung **222a** 10
Benennung der Richter **222a** 3
Einsichtnahme **222a** 17
Empfänger **222a** 14
Prüfung der Besetzung **222a** 16
Unterbrechung der Hauptverhandlung, Antrag **222a** 19 ff
Unterbrechung der Hauptverhandlung, Entscheidung **222a** 22 ff
Vor der Hauptverhandlung **222a** 6
wesentliche Förmlichkeiten **222a** 27
Zweck der Vorschrift **222a** 1

Hauptverhandlung, Namhaftmachung der Zeugen/Sachverständigen
Abladung von Beteiligten **222** 6
Anwendbarkeit auf sächliche Beweismittel **222** 2
Aussetzung der Hauptverhandlung **222** 17
Form und Inhalt der Mitteilung **222** 11 ff
Mitteilungsempfänger **222** 7 ff
Mitteilungspflicht der StA **222** 5
Mitteilungspflicht des Angeklagten **222** 5
Mitteilungspflicht des Gerichts **222** 4
Rechtsschutz (Revision) **222** 22 ff
Rechtzeitigkeit **222** 14
Verzicht **222** 15
Zeitpunkt der Einvernahme **222** 16
Zweck der Regelung **222** 1

Hauptverhandlung, Schriftform für Erklärungen zum Verfahren
Änderung/Aufhebung der Entscheidung **257a** 11
Anträge/Anregungen zu Verfahrensfragen **257a** 4
Antragstellung, mündliche **257a** 14
Antragstellung, schriftliche **257a** 12
Begründung des Beschlusses **257a** 10
Beschränkbarkeit des Schriftform **257a** 7
Entscheidung **257a** 15
Ermessensentscheidung **257a** 9
Gerichtsbeschluss in der Verhandlung **257a** 8
Protokoll **257a** 16

Rechtsschutz (Beschwerde) **257a** 17
Rechtsschutz (Revision) **257a** 18
Verfahren **257a** 13
Verpflichtete **257a** 6
Zweck der Regelung **257a** 1
Hauptverhandlung, teilweises Fernbleiben von Mitangeklagten
Antrag **231c** 6
Beschlusstenor und Begründung **231c** 12 f
Ermessen des Gerichts **231c** 11
Heilung von Fehlern **231c** 21
Mitwirkungsbefugnisse **231c** 19
Nichtbetroffensein **231c** 5
Protokoll **231c** 20
Recht auf Teilnahme **231c** 17
Rechtsschutz (Beschwerde) **231c** 23
Rechtsschutz (Revision) **231c** 24
Unterbrechungen **231c** 18
Unterrichtung **231c** 22
Verhältnis zu anderen Vorschriften **231c** 2
Verhandlungsteile, in Frage kommende **231c** 4
Widerruf **231c** 14
Zuständigkeit **231c** 10
Zweck der Vorschrift **231c** 1
Hauptverhandlung, Terminsbestimmung
Ermessen, pflichtgemäßes **213** 10
Rechtsschutz **213** 16 f
Tag und Stunde der Verhandlung **213** 5
Termin zur Hauptverhandlung **213** 1
unverzügliche Terminsbestimmung **213** 9
Verhandlungsort **213** 2
Verlegung **213** 15
Vorsitzender, Begriff **213** 8
Hauptverhandlung, Unterbrechung
allgemein **229** 1
Analogie bei Urteilsverkündungsfrist **229** 41
Anordnung **229** 7
Ausschließungsverfahren, Strafverteidiger **138c** 19
Aussetzungsantrag bei Beweiserhebung **246** 18
Bedeutung **229** 5
Befugnisse von Vorsitzendem und Gericht **228** 2
Begriff **228** 1
Berufungsverhandlung ohne Angeklagten **329** 11
Einstellung des Verfahrens/Prozessvoraussetzung **206a** 5a
Erneuerung der Hauptverhandlung **229** 42
Fortsetzung der Verhandlung **229** 8
Fortsetzung nach Ablehnung eines Richters **29** 26 ff
Frist bei langer Verfahrensdauer **229** 15
Frist bis zu 30 Tagen **229** 13
Frist von zehn Tagen **229** 12
Gerichtsbesetzung, Fortbestehen **229** 11
Grenzen, zeitliche **229** 6
Großverfahren **229** 2
Gründe **228** 5
Nachtragsanklage **266** 27 ff
Protokoll **229** 43
Rechtsschutz **228** 27 f
Rechtsschutz (Beschwerde) **229** 44
Rechtsschutz (Revision) **229** 45
Revision, fehlerhafte Gerichtsbesetzung **338** 58
Verteidigerbestellung/Zeitverschaffung **145** 19 f, 25 ff
Hauptverhandlung, Verfahrensbeteiligte/Teilnehmer
Angeklagter **Vor 226** 38
Anklagevertreter **Vor 226** 36
Behördenvertreter **Vor 226** 48
Gerichtshilfe **Vor 226** 46
gesetzlicher Vertreter, Erziehungsberechtigter **Vor 226** 42
Nebenkläger **Vor 226** 37
Richter **Vor 226** 34
Strafverteidiger, Beistand **Vor 226** 42
Urkundsbeamter der Geschäftsstelle **Vor 226** 34
Verfalls- und Einziehungsbeteiligte **Vor 226** 41
Verletzter **Vor 226** 45
Zeuge, Sachverständiger **Vor 226** 43
Hauptverhandlung, Verhandlungsunfähigkeit des Angeklagten
Ablehnung des Weiterverhandelns **231a** 26
Äußerung zur Anklage **231a** 12
Anwendungsbereich der Vorschrift **231a** 1
Aufschub/Unterbrechung **231a** 24
Entbehrlichkeit des Angeklagten **231a** 11
Gerichtsbeschluss **231a** 21
Rechtsschutz (Beschwerde) **231a** 46
Rechtsschutz (Revision) **231a** 47 f
Rechtsschutz (sofortige Beschwerde) **231a** 40 ff
schuldhaftes Verhalten **231a** 7
Verhandeln ohne Angeklagten **231a** 27
Verhandlungsunfähigkeit **231a** 3
Verhinderungsabsicht **231a** 5
Verteidigerbestellung **231a** 19
vor Abschluss der Vernehmung **231a** 4
Wiederherstellung der Verhandlungsfähigkeit **231a** 29 ff
zeitweilige Anwesenheit **231a** 37
Hauptverhandlung, Vertretung des Angeklagten durch Verteidiger
Äußerungsfreiheit **234** 17
Anrufung des Gerichts **234a** 21

Anwendungsbereich **234** 3 ff
Befugnisse als Prozesssubjekt **234** 12
Belehrungen, Mitteilungen, Hinweise **234** 13
Beschränkung der Vertretungsbefugnis **234** 9
Bindung an Mandantenwillen **234a** 18
Erklärungen zur Sache **234** 16
Genehmigung des Gerichts, erforderliche **234** 10
Hinweise an Angeklagten persönlich **234a** 19
Rechtsschutz (Beschwerde) **234a** 22
Rechtsschutz (Revision) **234** 19; **234a** 23
Veränderung des rechtlichen Gesichtspunktes **234a** 9
Verantwortung in Verfahrensfragen **234a** 18
Verfahren **234** 18
Verfahrensvereinfachung **234a** 1
Verfahrensvereinfachung, Anwendungsbereich **234a** 4 ff
Verhandlung ohne Verteidiger **234a** 20
Vertretung, Begriff **234** 11
Vertretungsvollmacht, schriftliche **234** 7
Zustimmungs- und Verzichtserklärungen **234a** 10 ff
Zweck der Regelung **234** 1

Hauptverhandlung, Vorbereitung
Beschleunigung des Verfahrens **Vor 213** 20
Beweisanträge, Beweisbeschaffung *siehe oben*
Ermittlungen der Staatsanwaltschaft **Vor 213** 17
Ermittlungen des Vorsitzenden **Vor 213** 10
Grundsätze **Vor 213** 7
Inhalt des Abschnitts **Vor 213** 1
Ladung von Beteiligten *siehe dort*
Ladungen durch den Angeklagten **220** 1 ff
Mitteilung der Gerichtsbesetzung *siehe oben*
Namhaftmachung der Zeugen/Sachverständigen *siehe oben*
Protokoll über Untersuchungshandlung *siehe dort*
Rechtshängigkeit und Erledigung **Vor 213** 2
Terminbestimmung *siehe oben*
Vernehmung, kommissarische *siehe dort*
Verteilung zwischen Gericht und Vorsitzenden **Vor 213** 19

Hauptverhandlung, Vorbereitung der Verhandlung ohne Angeklagten 232 19
Belehrung des Angeklagten **233** 22
Benachrichtigungen **233** 27
ersuchter/beauftragter Richter **233** 25
Fragerechte **233** 24
Ladung **233** 29
Vernehmung des Angeklagten **233** 17
Vernehmung über die Anklage **233** 19

Hauptverhandlung, Zwangsmaßnahmen gegen Abwesenheit des Angeklagten
alsbaldige Anordnung **230** 44
Anordnungszuständigkeit **230** 43
Anrechnung auf die Strafe **230** 48
Ausbleiben **230** 21
Auswahl der Zwangsmittel **230** 29
Entschuldigung, ungenügende/fehlende **230** 23
Haftbefehl **230** 35
Ladung, ordnungsgemäße **230** 20
nachtägliches Erscheinen des Angeklagten **230** 47
nachträgliche Aufhebung **230** 46
Parlamentsmitglieder **230** 25
Verhältnismäßigkeit **230** 26
Vorführungsbefehl **230** 32
Zweck **230** 19

Hauptverhandlungshaft (§ 127 b Abs. 2)
Bagatellsachen **113** 4
Befristung/Aufhebung des Haftbefehls **127b** 15
Befürchtung des Fernbleibens **127b** 13
Haftzweck **Vor 112** 2a; **127b** 1 ff
rechtliches Gehör des Beschuldigten vor der Haftentscheidung **114** 25
Verfahren allgemein **127b** 23
Verhältnis zur Untersuchungshaft **127b** 5
Voraussetzungen allgemein **Vor 112** 44; **127b** 8
Wahrscheinlichkeit unverzüglicher Entscheidung **127b** 10
Zuständigkeit **127b** 28

Hausrecht
Maßnahmen der Sitzungspolizei **GVG 176** 3
Öffentlichkeit, Ausschlussgründe **GVG 169** 17

Haussuchung, nächtliche
allgemeines **104** 1 ff
Ausnahmen von den Beschränkungen **104** 12
Bedeutung der Vorschrift **104** 1
Einwilligung **104** 3
Entscheidung **104** 2
Gefahr im Verzug **104** 6
Grundsatz **104** 1
Nachtzeit **104** 4
Rechtsschutz (Antrag auf gerichtliche Entscheidung) **104** 15
Rechtsschutz (Revision) **104** 15
Verfolgung auf frischer Tat **104** 5
Verwertungsverbot **104** 15
Voraussetzungen **104** 5 ff
Wiederergreifung eines Gefangenen **104** 7

Hebamme
Beschlagnahmeverbot **97** 118 ff
Zeugnisverweigerungsrecht, berufliche Gründe **53** 33 f
Heilung von Verfahrensfehlern
in der Hauptverhandlung **Vor 226** 49 ff
Hauptverhandlungsprotokoll, Inhalt **273** 19
Revision, Prüfung von Gesetzesverletzung **337** 261 f
Revisionsgründe, absolute **338** 3
Urteilsverkündung **268** 61
Heimunterbringung, vorläufige
weitere Beschwerde, Zulässigkeit **310** 47
Hemmung der Vollstreckung (Suspensiveffekt)
Wiederaufnahme des Verfahrens **360** 1 ff
Heranwachsender
siehe Jugendliche/Heranwachsende
Herausgabe sichergestellter Gegenstände
allgemeines **111k** 1
siehe auch Zurückgewinnungshilfe, strafprozessuale
Ansprüche Dritter **111k** 13, 18
Einwilligung des letzten Inhabers **111k** 5
Entbehrlichkeit, strafprozessuale **111k** 12
Entschädigung **111k** 26
Entscheidung/Wirkung **111k** 23
Entziehung durch Straftat **111k** 10
Gewahrsamsinhaber, letzter **111k** 2
Grundsatz bei der Rückgabe **111k** 2
Herausgabe **111k** 20
Kenntnis des Gerichts **111k** 8
Rechtsschutz **111k** 25
Rückgabe an den Verletzten **111k** 3
sichergestellte Sachen **111k** 6
Sollvorschrift **111k** 4
Sonderregelung **111k** 3
Täter als letzter Gewahrsamsinhaber **111k** 15
Verfahren **111k** 21 ff
Verletzter, bekannter **111k** 8
Voraussetzungen **111k** 6 ff
Voraussetzungen, fehlende **111k** 14
Zuständigkeit **111k** 21
Hilfsantrag
Beweisaufnahme, Hauptverhandlung **244** 160 ff
Hilfsbeamte der Staatsanwaltschaft
Amtsverschwiegenheit **GVG 152** 31
Angestelltengruppen **GVG 152** 24
Aufgabe im Strafverfahren **Einl. I** 63
Aufgabenzuweisung nach § 163 StPO **GVG 152** 29
Ausschreibung zur Aufenthaltsermittlung/ Abbildungen, Eilkompetenz **Nachtr. 131c** 3 f
Ausschreibung zur Festnahme, Eilkompetenz **Nachtr. 131** 10, 24 ff
Ausschreibung zur polizeilichen Beobachtung **163e** 38
Begriff, Abgrenzung **127** 41
Beschlagnahme, Anordnung **98** 31 ff; **98** 7, 29 ff
Beschlagnahmeanordnung (Einziehung/ Verfall) **111e** 3
Beschränkung des Weisungsrechts **GVG 152** 38
Dienstvorgesetzter im Hauptamt **GVG 152** 33
Durchsuchung, Anordnung **105** 73 ff
Entwicklungsgeschichte
– Ausgangslage, gesetzgeberische **GVG 152** 1 ff
– Gesetzesentwicklung seit 1934 **GVG 152** 12 ff
– Regelungen durch StPO und GVG **GVG 152** 6 ff
erkennungsdienstliche Maßnahmen (§ 81 b) **81b** 3, 27, 35
Ermittlung, verdeckte mit technischen Mitteln **100d** 4 ff; **100d** 7
Ermittlungen der Polizei **163** 15
Ermittlungsverfahren, Stellung **Vor 158** 26
Generalbundesanwalt **GVG 152** 37
Justizverwaltungsakt, Rechtsschutz **EGGVG 23** 12 ff
körperliche Untersuchung, Vollziehung der Anordnung **81a** 70
Kontrollstellen, Einrichtung von **111** 16
Kreis der Beamten **GVG 152** 22
Legalitätsprinzip, Geltung **GVG 152** 29
Mobilfunkendgerät, Überwachung **100i** 36
Notveräußerung, § 111l Abs. 6 **111l** 9 ff
Observation, längerfristige **163f** 14
Organstellung **GVG 152** 25
präventive und repressive Tätigkeit **GVG 152** 39
Rechtsschutz gegen Maßnahmen **GVG 152** 42
Reformdiskussion **GVG 152** 46 ff
Regelungskompetenz der Länder **GVG 152** 21
Sachaufsicht der Staatsanwaltschaft **GVG 152** 27
Sicherstellung zur Vollstreckungssicherung **111e** 3, 10; **111f** 2, 6
Sondervorschriften **GVG 152** 44
Untersuchungen von Personen (§§ 81a–g), Zuständigkeit
siehe bei den jeweiligen Maßnahmen/Staatsanwaltschaft
Weisungsgebundenheit
– Amtsanwälte **GVG 152** 19
– Bedeutung der Regelung **GVG 152** 16
– dogmatische Einordnung **GVG 152** 18

– Verhältnis zur Weisung nach StPO **GVG 152** 20
Zuständigkeit, sachliche/örtliche **GVG 152** 36

Hinterlegung
Arrest, dinglicher (Vollstreckungssicherung) **111d** 35
Entschädigung bei Ladungen durch den Angeklagten **220** 32 f

Hinweis, rechtlicher
Änderung des rechtlichen Gesichtspunktes *siehe dort*
Eröffnungsbeschluss **207** 26
Hauptverhandlungsprotokoll, Inhalt **273** 12

Hörfalle
Anwendbarkeit von Vernehmungsvorschriften **136** 66
Telekommunikationsüberwachung **100a** 111

Homosexuellenehe
Ehe- und Familiengründungsrecht **MRK Art. 12 (Art. 23 IPBPR)** 4

Identifizierungsmaßnahmen
ähnliche Maßnahmen **81b** 16 ff
Anwendungsbereich der Vorschrift **81b** 1 ff
Durchsetzung (Zwangsmaßnahmen) **81b** 24
Einwilligung des Beschuldigten **81b** 14, 18
Fingerabdrücke **81b** 12
Immunität eines Abgeordneten **152a** 24
Lichtbilder **81b** 13
Messungen (Körpermerkmale) **81b** 12
Nutzung der Unterlagen **81b** 26
Personenkreis **81b** 8
Rechtsschutz (Anordnungen von StA und Polizei) **81b** 32
Rechtsschutz (gerichtliche Anordnungen) **81b** 31
Schriftproben **81b** 17
Umfang der Maßnahmen **81b** 11; **81b** 15
Verhältnis zur Gegenüberstellung **81b** 19
Verhältnismäßigkeit **81b** 10
Vorbereitungsmaßnahmen **81b** 21
Zeuge, Gegenüberstellung **58** 12
Zuständigkeit **81b** 22

Identitätsfeststellung
Anordnung durch Polizeibeamte **163b** 44
Anordnung im Bußgeldverfahren **163b** 45
Anordnungsbefugnis **163b** 43
Anwendungsbereich **163b** 4 ff
Aufbau der gesetzlichen Regelungen **163b** 3
auskunftspflicht nach § 111 OWiG **163b** 20
Bedeutung der Vorschriften **163b** 1
Begriff **163b** 13
Belehrung **163b** 17
im Bußgeldverfahren **163b** 8
Durchsuchung beim Unverdächtigen **163b** 37
Durchsuchung, Einwilligung **163b** 37
Durchsuchung, Objekte **163b** 40
Durchsuchung, Ziel **163b** 39
Durchsuchung, Zulässigkeit **163b** 36
erkennungsdienstliche Maßnahmen **163b** 42
bei erster richterlicher Vernehmung des Beschuldigten **136** 11
Freiheitsbeschränkung **163b** 22
Generalklausel **163b** 18
Inhalt der Vorschriften **163b** 3
Kontrollstellen, Einrichtung von **111** 27
Maßnahmen, Beispiele **163b** 19
Maßnahmen, erforderliche **163b** 18 ff
polizeirechtliche Vorschriften **163b** 9
Rechtsschutz (Antrag auf gerichtliche Entscheidung) **163b** 46
Register für staatsanwaltschaftliche Verfahren beim BZR **492** 8 f
im Strafverfahren **163b** 4
Unverdächtiger, Begriff/Abgrenzung **163b** 12
Verbringen zur Dienststelle **163b** 21
Verdächtiger, Begriff/Abgrenzung **163b** 10
Voraussetzungen allgemein **163b** 15
bei vorläufiger Festnahme **127** 25
Zulässigkeit **163b** 15 ff

Identitätsfeststellung, Festhalten der Person
Anrechnung auf Strafe **163b** 35
Arten des Festhaltens **163b** 31 f
Bedeutung der Sache, Verhältnismäßigkeit **163b** 26
Beginn des Festhaltens **163b** 28
Benachrichtigung allgemein **163c** 19b
Benachrichtigung, behördliche **163c** 20
Benachrichtigung, richterliche **163c** 24
Beschluss, Form **163c** 16
Beschluss, Inhalt **163c** 16
Dauer **163b** 33
Entschädigung **163b** 35
Entscheidung, richterliche **163c** 5 ff
Frist von zwölf Stunden **163c** 4
Grenzen, zeitliche **163c** 1 ff
Notwendigkeit **163b** 24
Rechtsbeistand **163b** 34
Rechtsschutz (Beschwerde) **163c** 18
Rechtsschutz gegen Aufbewahrung **163c** 29
Richtervorbehalt **163c** 5
Schwierigkeiten, erhebliche **163b** 24
ultima ratio **163b** 24
Unerlässlichkeit **163c** 1
Unterlagen über Unverdächtige **163c** 26
Unterlagen über Verdächtige **163c** 25
Verfahren **163c** 13
Vernichtung der Aufzeichnungen **163c** 25 ff
Verwahrung der Person **163b** 31
Voraussetzungen allgemein **163b** 23

Vorführung, unverzügliche **163c** 8
zuständiger Richter **163c** 9
Zwangsmaßnahmen (Festhalten) **163b** 32
Zweck der Maßnahme **163b** 23

ILO-Konvention
Menschenrechtsbeschwerde **MRK Anhang/ Verfahren** 96 f
Zwangs-/Pflichtarbeit, Verbot **MRK Art. 4 (Art. 8 IPBPR)** 1, 13

Immunität der Beteiligten
Europäischer Gerichtshof für Menschenrechte **MRK Anhang/Verfahren** 20

Immunität, diplomatische/konsularische
siehe diplomatische, konsularische Vertretung
Gleichheit vor dem Gericht **MRK Art. 6 (Art. 14 IPBPR)** 56
Rechtsschutzgarantie **MRK Art. 6 (Art. 14 IPBPR)** 46
Strafanzeige/Strafantrag, Bearbeitung **158** 20a

Immunität, parlamentarische
siehe auch Abgeordneter
allgemein genehmigte Strafverfolgung
– Bedeutung und Reichweite **152a** 32
– Einzelfragen **152a** 34
– Grundlagen **152a** 30
ausländische Strafverfahren **152a** 5
Aussetzungsverlangen, Bedeutung und Umfang **152a** 45
Aussetzungsverlangen, Wirkungen **152a** 47
Einstellung des Verfahrens/Prozessvoraus. setzung **206a** 41
Folgen der Immunität für das Verfahren **152a** 49
Geltungsbereich, persönlicher **152a** 11
Geltungsbereich, sachlicher **152a** 8
Geltungsbereich, zeitlicher **152a** 13
Genehmigung der Strafverfolgung
– Begrenzungen **152a** 43
– Inhalt und Wirkung **152a** 38
– Rechtsschutz **152a** 44
– Verfahren **152a** 35
genehmigungsfreie Strafverfolgung
– Bedeutung der verfassungsrechtlichen Regelung **152a** 23
– Folgen **152a** 29
– Voraussetzungen **152a** 24
Gleichheit vor dem Gericht **MRK Art. 6 (Art. 14 IPBPR)** 56
Inhalt und Bedeutung der Regelung **152a** 1 ff
landesrechtliche Regelungen **152a** 4
Rechtsgrundlagen und Rechtspraxis **152a** 6
Rechtsschutzgarantie **MRK Art. 6 (Art. 14 IPBPR)** 45
Revision, Prüfung von Gesetzesverletzung **337** 46
Strafanzeige/Strafantrag, Bearbeitung **158** 20a
Strafverfahrensrecht, Geltungsbereich **Einl. D** 9
Umfang
– allgemein **152a** 15
– Erkenntnisverfahren **152a** 16
– Fahrerlaubnis/Berufsverbot **152a** 21
– Freiheitsentziehung/Freiheitsbeschränkung **152a** 19
– Privatklagen **152a** 22
– Strafvollstreckung **152a** 18
– Zwangsmaßnahmen, sonstige **152a** 20
Urteilsgegenstand, Bindung an angeklagte Tat **264** 72
Verfahrensgarantien nach MRK und IPBPR **MRK Art. 6 (Art. 14 IPBPR)** 40
Verhältnis der StPO zu Landesgesetzen **EGStPO 6** 4; **EGStPO 8** 1 ff
Vollstreckbarkeit, Hindernisse **449** 9 f

IMSI-Catcher
siehe Mobilfunkendgerät, Überwachung
Telekommunikationsüberwachung **100a** 16, 51

Individualbeschwerde (international)
siehe Beschwerde;
siehe auch Menschenrechtsbeschwerde

In-dubio-pro-reo-Grundsatz
Anwendbarkeit, Merkmale des Straftatbestandes **261** 112
Anwendbarkeit, Tatsachenfeststellung **261** 111
Beweislast, Ausschluss **261** 106
Einzelfragen **261** 116
Gesetzesanwendung allgemein **Einl. L** 59
Indizienbeweis **261** 114
Prozessmaxime **Einl. H** 45 ff
rechtliche Zweifelsfragen **261** 105
Rechtsschutz (Revision) **261** 171 ff
Revision, Gesetzesverletzung **337** 14, 160, 213
Schätzungen, Mindestanforderungen **261** 113
Unterstellung der günstigeren Möglichkeit **261** 120
verfahrensrechtlich erhebliche Tatsachen **261** 124
Verfahrensvoraussetzungen **261** 123
Wahlfeststellung **261** 127
Wiederaufnahme des Verfahrens, Zulässigkeit **359** 155
Wiederaufnahme, gerichtliche Entscheidung **370** 23
Zweifel im Tatsächlichen **261** 103

Informant
Ermittlung der Polizei, verdeckte **163** 57 ff
Ermittlungsmaßnahmen der §§ 94 ff **Vor 94** 3
Öffentlichkeitsausschluss bei Gefährdung **GVG 172** 12, 49
verdeckter Ermittler **110a** 12

informationelle Selbstbestimmung (Art. 2 Abs. 1, 1 Abs. 1 GG)
Aufbewahrung erkennungsdienstlicher Unterlagen **81b** 29
Ausschließung des Verteidigers **138a** 1 f
Beweiserhebung/-verwertung **Einl. K** 72 ff
DNA-Analyse, erkennungsdienstliche Maßnahmen **81g** 3
Entwicklungsgeschichte des Strafverfahrensrechts **Einl. E** 152
Ermittlungsmaßnahmen der §§ 94 ff **Vor 94** 48
Nutzung von Blutproben und Körperzellen **81a** 79
Rasterfahndung **98a** 12
Verwertung/Vernichtung bei der DNA-Analyse **81e** 3
Wohnraumüberwachung, akustische **100f** 2
Informationen, personenbezogene
Verwendung durch Polizeibehörden **481** 1 ff
Informationsbeherrschungsrechten, Lehre von den
Ermittlungsmaßnahmen der §§ 94 ff **Vor 94** 37
Informationsbeschaffungsfreiheit
Meinungsäußerungsfreiheit **MRK Art. 10 (Art. 19 IPBPR)** 9
Informationseingriff, Lehre vom
Ermittlungsmaßnahmen der §§ 94 ff **Vor 94** 36
Informationssystem (Register/Datenbank)
siehe Datei/Datenbank
informatorische Befragung
Abgrenzung zur Vernehmung **136** 7; **136a** 13
Beweisaufnahme, Hauptverhandlung **244** 12
Einziehungs-/Verfallsbeteiligter **432** 15
präsente Beweismittel, Verzicht **245** 39
Vereidigung eines Zeugen **59** 5
Vernehmung durch StA und Polizei **163a** 15 ff, 89
Vernehmungsprotokoll, Verlesung bei Zeugnisverweigerung **252** 10, 29 ff
Informatorische Besichtigung
siehe Augenschein
Inquisitionsmaxime
siehe Amtsaufklärungsgrundsatz
Insolvenzverfahren
Sicherstellung zur Vollstreckungssicherung **111b** 50d
Insolvenzverwalter
Adhäsionsverfahren, Antragsteller **403** 4
Instruktionsmaxime
siehe Amtsaufklärungsgrundsatz
Interesse an der Strafverfolgung, besonderes öffentliches
Antragsdelikte **160** 22
Einstellung des Verfahrens/Prozessvoraussetzung **206a** 45b
Revision, Prüfung von Gesetzesverletzung **337** 59
Interesse an der Strafverfolgung, öffentliches
Einstellungsregelungen nach den §§ 153, 153a **153** 28 ff; **153a** 35 ff
Interessenverband
Privatklageberechtigung **374** 28
internationale Rechtshilfe
audiovisuelle Zeugenvernehmung **247a** 2
Datenverarbeitung zum Zwecke des Strafverfahrens **483** 9
sicheres Geleit **295** 31 ff
Internationaler Pakt über bürgerliche und politische Rechte (allgemein)
Ausländer, politische Tätigkeit
siehe dort
Auslegung
siehe unten
Ausweisung
siehe dort
Bedeutung für den Rechtsschutz **IPBPR Art. 2** 5 ff
Beschleunigungsgebot
siehe dort;
siehe auch Verfahrensgarantien
Beschwerderecht bei Konventionsverletzung
siehe dort
Bildungsrecht, Erziehungsrecht der Eltern
siehe dort
DDR, Beitritt **IPBPR Einf.** 32
diplomatischer Schutz, Gewährleistung **IPBPR Art. 2** 19
Diskriminierungsverbot
siehe dort
Dolmetscher, kostenlose Beiordnung
siehe dort;
siehe auch Verfahrensgarantien
Durchsetzbarkeit für den Einzelnen **IPBPR Art. 2** 5
Ehe- und Familiengründungsrecht
siehe dort
Eigentumsschutz
siehe dort
Eingriff, staatlicher **IPBPR Art. 2** 16
Einwilligung in Menschenrechtseingriffe **IPBPR Art. 2** 24
Entschädigung bei Fehlurteil
siehe dort;
siehe auch Verfahrensgarantien
Entstehung und Geltung **IPBPR Einf.** 32
EU als Nichtvertragspartei **IPBPR Einf. (Einf. MRK)** 45
EuGH-Rechtsprechung **IPBPR Einf. (Einf. MRK)** 48

Europäische Grundrechte-Charta **IPBPR Einf. (Einf. MRK)** 47
Europäische Verfassung **IPBPR Einf. (Einf. MRK)** 47, 49
faires Verfahren, Recht auf
siehe dort;
siehe auch Verfahrensgarantien
Fakultativprotokoll **IPBPR Einf.** 33 f
Festnahme
siehe dort
Folter, Verbot der
siehe dort
Freiheitsentziehung
siehe dort
Freizügigkeit
siehe dort
Gedanken-, Gewissens- und Religionsfreiheit
siehe dort
Geltung in der Bundesrepublik **IPBPR Einf. (Einf. MRK)** 39
Geltung in der EU **IPBPR Einf. (Einf. MRK)** 45 ff
Geltung, innerstaatliche allgemein **IPBPR Einf. (Einf. MRK)** 38
Gemeinschaftsverfassungsrang **IPBPR Einf. (Einf. MRK)** 49
Gleichheit vor dem Gericht
siehe dort;
siehe auch Verfahrensgarantien
Gleichheitsgebot
siehe dort
Grundgesetz, Auslegungshilfe **IPBPR Einf. (Einf. MRK)** 41
Grundrechtsschutz, mittelbarer **IPBPR Einf. (Einf. MRK)** 40
Günstigkeitsklausel **IPBPR Art. 5 (Art. 17 MRK)** 5
Hauptverhandlung, Anwesenheit des Angeklagten
siehe dort;
siehe auch Verfahrensgarantien
Hoheitsgewalt eines Mitgliedsstaates **IPBPR Art. 2** 11
Hoheitsgewalt, Verantwortung für fremde **IPBPR Art. 2** 14
Kollektivausweisung
siehe dort
Leben, Recht auf
siehe dort
Meinungsfreiheit
siehe dort
Menschenrechtsschutz, Entstehungsgeschichte **MRK Anhang/Verfahren** 1 ff; **MRK Einf. (Einf. IPBPR)** 1 ff
Menschenrechtsschutz, weiterer internationaler
siehe dort
Missbrauch, mittelbare Drittwirkung **IPBPR Art. 5 (Art. 17 MRK)** 4
Missbrauchsverbot **IPBPR Art. 5 (Art. 17 MRK)** 1
nemo-tenetur-Grundsatz
siehe dort;
siehe auch Verfahrensgarantien
Notstandsrechte zur Abweichung
siehe dort
Öffentlichkeit der Verhandlung
siehe dort;
siehe auch Verfahrensgarantien
Präambel als Auslegungshilfe **IPBPR Präambel** 4 f
Präambel, Bedeutung **IPBPR Präambel** 4
Präambel, Inhalt **IPBPR Präambel** 1, 3
privater Lebensbereich, Gewährleistung
siehe dort
Propaganda- und Verhetzungsverbot
siehe dort
Ratifizierung **IPBPR Einf.** 32
Ratifizierung allgemein **IPBPR Einf. (Einf. MRK)** 38 ff
Ratifizierung, Vorbehalte **IPBPR Einf.** 35
Rechtsanschauungen, gemeinsame **IPBPR Einf. (Einf. MRK)** 46
Rechtsmittel gegen Verurteilung, Recht auf
siehe dort;
siehe auch Verfahrensgarantien
Rechtsnatur **IPBPR Einf. (Einf. MRK)** 37
Rechtsschutz
siehe Menschenrechtsbeschwerde
Rechtsschutzgarantie
siehe dort;
siehe auch Verfahrensgarantien
Rechtsverletzung, Beschwerderecht
siehe Beschwerderecht bei Konventionsverletzung
Rückwirkungsverbot von Strafgesetzen
siehe dort
Schutz juristischer Personen/Gruppen **IPBPR Art. 2** 9
Schutz natürlicher Personen **IPBPR Art. 2** 8
Schutzbereich, persönlicher **IPBPR Art. 2** 8 ff
Schutzbereich, sachlicher **IPBPR Art. 2** 11 ff
Sklaverei/Zwangsarbeit, Verbot
siehe dort
Strafklageverbrauch (Verbot der Doppelbestrafung)
siehe dort;
siehe auch Verfahrensgarantien
Strafverfahren, Rechtsgrundlagen **Einl. C** 7

Unschuldsvermutung
siehe dort;
siehe auch Verfahrensgarantien
Unterrichtung des Angeklagten von Beschuldigung
siehe dort;
siehe auch Verfahrensgarantien
Vereinte Nationen, Ziele **IPBPR Präambel** 5
Verhältnis EU zu IPBPR **IPBPR Einf. (Einf. MRK)** 50
Verhältnis MRK zu IPBPR **IPBPR Einf. (Einf. MRK)** 51
Verhältnis zu Bundesrecht **IPBPR Einf. (Einf. MRK)** 43
Versammlungs- und Vereinigungsfreiheit
siehe dort
Verteidigerwahl des Beschuldigten, freie
siehe dort;
siehe auch Verfahrensgarantien
Verteidigung, Recht auf Vorbereitung
siehe dort;
siehe auch Verfahrensgarantien
Vertrag, völkerrechtlicher **IPBPR Art. 2** 1
Verzicht auf Schutz **IPBPR Art. 2** 24
völkerrechtliches Vertragsrecht **IPBPR Einf. (Einf. MRK)** 37
Vorrang des Gemeinschaftsrechts **IPBPR Einf. (Einf. MRK)** 46
Wahlrecht
siehe dort
Wirkung als Auslegungsrichtlinie **IPBPR Art. 2** 23
Wirkung für/gegen Dritte **IPBPR Art. 2** 20 ff
Wirkung gegenüber Privatpersonen **IPBPR Art. 2** 20
Wirkung, mittelbare Drittwirkung **IPBPR Art. 2** 21
Zeuge, Ladung/Befragung durch den Angeklagten
siehe dort;
siehe auch Verfahrensgarantien
zwischenstaatliche Einrichtungen **IPBPR Art. 2** 15

Internationaler Pakt über bürgerliche und politische Rechte, Auslegung
allgemeines **IPBPR Einf. (Einf. MRK)** 52
Anwendung auf völkerrechtlicher Ebene **IPBPR Einf. (Einf. MRK)** 72
Anwendung innerhalb der EU **IPBPR Einf. (Einf. MRK)** 71
Anwendungsebenen, verschiedene **IPBPR Einf. (Einf. MRK)** 66 ff
Auslegungsvorschriften, Akzessorietät **IPBPR Art. 5 (Art. 17 MRK)** 2
Auslegungsvorschriften, allgemeines **IPBPR Art. 5 (Art. 17 MRK)** 1
Auslegungsvorschriften, Eingriffsschranken einzelner Garantien **IPBPR Art. 5 (Art. 17 MRK)** 3
Beurteilungsspielraum der Staaten **IPBPR Einf. (Einf. MRK)** 64
Einschätzungsspielraum der Staaten **IPBPR Einf. (Einf. MRK)** 64
Entstehungsgeschichte **IPBPR Einf. (Einf. MRK)** 56
Rechtsanwendung, innerstaatliche **IPBPR Einf. (Einf. MRK)** 67
Rechtsbegriffe, nationale **IPBPR Einf. (Einf. MRK)** 55
Rechtsüberzeugung, gemeinsame **IPBPR Einf. (Einf. MRK)** 59
Sicherung der Wirksamkeit im Einzelfall **IPBPR Einf. (Einf. MRK)** 57
teleologische, Vorrang **IPBPR Einf. (Einf. MRK)** 57
Verfassungsrecht, innerstaatliches **IPBPR Einf. (Einf. MRK)** 68
Verhältnismäßigkeit **IPBPR Einf. (Einf. MRK)** 65
Verwirklichung im Einzelfall **IPBPR Einf. (Einf. MRK)** 63
völkerrechtliche Vertragsauslegung **IPBPR Einf. (Einf. MRK)** 52
Vorlagepflichten, fehlende **IPBPR Einf. (Einf. MRK)** 70
Weiterentwicklung des IPBPR **IPBPR Einf. (Einf. MRK)** 62
Weiterentwicklung, dynamische **IPBPR Einf. (Einf. MRK)** 60
Wortlaut **IPBPR Einf. (Einf. MRK)** 54

Internationales Strafrecht
Ermittlungsverfahren **Vor 158** 13a ff
Strafverfahren, Entwicklung **Einl. B** 33 ff

Internet
siehe elektronische Medien
Meinungsäußerungsfreiheit **MRK Art. 10 (Art. 19 IPBPR)** 9
Rasterfahndung **98a** 46
Telekommunikationsüberwachung **100a** 21, 45
Zeugnisverweigerungsrecht, berufliche Gründe **53** 49

Interpol
Ermittlungsverfahren, Stellung **Vor 158** 30 f

Intimsphäre
Beschlagnahmeverbot **97** 13

Irrtum
Wirksamkeit einer Prozesshandlung **Einl. J** 30 ff

iudex a quo
Begriff **Vor 304** 10; **306** 9; **307** 1
Berufung, Verfahren bei Verspätung **319** 2 ff
Revision, Verfahren bei Verspätung **346** 2 ff
Wiedereinsetzung in den vorigen Stand **45** 9
iudex ad quem
Begriff **Vor 304** 10; **307** 1
Berufung, Verfahren bei Verspätung **319** 9 ff
Landgericht (große Strafkammer)
siehe dort

Jugendarrest, Vollzug
Anrechnung auf Freiheitsstrafe **450** 25
Freiheitsentziehung, Rechte bei **MRK Art. 5 (Art. 9, 11 IPBPR)** 42
Justizverwaltungsakt, Rechtsschutz **EGGVG 23** 62
Jugendgericht
Änderung der gerichtlichen Zuständigkeit **225a** 2, 11, 32 ff, 71
Amtsgericht, Zuständigkeit **GVG 24** 43
Berufung, Verweisungsentscheidung **328** 42, 44, 57
Entscheidung über Verhandlungsleitung des Vorsitzenden **238** 36
Ermittlungsrichter, Untersuchungshandlungen **162** 15
Eröffnungsbeschluss, Abgabe an ein anderes Gericht **209a** 2, 19 ff, 30 ff, 46 f
Jugendschutzsachen, Zuständigkeit **GVG 74b** 1 ff
Landgericht, Zuständigkeit **GVG 74** 5, 14, 17
Rangordnung der Strafkammern **GVG 74e** 9
Schöffenvorschlagsliste, Abweichungen **GVG 36** 3
Staatsschutz-Strafkammer, Zuständigkeit **GVG 74a** 7
Statthaftigkeit der Berufung **312** 1
Unzuständigkeit als absoluter Revisionsgrund **338** 77
Wiederaufnahme, gerichtliche Zuständigkeit **367** 17
Wiederaufnahme, Wirkung der Anordnung **370** 50
Zuständigkeit in Jugendschutzsachen **GVG 26** 10 ff
Zuständigkeitsänderung/Verweisung **269** 8; **270** 21
Jugendgerichtshilfe
Aufgabenbereich, Abgrenzung **160** 83
Beweiswürdigung, freie richterliche **261** 20
Rechtsstellung in der Hauptverhandlung **Vor 226** 47
Urkundenbeweis, Verlesen von Behörden-/Ärzteerklärungen **256** 18
Jugendlicher
siehe auch Kind;
siehe auch Minderjähriger
Jugendlicher/Heranwachsender
Adhäsionsverfahren, Antragsgegner **403** 7 f
Anklage-/Verfolgungsermessen der Staatsanwaltschaft **152** 47
Freiheitsentziehung, Rechte bei **MRK Art. 5 (Art. 9, 11 IPBPR)** 11, 42, 71 ff
Gefangenenbehandlung **IPBPR Art. 10 (Nach Art. 5 MRK)** 14 ff, 18
Rechtsschutzgarantie **MRK Art. 6 (Art. 14 IPBPR)** 44
Sitzungspolizei, Ordnungsmittel **GVG 178** 21
Strafvollzug, Grundlagen **Vor 449** 12, 21
Jugendschutzsache
Amtsgericht, Zuständigkeit **GVG 26** 1 ff
Landgericht, Zuständigkeit **GVG 74b** 1 ff
Unzuständigkeit als absoluter Revisionsgrund **338** 79
Zuständigkeitsänderung im Eröffnungsverfahren
siehe dort
Jugendstrafe, Vollzug
Bewährung, Aussetzung des Strafrestes **454** 81
Justizverwaltungsakt, Rechtsschutz **EGGVG 23** 61
Vollstreckung der Freiheitsstrafe, Nachtragsentscheidungen **462a** 5, 75
Vollstreckung mehrerer Freiheits-/Ersatzfreiheitsstrafen **454b** 7
Jugendstrafsache
Änderung des rechtlichen Gesichtspunktes **265** 37
Anklage-/Verfolgungsermessen der Staatsanwaltschaft **152** 47
Anrechnung auf Freiheitsstrafe **450** 24
Antrag auf Vereidigung eines Sachverständigen **79** 5
Anwendbarkeit der Einstellungsregelungen der §§ 153 ff **153** 14; **153a** 19; **153b** 6; **153c** 6; **154** 6
Berufung, Verbot der Verschlechterung **331** 50 ff
beschleunigtes Verfahren allgemein **Vor 417** 27
Beschleunigungsgebot **MRK Art. 6 (Art. 14 IPBPR)** 76
Bezirksjugendrichter/Jugendschöffengericht **GVG 58** 2, 13
Einstellung des Verfahrens/Prozessvoraussetzung **206a** 33, 52
Ermittlungsverfahren, Abschlussentscheidung **170** 17

Eröffnung bei hinreichendem Tatverdacht **203** 2
Eröffnungsbeschluss, Abgabe an ein anderes Gericht **209** 12, 44; **209a** 19 ff, 46
erweitertes Schöffengericht **GVG 29** 13
Hauptverhandlungshaft (§ 127 b Abs. 2) **127b** 12
JGG, Verfahren nach dem **IPBPR Art. 14 (Art. 6 MRK)** 260
Jugendarrest (§ 17 JGG), notwendige Verteidigung **140** 32 ff
Jugendlicher, Begriff **IPBPR Art. 14 (Art. 6 MRK)** 259
Jugendschutzsachen, Zuständigkeit des Gerichts **209a** 30 ff, 47
Jugendstaatsanwalt, Zuständigkeit **GVG Vor 141** 25
Kammerzuständigkeit für Berufung **312** 8
Klageerhebung im vereinfachten Jugendverfahren **151** 8
Klageerzwingungsverfahren **172** 30 f
kommissarische Vernehmung, Benachrichtigung **224** 18
Kosten des Verfahrens allgemein **Vor 464** 8
Kostenpflicht des Verurteilten **465** 8
Landgericht, Kammerbesetzung **GVG 76** 19 ff
Mitteilung der Anklageschrift im Eröffnungsverfahren **201** 12
Nebenklage allgemein **Vor 395** 12 ff
notwendige Auslagen **464a** 28
notwendige Verteidigung **140** 111
Oberlandesgericht, Zuständigkeit **GVG 121** 4
Öffentlichkeit der Urteilsverkündung **GVG 173** 5
Öffentlichkeit der Verhandlung **GVG 169** 1 ff
Öffentlichkeit, Ausschlussverhandlung **GVG 174** 6, 36
Öffentlichkeit, Zulassung einzelner **GVG 175** 11, 15
Öffentlichkeitsgrundsatz **MRK Art. 6 (Art. 14 IPBPR)** 94, 98
Revision, Zurückverweisung **355** 5, 12
Sicherungshaft/-befehl (§ 453 c) **453c** 17
Sicherungsverfahren **413** 18; **Vor 413** 6
Sicherungsverfahren, Anwendbarkeit **414** 14
Strafverfahren, Rechtsgrundlagen **Einl. C** 11
Strafvollstreckungskammer **GVG 78a** 5
Teilnahme an Vernehmung durch den Ermittlungsrichter **136** 50
Unterbringung zur Begutachtung **81** 11
Untersuchungshaft
– allgemein **Vor 112** 64 f
– Aussetzung des Vollzugs eines Haftbefehls **116** 11, 29, 31
– Benachrichtigung vom Haftprüfungstermin (§§ 117 ff StPO) **118a** 10
– Benachrichtigungspflicht bei Verhaftung **114b** 36
– Fortdauer der Haft (über 6 Monate) **121** 3, 12
– Haftentscheidungshilfe **Vor 112** 65
– Jugendarrest bei Bagatellsachen **113** 3
– Subsidiaritätsprinzip **112** 67
– Vollzug **119** 10, 76, 136
Urteilsgründe, Inhalt/Darstellung **267** 93
Urteilsverkündung **268** 21 f
Verbindung mehrerer Strafsachen **237** 2
verbotene Vernehmungsmethoden **136a** 15
Verfahrensrechte des Jugendlichen **IPBPR Art. 14 (Art. 6 MRK)** 257
Verletzter, Rechtsstellung im Verfahren **Vor 406d** 6
Verpflichtung des Staates **IPBPR Art. 14 (Art. 6 MRK)** 260
freie Verteidigerwahl **137** 57
Vollstreckbarkeit/Rechtskraft der Entscheidung **449** 2, 31
Vollstreckungsbehörde **451** 6, 26, 30, 56
Wahl der Jugendschöffen **GVG 42** 16
Wegfall des Eröffnungsverfahren **Vor 198** 9
weitere Beschwerde, Zulässigkeit **310** 44, 46 f
wesentliches Ermittlungsergebnis in der Anklageschrift **200** 26
Zuständigkeit, örtliche/Gerichtsstand **Vor 7** 6

Jugendstrafverfahren
Entwicklungsgeschichte **Einl. E** 29
Gesamtstrafenbildung, nachträgliche **460** 59 ff
Hauptverhandlung ohne Angeklagten **232** 4; **233** 3
Ladung des Angeklagten zur Hauptverhandlung **216** 1
Strafverfahren, Struktur **Einl. F** 14
Urteilsgründe, Inhalt/Darstellung **267** 108
Verbindung/Trennung von Verfahren **2** 29 f
Zwangsmittel bei Ausbleiben des Angeklagten **230** 31

juristische Person/Personenvereinigung
Beschlagnahmeverbot **97** 52 f
Durchsuchung beim Verdächtigen **102** 10
Herausgabepflicht bei Sicherstellung **95** 13
Menschenrechtsbeschwerde (EGMR) **MRK Anhang/Verfahren** 23, 25
Nemo-tenetur-Grundsatz **IPBPR Art. 14 (Art. 6 MRK)** 249
privater Lebensbereich, Gewährleistung **MRK Art. 8 (Art. 17 IPBPR)** 7
Privatklageberechtigung **374** 41 ff
Rechtsschutz, internationaler **MRK Art. 1** 9; **IPBPR Art. 2** 10
Verfahren bei Geldbuße
siehe Geldbuße

Verfahrensgarantien nach MRK und IPBPR **MRK Art. 6 (Art. 14 IPBPR)** 14
Justiz
Justizbeitreibungsordnung
– Geldstrafe, Vollstreckung **459** 4
– Vollstreckung von Nebenfolgen **459g** 17
Justizförmigkeit
– Strafverfahren, Grundlagen **Einl. G** 20 ff
Justizgewährleistungspflicht
– Rechtsmittel allgemein, Funktion **Vor 296** 9
– Strafverfahren, Grundlagen **Einl. G** 16 ff
Justizhoheit
– Gerichtsverfassungsgesetz **GVG Einl 1** 3
Justizverwaltung
– Freistellung eines Richters und Geschäftsverteilung **GVG 21e** 61
– Justizverwaltungsakt, Rechtsschutz **EGGVG 23** 3, 26, 32 ff
– Öffentlichkeit, Zulassung einzelner **GVG 175** 14
– Staatsanwaltschaft, Ersetzungsbefugnis **GVG 145** 3
– Strafverfahren, Verhältnis **Einl. B** 29
– Strafvollstreckung/Strafvollzug **Vor 449** 16
– Weisungsgebundenheit des Richters **GVG 1** 2
Justizverwaltungsakt, Rechtsschutz nach § 23 EGGVG
siehe Antrag auf gerichtliche Entscheidung
Justizwachtmeister **GVG 154** 5
Landesjustizminister
– Kontaktsperre für Gefangene **EGGVG 32** 2
Landesjustizverwaltung
– Begriff des GVG **GVG 22** 40
– Staatsanwaltschaft, Dienstaufsicht **GVG 147** 5

Kanzlei des EGMR MRK Anhang/Verfahren 12
Kausalität, ursächlicher Zusammenhang
Wiederaufnahme des Verfahrens **370** 25 f
Kind
siehe auch Jugendlicher;
siehe Minderjähriger
Kinderkonvention
Freiheitsentziehung, Rechte bei **MRK Art. 5 (Art. 9, 11 IPBPR)** 11
Gefangenenbehandlung **IPBPR Art. 10 (Nach Art. 5 MRK)** 5
Menschenrechtsschutz, internationaler **MRK Einf. (Einf. IPBPR)** 10
privater Lebensbereich, Gewährleistung **MRK Art. 8 (Art. 17 IPBPR)** 4 f
Verfahrensgarantien nach MRK und IPBPR **MRK Art. 6 (Art. 14 IPBPR)** 4
Kirche/Geistliche
Zeugnisverweigerungsrecht, berufliche Gründe **53** 20 ff; **53a** 4
Kirchenbuch
Urkundenbeweis, Verlesung von Auszügen **249** 23
Klage
siehe auch Anklage
Klage, Vorbereitung der öffentlichen
siehe Ermittlungsverfahren
Klagebeitritt
Privatklageverfahren **375** 7 ff
Klageerzwingungsverfahren
Ablehnungsantrag des Verletzten **24** 47
abschließender Charakter **172** 5
Aktenvorlage, gerichtliches Verfahren
– Anhörung der Staatsanwaltschaft **173** 5
– Anhörung des Antragstellers **173** 8
– Anhörung des Beschuldigten **173** 6
– Anordnung der Ermittlungen **173** 15
– Bedeutung der Vorschrift **173** 1
– Ermittlungen der Staatsanwaltschaft **173** 18
– Ermittlungen des Gerichts allgemein **173** 12
– vorläufige Einstellung/Aussetzung **173** 9
– Vorlage der Ermittlungsakten **173** 3
Analogieverbot **172** 32
Antrag auf gerichtliche Entscheidung
– allgemein **172** 123
– Angabe der Ermittlungsergebnisse **172** 150
– Angabe von Beweismitteln **172** 152
– Angaben zur Zulässigkeit **172** 147
– Anwaltspflicht **172** 141
– Bezugnahmen **172** 155
– erfolglose Vorschaltbeschwerde **172** 124
– Folgen von Mängeln **172** 157
– Form des Antrags **172** 140 ff
– Frist **172** 127
– fristgemäße Vorschaltbeschwerde **172** 129
– Inhalt, angefochtene Bescheide **172** 153
– Inhalt, notwendiger **172** 145
– Notanwalt **172** 159 ff
– Wiedereinsetzung bei Fristversäumung **172** 131 ff
– Zurücknahme des Antrags **172** 158
Antragsteller
– juristische Person **172** 45
– Mehrzahl **172** 43
– Personenkreis **172** 42
– Prozessfähigkeit/Vertretung **172** 46
– Rechtsnachfolge **172** 44
– Verletzter, Begriff
siehe dort
Ausschluss allgemein **172** 21
Ausschluss bei Einstellungen nach den §§ 153 ff **172** 26

Ausschluss bei Jugendstrafsachen **172** 30
Ausschluss bei Privatklagedelikten **172** 23
Begrenzung des Antragsrechts **172** 2
Beschuldigter, Bestimmbarkeit **172** 20
Beschwerde an Staatsanwaltschaft
– Abhilfe durch Klageerhebung **172** 113
– Abhilfe durch Wiederaufnahme der Ermittlungen **172** 115
– Adressat **172** 104
– allgemein zur Vorschaltbeschwerde **172** 101
– Begründung der Entscheidung **172** 118
– Belehrung des Antragstellers **172** 119
– Beschwerdeentscheidung allgemein **172** 112
– Form **172** 106
– Frist allgemein **172** 108
– Fristbeginn **172** 109 ff
– Gegenstand der Entscheidung **172** 117
– Inhalt **172** 107
– sofortiger Antrag auf gerichtliche Entscheidung **172** 103
– vorgesetzter Beamter der Staatsanwaltschaft **172** 102
Einstellung des Ermittlungsverfahrens, endgültige **172** 12
Einstellung nach Klärungsfrist für Vorfragen **154d** 19 f
Einstellungen nach den §§ 153 ff **153** 64; **154e** 8, 11
Entscheidung des Oberlandesgerichts
– Absehen von einer Entscheidung **172** 180
– allgemein **172** 179; **174** 1
– Anhörung des Beschuldigten **175** 2
– Anordnung neuer Ermittlungen der StA **175** 16 ff
– Auferlegung der Kosten bei unbegründetem Antrag **177** 2
– Ausschließung und Ablehnung **172** 178
– begründeter Antrag **175** 1
– Einstellung nach den §§ 153 ff **174** 8
– Feststellungsbeschluss bei zwischenzeitlicher Klageerhebung **175** 25
– Inhalt des Ablehnungsbeschlusses **174** 11
– Inhalt des stattgebenden Beschlusses **175** 4
– keine Kosten bei unzulässigem Antrag **177** 3
– Kosten bei Stattgabe **175** 6
– Kosten der Staatskasse **177** 6
– Kosten, Umfang **177** 5
– Kostenbeschluss **177** 4
– Kostenentscheidung allgemein **177** 1
– Mitteilungen bei Ablehnung **174** 12
– Mitteilungen bei Stattgabe **175** 7
– notwendige Auslagen des Beschuldigten **177** 7
– Privatklagedelikte/Ordnungswidrigkeiten **174** 7
– Rechtsschutz bei Ablehnung **174** 13
– Strafklageverbrauch bei Ablehnung **174** 14
– unbegründete Anträge allgemein **174** 5
– unzulässige Anträge **174** 2
– Zuständigkeit **172** 176
erneutes nach Rücknahme/Verwerfen **172** 39
erneutes nach Strafbefehl/Urteil **172** 41
Eröffnungsverfahren, Wirkung der Ablehnung **211** 17
nach Fristablauf **172** 36
Immunität, parlamentarische **172** 17
Kontrolle des Legalitätsprinzips **172** 1
Kosten/notwendige Auslagen des Nebenklägers **472** 6
Nebenklage, Berechtigung **395** 5
Protokoll
siehe auch Protokoll über Untersuchungshandlung
Prozesskostenhilfe
– Antrag **172** 166
– anwendbare Vorschriften **172** 163
– Entscheidung **172** 169
– Fristen und Wiedereinsetzung **172** 172
– Verfahren **172** 168
– Voraussetzungen **172** 164
– Wirkung **172** 170
prozessuale Tat **172** 13
Rechtsnatur des Verfahrens **172** 7
Sicherheitsleistung
– Anwendungsbereich **176** 1
– Art und Höhe **176** 4
– Befriedigung des Kostengläubigers **176** 13
– Entscheidung, Mitteilungen **176** 10
– Ermessensspielraum **176** 8
– Folgen der Fristversäumung **176** 11
– Freigabe geleisteter Sicherheiten **176** 12
– Fristbestimmung **176** 7
– Zeitpunkt **176** 9
Statistik **172** 3
Strafantrag, bestehender **172** 47
Strafverfolgungspflicht, Kontrolle **152** 37
Struktur der Vorschriften **172** 6
Verfahren nach stattgebender Entscheidung
– Auswahl von Gericht und Klageart **175** 11
– sonstige Rechtswirkungen des Beschlusses **175** 15
– weitere Pflichten der Staatsanwaltschaft **175** 14
– Wirkung der Entscheidung **175** 8
Verfahrenshindernisse allgemein **172** 16
vorläufiges Absehen von Klageerhebung gegen Auflagen/Weisungen **153a** 117 f

Vorschalt- und Dienstaufsichtsbeschwerde **172** 9
bei Wiederaufnahme der Ermittlungen **172** 37
Wiedereinsetzung in den vorigen Stand **44** 11
Wiederholung/Nachholung allgemein **172** 33

Klagerücknahme
Privatklageverfahren *siehe dort*

Koalitionsfreiheit
siehe Versammlungs- und Vereinigungsfreiheit

Kollusionsgefahr
siehe Verdunkelungsgefahr

kommissarische Vernehmung
Anwendungsbereich **223** 6 f
durch ausländische Gerichte/Behörden **223** 38
durch beauftragten Richter **223** 28
Beschluss des Gerichts **223** 20
Beschluss, Hinweise/Bekanntgabe **223** 25 ff
Beschlussbegründung **223** 23
Beschlusstenor **223** 22
durch ersuchten Richter **223** 29 ff
durch Konsularbeamten im Ausland **223** 37
Ladung zur Hauptverhandlung **223** 41
Rechtsschutz (Beschwerde) **223** 43
Rechtsschutz (Revision) **223** 44
Teilnahme des erkennenden Gerichts **223** 40
Unzumutbarkeit wegen Entfernung **223** 16
Vereidigung **223** 36
Verfahren bei Vernehmung **223** 32
Verhinderung durch Krankheit, etc. **223** 8
Verhinderung durch sonstige Gründe **223** 9
Verhinderung, Zeitkriterium **223** 14
Vernehmungsniederschrift **223** 35
Verwertung in Hauptverhandlung **223** 42
Zweck **223** 1

kommissarische Vernehmung, Benachrichtigung
Angeklagter **224** 12
Anwendungsbereich **224** 1
Anwesenheitsrecht **224** 5
Behörden **224** 16
Benachrichtigung **224** 7 ff
Heilung von Fehlern **224** 34
inhaftierter Angeklagter **224** 24
in Jugendsachen **224** 18
Nebenbeteiligten, sonstige **224** 17
Privat- und Nebenkläger **224** 15
Rechtsschutz (Revision) **224** 35
schriftliche Fragen **224** 26
Staatsanwaltschaft **224** 13
Strafverteidiger **224** 14
Verlesbarkeit bei Verletzung **224** 31
Verzicht **224** 23
Vorlegung der Niederschrift **224** 27
Wegfall der Pflicht **224** 19
Zweck der Regelung **224** 4

kommissarischer Augenschein
Anordnung des Gerichts **225** 4 f
außerhalb des Gerichtsbezirks **225** 12
Durchführung **225** 6
informatorische Besichtigung **225** 9
Rechtsschutz (Beschwerde) **225** 13
Rechtsschutz (Revision) **225** 14
Verwertung in der Hauptverhandlung **225** 10
Zweck der Vorschrift **225** 1

Konsulat
siehe diplomatische, konsularische Vertretung

Kontaktsperre für Gefangenen
andere Personen als Gefangene **EGGVG 31** 11 f
Bedeutung der Feststellung **EGGVG 31** 1
Bestätigungsverfahren, gerichtliches
– Antragserfordernis **EGGVG 35** 1
– Entscheidung **EGGVG 35** 5
– Umfang der Nachprüfung **EGGVG 35** 2
– Verfahren **EGGVG 35** 3
– Zuständigkeit **EGGVG 35** 4
Betroffener, Konkretisierung **EGGVG 31** 13
Dauer der Feststellungswirkung **EGGVG 36** 2
Durchführungsmaßnahmen, Bekanntgabe **EGGVG 33** 3
Durchführungsmaßnahmen, Inhalt **EGGVG 33** 2
Durchführungsmaßnahmen, Zuständigkeit **EGGVG 33** 1
Entwicklungsgeschichte
– Abgeschlossenheit der Regelung **EGGVG Vor 31** 13
– Anlass für gesetzliche Regelung **EGGVG Vor 31** 1 ff
– Bedeutung des Kontaktsperregesetzes **EGGVG Vor 31** 15
– Europäische Menschenrechtskonvention **EGGVG Vor 31** 12
– Standortfrage **EGGVG Vor 31** 14
– Verfassungsmäßigkeit des Gesetzes **EGGVG Vor 31** 10
– Werdegang des Gesetzes **EGGVG Vor 31** 7
Ermessen, pflichtgemäßes **EGGVG 31** 14
Feststellung, Bekanntgabe/Form **EGGVG 31** 16
Feststellung, Rechtsnatur **EGGVG 32** 4
Gebotensein der Kontaktsperre **EGGVG 31** 4
Gefangener, Personenkreis **EGGVG 31** 7
gegenwärtige Gefahr **EGGVG 31** 2
Hemmung des Fristablaufs **EGGVG 34** 2
Inhalt **EGGVG 31** 5
inhaltliche Beschränkung der Sperre **EGGVG 31** 15

Maßregel/Unterbringungsbefehl, entsprechende Geltung **EGGVG 38** 1 ff
mehrere Feststellungen **EGGVG 32** 5
Nachprüfung, gerichtliche **EGGVG 31** 17
Rechtsanwalt als Kontaktperson
– Antragserfordernis **EGGVG 34a** 2
– Aufgaben **EGGVG 34a** 3
– Auswahl und Stellung **EGGVG 34a** 11
– Befugnisse, Anträge **EGGVG 34a** 7
– Befugnisse, Ermittlung entlastender Umstände **EGGVG 34a** 5
– Befugnisse, Mitteilungen **EGGVG 34a** 6
– Befugnisse, Teilnahme an Ermittlungshandlungen **EGGVG 34a** 8
– Befugnisse, Verbindungsaufnahme mit Dritten **EGGVG 34a** 9
– Befugnisse, Verkehr mit dem Gefangenen **EGGVG 34a** 10
– Belehrung des Gefangenen **EGGVG 34a** 13
– Grundgedanke der Regelung **EGGVG 34a** 1
– Verhältnis zum Verteidiger **EGGVG 34a** 4
– Zuständigkeit und Verfahren der Beiordnung **EGGVG 34a** 12
Rechtsschutz **EGGVG 34** 21
– Antragserfordernis **EGGVG 37** 2
– erledigte Maßnahmen **EGGVG 37** 8
– Gegenstand der Überprüfung **EGGVG 37** 3
– Verfahren **EGGVG 37** 5
– Verhältnis zum Bestätigungsverfahren **EGGVG 37** 1
– Vorlegungspflicht **EGGVG 37** 7
– Zuständigkeit **EGGVG 37** 4
Rücknahmepflicht **EGGVG 36** 1
terroristische Vereinigung **EGGVG 31** 3
terroristische Vereinigung mit Auslandsbezug **EGGVG Nachtr. 31** 1 f
Unerreichbarkeit des Beweismittels **244** 270
Unterbrechung anderer Verfahren **EGGVG 34** 20
Verdacht einer Katalogtat **EGGVG 31** 8 ff
Verteidigung, Recht auf Vorbereitung **MRK Art. 6 (Art. 14 IPBPR)** 179
Wiederholung nach bestätigter Feststellung **EGGVG 36** 4
Wiederholung nach nicht bestätigter Feststellung **EGGVG 36** 5
Wiederholung, Grundsatz **EGGVG 36** 3
Wirkung allgemein **EGGVG 34** 1
Wirkung für das Strafverfahren
– Akteneinsicht, Einschränkung **EGGVG 34** 10
– Ausschluss bei richterlichen Untersuchungen **EGGVG 34** 8
– Hauptverhandlung **EGGVG 34** 15
– mündliche Haftprüfung **EGGVG 34** 14
– rechtliches Gehör trotz Ausschluss **EGGVG 34** 9
– Schriftverkehr mit Strafverfolgungsorganen **EGGVG 34** 19
– Unterbringungsverbot (§ 81 StPO) **EGGVG 34** 18
– Verkündung eines Haftbefehls **EGGVG 34** 13
– Vernehmung des Beschuldigten **EGGVG 34** 11
– Verteidigerbestellung bei U-Haft **EGGVG 34** 5 f
– Verteidigerbestellung für Strafgefangene **EGGVG 34** 7
Zuständigkeit der Landesregierung **EGGVG 32** 1
Zuständigkeit des Bundesjustizministers **EGGVG 32** 3
Zuständigkeit des Landesjustizministers **EGGVG 32** 2

Kontrollfahndung
siehe Kontrollstellenfahndung

Kontrollstellen, Einrichtung von
abschließende Regelung (Strafverfahren) **111** 3
Anordnung der Maßnahme **111** 16 ff
Anordnung, Inhalt richterlicher **111** 20
Anwendungsbereich **111** 3 ff
Aufhebung **111** 24
Befugnisse an den Kontrollstellen **111** 25
Begriff **111** 1
Datenspeicherung/-nutzung (Dateien) **111** 32
Durchsuchung **111** 30
Erfolgsaussichten **111** 11
Form der Anordnung **111** 22
Identitätsfeststellung **111** 27; **163b** 5
Ort der Kontrollen **111** 14
polizeiliche Regelungen **111** 6
Rechtsschutz (Revision) **111** 37
Rechtsschutz gegen Anordnung **111** 33
Rechtsschutz gegen Art und Weise der Durchführung **111** 34
Rechtsschutzbedürfnis **111** 35
Schleppnetzfahndung **111** 32
Straftaten, Verdacht schwerer **111** 8
Tatverdacht **111** 8
Tatverdacht, Bestimmtheit der Tatsachen **111** 10
Verhältnismäßigkeit **111** 15
Verwertungsverbot **111** 36
Vollzug der Anordnung **111** 23
Voraussetzungen **111** 9 ff
Zuständigkeit **111** 16

Kontrollstellenfahndung, computergestützte
allgemeines **163d** 1

Anordnung der Maßnahme
– Ablehnung **163d** 54
– Außerkrafttreten bei Ablehnung **163d** 49
– Begründung **163d** 53
– Bestätigung **163d** 54
– Bestätigung durch den Richter **163d** 45
– Form **163d** 51 ff
– Inhalt, Konkretisierungspflicht **163d** 52
– richterliche **163d** 43
– Schriftform **163d** 51
– Staatsanwaltschaft und ihre Hilfsbeamten **163d** 44
– Verlängerung **163d** 54
– Vollstreckung **163d** 53
Aufbau der gesetzlichen Regelungen **163d** 3
Auswertung der Daten **163d** 39
Bedeutung der Fahndungsmethode **163d** 1 ff
Beendigung **163d** 55 ff
Begrenzung, zeitliche/räumliche **163d** 30
Daten, aufklärungsrelevante **163d** 26
Dauer **163d** 40
Erfolgstauglichkeit **163d** 16
Erhebung der Daten, Art der **163d** 23
Fristablauf **163d** 60
Identitätsdaten **163d** 24
Inhalt der Regelung **163d** 3
Kontrollstellen nach § 111 **163d** 20
Kontrollstellen, grenzpolizeiliche **163d** 21
Löschungsfrist **163d** 64
Löschungspflicht **163d** 61
Personenkreis **163d** 28
Rechtsnatur/Charakter der Regelung **163d** 7
Rechtsschutz
– bei Ablehnung der Kontrollfahndung **163d** 83
– bei nichtrichterlicher Anordnung **163d** 84
– Revision **163d** 85
– bei richterlicher Anordnung **163d** 82
Reichweite der Regelung **163d** 5
Schleierfahndung (§ 2 Abs. 2 Nr. 3 BGSG) **163d** 22a
Speicherung in Datei **163d** 33
Straftatenkatalog **163d** 9
Tatverdacht, Grad **163d** 15
Übermittlung **163d** 37
Umfang der Datenerhebung **163d** 24 ff
Unterrichtungspflicht
– Ausnahmen **163d** 80
– Form **163d** 81
– Grundsatz **163d** 78
– Zeitpunkt **163d** 81
– Zuständigkeit **163d** 81
Verarbeitung der Daten **163d** 32
Verhältnismäßigkeit **163d** 18
Verwertung der Daten **163d** 66
Verwertung der Daten im Strafverfahren **163d** 67
Verwertungsverbot **163d** 75
Voraussetzungen **163d** 8 ff
Wegfall der Voraussetzungen **163d** 57
Wiederholung der Maßnahme **163d** 40
Zufallserkenntnisse **163d** 70
Konzentration der örtlichen Zuständigkeit
Eröffnungsbeschluss, Abgabe an ein anderes Gericht **209** 14
Konzentrationsmaxime
Prozessmaxime **Einl. H** 64 f
Kosten des Verfahrens (allgemein)
Adhäsionsverfahren
siehe dort
Arrest, dinglicher (Vollstreckungssicherung) **111d** 11
Aufopferungsanspruch **Vor 464** 20
Auskunft über Telekommunikationsverbindung **100h** 34
Auslagen, Festsetzung der notwendigen **Vor 464** 7
Auslagenerstattung nach StPO **Vor 464** 22
Bedeutung und Begriff **Vor 464** 2
Begriff allgemein **464a** 1
Behörden außerhalb der Justiz **464a** 14
Beitreibung **Vor 464** 5
Billigkeitserwägungen **Vor 464** 17
Bußgeldverfahren **Vor 464** 10
dinglicher Arrest **Vor 464** 6
Dolmetscher/Übersetzungen **464a** 8
Entschädigung/Belohnung Dritter **464a** 15
Erlass/Ermäßigung **Vor 464** 13
Erstattung nach dem StrEG **Vor 464** 30
Erstattungsansprüche des Freigesprochenen **Vor 464** 28
Erstattungsansprüche des Nebenklägers **Vor 464** 29
Fahrerlaubnis, vorläufige Entziehung **111a** 102
Gebühren und Auslagen, gerichtliche **464a** 20
Gegenstand der gesetzlichen Bestimmungen **Vor 464** 1
Herausgabepflicht bei Sicherstellung **95** 29
jugendgerichtliches Verfahren **Vor 464** 8
Kosten für Dolmetscher
– allgemein **464c** 1
– Hör- oder Sprachbehinderung (Neufassung) **Nachtr. 464c** 1
– Säumnis, schuldhafte **464c** 4
– Verfahren **464c** 6
Kostenhöhe/Kostenansatz, Bestimmungen **Vor 464** 4
Kostentragungspflichten im Einzelnen
siehe auch Kostenlast

materiellrechtliche und Verfahrensvorschriften **Vor 464** 3
Menschenrechtsbeschwerde (EGMR) **MRK Anhang/Verfahren** 69
Mobilfunkendgerät, Überwachung **100i** 37
Niederschlagung des Verfahrens **Vor 464** 13
notwendige Auslagen
- Auslagen Dritter **464a** 23
- Begriff **464a** 21
- Beschuldigter ohne Verteidiger **464a** 50
- Beteiligtenbegriff **464a** 22
- Gebühren/Auslagen des Wahlverteidigers, gesetzliche **464a** 39 ff
- mehrere Wahlverteidiger **464a** 32
- Rechtsanwalt in eigener Sache **464a** 48
- Rechtsanwalt, auswärtiger **464a** 45 f
- Rechtsanwaltsgebühren, Grundsatz **464a** 30
- Rechtsschutzversicherung **464a** 24
- sachwidriges Verhalten des Verteidigers **464a** 38
- sonstige Auslagen **464a** 49
- unzulässige Verteidigung **464a** 33
- Verteidiger, anderer als Rechtsanwalt **464a** 44
- Verteidigerhonorar bei Rechtsmitteleinlegung der StA **464a** 34 ff
- Wahl- und Pflichtverteidigung, Zusammentreffen **464a** 47
- Wahlverteidiger **464a** 31

Prinzip der prozessualen Zurechnung **Vor 464** 24
Prinzipien der Auslagenerstattung **Vor 464** 19
Prinzipien der Kostentragungspflicht **Vor 464** 14
Privat- und Nebenklage, Auslagenerstattung **Vor 464** 23
Privat- und Nebenklage, Kostenlast **Vor 464** 18
Prozesskostenhilfe **464a** 7
Rasterfahndung **98a** 35
Reformentwicklung **Vor 464** 25
Sicherstellung zur Vollstreckungssicherung **111b** 54
Steuerstrafsachen **Vor 464** 9
Telekommunikationsüberwachung **100a** 77; **100b** 41
Unschuldsvermutung **MRK Art. 6 (Art. 14 IPBPR)** 143
Untersuchungshaft **464a** 16
Veranlassungsprinzip **Vor 464** 15
Verfahren nach § 77 IRG **Vor 464** 12
Verfahren nach Strafvollzugsgesetz **Vor 464** 11
Vergütung des Pflichtverteidigers **464a** 2
Verschuldensprinzip **Vor 464** 16
Verteilung nach Bruchteilen (Auslagen der Staatskasse) **464d** 1 ff
Vollstreckungskosten **464a** 17 f
Vorbereitung der öffentlichen Klage **464a** 13
Wiederaufnahme, Antragsvorbereitung **464a** 19

Kosten des Verfahrens, Einzelfälle
Abstimmung, einfache Mehrheit **263** 16
Adhäsionsverfahren **406** 17
Ausspruch im Urteilstenor **260** 93
Beiordnung eines Zeugenbeistandes **Nachtr. 68b** 32
Bekanntmachung der gerichtlichen Entscheidung **35** 15
Berufung, Verbot der Verschlechterung **331** 30, 116
Dolmetscher, Hinzuziehung **GVG 185** 12
Einstellung bei Gesetzesänderung **206b** 15
Einstellung des Verfahrens/Prozessvoraussetzung **206a** 16, 64
Einstellungsregelungen nach den §§ 153 ff **153** 79, 84; **153a** 129; **153b** 18; **154** 44 f, 50; **154b** 11
des Ermittlungsverfahrens nach Einstellung **170** 48
Eröffnungsverfahren, gerichtliche Entscheidung **204** 13
Geldstrafe, Vollstreckung **459** 10
Geldstrafe, Zahlungserleichterungen **459a** 15 ff
hör- oder sprachbehinderter Beschuldigter **GVG 186** 18
Justizverwaltungsakt, Rechtsschutz **EGGVG 30** 1 ff
Klageerzwingungsverfahren *siehe dort*
Klagerücknahme, zulässige **156** 16
Kostenbeschwerde
- Abgrenzung zur einfachen Beschwerde **Vor 304** 40
- Bundesgerichtshof, Beschwerdezuständigkeit **GVG 135** 9
- Zulässigkeit **304** 35 ff

Nachverfahren **439** 39
Nachverfahren bei Vorbehalt der Sicherungsverwahrung **Nachtr. 275a** 32
objektives Verfahren (Einziehung/Verfall) **440** 59
Rechtshilfe **GVG 164** 1 ff
Rechtsmittel allgemein, Beschwer **Vor 296** 65
Rechtsmittel, selbstständiges des ges. Vertreters **298** 18
Schriftstücke für Blinde/Sehbehinderte **GVG 191a** 11

Sicherungsverfahren, Anwendbarkeit **414** 30
Strafbefehl, Inhalt **409** 20
Strafbefehlsverfahren, Einspruch **410** 11
Strafbefehlsverfahren, Entscheidung **411** 62
vorläufiges Absehen von Klageerhebung gegen Auflagen/Weisungen **153a** 129
Widerklage, Privatklage **388** 38
Wiederaufnahme, Neuverhandlung **373** 36

Kosten des Verfahrens, Nebenkläger
Anwendungsbereich **472** 2
Auslagen bei Verurteilung **472** 13
Auslagenfestsetzung **472** 26
Bedeutung der Vorschrift **472b** 1
besondere Kosten, Auferlegung **472b** 3
Billigkeitsentscheidung bei Verurteilung **472** 15
bei Einstellung nach Ermessen
– Begründung **472** 22
– Billigkeitsgründe, besondere **472** 19
– endgültige nach vorläufiger Einstellung **472** 20
– Kostenentscheidung allgemein **472** 17
– Rechtsschutz **472** 22
gesamtschuldnerische Haftung **472** 25
Jugendstrafsachen **472** 7
Klageerzwingungsverfahren **472** 6
Kosten bei Geldbuße **472b** 6
Kostenlast anderer Beteiligter **472b** 10
Nebenbeteiligter, Begriff **472b** 2
Nebenkläger als Mitangeklagter **472** 16
Nebenklageberechtigter, Auslagen **472** 23
notwendige Auslagen bei Absehen von Anordnungen **472b** 8
notwendige Auslagen bei Anordnung der Nebenfolge **472b** 4 f
notwendige Auslagen bei Freispruch **472b** 9
Privatkläger, Auslagen **472** 24
Rechtsmittelverfahren **472b** 11
Tatteil, den Nebenkläger betreffender **472** 11
Verfahren allgemein **472** 8
Verurteilung **472** 10
Zweck der Vorschrift **472** 1

Kosten des Verfahrens, Rechtsmittel bei Erfolglosigkeit
allgemein **473** 1
Anwendungsbereich **473** 2
Beschränkung des Rechtsmittels
– allgemein **473** 32
– anfängliche Beschränkung **473** 34 f
– Beschränkbarkeit **473** 36
– Gerichtskosten **473** 33
– kostenrechtliche Behandlung nachträglicher **473** 38 ff
– nachträgliche Beschränkung **473** 37
– durch Staatsanwaltschaft **473** 46
– Zeitpunkt **473** 45
Beschwerdeführer ohne Vertretungsvollmacht **473** 9
Erfolg bei sonstigen Nachtragsentscheidungen **473** 16
Erfolg der Beschwerde bei Nachtragsentscheidungen **473** 15
Erfolg der Beschwerde in Zwischenverfahren **473** 13
Erfolg des Rechtsmittels
– Abgabe wegen Unzuständigkeit **473** 31
– allgemein **473** 22
– Aufhebung eines Formalurteils **473** 29
– Einstellung wegen Verfahrenshindernissen **473** 30
– Entzug der Fahrerlaubnis **473** 53
– Entzug der Fahrerlaubnis und Berufung der StA **473** 57
– Erfolgsbegriff **473** 24
– Grund **473** 23
– Teilerfolg allgemein **473** 25, 47 ff
– Teilerfolg bei Änderung des Schuldspruchs **473** 50
– Teilerfolg, Billigkeitsentscheidung **473** 51
– Teilerfolg, Geltungsbereich **473** 48
– Teilerfolg, unwesentlicher **473** 26
– Teilfreispruch **473** 52
– bei Zurückverweisung **473** 27 f
gesetzlicher Vertreter **473** 10
Kosten bei Erfolg des Rechtsmittels **473** 12
Kostenbeschluss, selbstständiger **473** 5
Kostenentscheidung in Urteilsform **473** 6
Kostenschuldner allgemein **473** 8
Nachverfahren **473** 99
Nebenklage/Nebenklagebefugnis
– allgemein **473** 71
– Beteiligung des Nebenklägers **473** 90
– mehrere Nebenkläger **473** 91
– Rechtsmittel des Beschuldigten **473** 75 ff
– Rechtsmittel des Nebenklägers **473** 82 ff
– Rechtsmittel mehrerer Beteiligten **473** 91 ff
– Strafbefehlsverfahren **473** 81
– Tod des Nebenklägers **473** 85
– unterschiedliche Instanzentscheidungen **473** 86
Privatklageverfahren
– allgemein **473** 63
– allseits erfolglose Rechtsmittel **473** 70
– Beschränkung/Teilerfolg **473** 64
– Einstellung wegen Geringfügigkeit **473** 68
– Widerklage **473** 69
Rechtsmittel der Staatsanwaltschaft
– Auslagenerstattung, Umfang **473** 18
– Bedeutung der Regelung **473** 17
– zugunsten des Beschuldigten **473** 20

– zuungunsten des Beschuldigten **473** 21
– zuungunsten Nebenbeteiligter **473** 19
vollständige Erfolglosigkeit/Zurücknahme **473** 4
Wiederaufnahmeantrag (Normnichtigkeit) **473** 98
Wiederaufnahmeantrag (Strafbefehl) **473** 97
Wiederaufnahmeantrag (Urteil) **473** 96
Wiedereinsetzung, Kosten **473** 100 f
Zurechnung bei Vertretung **473** 11
Zusammentreffen von Rechtsmitteln
– erfolglose von Angeklagtem und StA **473** 59
– erfolgreiche von Angeklagtem und StA **473** 58
– gerichtliche und außergerichtliche Kosten **473** 60
– mehrere Mitangeklagte **473** 61 f
Zuständigkeit für Kostenentscheidung **473** 7

Kosten des Verfahrens, Verzögerungen
Aussetzungsantrag bei Beweiserhebung **246** 27
Fehlen des notwendigen Verteidigers **145** 33 ff
Schöffe, Auferlegung bei Pflichtverletzungen **GVG 56** 7
Zeuge, Folgen des Ausbleibens **51** 16 f
Zwangsmaßnahmen bei Zeugnis-/Eidesverweigerung **70** 12

Kostenentscheidung des Gerichts
Abhängigkeit zum Einstellungsgrund **464** 16
Anwendungsbereich **464** 1
Bindung des Beschwerdegerichts
– tatsächliche Feststellungen **464** 61
– unanfechtbare Hauptentscheidung **464** 64
– Verschlechterungsverbot **464** 65
– Wirkung **464** 63
– Zweck der Regelung **464** 60
Einstellungen nach den §§ 154 ff **464** 11 ff
Einstellungsbeschluss allgemein **464** 9
Einstellungsbeschluss statt Urteil **464** 7
Einstellungsentscheidungen **464** 6
Fehlen **464** 17
Kosten- und Auslagenentscheidung, selbstständige **464** 30 ff
notwendige Auslagen, Entscheidung
– Bedeutung **464** 18
– Entscheidung dem Grunde nach **464** 21
– Entwicklungsgeschichte **464** 23
– Ergänzung durch Nachtragsbeschluss **464** 28
– Erstattungsvorschriften, materiellrechtliche **464** 22
– Form der Entscheidung **464** 20
– Kostenfestsetzungsverfahren, Korrekturmöglichkeiten **464** 29
– Notwendigkeit der Entscheidung **464** 24
– Rechtsmittelgericht, Entscheidung **464** 26
– Umdeutung der Kostenentscheidung **464** 25
Rechtsmittel- und Beschwerdegericht **464** 66 f
Rechtsschutz (sofortige Beschwerde)
– außerordentliche Beschwerde **464** 39
– Bedeutung und Zweck der Regelung **464** 33
– Berechtigte **464** 40
– Beschränkung **464** 36
– erfolglose Hauptsacheanfechtung **464** 43
– Form **464** 47
– Frist **464** 44
– Rechtsmittelverzicht **464** 37
– Strafbefehlsverfahren **464** 48
– Tod des Beschuldigten **464** 41
– bei Unanfechtbarkeit der Hauptentscheidung **464** 49 ff
– Verhältnis zur Hauptsacheanfechtung **464** 42
– weitere Beschwerde **464** 38
– Wiedereinsetzung **464** 45
Strafbefehl **464** 5
Urteil **464** 4
vorläufige Einstellungen/Beschränkungen **464** 10
Zwischen-/Neben-/Nachtragsverfahren **464** 8

Kostenfestsetzungsverfahren
Antrag **464b** 6
Antragsberechtigung **464b** 4
Antragsberechtigung, Vertretung/Zession **464b** 5
Anwendungsbereich **464b** 2
Auslagenerstattungsanspruch als Grundlage **464b** 3
Entscheidung **464b** 8
Entscheidung über Kosten und notwendige Auslagen **464** 29
Rechtskraft/Vollstreckung **464b** 12
Rechtsschutz **464b** 9
Verfahrensgrundsätze **464b** 8
freie Verteidigerwahl des Beschuldigten **137** 47
Verzinsung **464b** 7
Zinssatzhöhe, Verweisung **Nachtr. 464b** 1
Zuständigkeit **464b** 8
Zweck der Regelung **464b** 1

Kostenlast bei Freispruch
Absehen von Auslagenerstattung
– allgemein **467** 34
– Ermessen des Gerichts **467** 48
– Fehlverhalten, schuldhaftes prozessuales **467** 35
– Selbstbelastung, wahrheitswidrige **467** 38
– Teilung der Auslagenlast **467** 49
– unzulässige Analogie **467** 44

– Ursächlichkeit für Klageerhebung **467** 37
– Verschweigen entlastender Umstände **467** 41
– widersprüchliche Erklärungen **467** 40
Absehen von Auslagenerstattung (Einstellung)
– Anwendungsbereich **467** 63
– Ermessen allgemein **467** 64
– Rechtsmittelinstanz **467** 69
– Rechtsschutz **467** 70
– Überzeugungsbildung **467** 68
– Unschuldsvermutung **467** 67
Absehen von Auslagenerstattung (Verfahrenshindernis)
– alleinige Ursache **467** 53
– Einstellung bei Gesetzesänderung **467** 62
– Entwicklungsgeschichte **467** 51
– Ermessensrichtlinien **467** 56
– Tod des Angeklagten **467** 61
– überschießender Anklagevorwurf **467** 55
– Unschuldsvermutung **467** 54
– Verfahrenshindernis **467** 52
– Zweck der Regelung **467** 50
Anwendungsbereich der Regelung **467** 2
Auslagen der Nebenbeteiligten **467** 21
Auslagen Dritter **467** 20
Auslagenerstattung
– Einstellung des Verfahrens **467** 8
– Eröffnungsbeschluss, ablehnender **467** 7
– Freispruch **467** 5
– Grundsatz **467** 4
außergerichtliche Kosten bei endgültiger Einstellung **467** 72
Bedeutung der Vorschrift **467** 1
Erstattungsansprüche bei Tod des Beschuldigten **467** 10 ff
Erstattungspflicht der Staatskasse **467** 23
Gerichtskosten bei endgültiger Einstellung **467** 71
mehrere Erstattungsansprüche des Beschuldigten **467** 9
Rechtsschutz bei endgültiger Einstellung **467** 74
Säumnis des Angeschuldigten, schuldhafte
– außergerichtliche Auslagen **467** 25
– Belastung mit Auslagen der Staatskasse **467** 24
– Bußgeldverfahren **467** 26
– Form der Auferlegung **467** 27
Selbstanzeige, täuschende
– Form der Versagung **467** 33
– Grenzen/Umfang der Auslagenversagung **467** 32
– Grundsatz der Kostenpflicht **467** 28
– Selbstanzeige, Begriff **467** 29
– Veranlassung der Anklageerhebung **467** 31
– Vortäuschen der Täterschaft **467** 30
Teilfreispruch **467** 19
Zeitraum der Erstattungsentscheidung **467** 22
Kostenlast bei Klagerücknahme/Einstellung durch StA
Antrag auf gerichtliche Erstattungsentscheidung **467a** 15
Anwendungsbereich **467a** 2
Aufhebung der Einstellungsverfügung **467a** 12
Außerkrafttreten der Erstattungsentscheidung **467a** 20
Bedeutung **467a** 1
Einstellung des Ermittlungsverfahrens **467a** 21 ff
Einstellung durch die Staatsanwaltschaft **467a** 9
gerichtliche Zwischenverfahren, Auslagenerstattung **467a** 26
gerichtliches Verfahren **467a** 16
Nebenbeteiligte, notwendige Auslagen
– Ermessen **467a** 32
– Nebenbeteiligter, Begriff **467a** 31
– Rechtsschutz **467a** 33
– Verhältnis zur allgemeinen Erstattungsregelung **467a** 28
– Voraussetzungen der Erstattung **467a** 29
Strafverfolgungsmaßnahmen, Entschädigung **467a** 27
Zurücknahme der Anklage **467a** 3
Kostenlast bei Verurteilung
Absehen von Strafe **465** 3
Haftung Mitangeklagter
– Anwendungsbereich **466** 1
– Ausnahme Dolmetscherkosten **466** 14
– Ausnahme U-Haft/Unterbringung **466** 15
– Ausnahme Verteidigerhonorar **466** 13
– Ausnahme Vollstreckung **466** 15
– Bedeutung der Vorschrift **466** 1
– dieselbe Tat **466** 5
– gesamtschuldnerische Haftung **466** 2 ff
– Kosten, nur durch einen Angeklagten verursachte **466** 16
– Mithaftung kraft Gesetzes **466** 11
– Verurteilung **466** 2
– Wirkung **466** 12
Jugendstrafsachen **465** 8
Kostentragungspflicht Dritter **465** 12
Kostentragungspflicht, grundsätzliche **465** 1
Maßregel der Besserung und Sicherung **465** 5
Nichterhebung der Kosten **465** 13
Teilfreispruch
– allgemein **465** 35
– Ausscheidbarkeit von Kostenanteilen **465** 36
– Einzelfälle **465** 42
– Quotelung der Kosten **465** 39

teilweise Nichtverurteilung
– Bedeutung **465** 17
– besondere Auslagen **465** 22
– besondere Auslagen, BGH-Rechtsprechung **465** 27 ff
– Entwicklungsgeschichte **465** 18 f
– gebundene Entscheidung **465** 25
– Teilverurteilung/fiktiver Teilfreispruch **465** 26
– Unbilligkeit der Kostenbelastung **465** 24
– Untersuchung zur Aufklärung **465** 21
– Untersuchungen zugunsten des Angeklagten **465** 23
Tod/Nachlasshaftung **465** 43
Verjährung **465** 16
Verurteilung, Begriff **465** 2
Verwarnung mit Strafvorbehalt **465** 4

Kostenlast bei wechselseitiger Beleidigung/ Körperverletzung
Anwendungsbereich **468** 1
Bedeutung der Regelung **468** 1
einseitige Kostenauferlegung **468** 4
Kostenbegriff **468** 2
Kostenteilung **468** 3
Nebenklage **468** 6
Privatklage **468** 5

Kostenlast bei Zurücknahme des Strafantrags
Anwendungsbereich **470** 2 f
aufzuerlegende Kosten **470** 4
bedingte Zurücknahme des Strafantrags **470** 12
Belastung der Staatskasse **470** 13
Bereiterklären/Unbilligkeit **470** 6 ff
Bereiterklärung, Bedeutung **470** 14
Funktion der Vorschrift **470** 1
mehrere Angeklagte **470** 11
Personenkreis **470** 5
Rechtsschutz **470** 16
Umfang der Kostenübernahme **470** 9
Verfahren/Entscheidung **470** 15
Wirkung der Übernahmebereiterklärung **470** 10
Zusammentreffen mit Freispruch **470** 17

Kostenlast des Anzeigenerstatters
Anwendungsbereich der Vorschrift **469** 1
Gerichtskosten, Auferlegung **469** 11
notwendige Auslagen der Nebenbeteiligten **469** 13
notwendige Auslagen des Beschuldigten **469** 12
Rechtsschutz **469** 21
unwahre Anzeige, mindestens leichtfertig **469** 5
Veranlassen des Verfahrens **469** 4
Verfahren/Entscheidung **469** 17
Verhältnis zur Kostenlast bei Freispruch **469** 16

Kostenlast im Privatklageverfahren
allgemein **471** 1
Auslagen, Umfang der erstattungsfähigen **471** 38
Einstellung wegen Geringfügigkeit **471** 32 f
Ermessen des Gerichts **471** 31
Erstattungsanspruch bei Verurteilung **471** 5
gesamtschuldnerische Haftung **471** 36
Jugendliche, Beteiligung **471** 39
Kosten, Begriff **471** 25
mehrere Angeklagte **471** 29
mehrere Privatkläger **471** 30
Nichtverurteilung
– Einstellung des Verfahrens **471** 9
– Einstellungen, endgültige **471** 12 f
– Einstellungen, vorläufige **471** 14
– Grundsatz **471** 8
– Tod des Privatklägers **471** 10
– Übernahme der Verfolgung durch StA **471** 11; **472** 24
– Zurücknahme vor Eröffnung **471** 15
– Zurückweisung (Gebührenvorschuss) **471** 16
Rechtsmittel bei Erfolglosigkeit *siehe Kosten des Verfahrens*
Rechtsschutz bei Einstellung **471** 33
Straffreierklärung bei Verurteilung **471** 6
Teilerfolg des Privatklägers **471** 27 f
Vergleich
– abweichende gerichtliche Kostenentscheidung **471** 22
– Bindung des Gerichts **471** 23
– Sühnetermin **471** 24
– Zurücknahme der Privatklage **471** 21
– Zurücknahme des Strafantrags **471** 18
vorprozessuale Auslagen bei Verurteilung **471** 7
Widerklageerhebung **471** 34 f

Kraftfahrzeug
Ausschreibung zur polizeilichen Beobachtung **163e** 24
Fahrerlaubnis, vorläufige Entziehung **111a** 25 ff
Kraftfahrzeugbrief, Vollstreckung von Nebenfolgen **459g** 10

Krankheit
Freiheitsentziehung, Rechte bei **MRK Art. 5 (Art. 9, 11 IPBPR)** 75 ff
Strafvollstreckung, Aufschub/Unterbrechung **455** 8 ff, 17 ff

Kreuzverhör
allgemein **239** 1
Antrag **239** 7
Ausschluss **239** 3
Beendigung **239** 9
Benennung durch StA oder Angeklagten **239** 2

Durchführung **239** 9
Entzug der Befugnis bei Missbrauch
– Entziehung **241** 3
– Missbrauch **241** 2
– Rechtsschutz (Revision) **241** 29 ff
– Wirkung der Entziehung **241** 4
– Zweck der Regelung **241** 1
kommissarische Vernehmung **239** 5
Mitwirkung des Strafverteidigers **239** 6
Protokoll **239** 11
Rechtsschutz der Zeugen und Sachverständigen **239** 12
Rechtsschutz von StA und Angeklagtem **239** 13
Zeitpunkt der Antragstellung **239** 8
Zeugen unter 16 Jahren **241a** 4

Kriegspropaganda
siehe Propaganda- und Verhetzungsverbot

Kriegsvölkerrecht, Übereinkommen
Menschenrechtsschutz, internationaler **MRK Einf. (Einf. IPBPR)** 10

Kriminalität, organisierte
Ausschreibung zur polizeilichen Beobachtung **163e** 1
Entwicklungsgeschichte des Strafverfahrensrechts **Einl. E** 139 ff, 153
Sicherstellung zur Vollstreckungssicherung **111b** 2a
Telekommunikationsüberwachung **100a** 80 ff, 84 ff
verdeckter Ermittler **110a** 1 ff

Kriminalpolizei
Ermittlungsverfahren, Stellung **Vor 158** 28

Kronzeugenregelung
Einstellungen nach den §§ 153 ff **153e** 1
Strafverfolgungspflicht der Staatsanwaltschaft **152** 49

KSZE-Dokumente
Menschenrechtskonvention **MRK Einf.** 36

Kunstfreiheit
Meinungsäußerungsfreiheit **MRK Art. 10 (Art. 19 IPBPR)** 11

Kurzschrift
Urkundenbeweis, Verlesbarkeit **249** 36a

Ladung der Beteiligten
durch den Angeklagten (zur Hauptverhandlung)
– andere Beweismittel **220** 3
– Antrag auf Entschädigung **220** 36 ff
– Ausführung **220** 8
– Ausschluss der Entschädigung **220** 31 ff
– Befriedigung aus Hinterlegung **220** 42
– Dienlichkeit der Aussage **220** 28
– Entschädigung aus der Staatskasse **220** 24 ff
– Entschädigung bei mehrmaliger Ladung **220** 23
– Entschädigung durch den Angeklagten **220** 13
– Erscheinenspflicht **220** 9
– gestellte Zeugen **220** 5
– Höhe der Entschädigung **220** 18
– Rechtsschutz **220** 39 ff
– Rückforderung der Entschädigung **220** 43
– Vereinbarkeit mit MRK **220** 6
– Verhältnis zur gerichtlichen Ladung **220** 7
– Zweck der Regelung **220** 1
Berufungsverfahren, Beschuldigter **323** 10 ff
Berufungsverfahren, Sachverständiger **323** 6; **325** 9 ff
Berufungsverfahren, Zeuge **323** 6; **325** 9 ff
Berufungsverhandlung ohne Angeklagten **329** 12 ff
beschleunigtes Verfahren **418** 21 ff
Einziehungs-/Verfallsbeteiligte, Ladung/Mitteilungen **435** 1 ff
Gerichtssprache Deutsch **GVG 184** 10
zur Hauptverhandlung
– Adressat **214** 3
– Anordnung, Form **214** 8
– Ausführung **214** 11
– Begriff, Inhalt, Form **214** 1
– Beibringung der Beweisgegenstände durch Gericht **214** 24
– Beibringung der Beweisgegenstände durch StA **214** 17
– Ladung zu verschiedenen Zeitpunkten **214** 10
– Rechtsschutz (Beschwerde) **214** 26
– Rechtsschutz (Revision) **214** 28
– Sondervorschriften **214** 4
– durch die Staatsanwaltschaft unmittelbar **214** 16
– Verfügung des Vorsitzenden **214** 5
– Vorführung (Haft), Anordnung **214** 12
– Vorführung (Haft), Ausgangsgewährung **214** 14
– Vorführung (Haft), Durchführung **214** 15
Hauptverhandlung, Ladung **214** 1 ff
kommissarische Vernehmung **223** 41
Nachverfahren bei Vorbehalt der Sicherungsverwahrung **Nachtr. 275a** 13
Rechtshilfeersuchen **GVG 160** 4
Regierungsmitglieder/Gesetzgebungsorgane **50** 11
Sachverständiger **72** 3
Strafbefehlsverfahren, Verwerfung bei Ausbleiben **412** 8 ff
Vernehmung durch die Staatsanwaltschaft **161a** 14, 27, 36 ff, 51

Vernehmung durch StA und Polizei **163a** 55
Vollstreckungsbehörde, Herbeiführung des Vollzugs **457** 6 ff
Zeuge, Folgen des Ausbleibens **51** 3
Zeugen **48** 1 ff
Zustellung durch den Gerichtsvollzieher **38** 2

Ladung des Angeklagten (zur Hauptverhandlung)
allgemein **216** 1
Anwesenheitsrechte und -pflichten in der Hauptverhandlung **230** 20 f
Aussetzungsantrag **215** 8
Eröffnungsbeschluss, Verbindung allgemein **215** 1
Erscheinen trotz Ladungsfehler **216** 16
Hauptverhandlung ohne Angeklagten **232** 5; **233** 29
Ladungsfrist
– Änderung des Termins **217** 4
– Aussetzungsantrag **217** 6
– Berechnung **217** 3
– Pflicht zum Erscheinen **217** 13
– Rechtsschutz (Beschwerde) **217** 15
– Rechtsschutz (Revision) **217** 16
– Verzicht des Angeklagten **217** 9
– Zweck der Frist **217** 1
nachgereichte Anklageschrift **215** 5
nicht auf freiem Fuß befindlicher Angeklagter
– Befragung **216** 11
– Bekanntgabe nach allgemeiner Vorschrift **216** 8
– Warnung **216** 13
– Zustellung **216** 9
Rechtsschutz (Revision) **215** 9; **216** 18
Schriftform **216** 4
Strafverteidiger, Ladung
– Anwendungsbereich **218** 1
– Anzeige an das Gericht **218** 5
– Ausführung der Ladung **218** 13
– Aussetzung, Antrag in der Verhandlung **218** 24
– Aussetzung, Antragsrecht **218** 21
– Aussetzung, Belehrung **218** 23
– Aussetzung, Gerichtsentscheidung **218** 26
– Benachrichtigung durch Angeklagten **218** 12
– bestellter Verteidiger **218** 2
– Frist **218** 15
– gewählter Verteidiger **218** 3
– Ladung von Amts wegen **218** 4
– mehrere Verteidiger **218** 9
– Rechtsschutz (Beschwerde) **218** 27
– Rechtsschutz (Revision) **218** 28 ff
– Verzicht des Angeklagten **218** 18
– Verzicht des Verteidigers **218** 17
– Wegfall der Ladungspflicht **218** 14
Verzicht auf Zustellung **215** 7
Verzicht des Angeklagten **216** 17
Warnung **216** 7
Wirksamkeit bei Ladungsmängeln **216** 14
Wirksamkeit des Eröffnungsbeschlusses bei Verspätung **215** 6
Zeitpunkt der Zustellung **215** 3
Zustellung **215** 2; **216** 5

Ladung des Beschuldigten (erste Vernehmung)
Androhung der Vorführung **133** 9
Anwendungsbereich der Vorschriften **133** 1
Erscheinenspflicht **133** 7
Form und Frist der Ladung **133** 4
Inhalt der Ladung **133** 3
richterliche Vernehmung ohne schriftliche Ladung **133** 6
schriftliche Ladung **133** 10

Ladung in anderem Bundesland
Bedeutung der Regelung **GVG 160** 1
Befolgungspflicht bei Ladungen **GVG 160** 7
Dienstaufsichtsbeschwerde **GVG 160** 6
Gerichtsvollzieher, Einschaltung **GVG 160** 3; **GVG 161** 1 f
Vollstreckung, Ladung, Zustellung **GVG 160** 4
Zwangsmaßnahmen **GVG 160** 5

Laienrichter
siehe Schöffe

Landesrecht
Oberlandesgericht, Revision **GVG 121** 9 ff

Landesverfassungsgericht
Verwerfungsmonopol für Landesrecht **GVG 1** 17

Landgericht (allgemein)
Ablehnung eines Richters, Entscheidung **27** 13
Auffangstrafkammer **GVG 60** 15
Berufung, kleine Strafkammer **GVG 76** 17
Berufung, kleine Wirtschaftsstrafkammer **GVG 76** 18
Besetzung der Strafkammern allgemein **GVG 76** 1
Bestimmung ständiger Kammern **GVG 60** 6
Bestimmung ständiger Kammern, Zuständigkeit **GVG 60** 7
Einrichtung, Änderung, Bezirksgrenzen, etc. **GVG 59** 14
Einsatz von Richtern auf Probe/kraft Auftrags **GVG 76** 24
Entscheidungen außerhalb der Hauptverhandlung **GVG 76** 23
Feld- und Forstrügesachen **GVG 76** 26
Ferienstrafkammer **GVG 60** 16
Hilfsstrafkammer, Begriff **GVG 60** 8
Hilfsstrafkammer, Besetzung **GVG 60** 11
Hilfsstrafkammer, Bestehensdauer **GVG 60** 13 f

Hilfsstrafkammer, Rechtsnatur **GVG 60** 10
Hilfsstrafkammer, Zuständigkeit **GVG 60** 12
Jugendsachen, Besetzung allgemein **GVG 76** 20
länderübergreifende Bezirke **GVG 59** 16
Mitglieder, weitere **GVG 59** 5
Mitteilung der Gerichtsbesetzung **222a** 1 ff
neue Bundesländer, Besonderheiten **GVG 76** 27
Präsident des Landgerichts **GVG 59** 1
Richter auf Probe/kraft Auftrags *siehe dort*
Richteramt, weiteres **GVG 59** 7
Schöffen der Strafkammern *siehe dort*
Strafkammer als erkennendes Gericht **GVG 60** 5
Strafkammer, allgemeine (beschließende) **GVG 60** 3
Strafkammer, Geschäftskreis **GVG 60** 2
Strafkammer, Wesen **GVG 60** 1
Strafkammerbesetzung allgemein **GVG 60** 17
Strafkammern, Arten allgemein **GVG 60** 18
Strafvollstreckungskammer **GVG 60** 4
Strafvollstreckungskammer, Besetzung **GVG 76** 22
Übergang in das erstinstanzliche Verfahren **GVG 76** 19
Verbindung von Strafsachen **GVG 76** 2
Vereinbarkeit der verschiedenen Aufgaben **GVG 60** 20
Vertretung der Kammermitglieder *siehe dort*
Vorsitzende Richter **GVG 59** 3
Zuständigkeitsüberschreitung **GVG 76** 25

Landgericht, auswärtige Strafkammer beim Amtsgericht
allgemein **GVG 78** 1
Bezirksbildung **GVG 78** 2
Einlegung der Revision **GVG 78** 10
Geschäftskreis **GVG 78** 4
Geschäftskreis durch Rechtsverordnung **GVG 78** 3
gesetzlicher Richter **GVG 78** 7
Richter, Anzahl/Bestellung **GVG 78** 12 ff
Richterablehnung **GVG 78** 9
Schöffen **GVG 78** 18
Staatsanwaltschaft, Geschäfte **GVG 78** 19
Umfang der Zuweisung **GVG 78** 5
Urkundsbeamter der Geschäftsstelle **GVG 78** 20
Verhältnis zum Landgericht **GVG 78** 6
Verhinderung der Amtsausübung **GVG 78** 8
Vertreterbestellung **GVG 78** 15
Vorsitzender, Bestellung **GVG 78** 16
Wahl zum Präsidium **GVG 78** 17
Zurückverweisung **GVG 78** 11

Landgericht, reduzierte Besetzung der Richterbank
Abstimmungen, Auswirkung **GVG 76** 14
Anwendungsbereich der Regelung **GVG 76** 3
Bedeutung, rechtspolitische **GVG 76** 15
Entscheidung von Amts wegen **GVG 76** 8
Ermessensspielraum **GVG 76** 9
erneute Entscheidung nach Zurückverweisung **GVG Nachtr. 76** 1 ff
Geschäftsverteilung, Auswirkungen **GVG 76** 11
Geschäftsverteilung, kammerintern **GVG 76** 13
Rechtsschutz (Revision) **GVG 76** 16
Überbesetzung **GVG 76** 10
Voraussetzungen **GVG 76** 4
Zurückverweisungsregelung, zeitliche Geltung **GVG Nachtr. 76** 7

Landgericht, Zuständigkeit
Berufungssachen **GVG 74** 16
als Beschluss- und Beschwerdegericht
– Bedeutung der Vorschrift **GVG 73** 1
– Besetzung der Strafkammern **GVG 73** 5
– Spezialzuständigkeiten **GVG 73** 4
– Zuständigkeit **GVG 73** 2
– Zuweisungen, sonstige **GVG 73** 6 f
große Strafkammer, allgemeine **GVG 74** 2
große Strafkammer, willkürliche Annahme **GVG 74** 4
Jugendkammer **GVG 74** 5
Jugendsachen **209a** 19 ff
Jugendschutzsachen **GVG 74b** 1 ff; **209a** 30 ff
Rangordnung der Strafkammern
– Abstufung des Vorrangs **GVG 74e** 2
– allgemein **GVG 74e** 1
– Bestimmung im konkreten Verfahren **GVG 74e** 4
– Verhältnis zu den Jugendgerichten **GVG 74e** 9
Rhein- und Moselschifffahrtssachen **GVG 74** 19
Schwurgericht *siehe dort*
Staatsschutz-Strafkammer *siehe dort*
Verteilung auf unterschiedliche Strafkammern **GVG 74** 1
Wirtschaftsstrafkammer *siehe dort*
zusammengefasste Landgerichte **GVG 74** 6

Landstreicher
Freiheitsentziehung, Rechte bei **MRK Art. 5 (Art. 9, 11 IPBPR)** 83

Lauschangriff
siehe Ermittlung, verdeckte mit technischen Mitteln;
siehe auch Wohnraumüberwachung, akustische
Leben, Recht auf (Art. 2 MRK, Art. 6 IPBPR)
allgemeines **MRK Art. 2 (Art. 6 IPBPR)** 1
Aufstand, Unterdrückung **MRK Art. 2 (Art. 6 IPBPR)** 23
Ausnahmen staatlichen Tötens **MRK Art. 2 (Art. 6 IPBPR)** 2
Ausnahmen vom Schutz **MRK Art. 2 (Art. 6 IPBPR)** 15 ff
Entschädigung **MRK Art. 2 (Art. 6 IPBPR)** 13
Festnahme/Fluchtvereitelung **MRK Art. 2 (Art. 6 IPBPR)** 20
gesetzliche Regelung des Schutzes **MRK Art. 2 (Art. 6 IPBPR)** 11
Gewahrsam, gesteigerte Verantwortung bei **MRK Art. 2 (Art. 6 IPBPR)** 12
Handeln aller Staatsorgane **MRK Art. 2 (Art. 6 IPBPR)** 11a
Inhalt des Konventionsschutzes **MRK Art. 2 (Art. 6 IPBPR)** 3 ff
mittelbarer Schutz **MRK Art. 2 (Art. 6 IPBPR)** 6
Privaten, Verhältnis zwischen **MRK Art. 2 (Art. 6 IPBPR)** 14
Reichweite des Schutzes **MRK Art. 2 (Art. 6 IPBPR)** 4
Rettungsschuss, finaler **MRK Art. 2 (Art. 6 IPBPR)** 17
Schutzgut **MRK Art. 2 (Art. 6 IPBPR)** 3
Schutzpflichten des Staates **MRK Art. 2 (Art. 6 IPBPR)** 10 ff
Selbstmord **MRK Art. 2 (Art. 6 IPBPR)** 3
Todesstrafe **MRK Art. 2 (Art. 6 IPBPR)** 15
Tötungsursachen, Aufklärung **MRK Art. 2 (Art. 6 IPBPR)** 11c
Tötungsverbot, grundsätzliches **MRK Art. 2 (Art. 6 IPBPR)** 7
Umfang der Schutzpflicht **MRK Art. 2 (Art. 6 IPBPR)** 10
Verteidigung (Notwehr/Nothilfe) **MRK Art. 2 (Art. 6 IPBPR)** 17
Völkermord-Konvention **MRK Art. 2 (Art. 6 IPBPR)** 1
Waffengebrauch **MRK Art. 2 (Art. 6 IPBPR)** 21
willkürliche Maßnahmen, Ausschluss **IPBPR Art. 6 (Art. 2 MRK)** 8, 11
Lebenspartner
siehe auch Angehörige
Adhäsionsverfahren, Teilnahmerecht **Nachtr. 404** 1
Ausschließung eines Richters **Nachtr. 22** 1 ff
Wiederaufnahme des Verfahrens, Antragsrecht **Nachtr. 361** 1
Legalitätsprinzip
Anfangsverdacht, Bedeutung **152** 21
Ausnahmeregelungen, Bedeutung und Entwicklung **152** 42 ff
Ausnahmeregelungen, Ermessen **152** 50
Ausnahmeregelungen, Rechtsschutz **152** 53
Ausnahmeregelungen, Übersicht **152** 46 ff
Ausnahmeregelungen, Zuständigkeit **152** 52
Begrenzung durch das Opportunitätsprinzip **152** 39
Beurteilungsspielraum bezüglich Anfangsverdacht **152** 28
Beweisverwertungsverbot und Anfangsverdacht **152** 26
Einschreiten, Begriff **152** 32
Einschreiten, Einzelfragen **152** 35
Einschreiten, Umfang der Sachaufklärung **152** 36
Entwicklung, weitere **152** 55 ff
Ermittlungsmaßnahmen der §§ 94 ff **Vor 94** 113
Geltungsbereich, sachlich **152** 19
Geltungsbereich, verpflichtete Personen **152** 13
Geltungsbereich, zeitlich **152** 17
Hilfsbeamte der Staatsanwaltschaft **GVG 152** 29
Klageerzwingungsverfahren; Strafvereitelung im Amt **152** 37
Legitimationsgrundlage **152** 12
Opportunitätsprinzip, Verhältnis **152** 8
Pflicht zur Strafverfolgung **152** 10
Prozessmaxime **Einl. H** 20 ff
Sicherstellung zur Vollstreckungssicherung **111b** 17
Staatsanwaltschaft, Aufgaben/Pflichten im Ermittlungsverfahren
siehe dort
Staatsanwaltschaft, Weisungsrecht **GVG 146** 18
tatsächliche Anhaltspunkte **152** 25
verfolgbare Straftaten **152** 29
Vorermittlungen, Einschreitenspflicht **152** 33
zureichende Anhaltspunkte **152** 23
Leibeigenschaft, Verbot
siehe Sklavereiverbot
Leiche
Sicherstellung/Beschlagnahme **94** 15
Leichenausgrabung (Exhumierung)
allgemein **87** 31

Anwendungsbereich der Vorschrift **87** 1
Benachrichtigung der Angehörigen **87** 33
Rechtsschutz (Revision) **87** 34
Verhältnismäßigkeit **87** 4
Zuständigkeit **87** 32

Leichenfund
Anzeigepflicht der Behörden **159** 4 ff

Leichenöffnung
allgemein **87** 16
Anwendungsbereich der Vorschrift **87** 1
Anwesenheitsrechte anderer Personen **87** 28
behandelnder Arzt, Ausschließung/Beiwohnen **87** 25
Entnahme von Leichenteilen **89** 2
Gerichtsarzt, gerichtsmedizinisches Institut **87** 24
Giftuntersuchung **91** 2
Giftuntersuchung unter ärztlicher Mitwirkung **91** 4
Identifizierung des Verstorbenen, vorherige **88** 1
Leitung durch Staatsanwalt oder Richter **87** 20
Mitwirkung zweier Ärzte **87** 23
neugeborenes Kind **90** 1
Protokoll **87** 29
Rechtsschutz (Revision) **87** 34
Rechtsschutz (Revision) bei Identifizierungsmängeln **88** 3
Umfang (drei Körperhöhlen) **89** 1
Verdacht der Vergiftung **91** 1
Verhältnismäßigkeit **87** 4
Vorzeigen der Leiche (dem Beschuldigten) **88** 2
Zuständigkeit **87** 18

Leichenschau
allgemein **87** 8
Anwendungsbereich der Vorschrift **87** 1
Anwesenheitsrechte **87** 12
Hinzuziehung eines Arztes **87** 11
Protokoll **87** 15
Rechtsschutz (Revision) **87** 34
Urkundenbeweis, Protokollverlesung **249** 25
Verhältnismäßigkeit **87** 4
Zuständigkeit **87** 10

Leistungsantrag, allgemeiner
Justizverwaltungsakt, Rechtsschutz **EGGVG 23** 76

Leitsatz des Urteils
Oberlandesgericht, Wahrung einheitlicher Rechtsprechung **GVG 121** 69

Leumundszeugnis
Urkundenbeweis, Verlesen von Behörden-/Ärzteerklärungen **256** 29 ff

Lichtbilder
Ermittlung der Polizei, verdeckte **163** 47
Ermittlung, verdeckte mit technischen Mitteln **100c** 20
Hilfen bei Zeugenvernehmung **69** 10
Identifizierungsmaßnahmen (§ 81 b) **81b** 13
Zeuge, Gegenüberstellung **58** 14

Lockspitzel
siehe auch Ermittlungsmaßnahmen, verdeckte
Ermittlungsmaßnahmen der Staatsanwaltschaft **161** 39
faires Verfahren, Recht auf ein **MRK Art. 6 (Art. 14 IPBPR)** 68
Nemo-tenetur-Grundsatz **IPBPR Art. 14 (Art. 6 MRK)** 253a
Verfahrenshindernis, Einstellung **206a** 55 f

Löschung von Daten
siehe Vernichtung (Daten/Beweismittel/Gegenstände)
privater Lebensbereich, Gewährleistung **MRK Art. 8 (Art. 17 IPBPR)** 25b

Lügendetektor (Polygraphentest) **81a** 58; **136a** 56

Mädchenhandel (int. Übereinkommen)
Sklaverei/Zwangsarbeit, Verbot **MRK Art. 4 (Art. 8 IPBPR)** 1

Mailbox
Telekommunikationsüberwachung **100a** 57

Massenmedien
Beschlagnahme von Druckwerken/Schriften *siehe dort*
Beschlagnahme von Presseerzeugnissen **94** 69 ff
Beschlagnahme, Anordnung **98** 7
Beschlagnahmeverbot **97** 17, 20, 129 ff
Durchsuchung beim Verdächtigen **102** 40
Fernsehaufnahmen und Öffentlichkeit der Verhandlung **GVG 169** 39 ff
Medienberichterstattung
– Gerichtsstand der Presse **7** 6 ff
– Maßnahmen der Sitzungspolizei **GVG 176** 36 f
Meinungsäußerungsfreiheit **MRK Art. 10 (Art. 19 IPBPR)** 10 ff, 21d
Menschenrechtsbeschwerde **MRK Anhang/Verfahren** 92, 94
Öffentlichkeitsgrundsatz **MRK Art. 6 (Art. 14 IPBPR)** 88
Presse
– Gerichtsstand (sog. fliegender) **7** 6 ff
– Gerichtsstand bei Privatklagedelikten **7** 23
Presse- und Rundfunkfreiheit
– Bekanntmachung der Verurteilung, öffentliche (Nebenfolge) **463c** 11 ff

– Öffentlichkeitsgrundsatz allgemein **GVG 169** 39 ff; **GVG Vor 169** 14 ff, 33 ff
Presse- und Rundfunkvertreter
– Akteneinsicht/Auskünfte für Privatpersonen **475** 2
– Öffentlichkeit, Zulassung einzelner **GVG 175** 10
– Zeugnisverweigerungsrecht, berufliche Gründe **53** 44 ff; **Nachtr. 53** 6 ff
privater Lebensbereich, Gewährleistung **MRK Art. 8 (Art. 17 IPBPR)** 5
Rechtsschutz gegen Presseerklärung **EGGVG 23** 29, 49
Rundfunkaufnahmen, Öffentlichkeit der Verhandlung **GVG 169** 39 ff
Unschuldsvermutung **MRK Art. 6 (Art. 14 IPBPR)** 113, 131

Maßregel der Besserung und Sicherung
Änderung des rechtlichen Gesichtspunktes **265** 47 ff
Amtsgericht, Zuständigkeit **GVG 24** 14
Ausspruch im Urteilstenor **260** 35, 82 ff
Berufsverbot, Fall notwendiger Verteidigung **140** 26
Berufsverbot, vorläufiges
siehe dort
Berufung, Beschränkung der **318** 103 ff
Berufung, Verbot der Verschlechterung **331** 84
freiheitsentziehende
– Bewährung, Aussetzung des Strafrestes **454** 82
– Freiheitsstrafe, Anrechnung von Krankenhausaufenthalt **461** 17
– Sicherungshaftbefehl (§ 453 c) **453c** 10
– Vollstreckung, Absehen/Nachholung bei Auslieferung/Ausweisung **456a** 13
– Vollstreckungsbehörde, -hilfe **451** 23
Freiheitsentziehung, Rechte bei **MRK Art. 5 (Art. 9, 11 IPBPR)** 42
Haftprüfung, weitere mündliche Verhandlung **118** 14
Informationsübermittlung von Amts wegen **479** 6
Kontaktsperre für Gefangene **EGGVG 38** 1 ff
Kostenpflicht des Verurteilten **465** 5
Privatklageverfahren **384** 2
Rechtsmittel allgemein, Beschwer **Vor 296** 66
Revision, Entscheidung des Gerichts **354** 43
Revision, Prüfung von Gesetzesverletzung **337** 244 ff
Revision, Verschlechterungsverbot **358** 21
Revisionsbegründung, Beschränkung **344** 50
Rückwirkungsverbot von Strafgesetzen **MRK Art. 7 (Art. 15 IPBPR)** 12
Sicherungsverfahren
siehe dort
Strafvollstreckung/Strafvollzug **Vor 449** 6, 8
Urteilsgründe, Inhalt/Darstellung **267** 112 ff
Verfahrensgarantien nach MRK und IPBPR **MRK Art. 6 (Art. 14 IPBPR)** 32
Verfall der Sicherheit (Haftbefehl) **124** 12
Vollstreckung
siehe dort
Vollstreckung mehrerer Freiheits-/Ersatzfreiheitsstrafen **454b** 24
Wiederaufnahme des Verfahrens **359** 150
Wiederaufnahme, Neuverhandlung **373** 25, 31

Mehrerlös, Abführung
Berufung, Verbot der Verschlechterung **331** 49, 112
Revision, Entscheidung des Gerichts **354** 40
Revisionsbegründung, Beschränkung **344** 48

Meineid
Absehen von Vereidigung, Ermessen **61** 28 ff

Meinungsäußerungsfreiheit
Abwehrrecht gegen staatliche Eingriffe **MRK Art. 10 (Art. 19 IPBPR)** 13
Äußerungsfreiheit **MRK Art. 10 (Art. 19 IPBPR)** 6
Anwendungsbereich, grenzüberschreitender **MRK Art. 10 (Art. 19 IPBPR)** 12
Anwendungsbereich, sachlicher **MRK Art. 10 (Art. 19 IPBPR)** 13 ff
Ausländer **MRK Art. 10 (Art. 19 IPBPR)** 14; **MRK Art. 16** 1 ff
Bedeutung **MRK Art. 10 (Art. 19 IPBPR)** 1
Drittwirkung, mittelbare **MRK Art. 10 (Art. 19 IPBPR)** 13a
Einschränkungen **MRK Art. 10 (Art. 19 IPBPR)** 3
Europäische Grundrechte-Charta **MRK Art. 10 (Art. 19 IPBPR)** 4a
Europäische Union **MRK Art. 10 (Art. 19 IPBPR)** 4a
Gegendarstellung **MRK Art. 10 (Art. 19 IPBPR)** 8
Grundrechte **MRK Art. 10 (Art. 19 IPBPR)** 4
Hass, Verbot des Eintretens für
siehe Propaganda- und Verhetzungsverbot
Informationsbeschaffung **MRK Art. 10 (Art. 19 IPBPR)** 9
Internet **MRK Art. 10 (Art. 19 IPBPR)** 9
Kommunikationsfreiheiten allgemein **MRK Art. 10 (Art. 19 IPBPR)** 1 ff
Kriegspropaganda
siehe Propaganda- und Verhetzungsverbot
Kunstfreiheit **MRK Art. 10 (Art. 19 IPBPR)** 11

Massenkommunikationsmittel **MRK Art. 10 (Art. 19 IPBPR)** 10
Meinungsbildungsfreiheit **MRK Art. 10 (Art. 19 IPBPR)** 5
Menschenrechte, Allgemeine Erklärung der **MRK Art. 10 (Art. 19 IPBPR)** 1
öffentlicher Dienst **MRK Art. 10 (Art. 19 IPBPR)** 14a
Personen, geschützte **MRK Art. 10 (Art. 19 IPBPR)** 14
Pressefreiheit **MRK Art. 10 (Art. 19 IPBPR)** 10
Quellen, allgemein zugängliche **MRK Art. 10 (Art. 19 IPBPR)** 9
Rundfunkunternehmen **MRK Art. 10 (Art. 19 IPBPR)** 10a
Schutzgut allgemein **MRK Art. 10 (Art. 19 IPBPR)** 5 ff
Schutzpflicht des Staates **MRK Art. 10 (Art. 19 IPBPR)** 13b
Sicherstellung/Beschlagnahme **94** 74 ff
Tragweite der Garantien **MRK Art. 10 (Art. 19 IPBPR)** 13 ff
Verhetzungsverbot *siehe Propaganda- und Verhetzungsverbot*
Wahlrecht **MRK Art. 10 (Art. 19 IPBPR)** 14b
Wissenschaftsfreiheit **MRK Art. 10 (Art. 19 IPBPR)** 11
Zensur **MRK Art. 10 (Art. 19 IPBPR)** 10

Meinungsäußerungsfreiheit, Beschränkungen
allgemeines **MRK Art. 10 (Art. 19 IPBPR)** 15
Einschätzungsspielraum der Staaten **MRK Art. 10 (Art. 19 IPBPR)** 21
Gesetzesvorbehalt **MRK Art. 10 (Art. 19 IPBPR)** 17
Gesundheitsschutz **MRK Art. 10 (Art. 19 IPBPR)** 26
Moral und Sittlichkeit, Schutz der **MRK Art. 10 (Art. 19 IPBPR)** 27
Nachrichten, Geheimhaltung vertraulicher **MRK Art. 10 (Art. 19 IPBPR)** 25
Notwendigkeit in der Demokratie **MRK Art. 10 (Art. 19 IPBPR)** 19
Ordnung, öffentliche **MRK Art. 10 (Art. 19 IPBPR)** 23
Persönlichkeit des öffentlichen Lebens **MRK Art. 10 (Art. 19 IPBPR)** 28
Politiker **MRK Art. 10 (Art. 19 IPBPR)** 28
Pressefreiheit **MRK Art. 10 (Art. 19 IPBPR)** 21d
Rechte anderer, Schutz der **MRK Art. 10 (Art. 19 IPBPR)** 28
Rechtspflege, Ansehen/Unparteilichkeit **MRK Art. 10 (Art. 19 IPBPR)** 24
Ruf, Schutz **MRK Art. 10 (Art. 19 IPBPR)** 28
Sicherheit, Schutz der nationalen **MRK Art. 10 (Art. 19 IPBPR)** 22
Staat und seine Einrichtungen **MRK Art. 10 (Art. 19 IPBPR)** 28a
Straftatbestände **MRK Art. 10 (Art. 19 IPBPR)** 23a
Verhältnismäßigkeit **MRK Art. 10 (Art. 19 IPBPR)** 20
wirtschaftliche Betätigung **MRK Art. 10 (Art. 19 IPBPR)** 21
Zeitpunkt **MRK Art. 10 (Art. 19 IPBPR)** 17
Ziele, berechtigte **MRK Art. 10 (Art. 19 IPBPR)** 18
Zwecke der Einschränkung, einzelne **MRK Art. 10 (Art. 19 IPBPR)** 22 ff

Menschenrechte, Allgemeine Erklärung der
Beschwerderecht bei Konventionsverletzung **MRK Art. 13 (Art. 2 Abs. 3 IPBPR)** 1
Diskriminierungsverbot **MRK Art. 14 (Art. 2, 3, 16, 24 ff IPBPR)** 1
Ehe- und Familiengründungsrecht **MRK Art. 12 (Art. 23 IPBPR)** 1, 6
Freiheitsentziehung, Rechte bei **MRK Art. 5 (Art. 9, 11 IPBPR)** 1
Gedanken-, Gewissens- und Religionsfreiheit **MRK Art. 9 (Art. 18 IPBPR)** 1
Meinungsäußerungsfreiheit **MRK Art. 10 (Art. 19 IPBPR)** 1
Menschenrechtsbeschwerde **MRK Anhang/Verfahren** 92
privater Lebensbereich, Gewährleistung **MRK Art. 8 (Art. 17 IPBPR)** 2
Rückwirkungsverbot von Strafgesetzen **MRK Art. 7 (Art. 15 IPBPR)** 2
Unschuldsvermutung **MRK Art. 6 (Art. 14 I PBPR)** 104
Verfahrensgarantien nach MRK und IPBPR **MRK Art. 6 (Art. 14 IPBPR)** 3
Versammlungs- und Vereinigungsfreiheit **MRK Art. 11 (Art. 21, 22 IPBPR)** 1

Menschenrechtsbeschwerde (EGMR)
Aktiv- und Passivlegitimation **MRK Anhang/Verfahren** 51
Amtsermittlungsgrundsatz **MRK Anhang/Verfahren** 62
Angehörige Getöteter **MRK Anhang/Verfahren** 26
Anordnungen, vorläufige **MRK Anhang/Verfahren** 56
Auslegung des Urteils durch den Gerichtshof **MRK Anhang/Verfahren** 75
Ausscheiden eines Staates **MRK Anhang/Verfahren** 22
Befolgungspflicht des Staates **MRK Anhang/Verfahren** 76

Behauptung der Verletzung, schlüssige **MRK Anhang/Verfahren** 25
Berechtigte/Beschwerdeführer **MRK Anhang/Verfahren** 23
Berichterstatter **MRK Anhang/Verfahren** 58
Beschwer, andauernde **MRK Anhang/Verfahren** 26
Beschwerdeberechtigung **MRK Anhang/Verfahren** 23 ff
Beweismittel, Vorlegung **MRK Anhang/Verfahren** 62
Bindungswirkung für unbeteiligte Staaten **MRK Anhang/Verfahren** 80
Dritte, Beteiligung **MRK Anhang/Verfahren** 66
Durchsetzung des Urteils **MRK Anhang/Verfahren** 76 ff
Einigung, gütliche **MRK Anhang/Verfahren** 61
Einlegung nach früherer Abweisung **MRK Anhang/Verfahren** 48
Einreichen der Beschwerde **MRK Anhang/Verfahren** 54 ff
Entschädigung, gerechte **MRK Anhang/Verfahren** 70
Entscheidung über Zulässigkeit und Begründetheit **MRK Anhang/Verfahren** 63
Entscheidungen **MRK Anhang/Verfahren** 67
Erschöpfung des innerstaatlichen Rechtswegs **MRK Anhang/Verfahren** 35
EuGH als Untersuchungsinstanz **MRK Anhang/Verfahren** 47
Form **MRK Anhang/Verfahren** 30
Frist zur Einlegung **MRK Anhang/Verfahren** 29
Gang des Verfahrens **MRK Anhang/Verfahren** 54 ff
Gesamtentscheidung **MRK Anhang/Verfahren** 63
juristische Personen, Personenvereinigungen **MRK Anhang/Verfahren** 23
Kosten des Verfahrens **MRK Anhang/Verfahren** 68
Kumulationsverbot **MRK Anhang/Verfahren** 45
Menschenrechtsschutz, weiterer internationaler *siehe dort*
Ministerkomitee, Durchsetzung von Urteilen **MRK Anhang/Verfahren** 78
Missbrauch **MRK Anhang/Verfahren** 52
Parteifähigkeit **MRK Anhang/Verfahren** 24
Plädoyers **MRK Anhang/Verfahren** 65
Protokoll **MRK Anhang/Verfahren** 65
Prozessfähigkeit **MRK Anhang/Verfahren** 24
Querulantenbeschwerde **MRK Anhang/Verfahren** 52
Rechtsschutzbedürfnis **MRK Anhang/Verfahren** 28
Rechtswegerschöpfung, Gnadengesuch/Petition **MRK Anhang/Verfahren** 41
Rechtswegerschöpfung, Verfassungsbeschwerde **MRK Anhang/Verfahren** 42
Register, Streichung/Wiedereintragung **MRK Anhang/Verfahren** 50
Schriftsatz (Beschwerdeschrift) **MRK Anhang/Verfahren** 54
Staatenbeschwerde **MRK Anhang/Verfahren** 15a
Unbegründetheit, offensichtliche **MRK Anhang/Verfahren** 53
Unmittelbarkeit der Beeinträchtigung **MRK Anhang/Verfahren** 25
Untersuchungshaft, Dauer **MRK Anhang/Verfahren** 29
Unvereinbarkeit mit Konventionsrecht **MRK Anhang/Verfahren** 51
Unzulässigkeitsgründe, inhaltliche **MRK Anhang/Verfahren** 51 ff
Urteile **MRK Anhang/Verfahren** 67
Verfahren bei Zulässigkeit **MRK Anhang/Verfahren** 61 ff
Verfahren vor Gericht **MRK Anhang/Verfahren** 62
Verfahrensart **MRK Anhang/Verfahren** 15b
Verfahrensdauer, überlange **MRK Anhang/Verfahren** 38
Verhandlung, fakultative mündliche **MRK Anhang/Verfahren** 64
Verletzung eigener Konventionsrechte **MRK Anhang/Verfahren** 25
Veröffentlichung von Gerichtsentscheidungen **MRK Anhang/Verfahren** 68
freie Verteidigerwahl des Beschuldigten **137** 45
Vertretung im Verfahren **MRK Anhang/Verfahren** 55
Voraussetzungen der Individualbeschwerde **MRK Anhang/Verfahren** 22 ff
Wiederaufnahme des Verfahrens **MRK Anhang/Verfahren** 71
Wiederaufnahme des Verfahrens (innerstaatlich) **MRK Anhang/Verfahren** 39
Wiederholungsverbot **MRK Anhang/Verfahren** 45
Wiederholungsverbot, Ausnahmen **MRK Anhang/Verfahren** 48
Zulässigkeitsprüfung **MRK Anhang/Verfahren** 57
Zulässigkeitsvoraussetzungen, formale **MRK Anhang/Verfahren** 29 ff
Zuständigkeit **MRK Anhang/Verfahren** 22
Zustellung **MRK Anhang/Verfahren** 55

Menschenrechtsbeschwerde (nach IPBPR)
Ad-hoc-Vergleichskommission **MRK Anhang/ Verfahren** 84
allgemeines **MRK Anhang/Verfahren** 81 ff
Fakultativprotokoll **MRK Anhang/Verfahren** 83
Individualbeschwerde **MRK Anhang/ Verfahren** 86
Kontrollmittel **MRK Anhang/Verfahren** 82
Kontrollorgan **MRK Anhang/Verfahren** 81
Menschenrechtsschutz, weiterer internationaler
siehe dort
Mitteilung des Beschwerdeführers, schriftliche **MRK Anhang/Verfahren** 87
Staatenberichte **MRK Anhang/Verfahren** 82
Staatenbeschwerde **MRK Anhang/Verfahren** 84
UN-Ausschuss für Menschenrechte **MRK Anhang/Verfahren** 81 ff
Unverbindlichkeit, rechtliche **MRK Anhang/ Verfahren** 85
Menschenrechtskonvention (allgemein)
Ausländer, politische Tätigkeit
siehe dort
Auslegung
siehe unten
Ausweisung
siehe dort
Bedeutung für den Rechtsschutz **MRK Art. 1** 1 ff
Berlin **MRK Einf.** 31
Beschleunigungsgebot
siehe dort;
siehe auch Verfahrensgarantien
Beschuldigter, Stellung im Strafverfahren **Einl. I** 70
Beschwerderecht bei Konventionsverletzung
siehe dort
Bestätigung in anderen Dokumenten **MRK Einf.** 36
Bildungsrecht, Erziehungsrecht der Eltern
siehe dort
Charta von Paris für ein neues Europa **MRK Einf.** 36
DDR, Länder der ehemaligen **MRK Einf.** 31
diplomatischer Schutz, Gewährleistung **MRK Art. 1** 19
Diskriminierung **MRK Einf.** 27
Diskriminierungsverbot
siehe dort
Dolmetscher, kostenlose Beiordnung
siehe dort;
siehe auch Verfahrensgarantien
Durchsetzbarkeit für den Einzelnen **MRK Art. 1** 4
Ehe- und Familiengründungsrecht
siehe dort
Eigentumsschutz
siehe dort
Eingriff, staatlicher **MRK Art. 1** 16
Einheit Europas **MRK Präambel** 6
Einschränkungen, Zweckgebundenheit **MRK Art. 18** 1 ff
Einwilligung in Menschenrechtseingriffe **MRK Art. 1** 24
Entschädigung bei Fehlurteil
siehe dort;
siehe auch Verfahrensgarantien
Entstehung und Geltung **MRK Einf.** 13 ff
EU als Nichtvertragspartei **MRK Einf. (Einf. IPBPR)** 45
EuGH-Rechtsprechung **MRK Einf. (Einf. IPBPR)** 48
Europäische Grundrechte-Charta **MRK Einf.** 36a, 47; **MRK Einf. (Einf. IPBPR)** 47
Europäische Union **MRK Einf.** 36a
Europäische Verfassung **MRK Einf. (Einf. IPBPR)** 47, 49
Europäischer Gerichtshof für Menschenrechte
siehe dort
Europarat **MRK Einf.** 13
faires Verfahren **Einl. H** 99 ff
faires Verfahren, Recht auf
siehe dort;
siehe auch Verfahrensgarantien
Festnahme
siehe dort
Folter, Verbot der
siehe dort
Freiheitsentziehung
siehe dort
Freizügigkeit
siehe dort
Gedanken-, Gewissens- und Religionsfreiheit
siehe dort
Gefangenenbehandlung **IPBPR Art. 10 (Nach Art. 5 MRK)** 4
Geltung in der Bundesrepublik **MRK Einf. (Einf. IPBPR)** 39
Geltung in der EU **MRK Einf. (Einf. IPBPR)** 45 ff
Geltung, innerstaatliche allgemein **MRK Einf. (Einf. IPBPR)** 38
Geltungsbereich **MRK Art. 1** 1 ff
Gemeinschaftsverfassungsrang **MRK Einf. (Einf. IPBPR)** 49
Gerichtsverfahren vor dem EGMR
siehe Europäischer Gerichtshof für Menschenrechte

gesetzlicher Richter (Art. 101 Abs. 1 Satz 2 GG) **GVG 16** 3, 8 ff
Gleichheit vor dem Gericht
siehe dort;
siehe auch Verfahrensgarantien
Gleichheitsgebot
siehe dort
Grundgesetz, Auslegungshilfe **MRK Einf. (Einf. IPBPR)** 41
Grundrechtsschutz, mittelbarer **MRK Einf. (Einf. IPBPR)** 40
Günstigkeitsklausel **MRK Art. 17 (Art. 5 IPBPR)** 5
Hauptverhandlung, Anwesenheit des Angeklagten
siehe dort;
siehe auch Verfahrensgarantien
Hoheitsgewalt eines Mitgliedsstaates **MRK Art. 1** 11
Hoheitsgewalt, Verantwortung für fremde **MRK Art. 1** 14
Individualbeschwerde
siehe Menschenrechtsbeschwerde
Interpretationserklärung **MRK Einf.** 30
Kollektivausweisung
siehe dort
KSZE-Bezugnahmen **MRK Einf.** 36
Leben, Recht auf
siehe dort
Meinungsfreiheit
siehe dort
Menschenrechte, kollektive Garantie **MRK Präambel** 7
Menschenrechtsschutz, Entstehungsgeschichte **MRK Anhang/Verfahren** 1 ff; **MRK Einf. (Einf. IPBPR)** 1 ff
Menschenrechtsschutz, weiterer internationaler
siehe dort
Missbrauch, mittelbare Drittwirkung **MRK Art. 17 (Art. 5 IPBPR)** 4
Missbrauchsverbot **MRK Art. 17 (Art. 5 IPBPR)** 1
nemo-tenetur-Grundsatz
siehe dort;
siehe auch Verfahrensgarantien
Notstandsrechte zur Abweichung
siehe dort
Öffentlichkeit der Verhandlung
siehe dort;
siehe auch Verfahrensgarantien
Öffentlichkeitsgrundsatz **GVG Vor 169** 7
Präambel als Auslegungshilfe **MRK Präambel** 4, 6
Präambel, Bedeutung **MRK Präambel** 4
Präambel, Inhalt **MRK Präambel** 1 f
privater Lebensbereich, Gewährleistung
siehe dort
Propaganda- und Verhetzungsverbot
siehe dort
Prozessmaximen **Einl. H** 51
Ratifizierung allgemein **MRK Einf. (Einf. IPBPR)** 38 ff
Ratifizierung in der Bundesrepublik **MRK Einf.** 14
Ratifizierung, Vorbehalte **MRK Einf.** 29
Rechtsanschauungen, gemeinsame **MRK Einf. (Einf. IPBPR)** 46
Rechtsmittel gegen Verurteilung, Recht auf
siehe dort;
siehe auch Verfahrensgarantien
Rechtsnatur **MRK Einf. (Einf. IPBPR)** 37
Rechtsordnung, objektive **MRK Präambel** 7
Rechtsschutz
siehe Menschenrechtsbeschwerde
Rechtsschutzgarantie
siehe dort;
siehe auch Verfahrensgarantien
Rechtsverletzung, Beschwerderecht
siehe Beschwerderecht bei Konventionsverletzung
Rückwirkungsverbot von Strafgesetzen
siehe dort
Schutz juristischer Personen/Gruppen **MRK Art. 1** 9
Schutz natürlicher Personen **MRK Art. 1** 8
Schutzbereich, persönlicher **MRK Art. 1** 8 ff
Schutzbereich, sachlicher **MRK Art. 1** 11 ff
Sklaverei/Zwangsarbeit, Verbot
siehe dort
Strafklageverbrauch (Verbot der Doppelbestrafung)
siehe dort;
siehe auch Verfahrensgarantien
Strafverfahren, Rechtsgrundlagen **Einl. C** 7
Telekommunikationsüberwachung **100a** 73
Todesstrafe **MRK Einf.** 28
Unschuldsvermutung
siehe dort;
siehe auch Verfahrensgarantien
Unterrichtung des Angeklagten von Beschuldigung
siehe dort;
siehe auch Verfahrensgarantien
Verhältnis EU zu IPBPR **MRK Einf. (Einf. IPBPR)** 50
Verhältnis MRK zu IPBPR **MRK Einf. (Einf. IPBPR)** 51
Verhältnis zu Bundesrecht **MRK Einf. (Einf. IPBPR)** 43

Versammlungs- und Vereinigungsfreiheit
siehe dort
Verständigung mit dem Gericht **GVG Vor 184** 4
Verteidigerwahl des Beschuldigten, freie
siehe dort;
siehe auch Verfahrensgarantien
Verteidigung, Recht auf Vorbereitung
siehe dort;
siehe auch Verfahrensgarantien
Vertrag, völkerrechtlicher **MRK Art. 1** 1
Verzicht auf Schutz **MRK Art. 1** 24
völkerrechtliches Vertragsrecht **MRK Einf. (Einf. IPBPR)** 37
Völkerrechtsvertrag, multilateraler **MRK Einf.** 13
Vorbehalte bei Ratifizierung **MRK Einf.** 29
Vorrang des Gemeinschaftsrechts **MRK Einf. (Einf. IPBPR)** 46
Wahlrecht
siehe dort
Wiederaufnahme des Verfahrens **Nachtr. 359** 1 ff; **Vor 359** 149
Wirkung als Auslegungsrichtlinie **MRK Art. 1** 23
Wirkung für/gegen Dritte **MRK Art. 1** 20 ff
Wirkung gegenüber Privatpersonen **MRK Art. 1** 20
Wirkung, mittelbare Drittwirkung **MRK Art. 1** 21
Zeuge, Ladung/Befragung durch den Angeklagten
siehe dort;
siehe auch Verfahrensgarantien
Zusatzprotokolle **MRK Einf.** 15
zwischenstaatliche Einrichtungen **MRK Art. 1** 15

Menschenrechtskonvention, Auslegung
Akzessorietät **MRK Art. 17 (Art. 5 IPBPR)** 2
allgemeines **MRK Einf. (Einf. IPBPR)** 52; **MRK Art. 17 (Art. 5 IPBPR)** 1
Anwendung auf völkerrechtlicher Ebene **MRK Einf. (Einf. IPBPR)** 72
Anwendung innerhalb der EU **MRK Einf. (Einf. IPBPR)** 71
Anwendungsebenen, verschiedene **MRK Einf. (Einf. IPBPR)** 66 ff
Ausländer, politische Tätigkeit **MRK Art. 16** 1 ff
Beurteilungsspielraum der Staaten **MRK Einf. (Einf. IPBPR)** 64
Eingriffsschranken einzelner Garantien **MRK Art. 17 (Art. 5 IPBPR)** 3
Einschätzungsspielraum der Staaten **MRK Einf. (Einf. IPBPR)** 64
Entstehungsgeschichte **MRK Einf. (Einf. IPBPR)** 56
Rechtsanwendung, innerstaatliche **MRK Einf. (Einf. IPBPR)** 67
Rechtsbegriffe, nationale **MRK Einf. (Einf. IPBPR)** 55
Rechtsüberzeugung, gemeinsame **MRK Einf. (Einf. IPBPR)** 59
Sicherung der Wirksamkeit im Einzelfall **MRK Einf. (Einf. IPBPR)** 57
teleologische, Vorrang **MRK Einf. (Einf. IPBPR)** 57
Verfassungsrecht, innerstaatliches **MRK Einf. (Einf. IPBPR)** 68
Verhältnismäßigkeit **MRK Einf. (Einf. IPBPR)** 65
Verwirklichung im Einzelfall **MRK Einf. (Einf. IPBPR)** 63
völkerrechtliche Vertragsauslegung **MRK Einf. (Einf. IPBPR)** 52
Vorlagepflichten, fehlende **MRK Einf. (Einf. IPBPR)** 70
Weiterentwicklung des IPBPR **MRK Einf. (Einf. IPBPR)** 62
Weiterentwicklung, dynamische **MRK Einf. (Einf. IPBPR)** 60
Wortlaut **MRK Einf. (Einf. IPBPR)** 54

Menschenrechtsschutz, internationaler
allgemeines MRK Anhang/Verfahren 88 ff
Amerikanische Menschenrechtskonvention **MRK Einf. (Einf. IPBPR)** 9
Atlantik Charta **MRK Einf. (Einf. IPBPR)** 4
Banjul Charta der Menschen- und Völkerrechte **MRK Einf. (Einf. IPBPR)** 9
Diskriminierungsverbote **MRK Einf. (Einf. IPBPR)** 5
Entwicklungsgeschichte **MRK Einf. (Einf. IPBPR)** 1 ff
Europäische Folterkonvention von 1987 **MRK Einf. (Einf. IPBPR)** 11
Europäische Menschenrechtskonvention **MRK Einf. (Einf. IPBPR)** 8
Europäische Sozialcharta **MRK Einf. (Einf. IPBPR)** 11
Europäisches Niederlassungsabkommen **MRK Einf. (Einf. IPBPR)** 11
Fakultativprotokoll **MRK Einf. (Einf. IPBPR)** 7
Frauendiskriminierungs-Übereinkommen **MRK Anhang/Verfahren** 101 f
Frauenrechte-Übereinkommen **MRK Einf. (Einf. IPBPR)** 10
Genfer Abkommen **MRK Einf. (Einf. IPBPR)** 10

Genfer Flüchtlingskonvention **MRK Einf. (Einf. IPBPR)** 10
Günstigkeitsprinzip **MRK Anhang/Verfahren** 89
ILO-Übereinkommen **MRK Anhang/Verfahren** 96 f
Individualbeschwerde **MRK Einf. (Einf. IPBPR)** 7
Internationaler Pakt über bürgerliche und politische Rechte **MRK Einf. (Einf. IPBPR)** 7
internationaler Strafgerichtshof **MRK Anhang/Verfahren** 107 ff
Kinderkonvention **MRK Einf. (Einf. IPBPR)** 10
Kontrolle, rechtliche **MRK Einf. (Einf. IPBPR)** 7
Kriegsvölkerrecht, Übereinkommen **MRK Einf. (Einf. IPBPR)** 10
Menschenrechte, Allgemeine Erklärung der **MRK Einf. (Einf. IPBPR)** 6
Menschenrechtsbeschwerde nach IPBPR *siehe dort*
Menschenrechtsbeschwerde vor dem EGMR *siehe dort*
Menschenrechtsverhältnis, mehrpoliges **MRK Anhang/Verfahren** 89
Minderheitenschutz-Rahmenübereinkommen **MRK Einf. (Einf. IPBPR)** 11
Rassendiskriminierungs-Übereinkommen **MRK Anhang/Verfahren** 98 ff; **MRK Einf. (Einf. IPBPR)** 10
Resolution 1503 des Wirtschafts- und Sozialrates **MRK Anhang/Verfahren** 91
Resolution der Generalversammlung der UN **MRK Einf. (Einf. IPBPR)** 6
Schengener Übereinkommen **MRK Einf. (Einf. IPBPR)** 11
Schutzes, Prinzip des am weitesten gehenden **MRK Anhang/Verfahren** 89
Sklaverei-Übereinkommen **MRK Einf. (Einf. IPBPR)** 10
Souveränitätsgedanke **MRK Einf. (Einf. IPBPR)** 2
Staatenbeschwerde **MRK Einf. (Einf. IPBPR)** 7
Staatsverfassungen **MRK Einf. (Einf. IPBPR)** 1
Strafgerichtshof, internationaler **MRK Einf. (Einf. IPBPR)** 12
Umsetzung durch verbindliche Abkommen **MRK Einf. (Einf. IPBPR)** 7
UN-Antifolterkonvention von 1984 **MRK Anhang/Verfahren** 103 ff; **MRK Einf. (Einf. IPBPR)** 10
UN-Ausschüsse in Einzelbereichen **MRK Anhang/Verfahren** 88
UN-Verfahren **MRK Anhang/Verfahren** 91
UN-Verfahrensregeln **MRK Anhang/Verfahren** 92
Vereinte Nationen, Charta **MRK Einf. (Einf. IPBPR)** 5
Verfahren nach 104 Ex 3.3. UNESCO-Exekutivrat **MRK Anhang/Verfahren** 93 ff
Verfahren nach Spezialkonventionen **MRK Anhang/Verfahren** 96
Verfahrensgarantien nach MRK und IPBPR *siehe dort*
Verfahrensrecht **MRK Anhang/Verfahren** 90
Verrechtlichung durch multinationale Verträge **MRK Einf. (Einf. IPBPR)** 5 ff
Völkermord-Konvention **MRK Einf. (Einf. IPBPR)** 10
wirtschaftliche, soziale und kulturelle Rechte **MRK Einf. (Einf. IPBPR)** 10
Zusammentreffen mehrerer Übereinkommen **MRK Anhang/Verfahren** 89
Zwangs- und Pflichtarbeit, ILO-Übereinkommen **MRK Einf. (Einf. IPBPR)** 10

Menschenwürde (Art. 1 Abs. 1 GG)
Beweiserhebung/-verwertung **Einl. K** 64
Einzelhaft **Vor 112** 40
Folter, Verbot der **MRK Art. 3 (Art. 7 IPBPR)** 8
Gefangenenbehandlung **IPBPR Art. 10 (Nach Art. 5 MRK)** 6, 9 ff
körperliche Untersuchungen des Beschuldigten **81a** 3
privater Lebensbereich, Gewährleistung **MRK Art. 8 (Art. 17 IPBPR)** 1
Schlussvortrag (Plädoyer) **258** 20
Sicherstellung/Beschlagnahme **94** 74 ff
Überwachung, akustische (Lauschangriff) **100c** 8* ff, 13
Unschuldsvermutung **MRK Art. 6 (Art. 14 IPBPR)** 105
Untersuchungshaft **112** 68; **Vor 112** 38
verbotene Vernehmungsmethoden **136a** 3

Milderungsgründe, besondere gesetzliche
Revision, Prüfung von Gesetzesverletzung **337** 228

Militärgericht ausländischer Streitkräfte
Entwicklungsgeschichte des Strafverfahrensrechts **Einl. E** 53
Rechts- und Amtshilfe **GVG Vor 156** 29

Minderheitenschutz-Rahmenübereinkommen
Diskriminierungsverbot **MRK Art. 14 (Art. 2, 3, 16, 24 ff IPBPR)** 6b, 24
Menschenrechtsschutz, internationaler **MRK Einf. (Einf. IPBPR)** 11

Minderjähriger
siehe auch Jugendlicher/Heranwachsender; siehe auch Kind
Absehen von Vereidigung, Ermessen **61** 3 ff
Absehen von Vereidigung, zwingend **60** 3 ff
audiovisuelle Zeugenvernehmung **247a** 14
Aufklärungspflicht, Beweisaufnahme **244** 84, 90
als Beschuldigter, Unzulässigkeit der Privatklage **374** 47
Beweiserhebung bei Bild-Ton-Aufzeichnungen **255a** 8 f
Bildungsrecht, Erziehungsrecht der Eltern **1. ZP MRK Art. 2 (Art. 18 IPBPR)** 1 ff
Eheauflösung, Schutz bei **MRK Art. 12 (Art. 23 IPBPR)** 7
Entfernen des Angeklagten bei Vernehmungen **247** 23
Gedanken-, Gewissens- und Religionsfreiheit **MRK Art. 9 (Art. 18 IPBPR)** 6, 9b
Identitätsfeststellung **163b** 11a
Kinderhandel, Verbot von Sklaverei/Zwangsarbeit **MRK Art. 4 (Art. 8 IPBPR)** 1
kommissarische Vernehmung **223** 13
Kostenlast im Privatklageverfahren **471** 39
Öffentlichkeitsausschluss bei Vernehmung **GVG 172** 33 ff
privater Lebensbereich, Gewährleistung **MRK Art. 8 (Art. 17 IPBPR)** 30 f
Privatklageberechtigung **374** 39
Privatklageverfahren, Sühneversuch **380** 57
Rechtsmittelbelehrung, gerichtliche **35a** 11 f
Vernehmung durch StA und Polizei **163a** 14a
Vernehmung in der Hauptverhandlung **241a** 1 ff
Vollstreckung von Maßregeln **463** 27 f
Zeugenvernehmung, Bild- und Tonaufnahmen **Nachtr. 58a** 17

Mitbeschuldigter
Absehen von der Verfolgung von Auslandstaten **153c** 6
Angaben in der Anklageschrift **200** 13
Anwesenheitsrechte und -pflichten in der Hauptverhandlung **230** 12 ff
als Beistand, Zulassung **149** 15
Berufung, Aktenvorlage an Staatsanwaltschaft **320** 6
Beschränkung der Berufung **318** 120
Datenverarbeitung für künftige Strafverfahren **484** 8
Einflussnahme des Verteidigers (Ausschließungsgrund) **138a** 56
unlauteres Einwirken des Beschuldigten **112** 48
Entfernen des Angeklagten bei Vernehmungen **247** 18, 56
Ersetzen der Vernehmung durch Protokollverlesung **251** 15
Hauptverhandlung, Vernehmung zur Sache **243** 78
Immunität eines Abgeordneten **152a** 17
Kosten des Rechtsmittels bei Erfolglosigkeit/Rücknahme **473** 61 ff
Kosten/notwendige Auslagen des Nebenklägers **472** 16
Mitteilung von Beweisanträgen **219** 19
Nachtragsanklage **266** 3
Namhaftmachung der Zeugen/Sachverständigen **222** 10
Nebenbeteiligter, Begriff **431**
Öffentlichkeitsausschluss bei Gefährdung **GVG 172** 12, 49
präsente Beweismittel, Verzicht **245** 33
Rechtsmittel allgemein, Teilrechtskraft **Vor 296** 39
Rechtsstellung in der Hauptverhandlung **Vor 226** 39
Register für staatsanwaltschaftliche Verfahren beim BZR **492** 13
Schlussvortrag (Plädoyer) **258** 11, 14
Strafverfahren, Absprachen **Einl. G** 80
teilweises Fernbleiben eines Mitangeklagten **231c** 1 ff
Verbindung mehrerer Strafsachen **237** 12
Verfahrenskosten, Haftung **466** 1 ff
Vernehmungsprotokoll, Verlesung bei Geständnis/Wiederspruch **254** 18
Wiederaufnahme des Verfahrens nach Geständnis **362** 13
Zeugnisfähigkeit **Vor 48** 31 ff
Zeugnisverweigerungsrecht, persönliche Gründe **52** 20

Mitteilung
Bekanntmachung der gerichtlichen Entscheidung, formlose **35** 21, 25
Revision, fehlerhafte Gerichtsbesetzung **338** 45 ff

Mitteilung in Strafsachen (allgemein)
siehe auch Auskünfte; Akteneinsicht; Datenübermittlung; siehe auch Datenübermittlung
Abschriften **479** 6
Abwägungserfordernis **EGGVG 13** 8
von Amts wegen **EGGVG 12** 3
anwendbare Vorschriften **479** 6 f
Anwendungsbereich der Vorschriften **EGGVG Vor 12** 3 ff
bei Arbeitsschutzverstößen **EGGVG 14** 15
Ausgang des Verfahrens, Unterrichtung **EGGVG 20** 1 ff
Auskunftsrecht/Unterrichtungspflicht, Ausnahmen **EGGVG 21** 10 ff

Auskunftsrecht/Unterrichtungspflicht, Rechtsschutz **EGGVG 21** 17
ausländische öffentliche Stellen **EGGVG 16** 1 ff
Bedeutung der Vorschrift **479** 1
Bedeutung der Vorschriften **EGGVG Vor 12** 12
Begründungspflicht gegenüber Betroffenen **EGGVG 21** 16
bei Bekanntmachung **EGGVG 13** 6
Belange der Strafrechtspflege **EGGVG Vor 12** 7
bereichsspezifische Regelungen **EGGVG 12** 7
bei berufsrechtlichen Folgen **EGGVG 14** 10 f
bei Bestehen besonderer Rechtsvorschriften **EGGVG 13** 3
Daten, Übermittlung personenbezogener **EGGVG 12** 2
Daten, untrennbar verbundene
- Bedeutung **EGGVG 18** 1
- Empfängerkontrolle **EGGVG 18** 4
- Form der Übermittlung **EGGVG 18** 3
- Verwendungsverbot **EGGVG 18** 2

bei dienst-/aufsichtsrechtlichen Maßnahmen **EGGVG 14** 6 ff
bei dienstordnungs-/versorgungsrechtlichen Maßnahmen **EGGVG 14** 12
bei Einschränkung gefährlicher Betriebe **EGGVG 14** 13
Einschränkungen der Übermittlung, weitere **EGGVG 14** 24
bei Einwilligung des Betroffenen **EGGVG 13** 4
zur Gefahrenabwehr, polizeilichen **EGGVG 17** 4
Informationen/Daten, Begriffe **479** 6
zur internationalen Rechtshilfe **EGGVG 17** 3
zum Jugendschutz **EGGVG 17** 6
JuMiG, Artikel 32 **EGGVG Anh. 14** 1 ff
Justizverwaltungsakt, Rechtsschutz **EGGVG 23** 31, 49
Kontaktstellen nach europäischem Recht **EGGVG Nachtr. 16a** 1 ff
Maßregelvollzug oder nachträgliche Entscheidungen **479** 5
Mitteilungen in Strafsachen **EGGVG Vor 12** 1
Mitteilungsbefugnisse, Abgrenzung zur Pflicht **EGGVG Vor 12** 6
bei mutmaßlicher Einwilligung **EGGVG 13** 5
bei Natur- und Tierschutzverstößen **EGGVG 14** 16
öffentliche Stellen **EGGVG 12** 4
bei öffentlichem Register **EGGVG 13** 6
Offensichtlichkeit von Interessen **EGGVG 13** 9
Ordnungswidrigkeiten **Nachtr. 479** 1
aufgrund Rechtsfolgen gerichtlicher Entscheidungen **EGGVG 13** 7
Rechtsgrundlage, verfassungsrechtliche **EGGVG Vor 12** 2
Religionsgemeinschaften **EGGVG 12** 5
Sicherheitsüberprüfungen **EGGVG 13** 11
Sonderregelung in Strafsachen **EGGVG 14** 1
zur Strafverfolgung **EGGVG 17** 2
Strafverfolgungszwecke, Erforderlichkeit **479** 2
Übermittlungsvorschriften, fortgeltende **480** 1 f
Unterrichtungspflicht gegenüber Betroffenen
- Bedeutung **EGGVG 21** 6
- Inhalt, Verfahren **EGGVG 21** 7

Verantwortlichkeit **EGGVG 12** 11; **479** 6
Verfahrensgrundsätze **EGGVG Vor 12** 9
verfahrensübergreifende Mitteilungen **EGGVG 12** 6
Verfahrenszweck, entgegenstehender **EGGVG 12** 10
zur Verhinderung schwerer Beeinträchtigungen **EGGVG 17** 5
Verwaltungsvorschriften **EGGVG 12** 12
Verwendungsregelungen, entgegenstehende **EGGVG 12** 8
Vollstreckung/Vollzug von Strafen und Maßregeln **EGGVG 14** 3 ff; **EGGVG Nachtr. 14** 1 ff
Zulässigkeitsvoraussetzungen allgemein **EGGVG 13** 1
zusätzliche, beantragte Informationsübermittlung **479** 6
Zuständigkeit **EGGVG Vor 12** 11; **EGGVG 13** 12
Zweck **EGGVG 12** 1
Zweckumschreibung **EGGVG 13** 10

Mitteilung in Strafsachen bei leichterer Kriminalität
Bedeutung **EGGVG 14** 17
bereichsspezifische Regelung **EGGVG 14** 20
Einstellungen **EGGVG 14** 22
MiStra **EGGVG 14** 21
Mitteilungsausschluss **EGGVG 14** 18
Mitteilungsbefugnis **EGGVG 14** 19

Mitteilung in Strafsachen, Auskunftsanspruch des Betroffenen
Angaben zum Auffinden **EGGVG 21** 3
Antrag **EGGVG 21** 2
Bedeutung **EGGVG 21** 1
Unverhältnismäßigkeit **EGGVG 21** 4
Verfahren, Form **EGGVG 21** 5

Mitteilung in Strafsachen, Rechtsschutz EGGVG Vor 12 10
Auskunft und Unterrichtung **EGGVG 22** 10
Bedeutung, Zweck der Regelung **EGGVG 22** 1
Beteiligung des Empfängers **EGGVG 22** 4

Bindungswirkung und Verwendungsverbot **EGGVG 22** 8
Entscheidung in Vorrangfällen **EGGVG 22** 7
Feststellungsinteresse **EGGVG 22** 6
Prüfungsgegenstand **EGGVG 22** 5
vorbeugender Unterlassungsantrag **EGGVG 22** 9
Vorgehen gegen Empfänger, Vorrang **EGGVG 22** 2
Vorrang, Voraussetzungen **EGGVG 22** 3

Mitteilung in Strafsachen, Verwendung der Daten
fremde Zwecke **EGGVG 19** 3 ff
Prüfungs- und Rücksendepflicht **EGGVG 19** 6
Weiterleitung **EGGVG 19** 7
Zweckbestimmung **EGGVG 19** 2
Zweckbindung **EGGVG 19** 1

Mobilfunkendgerät
Auskunft über Telekommunikationsverbindung **100g** 23
IMEI – Gerätenummer **100a** 16
IMSI-Catcher **100i** 1 ff
IP-Adresse **100a** 21
Telekommunikationsüberwachung **100a** 15 ff

Mobilfunkendgerät, Überwachung
allgemeines **100i** 1
Anordnung, richterliche
– Antrag **100i** 20
– Beschluss **100i** 21
– Beschluss, Bekanntmachung **100i** 24
– Beschluss, Befristung **100i** 22
– Beschluss, Begründung **100i** 23
– Beschlussformel **100i** 21
– Entscheidungsgrundlage **100i** 20
– Form **100i** 19 ff
– Prüfungsumfang **100i** 20
– rechtliches Gehör **100i** 24
– Verlängerung **100i** 25
Anordnung, staatsanwaltliche
– Außerkrafttreten **100i** 31
– Bestätigung, gerichtliche **100i** 29
– Form **100i** 27
– Gefahr im Verzug **100i** 26
– Inhalt **100i** 28
Beendigung der Maßnahme **100i** 36
Durchführung **100i** 33 ff
Ermittlungsrichter **100i** 17
Gefahr im Verzug **100i** 18
Gerätenummer (IMEI), Ermittlung **100i** 8
IMSI-Catcher **100c** 24; **100i** 2
Kartenummer (IMSI), Ermittlung **100i** 8
Kosten **100i** 37
Mitwirkungspflicht des Netzanbieters **100i** 34
Rechtsschutz **100i** 38
Rechtsschutz (Revision) **100i** 41
Richtervorbehalt **100i** 15
Staatsanwaltschaft **100i** 18
Standortfeststellung **100i** 10
Teilnehmer, unbekannte **100i** 35
Überwachung der Maßnahme **100i** 36
Vernichtung der Informationen **100i** 14
Verwendung der Informationen **100i** 14
Verwertungsverbot **100i** 40
Vollstreckung der Anordnung **100i** 33
Voraussetzungen **100i** 6 ff
Zuständigkeit **100i** 15 ff

Mobiltelefon
siehe Mobilfunkendgerät, Überwachung

Mündlichkeitsgrundsatz
Öffentlichkeitsgrundsatz **MRK Art. 6 (Art. 14 IPBPR)** 89 ff
Prozessmaxime **Einl. H** 55
Rechtsmittelverfahren **Einl. H** 59
Urkundenbeweis, Selbstleseverfahren **249** 56

Nachrichtendienst
Akteneinsicht/Auskünfte für Justizbehörden/öffentliche Stellen **474** 8

Nachtragsanklage
ablehnender Beschluss **266** 24
Antrag der Staatsanwaltschaft **266** 5
Antrag, mündlicher in der Verhandlung **266** 8
Einbeziehung bereits angeklagter Taten **266** 23
Einbeziehungsbeschluss **266** 18
Einziehungs-/Verfallsbeteiligte, Ladung/Mitteilungen **435** 8
Ermittlungsverfahren, Abschlussentscheidung **170** 17
Eröffnung bei hinreichendem Tatverdacht **203** 2
Eröffnungsbeschluss, Nachholung **207** 44a
Eröffnungsverfahren, Wirkung der Ablehnung **211** 16a
Klageerhebung **151** 8
Klagerücknahme, zulässiger Zeitraum **156** 3
Privatklageverfahren **384** 17
Rechtshängigkeit **266** 22
Rechtsschutz (Beschwerde) **266** 34
Rechtsschutz (Revision) **266** 36
Revision, Entscheidung des Gerichts **354** 74
sachlicher Zusammenhang, Fehlen **266** 4
Straftat in der Verhandlung, Sitzungspolizei **GVG 183** 10
Unterbrechung der Verhandlung
– von Amts wegen **266** 29
– Antrag anderer Beteiligter **266** 31
– Antrag des Angeklagten **266** 30
– Rechtsschutz, Anrufung des Gerichts **266** 33
– Vorbereitungsmöglichkeit **266** 27

Urteilsgegenstand, Bindung an angeklagte Tat **264** 41 f
Verfahren nach Einbeziehung **266** 25
Verkündung der Entscheidung in der Hauptverhandlung **266** 21
weitere Straftat **266** 2
Zuständigkeit des Gerichts **266** 10
Zuständigkeit in der Berufungsinstanz **266** 11
Zuständigkeit in der Revisionsinstanz **266** 13
Zustimmung des Angeklagten **266** 14
Zweck der Vorschrift **266** 1

Nachtzeit
Festnahme, vorläufige **114** 30; **127** 34, 43
nächtliche Haussuchung **104** 4

Nachverfahren
Anordnungsentscheidung, Rechtskraftwirkung **441** 26
Ansprüche bei Stattgabe, vermögensrechtliche **439** 37
Antragsberechtigung **439** 24
Antragsverwerfung, Rechtskraftwirkung **441** 27
Aufhebung von Einziehung/Verfall ex tunc **439** 36
Aufhebungsentscheidung, Rechtskraftwirkung **441** 25
Begründetheit **439** 31 ff
Beschlussverfahren, rechtliches Gehör **441** 6
Beschlussverfahren, Rechtsschutz **441** 21
Beschlussverfahren, Sachverhaltsermittlung **441** 7
Beschlussverfahren, sonstiges **441** 8
Einziehungs-/Verfallsbeteiligter **431** 64, 82
Einziehungs-/Verfallsverfahren, Rechtsmittel **437** 18
Entscheidung über Zulässigkeit **439** 29
Form des Antrags **439** 12
Frist, Ausschlussfrist **439** 27
Frist, Rechtsbehelfsfrist **439** 25
Gegenstand der Entscheidung **439** 32 f
Glaubhaftmachung
- Mittel **439** 22
- Rechtsbeeinträchtigung **439** 14
- Versäumnis, unverschuldetes **439** 18
- Zulässigkeitsvoraussetzungen **439** 13

Inhalt der Entscheidung **439** 34
Interessenlage **439** 1
Kosten **439** 39
Kosten des Rechtsmittels bei Erfolglosigkeit/Rücknahme **473** 99
Rechtsfolgen, unmittelbare Wirkung **439** 6
Statthaftigkeit **439** 11
Strafaussetzung, Widerrufsbeschluss **453** 38
Umfang der Nachprüfung **439** 31
Urteilsverfahren
- Antrag auf mündliche Verhandlung **441** 12
- anwendbare Vorschriften **441** 15
- Begründung der Entscheidung **441** 19
- Form der Entscheidung **441** 19
- Rechtsschutz bei Beschluss **441** 22
- Rechtsschutz bei Urteil **441** 23
- Wahl der Verfahrensart **441** 9
- Zeugenstellung **441** 17

Verfahrensarten, mögliche **441** 5
Verfahrensgang **439** 4
Vollstreckungshemmung, Ausschluss **439** 5
Vollstreckungsmaßnahmen **439** 7
Wesen und Ziel **439** 2
Wiederaufnahme, Ausschluss **439** 38
Zulässigkeit **439** 11 ff
Zuständigkeit, sachliche/örtliche **441** 2

NATO-Truppenstatut
Befreiung von der deutschen Gerichtsbarkeit **GVG 20** 8
beschleunigtes Verfahren allgemein **Vor 417** 28
Dolmetscher, Hinzuziehung **GVG 185** 6
Ersetzen der Vernehmung durch Protokollverlesung **251** 4
Immunität der Angehörigen der Streitkräfte **Einl. D** 8; **152a** 12
Justizverwaltungsakt, Rechtsschutz **EGGVG 23** 41
kommissarische Vernehmung, Benachrichtigung **224** 2
Kosten des Verfahrens **464a** 11
Öffentlichkeit, Zulassung einzelner **GVG 175** 6
Rechtskraft von Entscheidungen **Einl. J** 112
Strafverfahren, Rechtsgrundlagen **Einl. C** 8
Verständigung mit dem Gericht **GVG Vor 184** 7

NATO-Vertragsstaaten
Absehen von der Verfolgung von Staatsschutz-Strafsachen **153e** 22 ff
Einstellung des Verfahrens/Prozessvoraussetzung **206a** 39
Staatsschutz-Strafkammer, Zuständigkeit **GVG 74a** 2
Straftaten gegen Vertragsstaaten, Absehen von Verfolgung **153c** 4, 27

Nebenbeteiligter
siehe auch Einziehungs-/Verfallsbeteiligter
Begriff **467a** 31
Kosten bei Klagerücknahme/Einstellung durch StA **467a** 28 ff
Kosten des Rechtsmittels bei Erfolglosigkeit/Rücknahme **473** 19
Kosten des Verfahrens bei Freispruch **467** 21

Kosten/notwendige Auslagen des Nebenbeteiligten
siehe dort
Kostenlast bei Zurücknahme des Strafantrags **470** 6 ff
Kostenlast des Anzeigenerstatters **469** 13
Verfahrensgarantien nach MRK und IPBPR **MRK Art. 6 (Art. 14 IPBPR)** 28

Nebenkläger (allgemein)
Ablehnung eines Sachverständigen wegen Befangenheit **74** 16
Abwesenheit als absoluter Revisionsgrund **338** 99
Angaben in der Anklageschrift **200** 44
Anhörung im Beschwerdeverfahren **308** 9
Anhörung während der Beweisaufnahme **257** 9, 19
Anschluss des Verletzten im Klageerzwingungsverfahren **175** 15, 23
Anwesenheit/Benachrichtigung bei Vernehmung **168c** 23, 34
Auslagenerstattung bei Einstellungsregelungen nach § 153a **153a** 130
Aussetzung der Hauptverhandlung **228** 23
Befragungsrecht in der Hauptverhandlung **240** 9
Begriff des Verletzten **172** 54
Berufung, Aktenvorlage an Staatsanwaltschaft **320** 7
Berufung, Verbot der Verschlechterung **331** 28
Berufung, Zustellung des Urteils **316** 11
Berufungsfrist **314** 37
Berufungsverhandlung, letztes Wort **326** 3
Beschwerdeberechtigung allgemein **304** 50
Beweisantrag, Stellung in der Hauptverhandlung **244** 96
Einstellung bei Gesetzesänderung, Rechtsschutz **206b** 17
Einstellung des Verfahrens/Prozessvoraussetzung **206a** 71
Einstellungen nach den §§ 153 ff, Mitwirkung **153** 75, 83; **153a** 107, 123; **153b** 14, 17; **154a** 5, 26
Entfernen des Angeklagten bei Vernehmungen **247** 11
Eröffnungsverfahren, Wirkung der Ablehnung **211** 20
Ersetzen der Vernehmung durch Protokollverlesung **251** 45, 56
Gerichtsbesetzung, Besetzungsrüge **222b** 14
kommissarische Vernehmung, Benachrichtigung **224** 15
Mitteilung der Anklageschrift im Eröffnungsverfahren **201** 13a
Mitteilung über vorläufige Einstellung **153a** 112, 128
Mitteilung von Beweisanträgen **219** 22
notwendige Verteidigung **140** 116, 129
Rechtsmittel, Einlegungsbefugnis **296** 1, 20 ff
Rechtsmittel, kein Verbesserungsverbot **301** 10
Rechtsstellung in der Hauptverhandlung **226** 13; **Vor 226** 22 ff, 37
Revision, Verfahren bei Verspätung **346** 6
Revisionsbegründung, Fristbeginn **345** 11
Revisionsfrist **341** 22
Schlussvortrag (Plädoyer) **258** 11
Sicherungsverfahren **Vor 413** 9 ff
Sitzungspolizei, Ordnungsmittel **GVG 177** 13
sofortige Beschwerde im Eröffnungsverfahren **210** 14, 18
Verfahrensgarantien nach MRK und IPBPR **MRK Art. 6 (Art. 14 IPBPR)** 28
freie Verteidigerwahl **137** 61
Wiederaufnahme des Verfahrens, Antrag **365** 13
Wiederaufnahme, Anordnungsbeschluss **370** 52
Wiederaufnahme, Neuverhandlung **373** 14
Zeugnisfähigkeit **Vor 48** 35

Nebenkläger, Anschlusserklärung
Adressat der Erklärung **396** 4
Auslagen bei Tod/Widerruf **402** 10
Ausscheiden des Nebenklägers, sonstiges **402** 8
Bedeutung des Anschlusses **396** 12 ff
Einstellung wegen Geringfügigkeit **396** 26
Entscheidung, Zuständigkeit **396** 7
Form des Anschlusses **396** 9
Hauptverhandlungsprotokoll **396** 2
Prüfungsgegenstand **396** 8
Rechtskraft der gerichtlichen Entscheidung **396** 22
Rechtsmittel **402** 9
Rechtsschutz (Beschwerde) **396** 27
Rechtsschutz (Revision) **396** 29 ff
Schriftform **396** 1
Stellvertretung **396** 3
Tod des Nebenklägers, bisherige Auslegung **402** 3 f
Tod des Nebenklägers, derzeitige Auslegung **402** 5
Widerruf, Verzicht **402** 2
Widerruf, Zeitpunkt **402** 1
Wirksamwerden der Erklärung **396** 5

Nebenkläger, Rechtsmittel
Anfechtbarkeit von Urteilen **400** 4
Anwendungsbereich **401** 1
Auslagenvorschuss **401** 31

Bedeutung der Vorschrift **400** 1
Begründungsfrist **401** 12
Berufung allein des Nebenklägers, Erscheinenspflicht **401** 15
Berufung, Verwerfung bei Nichterscheinen **401** 16 ff
Beschlüsse, Anfechtung **400** 24
Einspruch gegen Strafbefehl **401** 29
Form der Einlegung **401** 4
Frist bei anfänglicher Abwesenheit **401** 10
Frist bei gänzlicher Abwesenheit **401** 11
Frist für Einlegung **401** 8
Gebührenvorschuss **401** 30
Nachprüfung, Umfang **400** 18
Prüfung der Anschlussbefugnis **401** 5
Prüfungsumfang bei Zusammentreffen mit weiteren Delikten **401** 14
Rechtsbehelfe **400** 26
Revision, Sachentscheidung trotz Nichterscheinens **401** 22
Sicherheitsleistung **401** 32
Staatsanwaltschaft, Mitwirkung in Rechtsmittelverfahren **401** 24
Unzulässigkeit der Anfechtung **400** 6
Wiedereinsetzung bei versäumter Berufung **401** 28
Wiedereinsetzung bei vorzeitigem Entfernen **401** 27
Wirkung **401** 7
Ziel der Anfechtung, Ermittlung **400** 13
Zulässigkeit bei Zusammentreffen mit weiteren Delikten **401** 13
Zulässigkeit der Anfechtung **400** 11
Zurückverweisung **401** 26
Zustellung bei Anschluss nach Urteil **401** 8

Nebenkläger, Rechtsstellung im Verfahren
allgemein **397** 1
Befugnisse, nicht zustehende **397** 10
Beistand, Beiordnung eines Rechtsanwalts
– Bedeutung **397a** 1
– Dauer der Beiordnung **397a** 16
– Kosten **397a** 15
– Rechtsschutz **397a** 17
– Voraussetzungen für Bestellung **397a** 5
bei Beschränkung der Strafverfolgung **397** 19
Hauptverhandlung, Befugnisse **397** 8
Hauptverhandlung, Teilnahmerecht **397** 5
Prozesskostenhilfe
– Bedeutung **397a** 1, 3
– Bedürfnis nach rechtlichem Beistand **397a** 10
– Dauer der Hilfe **397a** 16
– Kosten **397a** 15
– Mittellosigkeit **397a** 12
– Rechtsschutz **397a** 17
– schwierige Sach- und Rechtslage **397a** 9
– Unzumutbarkeit der Selbsthilfe **397a** 11
– Verfahren **397a** 13
– Voraussetzungen allgemein **397a** 8
– Zuständigkeit **397a** 14
Verweis auf Privatklagevorschriften **397** 6
Wiederaufnahmeverfahren **397** 12
als Zeuge/Sachverständiger **397** 15

Nebenklage
abschließende Regelung **Vor 395** 3
Angehörige Getöteter **395** 6
Begriff, Wesen **Vor 395** 1
Berechtigte, Straftatenkatalog **395** 2
Bundespräsident/Staatsorgane, verunglimpfte **395** 12
Einstellung **395** 26
Einziehung/Verfall, Verzicht **430** 18
fahrlässige Körperverletzung **395** 17
Klage, bereits erhobene **395** 29
Klageerzwingungsverfahren **395** 3
Kosten bei wechselseitiger Beleidigung/Körperverletzung **468** 6
Kosten des Rechtsmittels bei Erfolglosigkeit/Rücknahme **473** 71 ff
Kosten des Verfahrens allgemein **Vor 464** 18, 23, 29
Kosten/notwendige Auslagen des Nebenklägers *siehe dort*
Lebenspartner als Kläger **Nachtr. 395** 1
Nebenkläger, Personenkreis **395** 1 ff
Privatklageberechtigte **395** 3
Prozessfähigkeit des Klägers **395** 28
Rechtsänderungen, Bedeutung **Vor 395** 8 ff
in Rechtsmittelinstanz **395** 32
Rechtswirklichkeit **Vor 395** 18
Reformentwicklung **Vor 395** 4
Rücknahme **395** 26
Sicherungsverfahren **Vor 395** 16
Strafantragserfordernis **395** 20
tatbezogene Einzelfragen **395** 13
Teilnehmer **395** 27
Übernahme der Verfolgung bei Privatklage **377** 22
Unschuldsvermutung MRK Art. 6 (Art. 14 IPBPR) 143
Verfahrenshindernisse **395** 25
Vorrang des Jugendgerichtsgesetzes **Vor 395** 12
Widerklage **397** 18
Wiederaufnahme **Vor 395** 17
Wirkung des Anschlusses **395** 36
Wirkung des Anschlusses auf das Verfahren
– allgemein **398** 1 ff
– Anfechtung von früheren Entscheidungen **399** 2

– Anfechtungsfrist **399** 5
– Entscheidungen vor Anschluss **399** 1
– rechtliches Gehör des Nabenklägers **398** 4
– Rechtsschutz bei unterlassener Ladung **398** 5
– Terminsbeibehaltung **398** 3
– Unabhängigkeit des Verfahrens **398** 1
– Wiedereinsetzung **399** 4
– Zustellung des Urteils **398** 6
Wirkung von Rücknahme/Verzicht **395** 39
Zurückweisung **395** 26

Ne-bis-in-idem-Grundsatz
siehe Strafklageverbrauch

Nemo-tenetur-Grundsatz (Art. 2 Abs. 1 GG, 6 MRK, 14 IPBPR)
siehe auch Verfahrensgarantien
Adressaten **IPBPR Art. 14 (Art. 6 MRK)** 254
allgemein **IPBPR Art. 14 (Art. 6 MRK)** 248
Beschuldigter, Stellung im Strafverfahren **Einl. I** 88
Ermittlungsmaßnahmen der §§ 94 ff **Vor 94** 57, 62
Falschangaben **IPBPR Art. 14 (Art. 6 MRK)** 253
Freiwilligkeit **IPBPR Art. 14 (Art. 6 MRK)** 253b
Gegenstand des Verbots **IPBPR Art. 14 (Art. 6 MRK)** 250
juristische Personen, Personenvereinigungen **IPBPR Art. 14 (Art. 6 MRK)** 249
Privatpersonen als Hörspitzel **IPBPR Art. 14 (Art. 6 MRK)** 253a
Rechtsfolgen **IPBPR Art. 14 (Art. 6 MRK)** 256
Selbstbegünstigung **IPBPR Art. 14 (Art. 6 MRK)** 253
Überwachung, akustische (Lauschangriff) **100c** 19
Untersuchungshaft **Vor 112** 39
Zwang, mittelbarer **IPBPR Art. 14 (Art. 6 MRK)** 250

Netz (Festnetz/Mobilnetz)
Telekommunikationsüberwachung **100a** 4 ff, 56, 112; **100b** 29

Netz, Mobilnetz
Telekommunikationsüberwachung **100a** 16, 51

Netzfahndung, computergestützte
siehe Kontrollstellenfahndung, computergestützte

Nichtigkeit gerichtlicher Entscheidungen
Beschlüsse, sonstige Entscheidungen **Einl. J** 138
Geltendmachung **Einl. J** 141
Gerichtsbarkeit, fehlende **Einl. J** 131
Grundsätze **Einl. J** 118
nicht bestehende Strafgesetze **Einl. J** 136
Nichturteile und nichtige Urteile **Einl. J** 119
Personenverwechslung **Einl. J** 133
Rechtsmittel, Wiederaufnahme **Einl. J** 140
Strafmündigkeit, mangelnde **Einl. J** 132
Teilrechtskraft, Bedeutung **Einl. J** 122
Tod des Angeklagten **Einl. J** 135
Überschreitung der angeklagten Tat **Einl. J** 134
Übersicht **Einl. J** 116
Urteil, nichtiges allgemein **Einl. J** 123
Verhängung nicht vorgesehene Sanktionen **Einl. J** 137
Verstoß gegen ne bis in idem (Strafklageverbrauch) **Einl. J** 130
Wechsel des politischen Systems **Einl. J** 120

Nichtigkeit von Entscheidungen
Strafverfahren, Strafprozessrecht allgemein **Einl. J** 116 ff

Nichtverfolgung von Straftaten
siehe Einstellung

Niederlegung bei der Postanstalt
Zustellungsverfahren nach ZPO (n. F.) **Nachtr. 37** 62

Niederschlagung
Sicherungsverfahren **413** 12
durch Straffreiheitsgesetz in Revisionsinstanz **337** 60

Normenkontrolle, konkrete (Art. 100 Abs. 1 GG)
Aussetzung des Verfahrens **262** 49
Revision, Beruhen auf Gesetzesverletzung **337** 26

Notar
Beschlagnahmeverbot **97** 109 ff
Ermittlungsmaßnahmen der Staatsanwaltschaft **161** 9
Schöffenungeeignetheit **GVG 34** 10

Notstaatsanwalt (Ermittlungsrichter) 165 1 ff; **166** 1; **168** 6
siehe auch Ermittlungsrichter, Untersuchungshandlungen ohne Antrag

Notstandsrechte zur Abweichung von MRK/IPBPR
allgemeines **MRK Art. 15 (Art. 4 IPBPR)** 1
Auslandseinsätze der Streitkräfte **MRK Art. 15 (Art. 4 IPBPR)** 2
Ausnahmen, notstandsfeste Rechte **MRK Art. 15 (Art. 4 IPBPR)** 11
Begrenzung, örtliche **MRK Art. 15 (Art. 4 IPBPR)** 5
Beurteilungsspielraum **MRK Art. 15 (Art. 4 IPBPR)** 10

Diskriminierungsverbote **MRK Art. 15 (Art. 4 IPBPR)** 9
Erforderlichkeit der Maßnahme **MRK Art. 15 (Art. 4 IPBPR)** 6
Krieg **MRK Art. 15 (Art. 4 IPBPR)** 2
Notifikation **MRK Art. 15 (Art. 4 IPBPR)** 5
Notstand, öffentlicher **MRK Art. 15 (Art. 4 IPBPR)** 2
Verhältnismäßigkeit **MRK Art. 15 (Art. 4 IPBPR)** 6
Verkündung, amtliche **MRK Art. 15 (Art. 4 IPBPR)** 3
völkerrechtliche Verpflichtungen, sonstige **MRK Art. 15 (Art. 4 IPBPR)** 8
Voraussetzungen **MRK Art. 15 (Art. 4 IPBPR)** 2 ff

Notveräußerung
Abwenden durch Wertersatz **111l** 2
allgemeines **111l** 1
Anordnung **111l** 9 ff
Bekanntmachung **111l** 14
Durchführung **111l** 16
Durchführung, Zuständigkeit **111l** 15
Gegenstände **111l** 3
rechtliches Gehör **111l** 11
Rechtsschutz (Anordnungen der StA und ihrer Hilfsbeamten) **111l** 17a ff
Rechtsschutz (Beschwerde) **111l** 20
Rückgabe, alternative **111l** 2
Voraussetzungen **111l** 7
Wirkung **111l** 8
zeitliche Grenzen **111l** 6
Zuständigkeit im Vorverfahren **111l** 9
Zuständigkeit nach Anklageerhebung **111l** 10

notwendige Verteidigung (allgemein)
Anstaltsaufenthalt über 3 Monate **140** 32
Ausschließung des Verteidigers **140** 46
Auswahlrechte **142** 29
Berufsverbot **140** 26
Berufungsverhandlung ohne Angeklagten, Entschuldigung **329** 31
beschleunigtes Verfahren **418** 42 ff
Bestellung des Pflichtverteidigers, aufgezwungene **140** 141 ff
Bestellung eines Verteidigers (Einzelfälle) **140** 145
Bestellung mehrerer Verteidiger
– allgemein **140** 132
– gewählte und aufgezwungene Pflichtverteidiger **141** 32 ff
– Wahlverteidiger und Pflichtverteidiger **141** 36 ff
Dauer der Verteidigerbestellung
– Rücknahme/Ausschließung **140** 139 f
– Verfahrensende **141** 28
DNA-Analyse, erkennungsdienstliche Maßnahmen **81g** 53
Dolmetscher, Hinzuziehung **GVG 189** 1 ff
Hauptverhandlung ohne Angeklagten, Verhandlungsunfähigkeit **231a** 19
Hauptverhandlung vor LG oder OLG **140** 20
Kontaktsperre für Gefangene **EGGVG 34** 6
mehrere Bestellungsgründe **140** 132a
Rechtsnatur der Vorschrift **140** 1 ff
Rechtsschutz (Beschwerde) **141** 48 ff
Rechtsschutz (Revision) **141** 54 ff
Revision, Bestellung eines Pflichtverteidigers **350** 11
Sach- und Rechtslage, schwierige **140** 68
Schwere der Tat **140** 51
Sicherungsverfahren **140** 45
Strafbefehlsverfahren, Verteidigerbestellung **408b** 2
Unterbringung zur Begutachtung **140** 43
Verbrechen **140** 22
Verhältnis zur Wahlverteidigung **140** 15
Voraussetzungen
siehe unten
Vorrang der Wahlverteidigung **143** 1
Wiederaufnahme des Verfahrens, Verteidigerbestellung **364a** 1 ff; **364b** 2 ff
Wiederaufnahme, Neuverhandlung **373** 4
Zuständigkeit und Form der Bestellung **141** 14 ff, 27

notwendige Verteidigung, Auswahl des Pflichtverteidigers
Ablehnung der bezeichneten Person **142** 19
Bestellung nach Wunsch **142** 18
durch den Beschuldigten, Bedeutung **142** 12
durch den Beschuldigten, Realisierung **142** 14
Pflicht zur Übernahme bei Rechtsanwälten **142** 30
Pflicht zur Übernahme bei sonstigen Personen **142** 33 f
Rechtsanwälte des Gerichtsbezirks **142** 1
Rechtsanwälte von Außerhalb **142** 5
Rechtslehrer an deutschen Hochschulen **142** 10
Rechtsschutz **142** 38
Referendare **142** 11
sonstige Personen **142** 17
bei unterbliebener Bezeichnung **142** 27
Untervollmacht und Vertretung **142** 35

notwendige Verteidigung, fehlende Verteidigung in der Hauptverhandlung
Anwendungsbereich der Vorschrift **145** 3 ff
Ausbleiben des Verteidigers **145** 13
Aussetzen/Unterbrechen der Hauptverhandlung **145** 19
Aussetzung/Unterbrechung zur Verteidigungsvorbereitung **145** 25

Bestellung eines anderen Verteidigers **145** 21
Erstbestellung während der Hauptverhandlung **145** 24
Kostenlast bei unentschuldigtem Ausbleiben **145** 33 ff
Rechtsschutz (Revision) **145** 41
Rechtsschutz allgemein **145** 39
Sinn der Regelung **145** 1 f
standeswidriges Verhalten des Verteidigers **145** 18
Verteidiger, weggegangener **145** 15
Weigerung des Verteidigers **145** 17
Zuständigkeit **145** 38

notwendige Verteidigung, mangelnde Fähigkeit zur eigenen Verteidigung
Akteneinsicht des Beschuldigten, Ermöglichung **140** 76
allgemein **140** 96
Ausländer **140** 103
beschleunigtes Verfahren **140** 131a
DNA-Analyse-Verfahren (DNA-IFG/§ 81g StPO) **140** 131c
Hör- oder Sprachbehinderung (Neufassung) **140** 96; **Nachtr. 140** 1 ff
Jugendlicher **140** 111
Nebenkläger **140** 116
Nebenklage **140** 129
Privatkläger **140** 115
Privatklageverfahren **140** 130
Revisionsverfahren **140** 117
Strafbefehlsverfahren **140** 131d
Strafvollzug **140** 127
Vollstreckungsverfahren **140** 118
Wiederaufnahmeverfahren **140** 131b
Zeugen **140** 114

notwendige Verteidigung, Zeitpunkt der Bestellung des Pflichtverteidigers
Beurteilungsspielraum **141** 25 f
im Ermittlungsverfahren allgemein **141** 22
nach Abschluss der Ermittlungen **141** 23
nach Anklageerhebung **141** 19
Rechtsnatur **141** 1, 9
Umfang der Bestellung **141** 31
vor Abschluss der Ermittlungen **141** 24
Zeitpunkt allgemein **140** 133 f; **141** 11

notwendige Verteidigung, Zurücknahme der Bestellung
Austausch des Pflichtverteidigers **143** 9
Entpflichtungsantrag des Verteidigers **143** 13
gänzliche Ablehnung durch den Beschuldigten **143** 11
gegen den Willen des Beschuldigten **143** 7
bei mehreren Verteidigern **143** 5
Rechtsnatur **143** 2
Rechtsschutz **143** 15
Wahl eines anderen Verteidigers **143** 3 f
Wegfall der gesetzlichen Voraussetzungen **140** 135 f; **143** 8

Nulla-poena-sine-lege-Grundsatz
siehe Rückwirkungsverbot

Oberlandesgericht (allgemein)
Ablehnung eines Richters, Entscheidung **27** 11
Anzahl in der Bundesrepublik **GVG Vor 115** 1
Beschwerde gegen erstinstanzliche Entscheidungen **304** 22, 71 ff, 85
Beschwerde gegen Haftentscheidungen (erstinstanzlich) **114** 32 ff
Beschwerde, erstinstanzliche Zuständigkeit **Vor 304** 21 ff
Besetzung allgemein **GVG 115** 1 ff
Besetzung außerhalb der Hauptverhandlung **GVG 122** 5
Besetzung in Hauptverhandlung, reduzierte **GVG 122** 4
Besetzung nach Zurückverweisung
– Entscheidungsmöglichkeiten **GVG 122** 8
– erstmalige Fünferbesetzung **GVG 122** 10
– Veränderung **GVG 122** 7
– Zeitpunkt der Entscheidung **GVG 122** 9
Dienstaufsicht des Präsidenten **GVG 115** 2
Einzelrichter, Ausschluss in Strafsachen **GVG 122** 1
Entscheidung über Haftfortdauer **121** 18, 45, 48
Ermittlungsrichter des OLG und BGH **169** 2, 5
Ermittlungsrichter, Bestellung **GVG 116** 3
Eröffnungsentscheidung in erster Instanz **GVG 122** 2
Errichtung und Aufhebung **GVG Vor 115** 3
Kammer für Staatsschutz-Strafsachen *siehe dort*
Klageerzwingungsverfahren, Zuständigkeit **172** 176 ff
Mitteilung der Gerichtsbesetzung **222a** 1 ff
Revision, Zulässigkeit **333** 23
Senate, auswärtige **GVG 116** 4
Senate, Bestimmung der Anzahl **GVG 116** 1
Vertretung der Senatsmitglieder **GVG 117** 1
Vollstreckung der Freiheitsstrafe, Nachtragsentscheidungen **462a** 82 ff
Wahrung einheitlicher Rechtsprechung *siehe Divergenzausgleich*
weitere Beschwerde **310** 3 f
Wiedereinsetzung im Klageerzwingungsverfahren **172** 134 ff

Oberlandesgericht, Zuständigkeit
Änderung des Rechtszuges, Wirkung **GVG 121** 5

ausländische terroristische Vereinigungen **GVG Nachtr. 120** 1
Ausschließungsverfahren, Strafverteidiger **138c** 3 f
als Beschluss- und Beschwerdegericht
– allgemein **GVG 120** 11
– Staatsschutz-Strafsachen **GVG 120** 15
– Verfügungen des Amtsrichters **GVG 120** 12
Beschwerdegericht **GVG 121** 3, 18 ff
Entscheidungen erster und zweiter Instanz **GVG 121** 17
Entwicklungsgeschichte **GVG 120** 1
Gerichtsbarkeit des Bundes
– Beginn und Ende der Ausübung **GVG 120** 20
– Entwicklungsgeschichte **GVG 120** 17
– finanzielle Auswirkungen **GVG 120** 19
– Organleihe **GVG 120** 18
Gerichtsstand **GVG 120** 16
des Obersten Landesgerichts *siehe dort*
Rechtsbeschwerdegericht nach StVollzG **GVG 121** 22
als Revisionsgericht
– allgemein **GVG 121** 1
– Berufungsurteile des Landgerichts **GVG 121** 8
– Forst- und Feldrügesachen **GVG 121** 7
– Jugendstrafsachen **GVG 121** 4
– Rhein- und Moselschifffahrtssachen **GVG 121** 7
– Rüge der Verletzung von Landesrecht **GVG 121** 9 ff
– Strafrichterurteile mit Berufungsausschluss **GVG 121** 6
Staatsschutzsenat **GVG 120** 5
Überschreitung **GVG 120** 14
Untersuchungshaft **125** 6; **126** 6, 10
Verfolgung durch den Generalbundesanwalt
– Bedeutung, besondere **GVG 120** 6
– Beeinträchtigung nationaler Sicherheit **GVG 120** 10
– Evokationsrecht **GVG 120** 7
– Staatsschutz-Strafsachen **GVG 120** 8
– terroristische Verbrechen bei Auslandsbezug **GVG 120** 9
Völkerstrafgesetzbuch **GVG Nachtr. 120** 2
Zuständigkeitskonzentration **GVG 120** 4
Zuständigkeitsüberschreitung **GVG 121** 16
Zuweisungen, besondere gesetzliche **GVG 120** 13; **GVG 121** 23

Oberster Gerichtshof für die Britische Zone
Wiederaufnahme des Verfahrens **Vor 359** 92

Oberstes Landesgericht
Bayerisches Oberstes Landesgericht **EGGVG 9** 2
Bedeutung landesrechtlicher Zuweisung **EGGVG 9** 1
Besetzung und Verfassung **EGGVG 10** 1 ff
Entscheidungen in Strafsachen **EGGVG 9** 4
ergänzende Vorschriften **EGGVG 9** 9
Konzentration, teilweise **EGGVG 9** 5
landesrechtliche Zuweisung in Strafsachen **EGGVG 9** 3 f
Strafverfolgung von Beamten **EGGVG 11** 1
Zuweisung im früheren Preußen **EGGVG 9** 8
Zuweisung in anderen Ländern **EGGVG 9** 7
Zuweisung, Umfang **EGGVG 9** 3 ff
Zuweisungen einzelner Länder **EGGVG 9** 6 ff

obiter dictum
Bundesgerichtshof, Einheit der Rechtsprechung **GVG 132** 9
Oberlandesgericht, Wahrung einheitlicher Rechtsprechung **GVG 121** 67

objektives Verfahren (Einziehung/Verfall)
Anordnungsentscheidung, Rechtskraftwirkung **441** 26
Antrag als Prozessvoraussetzung **440** 16
Antrag, Inhalt und Form **440** 25
Antrag, Opportunitätsprinzip **440** 23
Antragsrecht und -verpflichtung **440** 20
Antragsverwerfung, Rechtskraftwirkung **441** 27
Anwendbarkeit anderer Vorschriften **440** 41
Aufhebungsentscheidung, Rechtskraftwirkung **441** 25
Beschlussverfahren, rechtliches Gehör **441** 6
Beschlussverfahren, Rechtsschutz **441** 21
Beschlussverfahren, Sachverhaltsermittlung **441** 7
Beschlussverfahren, sonstiges **441** 8
Beweisverwertungsverbot **440** 36
Bußgeldverfahren **440** 72
Einstellung des subjektiven Verfahrens **440** 13
Entscheidung
– Verfahren **440** 50
– Gegenstand, Bezeichnung des betroffenen **440** 54
– Inhalt **440** 51
– Kosten **440** 59
– Nebenbeteiligte, Bezeichnung **440** 57
– Rechtskraftwirkung **440** 58
Nebenbeteiligte, Stellung im Verfahren **440** 37 ff
Rechtsnatur **440** 2
Rücknahme des Antrags **440** 27
Selbstständigkeit des Verfahrens **440** 1
Statthaftigkeit **440** 17

Straftat als Voraussetzung **440** 4
Übergang aus subjektivem Verfahren
– allgemein **440** 61
– Entwicklungsgeschichte **440** 62 ff
– Grundsatz **440** 67
– Rechtsnatur **440** 68
Übergang zum subjektiven Verfahren **440** 71
Urteilsverfahren
– Antrag auf mündliche Verhandlung **441** 12
– anwendbare Vorschriften **441** 15
– Begründung der Entscheidung **441** 19
– Form der Entscheidung **441** 19
– Rechtsschutz bei Beschluss **441** 22
– Rechtsschutz bei Urteil **441** 23
– Wahl der Verfahrensart **441** 9
– Zeugenstellung **441** 17
Verfahren allgemein, gerichtliches **440** 31
Verfahrensarten, mögliche **441** 5
Verfolgungs-/Verurteilungshindernisse, rechtliche **440** 9
Verfolgungs-/Verurteilungshindernisse, tatsächliche **440** 6
Voraussetzungen, materiell-rechtliche **440** 3, 5
Zulässigkeitsprüfung **440** 32
Zuständigkeit des Gerichts **440** 33
Zuständigkeit, örtliche **441** 4
Zuständigkeit, sachliche **441** 3

Observation, längerfristige
allgemeines **163f** 1 f
Anordnungskompetenz **163f** 14
Anwendungsbereich **163f** 2
Bedeutung der Regelung **163f** 1 f
Begriff, Abgrenzung **163f** 3
Dauer der Maßnahme **163f** 11
Dokumentationspflicht **163f** 17
Durchführung **163f** 6
Entwicklungsgeschichte **163f** 1
Ermittlung der Polizei, verdeckte **163** 54
Personenkreis, Betroffene **163f** 9
Rechtsschutz **163f** 21
Rechtsschutz (Revision) **163f** 23
technische Mittel, Einsatz **163f** 7
Unterrichtung der Betroffenen **163f** 20
Verwertbarkeit der Erkenntnisse **163f** 18
Voraussetzungen **163f** 8
Wiederholung **163f** 11

öffentlicher Dienst, Angehöriger
Aussagegenehmigung der Dienstbehörde **54** 8 ff
Meinungsäußerungsfreiheit **MRK Art. 10 (Art. 19 IPBPR)** 14a
Vernehmung als Sachverständiger **72** 8; **76** 7
Versammlungs- und Vereinigungsfreiheit **MRK Art. 11 (Art. 21, 22 IPBPR)** 10

Öffentlichkeit der Verhandlung
Ausnahmen **MRK Art. 6 (Art. 14 IPBPR)** 95
Ausschluss allgemein **GVG 169** 35
Beratung und Abstimmung **GVG 169** 8
Beschränkung/Zulassung, Geschäftsverteilungsplan **GVG 21e** 68 ff
Beschränkung/Zulassung, Revisionsgrund **338** 103 ff
Betretungsverbot/Verlassen, kurzfristiges **GVG 169** 32
Beurkundung **GVG 169** 38
Ehestreitigkeiten **MRK Art. 6 (Art. 14 IPBPR)** 94, 98
Einlassreihenfolge **GVG 169** 14
erkennendes Gericht **GVG 169** 6
Hauptverhandlungsprotokoll, Inhalt **272** 20
Jugendschutz **MRK Art. 6 (Art. 14 IPBPR)** 94, 98
Jugendschutzsachen **GVG 169** 5
Jugendstrafsachen, Abweichungen **GVG 169** 1 ff
Jugendstrafsachen, mitangeklagter Erwachsener **GVG 169** 5
Moral, öffentliche **MRK Art. 6 (Art. 14 IPBPR)** 95, 97
Mündlichkeitsgrundsatz **MRK Art. 6 (Art. 14 IPBPR)** 89
siehe auch dort
Öffentlichkeit, Begriff **MRK Art. 6 (Art. 14 IPBPR)** 89
Ordnung, öffentliche **MRK Art. 6 (Art. 14 IPBPR)** 95, 97
Ortstermin, Besonderheiten **GVG 169** 15 ff
Ortstermin, Hausrecht Dritter **GVG 169** 17
Ortstermin, Verhandlung vor Ort **GVG 169** 18
Partei, Begriff **MRK Art. 6 (Art. 14 IPBPR)** 99
Presse, Berichterstattung **MRK Art. 6 (Art. 14 IPBPR)** 88
räumliche Anforderungen **GVG 169** 9
Rechtspflege, Belange **MRK Art. 6 (Art. 14 IPBPR)** 95, 102
Rechtsschutz (Revision)
– Beeinträchtigung ohne gerichtlichen Einfluss **GVG 169** 57
– Heilung von Fehlern **GVG 169** 66
– Protokoll, Beweiskraft **GVG 169** 67
– unzulässige Einschränkungen **GVG 169** 62 ff
– unzulässige Erweiterungen **GVG 169** 65
– Verzichtbarkeit **GVG 169** 56
schriftliches Verfahren **MRK Art. 6 (Art. 14 IPBPR)** 90, 93
Schutzzweck **MRK Art. 6 (Art. 14 IPBPR)** 86
Sicherheit, nationale **MRK Art. 6 (Art. 14 IPBPR)** 95, 97

Überfüllung, drohende **GVG 169** 30
Unterrichtung von Ort und Zeit
– andere Gebäude **GVG 169** 25
– Grundsatz **GVG 169** 19
– Ortstermine **GVG 169** 26
– Sitzungssaal des Gerichtsgebäudes **GVG 169** 23
– sonstige Räume des Gerichtsgebäudes **GVG 169** 24
Urteilsberatung **MRK Art. 6 (Art. 14 IPBPR)** 92
Urteilsverkündung
– Ausschluss bei Verkündung der Urteilsgründe **GVG 173** 2
– Beschlüsse zur Protokollierung **GVG 173** 3
– Jugendstrafverfahren **GVG 173** 5
– Rechtsschutz (Revision) **GVG 173** 6
– Verkündung der Urteilsformel **GVG 173** 1
– Verkündung nach Ausschluss **GVG 173** 4
Verbot von Ton- und Filmaufnahmen
– analoge Anwendung **GVG 169** 55
– Aufzeichnung durch Verfahrensbeteiligte **GVG 169** 49
– Aufzeichnung für Verfahrenszwecke **GVG 169** 46
– Bedeutung **GVG 169** 40
– geschützte Rechtsgüter **GVG 169** 41
– Grenzen, zeitliche und räumliche **GVG 169** 42
– Protokollierung von Vernehmungen **GVG 169** 45
– Rundfunk- und Filmaufnahmen **GVG 169** 43
– Schutz der Persönlichkeitsrechte, weitergehender **GVG 169** 51
– Vorgeschichte **GVG 169** 39
– Zweck der Veröffentlichung **GVG 169** 44
Verhältnismäßigkeit **MRK Art. 6 (Art. 14 IPBPR)** 97
Verhandlung, Begriff **GVG 169** 7
Verkündung der Entscheidung **MRK Art. 6 (Art. 14 IPBPR)** 93
Verstoß als absoluter Revisionsgrund **338** 103
Verzicht **MRK Art. 6 (Art. 14 IPBPR)** 91
Volksöffentlichkeit **MRK Art. 6 (Art. 14 IPBPR)** 87
Vormundschaftssachen **MRK Art. 6 (Art. 14 IPBPR)** 94, 98
Zugangserschwerungen, geringfügige **GVG 169** 31
Zutrittsbeschränkung für einzelne Personen **GVG 169** 36 f
Öffentlichkeit, Ausschluss allgemein
Gefährdung der Staatssicherheit
– Ausschlussgrund **GVG 172** 2
– Verbot öffentlicher Berichte **GVG 174** 22 ff
Gefährdung öffentlicher Interessen
– Anreiz zur Nachahmung **GVG 172** 6
– Anwendungsbereich **GVG 172** 1
– Beeinträchtigung der Wahrheitserforschung **GVG 172** 5
– Dauerstörung der Verhandlung **GVG 172** 4
– öffentliche Ordnung **GVG 172** 3
– Sittlichkeit **GVG 172** 8
– V-Mann/verdeckter Ermittler, Vernehmung **GVG 172** 7
Gefährdung von Geheimnissen
– allgemein **GVG 172** 15
– Erfindungsgeheimnis **GVG 172** 17
– Geheimnisträger **GVG 172** 20
– Geschäfts- und Betriebsgeheimnisse **GVG 172** 16
– Steuergeheimnis **GVG 172** 18 f
– überwiegende schutzwürdige Interessen **GVG 172** 22 ff
– Wichtigkeit des Geheimnisses **GVG 172** 21
Gefährdung von Personen unter 16 Jahren
– Begleitperson **GVG 172** 36
– Ermessensentscheidung **GVG 172** 35
– Vernehmung als Zeuge **GVG 172** 34
– Zweck der Vorschrift **GVG 172** 33
Gefährdung von Privatgeheimnissen
– Anwendung, zeitliche **GVG 172** 28
– Anwendungsbereich, inhaltlich **GVG 172** 30
– private Geheimnisse **GVG 172** 29
– strafbare Offenbarung **GVG 172** 31
– Zeugnisverweigerungsrecht **GVG 172** 32
– Zweck der Vorschrift **GVG 172** 27
Gefährdung von Zeugen und anderen
– allgemein **GVG 172** 9 ff
– Gefährdung, Intensität **GVG 172** 13
– Personen, gefährdete **GVG 172** 12
– sonstige Maßnahmen **GVG 172** 14
Geheimnisinhaber, prozessuale Stellung **GVG 172** 49
gerichtliche Entscheidung
– Änderung des Beschlusses **GVG 172** 45
– Dauer des Ausschlusses **GVG 172** 39
– Ermessen **GVG 172** 37 f
– Maßnahmen während des Ausschlusses **GVG 172** 46
– Teilausschluss, Verfahrensabschnitt **GVG 172** 40 f
– Unterbrechung/Verbindung des Verfahrens **GVG 172** 44
– Urteilsverkündung **GVG 172** 43
– Wiederherstellung der Öffentlichkeit **GVG 172** 42
Rechtsschutz **GVG 172** 50

Öffentlichkeit, Ausschluss in Unterbringungssachen
Ermessen des Gerichts **GVG 171a** 3
Jugendstrafsachen **GVG 171a** 5
Rechtsschutz (Revision) **GVG 171a** 6
Unterbringung als Gegenstand **GVG 171a** 2
Urteilsverkündung **GVG 171a** 4
Zweck der Regelung **GVG 171a** 1
Öffentlichkeit, Ausschluss zum Schutz der Privatsphäre
Antrag auf Ausschluss, Bindung **GVG 171b** 18
Dauer des Ausschlusses **GVG 171b** 21
Entwicklungsgeschichte der Vorschrift **GVG 171b** 1
geschützter Personenkreis **GVG 171b** 4
Individualinteressen, abzuwägende **GVG 171b** 12
Interessenabwägung **GVG 171b** 16
Kannvorschrift **GVG 171b** 20
öffentliche Interessen, abzuwägende **GVG 171b** 15
persönlicher Lebensbereich
– allgemein **GVG 171b** 5
– Berufs-/Erwerbsleben **GVG 171b** 6
– sonstige Umstände **GVG 171b** 10
– Verfahrensgegenstand **GVG 171b** 8
– Vermögens-/Einkommensverhältnisse **GVG 171b** 7
– Vorstrafen **GVG 171b** 9
Rechtsschutz (Revision) **GVG 171b** 25
zur Sprache kommen **GVG 171b** 11
Struktur der Vorschrift **GVG 171b** 3
Verfahren der Ausschließung **GVG 171b** 22 ff
Widersprechende Erklärungen mehrerer **GVG 171b** 19
Widerspruch gegen den Ausschluss **GVG 171b** 17
Zweck der Regelung **GVG 171b** 2
Öffentlichkeit, Ausschluss/Zulassung einzelner Personen
Maßnahmen der Sitzungspolizei **GVG 176** 20, 31 f
Rechtsschutz (Revision) **GVG 175** 16
Versagung des Zutritts
– Personenkreis **GVG 175** 1
– unerwachsene Personen **GVG 175** 2
– Verletzung der Würde des Gerichts **GVG 175** 3
– Versagungsbefugnis **GVG 175** 4
Zutritt dienstaufsichtführender Beamter **GVG 175** 14 f
Zutritt zu nichtöffentlicher Verhandlung
– Anhörung der Beteiligten **GVG 175** 13
– Begleitpersonen Jugendlicher **GVG 175** 9
– Ehegatten als Beistand **GVG 175** 8
– Gestattung durch das Gericht **GVG 175** 12
– internationale Abkommen **GVG 175** 6
– Jugendstrafsachen **GVG 175** 11
– Personenzahl **GVG 175** 5
– Pressevertreter **GVG 175** 10
– Verletzter **GVG 175** 7
Öffentlichkeit, Ausschlussverhandlung
Antragsberechtigung **GVG 174** 2
Beschluss, Begründung **GVG 174** 13 ff
Beschluss, Protokollierung **GVG 174** 16
Beschluss, Verkündung **GVG 174** 9 ff
Durchführung **GVG 174** 3
Freibeweis **GVG 174** 5
Grundsatz **GVG 174**
Heilung von Verstößen **GVG 174** 20
Jugendverfahren **GVG 174** 6
mehrmalige Ausschließung **GVG 174** 4
Protokollierung **GVG 174** 7
Rechtsschutz (Revision) **GVG 174** 17 ff
Unterbleiben, Folgen **GVG 174** 8
Verbot öffentlicher Mitteilung **GVG 174** 37
Verpflichten zum Stillschweigen
– Anordnung, Form und Zeitpunkt **GVG 174** 28
– Bedeutung der Regelung **GVG 174** 26
– betroffener Personenkreis **GVG 174** 27
– Dauer und Wirkung des Gebots **GVG 174** 30 ff
– Gegenstand der Geheimhaltung **GVG 174** 29
– Jugendstrafsachen **GVG 174** 36
– Rechtsschutz (Beschwerde) **GVG 174** 34
– Rechtsschutz (Revision) **GVG 174** 35
Öffentlichkeitsfahndung
siehe bei den jeweiligen Fahndungsarten
Beschuldigter, Stellung im Strafverfahren **Einl. I** 81
Öffentlichkeitsgrundsatz
Beschränkung der Öffentlichkeit
– Anwesenheit einzelner Personen **GVG Vor 169** 11
– fakultativer Ausschluss **GVG Vor 169** 10
– genereller Ausschluss **GVG Vor 169** 9
– Teilausschluss **GVG Vor 169** 10
Entwicklungsgeschichte **GVG Vor 169** 2
Gewährleistung von Sicherheitsgefühl **GVG Vor 169** 5
Hauptverhandlung, Aufruf der Sache **243** 18
Informationsfunktion **GVG Vor 169** 4
Inhalt allgemein **GVG Vor 169** 8
Jugendgerichtsverfahren **GVG 26** 14
Kontrollfunktion **GVG Vor 169** 3
mittelbare Öffentlichkeit
– Begriff **GVG Vor 169** 14

– Medienberichterstattung allgemein **GVG Vor 169** 16
– Medienberichterstattung, Gefahren **GVG Vor 169** 17 f
– Medienberichterstattung, Grenzen **GVG Vor 169** 19
– Presse- und Rundfunkfreiheit **GVG Vor 169** 15
– Rechtsprechung des BVerfG **GVG Vor 169** 20
– in Verfahren vor dem BVerfG **GVG Vor 169** 22
Persönlichkeitsrechte der Verfahrensbeteiligten **GVG Vor 169** 12 f
Prozessmaxime **Einl. H** 66
Rechtsgrundlagen, international **GVG Vor 169** 7
Rechtsgrundlagen, national **GVG Vor 169** 6
Reformbestrebungen, einschränkende **GVG Vor 169** 23 ff
Reformbestrebungen, Medienzulassung **GVG Vor 169** 33 ff
Urkundenbeweis, Selbstleseverfahren **249** 59
Veröffentlichung von Gerichtsentscheidungen **GVG Vor 169** 38

Offizialdelikt
siehe Privatklage

Offizialprinzip
siehe Anklagemonopol

Offizialverfahren
Europäischer Gerichtshof für Menschenrechte **MRK Anhang/Verfahren** 16 ff

Opferschutz
Entwicklungsgeschichte des Strafverfahrensrechts **Einl. E** 125, 155
Nebenklage allgemein **Vor 395** 8
Verletzter, Stellung im Strafverfahren **Einl. I** 115, 117 ff

Opportunitätsprinzip
objektives Verfahren (Einziehung/Verfall) **440** 23
Prozessmaxime **Einl. H** 21
Sitzungspolizei, Ordnungsmittel **GVG 178** 23
Staatsanwaltschaft, Weisungsrecht **GVG 146** 19
Verhältnis zum Legalitätsprinzip *siehe dort*

Ordensangehöriger/Religionsdiener
Schöffenungeeignetheit **GVG 34** 13

Ordnungs- und Zwangsmittel, Art. 6 ff EGStGB
Anwendungsbereich **Anhang 51** 1
Anwendungsbereich der Strafprozessordnung **EGStPO 3** 5
Herausgabepflicht bei Sicherstellung **95** 24 ff
Ordnungsgeld **Anhang 51** 2
Ordnungshaft **Anhang 51** 4
Privatklageverfahren **384** 23
Rasterfahndung **98a** 36; **98b** 21
Rechtsschutz **Anhang 51** 12
Umwandlung von Ordnungsgeld in -haft **Anhang 51** 13
Verjährung allgemein **Anhang 51** 16
Verjährung der Festsetzung **Anhang 51** 17 ff
Verjährung der Vollstreckung **Anhang 51** 20 f
Vernehmung durch die Staatsanwaltschaft **161a** 36 ff
Vollstreckbarkeit/Rechtskraft der Entscheidung **449** 35
Wegfall der Vollstreckung **Anhang 51** 15
Zahlungserleichterung, Bewilligung **Anhang 51** 8 ff
Zahlungserleichterungen **Anhang 51** 6
Zwangsgeld **Anhang 51** 3

Ordnungsgeld
siehe auch Ordnungs- und Zwangsmittel
Schöffe, Pflichtverletzungen **GVG 56** 6, 8
Sitzungspolizei, Ordnungsmittel **GVG 178** 24
Zeuge, Folgen des Ausbleibens **51** 18 ff
Zwangsmaßnahmen bei Zeugnis-/Eidesverweigerung **70** 13 ff, 31

Ordnungshaft
siehe auch Ordnungs- und Zwangsmittel
Freiheitsentziehung, Rechte bei **MRK Art. 5 (Art. 9, 11 IPBPR)** 42, 51, 103
Sitzungspolizei, Ordnungsmittel **GVG 177** 24 ff; **GVG 178** 25
Vernehmung durch die Staatsanwaltschaft **161a** 44
weitere Beschwerde, Zulässigkeit **310** 41
Zeuge, Folgen des Ausbleibens **51** 21
Zwangsmaßnahmen bei Zeugnis-/Eidesverweigerung **70** 16

Ordnungsmittel
siehe auch Sitzungspolizei

Ordnungsvorschriften
Hauptverhandlungsprotokoll, Inhalt **273** 18

Ordnungsvorschriften/Sollvorschriften
Revision, Beruhen auf Gesetzesverletzung **337** 15 ff

Ordnungswidrigkeit
Angaben in der Anklageschrift **200** 21a
Annahmeberufung und Rechtsbeschwerde **313** 22, 38 ff, 41 ff
Anwendungsbereich der Strafprozessordnung **EGStPO 3** 6
Auskunftsverweigerungsrecht, Verfolgungsgefahr **55** 8
Begehen in der Verhandlung, Sitzungspolizei **GVG 183** 4

Berufung, Verbot der Verschlechterung bei Geldbuße **331** 48
Einstellung, Wegfall der Strafbarkeit **206b** 12a
Ermittlungsrichter, Untersuchungshandlungen **162** 3, 9, 40
Ermittlungsverfahren, Abschlussentscheidung **170** 14 f
Eröffnung des Hauptverfahrens **203** 17
Eröffnungsbeschluss, rechtliche Würdigung **207** 16 f
Geldbuße gegen jur. Personen/Personenvereinigungen **444** 1 ff
Rechtskraft von Entscheidungen **Einl. J** 101 f
Rechtsmittel, Einlegung durch Inhaftierte **299** 5
Rechtsmitteleinlegung, Bezeichnungsirrtum **300** 13
Staatsanwaltschaft im Ermittlungsverfahren **160** 13
Strafbefehlsverfahren, Ablehnung **408** 19 f
Zeugenvernehmung, Bild- und Tonaufnahmen **Nachtr. 58a** 30
zusammenhängende/selbstständige im Eröffnungsverfahren **204** 10

Ordnungswidrigkeitenverfahren
siehe auch Bußgeldverfahren
Anklagekompetenz der Staatsanwaltschaft **152** 7
Anwendbarkeit der Einstellungsregelungen der §§ 153 ff **153** 16; **153a** 27, 139; **153c** 6; **154** 6; **154d** 3; **154e** 5
Beweisaufnahme, Umfang **244** 171 f
Einstellung bei Nötigung/Erpressung **154c** 3
Entwicklungsgeschichte des Strafverfahrensrechts **Einl. E** 156
Immunität eines Abgeordneten **152a** 9
Informationsübermittlung von Amts wegen **Nachtr. 479** 1
Klagerücknahme, zulässiger Zeitraum **156** 5
Rechtsmittel, kein Verbesserungsverbot **301** 10
Strafverfahren, Verhältnis **Einl. B** 27
Unschuldsvermutung **MRK Art. 6 (Art. 14 IPBPR)** 121
Verfahrensgarantien nach MRK und IPBPR **MRK Art. 6 (Art. 14 IPBPR)** 30
Verhältnis von Rechtsbeschwerde und Berufung **Vor 312** 5 ff
freie Verteidigerwahl des Beschuldigten **137** 56
Wahrung der Erklärungsfrist **Vor 42** 11

Organisationsstatut der Staatsanwaltschaften GVG 142 20 ff

Organleihe
Generalbundesanwalt **GVG 142a** 1

Ortsbesichtigung
Öffentlichkeit der Verhandlung **GVG 169** 15 ff, 26
richterliche Augenscheinseinnahme **86** 24

Parlament
siehe Abgeordnete;
siehe Regierungsmitglieder/oberste Staatsorgane

Partei, politische
Durchsuchung beim Verdächtigen **102** 41
Menschenrechtsbeschwerde **MRK Anhang/Verfahren** 23
Versammlungs- und Vereinigungsfreiheit **MRK Art. 11 (Art. 21, 22 IPBPR)** 6, 9b

Persönlichkeitsrecht, allgemeines (Art. 2 Abs. 1 GG)
Schriftverkehr in Untersuchungshaft **119** 68

Persönlichkeitsrecht, allgemeines (Art. 2 Abs. 1 i. V. m. Art. 1 Abs. 1 GG)
Überwachung, akustische (Lauschangriff) **100c** 8* ff, 16
Unschuldsvermutung **MRK Art. 6 (Art. 14 IPBPR)** 105

Persönlichkeitsrechte
Öffentlichkeit der Verhandlung **GVG 169** 51
Öffentlichkeitsgrundsatz **GVG Vor 169** 12 ff
Sicherstellung/Beschlagnahme **94** 74 ff

Personalien
Vernehmung des Zeugen **68** 3 ff, 13 ff

Personenstandsregister
Urkundenbeweis, Verlesung von Auszügen **249** 23

Petitionsrecht
freie Verteidigerwahl des Beschuldigten **137** 45

Pfändung
Beschlagnahme (Vollstreckungssicherung) **111c** 7

Pflichtverteidiger
Ausschließungsverfahren
– Anwendbarkeit der Ausschließungsregelungen (§§ 138 a – d) **138a** 3 ff
– Bestellen eines neuen Verteidigers **138c** 35
– Bestellen eines provisorischen Verteidigers **138c** 31
Bestellung, Rechte, Pflichten
siehe notwendige Verteidigung
Einschaltung bei Untersuchungshaft **Vor 112** 49
Referendare als Strafverteidiger **139** 5
Stellung im Strafprozess **Vor 137** 66
Verfall der Sicherheit (Haftbefehl) **124** 31
Verhältnis zur Wahlverteidigung **137** 28
Verteidigerwahl des Beschuldigten, freie **MRK Art. 6 (Art. 14 IPBPR)** 201 ff

Pflichtverteidiger, Bestellung im Haftprüfungsverfahren
Abgrenzung zum Fall notwendiger Verteidigung **117** 35 f
allgemein **117** 34 ff; **118a** 17; **122** 21
Antrag **117** 39
Dauer **117** 41
Entbehrlichkeit **117** 42
Sinn der Regelung **117** 37 f
Verfahren **117** 40
Plädoyer
siehe Schlussvortrag
Polizei
siehe Behörden/Beamte des Polizeidienstes
Polizei, Schutzpolizei
Ermittlungsverfahren, Stellung **Vor 158** 28
Polizeirecht
DNA-Analyse, erkennungsdienstliche Maßnahmen **81g** 2
erkennungsdienstliche Maßnahmen (§ 81 b) **81b** 3
Freiheitsentziehung, Rechte bei **MRK Art. 5 (Art. 9, 11 IPBPR)** 21, 57, 75
Rasterfahndung **98a** 40
Verhältnis zum Strafprozessrecht **Einl. L** 32
Postbeschlagnahme
Adressat der Beschlagnahme **100** 9
Antrag auf richterliche Anordnung **100** 7
Anzeigebefugnis bei schweren Straftaten **99** 5
Aufhebung **100** 38
Auskunft statt Beschlagnahme **99** 29
Auskunftsersuchen
– Auskunft **100** 45
– Benachrichtigungspflicht **100** 44
– Bestätigung, richterliche, entsprechend Abs. 2 **100** 43
– Form **100** 42
– Inhalt **100** 42
– Zuständigkeit **100** 41
der Auskunftspflicht unterliegende Gegenstände **99** 30
Auskunftsverlangen **99** 29 ff
Außerkrafttreten der Beschlagnahme der StA **100** 20
Begründung des Beschlusses **100** 10
Bekanntmachung des Beschlusses **100** 13
Benachrichtigung Betroffener
siehe dort
Beschlagnahme, Begriff **99** 17
Beschränkungen, zeitliche und sachliche **100** 12
Beschuldigter, Bezeichnung im Beschluss **100** 8
Bestätigung, gerichtliche (Anordnung der StA) **100** 18
Beweisgegenstände **99** 10
Bußgeldverfahren **99** 11
Durchbrechungen des Grundrechts, weitere **99** 7
Durchführung beim Postunternehmen **100** 23
Durchführung, Ablauf **100** 22
Eigenverantwortung der richterlichen Rechtmäßigkeitsprüfung **100** 7
Einwilligung des Betroffenen **99** 12
Entscheidungsgrundlage **100** 7
Erlöschen **100** 39
Form der richterlichen Anordnung **100** 6
Form der staatsanwaltlichen Anordnung **100** 16
Gefahr im Verzug **100** 5, 15
Gegenstände, auskunftspflichtige **99** 30
Gesetz zu Art. 10 GG von 2001 **99** 6
Gewahrsam des Postunternehmens **99** 22
Herausgabe, freiwillige des Postunternehmens **99** 15
Inhalt der staatsanwaltlichen Anordnung **100** 17
Inhalt des Beschlusses **100** 8 ff
Notwendigkeit einer Regelung **100** 3
Öffnung und Prüfung der Sendungen
– Beschlagnahme beweiserhebliche Sendungen **100** 37
– Prüfung der Beweiserheblichkeit **100** 33
– Übertragung auf die StA, Verfahren **100** 36
– Übertragung auf die Staatsanwaltschaft **100** 29
– Vorlegung durch die StA **100** 32
– Zuständigkeit, richterliche **100** 29
Post- und Fernmeldegeheimnis, Schranken **99** 1
Postgeheimnis nach PostG **99** 2
Postgeheimnis und Anzeigepflicht, § 138 StGB **99** 4
Postsendungen **99** 25
Rechtfertigungsgründe für Eingriff **99** 5
rechtliches Gehör **100** 13
Rechtsschutz (Antrag auf gerichtliche Entscheidung) **100** 49
Rechtsschutz (Beschwerde) **100** 46 ff
Rechtsschutz (Revision) **99** 32; **100** 50
Sendung, Bezeichnung der auszuliefernden **100** 8
Sendungen, an den Beschuldigten gerichtet **99** 26
Sendungen, für Beschuldigten bestimmt **99** 27
Sendungen, vom Beschuldigten herrührend **99** 27
staatsanwaltliche Anordnung **100** 15 ff
kein Straftatenkatalog **99** 21
Systematik des Gesetzes **100** 2

Telegramme **99** 25
Verfahren gegen Beschuldigten **99** 18
Verfahren, zweistufiges **99** 8
Verfahren, Zweistufigkeit **100** 1
Verhältnis zur Sicherstellung allgemein **99** 9
Verhältnismäßigkeit **99** 24
Verwertungsverbot **99** 32; **100** 50
Voraussetzungen allgemein **99** 18 ff
Zuständigkeit allgemein **100** 4

Postgeheimnis
siehe Brief-, Post- und Fernmeldegeheimnis

Präpendenz/Postpendenz
Wahlfeststellung **261** 131

Präsident des Gerichts
Geschäftsverteilungsplan **GVG 21e** 31
Präsidium, Vorsitz **GVG 21a** 7

Präsident des Gerichts, Vertretung
Gegenstand der Vertretung **GVG 21h** 5
der Geschäftsverteilung nicht unterliegende Aufgaben **GVG 21h** 1
der Geschäftsverteilung unterliegende Aufgaben
siehe Präsidium des Gerichts, Vertretung
Gründe für eine Vertretung **GVG 21h** 6
Justizverwaltungsaufgaben, reine **GVG 21h** 2
Verhältnis zu Präsidiumsangelegenheiten **GVG 21h** 4
Vertreter **GVG 21h** 7

Präsident des Landgerichts
Gerichtsstruktur **GVG 59** 2

Präsidenten des EGMR MRK Anhang/Verfahren 5 f

Präsidium des Gerichts
Aufgabenbereich
siehe Geschäftsverteilungsplan
Aufgabenbereich, erweiterter **GVG Vor 21a** 6 ff
Entwicklungsgeschichte und Zusammensetzung **GVG 21a** 2
Errichtung neuer Gerichte **GVG Vor 21a** 11
fehlerhafte Zusammensetzung **GVG 21b** 21
Geltungsbereich, neue Bundesländer **GVG Vor 21a** 10
Geltungsbereich, sachlicher **GVG Vor 21a** 9
gesetzlicher Richter **GVG Vor 21a** 2
Größe **GVG 21a** 4
Präsidien bei allen Gerichten **21a** 1; **GVG Vor 21a** 3
Revision, fehlerhafte Gerichtsbesetzung **338** 20
Selbstverwaltung/Unabhängigkeit **21a** 3; **GVG Vor 21a** 1
Vorsitzender **GVG 21a** 7
Wegfall der paritätischen Besetzung **GVG 21a** 6
Zusammensetzung allgemein **GVG Vor 21a** 4 f

Präsidium des Gerichts, Beschlussfassung
Beschlussfähigkeit **GVG 21i** 2
Beschlussfähigkeit, fehlende **GVG 21i** 4
Beschlussfassung **GVG 21i** 5
Eilmaßnahmen
– analoge Anwendung **GVG 21i** 9
– Anwendungsbereich **GVG 21i** 7
– Entstehungsgeschichte **GVG 21i** 6
– Prüfungszuständigkeit des Präsidenten **GVG 21i** 8
– Vertreter, Personenkreis **GVG 21i** 13
– Vertreterbestellung, Voraussetzungen **GVG 21i** 12
– Vertretungsfall **GVG 21i** 14
– Vorlage an das Präsidium **GVG 21i** 10
– zeitweiliger Vertreter, Bestellung **GVG 21i** 11
Entstehungsgeschichte **GVG 21i** 1

Präsidium des Gerichts, Richteranzahl
Inhalt der Vorschrift **GVG 21d** 1
Planstellenbestimmung **GVG 21d** 7
Steigerung der Planstellenzahl **GVG 21d** 5
Stichtag für Ermittlung der Größe **GVG 21d** 2
Verringerung der Planstellenzahl **GVG 21d** 3

Präsidium des Gerichts, Vertretung
Abordnung an anderes Gericht **GVG 21c** 7
Ausscheiden aus dem Gericht **GVG 21c** 6
Ausscheiden des Präsidenten **GVG 21c** 13
Mitgliedschaft kraft Gesetzes **GVG 21c** 8
Nachrücken durch Los, Nachwahl **GVG 21c** 12
Nächstberufener **GVG 21c** 10 f
Teilnahme des Vertreters **GVG 21c** 4
Verhinderung des Vorsitzenden **GVG 21c** 2
Verhinderung gewählter Mitglieder **GVG 21c** 3
Verhinderung, Begriff **GVG 21c** 1
Wechsel im Präsidium **GVG 21c** 5
Wirkung des Ausscheidens **GVG 21c** 14

Präsidium des Gerichts, Wahl
Anfechtung der Wahl allgemein **GVG 21b** 14
Anfechtung, Zuständigkeit **GVG 21b** 19
Anfechtungsberechtigung **GVG 21b** 16
Anfechtungsentscheidung **GVG 21b** 18
Anfechtungsfrist **GVG 21b** 17
Anfechtungsgrund **GVG 21b** 15
Ausschluss des Wahlrechts **GVG 21b** 2, 5
fehlerhafte Wahl, Auswirkungen **GVG 21b** 20
gewählte Mitglieder **GVG 21b** 9
Pflicht zur Wahl (aktives Wahlrecht) **GVG 21b** 10
Pflicht zur Wahl (passives Wahlrecht) **GVG 21b** 11
Stichtag für Wahlberechtigung **GVG 21b** 3, 6
Stimmabgabe **GVG 21b** 8

Wahlordnung **GVG 21b** 22
Wahlrecht, aktives **GVG 21b** 1
Wahlrecht, passives (Wählbarkeit) **GVG 21b** 4
Wahlverfahren **GVG 21b** 7
Wahlvorschläge **GVG 21b** 12
Präventivhaft
siehe Sicherungshaft (§ 112 a)
Pre-paid-Karte
Telekommunikationsüberwachung **100a** 18
Presse/Rundfunk
siehe Massenmedien
Pressebeschlagnahme
siehe Beschlagnahme von Druckwerken/ Schriften
Presse-/Rundfunkfreiheit, Art. 5 Abs. 1 Satz 2 GG
siehe auch Massenmedien
Beschlagnahme **97** 129 ff; **111m** 1 ff
Meinungsäußerungsfreiheit **MRK Art. 10 (Art. 19 IPBPR)** 10 ff, 21d
privater Lebensbereich, Gewährleistung
Akteneinsicht **MRK Art. 8 (Art. 17 IPBPR)** 10
allgemeines **MRK Art. 8 (Art. 17 IPBPR)** 1 ff
Auskunftsanspruch des Betroffenen **MRK Art. 8 (Art. 17 IPBPR)** 10
Beurteilungsspielraum **MRK Art. 8 (Art. 17 IPBPR)** 9
Bild, Recht am eigenen **MRK Art. 8 (Art. 17 IPBPR)** 8
Bildungsrecht, Erziehungsrecht der Eltern **1. ZP MRK Art. 2 (Art. 18 IPBPR)** 1 ff
Daseinsvorsorge **MRK Art. 8 (Art. 17 IPBPR)** 9
Ehre **MRK Art. 8 (Art. 17 IPBPR)** 41
Erscheinungsformen des Privatlebens **MRK Art. 8 (Art. 17 IPBPR)** 23
Europäische Grundrechte-Charta **MRK Art. 8 (Art. 17 IPBPR)** 2
Europäischer Gerichtshof für Menschenrechte **MRK Art. 8 (Art. 17 IPBPR)** 3a
Familienleben
siehe Familie
Gegenstand des Schutzes **MRK Art. 8 (Art. 17 IPBPR)** 6
Gesundheitsgefährdung MRK Art. 8 (Art. 17 IPBPR) 8
juristische Personen, Personenvereinigungen **MRK Art. 8 (Art. 17 IPBPR)** 6
Kinder, Schutz der Persönlichkeit **MRK Art. 8 (Art. 17 IPBPR)** 5
Korrespondenz
siehe Brief-, Post- und Fernmeldegeheimnis
Menschenrecht auf Privatheit **MRK Art. 8 (Art. 17 IPBPR)** 2 ff
Menschenrechte, Allgemeine Erklärung der **MRK Art. 8 (Art. 17 IPBPR)** 2; **MRK Art. 8 (Art. 17 IPBPR)** 2
Menschenwürde **MRK Art. 8 (Art. 17 IPBPR)** 1
Privatleben, Abgrenzung **MRK Art. 8 (Art. 17 IPBPR)** 27
Privatleben, Anwendungsbereich **MRK Art. 8 (Art. 17 IPBPR)** 23
Privatleben, Begriff **MRK Art. 8 (Art. 17 IPBPR)** 22
Ruf **MRK Art. 8 (Art. 17 IPBPR)** 41
Schutzgut **MRK Art. 8 (Art. 17 IPBPR)** 1
Schutzpflichten, positive **MRK Art. 8 (Art. 17 IPBPR)** 8
sonstige Schutzvorschriften **MRK Art. 8 (Art. 17 IPBPR)** 3
Tragweite der Garantien **MRK Art. 8 (Art. 17 IPBPR)** 6 ff
Überwachung, geheime **MRK Art. 8 (Art. 17 IPBPR)** 7
Verfahrensgarantien **MRK Art. 8 (Art. 17 IPBPR)** 10
Verfassungsrecht, innerstaatliches **MRK Art. 8 (Art. 17 IPBPR)** 5
Verjährungsregelungen **MRK Art. 8 (Art. 17 IPBPR)** 9
Völkerrecht **MRK Art. 8 (Art. 17 IPBPR)** 4
völkerrechtliche Vereinbarungen **MRK Art. 8 (Art. 17 IPBPR)** 4
Wohnung
siehe dort
privater Lebensbereich, Regelung/Eingriff
abschließende Regelung der Zwecke **MRK Art. 8 (Art. 17 IPBPR)** 17
Beurteilungsspielraum bei Eingriffen **MRK Art. 8 (Art. 17 IPBPR)** 21
Festlegung, rechtliche **MRK Art. 8 (Art. 17 IPBPR)** 16
Gesundheitsschutz **MRK Art. 8 (Art. 17 IPBPR)** 18c
Moral, Schutz **MRK Art. 8 (Art. 17 IPBPR)** 18d
Notwendigkeit in der Demokratie **MRK Art. 8 (Art. 17 IPBPR)** 20
Rechte anderer, Schutz **MRK Art. 8 (Art. 17 IPBPR)** 19
Rechtsbindung **MRK Art. 8 (Art. 17 IPBPR)** 11
rechtswidrige Eingriffe, Verbot **MRK Art. 8 (Art. 17 IPBPR)** 13
Schranken der MRK, besondere **MRK Art. 8 (Art. 17 IPBPR)** 16 ff
Sicherheit, Schutz nationaler **MRK Art. 8 (Art. 17 IPBPR)** 18a

Sicherheit, Schutz öffentlicher **MRK Art. 8 (Art. 17 IPBPR)** 18
staatliche Eingriffe **MRK Art. 8 (Art. 17 IPBPR)** 7
Verhältnismäßigkeit **MRK Art. 8 (Art. 17 IPBPR)** 21
Verhütung von Straftaten **MRK Art. 8 (Art. 17 IPBPR)** 18
Voraussetzungen **MRK Art. 8 (Art. 17 IPBPR)** 11 ff
willkürliche Eingriffe, Verbot **MRK Art. 8 (Art. 17 IPBPR)** 14
wirtschaftliches Wohl, Schutz **MRK Art. 8 (Art. 17 IPBPR)** 18b
Zwecke, zulässige **MRK Art. 8 (Art. 17 IPBPR)** 17

Privatklageverfahren (allgemein)
Ablehnung eines Sachverständigen wegen Befangenheit **74** 16
Abwesenheit als absoluter Revisionsgrund **338** 98
Anhangsverfahren allgemein **Vor 374** 11
Anhörung im Beschwerdeverfahren **308** 9
Anklagegrundsatz; Klageerhebung **151** 3, 8
Anklagekompetenz der Staatsanwaltschaft **151** 3; **152** 2, 5, 58
Annahmeberufung, Einlegung **313** 25
Anordnung persönlichen Erscheinens **236** 8
Antrag auf Vereidigung eines Sachverständigen **79** 5
Bedeutung **Vor 374** 4
Beleidigung/Körperverletzung **Vor 374** 13
Berufung, Zustellung des Urteils **316** 11
Berufungsfrist **314** 37
Berufungsverhandlung ohne Angeklagten **329** 53
Berufungsverhandlung, letztes Wort **326** 3
Beschuldigtenbegriff **157** 5
Beschwerdeberechtigung allgemein **304** 50
Beweisaufnahme, Umfang **244** 171
Dolmetscher, kostenlose Beiordnung **MRK Art. 6 (Art. 14 IPBPR)** 237
Einstellung bei Gesetzesänderung, Rechtsschutz **206b** 17
Einstellung des Verfahrens/Prozessvoraussetzung **206a** 33, 71
Einziehung/Verfall, Verzicht **430** 17
Entstehungsgeschichte **Vor 374** 1
Ermittlungsverfahren, Abschlussentscheidung **170** 13 f, 32
Eröffnung bei hinreichendem Tatverdacht **203** 2; **207** 1
Eröffnungsverfahren **Vor 198** 4
Gerichtsstand bei Pressebeleidigungen **7** 23
Immunität eines Abgeordneten **152a** 22, 36
gegen Jugendlichen **374** 47
Klageerhebung
– Bevollmächtigter **381** 6
– Gericht, zuständiges **381** 1
– Klageschrift, Bezugnahmen **381** 3
– Klageschrift, Inhalt **381** 4
– Protokoll der Geschäftsstelle **381** 2
– Sühnebescheinigung **381** 7
Klageerzwingungsverfahren, Ausschluss **172** 21 ff; **174** 7
Klagerücknahme, zulässiger Zeitraum **156** 6
Kosten bei wechselseitiger Beleidigung/Körperverletzung **468** 5
Kosten des Rechtsmittels bei Erfolglosigkeit/Rücknahme **473** 63 ff
Kosten des Verfahrens allgemein **Vor 464** 18, 23
Kostenlast
siehe dort
Mehrfachverteidigung, Verbot **146** 39
Mitteilung der Klage
– Klageerhebung, Mängel **382** 2
– Klageerhebung, vorschriftsmäßige **382** 1
– Mitteilung an Beschuldigten **382** 5
– Privatklage- und Offizialdelikte **382** 4
Nebenklage, Berechtigung **395** 3
notwendige Verteidigung **140** 115, 130
Offizialdelikte, Konkurrenzen
– Befugnisse der Klageberechtigten **374** 23
– Differenzen zwischen StA und Richter **374** 21
– Gesetzeskonkurrenz/Tateinheit **374** 19
– Legalitätsprinzip, Ausnahme **374** 24
– Tatmehrheit mit Privatklagedelikten **374** 17
– Zweifel über das Vorliegen **374** 20
Privatklage und Antragsdelikte **374** 1
Privatklagedelikte
– öffentliches Interesse **376** 1 ff
– Straftatenkatalog **374** 4 ff
– Verhältnis zu Pressevergehen **374** 14
– Verhältnis zu strafbarem Vollrausch **374** 16
Prozesskostenhilfe
siehe dort
Rechtsmittel, Einlegungsbefugnis **296** 1
Rechtsmittel, kein Verbesserungsverbot **301** 10
Rechtsnatur **Vor 374** 5
Rechtsstellung der Staatsanwaltschaft
– Bekanntgabe von Entscheidungen **385** 5
– Pflichten des Privatklägers **385** 2
– Rechte des Privatklägers **385** 3
– Sinn und Zweck der Verweisungsvorschrift **385** 1
Referendare als Strafverteidiger **139** 8
Revision, Prüfung von Gesetzesverletzung **337** 48

Revision, Verfahren bei Verspätung **346** 6
Revision, Verwerfung ohne Hauptverhandlung **349** 15
Revisionsfrist **341** 22
Sicherstellung zur Vollstreckungssicherung **111b** 22
Sicherstellung/Beschlagnahme **94** 21
sofortige Beschwerde im Eröffnungsverfahren **210** 14, 18
Staatsanwaltschaft, Mitwirkung, Ermessen **377** 1
Staatsanwaltschaft, Teilnahmerecht **377** 2
Strafrichter, Zuständigkeit **GVG 25** 2
Straftatenkatalog, Privatklagedelikte **374** 4 ff; **Nachtr. 374** 1
Strafverfahren, Struktur **Einl. F** 13
Übernahme der Verfolgung durch die Staatsanwaltschaft **377** 1 ff
Unschuldsvermutung **MRK Art. 6 (Art. 14 IPBPR)** 143
Untersuchungshaft **Vor 112** 63
Verbindung/Trennung von Verfahren **2** 7, 16
Vereidigung von Zeugen **62** 1 ff
Verhältnis zu den Einstellungsregelungen der §§ 153 ff **153** 11 ff, 30,; **153a** 17 f; **153b** 6; **154** 7 ff; **154a** 5; **154e** 7a
Verlesung des Anklagesatzes in der Hauptverhandlung **243** 59
Verletzter, Begriff **374** 2
freie Verteidigerwahl des Beschuldigten **137** 55
Verteidigerwahl des Beschuldigten, freie **MRK Art. 6 (Art. 14 IPBPR)** 198
freie Verteidigerwahl des Privatklägers **137** 60
Verweisung bei Einstellung durch die StA **171** 13
Voraussetzungen allgemein **374** 3
vorläufige Festnahme **127** 8
Widerklage
siehe dort
Wiederaufnahme des Verfahrens bei Tod **Vor 359** 130
Wiederaufnahme des Verfahrens, Antrag **365** 12
Wiederaufnahme, Zustimmung zu Freispruch **371** 21
Zuständigkeit **Vor 374** 12
Zuständigkeitsänderung/Verweisung **270** 5
Zwangsmittel bei Ausbleiben des Angeklagten **230** 31
Zweck der Regelungen **Vor 374** 3

Privatklageverfahren, Anklageerhebung durch StA bei öffentlichem
Anklage wegen Offizialdelikt **376** 23
Begriff **376** 1
Bejahung **376** 12
besonderes öffentliches Interesse **376** 4
Einstellung des Offizialdelikts (Bagatellsache) **376** 26
Einstellung des Offizialdelikts (Tatverdacht) **376** 24
Entscheidung der Staatsanwaltschaft **376** 8
Ermittlungen der Staatsanwaltschaft **376** 6
Folgen der Bejahung **376** 7
jugendlicher Beschuldigter **376** 29
Nachprüfbarkeit der Entscheidung **376** 15
Nachträgliche Bejahung **376** 22
Strafantrag **376** 5
Verneinung **376** 9
Verneinung nach Eröffnung des Hauptverfahrens **376** 18 ff
Verneinung vor Eröffnung des Hauptverfahrens **376** 16

Privatklageverfahren, Beistand des Privatklägers
Anwendungsbereich **378** 1
Einschränkungen **378** 7
Hauptverfahren
– Anhörungsrecht **387** 6
– Anwesenheitspflicht **387** 7
– Anwesenheitspflichten, weitere **387** 15
– Folgen des Ausbleibens **387** 9 ff
– persönliches Erscheinen, angeordnetes **387** 4
– Vertretungsmöglichkeit **387** 2
persönliches Erscheinen **378** 2
Rechtsanwalt **378** 3
sonstige Personen **378** 6
Verschulden des Anwalts **378** 11
Zustellungen **378** 9

Privatklageverfahren, Berechtigung zur Klageerhebung
Angehöriger **374** 29
Antragsfrist **374** 34
beschuldigter gesetzlicher Vertreter **374** 46
Dienstvorgesetzter **374** 27
geisteskranker Verletzter **374** 40
gesetzlicher Vertreter **374** 31, 43
Interessenverband **374** 28
juristische Person als Verletzter **374** 41, 45
mehrere Klageberechtigte
siehe unten
Minderjähriger Verletzter **374** 39
Privatklage und Strafantrag **375** 3
Prozessfähigkeit des Verletzten **374** 35 ff
Verletzter **374** 2
Voraussetzungen **374** 32

Privatklageverfahren, Einstellungsurteil
Bindung der Staatsanwaltschaft **389** 14 ff
Einstellungsmöglichkeit nach Mitteilung **389** 9

Entscheidung der Staatsanwaltschaft **389** 7 f
Kosten **389** 22
Mitteilung an Staatsanwaltschaft **389** 6
Offizialdelikt, mögliches Vorliegen **389** 5
Prüfungspflicht des Gerichts **389** 1 ff
Rechtskraft des Urteils **389** 13
Rechtsschutz der Parteien **389** 10
Rechtsschutz der Staatsanwaltschaft **389** 12
Sachurteil über Offizialdelikt **389** 21
Tateinheit zwischen Privatklage- und Offizialdelikt **389** 19
Verschlechterungsverbot **389** 11
Verweisungsmöglichkeit, fehlende **389** 20

Privatklageverfahren, Eröffnungsentscheidung
Anwendbarkeit der Vorschriften über Eröffnungsverfahren **383** 1
Beweiserhebung **383** 9
Einstellung wegen Geringfügigkeit
– Anhörung der Beteiligten **383** 26
– Beschluss **383** 27
– Geringfügigkeit, Begriff **383** 23
– Nichteinstellung **383** 30
– öffentliches Interesse **383** 24
– Schuldnachweis **383** 22
– Umfang der Entscheidung **383** 31
– Verfahrensvoraussetzungen **383** 19
– Verhältnis zu allgemeinen Vorschriften **383** 20
– Zuständigkeit **383** 28
– Zustimmungen **383** 25
Eröffnungsbeschluss **383** 12
hinreichender Tatverdacht **383** 8
Rechtsschutz **383** 14 ff
Rechtsschutz gegen Einstellung **383** 32 f
Rechtsschutz gegen Kostenentscheidung **383** 36
Schriftsatzwechsel, weiterer **383** 3
Verfahrensvoraussetzungen, allgemeine **383** 4
Voraussetzungen, besondere förmliche **383** 5
Voraussetzungen, sachliche **383** 6
Widerklage **383** 18
Widerklage, einheitliche Entscheidung **383** 41
Widerklage, gleichzeitige Entscheidung **383** 38
Wiederaufnahme des Verfahrens **383** 43
Zurückweisung der Privatklage **383** 13
Zurückweisung der Privatklage, Folgen **383** 17

Privatklageverfahren, Hauptverfahren
Anwendbarkeit der allgemeinen Vorschriften **384** 1
Beweisaufnahme
– Ablehnungsbeschluss **384** 6
– allgemein **384** 4
– Aufklärungspflicht **384** 5
– Beweiswert des Privatklägers **384** 15
– Klägerbeistand als Zeuge **384** 14
– Ladung von Zeugen, unmittelbare **384** 9
– Nachtragsanklage **384** 17
– Privatkläger als Zeuge **384** 11
– Veränderung des rechtlichen Gesichtspunktes **384** 16
– Verbindung mit Schwurgerichtssache **384** 19
– Vereidigung **384** 10
Ermittlungsmaßnahmen **384** 22
Haftbefehl **384** 20
Ladung von Zeugen/Sachverständigen
– Berufungsverhandlung **386** 5
– Mitteilungspflicht **386** 6
– unmittelbare Ladung, Recht **386** 4
– Zuständigkeit für Beweismittelbeschaffung **386** 1
Maßregeln der Besserung und Sicherung **384** 2
Ordnungsmaßnahmen **384** 23
Rechtsbeistand des Angeklagten
– Beistand **387** 19
– Entbinden von der Erscheinenspflicht **387** 17
– Erscheinenspflicht **387** 16
– Ladung **387** 24
– notwendige Verteidigung **387** 22
– persönliches Erscheinen, angeordnetes **387** 18
– Vorführung, Anordnung **387** 23
Sitzungspolizei **384** 24
Unterbringung **384** 21
Verlesung des Eröffnungsbeschlusses **384** 3
Vertretung durch Beistand **387** 1

Privatklageverfahren, Klagerücknahme
Anklage durch Staatsanwaltschaft **392** 2
Ausbleiben des Klägers in der Berufung **391** 38 ff
bedingte **391** 18
Bekanntmachung dem Beschuldigten **394** 1 f
Einstellung des Verfahrens **391** 10
Erklärung im gerichtlichen Vergleich **391** 14
erneute Klageerhebung durch Privatkläger **392** 1
erneute Klageerhebung nach Unzulässigkeit **392** 3
Nichteinhaltung einer Frist durch Kläger **391** 33 ff
Nichterscheinen des Klägers **391** 30
Rechtsschutz gegen Einstellung **391** 44 f
Rechtsschutz gegen Wiedereinsetzung **391** 46 f
Rücknahme des Strafantrags **391** 1
Teilrücknahme **391** 7
unterstellte Rücknahme **391** 29
Vergleich mit Widerrufsvorbehalt **391** 16
Vergleich, Anforderungen **391** 23

Vergleich, außergerichtlicher **391** 23 ff
vorzeitiges Fortgehen des Klägers **391** 31
Wiedereinsetzung in den vorigen Stand **391** 41
Zeitpunkt **391** 4
Zustimmungserfordernis **391** 8

Privatklageverfahren, mehrere Klageberechtigte
allgemein **375** 1
Beitritt allgemein **375** 7
Beitrittsbeschluss **375** 12
Einstellungsurteil **375** 16
Entscheidungen, sonstige **375** 19
höchstpersönliche Rechtsgüter **375** 6
Sachentscheidung allgemein **375** 13
Sachurteil **375** 15
Tateinheit mit Offizialdelikten **375** 18
Unzulässigkeit der Privatklage **375** 20
Vergleich **375** 17
Widerklage **375** 21
Wiederaufnahme **375** 11
Zurückweisungsbeschluss **375** 14
Zusammentreffen zweier Klagen **375** 8

Privatklageverfahren, Rechtsmittel allgemein
allgemein **390** 1
Berufung, Revision **390** 4
Beschwer (Rechtsschutzbedürfnis) **390** 5
Einstellung wegen Geringfügigkeit **390** 20
Fristbeginn **390** 8
Gebührenvorschuss **390** 18
gesetzlicher Vertreter, Befugnisse **390** 2
Mitwirkung der Staatsanwaltschaft **390** 16
Revisions-/Wiederaufnahmeantrag **390** 14
üble Nachrede (§ 186 StGB) **390** 7
Wiederaufnahme, Besonderheiten **390** 15
Wirkung des Rechtsmittels **390** 6
Zustellungen **390** 17

Privatklageverfahren, Rechtsstellung des Privatklägers
Akteneinsicht **385** 9
Akteneinsicht, Gesetzesänderung **Nachtr. 385** 1
Akteneinsicht, Zweckbindung **Nachtr. 385** 5
Aktenmitgabe **Nachtr. 385** 2
Auskünfte **Nachtr. 385** 3
Befragungsrecht in der Hauptverhandlung **240** 9
Beschränkungen der Strafverfolgung **385** 11
Beteiligung in der Revisionsinstanz **385** 13
Beweisantrag, Stellung in der Hauptverhandlung **244** 96
Ersetzen der Vernehmung durch Protokollverlesung **251** 56
kommissarische Vernehmung, Benachrichtigung **224** 15
Ladungsfrist **385** 8
objektives Verfahren (Einziehung/Verfall) **440** 16, 20 ff, 28
Rechtsmittelbelehrungen **385** 10
Sitzungspolizei, Ordnungsmittel **GVG 177** 13
Wiedereinsetzung in den vorigen Stand **44** 46
Zeugnisfähigkeit **Vor 48** 36
Zustellungen **385** 6

Privatklageverfahren, Sicherheitsleistung
Art und Höhe **379** 10 f
Auslagenvorschuss **279a** 2
Befreiung **379** 9
Fälligkeit des Auslagenvorschusses **379** 4
Frist **379** 12
Gebührenvorschuss **379** 5
– allgemein **379a** 1
– Befreiung **379a** 3
– Fristsetzung **379a** 4 ff
– Fristversäumung **379a** 12
– Rechtsschutz (sofortige Beschwerde) **379a** 17
– Tätigkeit vor Vorschusserbringung **379a** 11
– Wahrung der Frist **379a** 9
– weitere Anwendung der Vorschrift **379a** 18
– Wiedereinsetzung bei Fristversäumnis **379a** 14
Handlungen von Amts wegen **379** 3
Pflichtiger **379** 6
Umfang des Auslagenvorschusses **379** 1
Verhältnis zur Prozesskostenhilfe **379** 13
Verlangen des Beschuldigten **379** 8

Privatklageverfahren, Sühneversuch
Abgrenzung zum Strafantrag **380** 3
erfolgreicher Sühneversuch **380** 49
Gemeindebezirke, Absehen bei verschiedenen **380** 55
Heilung des Fehlens durch Eröffnungsbeschluss **380** 47
jugendlicher Straftäter **380** 57
Klagevoraussetzung **380** 43
mehrere Kläger **380** 45
Nachholen des Sühneversuchs **380** 37
Nachreichen der Sühnebescheinigung **380** 36
Prüfung von Amts wegen **380** 34
Straftaten im Sühnetermin **380** 58
Umfang **380** 1
Vergleich, gerichtlicher **380** 51
Vergleichsbehörde allgemein **380** 4
Vergleichsbehörde, Fehlen **380** 56
Vergleichsbehörden der Länder **380** 8 ff
Wegfall
– Beitritt **380** 52 f
– Strafantrag des Dienstvorgesetzten **380** 54
– Widerklage **380** 53
Wiederholung **380** 39

Privatklageverfahren, Tod des Klägers
allgemein **393** 1
Bekanntmachung dem Beschuldigten **394** 1 f

Fortsetzungsberechtigte **393** 4
Fortsetzungserklärung **393** 6
Fortsetzungsvoraussetzungen **393** 5
Tod des Angeklagten **393** 8
Wiedereinsetzung **393** 7
Wirkung auf das Verfahren **393** 3
Zweck der Regelung **393** 2

Privatklageverfahren, Übernahme der Verfolgung durch die StA
vor Eröffnungsbeschluss **377** 8; **377** 9
Form **377** 7
in der Hauptverhandlung **377** 10
nachträgliche Aufgabe der Verfolgung **377** 27
Nebenkläger **377** 22
öffentliches Interesse an der Strafverfolgung **377** 13
Rechtsmitteleinlegung **377** 11
Übergang in öffentliches Verfahren **377** 19
Übernahmerecht **377** 4 f
Widerklage **377** 26
bei Wiederaufnahme **377** 6
Zweifel über Vorliegen eines Offizialdelikts **377** 14

Privatsphäre
Überwachung, akustische (Lauschangriff) **100c** 8* ff, 16

Privatsphäre, Schutz der (Art. 2 Abs.1, 1 Abs. 1 GG, Art. 8 MRK)
Schriftverkehr in Untersuchungshaft **119** 68
Schweigepflicht, Amtshilfe **96** 51

Probationsverfahren
Wiederaufnahme des Verfahrens **Vor 359** 134 ff

Prognose
Absehen von Vereidigung, Ermessen **61** 21
Aufklärungspflicht, Beweisantipation **244** 46 f
Beweiswürdigung, freie richterliche **261** 11
Datenverarbeitung für künftige Strafverfahren **484** 13
DNA-Analyse, erkennungsdienstliche Maßnahmen **81g** 27 f, 34 ff; **81g** 27 ff
Gefahr bei einstweiliger Unterbringung **126a** 10
Nichtverfolgung unwesentlicher, einzelner Taten **154** 14
Rechtsfolgenerwartung bei Untersuchungshaft **112** 59
Schöffenunfähigkeit **GVG 32** 12
Unschuldsvermutung **MRK Art. 6 (Art. 14 IPBPR)** 149
Wiederaufnahme des Verfahrens, Zulässigkeit **359** 153 ff
Wiederholungsgefahr (§ 112 a) **112a** 36

Propaganda- und Verhetzungsverbot
allgemeines **IPBPR Art. 20 (Nach Art. 10 MRK)** 1 ff
Bedeutung **IPBPR Art. 20 (Nach Art. 10 MRK)** 1
Grundzüge, Inhalt **IPBPR Art. 20 (Nach Art. 10 MRK)** 4 ff
Handlungspflicht der Staaten **IPBPR Art. 20 (Nach Art. 10 MRK)** 1
Krieg, Begriff **IPBPR Art. 20 (Nach Art. 10 MRK)** 4
Kriegspropaganda, Verpflichtung zum Verbot **IPBPR Art. 20 (Nach Art. 10 MRK)** 4
Meinungsfreiheit **IPBPR Art. 20 (Nach Art. 10 MRK)** 2
nationales Recht **IPBPR Art. 20 (Nach Art. 10 MRK)** 3
Rassendiskriminierungs-Übereinkommen **IPBPR Art. 20 (Nach Art. 10 MRK)** 2
Religionsfreiheit **IPBPR Art. 20 (Nach Art. 10 MRK)** 2
Verhältnismäßigkeit **IPBPR Art. 20 (Nach Art. 10 MRK)** 1
Verhetzung, Verbot **IPBPR Art. 20 (Nach Art. 10 MRK)** 5
Verpflichtung zu allg. gesetzl. Verboten **IPBPR Art. 20 (Nach Art. 10 MRK)** 6
völkerrechtliche Verpflichtungen, andere **IPBPR Art. 20 (Nach Art. 10 MRK)** 2

Protokoll
faires Verfahren, Recht auf ein **MRK Art. 6 (Art. 14 IPBPR)** 74a
Geschäftsverteilungsplan **GVG 21e** 74
Regierungsmitglieder/Gesetzgebungsorgane, Vernehmung **49** 6; **50** 13
Schöffenlisten **GVG 45** 17
Vernehmung durch die Staatsanwaltschaft **161a** 22
Vernehmung durch StA und Polizei **163a** 66, 100 ff
Zeuge, Ladung/Befragung durch den Angeklagten **MRK Art. 6 (Art. 14 IPBPR)** 227

Protokoll über die Hauptverhandlung
Abschriften **271** 37
Änderung/Ergänzung, laufende Niederschrift **271** 38
amtsgerichtliches Verfahren, Inhaltsprotokoll
– Anwendungsbereich **273** 31
– Beweiskraft **273** 36
– Form **273** 35
– wesentliche Ergebnisse **273** 34
Anträge **273** 23
Anwendungsbereich **273** 2
Begriff **271** 1
Berichtigung
siehe unten
Beweiskraft, ausschließliche
siehe unten

Einheit, zusammengehörende **271** 9
Einsichtnahme **271** 37
Entscheidungen **273** 26
Fertigstellung **273** 56
Fertigstellung, Vermerk des Tages **271** 28
Form des Datumsvermerks **271** 36
Form, allgemein gebräuchliche Schrift **271** 2
Formalien, äußere
– allgemein **272** 1
– Beweiskraft **272** 3
– Namen der Richter, StA, UdG, Dolmetscher **272** 9
– Namen der übrigen Verfahrensbeteiligten **272** 15
– Öffentlichkeit der Verhandlung **272** 20
– Ort und Tag der Verhandlung **272** 4
– Personen, nicht aufzuführende **272** 21
– Straftat, Bezeichnung **272** 13
fremdsprachige Niederschrift **271** 7
Gang der Hauptverhandlung **273** 3
Nebenklage, Anschlusserklärung **396** 2
Rechtsschutz (Beschwerde) **271** 65; **273** 58
Rechtsschutz (Revision) **271** 71; **273** 59
Revision, Beweis der Gesetzesverletzung **337** 71, 86, 117
Revision, Gang der Hauptverhandlung **351** 9
Revisionsbegründung, Fristbeginn Urteilszustellung **345** 7
Revisionsbegründung, Rüge der Unvollständigkeit **344** 86
Unterschrift, eigenhändige **271** 19
Unterschrift, Verhinderung **271** 23
Unterschrift, Verhinderungsvermerk **271** 27
Urteil, vollständige Aufnahme **275** 20 ff
Urteilsformel (Tenor) **273** 27
Urteilszustellung und Protokoll **273** 55
Verantwortlichkeit der Urkundsperson **271** 13
Verantwortlichkeit des Vorsitzenden **271** 14
Verantwortlichkeit, Meinungsverschiedenheiten **271** 17
Verlesung **271** 8
Verlesung in Berufungsverhandlung **325** 19 ff
Vordrucke, Verwendung **271** 6
Wechsel der Urkundsbeamten **271** 12
wesentliche Förmlichkeiten allgemein
– Anwesenheit **273** 9
– Beachtung **273** 6
– Beweiserhebung **273** 14
– Erklärungen der Beteiligten **273** 13
– Heilung von Verfahrensfehlern **273** 19
– Hinweise/Belehrungen **273** 12
– Öffentlichkeit **273** 8
– Ordnungsvorschriften, Befolgung **273** 18
– Rechtsmittelerklärungen **273** 21
– Sitzungspolizei **273** 20
– Verfahrensgang **273** 11
Wiederherstellung bei Verlust **271** 64
Wortlaut/Vorgang, erheblicher
– Antrag **273** 48
– Protokoll **273** 53
– Rechtsschutz, Anrufung des Gerichts **273** 52
– Verfahrensvorgang, Feststellung **273** 39
– Wortlaut einer Erklärung **273** 42
Zweck der Regelung **273** 1
Protokoll über Untersuchungshandlung (richterliche)
Akteneinsichtsrecht **168a** 28
allgemeines **168a** 1
allgemeines zu den §§ 168 bis 168e **168** 1
Anwendungsbereich der Vorschriften **168** 6
Aufnahme des Protokolls **168a** 3
bei Augenscheinseinnahme **168a** 17
Bedeutung der Regelung **168a** 1
Berichtigung **168a** 52
Beweiskraft **168a** 53
Beweiskraft bei Übertragungsfehlern **168a** 55
Beweiswert **168a** 25, 53, 56
Datumsangabe **168a** 7
fehlende Protokollierung **168** 23 ff
Förmlichkeiten, wesentliche **168a** 10
bei Gegenüberstellung **168a** 18
Geltungsbereich **168a** 2
Genehmigung der Beteiligten **168a** 33
Genehmigung der vorläufigen Aufzeichnung **168a** 38
Genehmigung, Bedeutung **168a** 31
Genehmigung, Verzicht **168a** 39
Genehmigungsverfahren **168a** 35
Inhalt **168a** 7 ff
Inhalt, sachlicher **168a** 13
Kurzschrift **168a** 21
Mängel **168a** 56
Namensangabe **168a** 9
Ortsangabe **168a** 7
Protokollführer
– Absehen von Zuziehung **168** 19
– Absehen von Zuziehung, Bedeutung **168** 19
– Absehen von Zuziehung, Voraussetzungen **168** 20
– dringende Fälle **168** 14
– Ersatzperson **168** 15
– Mängel, revisible **168** 25
– Umfang der Mitwirkung **168** 12
– Urkundsbeamter der Geschäftsstelle **168** 13
– Vereidigung von Hilfspersonen **168** 17
– Zuziehung, Grundsatz **168** 11
Protokollierung der Genehmigung **168a** 40
Protokollierung ohne Protokollführer **168** 22
Rechtsschutz (Revision) **168a** 61

Revision **168** 24
Tonaufzeichnungen **168a** 21 ff, 48
Überblick über Protokollierungsvorschriften **168** 4
Untersuchungshandlungen, richterliche **168** 9
Unterzeichnung
– Bedeutung **168a** 41
– Fallgruppen **168a** 41
– Protokollführer **168a** 45
– Richter alleine **168a** 48
– bei Verhinderung, dauerhafter **168a** 51
Urkundsbeamter der Geschäftsstelle **168a** 2
Vereidigung außerhalb der Hauptverhandlung **66a** 1
bei Vernehmungen **168a** 14
Verwertbarkeit bei Mängeln/Fehlen **168** 23
bei Videoaufzeichnungen nach § 58a **168a** 18a
vorläufige Aufzeichnung
– allgemeines **168a** 19
– Formen **168a** 21
– Herstellung des Protokolls **168a** 25
– Kurzschrift **168a** 21
– Verlust **168a** 30
– weitere Behandlung **168a** 27
Zeugenschutz **168a** 9a

Protokoll, ausschließliche Beweiskraft
Auslegung des Protokolls **274** 4
Ausschließlichkeit **274** 21
Beeidigung der Schöffen **274** 17
Berichtigung des Protokolls **274** 27
Fälschung **274** 28
Förmlichkeiten der Hauptverhandlung **274** 10
offensichtliche Lücken **274** 23
positive/negative **274** 18
Strafverfahren, anhängiges **274** 8
übergeordnetes Gericht **274** 8
Voraussetzungen **274** 3
Vorgänge in der Hauptverhandlung **274** 15
Widersprüche, sonstige Mängel **274** 26
Zweck der Regelung **274** 1

Protokoll, Berichtigung
Ablehnung des Antrags **271** 53
von Amts wegen **271** 46
auf Antrag **271** 46
Begriff **271** 42
Beweiskraft des Protokolls **271** 62
Form **271** 51
Übereinstimmung von Richter und Protokollführer **271** 47
Umfang **271** 43
Wirkung für Revisionsführer **271** 60
Wirkung für/gegen alle Beteiligten **271** 54
Wirkung, Ausnahmen für Rechtsmittelgericht **271** 55
zeitliche Grenzen **271** 44

Protokoll, wesentliche Förmlichkeiten
Änderung des rechtlichen Gesichtspunktes **265** 74, 85
Anhörungen während der Beweisaufnahme **257** 23
Anwesenheit in der Hauptverhandlung **226** 19
Berufen des Zeugen auf früheren Eid **67** 19
Berufung, Verlesung einer Aussage **325** 28
Berufungsverhandlung, Schlussvorträge **326** 5
Beweis von Öffentlichkeitsverletzungen **GVG 169** 67
Beweisanträge/Beweiserhebung, Hauptverhandlung **244** 174
Beweismittel, sächliches **245** 22
Beweisverwertung bei Ausschließung des Richters **22** 53
Dolmetscher, Hinzuziehung/Übersetzung **GVG 185** 22 f
Dolmetscher, Vereidigung **GVG 189** 10
Eidesverweigerungsrecht des Angehörigen **63** 7
Entscheidung über Verhandlungsleitung des Vorsitzenden **238** 37
Entscheidungen, gerichtliche **33** 13
Ersetzen der Vernehmung durch Protokollverlesung **251** 93
Grund für unterbliebene Vereidigung **64** 5
Hauptverhandlung ohne Angeklagten **232** 39; **233** 36
Hauptverhandlung, Beginn/Angeklagtenvernehmung **243** 101
Kreuzverhör von Zeugen/Sachverständigen **239** 11
Maßnahmen der Sitzungspolizei **GVG 176** 42
Öffentlichkeit der Urteilsverkündung **GVG 173** 3
Öffentlichkeit, Ausschlussverhandlung **GVG 174** 7, 16
präsente Beweismittel **245** 45, 80
Schlussvortrag (Plädoyer) **258** 52
Sitzungspolizei, Ordnungsmittelbeschluss **GVG 178** 41
Sitzungspolizei, Ordnungsmittelvollstreckung **GVG 182** 1 ff
teilweises Fernbleiben eines Mitangeklagten **231c** 20
Unterbrechung der Hauptverhandlung **229** 43
Urkundenbeweis, Verlesung **249** 49 ff, 88 f
Urteilsverkündung **268** 26
Vereidigung eines Zeugen **59** 19
Verlesung des Anklagesatzes in der Hauptverhandlung **243** 63
Vernehmung des Zeugen **68** 22
Vernehmung des Zeugen zur Sache **69** 13
Vernehmungsprotokoll, Verlesung zur Gedächtnisunterstützung **253** 23

Protokollführer
Abwesenheit als absoluter Revisionsgrund **338** 102
Anwesenheit bei Augenscheinseinnahme **86** 43
Berufung, Sitzungsniederschrift **324** 28
Hauptverhandlungsprotokoll, Namensangabe **272** 11
Leichenschau/-öffnung, Anwesenheit **87** 15, 29
Rechtsmittelverzicht, Entgegennahme **302** 17 f
Sitzungspolizei, Unanwendbarkeit von Ordnungsmitteln **GVG 177** 10
Teilnahme an erster Vernehmung (Ermittlungsrichter) **136** 45
Protokollverlesung bei Zeugnisverweigerung (Hauptverhandlung)
Abgrenzung anderer Äußerungen **252** 30
äußeres Erscheinungsbild, Verwertung **252** 35
Äußerungen gegenüber Sachverständigen **252** 31
Anwendungsbereich **252** 1
Ausnahme bei richterlicher Vernehmung **252** 5
Aussagen in der Hauptverhandlung **252** 38
Ausübung des Zeugnisverweigerungsrecht **252** 11
Beweiserhebungs-/Beweisverwertungsverbote **252** 3
Dispositionsbefugnis der Beteiligten **252** 41
Erklärungen außerhalb einer Vernehmung **252** 29
Fernwirkung des Verwertungsverbots **252** 40
Protokollierung **252** 42
Rechtsschutz (Revision) **252** 43 ff
Untersuchungsverweigerungsrecht **252** 36
Vernehmung des vernehmenden Richters
– Ausnahme vom Verbot **252** 18
– Aussage in einem anderen Verfahren **252** 21
– Beachtung der Verfahrensvorschriften **252** 22
– Prüfung von Amts wegen **252** 23
Vernehmung nichtrichterlicher Verhörsperson **252** 17
Vernehmung vor der Hauptverhandlung **252** 9
Verwertbarkeit von Beweisstücken **252** 28
Vorhalt bei Vernehmung des verhörenden Richters **252** 26
Vorhalt des Vernehmungsprotokolls **252** 24
Zeugnisverweigerung vor der Hauptverhandlung **252** 15
Protokollverlesung zur Ersetzung der Vernehmung
Anordnung durch Gerichtsbeschluss **251** 79
Aufenthalt, unbekannter **251** 34
Aufklärungspflicht des Gerichts **251** 2
Ausführung **251** 83
Auslandsvernehmung
– Anwendbarkeit deutschen Verfahrensrechts **251** 26
– Beweiswert **251** 27
– durch Konsularbeamte **251** 30
– Leitgedanke **251** 22
– Rechtsänderung **251** 29
– Übersetzung **251** 28
Ausnahme vom Vorrang des Personalbeweises **251** 1
Begründung des Beschlusses **251** 80
beschleunigtes Verfahren **420** 5 ff, 26 ff
Einverständnis der Beteiligten **251** 42
Einverständnis, Begriff/Umfang **251** 45
Einverständnis, Hinderungsgründe **251** 49
Einverständnis, Wirkung **251** 49
enge Auslegung der Ausnahmevorschrift **251** 3
Geisteskrankheit der Beweisperson **251** 33
Hindernisse in der Person des zu Verhörenden **251** 36
Krankheit, Verhinderung, etc. der Beweisperson **251** 37
nachträgliche Veränderung **251** 84
NATO-Truppenstatut **251** 4
nichtrichterliche Vernehmungen
– allgemein **251** 50
– Auskunftsperson, Nichtverfügbarkeit **251** 60
– Beweisverbote **251** 70
– Beweiswert **251** 68
– Bild-Ton-Aufzeichnung **251** 66
– Einverständnis der Beteiligten **251** 56
– ergänzende Vernehmung **251** 71
– Nichtverfügbarkeit in absehbarer Zeit **251** 62
– Strafverteidiger, Teilnahme **251** 53
– Urkunden, sonstige **251** 66
– Vernehmungsniederschrift **251** 64
Protokollierung **251** 93
Rechtsschutz (Beschwerde) **251** 94
Rechtsschutz (Revision) **251** 95 ff
Strafbefehlsverfahren nach Einspruch **411** 22
Tod der Beweisperson **251** 32
Unmöglichkeit der Vernehmung allgemein **251** 31
Unterscheidung nach richterlicher/sonstiger Vernehmung **251** 6
Unzumutbarkeit des Erscheinens **251** 41
Vereidigung, Feststellung **251** 86
Vereidigung, Nachholen **251** 89
Verfahren mit vereinfachter Beweiserhebung **251** 5
Verhältnis von Einverständnis und Aufklärungspflicht **251** 44

Verhältnis von Einverständnis und Verhinderungsgründen **251** 43
Vernehmung, frühere richterliche (Begriff) **251** 7 ff
Vernehmungsprotokoll, Anforderungen
– Beachtung der Vernehmungsvorschriften **251** 12
– Belehrungen **251** 14
– Benachrichtigung/Anwesenheit Dritter **251** 16
– Mängel, wesentliche **251** 11
– Mindesterfordernisse **251** 10
– Personalien **251** 13
– Zeitpunkt **251** 17
Vorrang persönlicher Vernehmung *siehe bei Urkundenbeweis*
Zulässigkeit im Freibeweisrecht
– Anwendungsbereich **251** 72
– nicht unmittelbare Urteilsfindung **251** 74
– Schriften, Umfang **251** 77
– Vorbereitung einer Vernehmungsentscheidung **251** 76
– Zuständigkeit des Vorsitzenden **251** 78

Prozessfähigkeit
Einziehungs-/Verfallsbeteiligter, Befugnisse **433** 21 ff
Menschenrechtsbeschwerde (EGMR) **MRK Anhang/Verfahren** 24
Privatklageberechtigung **374** 35 ff

Prozessgegenstand
Bedeutung des Tatbegriffs **Einl. J** 57
im Ermittlungsverfahren **Einl. J** 68
Funktionen des Tatbegriffs **Einl. J** 57 ff
Inhalt des prozessualen Tatbegriffs **Einl. J** 69 ff
mehrere in einem Verfahren **Einl. J** 67
prozessuale Behandlung der Tat **Einl. J** 63
Tatbegriff, einheitlicher **Einl. J** 62
Tateinheit, Tatmehrheit (materielles Recht) **Einl. J** 72

Prozesshandlung
Bedeutung **Einl. J** 5
Bedingungen **Einl. J** 23, 27
Begriff **Einl. J** 9
Beseitigung der Wirkung **Einl. J** 23, 26
Bewertungskategorien **Einl. J** 16
doppelfunktionelle **Einl. J** 15
Einlegung/Beschränkung der Berufung **313** 7
Einteilung, Übersicht **Einl. J** 11
Erwirkungs- und Bewirkungshandlungen **Einl. J** 13
Justizverwaltungsakt, Rechtsschutz **EGGVG 23** 52 ff
Missbrauch durch Private **Einl. J** 39
Missbrauch durch Strafverfolgungsorgane **Einl. J** 41
Missbrauch, Verwirkung allgemein **Einl. J** 34
prozessuale Überholung **Einl. J** 21
Rücknahme **Einl. J** 23 f
Verwirkung **Einl. J** 42
Verzicht **Einl. J** 23 f
Widerruf **Einl. J** 23 f
Willensmängel (Irrtum, Täuschung, Drohung) **Einl. J** 30 ff
Wirksamkeitsvoraussetzungen **Einl. J** 16 f
Zulässigkeit und Begründetheit **Einl. J** 19

Prozesskostenhilfe
Adhäsionsverfahren **404** 23 ff
Europäischer Gerichtshof für Menschenrechte **MRK Anhang/Verfahren** 19
Justizverwaltungsakt, Rechtsschutz **EGGVG 29** 10
Klageerzwingungsverfahren **172** 163 ff
Kosten des Verfahrens **464a** 7
Nebenklage **397a** 8 ff
Rechtsbeistand für Nebenklagebefugte **406g** 18 ff
Rechtsschutzgarantie **MRK Art. 6 (Art. 14 IPBPR)** 44

Prozesskostenhilfe für Privatkläger
Antragstellung **379** 23
Beschluss **379** 26
Glaubhaftmachung **379** 25
Rechtsschutz der Staatskasse **379** 33
Rechtsschutz des Beschuldigten **379** 30
Rechtsschutz des Privatklägers **379** 31
Umfang der Hilfe **379** 27
Verfahren allgemein **379** 20
Voraussetzungen **379** 14
Widerklage **379** 34
Wirkung **379** 18

Prozessmaximen
allgemein **Einl. H** 1
Amtsaufklärungsgrundsatz (Instruktionsmaxime) **Einl. H** 32 ff
Anklagegrundsatz **Einl. H** 10 ff
Beweisverwertung bei Verstößen **Einl. K** 56 ff
Einteilung **Einl. H** 4
faires Verfahren
– Adressaten **Einl. H** 110
– Bedeutung **Einl. H** 99
– Begünstigte **Einl. H** 109
– Folgen des Verstoßes **Einl. H** 112
– Grenzen, Einschränkungen **Einl. H** 108
– Inhalt **Einl. H** 105
faires Verfahren, Recht auf ein **MRK Art. 6 (Art. 14 IPBPR)** 65
freie Beweiswürdigung **Einl. H** 41 ff
Fürsorgepflicht **Einl. H** 120 ff
Funktionen **Einl. H** 2
Geltungsgrund **Einl. H** 3

In-dubio-pro-reo-Grundsatz **Einl. H** 45 ff
Konzentrationsmaxime (Beschleunigungsgrundsatz) **Einl. H** 50, 64
Legalitätsprinzip **Einl. H** 20 ff
Mündlichkeitsgrundsatz **Einl. H** 50, 55
Öffentlichkeitsgrundsatz **Einl. H** 50, 66
Offizialprinzip und Anklagemonopol der StA **Einl. H** 15
rechtliches Gehör
– Bedeutung, Grundlagen **Einl. H** 71
– Berechtigte **Einl. H** 78
– Einschränkungen **Einl. H** 77
– Folgen der Verletzung **Einl. H** 88
– Form und Zeitpunkt des Gewährens **Einl. H** 86
– Geltungsbereich **Einl. H** 76
– gesetzliche Ausprägung **Einl. H** 73
– Inhalt, Gegenstand **Einl. H** 80
Reichweite bezüglich der Gegenmaximen **Einl. H** 7
Reichweite bezüglich einzelner Verfahrensabschnitte **Einl. H** 8
Unmittelbarkeitsgrundsatz **Einl. H** 50, 60
Verfahrensgarantien nach MRK und IPBPR *siehe dort*
verfassungsrechtliche Besonderheiten **Einl. H** 67
Verhältnismäßigkeitsgrundsatz **Einl. H** 92 ff
Waffengleichheit **Einl. H** 115

Prozesssubjekt, Begriff Einl. I 1 ff

Prozessvoraussetzung
siehe auch Verfahrenshindernis
Abwesenheit des Beschuldigten **206a** 35
Amnestie **206a** 44
Angaben in der Anklageschrift **200** 30
ausländische Entscheidungen **206a** 46 ff
auslieferungsrechtliche Beschränkungen **206a** 48
Bedeutung, Entwicklungsgeschichte **Einl. J** 43
Begriff, Fehlen im Verfahren *siehe Verfahrenshindernis*
Begriff, Funktion, Bedeutung **206a** 23
Begriff, Wesen, Einteilung **Einl. J** 45
Behandlung im Verfahrensgang **Einl. J** 49; **206a** 26 f
beschleunigtes Verfahren **417** 1 ff
diplomatische Immunität **206a** 40
Einstellungen nach den §§ 153 ff **206** 46d
einzelne **Einl. J** 48
einzelne Voraussetzungen allgemein **206a** 32
Eröffnung des Hauptverfahrens **203** 16
Erscheinungsformen **206a** 25
Erweiterung **Einl. J** 53 ff
Gerichtsbarkeit, Bestehen deutscher **206a** 38
inhaltliche Bestimmung **206a** 24
Klage, Eröffnungsbeschluss u.ä. **206a** 47
NATO-Vertragsstaaten, Angehörigen **206a** 39
öffentliches Interesse an der Strafverfolgung **206a** 45b
parlamentarische Immunität **206a** 41
Rechtshängigkeit, anderweitige **206a** 46 ff
Revision, Prüfung von Gesetzesverletzung **337** 29 ff
Strafantrag, Ermächtigung, Strafverlangen **206a** 45 f
Strafklageverbrauch **206a** 46 ff
Strafmündigkeit des Beschuldigten **206a** 33
Tod des Beschuldigten **206a** 36
Tod des Beschuldigten, nahe bevorstehender **206a** 37
Unverhältnismäßigkeit **Einl. J** 56
Verfahrenshindernisse, Entwicklung **Einl. J** 53 ff
Verhandlungsfähigkeit des Beschuldigten **206a** 34
Verjährung **206a** 42 f
Wiederaufnahme des Verfahrens **Vor 359** 105 ff
zeitliche Geltung **206a** 27
Zollzuschlag nach dem ZollVG **206a** 46d
Zuständigkeit, sachlich/örtlich **206a** 49 ff
Zuständigkeiten, besondere **206a** 52
Zweifelsfälle, Behandlung **206a** 28

Prügelstrafe
Folter, Verbot der **MRK Art. 3 (Art. 7 IPBPR)** 31

psychiatrisches Krankenhaus
Aufhebung von Ersatzmaßnahmen (Untersuchungshaft) **123** 16
Berufung, Verbot der Verschlechterung **331** 31, 88
Beschränkung der Berufung **318** 104
einstweilige Unterbringung **126a** 14
Freiheitsentziehung, Rechte bei **MRK Art. 5 (Art. 9, 11 IPBPR)** 42, 47, 81, 89, 124b
Justizverwaltungsakt, Rechtsschutz **EGGVG 23** 65
Revisionsbegründung, Beschränkung **344** 51 ff
Sachverständigenbegutachtung bei Unterbringung **246a** 1 ff
Sicherungsverfahren *siehe dort*
Unterbringung zur Begutachtung **81** 29
Vollstreckung von Maßregeln **463** 23, 26

Psychotherapeut
Beschlagnahmeverbot **97** 118 ff
Zeugnisverweigerungsrecht, berufliche Gründe **Nachtr. 53** 1

psychotherapeutische Behandlung
Nichtverfolgung gegen Auflagen/Weisungen, vorläufige **153a** 77

Querulant
Einstellung des Ermittlungsverfahrens, Mitteilung **171** 9
Menschenrechtsbeschwerde (EGMR) **MRK Anhang/Verfahren** 52

RANotz.Prüf-Gesetz
Schöffenungeeignetheit **GVG 33** 9 ff
Rassendiskriminierungs-Übereinkommen
Diskriminierungsverbot **MRK Art. 14 (Art. 2, 3, 16, 24 ff IPBPR)** 6b
Eigentumsschutz **1. ZP MRK Art. 1** 2
Menschenrechtsbeschwerde **MRK Anhang/Verfahren** 98 ff
Menschenrechtsschutz, internationaler **MRK Einf. (Einf. IPBPR)** 10
Versammlungs- und Vereinigungsfreiheit **MRK Art. 11 (Art. 21, 22 IPBPR)** 4
Rasterfahndung
Abgabenordnung, verwandte Regelung **98a** 42
allgemein **98a** 1
Anhörung der Beteiligten **98b** 9
Anordnung durch den Richter **98b** 2
Anordnung durch die Staatsanwaltschaft **98b** 4
Anordnungsverbote **98b** 17
Anwendungsbereich **98a** 3 ff
Aussonderung der (fremden) Daten **98a** 32
Aussonderungspflicht **98b** 16
Bandenmitglieder **98a** 24
Bedeutung, erhebliche **98a** 27
Begriff **98a** 2
Begründung der Anordnung **98b** 14
Benachrichtigungspflichten **98b** 25
beschlagnahmte Datenträger, Abgrenzung **98a** 45
Betäubungsmitteldelikte **98a** 17
Daten, Angabe der benötigten **98b** 12
Daten, fremde **98a** 4
Daten, nicht benötigte **98b** 13
Daten, personenbezogene **98a** 3
Datenabgleich, maschineller **98a** 5
Datentransfer mit Polizei **98b** 24a ff
DNA-Reihenuntersuchung **98a** 43
Eilzuständigkeit, Ausnahmen von der **98b** 7
Eilzuständigkeit, richterliche Bestätigung **98b** 6
Ermittlung der Polizei, verdeckte **163** 52
europäische Vorschriften **98a** 48
Form und Inhalt der Anordnung **98b** 8
Funktionsweise **98a** 8
Gefahr im Verzug **98b** 5
Gefahr im Verzug, Begründung **98b** 15
Geld- oder Wertzeichenfälschung **98a** 17
Geltungsdauer der Anordnung **98b** 20
gemeingefährliche Straftaten **98a** 19
Gesetz zu Art. 10 GG, verwandte Regelung **98a** 44
Gewahrsamsinhabers, Angabe des **98b** 11
gewerbs- oder gewohnheitsmäßig **98a** 21
Grundrechtseingriff **98a** 12
internationale Vorschriften **98a** 48
Internet, Ermittlungen im **98a** 46
Kostenerstattung **98a** 35
Leib oder Leben, Straftaten gegen **98a** 20
Löschung von Daten **98b** 23
maschineller Datenabgleich **98a** 5
Mitwirkungspflicht der datenführenden Stelle **98a** 32 ff
Ordnungs- und Zwangsmittel **98a** 36; **98b** 21
organisiert, in anderer Weise **98a** 24
persönliche Freiheit, Straftaten gegen **98a** 20
polizei- und justizinterner Datenabgleich *siehe Datenabgleich*
Polizeigesetze, verwandte Regelung **98a** 40
präventiv-polizeiliche Erkenntnisse **98b** 24a
Rechtsschutz (Beschwerde) **98a** 38; **98b** 30
Rechtsschutz (Revision) **98a** 39; **98b** 34
Rückgabe von Datenträgern **98b** 22
Schriftform der Anordnung **98b** 10
sexuelle Selbstbestimmung, Straftaten gegen **98a** 20
StA, Ausnahmen von der Eilzuständigkeit **98b** 7
Staatsschutz **98a** 18
strafprozessuale Erkenntnisse für präventive Zwecke **98b** 24e
Straftatenkatalog **98a** 16
Subsidiaritätsgrundsatz **98a** 29
Tatverdacht **98a** 28
Übermittlung der (fremden) Daten **98a** 32
Übermittlung nicht benötigter Daten **98a** 33
unbeschadet §§ 94, 110, 161 **98a** 4
Unterstützungspflicht **98a** 34; **98b** 16
Verantwortungsbereich der Strafverfolgungsbehörden **98a** 6
Verfahrensregelung allgemein **98b** 1
Verhältnismäßigkeit **98a** 31
Verwendung, anderweitige **98b** 24
Verwertungsverbote **98a** 37; **98b** 29
Voraussetzungen allgemein **98a** 15
Waffendelikte **98a** 17
Ziel des Einsatzes **98a** 7
Ratifizierung
Geltung von MRK und IPBPR **MRK Einf. (Einf. IPBPR)** 38 ff
Internationaler Pakt über bürgerliche und politische Rechte **IPBPR Einf.** 32, 35
Menschenrechtskonvention **MRK Einf.** 14, 29

Rechtsmittel gegen Verurteilung, Recht auf **IPBPR Art. 14 (Art. 6 MRK)** 262
Rückwirkungsverbot von Strafgesetzen **MRK Art. 7 (Art. 15 IPBPR)** 4

rechtliches Gehör, Grundsatz
siehe auch Anhörung der Beteiligten, gerichtliche;
siehe auch Grundrechte
Abhilfeverfahren im Beschwerdeverfahren **306** 12 ff
Änderung des rechtlichen Gesichtspunktes **265** 4 f
Anhörung im Beschwerdeverfahren **308** 2 ff, 23
Anhörungen während der Beweisaufnahme **257** 1
Annahmeberufung **313** 53 ff
Aufklärungspflicht, Beweisaufnahme **244** 54
Auskünfte/Akteneinsicht, Zuständigkeit **478** 7
Auskunft über Telekommunikationsverbindung **100h** 17
Beiordnung eines Zeugenbeistandes **Nachtr. 68b** 28
Beschwerde, Nachverfahren zur Anhörung **311a** 3
Bundesgerichtshof, Vorlageverfahren **GVG 132** 29
Einziehungs-/Verfallsverfahren **431** 80 ff; **432** 2 ff
Entfernen des Angeklagten bei Vernehmungen **247** 2
Erlass eines Haftbefehls **114** 25 ff
Eröffnungsbeschluss, Änderung, Rücknahme **207** 35
Ersatzfreiheitsstrafe, Vollstreckung **459e** 5
faires Verfahren, Recht auf ein **MRK Art. 6 (Art. 14 IPBPR)** 64b
Freiheitsentziehung, Rechte bei **MRK Art. 5 (Art. 9, 11 IPBPR)** 124 f
Gerichtsentscheidung bei Strafvollstreckungsmaßnahmen **462** 4 ff
Kontaktsperre für Gefangene **EGGVG 34** 9
Menschenrechtsbeschwerde (EGMR) **MRK Anhang/Verfahren** 38
Mobilfunkendgerät, Überwachung **100i** 24
Postbeschlagnahme **100** 13
Prozessmaxime **Einl. H** 71 ff
Telekommunikationsüberwachung **100b** 17
Urkundenbeweis, Selbstleseverfahren **249** 57
Verwirklichung in der Hauptverhandlung **Vor 226** 14

Rechtsanwalt
siehe auch Beistand;
siehe auch Strafverteidiger
Adhäsionsverfahren **404** 13
Akteneinsicht/Auskünfte für Privatpersonen **475** 4, 12
Akteneinsicht/Vertretung des Verletzten **406e** 4; **406f** 1 ff
Beiordnung eines Zeugenbeistandes **Nachtr. 68b** 1 ff
Einziehungs-/Verfallsverfahren, Beiordnung **434** 6 ff
Einziehungs-/Verfallsverfahren, Vertretung **434** 1 ff
Europäischer Gerichtshof für Menschenrechte **MRK Anhang/Verfahren** 19
europäischer, freie Verteidigerwahl **138** 3a f, 7 ff
notwendige Auslagen
siehe auch Kosten des Verfahrens
Rechtsbeistand für Nebenklagebefugte **406g** 4
Rechtsbeistand im Privatklageverfahren **387** 1 ff
Schöffenungeeignetheit **GVG 34** 10
Zeugnisverweigerungsrecht, berufliche Gründe **53** 30 ff; **53a** 5

Rechtsanwalt, Beiordnung (Zeugenvernehmung)
Akteneinsicht **Nachtr. 68b** 23
Antrag, Berechtigte **Nachtr. 68b** 15
Antragsvoraussetzungen **Nachtr. 68b** 17
Anwendungsbereich **Nachtr. 68b** 4
Anwesenheitspflicht des Beistandes **Nachtr. 68b** 21
Bedeutung der Vorschrift **Nachtr. 68b** 1
Befugnisse und Stellung des Beistandes **Nachtr. 68b** 21
Beiordnung **Nachtr. 68b** 26
Entscheidung, Form und Inhalt **Nachtr. 68b** 30
Entstehungsgeschichte **Nachtr. 68b** 2
Gebühren, Kostenlast **Nachtr. 68b** 32
kein anderweitiger Beistand **Nachtr. 68b** 7
rechtliches Gehör **Nachtr. 68b** 28
Rechtsschutz (Beschwerde) **Nachtr. 68b** 33
Rechtsschutz (Revision) **Nachtr. 68b** 34
Staatsanwaltschaft, Zustimmung **Nachtr. 68b** 14, 16
Struktur der Regelung **Nachtr. 68b** 3
Subsidiarität **Nachtr. 68b** 11
Terminsmitteilungen **Nachtr. 68b** 21
Umfang und Dauer **Nachtr. 68b** 19
Unterstützungsbedürftigkeit **Nachtr. 68b** 9
Voraussetzungen allgemein **Nachtr. 68b** 6
Zuständigkeit **Nachtr. 68b** 24

Rechtsanwaltskammer
Mitteilung über Ausschließungsverfahren **138c** 18
Zeugnisverweigerungsrecht, berufliche Gründe **53a** 5; **Nachtr. 53** 2 ff

Rechtsanwendung, Methode der
Analogie, Abgrenzung zur extensiven Auslegung **Einl. L** 42
Analogie, Begriff **Einl. L** 41
Analogie, zulasten/zugunsten des Beschuldigten **Einl. L** 43
Analogieverbot im Prozessrecht **Einl. L** 47
Anwendung, Subsumtion **Einl. L** 68
Ausblick/erweiterter Methodenbegriff **Einl. L** 75
Auslegung, materiell-rechtliche Kriterien **Einl. L** 34
Auslegung, verfahrensrechtliche Kriterien **Einl. L** 35 ff
dienende Funktion des Prozessrechts **Einl. L** 4
dominierende Funktion des Verfahrensrechts **Einl. L** 6
Ermittlungsverfahren **Einl. L** 73
Erscheinungsformen der Gesetzesfunktionen **Einl. L** 7
Gleichrangigkeit mit dem materiellen Recht **Einl. L** 5
Gleichwertigkeit der Eingriffsbefugnisse **Einl. L** 12
Hauptverfahren **Einl. L** 72
In-dubio-pro-reo-Grundsatz **Einl. L** 59
Kriminal-Justiz-System **Einl. L** 29
materielles Verzahnung von Straf- und Strafprozessrecht **Einl. L** 2 f
Rückwirkungsverbot **Einl. L** 48
Strukturelemente der Strafverfolgung **Einl. L** 14
bei Tatsachenermittlung **Einl. L** 74
Verhältnis zum Polizeirecht **Einl. L** 32
Vorbemerkung **Einl. L** 1
Wahlfeststellung **Einl. L** 66
Rechtsbegriff, unbestimmter
Revision, Prüfung von Gesetzesverletzung **337** 111
Rückwirkungsverbot von Strafgesetzen **MRK Art. 7 (Art. 15 IPBPR)** 8
Rechtsbehelf
siehe Rechtsmittel
gegen Haftentscheidungen allgemein **114** 31
Wiedereinsetzung in den vorigen Stand **45** 1
Rechtsbehelfsbelehrung
siehe auch Rechtsmittelbelehrung
Antragsfrist für § 23 EGGVG-Rechtsschutz **EGGVG 26** 7, 10
Hauptverhandlung ohne Angeklagten **232** 38
Rechtsbeschwerde, § 79 OWiG
siehe Ordnungswidrigkeitenverfahren
Oberlandesgericht, Zuständigkeit **GVG 121** 23, 87
Rechtsfolgenausspruch
Abstimmung, Zweidrittelmehrheit **263** 1 ff
Berufung, Verbot der Verschlechterung **331** 6 ff
beschleunigtes Verfahren **419** 3 ff
Nebenfolgen/nachträgliche Gesamtstrafenbildung **460** 37 ff
Sachverhaltsermittlung durch die Staatsanwaltschaft **160** 55 ff
Rechtsfolgenausspruch, Begründung
Absehen von Strafe **267** 111
allgemein **267** 78
besondere Schwere der Schuld **267** 89a
Einzelfallbezogenheit **267** 88
Entziehung der Fahrerlaubnis **267** 115
Fahrverbot **267** 117
Freiheitsstrafe unter 6 Monaten **267** 101
Geldbuße **267** 91
Geldstrafe **267** 90
Gesamtstrafe **267** 92
Jugendrecht, Anwendung **267** 93
Maßregeln der Besserung und Sicherung **267** 112
minder/besonders schwere Fälle **267** 94 ff
persönliche Verhältnisse des Angeklagten **267** 79
Rechtsfolgenausspruch allgemein
siehe Urteilsformel (Tenor)
Sicherungsverwahrung, Vorbehalt **Nachtr. 267** 1 ff
Strafaussetzung zur Bewährung **267** 102 ff
Strafrahmen **267** 86
Strafzumessung, bestimmende Umstände **267** 83 ff
Verfall, Einziehung, sonstige Nebenfolgen **267** 118
Verwarnung mit Strafvorbehalt **267** 109
Rechtshängigkeit des Verfahrens 151 12
Adhäsionsverfahren **404** 7
anderweitige
– Einstellung des Verfahrens/Prozessvoraussetzung **206a** 46a
– Revision, Prüfung von Gesetzesverletzung **337** 49
Beendigung durch Rücknahme der Klage **153c** 31
beschleunigtes Verfahren **418** 2
Verbindung/Trennung von Verfahren **4** 1 ff, 40
Zuständigkeitsänderung/Verweisung **269** 11
Rechtshilfe (allgemein)
siehe auch Amtshilfe
Abgrenzung zur Amtshilfe **GVG Vor 156** 1
Amtshandlungen außerhalb des Gerichtsbezirks
– Amtshandlung, Begriff **GVG 166** 4

– Bedeutung der Regelung **GVG 166** 1 f
– Geltungsbereich der Vorschrift **GVG 166** 3
Anwendungsbereich der Vorschriften **GVG Vor 156** 11
Ausnahme bei Vollstreckung, Ladung, Zustellung
siehe Ladung in anderem Bundesland
Bedürfnis des Beistandes **GVG Vor 156** 16
Begriff **GVG Vor 156** 14
Bestimmtheit des Ersuchens **GVG 157** 3
Einschränkung der Amtshilfepflicht **GVG Vor 156** 10
Form und Inhalt des Ersuchens **GVG 157** 2
Mitteilung von Akten, Rechtsbehelf **GVG 168** 3
Mitteilung von Behördenakten an Gericht **GVG 168** 1
Mitteilung von Gerichtsakten an Behörden **GVG 168** 2
Ordnungswidrigkeiten/Bußgeldverfahren **GVG 156** 3
Rechtsbehelfe bei Verweigerung **GVG Vor 156** 20 ff
Rechtshilfe im eigentlichen Sinn **GVG Vor 156** 3
Rechtshilfegericht (ersuchtes) **GVG 157** 1
Regelungen im Grundgesetz **GVG Vor 156** 4
Regelungen im Verwaltungsverfahrensgesetz **GVG Vor 156** 7
Sprachgebrauch des Gesetzes **GVG Vor 156** 13; **GVG Vor 156** 2
Strafvollstreckung/Strafvollzug **Vor 449** 30
Umfang der Rechtshilfepflicht **GVG 156** 1
Zuständigkeitskonzentration **GVG 157** 4
Zuständigkeitsübertragung **GVG Vor 156** 15
Zwangsbefugnisse des ersuchten Richters

Rechtshilfe, Anfechtung der Entscheidung
abgelehntes Ersuchen **GVG 159** 3
Anfechtungsberechtigte **GVG 159** 13
Beschwerde an den BGH **GVG 159** 11 f
Rechtsmittelzug **GVG 159** 8
Stattgabe, gesetzwidrige **GVG 159** 7
Verfahren **GVG 159** 14
Voraussetzungen der Anfechtbarkeit **GVG 159** 1
Wesen **GVG 159** 2

Rechtshilfe, internationale in Strafsachen
allgemein **GVG Vor 156** 24
Justizverwaltungsakt, Rechtsschutz **EGGVG 23** 39
Landesgesetzgebung **EGGVG 9** 1 ff
Militärgerichte, ausländische **GVG Vor 156** 29
Rechtsgrundlagen **GVG Vor 156** 26
Strafverfahrensrecht, Geltungsbereich **Einl. D** 3

Rechtshilfe, Kosten und Auslagen
Amtshilfekosten **GVG 164** 5
Entwicklungsgeschichte der Vorschrift **GVG 164** 1 ff
Maßregeln der Besserung und Sicherung **GVG 164** 10
Rechtshilfekosten **GVG 164** 4

Rechtshilfe, Verfolgungsrecht der Polizei
Abführung des Ergriffenen **GVG 167** 12
Bedeutung der Nacheilevorschrift **GVG 167** 1
Bundespolizei **GVG 167** 3
Flüchtiger, Verfolgung **GVG 167** 5
Hilfsbeamte der Staatsanwaltschaft **GVG 167** 4
Nacheile im Ausland **GVG 167** 15
Polizeibeamter, Begriff **GVG 167** 2
räumlicher Bereich der Nacheile **GVG 167** 9
Verfahren nach Abführung **GVG 167** 13
Verfolgung, Begriff **GVG 167** 7

Rechtshilfeersuchen
ausländische Behörden/Immunität **152a** 5
Gericht, ersuchendes **GVG 156** 2
Gerichtssprache Deutsch **GVG 184** 14
Referendare, Erledigung durch **GVG 10** 7 f
Schöffengericht, gemeinsames Amtsgericht **GVG 58** 11
Staatsanwaltschaft, ersuchende **GVG Vor 156** 18
Staatsanwaltschaft, Zuständigkeit **GVG 143** 17

Rechtshilfeersuchen, Ablehnung
Abgabe bei vorgesetzten Gerichten **GVG 158** 20
Abgabe des Ersuchens, Wirkung **GVG 158** 19
Ablehnungsverbot **GVG 158** 1
Auslegung des Verbotenseins **GVG 158** 6 ff
Einzelfälle **GVG 158** 9
Ersuchen des vorgesetzten Gerichts **GVG 158** 12
rechtliches Verbot der Hilfeleistung **GVG 158** 2
unzulässige Ablehnungsgründe **GVG 158** 14
Unzuständigkeit, örtliche **GVG 158** 16
vorgesetztes Gericht, Begriff **GVG 158** 13
Zuständigkeit, konkurrierende **GVG 158** 18

Rechtskraft
Bestandskraft von Entscheidungen **Einl. J** 73 ff, 107 ff

Rechtskraft von Entscheidungen
allgemein **Einl. J** 73 ff
Berufung, Verfahren bei Verspätung **319** 19
Besatzungsgerichte, Rechtsprechung **Einl. J** 112
Beschlüsse, unanfechtbare
– angefochtenen Entscheidung **34a** 6
– Anwendungsbereich **34a** 7 ff

– Bedeutung, weitere **34a** 5
– Tag der Beschlussfassung **34a** 10
– Zweck der Vorschrift **34a** 1
Bewährung, Aussetzung des Strafrestes **454** 70 ff
Bindung des Richters an Vorentscheidungen **GVG 1** 20
DDR-Rechtsprechung **Einl. J** 111
einfache Beschwerde **Vor 304** 55 ff
Entscheidungen nichtdeutscher Gerichte **Einl. J** 107
Feststellungs- und Bindungswirkung **Einl. J** 103
formelle, Begriff **Einl. J** 78
formelle, Eintritt **Einl. J** 78
formelle, Wegfall **Einl. J** 81
formelle, Wirkungen **Einl. J** 82
formelle/materielle des Strafbefehls **410** 18 ff
Gegenstand und Umfang **Einl. J** 97
gerichtliche Entscheidungen, sonstige **Einl. J** 113 f
Gesamtstrafenbildung, nachträgliche **460** 51
gesetzliche Grundlagen **Einl. J** 83
Grundlagen **Einl. J** 73
materielle **Einl. J** 88 ff
Nachverfahren/objektives Verfahren **441** 25 ff
Rechtskraftdurchbrechung **Einl. J** 106
rechtskraftfähige Entscheidungen **Einl. J** 92
Rechtsmittel allgemein, Einlegung **Vor 296** 33
Revision, Hemmung durch Einlegung **343** 1 ff
Revision, Verfahren bei Verspätung **346** 22 ff, 33
Revision, Verwerfung ohne Hauptverhandlung **349** 27 ff
Schengener Übereinkommen **Einl. J** 109
staatsanwaltschaftliche Entscheidungen **Einl. J** 113, 115
Strafbefehlsverfahren, Einspruchsentscheidung **411** 7 ff
Strafbefehlsverfahren, Entscheidung **411** 64
Terminologie **Einl. J** 76
Überblick **Einl. J** 75
Untersuchungshaft nach R. des Urteils **112** 10 ff
Völkerstrafrecht, Rechtsprechung **Einl. J** 110
volle/teilweise bei Berufungsbeschränkung **318** 25 ff
Vollstreckbarkeit **449** 11 ff
Wesen, Rechtskrafttheorien **Einl. J** 88
Wiederaufnahme des Verfahrens **Vor 359** 30, 33 ff
Wiederaufnahme des Verfahrens, Ausschluss **363** 1
Wiederaufnahme des Verfahrens, Entscheidungen **372** 22 ff
Wiederaufnahme, Wirkung der Anordnung **370** 31 ff

Rechtskreistheorie
siehe auch Beweisverbot
Beweisverwertung **Einl. K** 19 ff
Rechtslehrer an deutschen Hochschulen
notwendige Verteidigung, Bestellung **142** 10
Wahlverteidiger **138** 9
Rechtsmittel (allgemein)
Adressat **Vor 296** 25
Ausschließung eines Richters **23** 7 ff
Bedeutung und Funktion **Vor 296** 5
Bedingungen **Vor 296** 23
Begriff, Abgrenzung **Vor 296** 1 ff
Dienst-, Fachaufsichtsbeschwerde **Vor 296** 4, 88
Einziehungs-/Verfallsbeteiligter, Befugnisse **433** 8
Ernsthaftigkeit der Eingabe **Vor 296** 22
Form **Vor 296** 20
Fristen **Vor 296** 26
Gegenvorstellung
– Anwendungsbereich, Grenzen **Vor 296** 80
– Begriff, Bedeutung **Vor 296** 4, 77
– Prüfungs- und Bescheidungspflicht **Vor 296** 85
Kosten bei Erfolglosigkeit/Rücknahme *siehe dort*
Nichtigkeit gerichtlicher Entscheidungen **Einl. J** 140
Rechtsbehelf im engeren Sinn (ohne Devolutiveffekt) **Vor 296** 2
Rechtsbehelf im weiteren Sinn (Oberbegriff) **Vor 296** 3
Rechtsbehelf, Begriff, Abgrenzung **35a** 6
Rechtskraft der angegriffenen Entscheidung **Vor 296** 33
Rechtsmittelgericht, Wiedereinsetzung **46** 4 ff
Rechtszug, Zuständigkeit **Vor 296** 45
der Staatsanwaltschaft zugunsten des Beschuldigten
– allgemein **296** 14
– analoge Anwendung der Regelung **296** 20
– Anlass **296** 18
– eindeutige Erklärung **296** 16
– selbstständiges Rechtsmittel **296** 19
Teilanfechtung/Beschränkung **Vor 296** 31
Teilrechtskraft allgemein **Vor 296** 34
Teilrechtskraft bei mehreren Mitangeklagten **Vor 296** 39
Teilrechtskraft bei verschiedenen Taten **Vor 296** 40
Teilrechtskraft, horizontale **Vor 296** 42
Übernahme der Verfolgung bei Privatklage **377** 7, 12
Verfassungsbezüge **Vor 296** 10

Verschlechterungsverbot (reformatio in peius) **Vor 296** 16
Vollstreckbarkeit bei Teilanfechtung **449** 22 ff
Wahl des zulässigen Rechtsmittels **Vor 296** 43
Wirkung **Vor 296** 14
Zulässigkeit (rechtliche Formalien) **Vor 296** 13

Rechtsmittel gegen Verurteilung, Recht auf
allgemein **IPBPR Art. 14 (Art. 6 MRK)** 261
Art der Anfechtung **IPBPR Art. 14 (Art. 6 MRK)** 266
Ausnahme **IPBPR Art. 14 (Art. 6 MRK)** 264
Geringfügigkeit **IPBPR Art. 14 (Art. 6 MRK)** 261
innerstaatliche Gesetze, Maßgabe **IPBPR Art. 14 (Art. 6 MRK)** 265
Instanz, zweite **IPBPR Art. 14 (Art. 6 MRK)** 265
Umfang der Anfechtung **IPBPR Art. 14 (Art. 6 MRK)** 266
Voraussetzung, Verurteilung **IPBPR Art. 14 (Art. 6 MRK)** 263
Vorbehalte bei Ratifizierung **IPBPR Art. 14 (Art. 6 MRK)** 262

Rechtsmittel, Beschwer (Rechtsschutzbedürfnis)
allgemein **Vor 296** 46
Einstellungsentscheidungen **Vor 296** 68
Entscheidungsgründe, Heranziehung **Vor 296** 59
Entscheidungssatz (Tenor) **Vor 296** 57
bei Freispruch **Vor 296** 72
Grundrechtsbezüge **Vor 296** 61
Maßregeln der Besserung und Sicherung **Vor 296** 66
Nachtragsverfahren **Vor 296** 76
Nebenfolgen, belastende **Vor 296** 65
Schuldspruch und Rechtsfolge **Vor 296** 64
der Staatsanwaltschaft **Vor 296** 53
Verfahrensentscheidungen **Vor 296** 67
Zulässigkeitsvoraussetzung **Vor 296** 54

Rechtsmittel, Bezeichnungsirrtum
allgemeiner Rechtsgedanke **300** 3
Anfechtungswille **300** 4
Auslegung bei mehreren möglichen Rechtsmitteln **300** 6
falsche Bezeichnung **300** 12
fehlende Bezeichnung **300** 9
Frist **300** 14
Ordnungswidrigkeitenverfahren **300** 13
unklare Bezeichnung **300** 10
Zweck der Vorschrift **300** 1

Rechtsmittel, Einlegungsbefugnis allgemein **296** 1; **Vor 296** 17
Beschuldigter **296** 5
Bevollmächtigung **Vor 296** 18 f; **297** 5, 8 ff
mehrere/frühere Anträge **296** 13
Selbstständigkeit der Rechtsmittel **296** 9
Staatsanwaltschaft **296** 6
zulässige Rechtsmittel **296** 12

Rechtsmittel, Einlegungsbefugnis des gesetzlichen Vertreters
Anwendung auf Rechtsbehelfe **298** 5
Befugnisse nach selbstständiger Einlegung **298** 12
Beschuldigter, Rechtsstellung **298** 15
Eigenständigkeit der Rechtsmittel **298** 6
Frist, laufende **298** 10
gesetzlicher Vertreter **298** 3
Handeln als Bevollmächtigter **298** 9
Kosten **298** 18
selbstständiges Recht zu Gunsten des Beschuldigten **298** 1
Untersuchungshaft, Anrechnung **298** 18
Wechsel/Ende der gesetzlichen Vertretung **298** 17

Rechtsmittel, Einlegungsbefugnis des Strafverteidigers
Ausnahmevorschrift, Anwendungsbereich **297** 3
Beschränkung der Ermächtigung **297** 9
Bindung, Vorrang des erklärten Willens **297** 8
bisheriger Verteidiger, Mandat **297** 4
Entzug der Vollmacht **297** 12
gesetzliche Vermutung **297** 1
Nachweis der Vollmacht **297** 7
Rechtsmittelverzicht des Beschuldigten **297** 10
Tod des Beschuldigten **297** 6
Verteidigerbestellung, anlassbedingt **297** 5
Wahl eines anderen Rechtsmittels **297** 11

Rechtsmittel, Verbesserungsmöglichkeit
allgemein **301** 1
analoge Anwendung der Regelung **301** 10
Erstreckung auf Mitbeschuldigten, § 357 **301** 8
Form der Entscheidung **301** 9
Umfang der staatsanwaltschaftlichen Anfechtung **301** 4
weitere Anfechtung **301** 7
Zurückverweisung (Revision) **301** 6
zwingendes Recht **301** 5

Rechtsmittel, Zurücknahme nach Beginn der Hauptverhandlung
Anwendungsbereich **303** 1 f
Beginn der Hauptverhandlung **303** 4
Gegner der Staatsanwaltschaft **303** 7
Gegner des Angeklagten **303** 6
Kostenbeschluss **303** 15
Streit über Wirksamkeit der Rücknahme **303** 14
Zurücknahme **303** 3
Zustimmung, Form **303** 10

Zustimmung, Protokoll/Freibeweis **303** 13
Zustimmung, Unwiderruflichkeit **303** 12
Zustimmung, Zeitpunkt/Überlegungsfrist **303** 11
Zustimmungsempfänger **303** 9
Rechtsmittel, Zurücknahme/Verzicht
analoge Anwendung der Regelung **302** 5
Anfechtbarkeit **302** 47
Bedeutung der Vorschrift **Vor 296** 29; **302** 1
bedingte Erklärungen **302** 33
Beeinflussung durch Strafverfolgungsorgane **302** 48
Beginn und Ende der Erklärungsfrist **302** 7
Begriffe **302** 3
Eindeutigkeit der Erklärung **302** 21
Eingang beim zuständigen Gericht **302** 34
Erledigt-Erklärung; Verwerfung **302** 76
Form der Erklärung **302** 15
Form der Ermächtigung des Verteidigers **302** 67 ff
Form in und nach der Hauptverhandlung **302** 17
Handlungsfähigkeit, prozessuale **302** 6
Kostenbeschluss **302** 78
Nachweis der Ermächtigung des Verteidigers **302** 75
Rechtsmittel des gesetzlichen Vertreters **302** 64
Rechtsmittel zugunsten des Beschuldigten **302** 60
Rechtzeitigkeit **302** 39
Revisionsgericht, Auslegung **302** 77
Staatsanwaltschaft, Zuständigkeit **302** 59
Teilrücknahme; Teilverzicht **302** 44
Unwirksamkeit (Schutzzweckerwägungen) **302** 49
Unwirksamkeit bei Fehlen eines Verteidigers **302** 57
Unwirksamkeit bei Versehen des Verteidigers **302** 54 ff
Unwirksamkeit durch Irreführung **302** 51 ff
verschiedene Rechtsmittel **302** 26
Verteidigererklärung, einheitliches Rechtsmittel **302** 65
Widerruf der Ermächtigung des Verteidigers **302** 73
Widerruf, nachträglicher **302** 46
Wiedereinsetzung in den vorigen Stand **302** 58
Wirksamkeit allgemein **302** 32
Zeitpunkt der Ermächtigung des Verteidigers **302** 72
Zurücknahme als Verzicht **302** 28
Zurückverweisungen, Berufungen **302** 14
Zustimmung des Beschuldigten **302** 62
zwischenzeitliches Verfahrenshindernis **302** 12
Rechtsmittelbelehrung
siehe auch Rechtsbehelfsbelehrung
Ausländer **35a** 26
Bedeutung der Vorschrift **35a** 1
Belehrung **35a** 13
Belehrung bei öffentlicher Zustellung **35a** 15
Beschlagnahme, Anordnung **98** 40
Beschlüsse **35a** 5
Betroffener **35a** 7
Beweisvermutung **35a** 27
Entscheidung, gerichtliche **35a** 3
Erziehungsberechtigter **35a** 10
falsche Belehrung **35a** 32
Form der Anfechtung **35a** 18
Form der Belehrung **35a** 21
freisprechende Urteile **35a** 4
Gerichtssprache Deutsch **GVG 184** 13
gesetzliche Vertreter **35a** 9
mündliche Belehrung **35a** 23
Privatkläger, Rechte der Staatsanwaltschaft **385** 10
Rechtsbehelf **35a** 6
schriftliche Belehrung **35a** 24
Sitzungspolizei, Ordnungsmittelbeschluss **GVG 178** 40
Unklarheiten **35a** 25
unterbliebene Belehrung **35a** 28
unvollständige Belehrung **35a** 30
Urteilsverkündung **268** 33 ff
Wiedereinsetzung in den vorigen Stand **44** 63 ff
Rechtspflege
Akteneinsicht/Auskünfte **474** 3 f
Gerichtsbarkeit, Bestandteil **GVG Vor 1** 5
Grundrechte und Untersuchungshaft **Vor 112** 17 f, 24
Meinungsäußerungsfreiheit **MRK Art. 10 (Art. 19 IPBPR)** 24
Öffentlichkeitsgrundsatz **MRK Art. 6 (Art. 14 IPBPR)** 102
Rechtspfleger
Gerichtsbarkeit, Bestandteil **GVG Vor 1** 10
Gerichtsentscheidung bei Strafvollstreckungsmaßnahmen **458** 35
Geschäftsverteilungsplan der Gerichte **GVG 21e** 4
Notveräußerung **111l** 17a, 20
Sicherstellung zur Vollstreckungssicherung **111f** 11 f
Strafverfahren, Funktion **Einl. I** 38, 64
Vollstreckung, Absehen/Nachholung bei Auslieferung/Ausweisung **456a** 16
Vollstreckungsbehörde, Aufgabenwahrnehmung **451** 27

Rechtsprechung
Begriff **GVG Vor 1** 4
Rechtsprechungsmonopol **GVG Vor 1** 3
Wahrung einheitlicher Rechtsprechung *siehe Divergenzausgleich*
Rechtsprechung, Abweichen von (OLG)
Art der Behandlung von Rechtsfragen **GVG 121** 62
Entscheidungserheblichkeit **GVG 121** 65
Gesetzesänderungen, Bedeutung **GVG 121** 63
Identität der Rechtsfrage **GVG 121** 64
Leitsätze, Bedeutung **GVG 121** 69
obiter dictum **GVG 121** 67
Rechtsfragen, mitzuentscheidende **GVG 121** 61
Rechtsfragen, tragende **GVG 121** 58 f
Veränderung der Entscheidungsgrundlage **GVG 121** 60
Rechtsschutz, internationaler
siehe Menschenrechtsschutz
Rechtsschutzbedürfnis
siehe Rechtsmittel, Beschwer
Kontrollstellen, Einrichtung von **111** 35
Menschenrechtsbeschwerde (EGMR) **MRK Anhang/Verfahren** 28
Sperrerklärung der obersten Dienstbehörde **96** 110
Rechtsschutzgarantie, Art. 19 Abs. 4 GG
Beschwerde, Ausschluss **304** 18, 53; **Vor 304** 68 ff, 76 ff
Ermittlungsmaßnahmen der Strafverfolgungsbehörden **Vor 304** 70 ff
Eröffnungsverfahren **Vor 198** 11
Rechtsmittel allgemein, Funktion **Vor 296** 10 ff, 61 f
Rechtsschutzgarantie, Art. 6 MRK, Art. 14 IPBPR
allgemein **MRK Art. 6 (Art. 14 IPBPR)** 42
Anwaltszwang **MRK Art. 6 (Art. 14 IPBPR)** 44a
Ausgestaltung des Zugangs **MRK Art. 6 (Art. 14 IPBPR)** 43
Autonomie der Entscheidung **MRK Art. 6 (Art. 14 IPBPR)** 48, 50, 53
Beschränkungen **MRK Art. 6 (Art. 14 IPBPR)** 44 ff
Beschwerderecht
siehe dort
Ermessensspielraum **MRK Art. 6 (Art. 14 IPBPR)** 50
Form- und Fristerfordernisse **MRK Art. 6 (Art. 14 IPBPR)** 44
Gericht, Begriff **MRK Art. 6 (Art. 14 IPBPR)** 48
gesetzliche Grundlage **MRK Art. 6 (Art. 14 IPBPR)** 52
Heilung von Verstößen **MRK Art. 6 (Art. 14 IPBPR)** 54b
Immunität von Abgeordneten **MRK Art. 6 (Art. 14 IPBPR)** 45
Instanzenzug **MRK Art. 6 (Art. 14 IPBPR)** 47
Prozesskostenhilfe **MRK Art. 6 (Art. 14 IPBPR)** 44
Tribunal **MRK Art. 6 (Art. 14 IPBPR)** 49
Unabhängigkeit **MRK Art. 6 (Art. 14 IPBPR)** 53
Unparteilichkeit **MRK Art. 6 (Art. 14 IPBPR)** 49, 54
Verjährung **MRK Art. 6 (Art. 14 IPBPR)** 44
Verletzung der Konvention, Beschwerderecht *siehe Beschwerderecht bei Konventionsverletzung*
Völkerrecht, Immunität nach **MRK Art. 6 (Art. 14 IPBPR)** 46
Zugangsmöglichkeit zu einem Gericht **MRK Art. 6 (Art. 14 IPBPR)** 42
Rechtsschutzversicherung
Kosten des Verfahrens **464a** 24
Rechtssicherheit (Verfahrensziel)
Wesen und Aufgabe des Strafverfahrens **Einl. B** 4 ff
Wiederaufnahme des Verfahrens **Vor 359** 10
Rechtsstaatsprinzip
Unschuldsvermutung **MRK Art. 6 (Art. 14 IPBPR)** 105
Rechtsverordnung
Schöffengericht, gemeinsames Amtsgericht **GVG 58** 3
Rechtsweg zu den Strafgerichten
allgemein **GVG 17** 1 f
analoge Anwendung der Vorschriften **GVG 17** 3
Verweisungsentscheidung/-verfahren **GVG 17** 4
Rechtswegerschöpfung
Menschenrechtsbeschwerde (EGMR) **MRK Anhang/Verfahren** 35 ff
Rechtszug
Struktur der Strafgerichtsbarkeit **GVG 12** 7
Referendar
Anwendungsbereich der Regelung **GVG 10** 1
Aufsicht des Richters **GVG 10** 5 f
Befugnisüberschreitung, Wirkungen **GVG 10** 11
Beschwerdeberechtigung allgemein **304** 49
Eidesabnahme **GVG 10** 9
Gericht, Teilnahme an Beratung/Abstimmung **GVG 193** 11, 24
Möglichkeiten des Einsatzes **GVG 10** 12

Rechtshilfeersuchen **GVG 10** 7
Rechtshilfeersuchen, Erledigung **GVG 10** 8
Strafverfahren, Funktion (Gericht) **Einl. I** 37
Verfassungsmäßigkeit der Vorschrift **GVG 10** 3 f
Zwangsmaßnahmen, Anordnung **GVG 10** 10

Referendar als Amts-/Staatsanwalt
Entwicklungsgeschichte der Regelung **GVG 142** 43
Sitzungsvertretung **GVG 142** 47
Übertragung amtsanwaltlicher Aufgaben **GVG 142** 44
weitergehende Beauftragung **GVG 142** 45
Wirkung und Form der Übertragung **GVG 142** 49

Referendar als Strafverteidiger
Anwendungsbereich der Vorschrift **139** 1
Folgen der Übertragung **139** 12
notwendige Verteidigung, Bestellung **142** 11
Personenkreis (Rechtskundige) **139** 14
Rechtsschutz (Revision) **139** 15
richterliche Genehmigung (§ 138 Abs. 2) **139** 2
übertragender Rechtsanwalt **139** 5
Übertragungszeitraum **139** 13
Zustimmung des Mandanten **139** 10

reformatio in peius
siehe Verbot der Verschlechterung (reformatio in peius)

Reformfragen
Adhäsionsverfahren **Vor 403** 10
Ausschließung/Ablehnung von Gerichtspersonen **Vor 22** 16 ff
Bekanntmachung von Entscheidungen **Vor 33** 9
Berufung **Vor 312** 11
Divergenzausgleich bei OLG-Rechtsprechung **GVG 121** 88
Ermittlungsmaßnahmen, verdeckte **163** 40
Ermittlungsverfahren **Vor 158** 51 ff
Europäischer Gerichtshof für Menschenrechte, Verfahren **MRK Anhang/Verfahren** 3
Fernmeldeverkehr **111a** 4 ff
Geldstrafe, Vollstreckung **459** 13
Gerichtshilfe **160** 107
Gesamtreform des Strafverfahrens **Einl. E** 182 ff
Hauptverhandlung **Vor 226** 53
Hilfsbeamte der Staatsanwaltschaft **GVG 152** 46 ff
historische, Strafverfahren allgemein *siehe Strafverfahren/Strafprozessrecht*
Informationssysteme, internationale **Vor 483** 36
Kostenrecht **Vor 464** 25 ff
Legalitätsprinzip **152** 55 ff
Nebenklage **Vor 359** 4
Öffentlichkeitsgrundsatz **GVG Vor 169** 23 ff
Post **100a** 5
Rechtsmittel **Vor 312** 11; **Vor 333** 14 ff
Revision **Vor 333** 14 ff
Schöffengericht, gemeinsames Amtsgericht **GVG 58** 21
Staatsanwaltschaft, Organisation **GVG 141** 9; **GVG 142** 50; **GVG 144** 7
Staatsanwaltschaft, Rechtsstellung **GVG Vor 141** 26
Staatsanwaltschaft, Zuständigkeit **GVG 143** 21
Steckbrieffahndung **Nachtr. Vor 131** 1
Übermittlungsmethoden, Fristwahrung **Vor 42** 36
Untersuchungshaft **112** 70 ff
Verfahrensarten, besondere **Vor 407** 59 ff
Verletzter, Rechtsstellung im Verfahren **Vor 5. Buch** 26
Vollstreckungsbehörde, Gliederung **451** 72
Wiederaufnahme des Verfahrens **Vor 359** 187

Regierungsmitglieder/oberste Staatsorgane
Aussagegenehmigung der Dienstbehörde **54** 29
Bundesregierung, Berichtspflicht bei Wohnraumüberwachung **100e** 13
Genehmigung der Strafverfolgung **152a** 35 ff
Genehmigung der Strafverfolgung, pauschale **152a** 30 ff
Immunität bei Strafverfolgung **152a** 11
Immunität der Mitglieder **152a** 11
Nebenklage, Berechtigung **395** 12
Rechtsmittelbelehrung, gerichtliche **35a** 7
Schöffenungeeignetheit **GVG 34** 5
Vernehmung als Sachverständiger **72** 5; **76** 7

Regierungsmitglieder/oberste Staatsorgane als Zeugen
Ausnahmen mit Sondergenehmigung **50** 8
Ladung zur Hauptverhandlung **50** 11
Parlamentsmitglieder
– Personenkreis **50** 2
– Vernehmung **50** 4
– Vernehmungsort **50** 3
Protokollverlesung in der Hauptverhandlung **50** 13
Rechtsschutz (Revision) **50** 14
Regierungsmitglieder Bund/Länder
– Personenkreis **50** 5
– Vernehmung **50** 7
– Vernehmungsort **50** 6
Vernehmung als Zeugen allgemein **50** 1

Register (Sammlung/Datenbank)
siehe Datei/Datenbank
Menschenrechtsbeschwerde (EGMR) **MRK Anhang/Verfahren** 50

Register für staatsanwaltschaftliche Verfahren beim BZR
Abrufverfahren, automatisiertes
siehe dort
Ähnlichkeiten-Service **492** 31
allgemein **Vor 492** 1
Auskünfte aus dem Register **492** 24
Auskunftsberechtigung der Dienste **492** 33
Bedeutung der Vorschrift **492** 1
Berichtigung von Daten
– Berichtigungspflicht, Verfahren **494** 2
– Überprüfung **494** 8
– Unrichtigkeit der Daten **494** 6
Datenmitteilung durch die Staatsanwaltschaften **492** 20
Entscheidung über Auskunftserteilung
– Anwendung des BDSG **495** 2
– Auskunftsverweigerung, Begründung **495** 18
– Auskunftsverweigerung, Betroffener **495** 9
– Auskunftsverweigerung, Nichtbeteiligter **495** 14
– Bedeutung der Vorschrift **495** 1
– Nichtverfahrensbeteiligter **495** 16
– Verfahren/Antragstellung **495** 7
Errichtungsanordnung **Vor 492** 6; **494** 34
Inhalt der jeweiligen Datensätze **492** 3
Löschung
Löschung bei Unzulässigkeit der Speicherung **494** 11
Löschung, Eintragung im BZR **494** 16
Mitteilung unzulässiger Übermittlung **494** 33
Personendaten des Beschuldigten **492** 5
registerführende Stelle **492** 2
Sperrung der Daten **494** 33
Verantwortlichkeit für die Zulässigkeit **492** 36
Verhältnis zu anderen Dateien/Vorschriften **Vor 492** 10
Verwendung nur für Strafverfahren **492** 38
Verzögerung der Löschung
– Kritik **494** 26
– Regelungsinhalt **494** 19
– Verfahren **494** 25
– Zweifelsfragen **494** 23
Vorgangsdaten **492** 10
Waffengesetz, Neuregelung **Nachtr. 492** 1 ff
Zweck des Registers **Vor 492** 2
Reichsgericht
Wiederaufnahme des Verfahrens **Vor 359** 92
Religionsfreiheit
siehe Gedanken-, Gewissens- und Religionsfreiheit
Resozialisierung Strafgefangener IPBPR Art. 10 (Nach Art. 5 MRK) 17
Rückwirkungsverbot von Strafgesetzen **MRK Art. 7 (Art. 15 IPBPR)** 13
Rettungsschuss, finaler MRK Art. 2 (Art. 6 IPBPR) 17
Revision (allgemein)
Abgrenzung zur einfachen Beschwerde **Vor 304** 48
Amtsgericht, Zuständigkeit **GVG 24** 32
Antrag, Inhalt, Form, Wirkung
siehe Revision, Einlegung des Rechtsmittels
Auslegung von Rechtsmittelverzicht; Zurücknahme **302** 77
Berufsverbots, Aufhebung des vorläufigen **132a** 18
Beschränkung der Berufung, Prüfungsgegenstand **318** 126
Beschwerde gegen Strafaussetzungsbeschluss **305a** 11
Beweisverwertungsverbote, Ermittlungsverfahren **Vor 94** 153 ff
Bundesgerichtshof, Zuständigkeit **GVG 135** 1
Einstellung bei Gesetzesänderung **206b** 10
Einstellung des Verfahrens/Prozessvoraussetzung **206a** 14 ff
Einstellungsregelungen nach den §§ 153 ff, gerichtl. Einstellung **153** 60; **153b** 22
Entscheidung des Revisionsgerichts **Vor 333** 6
Entwicklungsgeschichte/Reform **Vor 333** 14 ff
Ermittlungsmaßnahmen der §§ 94 ff **Vor 94** 153 ff
faktische Erweiterung des Revisionsrechts **Vor 333** 9
Grundsätze, allgemeine **Vor 333** 1
Hauptverhandlung im Einzelnen
siehe unten
Kosten bei Erfolglosigkeit/Rücknahme
siehe dort
Leistungsvermögen des Rechtsmittels **Vor 333** 5
Nachtragsanklage **266** 13
Nebenkläger, Rechtsmittel **400** 15; **401** 22 ff
notwendige Verteidigung **140** 117
Oberlandesgericht, Zuständigkeit **GVG 121** 8
öffentliche Zustellung **40** 12
Privatkläger, Rechte der Staatsanwaltschaft **385** 13
Privatkläger, Rechtsmittel **390** 4, 14
Rechtsmittel gegen Verurteilung, Recht auf **IPBPR Art. 14 (Art. 6 MRK)** 261 ff
Rechtsmittel, kein Verbesserungsverbot **301** 5, 8
Rechtsstellung von Angeklagtem und Verteidiger **Vor 333** 13
Schöffeneinsetzung bei Zurückverweisung **GVG 45** 3
Schöffengericht, erweitertes **GVG 29** 14

Sprungrevision
siehe dort
Telekommunikationsüberwachung, Prüfungspflicht **100a** 108, 117
Urteilsinhalt, mögliche Entscheidungen **353** 1
Urteilsurkunde **356** 3
Urteilsverkündung **356** 1
Verhältnis Wahlrevision/Sprungrevision **335** 3
Verhältnis zur Berufung **Vor 312** 3
freie Verteidigerwahl des Beschuldigten **137** 44
Verwerfung ohne Hauptverhandlung
siehe unten
vorläufige Einstellung nach § 205, Anwendbarkeit **205** 7a
Wiederaufnahme des Verfahrens **Vor 359** 46, 48
Wiederaufnahme, gerichtliche Zuständigkeit **367** 13
Wiederaufnahme, Zuständigkeit **GVG 140a** 6
Wiedereinsetzung in den vorigen Stand **45** 11
Zulässigkeit im Einzelnen
siehe unten
Zurückverweisung
siehe unten
Zuständigkeitsprüfung, gerichtliche **6** 16
Zweck der Revision **Vor 333** 7
Revision, Aufhebung der Urteilsfeststellungen
allgemein **353** 16
Rechtsfolgenausspruch **353** 25
sachlich-rechtliche Mängel **353** 21
Verfahrenshindernisse **353** 19
Verfahrensverstöße **353** 20
Revision, Aufhebung des Urteils
allgemein **353** 3
Gesamtstrafenbildung, fehlerhafte **353** 15
Rechtsfolgenausspruch, fehlerhafter **353** 12
Schuldfrage, fehlerhafte Behandlung **353** 6
Schuldspruch, fehlerhafter **353** 7 ff
Schuldumfang, fehlerhafte Feststellungen **353** 11
Strafzumessungsfehler **353** 13
Teilaufhebung **353** 5
Revision, Begründung
Anforderungen bei absoluten Revisionsgründen **338** 132 ff
Anträge allgemein **344** 1
Anträge, Form/Auslegung **344** 3
Form
siehe unten Revisionsbegründung
Frist
siehe unten Revisionsbegründung
Revision der Staatsanwaltschaft **345** 42
Revision, Begründung der Beschränkung
allgemeine Grundsätze **344** 14
Auslegung der Begründungsschrift **344** 9
auf Bestandteile der Verurteilung einer Tat **344** 25
Erklärung allgemein **344** 7
Erklärung durch Verteidiger **344** 11
gesetzliche **344** 6
Hauptstrafen **344** 30
Maßregeln der Besserung und Sicherung **344** 50
bei mehreren Taten (prozessual) **344** 19
Nebenfolgen **344** 47a
Nebenstrafen **344** 44
Rechtsfolgen bei Unwirksamkeit **344** 67
Rechtsfolgen bei Wirksamkeit **344** 66
Schuldspruch **344** 27
bei Tatmehrheit (§ 53 StGB) **344** 21
Verfahrensvoraussetzungen **344** 17
Verfall/Einziehung **344** 63
Revision, Begründung des Antrags
allgemein **344** 68
Auslegung allgemein **344** 70
Auslegung als Sachrüge **344** 73
bedingte Revisionsrüge **344** 69
Irrtum des Beschwerdeführers **344** 72
Revision, Begründung von Sachrügen
allgemein **344** 89
Bestimmtheit der Ausführungen **344** 92
Gefahr der Unzulässigkeit der Rüge **344** 93
Verwerfungsurteile nach Ausbleiben **344** 95
Revision, Begründung von Verfahrensrügen
allgemein **136** 82; **344** 75
Beruhen des Urteils **344** 87
Bestimmtheit der Fehlerrüge **344** 85
Bezugnahmen **344** 82
Protokollrügen **344** 86
Tatsachen, erschöpfende Darstellung **344** 78
Revision, Berichtigung des Rechtsfolgenausspruchs
Abführung des Mehrerlöses **354** 40
allgemein **354** 35
Anrechnung von Freiheitsentzug **354** 38
Einziehung von Gegenständen **354** 39
Herabsetzung auf Höchstmaß **354** 36
Herabsetzung bei rechtswidriger Verschlechterung **354** 37
Maßregeln der Besserung und Sicherung **354** 43
Strafaussetzung zur Bewährung **354** 42
Urteilsbekanntgabe (§§ 165, 200 StGB) **354** 41
Revision, Berichtigung des Schuldspruchs
Änderung der Konkurrenzen **354** 33
allgemein **354** 15
Auswechselung der Strafvorschrift **354** 26
Ersetzung durch Wahlfeststellung **354** 29
Sachrüge, zulässig erhobene **354** 17
Strafausspruch, Auswirkungen **354** 25

Urteilsfeststellungen, vollständige **354** 18
Veränderung rechtlicher Gesichtspunkte **354** 19
Wegfall tateinheitlicher Verurteilung **354** 30
zusätzliche Verurteilung bei Tateinheit **354** 32

Revision, Berichtigung offensichtlicher Versehen **354** 47

Revision, Berichtigung von Einstellung/Freispruch **354** 44

Revision, Einlegung des Rechtsmittels
Einlegung durch Vertreter/Verteidiger **341** 6
Einlegung per Telefax **341** 17a
fernmündliche Einlegung **341** 15
fernschriftliche Einlegung **341** 17
Form allgemein **341** 10
Frist bei Verkündung in Abwesenheit **341** 20
Frist bei Verkündung in Anwesenheit **341** 18
Fristwahrung **341** 23
zu Protokoll der Geschäftsstelle **341** 11
Rechtsmittelerklärung **341** 1
Revisionsbegründung *siehe unten*
Revisionsgründe *siehe unten*
schriftliche Einlegung **341** 14
telegrafische Einlegung **341** 16
Verspätung/Formwidrigkeit des Antrags *siehe Revision, Zulässigkeitsprüfung durch Tatrichter*
vorsorgliche/bedingte Einlegung **341** 3
bei Wiedereinsetzungsantrag
– Verfahren nach Antrag **342** 3
– Verzicht auf Wiedereinsetzung **342** 6
– Zusammentreffen der Rechtsbehelfe **342** 1
Wirkung, Hemmung der Rechtskraft **343** 1
Zurücknahme/Verzicht **341** 26
zuständiges Gericht **341** 9

Revision, Entscheidung bei zwischenzeitlicher Gesetzesänderung
allgemein **354a** 1
analoge Anwendung **354a** 7a
Berücksichtigungspflicht **354a** 2
Entscheidung des Revisionsgerichts **354a** 11
sachliches Recht **354a** 4
sonstige Änderungen **354a** 7
Verfahren bei Teilrechtskraft **354a** 9
Verfahrensvoraussetzungen **354a** 5
Verfahrensvorschriften, übrige **354a** 6
Zulässigkeit der Sachrüge **354a** 8

Revision, Entscheidung des Gerichts
beschleunigtes Verfahren **Vor 417** 34
Bewährung/Strafvorbehalt, Beschluss **268a** 21
Haftentscheidungen (Untersuchungshaft) **125** 15; **126** 24

Revision, Entscheidung in der Sache selbst
Absehen von Strafe (§ 60 StGB) **354** 14
absolut bestimmte Strafe **354** 11
allgemein **354** 1
Analogie aus Beschleunigungsgründen **354** 14a
Einstellung des Verfahrens **354** 7
Freispruch **354** 2
gesetzliche Mindeststrafe **354** 12
Nebenentscheidungen bei Freispruch **354** 6
teilweiser Freispruch **354** 4

Revision, Erstreckung der Aufhebung auf Mitverurteilte
allgemein **357** 1
Analogieverbot **357** 4
Entscheidung des Revisionsgerichts **357** 23
Erstreckung auf dasselbe Urteil **357** 16
Erstreckung auf dieselbe Tat **357** 17
Erstreckung auf gemeinsamen Revisionsgrund **357** 20
Gesetzesverletzung, sachliches Recht **357** 13
Gesetzesverletzung, sonstige **357** 15
Gesetzesverletzung, Verfahrensvoraussetzungen **357** 14
Mitangeklagter, Entscheidung zugunsten **357** 12
Mitangeklagter, Personenkreis **357** 10
Urteilsaufhebung **357** 5
weiteres Verfahren **357** 25
zugunsten des Angeklagten **357** 6

Revision, Gegenstand der Prüfung
allgemein **352** 1
Einstellungen nach den §§ 153 ff **336** 5
Einzelfälle, sonstige **336** 10
Entscheidungen der Staatsanwaltschaft **336** 3
Entscheidungen vor Eröffnungsbeschluss **336** 6; **336** 8
Entscheidungen, Begriff **336** 2
Hauptverhandlungen, frühere **336** 9
Heranziehung weiterer Tatsachen **352** 7
mehrere Rügen allgemein **352** 11
mehrere Verfahrens- oder Sachrügen **352** 12
nicht überprüfbare Entscheidungen
– allgemein **336** 11
– sofortiger Beschwerde unterliegende **336** 19
– Umfang des Ausschlusses **336** 13
– unanfechtbare Entscheidungen **336** 18
Rüge des Beschwerdeführers **352** 5
Rügen, zurückgenommene **352** 9
Sachrüge des Beschwerdeführers **352** 10
überprüfbare Entscheidungen **336** 1
Verfahrens- und Sachrügen, Reihenfolge **352** 15
Verfahrensvoraussetzungen **352** 3
Vorbringen, zu berücksichtigendes **352** 4
Zulässigkeit der Revision **352** 2

Revision, Hauptverhandlung
Abstimmung **351** 11
allgemein **351** 1
Angeklagter, Rechtsstellung
– allgemein **350** 1
– Anwesenheit in der Hauptverhandlung **350** 6
– Benachrichtigung vom Termin **350** 3
– Ladungsfristen **350** 5
– Pflichtverteidiger, Bestellung für Revision **350** 9
– Pflichtverteidiger, bisheriger **350** 8
– Pflichtverteidiger, notwendige Verteidigung **350** 11
– Verteidiger, Anwesenheitspflicht **350** 13
– Wiedereinsetzung in den vorigen Stand **350** 14
Anordnung persönlichen Erscheinens **236** 6 f
anwendbare Vorschriften **351** 2
Ausführungen der Beteiligten **351** 6
Beratung **351** 10
Beweisaufnahme **351** 5
letztes Wort **351** 8
Rechtsgespräche **351** 7
Sitzungsniederschrift **351** 9
Vortrag des Berichterstatters **351** 3
Revision, Unzuständigkeit des angerufenen Gerichts
analoge Anwendung **348** 5
Bindungswirkung des Beschlusses **348** 3
Entscheidung **348** 1
Entscheidung in der Sache **348** 4
Verfahren **348** 2
Revision, Verwerfung ohne Hauptverhandlung
Aufhebung des angegriffenen Urteils
– allgemein **349** 31
– Anhörung der Staatsanwaltschaft **349** 37
– Begründung **349** 39
– Bekanntmachung **349** 40
– Einstimmigkeit der Annahme **349** 33
– Entscheidung zugunsten des Angeklagten **349** 34
– Möglichkeit der Aufhebung **349** 32
– unterschiedliche Entscheidung **349** 38
– Verhältnis zur Einstellung des Verfahrens **349** 35
– Zurücknahme **349** 41
Rechtskraft bei unterlassener Anhörung **349** 30
Rechtskraft bei Wiedereinsetzung **349** 29
Rechtskraft bei Zurücknahme/Abänderung **349** 28
Rechtskraft des Beschlusses **349** 27
unbegründete Revision
– Abänderung des Urteils **349** 25
– allgemein **349** 5
– Antrag der Staatsanwaltschaft **349** 13
– Begründung der Staatsanwaltschaft **349** 16
– Bekanntmachung des Beschlusses **349** 26
– Beschluss allgemein **349** 21
– Einstimmigkeit **349** 12
– Gegnererklärung **349** 20
– Kannvorschrift **349** 7
– Mitteilung an den Angeklagten **349** 18
– offensichtliche Unbegründetheit **349** 8
– Teilentscheidung **349** 24
unzulässige Revision **349** 1
unzulässige Revisionsbegründung **349** 3
unzulässige Revisionseinlegung **349** 2
Verwerfungsbeschluss **349** 4
Revision, Zulässigkeit
allgemein **333** 1
Befugnis der Staatsanwaltschaft **333** 14
Befugnis des Angeklagten **333** 15
Befugnis des Nebenklägers **333** 18
Befugnis des Privatklägers **333** 17
Befugnis des Verfalls-/Einziehungsberechtigten **333** 19
Befugnis zur Einlegung allgemein **333** 13
Beschwer (Rechtsschutzbedürfnis) **333** 20
Rechtsnormen zugunsten des Angeklagten
– allgemein **339** 1
– Auslegung, erweiterte **339** 6
– Schutzfunktionen der Vorschriften **339** 4
– Verfahrensvorschriften **339** 2
Urteile der Jugendgerichte **333** 12
Urteile der Oberlandesgerichte **333** 10
Urteile der Schwurgerichte **333** 9
Urteile der Strafkammern **333** 8
Urteile von Strafrichter und Schöffengericht **333** 11
Urteile, Begriff **333** 4
Urteile, Falschbezeichnung **333** 5
Verhandlungsfähigkeit des Angeklagten **333** 16
Zuständigkeit der Oberlandesgerichte **333** 23
Zuständigkeit des Bundesgerichtshofes **333** 24
Zuständigkeit, örtliche (Revisionsgericht) **333** 22
Revision, Zulässigkeitsprüfung durch Tatrichter
Aktenübersendung an das Revisionsgericht **347** 8
Anhängigkeit beim Revisionsgericht **347** 9
Einziehungs-/Verfallsverfahren, Rechtsmittel **437** 13 ff
Rechtsschutz, Überprüfung durch das Revisionsgericht
– Abgrenzung zum Wiedereinsetzungsantrag **346** 27
– Aktenvorlegung **346** 29
– Antrag **346** 25

– Antragsrecht **346** 28
– Ausschluss der Beschwerde **346** 26
– Beschluss **346** 35
– Prüfungsumfang **346** 30
– Verfahrenshindernisse **346** 32
– Vollstreckung **346** 37
Verspätung/Formwidrigkeit des Antrags
– Aufhebung des Verwerfungsbeschlusses **346** 20
– Hemmung der Rechtskraft **346** 23
– mangelhafte Revisionsbegründung **346** 5
– Prüfungsbefugnis des Tatrichters (iudex a quo) **346** 2
– Prüfungsbefugnis, Erweiterung **346** 7
– Rechtskraft bei Verspätung **346** 22
– Rechtskraft, Eintritt **346** 24
– Revision des Nebenklägers **346** 6
– Revision des Privatklägers **346** 6
– Verfahren bei Verwerfung **346** 16
– Verfahrenshindernisse **346** 21
– Verspätung der Revisionsbegründung **346** 4
– Verspätung der Revisionseinlegung **346** 3
– Verwerfungsbeschluss, Erfordernis **346** 15
– Wiedereinsetzung allgemein **346** 38
– Wiedereinsetzung, Bindungswirkung **346** 39
– Wiedereinsetzung, Entscheidung anstelle **346** 40
– Wirksamkeit des Verwerfungsbeschlusses **346** 19
– Zweck der Regelung **346** 1
Zuständigkeit für Erklärungen/Anhängigkeit **347** 10 ff
Zustellung der Revisionsschrift
– Gegner des Beschwerdeführers **347** 1
– Gegnererklärung **347** 5
– Gegnererklärung der Staatsanwaltschaft **347** 6
– Mitteilung der Gegnererklärung **347** 7
– Revisionsschrift **347** 3
– Zustellung **347** 3

Revision, Zurückverweisung
anderer Spruchkörper **354** 53 f
anderes Gericht gleicher Ordnung **354** 61
anderes Gericht niederer Ordnung **354** 63
bei Berufungsurteilen **354** 52
Berufungsverhandlung ohne Angeklagten **329** 79
Beweisaufnahme, Umfang **354** 70
Bindungswirkung der Aufhebung
– Aufhebung bei Tateinheit/Tatmehrheit **353** 27 f
– Aufrechterhaltung von Feststellungen **353** 32
– erneute Revision **353** 34
– fehlerhafter Strafausspruch **353** 29
– Feststellungen des Revisionsgerichts allgemein **354** 68
– teilweise Urteilsaufhebung **353** 26
– unrichtige Feststellungen **353** 30
Bindungswirkung von Sachentscheidungen
– Änderung der Rechtsprechung **358** 12
– allgemein **358** 1
– Analogieverbot **358** 3
– Aufhebungsansicht des Revisionsgerichts **358** 5
– Beurteilung rechtlicher Vorfragen **358** 4
– erneute Revision, Prüfungspflichten **358** 14
– erneute Revision, Selbstbindung **358** 15
– Feststellung in neuer Verhandlung **358** 9
– Grenzen **358** 10
– Veränderung der Sachlage, zwischenzeitliche **358** 13
– weitergehende Rechtsausführungen **358** 8
Entscheidung, neue **354** 72
Eröffnungsbeschluss, Abgabe an ein anderes Gericht **209a** 6
Fehlen eines anderen Spruchkörpers **354** 55
Feststellungen des neuen Urteils **354** 71
Gericht, zuständiges
– allgemein **355** 1
– analoge Anwendung **355** 2
– Bindungswirkung der Verweisung **355** 13
– zu Unrecht für zuständig erachtet **355** 7
– Verweisung, Form **355** 11
– zuständiges Gericht **355** 8
– Zuständigkeitsbegriff **355** 4
Mitwirkung eines früheren Richters **354** 57
Nachtragsentscheidungen, Zuständigkeit **354** 74
Verhandlung/Entscheidung des Tatrichters, neue **354** 51
Verschlechterungsverbot allgemein **358** 18
Verschlechterungsverbot, Prüfungsumfang **358** 23

Revision, Zustellung des angefochtenen Urteils
Aktenverlust, weiteres Verfahren **343** 9
allgemein **343** 4
Empfänger **343** 8
Inhalt **343** 7
Verfahren **343** 6
Voraussetzungen **343** 5

Revisionsbegründung, Form der Anbringung
Anspruch auf Protokollaufnahme **345** 37
Anwendungsbereich **345** 14
Begründungsschrift **345** 20
Erklärung zu Protokoll **345** 32
Förmlichkeiten der Protokollaufnahme **345** 34
protokollierender Beamter **345** 31

protokollierendes Gericht **345** 30
Prüfungspflichten bei der Protokollaufnahme **345** 35
Rechtsanwalt **345** 18
Rechtsschutz **345** 41
Unterzeichnung der Begründungsschrift **345** 22
Verantworten des Inhalts, Erkennbarkeit **345** 27
Verteidiger **345** 17
Wiedereinsetzung bei Fristversäumung **345** 41
Zweck der Protokollaufnahme **345** 35
Zweck der Regelung **345** 16
Revisionsbegründung, Frist
Beginn allgemein **345** 4
Beginn bei Entscheidung nach Verspätung **345** 10
Beginn bei Urteilsberichtigung **345** 8
Beginn bei Urteilszustellung **345** 5
Beginn für den Nebenkläger **345** 11
Beginn nach Wiedereinsetzung **345** 9
Dauer, Bedeutung **345** 1
Fristwahrung **345** 13
zuständiges Gericht **345** 12
Revisionsgründe, absolute
Abwesenheit eines Beteiligten, gesetzwidrige
– Abwesenheit **338** 83
– allgemein **338** 80
– Angeklagter **338** 88
– Begründung der Revision **338** 138
– sonstige Beteiligte **338** 97 ff
– Staatsanwalt **338** 87
– Verteidiger **338** 93
allgemein **338** 1
Ausschließung kraft Gesetzes **338** 61
Begründung der Revision **338** 132 f
Beschränkung der Verteidigung, unzulässige
– allgemein **338** 124
– Begründung der Revision **338** 141
– Privat- und Nebenkläger, Einziehungsberechtigte **338** 131
– unzulässige Beschränkung **338** 126
– Vorliegen eines Beschlusses **338** 129
– wesentlicher Punkt **338** 125
Besetzungsrüge, gesetzlicher Richter **GVG 16** 28
fehlende Entscheidungsgründe
– allgemein **338** 115
– analoge Anwendung **338** 118
– mangelhafte Entscheidungsgründe **338** 117
– Umfang **338** 116
Heilung des Verstoßes **338** 3
Mitteilung der Gerichtsbesetzung, vorausgegangene
– Anwendungsbereich im Revisionsrecht **338** 47
– Ausnahmen vom Rügeausschluss **338** 54
– Ausschluss der Besetzungsrüge, Grundsatz **338** 52
– fehlerhafte Behandlung des Einwands **338** 57
– Unterbrechung, nicht erfolgte **338** 58
– Verletzung der Mitteilungspflicht **338** 55
– Weiterverhandlung, vorschriftswidrige **338** 60
– Zweck der Regelungen **338** 45
Mitwirkung nach Befangenheitsablehnung
– allgemein **338** 62
– Anfechtbarkeit der Entscheidung **338** 63
– Begründung der Revision **338** 136
– Prüfung des Revisionsgerichts **338** 64
– Verwerfung, unrichtige **338** 65
Öffentlichkeit des Verfahrens
– allgemein **338** 103
– Anwendungsbereich **338** 105
– Ausschluss, gesetzlicher **338** 107
– Begründung der Revision **338** 139
– Öffentlichkeitsbeschränkungen, einzelne **338** 109
– Ton- Rundfunk- Filmaufnahmen **338** 106
– Verschulden des Gerichts **338** 113
Urteilsabsetzung, verspätete
– allgemein **338** 119
– Begründung der Revision **338** 140
– Ergänzung, nachträgliche **338** 123
– Fristüberschreitung **338** 121
Urteilsaufhebung **338** 4
Vorschriftswidrige Gerichtsbesetzung
– allgemein **338** 6
– Anspruch auf den gesetzlichen Richter **338** 13
– ausdrückliche gesetzliche Bestimmung **338** 12
– Begründung der Revision **338** 134
– erkennendes Gericht **338** 8
– Geschäftsverteilung, Mängel/Abweichung/Änderung **338** 21 ff
– Geschäftsverteilungsplan **338** 18 ff
– Mängel, personenbezogene **338** 38
– negativer Kompetenzkonflikt **338** 19
– Präsidium, fehlerhafte Zusammensetzung **338** 20
– Richter auf Probe **338** 16
– Richter, gesetzlich berufener **338** 9
– Schöffen, gesetzlich berufene **338** 29
– Überbesetzung von Spruchkörpern **338** 15
– Zuweisungsmerkmale, allgemeine, abstrakte **338** 14

Zuständigkeit, fehlende
- allgemein **338** 66
- Begründung der Revision **338** 137
- besondere gleichrangiger Spruchkörper **338** 74
- Jugendgerichte **338** 77
- örtliche **338** 67
- sachliche **338** 69
- Schifffahrtsgerichte **338** 75
- Zurückverweisung **338** 79

Revisionsgründe, einzelne
Ablehnung der Unterbringung zur Begutachtung **81** 45
Ablehnung eines Referendars als Strafverteidiger **139** 15
Ablehnung präsenter Beweismittel **245** 89 ff
Ablehnung von Beweisanträgen **244** 359 ff
Absehen von Vereidigung, Ermessen **61** 43 ff
Abstimmung, Fehler **263** 19
Änderung der gerichtlichen Zuständigkeit **225a** 71
Akteneinsicht des Verteidigers, Versagung **147** 172
Anhörung der Beteiligten, gerichtliche **33** 25
Anhörungen während der Beweisaufnahme **257** 25 ff
Anordnung persönlichen Erscheinens **236** 17
Anwesenheit in der Hauptverhandlung **226** 20
Anwesenheit/Benachrichtigung bei Vernehmung **168c** 64
Aufklärungspflicht, Verletzung durch das Gericht **244** 347 ff
Auskunft über Telekommunikationsverbindung **100h** 37
Auskunftsverweigerungsrecht, Verfolgungsgefahr **55** 27 ff
Aussetzung bei Änderung des rechtlichen Gesichtspunktes **265** 110 ff
Aussetzung der Hauptverhandlung, Ablehnung **228** 29 ff
Aussetzungsantrag bei Beweiserhebung **246** 22 ff
Befangenheit eines Sachverständigen
- Begründung der Rüge **74** 45
- Behandlung der Rüge **74** 44
- Rüge **74** 41

Befragungsrecht in der Hauptverhandlung **241** 29 ff
Beistand, Zulassungsverfahren **149** 21
Belehrung über Eidesverweigerungsrecht des Angehörigen **63** 9
Benachrichtigung Betroffener (verdeckte Datenerhebung) **101** 22
Berücksichtigung eingestellter Taten **154** 81
Berufen des Zeugen auf früheren Eid **67** 20 ff
Berufung, Prüfungsgegenstand des Gerichts **327** 18
Berufung, Verbot der Verschlechterung **331** 117
Berufung, Verlesung von Schriftstücken **325** 29
Berufung, Verweisungsentscheidung **328** 51 ff
Berufungsurteil nach Sprungrevision **335** 26
Berufungsverhandlung ohne Angeklagten **329** 95 ff
Berufungsverhandlung, Berichterstattung **324** 31
Berufungsverhandlung, Schlussvorträge **326** 6
Beschlagnahme, Anordnung **98** 78
Beschlagnahmeverbot **97** 151
beschleunigtes Verfahren, Beweiserhebung **420** 44
Bestellung von Sachverständigen/Gutachtenverwertung **73** 37
Beweiserhebung bei Bild-Ton-Aufzeichnungen **255a** 26
Beweiserhebung, unterlassene **244** 371
Beweiswürdigung, freie richterliche **261** 171 ff
Datenabgleich (justizintern) **98c** 18
DNA-Analyse bei Wiederholungsgefahr **81g** 64 f
Dolmetscher, Hinzuziehung/Übersetzung **GVG 185** 24
Dolmetscher, Vereidigung **GVG 189** 11
Durchsuchung **105** 121; **106** 17
Durchsuchung, Durchsicht von Papieren **110** 24
Durchsuchung, Zufallsfunde **108** 20
Eidesleistung eines Zeugen (Form) **66c** 9; **66d** 8
Einstellung bei Auslieferung oder Ausweisung **154** 80 ff; **154b** 16
Einstellungen bei falscher Verdächtigung/Beleidigung **154e** 22 f
Einstellungsregelungen nach den §§ 153 ff; **153** 96; **153b** 22; **153e** 21
Entbindung von der Gutachterpflicht **76** 9
Entfernen des Angeklagten bei Vernehmungen **247** 52 ff
Entscheidung über Verhandlungsleitung des Vorsitzenden **238** 41 ff
Entscheidungen im Eröffnungsverfahren, gerichtliche **201** 38 ff
Ergänzungsschöffe, fehlerhafte Hinzuziehung **GVG 48** 3
Ermittlung, verdeckte mit technischen Mitteln **100d** 53
Ermittlungen der Polizei **163** 108
Ermittlungsrichter, Untersuchungshandlungen **162** 53

Eröffnungsbeschluss, Abgabe an ein anderes Gericht **209** 48 ff; **209a** 43 ff
Eröffnungsbeschluss, Ablehnung von Aussetzungsanträgen **207** 73
Eröffnungsbeschluss, mangelhafter **207** 71
Eröffnungsbeschluss, unklare Verfahrenslage **207** 72
siehe Sachverständiger
Eröffnungsbeschluss, unwirksamer **207** 70
Eröffnungsverfahren, Neuaufnahme nach Ablehnung **211** 24
Ersetzen der Vernehmung durch Protokollverlesung **251** 95 ff
Fortsetzung der Verhandlung nach Ablehnung **29** 43
Gericht, fehlerhafte Beratung/Abstimmung **GVG 193** 30
gerichtliche Beweiserhebungen im Eröffnungsverfahren **202** 18
Gerichtsbesetzung, Besetzungsrüge **222b** 43 ff
Gerichtsstand, Einwand der Unzuständigkeit **16** 18
Geschäftsverteilung innerhalb der Spruchkörper **GVG 21g** 22
Glaubhaftmachung des Zeugnis-/Auskunftsverweigerungsrecht **56** 10
Hauptverhandlung ohne Angeklagten **232** 42 ff; **233** 39; **234** 19; **234a** 23
Hauptverhandlung ohne Angeklagten, Verhandlungsunfähigkeit **231a** 47 ff
Hauptverhandlung, Belehrung über Schweigerecht **243** 108
Hauptverhandlung, Gelegenheit zur Äußerung **243** 112
Hauptverhandlung, Verlesung des Anklagesatzes **243** 107
Herausgabefreiheit bei Sicherstellung **95** 43
kommissarische Vernehmung, fehlerhafte **224** 35
Kontrollstellen, Einrichtung von **111** 37
Kreuzverhör von Zeugen/Sachverständigen **239** 13; **241** 29 ff
Ladung des Angeklagten zur Hauptverhandlung **216** 18
Landgericht, reduzierte Kammerbesetzung **GVG 76** 16
Mängel der Anklageschrift **200** 60
Maßnahmen eines ausgeschlossenen Richters **22** 59
Mobilfunkendgerät, Überwachung **100i** 41
Nachtragsanklage/Unterbrechung der Verhandlung **266** 36 ff
Nachverfahren bei Vorbehalt der Sicherungsverwahrung **Nachtr. 275a** 39 f
Nachverfahren/objektives Verfahren **441** 23 f
nächtliche Haussuchung **104** 15
Namhaftmachung der Zeugen/Sachverständigen **222** 23 ff
Nichtverfolgung gegen Auflagen/Weisungen, vorläufige **153a** 143
notwendige Verteidigung, Beiordnung/Entpflichtung **141** 54 ff; **142** 38; **143** 17; **145** 41
Observation, längerfristige **163f** 23
Öffentlichkeit der Urteilsverkündung, Verstoß **GVG 173** 6
Öffentlichkeit, Ausschluss einzelner Personen **GVG 175** 16
Öffentlichkeit, Ausschlussentscheidung **GVG 174** 17 ff
Pflichtverteidiger, Unterlassen der Ladung **218** 30
Postbeschlagnahme **99** 32; **100** 50
Rasterfahndung **98b** 34
Rechtsbeistand für Nebenklagebefugte **406g** 29
Sachverhaltsermittlung durch die Staatsanwaltschaft **160** 69 f
Schleppnetzfahndung **163d** 85
Schlussvortrag (Plädoyer), Gelegenheit **258** 54 ff
Schöffe, willkürliche Entbindung **GVG 54** 20
Schriftform für Erklärungen zum Verfahren **257a** 18
Sitzungspolizei, Entfernung des Angeklagten **GVG 177** 35
Sperrerklärung der obersten Dienstbehörde **96** 112 ff
Strafbefehlsverfahren, Verwerfungsurteil **412** 44, 51 f
teilweises Fernbleiben von Mitangeklagten **231c** 24 ff
Telekommunikationsüberwachung **100a** 117; **100b** 51
unterbliebene Vereidigung eines Zeugen **59** 20; **60** 62
Unterbrechung der Hauptverhandlung **229** 45
Unterrichtung des Sachverständigen **80** 13
Untersuchung nicht tatverdächtiger Personen
– fehlende/fehlerhafte Belehrung **81c** 65
– Nichtvorliegen der Voraussetzungen **81c** 64
– Verstoß gegen Verwertung/Vernichtung **81c** 67
unzulässige Vereidigung eines Zeugen **59** 21; **60** 63
Urkundenbeweis, Selbstleseverfahren **249** 111
Urkundenbeweis, Verlesen von Behörden-/Ärzteerklärungen **256** 62 ff
Urkundenbeweis, Vorrang persönlicher Vernehmung **250** 38
Urteil ohne vorangegangene Beratung **260** 128

Urteil, mangelnde Form/fehlende Absetzung **275** 71 ff
Urteilsgegenstand, Bindung an angeklagte Tat **264** 74
Urteilsgründe, Inhalt/Darstellung **267** 161 ff
Urteilstenor, unrichtiger **260** 129 ff
Urteilsverkündung, Fehler **268** 63 ff
Verbindung mehrerer Strafsachen **237** 23 ff
Verbindung/Trennung von Verfahren **2** 67
verdeckter Ermittler **110a** 39 ff
Vereidigung Eidesunfähiger **60** 60
Vereidigung Eidesunmündiger **60** 59
Vereidigung eines Sachverständigen **79** 22 ff
Vereidigung im Privatklageverfahren **62** 16 ff
Verfahren nach dem DNA-IFG **Anhang 81g** 18
Verhandeln in Abwesenheit des Angeklagten **231** 35 f
Verhandeln ohne störenden Angeklagten **231b** 23
Verhandlungsleitung, sachlicher Verfahrensgang **238** 40
Verkehr des Beschuldigten mit dem Verteidiger, Einschränkung **148a** 22
Verletzung des Öffentlichkeitsgrundsatzes **GVG 169** 56 ff
Vernehmung des Beschuldigten (Ermittlungsrichter)
- allgemein **136** 77
- Nichtbelehrung über die Aussagefreiheit **136** 78
- Nichtbelehrung über die Verteidigerkonsultation **136** 81
- Revisionsbegründung **136** 82

Vernehmung des Zeugen zur Sache **69** 15 ff
Vernehmungsprotokoll, Verlesung bei Geständnis/Wiederspruch **254** 29 ff
Vernehmungsprotokoll, Verlesung bei Zeugnisverweigerung **252** 43 ff
Vernehmungsprotokoll, Verlesung zur Gedächtnisunterstützung **253** 26
Verstoß gegen Beschränkung gerichtlicher Untersuchung und Entscheidung **155** 10 f
Verwertung einer Aussage trotz Beweisverwertungsverbots **136a** 70
Verwertung von Ergebnissen körperlicher Untersuchung **81a** 101
Vollzug der Untersuchungshaft **119** 163
vorläufige Einstellung nach § 205 **205** 34
Wiederaufnahme nach § 154 **154** 82
Wiedereinbeziehung nach Beschränkung der Strafverfolgung **154a** 46 ff
Zeugnisverweigerungsrecht, Aussageverwertung **52** 55
Zeugnisverweigerungsrecht, berufliche Gründe **53** 77; **53a** 13; **Nachtr. 53** 18
zivilrechtliche Vorfrage, Mitentscheidung/Aussetzung **262** 72 ff
Zurückweisung des Wahlverteidigers, gerichtliche **Vor 137** 176 f; **146a** 16 ff
Zuständigkeitsbestimmung bei bes. Strafkammern **6a** 24
Zwangsmittel bei Ausbleiben des Angeklagten **230** 51 ff

Revisionsgründe, relative (Gesetzesverletzung)
Anwendungsbereich der Regelung **337** 2
Bedeutung der Regelung **337** 1
Beruhen auf fehlerhafter Rechtsfolgenentscheidung **337** 265
Beruhen auf fehlerhafter Schuldfeststellung **337** 264
Beruhen auf Verfahrensfehlern **337** 256
Beruhen auf Verfahrensfehlern, Heilung **337** 261
Beruhen des Urteils auf Gesetzesverletzung **337** 254
Beschwer bei Verfahrensrügen allgemein **337** 93
Beschwer bei Verfahrensrügen, Rechtskreistheorie **337** 95
Bindung an Beweiswürdigung und -feststellung **337** 33
Bindung an doppelrelevante Tatsachen **337** 35
Entscheidung bei Prozesshindernissen **337** 32
Ermessensentscheidungen, nicht überprüfbare **337** 91
Gesetzesverletzung, Begriff **337** 6
Prüfung von Verfahrensvoraussetzungen **337** 29
Rechtsnormen, Abgrenzungen **337** 9 ff
Rechtsnormen, revisible **337** 7
Sach- und Verfahrensrüge, Abgrenzung **337** 66
Soll-/Ordnungsvorschriften **337** 15 ff
ungeschriebenes Recht/Rechtsgrundsätze **337** 11, 14
Verfahrensrüge, Beweisbarkeit
- allgemein **337** 70
- Beweisaufnahme, Wiederholungsverbot **337** 77
- Feststellung im Freibeweis **337** 74
- Gegenbeweis durch Augenscheinobjekte **337** 85
- Gegenbeweis durch Sitzungsprotokoll **337** 86
- Gegenbeweis durch Urkundenverlesung **337** 80
- Gegenbeweise, zulässige **337** 79
- Sitzungsniederschrift **337** 71

– Urteilsgründe **337** 73
– Zweifelsfälle **337** 76
Verfahrensvoraussetzungen bei Teilrechtskraft **337** 30
Verfassungsmäßigkeit der Rechtsnorm **337** 25
Verletzung bei Bewertung tatsächlicher Umstände **337** 89
Verletzung bei Ermessensentscheidungen **337** 87
Verletzung durch den Rechtsfolgenausspruch
– Absehen von Strafe (§ 60 StGB) **337** 242
– allgemein **337** 180
– Angreifbarkeit, Grenzen **337** 194
– Angreifbarkeit, grundsätzliche **337** 189
– Anrechnung von Freiheitsentzug etc. (§ 51 StGB) **337** 229
– Begründungsinhalt und -umfang **337** 184
– Begründungspflicht des Tatrichters **337** 181
– Berechenbarkeit der Entscheidung **337** 200
– besondere gesetzliche Milderungsgründe (§ 49 StGB) **337** 228
– besondere Schwere der Schuld (§§ 57a, b StGB) **337** 240a
– besonders/minder schwere Fälle **337** 218
– Geldstrafe, zusätzliche (§ 41 StGB) **337** 207
– Gesamtstrafe (§§ 53 ff StGB) **337** 231
– Maßregeln der Besserung und Sicherung (§§ 61 ff StGB) **337** 244
– Regelbeispiele **337** 220
– Rückfallschärfung (§ 48 a. F. StGB) **337** 227
– Strafaussetzung zur Bewährung (§ 56 StGB) **337** 234 ff
– Strafmaß, außergewöhnlich geringes/hohes **337** 197
– Strafzumessung (§ 46 StGB) **337** 209
– Täter-Opfer-Ausgleich (§ 46a StGB) **337** 222
– Tagessatzhöhe, Bemessung (§ 40 StGB) **337** 205
– Unerlässlichkeit der Freiheitsstrafe (§ 47 StGB) **337** 224
– Verfall und Einziehung (§§ 73 ff StGB) **337** 252
– Vergleichbarkeit der Entscheidung **337** 203 f
– Vertretbarkeit der Entscheidung **337** 201 f
– Verwarnung mit Strafvorbehalt (§ 59 StGB) **337** 241
– Zahlungserleichterungen (§ 42 StGB) **337** 208
Verletzung durch Urteilsbegründung (Darstellungsrüge)
– Beweiswürdigung allgemein **337** 144
– Beweiswürdigung, Einzelheiten **337** 148
– Darstellung von Augenscheinsobjekten **337** 137
– Denkgesetze, allgemeine/Logik **337** 165
– Erfahrungssätze allgemein **337** 170
– Erfahrungssätze ohne Allgemeingültigkeit **337** 174
– Erfahrungssätze, allgemeingültige **337** 171
– Grundlagen, Entwicklung **337** 120
– offenkundige Tatsachen **337** 179
– Sachdarstellung allgemein **337** 131
– Sachdarstellung, Geschlossenheit **337** 133
– Sachdarstellung, vollständige/verständliche **337** 135
– Sachverständigengutachten **337** 140
– System und Problematik **337** 124
– Trennung von Handlungen und Tatsachen **337** 141
– Überzeugungsbildung allgemein **337** 157
– Überzeugungsbildung bei Freispruch **337** 161
– Überzeugungsbildung bei Verurteilung **337** 159
– Wiedergabe von Schriftstücken **337** 137
Verletzung sachlichen Rechts
– allgemein **337** 99
– Augenscheineinnahme, ergänzende **337** 106
– Auslegung des Gesetzes **337** 109
– Auslegung von Äußerungen/Urkunden **337** 117
– Inhalt der Akten **337** 104
– Kontrolle der Gesetzesanwendung **337** 108
– Tatbestandsmerkmale, deskriptive und normative **337** 111
– unbestimmte Rechtsbegriffe **337** 111
– Urteilsurkunde, Beschränkung der Prüfung **337** 101
Verletzung sonstigen Verfahrensrechts **337** 69
Verletzung von Verfahrensvoraussetzungen
– abgelehnte Eröffnung des Hauptverfahrens **337** 63
– Abwesenheit des Angeklagten **337** 38
– Anklageschrift **337** 42
– besonderes öffentliches Interesse, Erklärung **337** 59
– Einstellung bei falscher Verdächtigung/Beleidigung **337** 47
– Eröffnungsbeschluss **337** 44
– Immunität, parlamentarische **337** 46
– Niederschlagung durch Straffreiheitsgesetze **337** 60
– Privatklage, Zulässigkeit **337** 48
– Rechtshängigkeit, anderweitige **337** 49
– rechtskräftige Berufungsbeschränkung **337** 54
– rechtskräftiger Schuldspruch **337** 57

- rechtskräftiger Strafbefehl **337** 51
- rechtskräftiges Berufungsurteil **337** 52
- Rechtskraft vorausgegangener Entscheidungen **337** 50
- Strafantrag **337** 58
- Strafermächtigung **337** 45
- Strafklageverbrauch **337** 62
- Strafverlangen **337** 45
- Verhandlungsfähigkeit **337** 39
- Verjährung **337** 64
- Zuständigkeit, sachliche **337** 65

Verlust von Verfahrensrügen
- allgemein **337** 267
- Anrufung des Gerichts, unterlassene **337** 279
- Verwirkung bei Arglist/dysfunktionalem Verhalten **337** 281
- Verzicht allgemein **337** 269
- Verzicht, Erklärung **337** 274
- Verzicht, unverzichtbare Vorschriften **337** 271
- Verzicht, verzichtbare Vorschriften **337** 273
- Wiederholung von Anträgen, unterlassene **337** 277 f
- Zeitablauf **337** 268

Vorlage nach Art. 100 Abs. 1 GG **337** 26 ff

Richter
siehe auch Gericht
Ablehnung
siehe dort
Aufsicht über Referendare **GVG 10** 5 f
Aussagegenehmigung der Dienstbehörde **54** 5
Begriff **GVG Vor 1** 7
Beweiserhebung bei Zuständigkeitsänderung/Verweisung **270** 39 ff
Entscheidung über Verhandlungsleitung des Vorsitzenden **238** 36
Eröffnungsbeschluss, Abgabe an ein anderes Gericht **209** 35
Europäischer Gerichtshof für Menschenrechte **MRK Anhang/Verfahren** 4, 6 ff
Festnahme bei Amtsverrichtungen
siehe dort
Geschäftsverteilungsplan, Unabhängigkeit **GVG 21e** 6
Hauptverhandlungsprotokoll, Inhalt **272** 9
Rechtsstellung in der Hauptverhandlung **226** 1; **Vor 226** 22 ff, 34
Revision, körperliche Behinderung des Richters **338** 39 ff
Schöffenungeeignetheit **GVG 34** 7
Staatsanwaltschaft, Dienstaufsicht **GVG 151** 3
Status, Abgrenzung zum Beamten **GVG Vor 1** 9
Strafbefehlsverfahren, Zuständigkeit **407** 58
Tätigkeit als Staatsanwalt **GVG 148** 5
Unabhängigkeit **GVG Vor 1** 2; **GVG 21a** 3
siehe dort
Wiederaufnahme des Verfahrens bei Amtspflichtverletzung **359** 34; **362** 7
Zeugnisfähigkeit **Vor 48** 37
Zuständigkeit
siehe Amtsgericht

Richter als Verfahrensbeteiligter
Abgrenzung der Zuständigkeiten **Einl. I** 25
Aburteilungsmonopol **Einl. I** 7
Aufbau und Zuständigkeit der Gerichte **Einl. I** 22
gesetzlicher Richter, Grundrecht **Einl. I** 17
Laienrichter, Entwicklungsgeschichte **Einl. I** 28
Laienrichter, Funktion/Legitimation **Einl. I** 30
Laienrichter, Schöffen **Einl. I** 36
Laienrichter, Umfang der Mitwirkung **Einl. I** 33
Rechtspfleger **Einl. I** 38
Tätigkeiten im Strafverfahren **Einl. I** 9
Unabhängigkeit allgemein **Einl. I** 13 ff
Urkundsbeamter der Geschäftsstelle (UdG) **Einl. I** 39
zugeordnete Beteiligte, Gerichtshilfe **Einl. I** 37
Zuständigkeitskonflikte **Einl. I** 27

Richter auf Lebenszeit
Amtsgericht **GVG 22** 11
Präsidium, Wahlberechtigung **GVG 21b** 1

Richter auf Probe
Amtsgericht, Tätigkeit **GVG 22** 12 ff
Landgericht, Einsetzung **GVG 59** 8 ff
Landgericht, Kammerbesetzung **GVG 76** 24
Landgericht, Vertretung eines Mitgliedes **GVG 70** 8 ff
Präsidium, Wahlberechtigung **GVG 21b** 1
Revision, fehlerhafte Gerichtsbesetzung **338** 16

Richter auf Probe/kraft Auftrags (Landgericht)
allgemein **GVG 59** 8
Art der Verwendung **GVG 59** 13
Erkennbarkeit des Grundes **GVG 59** 10
Überzahl an Hilfsrichtern **GVG 59** 12
Verhältnis Hilfsrichter zu Planstellen **GVG 59** 11
Verwendungsgründe **GVG 59** 9

Richter auf Zeit
Präsidium, Wahlberechtigung **GVG 21b** 1

Richter der ehemaligen DDR
Gericht, Teilnahme an Beratung/Abstimmung **GVG 193** 14

Richter kraft Auftrags
Amtsgericht, Tätigkeit **GVG 22** 12 ff
Landgericht, Einsetzung **GVG 59** 8 ff
Landgericht, Kammerbesetzung **GVG 76** 24

Landgericht, Vertretung eines Mitgliedes **GVG 70** 8 ff
Präsidium, Wahlberechtigung **GVG 21b** 1
Richter, beauftragter
Ausschluss der Beschwerde **305** 14
Beschwerde gegen Entscheidungen **304** 70
Bewährung, Aussetzung des Strafrestes **454** 25 ff
Beweissicherungsverfahren **289** 3
kommissarische Vernehmung **223** 28; **224** 7 ff
Protokollverlesung zur Gedächtnisunterstützung **253** 22
Richter als Verfahrensbeteiligter **Einl. I** 12
Vernehmung zur Hauptverhandlung ohne Angeklagten **233** 25
Wiederaufnahme des Verfahrens, Beweisaufnahme **369** 12
Zeuge, Folgen des Ausbleibens **51** 23
Zwangsmaßnahmen bei Zeugnis-/Eidesverweigerung **70** 36
Richter, beisitzender
Befragungsrecht in der Hauptverhandlung **240** 8
Vorsitzender eines Spruchkörpers **GVG 21f** 11, 31
Richter, ehrenamtlicher
siehe Schöffe
Richter, Ergänzungsrichter GVG 192 3 ff
Gerichtsbesetzung, Besetzungsrüge **222b** 19
Geschäftsverteilungsplan **GVG 21e** 14
Richter, ersuchter
Beschwerde gegen Entscheidungen **304** 69
Bewährung, Aussetzung des Strafrestes **454** 25 ff
Beweissicherungsverfahren **289** 3
gerichtliche Beweiserhebungen im Eröffnungsverfahren **202** 13
kommissarische Vernehmung **66b** 1 ff; **223** 29 ff
Protokollverlesung zur Gedächtnisunterstützung **253** 22
Richter als Verfahrensbeteiligter **Einl. I** 12
Vernehmung zur Hauptverhandlung ohne Angeklagten **233** 25
Wiederaufnahme des Verfahrens, Beweisaufnahme **369** 12
Zeuge, Folgen des Ausbleibens **51** 23
Zwangsmaßnahmen bei Zeugnis-/Eidesverweigerung **70** 36
Richter, Hilfsrichter
Geschäftsverteilungsplan **GVG 21e** 13
Richter, Verbot der Entziehung des gesetzlichen Richters
Adressat des Verbots **GVG 16** 9
Anzahl der entscheidenden Richter **GVG 16** 21
Besetzung des Spruchkörpers **GVG 16** 19
Besetzungsrüge **GVG 16** 28
Eingriff in fremde Zuständigkeit **GVG 16** 25
gesetzliche (bewegliche) Zuständigkeiten **GVG 16** 15 ff
Inhalt des Verbots **GVG 16** 10
Kontrolle **GVG 16** 24
materieller Gehalt des Art. 101 Abs. 1 Satz 2 GG **GVG 16** 12
persönliche/zeitliche Anforderungen an Richter **GVG 16** 22
Rechtsinhaber **GVG 16** 14
Schöffen, Heranziehung **GVG 16** 23
Überbesetzung von Spruchkörpern **GVG 16** 20
verfassungsrechtliche Vorschrift **GVG 16** 13
Wahlmöglichkeit bei der Zuständigkeit **GVG 16** 18
Willkür bei Verstoß **GVG 16** 26
Zweck des Verbots **GVG 16** 8
Richter, Vertretung der Kammermitglieder
Antrag des Präsidenten **GVG 70** 5
Antrag des Präsidiums **GVG 70** 4
Bedeutung der Vorschrift **GVG 70** 1
Beendigung bei Hilfsrichtern, vorzeitige **GVG 70** 10
Einsetzung des Vertreters **GVG 70** 7
Entscheidung der Justizverwaltung **GVG 70** 6
Hilfsrichter bei den Oberlandesgerichten **GVG 70** 11
landesrechtliche Bestimmungen **GVG 70** 12
eines Mitgliedes des Gerichts **GVG 70** 2
Möglichkeit **GVG 70** 3
Richter auf Probe/kraft Auftrags **GVG 70** 8
Richter auf Probe/kraft Auftrags, Dauer **GVG 70** 9
Richterrat
Anhörung bei Geschäftsverteilung **GVG 21e** 42
Richterwahlausschuss
Bundesgerichtshof **GVG 125** 6
Richtlinien für das Straf- und Bußgeldverfahren (RiStBV)
Anklageschrift, Form und Inhalt **200** 5
Einstellung mangels hinreichenden Tatverdachts **170** 35 ff, 43
gerichtliche Zuständigkeit, Bindung der StA **GVG 25** 6
Rubrum
der Anklageschrift **200** 7, 50
Urteilskopf
siehe dort
Rückgewinnungshilfe (§73 Abs. 1 Satz 2 StGB) 111b 48 ff

Rücknahme der Anklage
- Bedeutung der Vorschrift **156** 1
- besondere Verfahrensarten, Anwendbarkeit **156** 3
- Eröffnung des Hauptverfahrens **156** 2
- im Klageerzwingungsverfahren **175** 10
- Rechtsschutz **156** 19
- Rücknahmebefugnis nach Eröffnung **156** 9
- Rücknahmesperre vor Eröffnung **156** 7
- Strafbefehlsverfahren **411** 37 ff
- Unzulässigkeit, Grundsatz **156** 18
- Zulässigkeit, Form **156** 14
- Zulässigkeit, Umfang **156** 13
- Zulässigkeit, weiteres Verfahren **156** 17
- Zulässigkeit, Wirkung **156** 15
- Zulässigkeitsgründe **156** 10

Rücknahme von Prozesshandlungen Einl. J 23 ff
- beschleunigtes Verfahren **417** 15 ff
- Einziehungs-/Verfallsverfahren, Beiordnung **434** 14
- Nebenklage, Berechtigung **395** 26, 39
- Strafanzeige/Strafantrag **158** 22, 35
- Strafbefehlsverfahren, Einspruch **411** 10 ff, 50 ff

Rückwirkungsverbot von Strafgesetzen
- Änderung der Auslegung **MRK Art. 7 (Art. 15 IPBPR)** 6a
- allgemein **Einl. L** 48; **MRK Art. 7 (Art. 15 IPBPR)** 1
- analoge Anwendung **MRK Art. 7 (Art. 15 IPBPR)** 6
- Ausnahmen **MRK Art. 7 (Art. 15 IPBPR)** 16
- Begrenzung staatlicher Strafbefugnis **MRK Art. 7 (Art. 15 IPBPR)** 11
- Bestimmtheit **MRK Art. 7 (Art. 15 IPBPR)** 8
- Beugemaßnahmen **MRK Art. 7 (Art. 15 IPBPR)** 14
- Blankettvorschriften **MRK Art. 7 (Art. 15 IPBPR)** 8
- Dauertaten **MRK Art. 7 (Art. 15 IPBPR)** 6
- Disziplinarmaßnahmen **MRK Art. 7 (Art. 15 IPBPR)** 11
- Europäische Grundrechte-Charta **MRK Art. 7 (Art. 15 IPBPR)** 1
- Geldbußen **MRK Art. 7 (Art. 15 IPBPR)** 11
- Grenzen der Anwendung **MRK Art. 7 (Art. 15 IPBPR)** 11 ff
- Maßregel der Besserung und Sicherung **MRK Art. 7 (Art. 15 IPBPR)** 12
- Menschenrechte, Allgemeine Erklärung der **MRK Art. 7 (Art. 15 IPBPR)** 2
- mildere Gesetze, Rückwirkung **MRK Art. 7 (Art. 15 IPBPR)** 7
- Recht, internationales **MRK Art. 7 (Art. 15 IPBPR)** 10
- Rechtsbegriffe, unbestimmte **MRK Art. 7 (Art. 15 IPBPR)** 8
- Resozialisierung **MRK Art. 7 (Art. 15 IPBPR)** 13
- Strafbarkeit, gesetzliche Festlegung **MRK Art. 7 (Art. 15 IPBPR)** 6 ff
- Straftatbestand, gesetzliche Festlegung **MRK Art. 7 (Art. 15 IPBPR)** 6 ff
- Verbot im Sinne der Konventionen **MRK Art. 7 (Art. 15 IPBPR)** 6
- Verfahrensregelungen **MRK Art. 7 (Art. 15 IPBPR)** 15
- Verjährungsvorschriften **MRK Art. 7 (Art. 15 IPBPR)** 15
- Verschärfung der Rechtsfolgen **MRK Art. 7 (Art. 15 IPBPR)** 6
- Verwaltungszwang **MRK Art. 7 (Art. 15 IPBPR)** 14
- Völkervertragsrecht **MRK Art. 7 (Art. 15 IPBPR)** 10
- Vorbehalte bei Ratifizierung **MRK Art. 7 (Art. 15 IPBPR)** 4

Sachentscheidungsvoraussetzung
- *siehe Prozessvoraussetzung*

Sachrüge
- *siehe Revisionsgründe, relative*

Sachverständigengutachten
- Akteneinsicht **80** 4
- Anordnung der Mündlichkeit in der Hauptverhandlung **82** 6
- Anordnung der Schriftlichkeit im Eröffnungsverfahren **82** 4
- Auftragserteilung **78** 4
- ausländische Institute bei DNA-Analyse **81f** 23
- Befragung von Zeugen und Beschuldigten **80** 5, 12; **136** 3
- Befragung/Untersuchung des Beschuldigten **136** 3; **136a** 8
- Behördengutachten **Vor 72** 15
- Bekanntgabe der Anknüpfungstatsachen **78** 9
- Bewährung, Aussetzung des Strafrestes **454** 51; **Nachtr. 454** 1 ff
- Beweiswürdigung, freie richterliche **261** 21, 90 ff
- Ermittlungsmaßnahmen der Staatsanwaltschaft **161** 33
- Fachbehörden-Gutachten **83** 9
- Geld- oder Wertzeichenfälschung (Vorlage, Begutachtung) **92** 1
- Geld- oder Wertzeichenfälschung (zuständige Behörde) **92** 2
- Gutachten zur Unterbringung **80a** 1
- Gutachtenerstattung im Vorverfahren **82** 1

Informationserlangung allgemein **72** 8; **80** 1
kriminaltechnischer Sachbeweis **Vor 72** 21
mündliche/schriftliche Gutachtenerstattung **82** 3
ungenügendes Gutachten
– Anwendungsbereich der Vorschrift **83** 1 f
– Auswahl des Sachverständigen **83** 7
– Mängel **83** 3
– neue Begutachtung **83** 5
Unterbringung des Beschuldigten zur Begutachtung *siehe Unterbringung zur Begutachtung*
Urteilsgründe, Inhalt/Darstellung **267** 61
Veranlassen sonstiger Beweiserhebungen **80** 10
Veranlassen von Vernehmungen **80** 5
Verfahren bei Gutachtenvorbereitung (zur Unterbringung) **80a** 4
Verwertung des Gutachtens im Urteil **Vor 72** 17
Vorbereitung des Gutachtens (zur Unterbringung) **80a** 3
Wiederaufnahme des Verfahrens bei neuem **359** 113

Sachverständiger (allgemein)
Abgrenzung zu anderen Beweismitteln **Vor 72** 16
Abgrenzung zum Zeugen *siehe dort*
Ablehnung von Beweisanträgen **244** 295 ff
Abwesenheit als absoluter Revisionsgrund **338** 101
ärztliche, Zeugnisverweigerungsrecht **53** 35
Amtsträger **81f** 21
Anhörung bei Unterbringung zur Begutachtung **81** 16
Antrag auf Unterbringung zur Begutachtung **81** 6
Anwendbarkeit von Zeugenvorschriften **72** 1 f
Anwesenheitsrecht in der Hauptverhandlung **80** 11
Aufgabe, Funktion **Vor 72** 3
Aufgaben im Strafverfahren **Vor 72** 7
Aufklärungspflicht, Beweisaufnahme **244** 71 ff
Aussage als Prozesshandlung **Einl. J** 10
Ausschließung als Richter **22** 42
beauftragter Sachverständiger **Vor 72** 6
Bedeutung und Anforderungen im Strafverfahren **Vor 72** 4
Beiordnung eines Rechtsanwalts **72** 22
Belehrung bei Auftragserteilung **78** 5
Beschwerdeberechtigung allgemein **304** 51
Betreuung allgemein **78** 1
Beweisantrag auf Hinzuziehung eines weiteren **244** 306 ff
Beweisaufnahme, Hauptverhandlung **244** 12
Beweiserhebung bei möglicher Unterbringung **246a** 1 ff
Dolmetscher **GVG 185** 1; **GVG 186** 9
unlauteres Einwirken des Beschuldigten **112** 48
Entlassung in der Hauptverhandlung **248** 1 ff
Entschädigung nach dem ZuSEG **72** 25; **84** 1 ff
Europäischer Gerichtshof für Menschenrechte **MRK Anhang/Verfahren** 18
Freiheitsentziehung, Rechte bei **MRK Art. 5 (Art. 9, 11 IPBPR)** 79b, 82
Gutachten, berechtigte Verweigerung *siehe unten*
Hinzuziehung, Auswahl *siehe unten*
vom Hörensagen, Vorrang der Personalbeweises **250** 30
kommissarische Vernehmung **223** 6 ff
Ladung **72** 3
Ladung zur Berufungsverhandlung **325** 9, 27
Ladungen durch den Angeklagten **220** 2, 20
Nachverfahren bei Vorbehalt der Sicherungsverwahrung **Nachtr. 275a** 15, 26
Nebenkläger, Rechtsstellung **397** 17
öffentliche Ausübung (Pflichten) **75** 3
öffentliche Bestellung (Pflichten) **75** 2; **81f** 19
öffentliche Bestellung zur Ausübung (Pflichten) **75** 4
öffentliche Ermächtigung zur Ausübung (Pflichten) **75** 5
Öffentlichkeitsausschluss bei Gefährdung **GVG 172** 12, 49
persönliches Beweismittel **Vor 72** 2
Personalangaben in der Anklageschrift **200** 35 ff
Pflicht bei Bereiterklärung **75** 6
Pflichten allgemein **75** 1
Pflichten Zumutbarkeit **75** 7
Pflichten, Inhalt **75** 8
präsente Beweismittel des Gerichts **245** 11 ff
präsente Beweismittel von StA/Verteidigung **245** 46 ff
Protokoll über Untersuchungshandlung *siehe dort; siehe auch Vernehmung durch die Staatsanwaltschaft*
Rechtsmittel, Einlegungsbefugnis **296** 1
Rechtsschutz (Gutachten zur Unterbringung) **80a** 5
Rechtsschutz (Unterrichtung) **80** 13
Rechtsstellung in der Hauptverhandlung **226** 15; **Vor 226** 43
sachverständiger Zeuge **85** 12

Schriftgutachten
- Beweiswert des Gutachtens **93** 11
- kriminalpolizeiliche Richtlinien **93** 13
- Maschinenschrift **93** 12
- Schriftvergleichung **93** 1
- Vergleichsschriften **93** 6

Sicherungsverfahren, Stellung **414** 3
Sicherungsverfahren, Zuziehung/Vernehmung **415** 4, 10 ff
Sitzungspolizei, Ordnungsmittel **GVG 177** 9
Überprüfung der Sicherungsverwahrung **Nachtr. 463** 7 ff
Urkundenbeweis, Vorrang persönlicher Vernehmung **250** 29 ff
Urkundenbeweis, Zusammentreffen **249** 31
Vereidigung **72** 14 ff
siehe dort
als Verfahrensbeteiligter **Einl. I** 125, 130
Verfahrensgarantien nach MRK und IPBPR **MRK Art. 6 (Art. 14 IPBPR)** 28
Verlangen weiterer Aufklärung **80** 3
Vernehmung allgemein
siehe dort
Vernehmung als Zeuge und Sachverständiger **79** 17; **85** 13
Vernehmung durch Beamte des Polizeidienstes **163a** 86 ff
Vernehmung durch Strafverfolgungsorgane **72** 11; **72** 12, 21, 23; **136a** 12
Vernehmungsprotokoll, Verlesung zur Gedächtnisunterstützung **253** 1 ff
Wiederaufnahme des Verfahrens bei Falschangaben **359** 28 ff; **362** 6
Zeugnis- oder Eidesverweigerung, grundlose **72** 24
Zeugnisfähigkeit **Vor 48** 38

Sachverständiger, Ablehnung wegen Befangenheit
Ablehnung, Folgen **74** 34
Ablehnungsberechtigte **74** 16
Ablehnungsgesuch
- Form **74** 20
- Inhalt; Glaubhaftmachung **74** 24
- Wiederholung **74** 27
- Zeitpunkt **74** 21
- Zurücknahme **74** 28

Anwendungsbereich der Vorschrift **74** 3
Besorgnis der Befangenheit **74** 11
frühere Vernehmung in gleicher Sache **74** 9
Gerichtsbeschluss **74** 30
Gründe allgemein **74** 13
Mitwirkung als sonstiger Verfahrensbeteiligter **74** 6
Mitwirkung am Vorverfahren **74** 12
Mitwirkung in einem früheren Verfahren **74** 10
Nähe zum Verletzten oder Beschuldigten **74** 5
Namhaftmachung **74** 18
Rechtsschutz (Beschwerde) **74** 37
Rechtsschutz (Revision) **74** 41
Verfahren nach Ablehnung **83** 8
Zuständigkeit des Gerichts **74** 29
zwingende Gründe allgemein **74** 4

Sachverständiger, Gutachtenverweigerung
Anwendungsbereich der Vorschrift **77** 1
Auferlegung der Kosten **77** 12
Berechtigung bei Schweigerecht ärztlicher Sachverständigen **76** 2
Berechtigung bei Zeugnis- und Auskunftsverweigerungsrecht nach den §§ 52 ff **72** 7; **72** 9 f; **76** 1
Berechtigung von Amtsträgern **72** 8; **76** 7
Berechtigung von Mitgliedern oberster Staatsorgane **76** 7
Berechtigung von Regierungsmitgliedern/obersten Staatsorganen **72** 5
Entbindung von der Gutachterpflicht **76** 4
Fristversäumung **77** 9
Gutachtenerstattungspflicht **77** 2
Ordnungsgeld (Bemessung) **77** 15
Ordnungsgeld (Festsetzung, Wiederholung) **77** 14
Ordnungsgeld (Geringfügigkeit; Verjährung) **77** 16
Ordnungsgeldfestsetzung, Verfahren **77** 17
Rechtsschutz bei Verweigerungsrechten **76** 8
Rechtsschutz gegen den Ordnungsgeldbeschluss **77** 21
schlichtes Nichterscheinen **77** 3
Verweigerung der Erstattung **77** 6
Verweigerung der Fristabsprache **77** 8
Vollstreckung des Gerichtsbeschlusses **77** 20

Sachverständiger, Hinzuziehung
allgemein **73** 1
Anhörung der Verteidigung vor der Auswahl **73** 27
Auswahl bei Schriftgutachten **93** 8
Auswahl der Anzahl der Sachverständigen **73** 28
Auswahl der Person **73** 22
Auswahl nach Fachgebieten allgemein **73** 9
Auswahl nach Zeitrahmen für Gutachtenerstattung **73** 29
Bevorzugung öffentlich bestellter Gutachter **73** 34
Fachgebiet Glaubwürdigkeit von Zeugen **73** 17
Fachgebiet körperliche Untersuchungen; Materialproben **73** 18
Fachgebiet Maßregeln der Besserung und Sicherung **73** 10
Fachgebiet Schuldfähigkeit **73** 12

Fachgebiet Verantwortlichkeit Jugendlicher und Entwicklungsreife **73** 15
Fachgebiet Verhandlungs- und Haftfähigkeit **73** 16
Fachgebiete für sonstige Untersuchungen **73** 21
Gutachten zur Unterbringung **80a** 2, 4
Hinzuziehung bei DNA-Analyse **81f** 18
durch Polizei und Staatsanwaltschaft **73** 2
Rechtsschutz gegen Auswahl und Bestellung **73** 36
durch den Richter **73** 3
Unsicherheit des Gerichts **Vor 72** 18
weitere Hilfskräfte/Sachverständigen **Vor 72** 14; **73** 6; **80** 10
Zuständigkeit **80a** 4

Sachverständiger, Vereidigung
allgemeine Vereidigung **79** 10
Antrag **79** 5
Anwendungsbereich der Vorschrift **79** 1
Berufung auf den Eid **79** 13
Diensteid, und andere allgemeine Eide **79** 11
Ermessen des Gerichts **79** 2
Ermessensentscheidung **79** 3
Ersetzung der Vereidigung **79** 15
Feststellung allgemeiner Vereidigung **79** 12
Form **79** 7
Rechtsschutz (Revision) **79** 22
Umfang/Reichweite des Eides **79** 16
Vorabentscheidung des Vorsitzenden **79** 4

Sammlung (Register/Datenbank)
siehe Datei/Datenbank

Schaden
zivilrechtlicher Begriff **153a** 52

Schadensersatz
siehe auch Entschädigung
Datenverarbeitung in gemeinsamen Dateien **486** 10
Durchsuchung **105** 122
Sicherstellung/Beschlagnahme **94** 95
Zurückgewinnungshilfe, strafprozessuale **111g** 19; **111h** 5

Schadenswiedergutmachung
Nichtverfolgung gegen Auflagen/Weisungen, vorläufige **153a** 51 ff
Täter-Opfer-Ausgleich **155b** 6

Schächtung von Tieren
Gedanken-, Gewissens- und Religionsfreiheit **MRK Art. 9 (Art. 18 IPBPR)** 9a

Schätzung
Beweisaufnahme, Hauptverhandlung **244** 22 ff

Scheidung
Ehe- und Familiengründungsrecht **MRK Art. 12 (Art. 23 IPBPR)** 6

Schengener Übereinkommen
Menschenrechtsschutz, internationaler **MRK Einf. (Einf. IPBPR)** 11
Rechtskraft von Entscheidungen **Einl. J** 109
Strafklageverbrauch und Berücksichtigung von Auslandsurteilen **153c** 17
Strafverfahren, Entwicklung **Einl. B** 38
Strafverfahren, Rechtsgrundlagen **Einl. C** 9

Schiedsstelle
Abgabe bei Bagatellsachen **153** 4
Justizverwaltungsakt, Rechtsschutz **EGGVG 23** 35

Schiffe/Luftfahrzeuge
Arrest, dinglicher (Vollstreckungssicherung) **111d** 32
Beschlagnahme (Vollstreckungssicherung) **111c** 12 f; **111d** 32; **111f** 5, 9 f
örtliche Zuständigkeit des Gerichts **10** 1 ff
Zurückgewinnungshilfe, strafprozessuale **111g** 18

Schifffahrtsgericht
allgemein **GVG 14** 1
Berufung, Zuständigkeit **GVG 74** 19
Moselschifffahrtsgericht **GVG 14** 3, 9
Rechtsgrundlage, geltende **GVG 14** 4
Rheinschifffahrtsgericht **GVG 14** 2, 7 f
Sitz und Bezirke der Gerichte **GVG 14** 6
sonstige Binnenschifffahrtssachen **GVG 14** 5
Zuständigkeitskonzentration der Gerichte **GVG 58** 19

Schifffahrtsgerichte
Zuständigkeit, örtliche/Gerichtsstand **Vor 7** 7 ff

Schlafen während der Verhandlung
Revision, fehlerhafte Gerichtsbesetzung **338** 43

Schleierfahndung (§ 2 Abs. 2 Nr. 3 BGSG)
Schleppnetzfahndung **163d** 22a

Schleppnetzfahndung
allgemein
siehe Kontrollstellenfahndung, computergestützte
Datenabgleich (justizintern) **98c** 16
Kontrollstellen, Einrichtung von **111** 32

Schlussvortrag (Plädoyer)
Abgrenzung zur Anhörung während der Beweisaufnahme **257** 20
Anregungen und Fragen des Vorsitzenden **258** 45
Ausführungen des Staatsanwalts **258** 21
Bedeutung **258** 1
Berechtigte **258** 11
Berücksichtigung bei der Beratung **258** 46
Beweisaufnahme, Schluss **258** 3 f
Ermessen des Verteidigers **258** 17
Erneuerung nach Weiterverhandeln **258** 5

Erwiderung **258** 25
Freiwilligkeit **258** 15
frühere Plädoyers, Geltung **258** 9
Gegenstand des Vortrags **258** 18
Kontroll-/Lenkungsmaßnahmen des Vorsitzenden **258** 41
Protokoll **258** 52
Rechtsschutz (Revision) **258** 54 ff
Rechtsschutz, Anrufung des Gerichts **258** 44
Redefreiheit, Eingreifen des Vorsitzenden **258** 40
Reihenfolge **258** 13
Verpflichtung der Staatsanwaltschaft **258** 16
Vorberatung **258** 50
Vortrag des Verteidigers **258** 24
Worterteilung von Amts wegen **258** 10

Schlussvortrag bei fremdsprachigem/behinderten Angeklagten
Hör- oder Sprachbehinderung (Neufassung) **Nachtr. 259** 1 ff
Protokoll **259** 5
Rechtsschutz (Revision) **259** 6
Sprachunkundigkeit **259** 4
Taubheit **259** 4
Verhältnis zur allgemeinen Regelung **259** 1
Vermittlung der Anträge (Minimum) **259** 2

Schlussvortrag, letztes Wort des Angeklagten
Befragung des Angeklagten **258** 35
höchstpersönliches Recht **258** 28
Inhalt **258** 31
mehrere Angeklagte **258** 38
Nebenbeteiligte, sonstige **258** 39
Reihenfolge **258** 29
Verwirkung/Übergehen **258** 33

Schmerzensgeldanspruch
siehe auch Entschädigung;
siehe Schadensersatz
Adhäsionsverfahren **406** 5
Freiheitsentziehung, Rechte bei **MRK Art. 5 (Art. 9, 11 IPBPR)** 136

Schnellverfahren
Verteidigung, Recht auf Vorbereitung **MRK Art. 6 (Art. 14 IPBPR)** 186

Schöffe (allgemein)
Ablehnung der Berufung zum Schöffen **GVG Vor 32** 3
Ablehnung von Gerichtspersonen **31** 1 ff
Ausländer, Staatenlose **GVG 31** 7
Ausschließung/Ablehnung nach StPO **GVG Vor 32** 5
Beeinträchtigungen/Fähigkeiten, sonstige **GVG 31** 12
Befragungsrecht in der Hauptverhandlung **240** 9
Ehrenamt, Unentgeltlichkeit **GVG 31** 1
Eidesleistung des Schöffen **GVG 31** 3
Entschädigung für Dienstleistung **GVG 55** 1
EU-Recht, Vereinbarkeit **GVG 31** 8
Gerichtsbarkeit, Bestandteil **GVG Vor 1** 11
Haftung des Schöffen **GVG 31** 5
Hauptverhandlungsprotokoll, Inhalt **272** 9
Heranziehung, gesetzlicher Richter **GVG 16** 23
Laienrichter, Entwicklungsgeschichte **Einl. I** 28 ff
Nichtverfolgung wegen Geringfügigkeit, Entscheidung **153** 62
Präsidium, Wahlberechtigung **GVG 21b** 2
Rechtsstellung im Schöffengericht **GVG 29** 1 f
Revision, fehlerhafte Gerichtsbesetzung **338** 29
Schöffen der Strafkammern **GVG 77** 1 ff
Schöffenamt, Umfang
siehe Schöffengericht, Mitwirkung
Schöffenunfähigkeit
Schöffenunfähigkeit allgemein **GVG Vor 32** 3
Schöffenungeeignetheit
Schöffenungeeignetheit allgemein **GVG Vor 32** 3
Sitzungspolizei, Ordnungsmittel **GVG 177** 10
Sprache, Beherrschung der deutschen **GVG 31** 11
Staatsangehörigkeit, deutsche **GVG 31** 6
Strafkammer, anwendbare Vorschriften **GVG Vor 32** 1
strafrechtliche Stellung des Schöffen **GVG 31** 5
Unabhängigkeit des Schöffen **GVG 31** 2
Wiederaufnahme des Verfahrens bei Amtspflichtverletzung **359** 34; **362** 7
Wirksamkeit der Mitwirkung ausgeschlossener Schöffen **GVG Vor 32** 4
Zugang zum Ehrenamt allgemein **GVG Vor 32** 2

Schöffe, Ablehnung der Berufung
allgemein **GVG 35** 1
Altersgründe **GVG 35** 8
Apothekenleiter **GVG 35** 6
Ausschlussfrist zur Geltendmachung **GVG 53** 2
Form der Geltendmachung **GVG 53** 3
frühere Schöffentätigkeit **GVG 35** 4
Fürsorge für Familie **GVG 35** 7
Heil- und Heilhilfsberufe **GVG 35** 5
Parlamentarier **GVG 35** 3
Verfahren der Entbindung **GVG 53** 4
Wirksamkeit, zeitliche **GVG 35** 2
wirtschaftliche Situation **GVG 35** 9

Schöffe, Ausschluss
Amtsfähigkeit, Verlust **GVG 32** 4
Amtsunfähigkeit, Begriff **GVG 32** 1
Amtsunfähigkeit/erhebliche Bestrafung **GVG 32** 3
Staatsangehörigkeit, Fehlen deutscher **GVG 31** 6 ff
Verurteilung wegen vorsätzlicher Tat **GVG 32** 5
Zeitpunkt, maßgebender **GVG 32** 2
Schöffe, Ausschluss wegen schwebendem Strafverfahren
Bedeutung **GVG 32** 6
Besetzungsrüge, mögliche **GVG 32** 9 f
Beurteilung zukünftiger Amtsfähigkeit **GVG 32** 12
Ermittlungsverfahren **GVG 32** 11
Unanwendbarkeit **GVG 32** 13
verfassungsrechtliche Bedenken **GVG 32** 8
Schöffe, Heranziehung von Hilfsschöffen
allgemein **GVG 47** 1
Aufgaben nach Aufnahme in Hauptschöffenliste **GVG 52** 15
außerordentliche Sitzung, Begriff **GVG 47** 3
außerordentliche Sitzung, Erforderlichkeit **GVG 47** 4
Entwicklungsgeschichte der Regelung **GVG 47** 2
Ergänzungsschöffe **GVG 48** 1
Ergänzungsschöffe, Rechtsschutz **GVG 48** 3
Ergänzungsschöffe, Verhältnis zum Hilfsschöffen **GVG 48** 2
Rechtsschutz (Revision) **GVG 49** 11
Rechtsstellung des neuen Hauptschöffen **GVG 49** 4
Reihenfolge bei mehreren Anforderungen **GVG 49** 7
Reihenfolge bei mehreren Anordnungen/Feststellungen **GVG 49** 6
Reihenfolge bei Namensgleichheit **GVG 49** 8
Reihenfolge der Hilfsschöffenliste **GVG 49** 1
Schöffenungeeignetheit während der Sitzung **GVG 47** 9
Wegfall des Hauptschöffen, dauernder **GVG 49** 2
Wiederholung bei mehreren Sitzungstagen **GVG 49** 9 f
Zeitpunkt, grundsätzlicher **GVG 49** 5
Zuziehung zu einzelnen Sitzungen **GVG 47** 6
Zuziehung zu einzelnen Sitzungen, Erforderlichkeit **GVG 47** 8 f
Zuziehung, Anwendungsgebiet **GVG 47** 7
Schöffe, Pflichtverletzungen
Anwendungsbereich der Regelung **GVG 56** 1
Entschuldigung, genügende **GVG 56** 5
Entschuldigung, nachträgliche **GVG 56** 12
Festsetzung der Sanktionen **GVG 56** 10
Kosten, verursachte **GVG 56** 7
Ordnungsgeld **GVG 56** 6
Rechtsschutz (Beschwerde) **GVG 56** 13
Sichentziehen **GVG 56** 4
Verspätungen **GVG 56** 3
wiederholtes Ordnungsgeld **GVG 56** 8
Zeitpunkt der Festsetzung **GVG 56** 11
Zuständigkeit für Sanktionen **GVG 56** 9
Schöffe, Sitzungstage
Änderungen im laufenden Geschäftsjahr **GVG 45** 4
Auffanggericht (Zurückverweisung durch Rechtsmittelgericht) **GVG 45** 3
Feststellung der ordentlichen **GVG 45** 5
Fortsetzung der Amtstätigkeit
– über die Amtsperiode hinaus **GVG 50** 2
– missbräuchliche Einsetzung **GVG 50** 4
– über den Sitzungstag hinaus **GVG 50** 1
– bei Stillstand der Rechtspflege **GVG 50** 3
Grundsatz der Stetigkeit **GVG 45** 2
ordentliche/außerordentliche Sitzungen **GVG 45** 1
Rechtsschutz (Revision) **GVG 45** 24
Schöffenliste, Einsicht **GVG 45** 23
Sitzung/Sitzungstag, Begriff **GVG 45** 6
verlegte ordentliche Sitzungstage **GVG 45** 21
Schöffe, Sitzungstage nach Auslosung
Benachrichtigung der Schöffen **GVG 45** 19
Benachrichtigung, Form **GVG 45** 20
Geltung **GVG 45** 11
Hauptschöffen, alljährliche **GVG 45** 12
Hilfsschöffen **GVG 45** 13
öffentliche Sitzung **GVG 45** 15
Protokoll **GVG 45** 17
Schöffengeschäftsstelle **GVG 45** 18
Teilnahme **GVG 45** 16
Verfahren **GVG 45** 7
Verteilung der Hilfsschöffen **GVG 45** 14
Schöffe, Strafkammer am Landgericht
Ämterhäufung, Verbot **GVG 77** 11
Aufgaben der Strafkammer **GVG 77** 8
Aufgaben des Strafkammervorsitzenden **GVG 77** 9
Auflösung der Hilfsstrafkammer **GVG 77** 7
Auslosung allgemein **GVG 77** 4
Auslosung für Hilfsstrafkammern **GVG 77** 5
Hauptschöffen **GVG 77** 1
Hilfsschöffen **GVG 77** 2
Rechtsnatur der Tätigkeiten **GVG 77** 10
Schöffe, Streichung auf Antrag wegen übermäßiger Heranziehung
Bedeutung **GVG 52** 7
Streichungsvoraussetzungen **GVG 52** 8

Wirksamkeit bei Hauptschöffen **GVG 52** 9, 11
Wirksamkeit bei Hilfsschöffen **GVG 52** 10 f

Schöffe, Streichung von der Schöffenliste
von Amts wegen **GVG 52** 1 ff
Anhörung der Beteiligten **GVG 52** 13
Anwendungsbereich **GVG 52** 2
Entwicklungsgeschichte **GVG 52** 1
Feststellung des Streichungsgrundes **GVG 52** 6
RANotzPrüfG **GVG 52** 5
Schöffenunfähigkeit **GVG 52** 3
Schöffenungeeignetheit **GVG 52** 4
Unanfechtbarkeit der Entscheidung **GVG 52** 14
Zuständigkeit zur Entscheidung **GVG 52** 12

Schöffe, Ungeeignetheit
Alter des Schöffen **GVG 33** 2
Beamte, sonstige/Soldaten **GVG 34** 12
Beamter, politischer **GVG 34** 6
berufsbedingte Ausschlussgründe allgemein **GVG 34** 2
Bundespräsident **GVG 34** 4
Folge der Nichtbeachtung **GVG 33** 6; **GVG 34** 16
frühere Schöffentätigkeit **GVG 34** 14
landesrechtliche Regelungen **GVG 34** 15
Numerus clausus der berufsbedingten Gründe **GVG 34** 3
ortsfremde Personen **GVG 33** 3
Personen mit Behinderung **GVG 33** 4; **GVG Nachtr. 33** 1 f
Personenkreis, Lebensalter **GVG 33** 2
Rechtsanwälte und Notare **GVG 34** 10
Rechtsschutz (Revision) **GVG 33** 8
Regierungsmitglieder Bund/Länder **GVG 34** 5
Religionsdiener, Ordensangehöriger **GVG 34** 13
Richter **GVG 34** 7
Sollvorschrift **GVG 33** 1; **GVG 34** 1
Staatsanwälte **GVG 34** 8
Stummheit/Taubheit/Analphabetismus **GVG Nachtr. 33** 3 f
Vermögensverfall **GVG 33** 5
Vollstreckungs- und Vollzugsbeamter **GVG 34** 11

Schöffe, Ungeeignetheit nach RANotzPrüfG
Abberufung **GVG 33** 18
Abberufung, vorläufige **GVG 33** 19
Anwendungsbereich **GVG 33** 11
Bedeutung **GVG 33** 10
Feststellungsverfahren, besonderes **GVG 33** 21
Inhalt **GVG 33** 9
Menschlichkeit/Rechtsstaatlichkeit **GVG 33** 14
Nichtberufungsgründe **GVG 33** 13
Rechtsschutz (Revision) **GVG 33** 22
Sachverhaltsermittlung **GVG 33** 16
Stasi-Mitgliedschaft **GVG 33** 15
Stasi-Unterlagen, Auskünfte **GVG 33** 17
Struktur der Regelung **GVG 33** 12

Schöffe, Vorschlagsliste
Angabe der Personalien **GVG 36** 6
Anzahl der Personen **GVG 36** 7
Aufnahme in die Liste **GVG 36** 8
Berichtigung der Vorschlagsliste **GVG 38** 2
Einheitlichkeit **GVG 36** 12
Einspruch, Berechtigung **GVG 37** 2
Einspruch, Berichtigung der Vorschlagsliste **GVG 41** 1
Einspruch, Form **GVG 37** 5
Einspruch, Frist **GVG 37** 3
Einspruch, Gründe **GVG 37** 1
Einspruch, Protokollierung der Entscheidung **GVG 41** 3
Einspruch, Übersendung **GVG 38** 1
Einspruch, Unanfechtbarkeit der Entscheidung **GVG 41**
Einspruch, Verfahren allgemein **GVG 37** 6; **GVG 39** 2
Entwicklungsgeschichte der Regelung **GVG 36** 1
Folgen fehlerhafter Listen **GVG 39** 4
Jugendschöffen **GVG 36** 3
Mängel **GVG 36** 14
Mitwirkung bei der Aufstellung **GVG 36** 5
öffentliches Auflegen zur Einsicht **GVG 36** 13
Repräsentation aller Bevölkerungsgruppen **GVG 36** 4
richterliche Prüfungspflicht **GVG 39** 3
richterliche Vorbereitungsaufgaben **GVG 39** 1
Terminsbestimmung, Aufstellung/Einreichung **GVG 57** 2
Übersendung der Liste an den Richter **GVG 38** 1
Zeitpunkt der Aufstellung **GVG 36** 9

Schöffe, vorübergehende Verhinderung
allgemein **GVG 54** 1
Ausübung anderer Ehrenämter **GVG 54** 7
Berufliche Inanspruchnahme **GVG 54** 8
Entwicklungsgeschichte der Regelung **GVG 54** 2
Gewissensgründe **GVG 54** 11
Hinderungsgründe allgemein **GVG 54** 3
Nichterreichbarkeit allgemein **GVG 54** 13
Nichterreichbarkeit bei Ausbleiben **GVG 54** 14
Nichterreichbarkeit des Hilfsschöffen **GVG 54** 16 f
private Gründe **GVG 54** 10
Revisibilität bei Willkür **GVG 54** 20
unabwendbare Umstände **GVG 54** 4
Unanfechtbarkeit **GVG 54** 19

Unzumutbarkeit der Dienstleistung **GVG 54** 4
Urlaub/Ortsabwesenheit **GVG 54** 6
Verfahren **GVG 54** 18
Schöffe, Wahl
Amtsperiode, Übergangsregelungen **EGGVG 6** 1 ff
Auswahlgrundsätze **GVG 42** 14
Bildung eines Schöffengerichts, nachträgliche
– Anwendungsbereich der Regelung **GVG 46** 1
– Verminderung der Spruchkörperzahl **GVG 46** 3
– Zuordnung der neuen Hauptschöffen **GVG 46** 2
Ergänzungswahl der Hilfsschöffen **GVG 52** 16
Fehler bei der Schöffenwahl
– Jugendschöffen **GVG 40** 24
– Leitung der Wahl **GVG 40** 23
– Mängel im Vorsitz **GVG 40** 15
– Überbesetzung des Ausschusses **GVG 40** 17
– unvollständige Ausschussbesetzung **GVG 40** 14
– Vorschlagslisten, Zustandekommen **GVG 40** 18
– Wahl der Vertrauensperson **GVG 40** 19
– Wahlausschuss, Zustandekommen **GVG 40** 11
– Zweidrittelmehrheit **GVG 40** 22
Größe der Schöffenliste
– Anzahl der Schöffen, erforderliche **GVG 43** 1
– Bemessung durch Gerichtspräsidenten **GVG 43** 2
– Hilfsschöffen **GVG 43** 3
– Unanfechtbarkeit **GVG 43** 4
Grundlage **GVG 42** 1
Hauptschöffen **GVG 42** 5
Hilfsschöffen, Einsatzart **GVG 42** 13
Hilfsschöffen, Ergänzungswahl **GVG 42** 12
Hilfsschöffen, Erweiterung **GVG 42** 10
Hilfsschöffen, Reihenfolge **GVG 42** 8
Hilfsschöffen, Wahl allgemein **GVG 42** 6
Hilfsschöffen, Wohnort **GVG 42** 12
Jugendschöffen **GVG 42** 16
Landesregelung in Berlin **EGGVG Nachtr. 4a** 1 ff
Neubildung eines Schöffengerichts, nachträgliche
– Hilfsstrafkammern **GVG 46** 7
– mehrfache Neubildung **GVG 46** 6
Reihenfolge der ergänzten Hilfsschöffen **GVG 52** 17
Schöffenliste **GVG 44** 1
Schöffenliste, Einsicht **GVG 44** 3
Schöffenliste, Führen der Liste **GVG 44** 2
Schöffenliste, Revision/Gerichtsbesetzung **338** 34
Unanfechtbarkeit **GVG 42** 15
Wählbarkeit der Ausschussmitglieder **GVG 42** 4
Wahlverfahren **GVG 42** 2
Zweidrittelmehrheit der Stimmen **GVG 42** 3
Schöffe, Wahlausschuss
Aufgaben **GVG 40** 10
Beschlussfähigkeit **GVG 40** 10
Entschädigung für Dienstleistung **GVG 55** 1
Öffentlichkeit **GVG 41** 4
Pflichtverletzungen
siehe Schöffe, Pflichtverletzungen
Richter beim Amtsgericht **GVG 40** 2
Terminsbestimmung für Einberufung **GVG 57** 2
Vertrauensperson **GVG 40** 6
Vertrauensperson, Rechtsstellung **GVG 40** 9
Verwaltungsbeamter, Begriff **GVG 40** 4
Verwaltungsbeamter, Bestimmung **GVG 40** 3
Verwaltungsbeamter, Zuständigkeitskonzentration **GVG 40** 5
Zusammentreten **GVG 40** 1
Schöffengericht
Aktenkenntnis der Schöffen **GVG 30** 4 ff
Ausnahmen von der Mitwirkung der Schöffen **GVG 30** 3
außerhalb der Hauptverhandlung, Begriff **GVG 30** 13 ff
Besetzung mit Frauen als Schöffen **GVG 29** 2
Beweiserhebung bei Zuständigkeitsänderung/Verweisung **270** 39 ff
Entscheidungen ohne Mitwirkung der Schöffen **GVG 30** 28
Eröffnungsbeschluss, Abgabe an ein anderes Gericht **209** 35
Merkblatt für Schöffen **GVG 30** 11
Mitwirkung der Schöffen außerhalb der Hauptverhandlung **GVG 30** 12
Mitwirkung der Schöffen bei Haftentscheidungen **GVG 30** 18 ff
Mitwirkung der Schöffen während Hauptverhandlung **GVG 30** 1
Rechtsstellung der Schöffen **GVG 29** 1
Strafbefehlsverfahren, Zuständigkeit **407** 58
Umfang der Mitwirkung der Schöffen **GVG 30** 2
Vorsitzender **GVG 29** 3
Vorsitzender, Befugnisse **GVG 30** 10
Zuständigkeit
siehe Amtsgericht
Schöffengericht, erweitertes
Abstimmung **GVG 29** 12
Antrag der Staatsanwaltschaft **GVG 29** 5

Antrag, Zurücknahme **GVG 29** 6
Antrag, Zuziehung ohne **GVG 29** 7
Bestimmung des zweiten Richters **GVG 29** 11
Entscheidung über Zuziehung **GVG 29** 8
Entscheidungszeitpunkt **GVG 29** 9
Entwicklungsgeschichte/Zweck **GVG 29** 4
Jugendgerichtsgesetz **GVG 29** 13
Mitwirkung der Schöffen **GVG 30** 30
Rechtsmittelzug **GVG 29** 14
Strafbefehlsverfahren, Zuständigkeit **407** 59
Wirkung des Zuziehungsbeschlusses **GVG 29** 10
Schöffengericht, gemeinsames Amtsgericht
Amtsgewalt außerhalb des Gerichtsbezirks **GVG 58** 17
Bedeutung der Vorschrift **GVG 58** 1
Bestimmungen über die Schöffen **GVG 58** 14
Bezirksjugendrichter **GVG 58** 2, 13
Entscheidungen bestimmter Art **GVG 58** 9
Folgen der Konzentration **GVG 58** 18
Gegenstand der Zuweisung **GVG 58** 8
gemeinsames Jugendschöffengericht **GVG 58** 2
Konzentration über Gerichtsbezirksgrenzen **GVG 58** 5
Konzentration über Landesgrenzen hinweg **GVG 58** 6
Konzentration, Wirkung **GVG 58** 7
Konzentrationen in den alten Bundesländern **GVG 58** 22
Konzentrationen in den neuen Bundesländern **GVG 58** 23
Konzentrationen nach Einigungsvertrag **GVG 58** 26 f
Rechtshilfeersuchen **GVG 58** 11
Rechtsverordnung (Zuweisung) **GVG 58** 3
Reformüberlegungen **GVG 58** 21
Strafkammer, gemeinschaftliche **GVG 58** 20
Teilweise Übertragung von Strafsachen **GVG 58** 10
Verteilung der Hauptschöffen **GVG 58** 15
Verteilung der Hilfsschöffen **GVG 58** 16
Zuständigkeitskonzentration, spezielle **GVG 58** 19
Zuweisungsbegriff **GVG 58** 4
Zuweisungsvoraussetzungen **GVG 58** 12
Schriftform
Berufung, Einlegung **314** 15 ff, 22 ff
Erklärungen der Beteiligten zum Verfahren **257a** 1 ff
Menschenrechtsbeschwerde (EGMR) **MRK Anhang/Verfahren** 30, 54
Nebenklage, Anschlusserklärung **396** 1
Rasterfahndung **98b** 10
Schriftprobe
Gutachtenerstellung **93** 6, 11 ff
Identifizierungsmaßnahmen (§ 81b) **81b** 17
Schriftstücke, Verlesung in der Hauptverhandlung
siehe Urkundenbeweis
Schuld, besondere Schwere
Revision, Prüfung von Gesetzesverletzung **337** 240a
Revisionsbegründung, Beschränkung **344** 47a
Urteilsgründe, Inhalt/Darstellung **267** 89a
Schuld, geringfügige
Einstellungsregelungen nach den §§ 153, 153a **153** 24; **153a** 31 ff
Schuldfähigkeit
Aufklärungspflicht, Beweisaufnahme **244** 76
Identitätsfeststellung **163b** 10
Revision, Aufhebung des Urteils **353** 22
Unterbringung zur Begutachtung **81** 8
Zeuge, Folgen des Ausbleibens **51** 2
Zwangsmaßnahmen bei Zeugnis-/Eidesverweigerung **70** 4
Schuldfähigkeit, fehlende
Ermittlungsverfahren, Abschlussentscheidung **170** 10
Sicherungsverfahren **413** 2, 4; **414** 34 ff
siehe auch dort
Schuldfähigkeit, verminderte
Sicherungsverfahren
siehe dort
Wiederaufnahme des Verfahrens, Ausschluss **363** 16
Schuldspruch
Abstimmung, Zweidrittelmehrheit **263** 1 ff
Berufung, Verbot der Verschlechterung **331** 7 f
Berufungsbeschränkung **318** 58, 62 ff
Einziehungs-/Verfallsverfahren in der Rechtsmittelinstanz **437** 4 ff, 13 ff
Einziehungs-/Verfallsverfahren, Beschränkung **431** 51 ff
Rechtsmittel allgemein, Beschwer **Vor 296** 64
Schulrecht
Gedanken-, Gewissens- und Religionsfreiheit **MRK Art. 9 (Art. 18 IPBPR)** 9b
Schwangerschaftsberatungsstelle
Zeugnisverweigerungsrecht, berufliche Gründe **53** 37
Schweigen des Beschuldigten
Berücksichtigung bei der Strafzumessung **136** 28
Beweisverwertung (bei vollständigem und partiellem) **136** 26
Beweiswürdigung, freie richterliche **261** 75 ff
Schwellentheorie
Ermittlungsmaßnahmen der §§ 94 ff **Vor 94** 32
Schwerkriminalität (Haftgrund)
Änderungen durch Neuordnung des StGB **Nachtr. 112**
allgemein **112** 51 ff

Anlasstat **112** 51 f
Aussetzung des Vollzugs eines Haftbefehls
– allgemein
siehe Aussetzung (Vollzug des Haftbefehls)
– entsprechende Anwendung **116** 30
einschränkende Auslegung **112** 53; **Vor 112** 25
Haftzweck **Vor 112** 9
Schwerpunktstaatsanwaltschaft
siehe Staatsanwaltschaft, Zuständigkeit
Schwurgericht
siehe auch Landgericht
Eröffnungsbeschluss, Abgabe an ein anderes Gericht **209a** 2, 8 ff, 13, 29, 37
Landgericht, Zuständigkeit
siehe dort
Privatklageverfahren, Verbindung **384** 19
Schwurgericht, Zuständigkeit
Auffangschwurgerichte **GVG 74** 12
Auslastung, mangelnde **GVG 74** 11
Fortdauer der Zuständigkeit **GVG 74** 9
Geschäftsverteilung **GVG 74** 10
Jugendkammer, Verhältnis **GVG 74** 14
Konzentrationsermächtigung der Länder **GVG 74d** 1 f
Rechtsnatur **GVG 74** 7
Staatsschutz-Strafsachen **GVG 74** 15
Übertragung von allgemeiner Kammer **GVG 74** 13
Umfang der Zuständigkeit **GVG 74** 8
Selbstbelastungsfreiheit
siehe Nemo-tenetur-Grundsatz
Selbstbezichtigung
Beschlagnahmeverbot **97** 14
Selbstleseverfahren
siehe Urkundenbeweis
Selbstmord
Leben, Recht auf **MRK Art. 2 (Art. 6 IPBPR)** 3
Selbstverwaltung
Geschäftsverteilungsplan **GVG 21e** 7
Senat
siehe auch bei den jeweiligen Gerichten
beim Bundesgerichtshof **GVG 130** 1
beim Oberlandesgericht **GVG 116** 1 ff
sicheres Geleit
Abwesenheit des Beschuldigten **295** 3
andere Zwecke **295** 24
Bedingungen **295** 9
Beschränkung auf Teile des Verfahrens **295** 8
Bezugspunkt, bestimmte Straftat **295** 6
Dauer des gesamten Strafverfahrens **295** 7
Erlöschen **295** 18
Erstreckung auf mehrere Verfahren **295** 17
Gerichtsbeschluss **295** 13
internationaler Rechtshilfeverkehr **295** 31
Rechtsschutz **295** 26
Untersuchungshaft, Befreiung **295** 5
Widerruf **295** 22
Zuständigkeit **295** 14
Zweck der Regelung **295** 1
Sicherheit und Ordnung, öffentliche
Benachrichtigung Betroffener (verdeckte Datenerhebung) **101** 8
Bewährung, Aussetzung des Strafrestes **Nachtr. 454** 8
Diskriminierungsverbot **MRK Art. 14 (Art. 2, 3, 16, 24 ff IPBPR)** 14
Freiheitsentziehung, Rechte bei **MRK Art. 5 (Art. 9, 11 IPBPR)** 60 ff
Gerichtsstand bei Verhinderung **15** 8
Meinungsäußerungsfreiheit **MRK Art. 10 (Art. 19 IPBPR)** 23, 27
Öffentlichkeit, Ausschlussgründe **GVG 172** 2 ff; **GVG 172** 3 ff, 8
privater Lebensbereich, Gewährleistung **MRK Art. 8 (Art. 17 IPBPR)** 18 ff
Sicherheit, nationale
Meinungsäußerungsfreiheit **MRK Art. 10 (Art. 19 IPBPR)** 22
Menschenrechtsbeschwerde **MRK Anhang/ Verfahren** 20
privater Lebensbereich, Gewährleistung **MRK Art. 8 (Art. 17 IPBPR)** 18a
Sicherheitsleistung
Freiheitsentziehung, Rechte bei **MRK Art. 5 (Art. 9, 11 IPBPR)** 118 ff
Privatklageverfahren **379** 1 ff
Sicherheitsleistung bei Aussetzung des Haftbefehlvollzugs
Änderung der Verhältnisse **116a** 19 f
Antragserfordernis **116a** 3
Aufenthalt des Beschuldigten im Ausland **116a** 13
Auslösen der Sicherheit durch den Beschuldigten **116a** 22
Auswahl der Sicherheitsleistung **116a** 8
Bemessung von Art und Höhe **116a** 9 ff
Bürgschaft **116a** 5b ff
Haftentlassung nach Erbringung der – **116a** 17 f
Hinterlegung von Bargeld **116a** 5
Pfandbestellung **116a** 5a
Rücknahme der Zustellungsvollmacht **116a** 23
Sicherheit Dritter **116a** 10
Verfall
siehe dort
Verfassungsmäßigkeit **116a** 2, 9
Widerruf der Aussetzung **116a** 21
Zuständigkeit
siehe Zuständigkeit (Haftentscheidungen)

Zustellungsbevollmächtigter **116a** 14 f
Zustellungsvollmacht (Voraussetzung) **116a** 12
Zustellungsvollmacht (Wirksamkeit) **116a** 16
Zweck **116a** 1

Sicherheitsleistung bei Wohnsitz im Ausland
Anwendungsbereich der Vorschrift **132** 1
Beschlagnahme (allgemeine Vorschriften) **132** 19
Beschlagnahme (Art und Weise) **132** 15
Beschlagnahme (Beendigung) **132** 20
Beschlagnahme (Form und Rechtsschutz) **132** 18
Bußgeldverfahren **132** 22
Leistung der Sicherheit **132** 14
Rechtsschutz **132** 13
Strafart **132** 6
Verhältnis zum beschleunigten Verfahren **132** 1
Voraussetzungen der Anordnung **132** 2 ff
Zuständigkeit (Gefahr im Verzug) **132** 9 ff
Zuständigkeit (Grundsatz) **132** 8
Zustellungsbevollmächtigter **132** 7

Sicherheitsleistung im Klageerzwingungsverfahren
siehe dort

Sicherstellung (allgemein)
Abgeordneter **94** 99
Aktenvorlage, Auslieferung von Schriftstücken
siehe Aktenvorlage (Beweissicherung)
in anderer Weise als durch Verwahrung **94** 49
Anordnung **94** 43
Anwendungsbereich des § 94 **94** 2
Beendigung **94** 94
Begriff **94** 4, 34
Beschlagnahme, Begriff **94** 6, 39
Besichtigung, Recht auf **94** 68
Beweissicherung, Verhältnis zu Vollstreckungssicherung **94** 7
Durchführung **94** 44
Ermessen, nicht bestehendes **94** 50
Ersatz durch Auskunftsersuchen **94** 67
Ersatz durch Fotokopien **94** 63
Ersatzmaßnahmen allgemein **94** 62
Formen allgemein **94** 46
formlose **94** 35
Führerschein (Vollstreckungssicherung)
siehe dort
Pressebeschlagnahme
siehe Beschlagnahme
Schadensersatzansprüche **94** 95
Übermaßverbot **94** 59
Verbote, verfassungsrechtliche
siehe Beschlagnahme
Verhältnismäßigkeit **94** 51
Verwahrung, amtliche **94** 47
Vollstreckungssicherung, Verhältnis zu Beweissicherung **94** 7
Zweck des § 94 **94** 1

Sicherstellung von Beweismitteln
Bedeutung für die Untersuchung **94** 18 f
Begriff, Arten **94** 9
behördlicher Gewahrsam, bestehender **94** 32
Beweisbedeutung **94** 23
Gegenstände **94** 11
potentielle Beweisbedeutung **94** 30
verfahrensrechtliche Bedeutung **94** 29

Sicherstellung zur Vollstreckungssicherung
Abgeordnete **111b** 52
Anordnung von Beschlagnahme/Arrest **111e** 1 ff
Anwendung der §§ 102 bis 110 **111b** 47
Anwendungsbereich, zeitlicher **111b** 20
Arrest von Vermögenswerten, dinglicher
siehe dort
Aufbau der gesetzlichen Regelungen **111b** 1 ff
Aufhebung von Beschlagnahme/Arrest **111b** 42
Ausland, Vermögensabschöpfung **111b** 53
Beendigung von Beschlagnahme/Arrest **111e** 19 ff
Beschlagnahme (Beweissicherung), Verhältnis **111b** 51
Beschlagnahme von Gegenständen
siehe dort
Einziehung des Wertersatzes, § 74c StGB **111b** 7
Einziehung von Schriften, § 74d StGB **111b** 8a
Einziehung, § 74 StGB **111b** 7
Ende der Maßnahme **111b** 21
Fristverlängerung **111b** 43
Fristverlängerung, dringende Gründe **111b** 44
Fristverlängerung, Verfahren **111b** 45
Geltungsbereich, sachlich **111b** 22
Gründe, vorhandene **111b** 15
Inhalt der Regelungen **111b** 10 ff
Insolvenzverfahren **111b** 50d
Kosten des Verfahrens **111b** 54
Legalitätsprinzip **111b** 17
Notveräußerung
siehe dort
Rechtsschutz (Antrag auf gerichtliche Entscheidung) **111e** 24 ff
Rechtsschutz (Beschwerde) **111e** 25
Regelungsgefüge (tabellarisch) **111b** 9a
Rückgabe von Sachen
siehe Herausgabe sichergestellter Gegenstände;
siehe auch Zurückgewinnungshilfe, strafprozessuale

Rückgewinnungshilfe
siehe Zurückgewinnungshilfe, strafprozessuale
Verfall des Wertersatzes, § 73a StGB **111b** 3
Verfall, § 73 StGB **111b** 3
Verfall, erweiterter, § 73d StGB **111b** 6
Verhältnismäßigkeit **111b** 19
Verletzter, Schutz von Ansprüchen
siehe Zurückgewinnungshilfe, strafprozessuale
Vermögensabschöpfung im Ausland **111b** 53
Vermögensbeschlagnahme **111p**
Vermögensstrafe **111b** 9
Voraussetzungen **111b** 15 ff
Zweck der Regelung **111b** 1
Sicherstellung, Herausgabepflicht
von Abgeordneten **95** 18
bei Alleingewahrsam **95** 9
allgemeines **95** 1
Behörde (als Verpflichtete) **95** 17
des Beschuldigten **95** 14
Datenträger **95** 5
Gegenstand der Pflicht **95** 4
Gewahrsam juristischer Personen **95** 13
Gewahrsam von Personengesellschaften **95** 13
Gewahrsamsinhaber allgemein **95** 7
Herausgabeverlangen, Berechtigte **95** 20
Herausgabeverlangen, Inhalt **95** 19
Kosten **95** 29
Kosten der Vorlegung **95** 29
bei Mitgewahrsam **95** 10
Ordnungs- und Zwangsmittel **95** 24 ff
Ordnungs- und Zwangsmittel gegen Zeugen **95** 25
Ordnungs- und Zwangsmittel, Verfahren **95** 27
Ordnungs- und Zwangsmittel, Zuständigkeit **95** 28
Rechtsschutz **95** 32
Revision **95** 43
Verhältnismäßigkeit **95** 21
Verpflichteter **95** 7 ff
Verwertungsverbot **95** 33
Verwertungsverbot bei fehlendem Zwang **95** 39
Verwertungsverbot bei Verletzung von Beschuldigtenrechten **95** 35
Verwertungsverbot bei ZVR/AVR **95** 34
Verwertungsverbot bei Zwangsanwendung **95** 37
von Zeugen mit ZVR oder AVR **95** 15
Sicherungshaft (§ 112 a)
Anlasstat des besonders schweren Landfriedensbruchs **112a** 12
Entstehungsgeschichte und Bedeutung **112a** 1 ff
Haftgründe
siehe Wiederholungsgefahr
Haftzweck **112a** 9; **Vor 112** 8
Verfassungsmäßigkeit **112a** 10; **Vor 112** 26 f
Sicherungshaft (§ 453 c)
Anrechnung **453c** 13
anwendbare Vorschriften **453c** 14
Anwendungsbereich **453c** 2 f
Bedeutung der Vorschrift **453c** 1
Begehung neuer Straftaten **453c** 6
Dauer **453c** 15
Entschädigung **453c** 19
Flucht, Fluchtgefahr (§ 112 Abs. 2 Nr. 1 oder 2) **112** 13, 33, 54
Haftbefehl
– erweiterte Voraussetzungen **453c** 10
– Flucht/Fluchtgefahr **453c** 9
– Gefahr erheblicher Straftaten **453c** 11
– Vollstreckung **453c** 12
Haftzweck **Vor 112** 13
Justizverwaltungsakt, Rechtsschutz **EGGVG 23** 68
Rechtsschutz **453c** 18
Strafzeitberechnung **453c** 20
Verhältnis zur Untersuchungshaft **112** 13
Verstöße, gröbliche und beharrliche **453c** 5
vorläufige Maßnahmen **453c** 4
weitere Beschwerde, Zulässigkeit **310** 44
zeitliche Grenzen **453c** 8
Zuständigkeit **453c** 16
Zuständigkeit in Jugendstrafsachen **453c** 17
Zustellung, öffentliche **453c** 20
Sicherungslauschangriff
Ermittlungsmaßnahmen der §§ 94 ff **Vor 94** 41
Sicherungsverfahren (allgemein)
allgemein
siehe auch Verfahrensarten, besondere
Berufung, Verbot der Verschlechterung **331** 19
Durchführung
siehe unten
Entstehungsgeschichte **Vor 413** 1
Entstehungsgeschichte, Erweiterungen **Vor 413** 3
Entwicklungsgeschichte **Vor 413** 2 f
Ermächtigung/Strafverlangen **413** 14
Ermessen der Staatsanwaltschaft **413** 21
Ermittlungsverfahren, Abschlussentscheidung **170** 17
Eröffnung bei hinreichendem Tatverdacht **203** 3
Eröffnungsverfahren **Vor 198** 4
Jugendstrafsachen **Vor 413** 6
Klageerhebung **151** 8
Klagerücknahme, zulässiger Zeitraum **156** 3
Maßregelanordnung **Vor 413** 4

Maßregelanordnung, selbstständige
- Erweiterbarkeit **413** 20
- gesetzliche Grundlage, Notwendigkeit **413** 16
- gesetzliche Zulässigkeit der Anordnung **413** 17
- gesetzliche Zulässigkeit nach JGG **413** 18
- Rechtsprechung des BGH, überholte **413** 16

Nebenkläger, Verfahrensstellung **Vor 413** 9
Nebenklage allgemein **Vor 395** 16
Niederschlagung des Verfahrens **413** 13; **Vor 413** 12
notwendige Verteidigung **140** 45
Prozessbeteiligte **Vor 413** 7
Schuldfähigkeit, verminderte/fehlende **Vor 413** 5
Schuldunfähigkeit, Begriff **413** 2
Schuldunfähigkeit, mögliche **413** 4
Sicherstellung zur Vollstreckungssicherung **111b** 22
Sicherstellung/Beschlagnahme **94** 21
Strafantrag **413** 14
Strafverfahren, keine Durchführung **413** 2 ff, 3
Strafverfahren, Struktur **Einl. F** 14
Täter, Verfahrensstellung **Vor 413** 8
Übergangsvorschriften **Vor 413** 13
Verbindung/Trennung von Verfahren **2** 40; **4** 6
Verfahrenshindernisse **413** 10
Verhältnis zu den Einstellungsregelungen der §§ 153 ff **153** 19
Verhandlungsunfähigkeit, Bedeutung **413** 8
Verhandlungsunfähigkeit, Begriff **413** 9
Verjährung **413** 12
Verlesung des Anklagesatzes in der Hauptverhandlung **243** 59
Verletzter, Rechtsstellung im Verfahren **Vor 406d** 7
freie Verteidigerwahl des Beschuldigten **137** 52
Voraussetzungen allgemein **413** 1
Wechsel zum/vom Strafverfahren **413** 24

Sicherungsverfahren, Durchführung
Änderung des rechtlichen Gesichtspunktes **414** 24
Antragsschrift, Inhalt **414** 15
Antragsschrift, Verhältnis zum Strafverfahren **414** 19
Antragsschrift, Wesen **414** 18
Anwendbarkeit der allgemeinen Vorschriften **414** 1
Anwesenheit des Beschuldigten bei der Verhandlung **415** 9
Entscheidung des Gerichts **414** 26
Haft-/Unterbringungsbefehl **414** 4
Hauptverfahren, Vorbereitung/Durchführung **414** 23 ff
Kosten des Verfahrens **414** 30
Rechtskraft bei Schuldunfähigkeit **414** 34
Rechtskraft bei Verhandlungsunfähigkeit **414** 32
Rechtsschutz (Revision) **141** 37
Rechtsschutz (Wiederaufnahme) **414** 38
Sachverständigengutachten **414** 3
Strafverteidiger, Bestellung **414** 2
Übergang vom Straf- ins Sicherungsverfahren **416** 13
Urteilsgegenstand **414** 24
Verbindung mit Strafverfahren **414** 25
Vollstreckung **414** 31
Vorverfahren **414** 2 ff
Zwischenverfahren allgemein **414** 15 ff
Zwischenverfahren, gerichtliches **414** 20

Sicherungsverfahren, Hauptverhandlung ohne Beschuldigten
Bedeutung der Vorschrift **415** 1
Betreuer, Beteiligung **415** 12
Sachverständigenvernehmung **415** 10
Sachverständiger, Fachrichtung **415** 11
Sachverständiger, Hinzuziehung **415** 4
Strafverteidiger **415** 8
teilweise Abwesenheit **415** 5
Vernehmung im Vorfeld **415** 3
Voraussetzungen **415** 2

Sicherungsverfahren, Übergang ins Strafverfahren
Anwendungsbereich der Regelung **416** 1
Durchführung vor und bei Eröffnung **416** 9
Überleitung bei Zuständigkeit **416** 10 ff
Verfahren bei Unzuständigkeit des Gerichts **416** 5
Verfahren bei Zuständigkeit des Gerichts **416** 4
Verfahren bei Zweifeln an der Schuldfähigkeit **416** 8
Verhandlungsunfähigkeit **416** 1
Wesen der Regelung **416** 2

Sicherungsverfahren, Zuständigkeit
allgemeine Strafkammer des Landgerichts **414** 8
Amtsgericht **414** 6
Gesetzesänderung **414** 5
Oberlandesgericht **414** 13
Spezialkammern des Landgerichts **414** 10
Verfahren gegen Jugendliche/Heranwachsende **414** 14

Sicherungsverwahrung (§ 66 StGB)
Ausspruch im Urteilstenor **260** 83; **Nachtr. 260** 1 ff
Bewährung, Aussetzung des Strafrestes **Nachtr. 454** 6

Justizverwaltungsakt, Rechtsschutz **EGGVG 23** 70
Revisionsbegründung, Beschränkung **344** 55
Sachverständigenbegutachtung bei Unterbringung **246a** 1 ff; **Nachtr. 246a** 1 ff
Urteilsgründe, Inhalt/Darstellung **Nachtr. 267** 1 ff
Vorbehalt (§ 66a StGB), Belehrung bei Urteilsverkündung **Nachtr. 268d** 1 ff

Sicherungsverwahrung, Nachverfahren bei Vorbehalt
Gang der Hauptverhandlung
– anwendbare Vorschriften **Nachtr. 275a** 16
– Berichterstatter, Vortrag **Nachtr. 275a** 19
– Beweisaufnahme, Gegenstand **Nachtr. 275a** 24
– Beweisaufnahme, Vorschriften **Nachtr. 275a** 23
– Kostenentscheidung **Nachtr. 275a** 32
– nicht fristgerechte Entscheidung **Nachtr. 275a** 37
– Sonderregelung, Notwendigkeit **Nachtr. 275a** 18
– Strafvorschriften, angewandte **Nachtr. 275a** 33
– Untersuchungshaft **Nachtr. 275a** 34
– Urteilsgründe **Nachtr. 275a** 35
– Urteilstenor **Nachtr. 275a** 31
– Verlesen des Urteils **Nachtr. 275a** 20
– Vernehmung des Sachverständigen **Nachtr. 275a** 26
– Wiederaufnahme **Nachtr. 275a** 36
Notwendigkeit der Regelung **Nachtr. 275a** 1
Rechtsschutz (Revision) **Nachtr. 275a** 39 f
Vorbehalt, Bestandskraft **Nachtr. 275a** 3
Vorbereitung des Nachverfahrens
– anwendbare Vorschriften **Nachtr. 275a** 12
– Ladungen, Mitteilungen **Nachtr. 275a** 13
– Sachverständiger, Bestellung **Nachtr. 275a** 15
– Staatsanwaltschaft, Vorlaufzeit **Nachtr. 275a** 9
– Staatsanwaltschaft, Zuständigkeit **Nachtr. 275a** 10
– Verteidiger **Nachtr. 275a** 14
– Vorsitzender des Gerichts **Nachtr. 275a** 12 ff
– zeitliche Vorgaben **Nachtr. 275a** 6
Zuständigkeit **Nachtr. 275a** 4

Sitzungspolizei (allgemein)
Amts- und Vollzugshilfe **GVG 176** 44
Amtstracht **GVG 176** 17
Anhörung **GVG 176** 41
Aufgabe des Vorsitzenden **GVG 176** 9
Aufhebung der Sitzung **GVG 176** 35
Aufrechterhaltung der Ordnung **GVG 176** 10 ff
Aufstehen **GVG 176** 15
Aufzeichnungen, verbotene **GVG 176** 28 ff
Ausführung der Anordnungen **GVG 176** 43
Ausschluss der Öffentlichkeit **GVG 176** 34
Begriff und Wesen **GVG 176** 1
Beschränkung des Zuhörerzahl **GVG 176** 13
Durchsuchung von Beteiligten **GVG 176** 22
Entfernen von Personen **GVG 176** 31 f
Ermahnung zu Ruhe **GVG 176** 26
Fesselung des Angeklagten **GVG 176** 25
Gefahrenabwehr, polizeiliche **GVG 176** 4
Hauptverhandlungsprotokoll, Inhalt **273** 20
Hausrecht **GVG 176** 3
Medienberichterstattung in Verfahren **GVG 176** 36 f
Öffentlichkeit **GVG 176** 5
Personen, unterworfene **GVG 176** 38 ff
Privatklageverfahren **384** 24
Protokollierung **GVG 176** 42
Schutz der Wahrheitsfindung **GVG 176** 18 ff
Schutz von Verfahrensbeteiligten **GVG 176** 18
Sitzordnung **GVG 176** 14
Sitzung, Beginn und Ende **GVG 176** 8
Sitzung, Lokaltermin **GVG 176** 7
Sitzung, räumliche Beschränkung **GVG 176** 6
Störungen durch Zuhörer **GVG 176** 27
Unterbrechung der Sitzung **GVG 176** 33
Verhandlungsleitung **GVG 176** 2
Verhandlungsleitung des Vorsitzenden **238** 12
Vermeidung von Störungen **GVG 176** 23 f
Wahrung der äußeren Form **GVG 176** 16
Zugangskontrolle **GVG 176** 21

Sitzungspolizei, Befugnisse außerhalb der Sitzung
außerhalb der Sitzung **GVG 180** 1
Richter, einzelner **GVG 180** 2
Verhältnis zur Festnahme von Störern nach StPO **GVG 180** 4
Vollstreckbarkeit **GVG 180** 3

Sitzungspolizei, Ordnungsmittel bei Ungehorsam
Anhörung der Beteiligten **GVG 177** 31
Anordnung, getroffene **GVG 177** 18 f
Anordnungskompetenz **GVG 177** 3, 30
Bedeutung der Vorschrift **GVG 177** 1
Beschuldigter **GVG 177** 6
betroffener Personenkreis **GVG 177** 4
Einschreiten von Amts wegen **GVG 177** 29
Entfernen der Person **GVG 177** 22
Folgen der Maßnahmen **GVG 177** 28
Gegenstand der Anordnung **GVG 177** 3
Maßnahmen, zulässige **GVG 177** 2
Nichtbefolgung der Anordnung **GVG 177** 20
Ordnungshaft **GVG 177** 24 ff
Ordnungsmittel allgemein **GVG 177** 21

Ordnungsmittel nach § 178 GVG **GVG 177** 27
Personen, an Verhandlung beteiligte **GVG 177** 5, 9 ff
Personen, nicht beteiligte **GVG 177** 17
Rechtsschutz (Beschwerde) **GVG 177** 34
Rechtsschutz (Revision) **GVG 177** 35
Strafverteidiger **GVG 177** 7
Verfahren allgemein **GVG 177** 29, 33
Verfahren bei Entfernung des Beschuldigten **GVG 177** 32

Sitzungspolizei, Ordnungsmittel nach Ungebühr (repressiv)
Abgeordneter **GVG 178** 22
Ablehnung wegen Befangenheit **GVG 178** 38
Äußerungen gegenüber dem Gericht **GVG 178** 9
Alkoholisierung **GVG 178** 11
Anhörung der Beteiligten **GVG 178** 34 ff
Anordnung einer Maßnahme **GVG 178** 23
Anwendungsbereich **GVG 178** 31
Beifalls-/Missfallenskundgebungen **GVG 178** 17
Beleidigungen **GVG 178** 7
demonstratives Sitzenbleiben **GVG 178** 14
Einwirken auf Verfahrensbeteiligte **GVG 178** 18
Entscheidungskompetenz **GVG 178** 37
Erregung von Lärm und Aufsehen **GVG 178** 13
Feststellung der Ungebühr **GVG 178** 32
Jugendlicher, Heranwachsender **GVG 178** 21
Kleidung, ungebührliche **GVG 178** 12
mehrfache Ungebühr **GVG 178** 26
Nichtbeachtung sitzungspolizeilicher Anordnungen **GVG 178** 16
Ordnungsgeld **GVG 178** 24
Ordnungshaft **GVG 178** 25
Ordnungsmittel bei Strafgefangenen **GVG 178** 29
Ordnungsmittel bei Untersuchungsgefangenen **GVG 178** 28
Personenkreis allgemein **GVG 178** 20
Protokollierung **GVG 178** 41
prozessualer Ungehorsam **GVG 178** 15
Rechtsmittelbelehrung **GVG 178** 40
Staatsanwaltschaft **GVG 178** 32
Tätlichkeiten **GVG 178** 10
Ungebühr, Begriff **GVG 178** 1 ff
Ungebühr, Schuldform **GVG 178** 5
Verhältnis zu anderen Sanktionen **GVG 178** 27
Verhalten in der Sitzung **GVG 178** 6
Verjährung **GVG 178** 30
Verkündung des Beschlusses **GVG 178** 39
Vollstreckung **GVG 178** 42

Sitzungspolizei, Protokollierung des Ordnungsmittelbeschlusses
Anwendungsbereich **GVG 182** 1
Aufgabe des Protokolls **GVG 182** 3
Aufnahme des Sachverhalts **GVG 182** 2
Ausnahmefälle **GVG 182** 5
Bedeutung **GVG 182** 6
des Beschlusses des Gerichts **GVG 182** 10 ff
Umfang **GVG 182** 4
unzulängliche **GVG 182** 7 ff

Sitzungspolizei, Rechtsschutz
Antrag nach § 23 EGGVG **GVG 176** 47
Befangenheitsantrag **GVG 176** 51
Beschwerde **GVG 176** 46
Dienstaufsichtsbeschwerde **GVG 176** 50
gerichtliche Entscheidung nach § 238 StPO **GVG 176** 45
Revision **GVG 176** 48
Verfassungsbeschwerde **GVG 176** 49

Sitzungspolizei, sofortige Beschwerde gegen Ordnungsmittel
Art und Weise der Vollstreckung **GVG 181** 17
aufschiebende Wirkung, Fehlen **GVG 181** 12
Beschwerdeberechtigung **GVG 181** 6
Einlegung **GVG 181** 8
Entschädigung **GVG 181** 16
Entscheidung des Beschwerdegerichts **GVG 181** 13
Fristbeginn **GVG 181** 7
Kosten **GVG 181** 15
Rechtsnatur, Streitigkeit **GVG 181** 2 f
Verfahren **GVG 181** 11
Vollstreckung, Wirkung **GVG 181** 4
Voraussetzungen **GVG 181** 1
weitere Beschwerde **GVG 181** 14
Wiedereinsetzung bei Fristversäumung **GVG 181** 5
Zuständigkeit **GVG 181** 9

Sitzungspolizei, Straftatbegehung
Feststellung des Sachverhalts **GVG 183** 5
Feststellung von Amts wegen **GVG 183** 6
Sitzung, Gericht **GVG 183** 1 f
Straftaten/Ordnungswidrigkeiten **GVG 183** 3
Ungebühr **GVG 183** 9
Verhältnis zur Nachtragsanklage **GVG 183** 10
vorläufige Festnahme **GVG 183** 8
zuständige Behörde **GVG 183** 7

Sitzungspolizei, Vollstreckung der Ordnungsmittel
Anordnungen, sitzungspolizeiliche **GVG 179** 4
Anwendungsbereich **GVG 179** 2
Aufgabe des Vorsitzenden **GVG 179** 1
Durchführung allgemein **GVG 179** 3
Ordnungsgeld **GVG 179** 6
Ordnungshaft **GVG 179** 5
Rechtspfleger, Zuständigkeit **GVG 179** 7

Vollstreckungsverjährung **GVG 179** 8
Zahlungsaufschub **GVG 179** 8
Sklaverei/Zwangsarbeit, Verbot (Art. 4 MRK, Art. 7 IPBPR)
Adressat der Verpflichtung **MRK Art. 4 (Art. 8 IPBPR)** 6
allgemeines **MRK Art. 4 (Art. 8 IPBPR)** 1 ff
Arbeitspflicht bei Freiheitsstrafe **MRK Art. 4 (Art. 8 IPBPR)** 19
Ausnahmen von Zwangs-/Pflichtarbeit, definitorische **MRK Art. 4 (Art. 8 IPBPR)** 18 ff
Ausnahmen, Verbot **MRK Art. 4 (Art. 8 IPBPR)** 4
Berufsfreiheit, negative, Art. 12 GG **MRK Art. 4 (Art. 8 IPBPR)** 5
Bürgerpflichten, normale **MRK Art. 4 (Art. 8 IPBPR)** 27
Entwicklung Sklaverei-/Leibeigenschaftsverbot **MRK Art. 4 (Art. 8 IPBPR)** 1
Entwicklung Zwangs-/Pflichtarbeitsverbot **MRK Art. 4 (Art. 8 IPBPR)** 2
Entwicklung, völkerrechtliche **MRK Art. 4 (Art. 8 IPBPR)** 1 ff
Frauenhandel (int. Übereinkommen) **MRK Art. 4 (Art. 8 IPBPR)** 1
ILO-Übereinkommen über Zwangsarbeit **MRK Art. 4 (Art. 8 IPBPR)** 2, 13
Katastrophenhilfe **MRK Art. 4 (Art. 8 IPBPR)** 26
Kinderhandel (int. Übereinkommen) **MRK Art. 4 (Art. 8 IPBPR)** 1
Leibeigenschaft, Begriff **MRK Art. 4 (Art. 8 IPBPR)** 10
Mädchenhandel (int. Übereinkommen) **MRK Art. 4 (Art. 8 IPBPR)** 1
Notstandsfestigkeit **MRK Art. 4 (Art. 8 IPBPR)** 4
Pflichtarbeit **MRK Art. 4 (Art. 8 IPBPR)** 13
Sklaverei und Leibeigenschaft, Verbot **MRK Art. 4 (Art. 8 IPBPR)** 8 ff
Sklaverei, Begriff **MRK Art. 4 (Art. 8 IPBPR)** 8
Tragweite des Sklavereiverbots **MRK Art. 4 (Art. 8 IPBPR)** 12
Verfassungsrecht, innerstaatliches **MRK Art. 4 (Art. 8 IPBPR)** 5
Völkerrecht, zwingende Regeln des allg. **MRK Art. 4 (Art. 8 IPBPR)** 3
Wehr-, Militärdienst **MRK Art. 4 (Art. 8 IPBPR)** 25
Zivildienst, Ersatzdienst **MRK Art. 4 (Art. 8 IPBPR)** 25
Zwangs- und Pflichtarbeit, Verbot **MRK Art. 4 (Art. 8 IPBPR)** 13 ff
Zwangsarbeit **MRK Art. 4 (Art. 8 IPBPR)** 13
Zwangsarbeit als eigenständige Strafe **MRK Art. 4 (Art. 8 IPBPR)** 18
Zwangsarbeit, EGMR-Rechtsprechung **MRK Art. 4 (Art. 8 IPBPR)** 17
Sklaverei-Übereinkommen
Menschenrechtsschutz, internationaler **MRK Einf. (Einf. IPBPR)** 10
SMS
Telekommunikationsüberwachung **100a** 55
Soldat
Aussagegenehmigung der Dienstbehörde **54** 11
gerichtliche Zuständigkeit, Bestimmung **8** 2, 9
Ladung als Zeuge **48** 13
Strafvollstreckung, Aufschub/Unterbrechung **455** 22
Strafvollstreckung/Strafvollzug **Vor 449** 32
Vollstreckungsbehörde, -hilfe **451** 22
Sonderbotschafter
Befreiung von der deutschen Gerichtsbarkeit **GVG 20** 6
Sondergericht
Abweichungen in Besetzung/Verfahren **GVG 13** 6
Anwendbarkeit der StPO **GVG 13** 12
Begriff **GVG 13** 5
Bestellung ordentlicher Gerichte **GVG 13** 10
Errichtung **GVG 13** 8
Jugendgerichte **GVG 13** 7
Wahrnehmung durch ordentliche Gerichtsbarkeit **EGGVG 3** 1 f
Sondervotum überstimmter Richter
Gericht, Beratung/Abstimmung **GVG 193** 46 ff
Sozialgeheimnis 161 22
Speicheltest
körperliche Untersuchung **81a** 60
Sperrerklärung der obersten Dienstbehörde
siehe auch Aussagegenehmigung der Dienstbehörde
für Akten des jeweiligen Verfahrens **96** 98
für Akten, beigezogene **96** 100
für Akten, Ermittlungsakten **96** 99
für Akten, Spurenakten **96** 101
Auskunftsverlangen der Staatsanwaltschaft **161** 15
Begründung **96** 73
endgültige Entscheidung **96** 82
Folgen **96** 78, 83
Folgen nach der Literatur **96** 84
Folgen nach der Rechtsprechung **96** 87
Folgen nach eigener Auffassung **96** 93
Form **96** 73
Gegenvorstellung **96** 79
geheimgehaltener Zeuge
– Auskunftsersuchen **96** 61
– Inhalt der Erklärung **96** 66

– Kritik **96** 70
– Sonderfall der Sperrerklärung **96** 60
– Verfahren der Geheimhaltung **96** 66
– Voraussetzungen **96** 62
Herbeiführung **96** 75
Justizverwaltungsakt, Rechtsschutz **EGGVG 23** 23 f
Rechtsnatur **96** 72
Rechtsschutz
– Anfechtung nach den §§ 23 ff EGGVG **96** 105
– Klagebefugnis **96** 109
– Rechtsschutzbedürfnis **96** 110
– Rechtsweg **96** 103
– der Strafverfolgungsorgane **96** 102
– Verfahrensbeteiligte, übrige **96** 103
– Verwaltungsgericht, Begründetheit der Klage **96** 111
– Verwaltungsrechtsweg **96** 106
Rechtsschutz (Revision)
– Aussetzung, unterlassene **96** 116
– Beweiswürdigung, fehlerhafte **96** 117
– Fehlen einer wirksamen Sperrerklärung **96** 112
– Nichtverwertung wegen Sperrung **96** 115
– Verwertung trotz Sperrung **96** 114
als Verwaltungsakt **96** 72
Voraussetzungen allgemein **96** 55
Voraussetzungen der §§ 96 und 54 **96** 55
Voraussetzungen nach Rechtsprechung und Literatur **96** 56
Zuständigkeit **96** 76

Spezialprävention
Nichtverfolgung unwesentlicher, einzelner Taten **154** 27

Sphärentheorie (Dreistufentheorie, Beweisverbote)
94 77; **Vor 94** 33

Spontanäußerung
Vernehmung durch StA und Polizei **163a** 21c, 89
Vernehmungsprotokoll, Verlesung bei Zeugnisverweigerung **252** 10, 29 ff

Sprungrevision
Aktenvorlage **335** 27
allgemein **335** 1
Amtsgericht, Zuständigkeit **GVG 24** 34
Anfechtungserklärung **335** 8
Annahmeberufung, Verhältnis **313** 6 ff; **335** 1a
Berufung, gleichzeitige Einlegung
– allgemein **335** 20
– Behandlung als Berufung **335** 23
– Beteiligte **335** 22
– Rechtsschutz (Revision) **335** 26
– Verwerfen der Revision, irrtümliches **335** 25
Oberlandesgericht, Wahrung einheitlicher Rechtsprechung **GVG 121** 37
verspätete Anfechtung **335** 13
Voraussetzungen bei Annahmeberufung **313** 6 ff, 20
Wahl der Revision **335** 12
Wahl des Rechtsmittels, endgültige **335** 9
Wahl/Wechsel des Rechtsmittels **312** 4 ff; **335** 8 ff, 15 ff
Wahlrevision, Begriff und Abgrenzung **335** 3
Wechsel von der Berufung **335** 15
Wechsel zur Berufung **335** 17
Wechsel zur Wiedereinsetzung in den vorigen Stand **335** 19
Wiedereinsetzung **335** 13
Zulässigkeit **335** 4

Staatenbeschwerde (international)
siehe Beschwerde;
siehe auch Menschenrechtsbeschwerde

Staatenloser
Vollstreckung, Absehen/Nachholung bei Auslieferung/Ausweisung **456a** 3

Staatsangehörigkeit, deutsche
Schöffenamt, Befähigung **GVG 31** 6

Staatsanwaltschaft (allgemein)
Abschlussvermerk
siehe unten Staatsanwaltschaft, Aktenführung
Absehen von Vereidigung, Verzichtserklärung **61** 35
Abwesenheit als absoluter Revisionsgrund **338** 87
Adhäsionsverfahren **404** 10
Änderung der gerichtlichen Zuständigkeit **225a** 17 f, 42
Akteneinsicht des Verteidigers, Gewährung **147** 148
Aktenführung
siehe unten
Anhörung bei Haftentscheidungen **114** 23 f; **114** 35, 50; **114** 50; **116** 32, 52; **117** 23; **118a** 23, 31 f
Anhörung bei Unterbringung zur Begutachtung **81** 24
Anhörung der Beteiligten, gerichtliche **33** 19, 27
Anhörung im Klageerzwingungsverfahren **173** 5
Anhörung während der Beweisaufnahme **257** 10 ff
Anklageerhebung, Monopol/Verpflichtung
siehe Legalitätsprinzip
Anklagegrundsatz
siehe dort
Annahmeberufung bei beantragtem Freispruch **313** 34 ff

Annahmeberufung, Einlegung allgemein **313** 24
Antrag auf erweitertes Schöffengericht **GVG 29** 5
Antrag auf Vernehmung des Beschuldigten **136** 8
Anwesenheit/Benachrichtigung bei Vernehmung **168c** 7, 34
Aufgaben
siehe unten bei Rechtsstellung
Auskünfte/Akteneinsicht, Zuständigkeit **478** 4 ff
Auskunft über Telekommunikationsverbindung **100h** 19
Auskunftsverlangen zur Sachverhaltsermittlung
siehe dort
Ausschließung als Richter **22** 35
Ausschließungsverfahren, Strafverteidiger (Anträge/Teilnahme) **138c** 8 ff, 16, 29, 40, 54; **138d** 16
Ausschreibung zur Aufenthaltsermittlung/Abbildungen (Regel- und Eilkompetenzen) **Nachtr. 131c** 2 ff
Ausschreibung zur Festnahme (Regel- und Eilkompetenzen) **Nachtr. 131** 9, 23 ff
Ausschreibung zur polizeilichen Beobachtung
siehe dort
auswärtige Strafkammer beim Amtsgericht **GVG 78** 19
Befragungsrecht in der Hauptverhandlung **240** 9
Beiordnung eines Zeugenbeistandes **Nachtr. 68b** 13, 16, 28
Benachrichtigung Betroffener (verdeckte Datenerhebung) **101** 18
Berichtspflicht bei Wohnraumüberwachung **100e** 4 ff
Berufung, Verbot der Verschlechterung **331** 24
Beschlagnahme, Anordnung **98** 7, 29 ff
Beschlagnahmeanordnung (Einziehung/Verfall) **111e** 3
beschleunigtes Verfahren, Beweiserhebung **420** 36 ff
Beschuldigtenbegriff, Verwendung **157** 6
Beschwerdeberechtigung allgemein **304** 48
Bewährung, Aussetzung des Strafrestes **454** 5, 17, 38, 67
Beweisantrag, Stellung in der Hauptverhandlung **244** 96
Beweisgegenstände, Herbeischaffen **214** 21 ff
Datenverarbeitung zum Zwecke des Strafverfahrens **483** 2
DNA-Analyse, erkennungsdienstliche Maßnahmen (§ 81g) **81g** 45 ff
DNA-IFG-Verfahren (Antrags- und Anhörungsrechte) **Anhang 81g** 14, 18, 22
Dokumentation, Aktenvollständigkeit
siehe unten Staatsanwaltschaft, Aktenführung
Durchsuchung, Durchsicht von Papieren **110** 6
eigene Beweiserhebungen im Eröffnungsverfahren **202** 6
Eilkompetenzen, Ermittlungsmaßnahmen der §§ 94 ff **Vor 94** 127 ff
Einstellung mangels hinreichenden Tatverdachts
siehe dort
Einstellungen nach den §§ 153 ff, Verfahren/Rechte
siehe dort
Erhebung öffentlicher Klage (Anklageerhebung)
siehe dort
Ermittlung, verdeckte mit technischen Mitteln **100d** 7
Ermittlungsassistenten, Aufgabe **Einl. I** 64
Ermittlungsverfahren, Stellung **Vor 158** 21 ff, 33 ff
Ersetzen der Vernehmung durch Protokollverlesung **251** 6, 50 ff
Festnahme bei Amtsverrichtungen
siehe dort
Fluchtanzeige des Bürgen, Entgegennahme **123** 22
Freiheitsstrafe, Nichtanrechnung von Auslieferungshaft **450a** 15
Gericht, Teilnahme an Beratung/Abstimmung **GVG 193** 28
Gerichtsbarkeit, Bestandteil **GVG Vor 1** 12
Gerichtshilfe, Vollstreckungs-/Ermittlungsaufträge **463d** 1 ff
Gerichtsstand des Zusammenhangs **13** 10, 21
Haftbefehl, Anhörung bei Erlass **114** 23
Haftbefehl, Antrag auf Aufhebung **120** 39 ff
Haftbefehl, Antrag auf Erlass **125** 10
Haftbefehl, Bekanntgabe nach Verhaftung **114a** 2 ff
Haftprüfung, Vorlegungsverfahren (§ 122 StPO) **122** 12; **122** 16
Hauptverhandlung, weitere Ladungen **214** 16 f
Hauptverhandlungsprotokoll, Inhalt **272** 10
Identifizierungsmaßnahmen (§ 81 b) **81b** 22
Identitätsfeststellung/Festhalten von Personen
siehe dort
Justizverwaltungsakt, Rechtsschutz **EGGVG 23** 11
körperliche Untersuchung, Verwendung/Vernichtung **81a** 83

körperlichen Untersuchung, Vollziehung **81a** 70
körperlicher Untersuchung des Beschuldigten **81a** 66
kommissarische Vernehmung, Benachrichtigung **224** 13
Kosten bei Klagerücknahme/Einstellung **467a** 1 ff
Kosten des Rechtsmittels bei Erfolglosigkeit/Rücknahme **473** 17 ff, 46, 57, 58 f, 92 ff
Leichenöffnung/-ausgrabung, Leitung und Teilnahme **87** 18
Leichenschau, Vergiftungsverdacht **91** 2, 4
Leichenschau, Vornahme **87** 10
Leichenschau/-öffnung, Vornahme durch den Richter **87** 10, 20
Maßregelanordnung, Sicherungsverfahren **413** 19 ff
Mitteilung von Beweisanträgen **219** 7, 20
Mobilfunkendgerät, Überwachung **100i** 26 ff
Nachtragsanklage **266** 5
Nachverfahren bei Vorbehalt der Sicherungsverwahrung **Nachtr. 275a** 9 ff
Namhaftmachung der Zeugen/Sachverständigen **222** 5
Nebenkläger, Rechtsmittel **401** 24
Notstaatsanwalt **165** 1
Notveräußerung, § 111l Abs. 6 **111l** 9 ff
notwendige Verteidigung
- Antrag auf Bestellung eines Pflichtverteidigers **141** 23 f
- Antrag auf Zurücknahme der Bestellung **143** 7

objektives Verfahren (Einziehung/Verfall) **440** 16, 20 ff, 29 f
Observation, längerfristige *siehe dort*
Ordnungsgeldbeschlusses gegen den Sachverständigen, Vollstreckung **77** 20
Postbeschlagnahme **100** 4 f, 15 ff, 29 ff
präsente Beweismittel, Verzicht **245** 32
Privatklageverfahren *siehe dort*
Rasterfahndung, Datenverwendung **98b** 24a ff
Rasterfahndung, Eilzuständigkeit **98b** 4 ff
Rechtsbehelf gegen Immunitätsentscheidung **152a** 44
Rechtskraft von Entscheidungen **Einl. J** 73 ff, 115
Rechtsmittel im Adhäsionsverfahren **406a** 10
Rechtsmittel, Einlegungsbefugnis **296** 6; **Vor 296** 17
Rechtsmittelbefugnis, Beschwer **Vor 296** 53
Rechtsmittelbelehrung, gerichtliche **35a** 7
Rechtsmittelverzicht; Zurücknahme **302** 59 ff
Rechtsschutz gegen gerichtliche Haftentscheidungen **114** 37 ff; **114b** 35; **115** 25; **115a** 15; **116** 34 ff, 52; **117** 32; **119** 156; **122** 20; **122** 31; **123** 29
Register für staatsanwaltschaftliche Verfahren beim BZR **492** 1 ff
Revisionsfrist **341** 22
richterliche Untersuchungshandlung, Antrag *siehe Ermittlungsrichter*
Sachverständiger, Ablehnung wegen Befangenheit **74** 16
Sachverständiger, Antrag auf Vereidigung **79** 5
Sachverständiger, Auswahl und Bestellung **73** 2
Sachverständiger, Hinzuziehung (Gutachten zur Unterbringung) **80a** 2
Schlussvortrag (Plädoyer) **258** 11, 16, 21
Schöffenungeeignetheit **GVG 34** 8
Schweigepflicht, Amtshilfe **96** 46 ff
Sitzungspolizei, Ordnungsmittel **GVG 177** 11
Sitzungspolizei, Ordnungsmittelbeschluss **GVG 178** 33, 36
Strafanzeige/Strafantrag, Entgegennahme **158** 16, 28
Strafbefehlsantrag nach Eröffnung **408a** 18 ff
Strafbefehlsverfahren, Antrag **407** 42 ff; **408** 1 ff
Strafvollstreckung **Vor 449** 5
Täter-Opfer-Ausgleich, Hinwirkungspflicht **155a** 3 f
Teilnahme an richterlicher Augenscheinseinnahme **86** 42
Teilnahme an richterlicher Vernehmung **115** 16; **136** 44
Telekommunikationsüberwachung **100b** 2, 19 ff
Unterrichtung der Polizeibehörden **482** 1 f
Untersuchung nicht tatverdächtiger Personen **81c** 52, 54 ff
Untersuchungshaft, Vollzug **119** 138
Untersuchungshaft, Vollzug (Anordnungen Eilfall) **119** 143
Urkundenbeweis, Selbstleseverfahren **249** 79
verdeckter Ermittler **110b** 6 ff, 14
Verfolgungspflicht, Wahrung einheitlicher Rechtsprechung **GVG 121** 33
Vermittlung des Vorlagebeschlusses im Eröffnungsverfahren **209** 40
Vermögensbeschlagnahme **443** 7
Vernehmung des Beschuldigten (anzuwendende Vorschriften) **136** 2; **136a** 6
Vernehmung von Zeugen/Sachverständigen *siehe Vernehmung durch die Staatsanwaltschaft*

Verteidiger-Wahlfreiheit, Realisierung **137** 17 ff, 74a
Vollstreckung der Freiheitsstrafe, Nachtragsentscheidungen **462a** 61, 79 ff
Vollstreckung von Maßregeln **463** 5
als Vollstreckungsbehörde
siehe dort
Vorführung des Verhafteten
siehe dort
vorgesetzter Beamter, Begriff **172** 102, 117
vorläufige Festnahme (Antrags- und Anhörungsrecht) **128** 8, 16
Vorlegungsverfahren bei Haftprüfung (§ 122 StPO) **122** 17, 20
weitere Beschwerde zu Lasten des Beschuldigten **310** 18 ff
Widerklage, Beteiligung **388** 25
Wiederaufnahme des Verfahrens, Antrag **366** 18
Wiederaufnahme des Verfahrens, Verteidigerbestellung **364b** 7
Wiederaufnahme, Anhörung im Zulassungsverfahren **368** 35
Wiederaufnahme, Anwesenheitsrecht/Benachrichtigung **369** 18 ff
Wiederaufnahme, Zuständigkeit **GVG 140a** 13
Wiederaufnahme, Zustimmung zu Freispruch **371** 20
Wiederbestattung der exhumierten Leiche **87** 32
Wiedereinsetzung in den vorigen Stand **44** 62
Wirtschaftsreferenten, Aufgabe **Einl. I** 64
Zeuge, Folgen des Ausbleibens **51** 23
Zeugenvernehmung, Bild- und Tonaufnahmen **Nachtr. 58a** 7
Zeugnisfähigkeit des Staatsanwalts **Vor 48** 39
Zuständigkeit des Strafrichters/Schöffengerichts **GVG 24** 11 ff; **GVG 25** 3 ff
Zustellung von gerichtlichen Entscheidungen **41** 1 ff

Staatsanwaltschaft, Abschlussvermerk
Abschluss der Ermittlungen **169a** 4
Anwendungsbereich **169a** 2 f
Bedeutung der Vorschrift **169a** 1
Einstellung des Verfahrens **169a** 3
Erhebung öffentlicher Klage **169a** 2
Folgen des Fehlens **169a** 8
Form **169a** 5
Mitteilung **169a** 7
Rechtsschutz **169a** 8
weiteres Verfahren **169a** 7
Wirkung **169a** 6
Zeitpunkt **169a** 5

Staatsanwaltschaft, Aktenführung
Aktenkundigmachen **168b** 6 ff
allgemeines **168b** 1
Anwendungsbereich **168b** 2
Bedeutung der Vorschrift **168b** 1 f
Ergebnis, Aufzeichnung **168b** 6
Form der Aufzeichnung **168b** 8
Mängel **168b** 13
polizeiliche Untersuchungen **168b** 2a
Untersuchungshandlungen, Begriff **168b** 3
Verstöße **168b** 13

Staatsanwaltschaft, Dienstaufsicht
Aufsicht und Leitung, Begriff **GVG 147** 1
Berichtswesen **GVG 147** 2
Bundesminister der Justiz **GVG 147** 4
Dienstaufsichtsbeschwerde **GVG 147** 3
Dienstweg **GVG 147** 2
Landesjustizverwaltung **GVG 147** 5
über Richter **GVG 151** 3
Staatsanwaltschaft beim OLG **GVG 147** 6

Staatsanwaltschaft, Ersetzungsbefugnis
Ausschlussverfahren **GVG 145** 16
Ausübung **GVG 145** 7
Ausübung bei Ausschlussgründen **GVG 145** 13
Ausübung, Form **GVG 145** 11
Ausübung, Inhalt/Zeitpunkt **GVG 145** 10
Begrenzung auf den Bezirk **GVG 145** 9
erster Beamter (Leiter) **GVG 145** 1
Landesjustizverwaltung **GVG 145** 3
Substitution **GVG 145** 4
Überprüfung, Ausschluss **GVG 145** 12

Staatsanwaltschaft, Organisation
Amtsanwaltschaft
siehe dort
Amtsbezeichnung, früheres Recht **GVG 142** 12
Anordnungen der Länder (OrgStA) **GVG 142** 20 f
Aufgabenbereich der Bundesanwaltschaft **GVG 142** 18
Beamtenstatus der Bundesanwälte **GVG 148** 1 ff
Bezeichnung nach dem Gerichtssitz **GVG 141** 5
Bundesanwaltschaft **GVG 142** 14
Bundesanwaltschaft, Oberstaatsanwälte **GVG 149** 2
Devolution und Substitution **GVG 142** 4
Ermittlungsassistenten **GVG 142** 24
Errichtung bei den Gerichten, Bedeutung **GVG 141** 1
erster Beamter, Stellung **GVG 142** 6
Generalstaatsanwalt als politischer Beamter **GVG 147** 8; **GVG 149** 1
Gerichtsbezogene Gliederung **GVG 142** 1
Geschäftsverteilung **GVG 144** 3
Grundsatz der Einheit **GVG 142** 2

Handeln als Vertreter **GVG 144** 2
hierarchische Struktur **GVG 144** 1
Hilfsbeamte der Staatsanwaltschaft
siehe dort
Länderzuständigkeit **GVG 142** 19
Referendare **GVG 142** 43 ff
Reformbestrebungen **GVG 141** 9; **GVG 142** 50
Reformvorschläge **GVG 144** 7
Reichsgericht **GVG 142** 13
Richter als Staatsanwalt **GVG 148** 5
Sonderfälle **GVG 141** 8
Staatsanwälte der Länder **GVG 142** 15
Wahrnehmung richterlicher Geschäfte **GVG 151** 1
Weisungsrecht
siehe unten
Wirtschaftsreferenten **GVG 142** 25
Zeichnungsbefugnisse **GVG 144** 4
zentrale Stellen der Länder **GVG 142** 10
Zuordnung eigener Bezirke **GVG 142** 7
Zweigstellen/Außenstellen **GVG 141** 6

Staatsanwaltschaft, Rechtsstellung
Aufbau und Struktur **Einl. I** 58
Aufgabe der Strafverfolgung **GVG Vor 141** 7
Aufgabe der Strafvollstreckung **GVG Vor 141** 7
Aufgaben allgemein **Einl. I** 40 ff; **GVG Vor 141** 6
Aufgaben, sonstige **GVG Vor 141** 11
Ausschließung und Ablehnung **GVG Vor 141** 22
Bedeutung **Einl. I** 40
Beziehungen zum Gericht **Einl. I** 47
Bindung an Rechtsprechung **GVG Vor 141** 17
Entwicklungsgeschichte **Einl. I** 40; **GVG Vor 141** 4
europäische Staatsanwaltschaft **GVG Vor 141** 28
funktionelle Eigenständigkeit **GVG Vor 141** 13
Funktionen im Überblick **Einl. I** 44
gesetzliche Regelungen **GVG Vor 141** 1
in der Hauptverhandlung **226** 3; **Vor 226** 22 ff, 29, 36
Herrschaft im Ermittlungsverfahren **GVG Vor 141** 16
Hilfspersonen, interne **Einl. I** 64
Jugendstaatsanwälte **GVG Vor 141** 25
Objektivitätspostulat **Einl. I** 49
Parteistellung, Abgrenzung **Einl. I** 53; **GVG Vor 141** 19
Polizei, Aufgabe und Stellung **Einl. I** 59
Reformbestrebungen **GVG Vor 141** 26
Sprachgebrauch des Gesetzes **GVG Vor 141** 2
im Strafprozess **152** 2 ff
als Strafverfolgungsorgan **Einl. I** 56
als Verfahrensbeteiligte **Einl. I** 40 ff
Verfolgung von Ordnungswidrigkeiten **GVG Vor 141** 8
Waffengleichheit **GVG Vor 141** 20
zugeordnete Organträger/Behörden **Einl. I** 63

Staatsanwaltschaft, Weisungsrecht
Adressat der Weisung **GVG 146** 37
allgemein **GVG 142** 3
Anweisung, dienstliche **GVG 146** 3
Anweisung, Wirkung **GVG 146** 5
Aufsicht im Vorfeld **GVG 146** 38
Befolgungspflicht des Staatsanwalts **GVG 146** 33
Befolgungspflicht, Nachprüfbarkeit **GVG 146** 35
Beurteilungsspielraum **GVG 146** 19
Einzelfallweisung, Formen **GVG 146** 36
externes, Besonderheiten **GVG 146** 22 ff
Generalbundesanwalt **GVG 146** 39
internes und externes Weisungsrecht **GVG 146** 1
Kritik am Weisungsrecht **GVG 146** 7 ff
Legalitätsprinzip **GVG 146** 18
Opportunitätsprinzip **GVG 146** 19
Rechtsgrundlagen für externes **GVG 146** 16
Rechtsgrundlagen für internes **GVG 146** 15
Rechtsgrundlagen, Grundgesetz **GVG 146** 14
sachfremde Erwägungen **GVG 146** 20
Vorgesetzter, Begriff **GVG 146** 2
Weisungen für die Hauptverhandlung **GVG 146** 26 ff

Staatsanwaltschaft, Zuständigkeit
Bezirksgrenzen **GVG 143** 5
Folgen örtlicher Unzuständigkeit **GVG 143** 10
Gefahr im Verzug, Amtshandlung **GVG 143** 7
Gefahr im Verzug, Bedeutung **GVG 143** 6
örtliche, Einzelfragen **GVG 143** 2
örtliche, Grundsatz **GVG 143** 1
Reformvorschläge **GVG 143** 21
Zuständigkeitskonzentration
– allgemeine Rechtslage **GVG 143** 11
– Form der Zuweisung **GVG 143** 19
– Rechtshilfeersuchen **GVG 143** 17
– Strafvollstreckungssachen **GVG 143** 20
– Wirkung **GVG 143** 15
– Zielsetzung **GVG 143** 13
Zuständigkeitsstreit innerhalb eines Landes **GVG 143** 9
Zuständigkeitsstreit zwischen Bundesländern **GVG 143** 8

Staatsgeheimnisse
Angaben in der Anklageschrift **200** 49
Mitteilung der Anklageschrift im Eröffnungsverfahren **201** 9

Staatskasse
Entschädigung bei Ladungen durch den Angeklagten **220** 24 ff
Kosten des Klageerzwingungsverfahrens **177** 6
Kosten des Verfahrens **464a** 1 ff
Kosten des Verfahrens bei Freispruch **467** 23
Kostenlast bei Zurücknahme des Strafantrags **470** 6 ff, 13
Kostenpflicht des Verurteilten **465** 28
Kostenverteilung **464d** 1 ff
Staatsreligion, Staatskirche
Gedanken-, Gewissens- und Religionsfreiheit **MRK Art. 9 (Art. 18 IPBPR)** 4
Staatsschutzsachen
Ermittlungsrichter des OLG und BGH **169** 3
Eröffnungsbeschluss, Abgabe an ein anderes Gericht **209** 45, 50
Oberlandesgericht, Zuständigkeit **GVG 120** 2, 5, 9, 15
Vorlage bei Fortdauer der Untersuchungshaft **121** 48
Zuständigkeit, örtliche/Gerichtsstand **Vor 7** 16
Staatsschutz-Strafkammer
Berufung, Verweisungsentscheidung **328** 42
Eröffnungsbeschluss, Abgabe an ein anderes Gericht **209a** 2, 8 ff, 15, 29, 37
gerichtliche Zuständigkeitsprüfung **6a** 1 ff
Schwurgerichtskammer, Verhältnis **GVG 74** 15
Verbindung/Trennung von Verfahren **2** 28 ff
Staatsschutz-Strafkammer, Zuständigkeit
Anwendungsbereich **GVG 74a** 1
Besetzung **GVG 74a** 10
besondere Bedeutung des Falles **GVG 74a** 12
Betäubungsmitteldelikte **GVG 74a** 6
Einstellung des Verfahrens bei tätiger Reue **153e** 16
Einstellung nach § 154a StGB **GVG 74a** 8
erweiterte Zuständigkeit **GVG 74a** 9
Jugendsachen **GVG 74a** 7
Klageerzwingungsverfahren, Zuständigkeit **172** 177
NATO-Truppen, Erweiterung **GVG 74a** 2
Rechtsschutz (Revision) **GVG 74a** 17
Straftatenkatalog **GVG 74a** 5
Straftatenkatalog, Internationale Strafverfolgung **GVG Nachtr. 74a** 1 ff
Übernahme der Strafverfolgung **GVG 74a** 11
Übernahme im Ermittlungsverfahren **GVG 74a** 13
Übernahme im Eröffnungsverfahren **GVG 74a** 14
Zurückgabe im Ermittlungsverfahren **GVG 74a** 15
Zurückgabe im Eröffnungsverfahren **GVG 74a** 16
Zuständigkeitskonzentration, Auswirkungen **GVG 74a** 4
Zuständigkeitskonzentration, Bedeutung **GVG 74a** 3
Zustimmung zum Absehen von Verfolgung bei tätiger Reue **153e** 14
Steckbrief (§ 131 a.F.)
Abgrenzung zu anderen Fahndungsmaßnahmen **131** 1
Anwendungsbereich der Vorschrift **131** 1 ff
Begriff **131** 6
beschränkte öffentliche Fahndung **131** 31
bei Entweichen (Voraussetzungen) **131** 14
bei Entweichen (Zuständigkeit) **131** 19, 25
Erledigung **131** 36
Fahndung nach unbekanntem Täter **131** 10
Fahndungsersuchen **131** 29
Fahndungsmittel **131** 27 ff
Grundsatz **131** 27
aufgrund Haftbefehls **131** 11
Inhalt **131** 22
internationale Fahndung **131** 30
Massenmedien **131** 13; **131** 32
Neuregelungen
siehe Fahndungsarten;
siehe Fahndungsarten
Rücknahme bei Erledigung **131** 36
Steckbriefnachrichten in Dateien (Registern) **131** 28
Verfahren nach Ergreifung **131** 24
Vollstreckung, Absehen/Nachholung bei Auslieferung/Ausweisung **456a** 14
Vollstreckungsbehörde, Herbeiführung des Vollzugs **457** 27
Steckbrieffahndung, Neuregelung
allgemein **Vor 132** 1 ff
Anwendungsbereich **Nachtr. Vor 131** 6
Beendigung der Maßnahmen **Nachtr. Vor 131** 9
Dateien, TV-Sendungen, internationale Fahndung **Nachtr. Vor 131** 17
fehlerhafte Anordnung **Nachtr. Vor 131** 16
Reform Nachtr. Vor 131 1
Sachfahndung **Nachtr. Vor 131** 14
Systematik Nachtr. Vor 131 3
Verhältnis zu anderen Vorschriften **Nachtr. Vor 131** 10
Verhältnismäßigkeit **Nachtr. Vor 131** 7
Steuerberater/Steuerbevollmächtigter
Zeugnisverweigerungsrecht, berufliche Gründe **53** 30 ff
Steuergeheimnis
Auskunftsverlangen der Staatsanwaltschaft **161** 20
Meinungsäußerungsfreiheit **MRK Art. 10 (Art. 19 IPBPR)** 25

Öffentlichkeitsausschluss bei Gefährdung **GVG 172** 18 f
Steuerstrafsachen
§ 396 AO und Einstellung nach Klärungsfrist für Vorfragen **154d** 7
Anklagekompetenz der Staatsanwaltschaft **152** 6
Beschlagnahme, Anordnung **98** 32
Durchsuchung, Durchsicht von Papieren **110** 7
Eigentumsschutz **1. ZP MRK Art. 1** 11
Einstellungsregelungen nach den §§ 153 ff durch Finanzbehörde **153** 40, 76; **153a** 26, 102, 107; **153c** 4; **154** 30; **154a** 17, 19; **154c** 10
Einziehung/Verfall, Verzicht **430** 19
Ermittlungsverfahren, Abschlussentscheidung **170** 5, 35
Finanzbehörde, Aufgabe im Strafverfahren **Einl. I** 63
Identitätsfeststellung **163b** 43
Justizverwaltungsakt, Rechtsschutz **EGGVG 23** 20 f
Kosten bei Klagerücknahme/Einstellung durch StA **467a** 5
Kosten des Verfahrens allgemein **Vor 464** 9
Rasterfahndung **98a** 42
Staatsanwaltschaft im Ermittlungsverfahren **160** 11 f
Strafverfahren, Struktur **Einl. F** 14
Täter-Opfer-Ausgleich **155a** 8
Untersuchungshandlungen, richterliche **165** 4
Verfahrensgarantien nach MRK und IPBPR **MRK Art. 6 (Art. 14 IPBPR)** 27
Verhältnis der StPO zu Landesgesetzen **EGStPO 6** 5
Zuständigkeit, örtliche/Gerichtsstand **Vor 7** 14
Zuständigkeitskonzentration der Gerichte **GVG 58** 19
Stimm- und Sprachprobe
Identifizierungsmaßnahmen (§ 81 b) **81b** 17
Zeuge, Gegenüberstellung **58** 15
Strafantrag
Abgrenzung zum Antrag auf Strafverfolgung **158** 24
Abgrenzung zur Strafanzeige **158** 24
Adressaten
allgemein **158** 23
Begriff **158** 24
Begriff, Abgrenzung zur Strafanzeige **171** 2 f
Behörden als Adressat, sonstige **158** 29
Belehrung bei Einstellung des Ermittlungsverfahrens **171** 14
Bescheidung bei Einstellung des Ermittlungsverfahrens **171** 8 ff
Einstellung des Verfahrens/Prozessvoraussetzung **206a** 45 f
Erklärung zu Protokoll **158** 33
Form allgemein **158** 30
Form, Unklarheiten **158** 34
Gericht als Adressat **158** 27
Haftbefehl bei fehlendem Strafantrag **112** 14; **114** 7
Inhalt der Vorschrift **158** 1
Kostenlast bei Zurücknahme des Strafantrags **470** 1 ff
Pflicht zur Strafanzeige **158** 2 ff
Privatklageberechtigung **374** 27 ff; **375** 3 ff
Revision, Prüfung von Gesetzesverletzung **337** 58
Rücknahme, unzulässige Veranlassung durch Strafverfolgungsorgane **136a** 14
Rücknahme/Verzicht **158** 35
Schriftform **158** 31
Sicherungsverfahren **413** 13
Staatsanwaltschaft als Adressat **158** 28
Untersuchungshaft bei fehlendem Strafantrag **112** 14; **114** 7
Wiederaufnahme, Wirkung der Anordnung **370** 42
Strafanzeige (allgemein)
Adressaten **158** 16
anonyme und pseudonyme Strafanzeige **158** 11
Anzeigeerstatter **158** 9 ff
Anzeigeerstattung, Recht **158** 9
Bearbeitung, Pflicht **158** 20
Bedeutung der Regelung **158** 6
Begriff, Abgrenzung **158** 7, 24
Begriff, Abgrenzung zum Strafantrag **171** 2 f
Beurkundung **158** 19
Einstellung bei Nötigung/Erpressung **154c** 5
Einstellungsbescheid **158** 21
Entgegennahme, Pflicht **158** 18
Form **158** 15
Inhalt **158** 14
Inhalt der Vorschrift **158** 1
Kostenlast des Anzeigenerstatters **469** 1 ff
Pflicht zur Strafanzeige allgemein **158** 2
Pflicht zur Strafanzeige, Sonderfälle **158** 4
Rücknahme **158** 22
Selbstanzeige **158** 13
Strafantrag bei Offizialdelikten **158** 7, 24
Überwachungsrichter, Verkehr des Beschuldigten mit dem Verteidiger **148a** 11
Vernehmung durch StA und Polizei **163a** 12
Vernehmungsprotokoll, Verlesung bei Zeugnisverweigerung **252** 30
vertrauliche Anzeige **158** 12

Strafanzeige, Anzeigepflicht bei Todesfall/ Leichenfund
Adressat **159** 7
zur Anzeige verpflichtete **159** 5
Bedeutung/Zweck der Vorschrift **159** 1
Bestattungsgenehmigung **159** 14
Bestattungsgenehmigung, Bedeutung **159** 12
Bestattungsgenehmigung, Rechtsschutz **159** 15
Beweissicherung/Ermittlung der Polizei **159** 10
Beweissicherung/Ermittlung der StA **159** 11
Inhalt **159** 9
Leichnam eines Unbekannten **159** 4
Todesfall, nicht natürlicher **159** 2
Zeitpunkt **159** 8
Strafarrest (§ 9 WStG)
Justizverwaltungsakt, Rechtsschutz **EGGVG 23** 71
notwendige Verteidigung **140** 32 ff
Vollstreckung der Freiheitsstrafe, Nachtragsentscheidungen **462a** 6
Strafaussetzung zur Bewährung
Ablehnung, Rechtskraftwirkung **454** 70
Anhörung der Staatsanwaltschaft **454** 17
Anhörung der Vollzugsanstalt **454** 18
Anhörung des Verteidigers **454** 19
Anhörung des Verurteilten, mündliche *siehe unten*
Anhörung vor Rechtskraft des Urteils **454** 55
Anhörung, Form **454** 20
Anrechnung der Freistellung nach StVollzG **Nachtr. 454** 21
Antrag eines nicht beteiligten Dritten **454** 14
Antragserfordernis **454** 5 ff
anwendbare Vorschriften **454** 73
Anwendungsbereich der Regelung **454** 1
Aussetzung, Verhältnis Widerruf/Aufhebung **454a** 13
Ausspruch im Urteilstenor **260** 76
Belehrung bei Urteilsverkündung **268a** 10 ff
Belehrung über Aussetzung **454** 75
Berufung, Verbot der Verschlechterung **331** 77 ff
Beschluss, Verkündung mit Urteil **268a** 1 ff
Beschwerde gegen Entscheidung **305a** 1 ff
Bewährungshelfer *siehe dort*
Einwilligung des Verurteilten **454** 16
Entlassungszeitpunkt **454** 79
Entscheidung bei lebenslanger Freiheitsstrafe **454** 58
Entscheidung, Form **454** 56
Entscheidung, Inhalt **454** 57
Entscheidung, Zeitpunkt/Wirksamkeit **454** 61
Entscheidungszeitpunkt **454** 15
Führungsaufsicht, Aufsichtsstellen *siehe dort*
Gnadenbehörde **454** 78
Jugendstrafe **454** 81
Maßregel, freiheitsentziehende **454** 82
nachträgliche Entscheidung *siehe Strafaussetzung, nachträgliche Entscheidung*
Rechtsmittel, Wirkung **454** 67 f
Rechtsmittelverfahren **454** 69
Rechtsschutz **454** 63
Revision, Aufhebung des Urteils **353** 31
Revision, Entscheidung des Gerichts **354** 42
Revision, Prüfung von Gesetzesverletzung **337** 234
Revisionsbegründung, Beschränkung **344** 40
Sperrfrist bei Widerruf **454a** 15
Sperrfrist für neue Anträge **454** 71
Strafbefehlsverfahren, Zulässigkeit **407** 21
Urteilsgründe, Inhalt/Darstellung **267** 102 ff
Voraussetzungen, materiell-rechtliche **454** 3
Widerruf und erneute Aussetzung **454** 77
Wiederaufnahme, Neuverhandlung **373** 24
Zuständigkeit **454** 2; **454** 74; **454a** 15
Zustellung des Beschlusses **454** 62
Strafaussetzung zur Bewährung, Widerruf
Unschuldsvermutung **MRK Art. 6 (Art. 14 IPBPR)** 148
Untersuchungshaft in anderer Sache **112** 40
Verfahrensgarantien nach MRK und IPBPR **MRK Art. 6 (Art. 14 IPBPR)** 41
Strafaussetzung, Absehen von der Anhörung
Auslegung **454** 42
Einhellige Befürwortung der Beteiligten **454** 43
fehlende Einwilligung **454** 47
Fehlerfolgen **454** 50
Gründe allgemein **454** 41
kurzfristige Antragswiederholung **454** 46
Missbrauchsabsicht **454** 48
Unzulässigkeit des Antrags **454** 45
verfrühte Antragstellung **454** 44
Verwirkung **454** 49
Strafaussetzung, Anhörung des Verurteilten
Anwesenheitsrechte **454** 38
beauftragter/ersuchter Richter **454** 25 ff
BGH-Rechtsprechung **454** 29
Durchführung **454** 37 ff
Form allgemein **454** 23
Gegenstand **454** 39
Gestaltung **454** 37
Kammerbesetzung **454** 24
Kritik **454** 31 ff
Literaturansichten **454** 30
Protokoll **454** 40
Zweck der Regelung **454** 21

Strafaussetzung, Aufhebung der Entscheidung
Aufhebung **Nachtr. 454a** 9
Entwicklungsgeschichte **454a** 8 f
Ermessen **Nachtr. 454a** 7
Nichtverantwortbarkeit **Nachtr. 454a** 6
Rechtsschutz **Nachtr. 454a** 11
Rechtsschutz (a.F.) **454a** 12
Sicherheitsinteresse der Allgemeinheit **Nachtr. 454a** 5
Tatsachen, neu bekannt gewordene **Nachtr. 454a** 4
Tatsachen, neu eingetretene **Nachtr. 454a** 2
Verfahren **Nachtr. 454a** 8
Verfahren (a.F.) **454a** 11
Voraussetzungen (a.F.) **454a** 10
Zweck der Neuregelung **Nachtr. 454a** 1
Strafaussetzung, nachträgliche Entscheidung
Anhörung bei Auflagenverstoß **453** 10
Anhörung der Beteiligten **453** 8
Anhörung, unterbliebene **453** 17
Anträge Dritter, Bescheidung **453** 47
Anwendungsbereich der Regelung **453** 1
Belehrung des Verurteilten, nachträgliche **453a** 1 ff
erweiterte Anwendung der Vorschrift **453** 49
Haftbefehl bei Widerruf
siehe Sicherungshaft (§ 453 c)
mündliche Erörterung, Zulässigkeit **453** 7
Rechtsmittel, einfache Beschwerde
– Ablehnung von Anordnungen **453** 27
– allgemein **453** 22
– Gesetzwidrigkeit **453** 23 ff
– nachträgliche Verlängerung **453** 26
Rechtsmittel, sofortige Beschwerde
– allgemein **453** 28
– Erlass der Strafe **453** 32 ff
– Erlass des Widerrufs **453** 32 ff
– Widerruf der Aussetzung **453** 29 ff
Unterrichtung des Bewährungshelfers
siehe Bewährungshelfer
Verlängerung der Bewährungszeit **453** 19
Voraussetzungen **453** 18
Wesen der Regelung **453** 4
Widerruf der Strafaussetzung **453** 20
Widerrufsbeschluss, rechtskräftiger **453** 35
Zuständigkeit, gerichtliche **453** 6
Zustellung des Widerrufsbeschlusses, öffentliche **453** 37
Strafaussetzung, Nachverfahren
Anhörung, nachträgliche **453** 42
Beschwerde, sofortige **453** 41
Haftbefehlsregelung **453** 46
Rechtsschutz **453** 44 f
Wiedereinsetzung **453** 40
Zulässigkeit **453** 38
Zuständigkeit **453** 39
Strafaussetzung, Sachverständigengutachten (a. F.)
allgemein **454** 51
Anhörung, Durchführung **Nachtr. 454** 16
Anordnungen, inhaltliche **Nachtr. 454** 9
Anwendungsbereich, lebenslange Freiheitsstrafe **Nachtr. 454** 2
Anwendungsbereich, zeitige Freiheitsstrafe **Nachtr. 454** 3
Aussetzungserwägung **Nachtr. 454** 4
Auswahl des Sachverständigen **Nachtr. 454** 10
Einbeziehung der Verfahrensbeteiligten **Nachtr. 454** 15
lebenslange Freiheitsstrafen **Nachtr. 454** 5
mündliche Anhörung **Nachtr. 454** 13
öffentliche Sicherheit, entgegenstehende **Nachtr. 454** 8
Straftaten der Sicherungsverwahrung **Nachtr. 454** 6
Verfahrensmängel **Nachtr. 454** 19
zeitige Freiheitsstrafe, Höhe **Nachtr. 454** 7
Zeitpunkt der Einholung **Nachtr. 454** 12
Zweck der Neuregelung **Nachtr. 454** 1
Strafaussetzung, Überwachung durch das Gericht
Bedeutung der Vorschrift **453b** 1
Gnadenentscheidung **453b** 7
Mitwirkung anderer Stellen **453b** 4
Umfang **453b** 2
Zuständigkeit **453b** 5
Strafaussetzung, Verlängerung der Bewährungszeit
Aussetzungsentscheidung **454a** 5
Bewährungszeit **454a** 7
Entlassungszeitpunkt **454a** 6
Entscheidungszeitpunkt **454a** 3
Entwicklungsgeschichte der Vorschrift **454a** 1
Zweck der Entlassungsvorbereitung **454a** 2
Strafbefehl
Abweichungen bei den Ausfertigungen **409** 46
Angaben zu Nebenbeteiligten **409** 5
Angaben zur Person des Angeklagten **409** 5
Begründung **409** 21
Bekanntmachung durch Zustellung **409** 41
Beweismittelangabe **409** 14
fehlerhafte Personalangaben **409** 7
Folgen von Mängeln **409** 2 f
Freiheitsentziehung, Rechte bei **MRK Art. 5 (Art. 9, 11 IPBPR)** 41
Kosten, Angabe **409** 20
Rechtsfolgen, Berichtigung **409** 19
Rechtsfolgen, Festsetzung **409** 16
Rechtsfolgen, Nichtigkeit bei fehlenden Angaben **409** 17

Rechtsprechung zu § 66 OWiG **409** 1
Tatbezeichnung, Mängel **409** 12
Tatbezeichnung, Umfang **409** 9
Unterrichtung des Angeklagten von Beschuldigung **MRK Art. 6 (Art. 14 IPBPR)** 170
Unterzeichnung, Bedeutung **409** 35
Unterzeichnung, Begriff **409** 36
Unterzeichnung, Fehlen **409** 38
Urschrift, Fehlen **409** 38
Verteidiger, Name **409** 8
Voraussetzungen, Überblick **409** 4
Zurücknahme/Änderung **409** 47 ff
Zustellung, öffentliche/Ersatzzustellung **409** 42
Zustellungsadressat **409** 43

Strafbefehl, Belehrungen
allgemein **409** 23
Anfechtbarkeit des Strafbefehls **409** 24
Fahrverbot **409** 31
Freiheitsstrafe, Bewährungsbeschluss **409** 26
Gegenstand bei Freiheitsstrafe **409** 27
Kostenentscheidung, Anfechtbarkeit **409** 34
gegenüber Nebenbeteiligten **409** 32
Unterbleiben bei Freiheitsstrafe **409** 29
Verwarnung mit Strafvorbehalt, Bedeutung **409** 30

Strafbefehl, Einspruch
Abgrenzung zur einfachen Beschwerde **Vor 304** 48
Adressat **410** 5
Begründung **410** 17
beschränkter Einspruch **410** 11
Einspruchsberechtigte **410** 3
Form **410** 9
Frist **410** 5
Rechtskraft des Strafbefehls, formelle **410** 18
Rechtskraft des Strafbefehls, materielle **410** 19
Rücknahme/Verzicht **410** 15
Statthaftigkeit **410** 1
Wiedereinsetzung **410** 24

Strafbefehl, Erlass
antragswidriger Erlass **408** 39
Bindungswirkung für den Richter **408** 38
Rechtsschutz bei antragswidrigem Erlass **408** 40
Verfahren **408** 36
Wesen **408** 36

Strafbefehlsverfahren
Abwesenheit des Beschuldigten **Vor 407** 46
Abwesenheit des Beschuldigten im Hauptverfahren **Vor 407** 45
Adhäsionsverfahren **403** 20
allgemein
siehe auch Verfahrensarten, besondere
Anschluss des Nebenklägers **Vor 407** 39
Anschluss des Verletzten **Vor 407** 43
Ausschluss der Beschwerde **305** 11
Ausspruch im Urteilstenor **260** 31
Berufung, Verweisungsentscheidung **328** 39
Berufungsverhandlung ohne Angeklagten **329** 50, 52
beschleunigtes Verfahren, Anklageerhebung **418** 34
Beschuldigtenbegriff **157** 4
Beweisaufnahme, Umfang **244** 171 f
Einstellung des Verfahrens/Prozessvoraussetzung **206a** 8, 20, 47a
Einziehung/Verfall, Verzicht **430** 16
Einziehungs-/Verfallbeteiligter, Einspruch **438** 1 ff
Einziehungs-/Verfallsbeteiligte, Ladung/Mitteilungen **435** 15
Einziehungs-/Verfallsbeteiligter, Befugnisse **433** 3
Entschädigung des Verletzten **Vor 407** 44
Ermittlungsverfahren, Abschlussentscheidung **170** 17
Eröffnung bei hinreichendem Tatverdacht **203** 2
Eröffnungsverfahren, gerichtliche Entscheidung **204** 1
Eröffnungsverfahren, Wirkung der Ablehnung **211** 3, 16a
Ersetzen der Vernehmung durch Protokollverlesung **251** 5
gerichtliche Beweiserhebungen im Eröffnungsverfahren **202** 1a
Gerichtssprache Deutsch **GVG 184** 9
Gerichtsstand, Zuständigkeitskonkurrenz **12** 11, 27, 43
gegen Heranwachsenden **Vor 407** 52
gegen Jugendlichen **Vor 407** 51
Klageerhebung **151** 8
Klagerücknahme, zulässiger Zeitraum **156** 4
Kosten bei Klagerücknahme/Einstellung durch StA **467a** 4
Kosten des Rechtsmittels bei Erfolglosigkeit/Rücknahme **473** 3, 81, 97
Kosten/notwendige Auslagen des Nebenklägers **472** 14
Nichtverfolgung wegen Geringfügigkeit, gerichtl. Einstellung **153** 58
notwendige Verteidigung **140** 131d
objektives Verfahren (Einziehung/Verfall) **440** 17
Ordnungswidrigkeiten (tateinheitlich) **Vor 407** 55 ff
Rechtshängigkeit/Anhängigkeit **Vor 407** 36
Rechtskraft **Vor 407** 58

Rechtsmittel, Einlegung durch Inhaftierte **299** 5
Rechtsschutzgarantie **MRK Art. 6 (Art. 14 IPBPR)** 42
Revision, Prüfung von Gesetzesverletzung **337** 51
Strafverfahren, Absprachen **Einl. G** 73, 85
Strafverfahren, Struktur **Einl. F** 13
Unschuldsvermutung **MRK Art. 6 (Art. 14 IPBPR)** 123
und Untersuchungshaft **112** 55 ff; **Vor 112** 2
Urkundenbeweis, Verlesen von Behörden-/Ärzteerklärungen **256** 2a
Verbindung/Trennung von Verfahren **2** 39
gegen Verhaftete/vorläufig Festgenommene **Vor 407** 47
Verlesung des Anklagesatzes in der Hauptverhandlung **243** 59
freie Verteidigerwahl des Beschuldigten **137** 51
Wegfall des Eröffnungsverfahren **Vor 198** 9
Wesen und Rechtsnatur **Vor 407** 24 ff
Wesen, abweichende Auffassungen **Vor 407** 27 ff
Wiederaufnahme des Verfahrens **373a** 1 ff
Wirkung des Strafbefehlsantrags **Vor 407** 37

Strafbefehlsverfahren nach Einspruch
Anwendungsbereich der Regelung **411** 1
Bekanntmachung der Entscheidung **411** 63
Entscheidung bei beschränktem Einspruch **411** 55
Entscheidung bei unbeschränktem Einspruch **411** 54
Entscheidungsmöglichkeiten des Gerichts **411** 13
Ermittlungen, weitere **411** 19
Eröffnungsbeschluss, Ausschluss **411** 17
Eröffnungsbeschluss/Hauptverhandlungstermin **411** 16
Hauptverhandlung, Durchführung **411** 20
Klagerücknahme
– Stellung im Strafbefehlsverfahren **411** 37
– Voraussetzungen **411** 40
– Wirkung **411** 47
– Zeitraum **411** 42
– Zustimmung **411** 43
Kostenentscheidung **411** 62
persönliches Erscheinen, Anordnung **411** 25
Rechtskraft der Entscheidung **411** 64
Rücknahme des Einspruchs im Bußgeldverfahren **411** 53
Rücknahme des Einspruchs, Voraussetzungen **411** 50
Rücknahme des Einspruchs, Wirkung **411** 52
Rücknahme von Klage und Einspruch **411** 36
unzulässiger Einspruch
– Entscheidung in der Hauptverhandlung **411** 5
– Entscheidung in der Rechtsmittelinstanz **411** 6 ff
– Entscheidung vor Hauptverhandlung **411** 2
– Rücknahme/Verzicht, Verfahren **411** 10
Verlesung von Vernehmungsprotokollen **411** 22
Verschlechterungsverbot **411** 56 ff
Vertretung in der Verhandlung durch Verteidiger
– Ausnahmecharakter **411** 23
– Bedeutung **411** 27
– Berufungsverhandlung **411** 35
– fehlende Vollmacht **411** 33
– Umfang/Inhalt **411** 29
– Vollmacht, Inhalt **411** 31
– Vollmacht, schriftliche **411** 32
Verwerfung bei Ausbleiben des Angeklagten
– Anwendungsbereich **412** 3
– Ausbleiben des Angeklagten **412** 16
– Beginn der Hauptverhandlung **412** 11
– Entschuldigung, Einzelfälle **412** 21
– Entschuldigung, genügende **412** 19
– Entschuldigung, Überprüfung **412** 25
– Ladung, ordnungsgemäße **412** 8
– Rechtsschutz (Berufung) **412** 42 ff
– Rechtsschutz (Revision) **412** 42, 51
– Rechtsschutz, Überblick **412** 40
– Rechtsschutz, Wiedereinsetzung **412** 41
– Vertretung durch Verteidiger **412** 29
– Verwerfungsurteil **412** 39
– Verwerfungszwang **412** 33
– Voraussetzungen, Fehlen materieller **412** 35
– Voraussetzungen, Fehlen prozessualer **412** 36
– Wesen, Verwerfungsgrund **412** 1
– zulässiger Strafbefehl/Einspruch **412** 4
– Zustellung, ordnungsgemäße **412** 5

Strafbefehlsverfahren, Anberaumung der Hauptverhandlung
Abweichung vom Antrag
– Abweichung vom Antrag **408** 47
Bedenken, richterliche
– Bedenken, richterliche **408** 44
Entscheidung allgemein
– Entscheidung allgemein **408** 42
Mitteilung an Beschuldigten
– Mitteilung an Beschuldigten **408** 50
Wirkung
– Wirkung **408** 52
zuständiger Spruchkörper
– zuständiger Spruchkörper **408** 48

Strafbefehlsverfahren, Antrag nach Eröffnung des Hauptverfahrens
Ablehnung, Voraussetzungen **408a** 33
Ablehnungsbeschluss, Wirkung **408a** 36
abwesender/ausbleibender Angeklagter **408a** 13
Antrag der Staatsanwaltschaft **408a** 17
Antrag der Staatsanwaltschaft, Fehler **408a** 21
Bedeutung der Vorschrift **408a** 1 ff
Eröffnungsbeschluss **408a** 16
Strafbefehlserlass, Voraussetzungen **408a** 37
Strafbefehlserlass, Wirkung **408a** 38
Übergangsgrund **408a** 12
Voraussetzungen des Strafbefehlsverfahrens **408a** 8
Voraussetzungen, formelle **408a** 15
weiteres Verfahren, Einstellung **408a** 32
weiteres Verfahren, richterliche Möglichkeiten **408a** 24
weiteres Verfahren, Wesen **408a** 23
weiteres Verfahren, Zuständigkeitsprüfung **408a** 26
wichtiger Grund, anderer **408a** 14
Strafbefehlsverfahren, Einleitung
Ablehnungsbeschluss **408** 21
Ablehnungsbeschluss, Rechtsschutz **408** 23
Ablehnungsgründe
– hinreichender Tatverdacht, Fehlen **408** 17
– inhaltliche Voraussetzungen **408** 15
– Ordnungswidrigkeiten **408** 19 f
Anwendungsbereich der Vorschrift **408** 1
Einstellung bei Abwesenheit **408** 30
Einstellung bei Geringfügigkeit **408** 32
Einstellung bei Gesetzesänderung **408** 31
Einstellung des Verfahrens allgemein **408** 29
Einstellung, sonstige **408** 33
Zuständigkeit, Prüfung der funktionellen **408** 3
Zuständigkeit, Prüfung der örtlichen **408** 4
Zuständigkeit, Prüfung der sachlichen **408** 9 ff
Strafbefehlsverfahren, Verteidigerbestellung
Antrag der Staatsanwaltschaft **408b** 5
Belehrung, Wirkung des Unterlassens **408b** 15
Dauer **408b** 11
Erwägungen des Gerichts **408b** 6
Gesetzesverletzung **408b** 16
Rechtsschutz **408b** 17
Verfahren **408b** 7
Vorschriften über notwendige Verteidigung, allgemeine **408b** 2 ff
Wahlverteidiger **408b** 14
Zeitpunkt **408b** 8
Zweck der Regelung **408b** 1
Strafbefehlsverfahren, Zulässigkeit
Absehen von Strafe **407** 39
Anrechnung von U-Haft **407** 20
Antragserfordernis **407** 41
Antragsinhalt bei mehreren Beschuldigten **407** 56
Antragsinhalt, Einzelheiten **407** 52
Antragsinhalt, Überblick **407** 50
Antragsrecht der Staatsanwaltschaft **407** 45
Bedeutung der Vorschrift **407** 1
Einziehung **407** 31
Ermessen der Staatsanwaltschaft **407** 47
Ersatzfreiheitsstrafe **407** 16
Fahrerlaubnis, Entziehung **407** 30
Fahrverbot **407** 27
Freiheitsstrafe **407** 12
Geldstrafe, Anwendungsbereich **407** 14
Geldstrafe, Zahlungserleichterungen **407** 20
mehrere zulässige Rechtsfolgen **407** 11
rechtliches Gehör **407** 60
Rechtsfolgen, unzulässige **407** 6
Rechtsfolgen, zulässige **407** 5
Strafaussetzung zur Bewährung **407** 21
Unbrauchbarmachung/Vernichtung **407** 35
Verbandsgeldbuße **407** 37
Verfall **407** 34
verfolgbare Straftaten **407** 3
Verhältnis zur Verfahrenseinstellung **407** 46
Verurteilungsbekanntmachung **407** 28
Verwarnung mit Strafvorbehalt **407** 22
Verwarnung und weitere Rechtsfolgen **407** 26
Zuständigkeit des Gerichts **407** 57
Zuständigkeit, erweitertes Schöffengericht **407** 59
Zuständigkeit, Strafrichter/Schöffengericht **407** 58
Strafbemessung
Berufung, Verbot der Verschlechterung **331** 10
Wiederaufnahme, Neuverhandlung **373** 23
Strafgefangener
Ehe- und Familiengründungsrecht **MRK Art. 12 (Art. 23 IPBPR)** 11
nächtliche Haussuchung bei Entweichen **104** 7
Strafgerichtshof, internationaler
Absehen von der Verfolgung von Taten nach dem VölkerStGB **Nachtr. 153f** 6, 20 ff, 31, 38
Einstellung bei Auslieferung oder Ausweisung **Nachtr. 154b** 4
Einstellung des Verfahrens/Prozessvoraussetzung **206a** 38a
Menschenrechtsbeschwerde **MRK Anhang/ Verfahren** 107 ff
Menschenrechtsschutz, internationaler **MRK Einf. (Einf. IPBPR)** 12
Römisches Statut, Folterverbot **MRK Art. 3 (Art. 7 IPBPR)** 5
Überstellungsersuchen und Immunität **GVG 21** 1 ff

Verhältnis zur nationalen Strafverfolgung **GVG Vor 12** 9
Vollstreckung, Absehen/Nachholung bei Auslieferung/Ausweisung **Nachtr. 456a** 1 f

Strafhaft
Kontaktsperre für Gefangene **EGGVG 34** 7
mehrfache Haft **Vor 112** 50 f
Rechtsmittel, Einlegungsmöglichkeit **299** 2 ff
Sitzungspolizei, Ordnungsmittel **GVG 178** 29

Strafkammer
siehe auch Landgericht

Strafkammer des Landgerichts
Landgericht, Struktur **GVG 60** 1 ff
Zuständigkeitskonzentration der Gerichte **GVG 58** 20

Strafkammer des Landgerichts, kleine
Berufungsgericht **312** 8

Strafkammer, auswärtige
Eröffnungsbeschluss, Abgabe an ein anderes Gericht **209** 16

Strafklageverbrauch (ne bis in idem)
allgemein zur Verfahrensgarantie **IPBPR Art. 14 (Art. 6 MRK)** 274
Anklagegrundsatz **151** 14
Anwendungsbereich **IPBPR Art. 14 (Art. 6 MRK)** 275
Berücksichtigung von Auslandsurteilen **153c** 15 ff, 35
DDR-Rechtsprechung **IPBPR Art. 14 (Art. 6 MRK)** 274
Disziplinarverfahren **IPBPR Art. 14 (Art. 6 MRK)** 277
EG-Übereinkommen **IPBPR Art. 14 (Art. 6 MRK)** 280
Einstellung des Verfahrens/Prozessvoraussetzung **206a** 46b
Einstellungsregelungen nach den §§ 153 ff **153** 88 ff; **153b** 21; **154a** 43 ff
Europäische Grundrechte-Charta **IPBPR Art. 14 (Art. 6 MRK)** 274
Geltungsbereich, territorialer **IPBPR Art. 14 (Art. 6 MRK)** 274
gleiche strafbare Handlung **IPBPR Art. 14 (Art. 6 MRK)** 276
Klageerzwingungsverfahren **174** 14
Nichtigkeit gerichtlicher Entscheidungen **Einl. J** 130
Revision, Prüfung von Gesetzesverletzung **337** 62
Sicherungsverfahren **414** 32 ff
Tatbegriff **IPBPR Art. 14 (Art. 6 MRK)** 276a
Tatbegriff, prozessualer **IPBPR Art. 14 (Art. 6 MRK)** 276a
Urteilsgegenstand, Bindung an angeklagte Tat **264** 2
Verfahrensbegriff **IPBPR Art. 14 (Art. 6 MRK)** 277
Verurteilung, ausländische **IPBPR Art. 14 (Art. 6 MRK)** 279
vorläufige Nichtverfolgung gegen Auflagen/Weisungen **153a** 91 ff
Wiederaufnahme des Verfahrens **Vor 359** 64 **IPBPR Art. 14 (Art. 6 MRK)** 278

Strafmündigkeit
Einstellung des Verfahrens/Prozessvoraussetzung **206a** 33
Nichtigkeit gerichtlicher Entscheidungen **Einl. J** 132

Strafprozessordnung
Abgabenzuwiderhandlungen **EGStPO 6** 5
Abgeordneter, Strafsachen **EGStPO 8** 1 ff
abweichendes Verfahren **EGStPO 3** 9
Anwendungsbereich allgemein **EGStPO 1** 2; **EGStPO 3** 1
DDR EGStPO 1 3
disziplinar- ehren-, berufsrechtliche Verfahren **EGStPO 3** 4
Entwicklungsgeschichte **Einl. E** 1 ff, 8, 16, 34ff, 59, 93, 106 ff
Forst- und Feldrügesachen **EGStPO 3** 10
Gesetz, Begriff **EGStPO 7** 1
Inkrafttreten **EGStPO 1** 1 f
Landesrecht, verdrängtes **EGStPO 6** 1
ordentliche Gerichte, Begriff **EGStPO 3** 8
Ordnungsgeld/Ordnungshaft nach Art. 5 ff EGStGB **EGStPO 3** 5
Ordnungswidrigkeiten **EGStPO 3** 6
Strafsache, Begriff **EGStPO 3** 2
Strafverfolgung von Abgeordneten **EGStPO 6** 4
Übergangsvorschrift zu Dateien/Datenbanken **EGStPO 9** 1 ff
Verfolgung von Beleidigung/Körperverletzung **EGStPO 11** 1
Verhältnis zu Reichsprozessrecht **EGStPO 5** 1
Verwaltungsakte **EGStPO 3** 7
Verweisungen auf Landesrecht **EGStPO 6** 3

Strafprozessrecht
siehe Strafverfahrensrecht

Strafrahmen
beschleunigtes Verfahren **419** 3 ff
Urteilsgründe, Inhalt/Darstellung **267** 86

Strafrecht, internationales
Absehen von der Verfolgung von Auslandstaten **153c** 2
Völkerstrafgesetzbuch **Nachtr. 153c** 1 ff

Strafrecht, materielles
Verhältnis zum Verfahrensrecht **Einl. L** 2 ff

Strafregisterauszug
Akteneinsicht des Verteidigers **147** 74
Straftat
Änderung der gerichtlichen Zuständigkeit **225a** 56
Anlasstat
– DNA-Analyse bei Wiederholungsgefahr **81g** 18, 21
– Haftgrund der Schwerkriminalität **112** 51 ff
– Haftgrund der Wiederholungsgefahr **112a** 13, 16 ff
– nach dem DNA-IdentitätsfeststellungsG **Anhang 81g** 26 f
Auskunftsverweigerungsrecht, Verfolgungsgefahr **55** 8
Begehen in der Verhandlung, Sitzungspolizei **GVG 183** 3
Begriff, Ausschließung eines Richters **22** 1
Beleidigung, Ausschließung eines Richters **22** 20
besonders schwerer Fall, Wiederaufnahme **363** 12
Beteiligung an der Tat **60** 17 ff
Dauerstraftaten, Verschlechterungsverbot in der Berufung **331** 14, 76
Distanzdelikte (Auslandsbezug) **153c** 27; **Nachtr. 153c** 6
Ermittlung, verdeckte mit technischen Mitteln **100c** 31
Eröffnungsverfahren, zusammenhängende Ordnungswidrigkeiten **204** 10
Fahrlässigkeitstat **60** 25
falsche Verdächtigung, Beleidigung **154e** 4
fortgesetzte Begehung **112a** 30
fortgesetzte Tat **200** 14
Fortsetzungszusammenhang, fortgesetzte Tat
– Berufung, Verbot der Verschlechterung **331** 14 f, 76
– Wiederaufnahme des Verfahrens **Vor 359** 83 ff
Geheimnisverrat, Zeugnisverweigerungsrecht **53** 7 ff
geringe Folgen der Straftat **153** 51 f
Geringfügigkeit der Schuld, Einstellungsregelungen nach den §§ 153, 153a **153** 24 ff; **153a** 31 ff
Gutachten bei Geld- oder Wertzeichenfälschung **92** 1 ff
Hauptverhandlungsprotokoll, Inhalt **272** 13
gegen Kinder und Jugendliche, amtsgerichtliche Zuständigkeit **GVG 26** 4
Konkurrenzen, Revision **354** 31, 33 f
kriminelle/terroristische Vereinigungen im Ausland, § 129b StGB **Nachtr. 153c** 7 ff
Landfriedensbruch, Besonders schwerer Fall (§ 125 a StGB) **112a** 12
mehrere Taten, Teilrechtskraft von Rechtsmitteln **Vor 296** 40
minder schwerer Fall, Ausschluss der Wiederaufnahme **363** 8
minder schwerer Fall, Inhalt/Darstellung in Urteilsgründen **267** 94
Nötigung oder Erpressung **154c** 2 ff
Offizial-/Privatklagedelikte, Konkurrenzen **374** 17 ff
persönliche Strafausschließungs-/Strafaufhebungsgründe **60** 21
Privatklageverfahren, Sühneversuch **380** 58
prozessualer Tatbegriff
siehe auch Prozessgegenstand
Rechtfertigungsgründe **60** 19
Schuldausschließungsgründe **60** 20
schwerwiegende – **112a** 31 ff
Serienstraftaten **200** 14a
Staatsschutz-Strafsachen, Absehen von der Verfolgung **153d** 3; **153e** 2
Straftatbestände und Bestimmung der Verletzteneigenschaft **172** 55 ff, 63 ff
Strafvereitelung im Amt, Kontrolle des Legalitätsprinzips **152** 37
Straßenverkehrsdelikte, konsularische Immunität **GVG 19** 10
Tatbestandsmerkmale, deskriptive/normative
– Revision, Prüfung von Gesetzesverletzung **337** 111
– Urteilsgründe, Inhalt/Darstellung **267** 32 ff
Tateinheit/Tatmehrheit (§ 52 ff StGB)
– Ausspruch im Urteilstenor **260** 37, 43 f
– Berufungsbeschränkung **318** 66 ff, 118 f
– Beschränkungen der Strafverfolgung **154** 11 ff; **154a** 6 ff
– Revisionsbegründung, Beschränkung **344** 19 ff
Urteilsgründe, Inhalt/Darstellung **267** 32 ff
Verbrechen, notwendige Verteidigung **140** 22
Verbrechen, Wiederaufnahme bei Strafbefehl **373a** 8 ff
Vergehen, Einstellungsregelungen nach den §§ 153, 153a **153** 9, 48 ff; **153a** 16; **154d** 3
Vermögensdelikte, Ausschließung eines Richters **22** 16
wiederholte Begehung **112a** 26 ff
Straftat von erheblicher Bedeutung
Auskunft über Telekommunikationsverbindung **100g** 13
Ausschreibung zur polizeilichen Beobachtung **163e** 12 ff, 37
DNA-Analyse **81g** 16 ff
Ermittlung, verdeckte mit technischen Mitteln **100c** 31

Observation, längerfristige **163f** 8
Rasterfahndung **98a** 27
verdeckte Ermittler **110a** 29
Straftat, prozessualer Tatbegriff
allgemein **264** 4 ff
siehe auch Prozessgegenstand
Alternativität der Handlungsvorgänge **264** 9
Bindung an Urteilsgegenstand **264** 3 ff
Dauerstraftat **264** 7
Fortsetzungstat **264** 7
als historischer Vorgang **264** 4
mitbestrafte Vor- oder Nachtat **264** 8
normativer Tatbegriff **264** 10
prozessualer und materiell-rechtlicher Tatbegriff **264** 3
Straftat, Tatbegriff
Absehen von Vereidigung, zwingend **60** 15
Anklageschrift **200** 11 ff
Einstellungsregelungen nach den §§ 153 ff **153** 8; **153a** 16; **153b** 5; **153c** 6
Ermittlungsverfahren, Abschluss **170** 13
Revisionsbegründung, Beschränkung **344** 19 ff
Revisionserstreckung auf Mitverurteilten **357** 17
Staatsschutz-Strafsachen, Absehen von der Verfolgung von **153d** 4 ff; **153e** 2
Strafklageverbrauch **IPBPR Art. 14 (Art. 6 MRK)** 276a
Umfang gerichtlicher Untersuchung und Entscheidung **155** 3
vorläufige Festnahme **127** 7
Wiederaufnahme des Verfahrens, Ausschluss **363** 7
Straftatenkatalog
Änderungen durch Neuordnung des StGB **Nachtr. 112; Nachtr. 112a**
Auskunft über Telekommunikationsverbindung **100g** 12
Ausschließung des Verteidigers **138a** 23, 26 ff; **138b** 2
Beweiserhebung bei Bild-Ton-Aufzeichnungen **255a** 10
Ermittlung, verdeckte mit technischen Mitteln **100c** 41, 49
Nebenklage, Berechtigung **395** 2
Privatklagedelikte **374** 4 ff
Rasterfahndung **98a** 16 ff
Schleppnetzfahndung **163d** 9
Schwurgerichtskammer, Zuständigkeit **GVG 74** 8
Staatsschutz-Strafkammer, Zuständigkeit **GVG 74a** 5; **GVG Nachtr. 74a** 1 ff
Telekommunikationsüberwachung **100a** 39, 98
verdeckter Ermittler **110a** 23 ff
Wirtschaftsstrafkammer, Zuständigkeit **GVG 74c** 4 ff; **GVG Nachtr. 74c** 1 ff
Strafverfahren/Strafprozess allgemein
Änderung der Zulässigkeit von Prozesshandlungen **Einl. D** 24
Änderung im Wiederaufnahmerecht **Einl. D** 25
Änderung von Besetzung/Zuständigkeiten **Einl. D** 21
Änderung von Fristen **Einl. D** 23
Änderung von Verfahrensvoraussetzungen **Einl. D** 22
Aufbau und Ablauf des Verfahrens **Einl. F** 1
ausländische staatliche Funktionsträger **Einl. D** 9
ausländische Truppen **Einl. D** 8
ausländisches Verfahrensrecht **Einl. D** 17
Begriff des Strafverfahrens **Einl. B** 8
besondere Verfahrensformen **Einl. F** 12, 14
deutsche Einheit, Rechtsangleichung **Einl. E** 177
deutsche Einheit, Übergangsregelungen **Einl. E** 179
empirische Strafprozesswirtschaft **Einl. B** 39
Entwicklung allgemein **Einl. E** 1
Entwicklung im Deutschen Reich bis 1918
– Rechtsentwicklung **Einl. E** 16 f
– Reformbemühungen **Einl. E** 18 ff
– Überblick **Einl. E** 15
Entwicklung im Nationalsozialismus
– Gesamtreform, Bemühung **Einl. E** 62 ff
– Rechtsentwicklung von 1933 bis 1939 **Einl. E** 53 ff
– Rechtsentwicklung von 1939 bis 1945 **Einl. E** 69 ff
– Überblick **Einl. E** 46 ff
Entwicklung in der Bundesrepublik
– Änderungsgesetz von 1979 **Einl. E** 120
– Änderungsgesetz von 1987 **Einl. E** 127
– Datenschutz/informationelle Selbstbestimmung **Einl. E** 152
– Gründung und Schaffung des Grundgesetzes **Einl. E** 81
– Opferschutzgesetz **Einl. E** 125, 155
– organisierte Kriminalität, Gesetz **Einl. E** 139
– Rechtsentwicklung bis Ende 1964 **Einl. E** 93
– Rechtsentwicklung von 1965 bis 1973 **Einl. E** 102 ff
– Rechtsentwicklung von 1974 bis 1987 **Einl. E** 106 ff
– Rechtsentwicklung von 1975 bis 1978 **Einl. E** 118
– Rechtsentwicklung von 1979 bis 1986 **Einl. E** 123

– Rechtsentwicklung von 1987 bis 1990 **Einl. E** 131 ff
– Rechtsentwicklung von 1991 bis 1994 **Einl. E** 146
– Rechtsentwicklung von 1995 bis 1998 **Einl. E** 151
– Rechtspflege, Gesetz zur Entlastung **Einl. E** 143, 156
– Reform im Jahr 1964 **Einl. E** 95 ff
– Reformen von 1974/75 **Einl. E** 110
– Übersicht, Entwicklungslinien **Einl. E** 88
– Verbrechensbekämpfungsgesetz **Einl. E** 147; **Einl. E** 153
– Vereinheitlichungsgesetz **Einl. E** 83
– Zeugenschutz **Einl. E** 155
Entwicklung in der DDR, Rechtssystem **Einl. E** 164 ff
Entwicklung in der DDR, Übersicht **Einl. E** 157
Entwicklung in der Weimarer Zeit
– Anfangszeit bis 1923 **Einl. E** 30
– Reformversuche, 1924 bis 1930 **Einl. E** 36
– Überblick **Einl. E** 25
– Zeit des Zusammenbruchs, 1930 bis 1932 **Einl. E** 42
Entwicklung von 1945 bis 1949
– Besatzungsrecht und Justizhoheit **Einl. E** 77
– sowjetische Besatzungszone **Einl. E** 162
– westliche Besatzungszonen **Einl. E** 79
– Wiederherstellung der Rechtsstaatlichkeit **Einl. E** 74
Entwicklung, zukünftige (Ausblick) **Einl. E** 194
Entwicklung, zukünftige (Gesamtreform) **Einl. E** 187
Entwicklungsgeschichte der bestehenden Gesetze **Einl. E** 5 ff
Entwicklungsstand, gegenwärtiger (Lage der Strafjustiz) **Einl. E** 182
Erkenntnis- und Vollstreckungsverfahren **Einl. F** 2
Erkenntnisverfahren, Struktur **Einl. F** 3
Erkenntnisverfahren, Trichtermodell **Einl. F** 5
Europäisierung **Einl. B** 36
Exterritorialität **Einl. D** 7
Funktion des Strafverfahrens **Einl. B** 10
Geltung für andere Rechtsgebiete **Einl. B** 28
Geltungsbereich allgemein **Einl. D** 1
Geltungsbereich, persönlicher **Einl. D** 4
Geltungsbereich, räumlicher **Einl. D** 10
Geltungsbereich, Schiffe/Luftfahrzeuge **Einl. D** 13
Geltungsbereich, zeitlicher **Einl. D** 18
Grundbegriffe, verfahrensrechtliche **Einl. J** 1 ff
Grundlagen, verfassungsrechtliche
– allgemein **Einl. G** 1
– Formen der Einwirkung **Einl. G** 6
– Konsequenzen für das Strafverfahren **Einl. G** 7
– Rechtsquelle und Handlungsanweisung **Einl. G** 3
– Sicherung der Funktionsfähigkeit **Einl. G** 10
Internationale Rechtshilfe in Strafsachen **Einl. D** 3
Internationalisierung **Einl. B** 33 ff
Justizförmigkeit, Bedeutung **Einl. G** 20
Justizgewährleistung, Bedeutung **Einl. G** 16
Justizverwaltung **Einl. B** 29
materielles Recht, Bestandteil **Einl. B** 19 ff
Monopol der Strafgerichtsbarkeit **GVG 13** 4
Nichtigkeit gerichtlicher Entscheidungen *siehe dort*
objektives Verfahren (Einziehung/Verfall) **440** 1 ff
Ordnungswidrigkeitenrecht, Verhältnis **Einl. B** 27
Prozessmaximen *siehe dort*
Prozessmodell, gegenwärtiges **Einl. F** 9
Prozessmodelle, Bedeutung **Einl. F** 8
Prozessrecht, Bestandteil **Einl. B** 15
Prozessrechtsverhältnis **Einl. J** 4
Rechtsanwendung, Methode der *siehe dort*
Rechtsgrundlagen
– allgemein **Einl. C** 1
– Bundes- und Landesrecht **Einl. C** 3
– Bundesrecht, andere Gesetze **Einl. C** 12
– Bundesrecht, StPO **Einl. C** 10
– Grundgesetz **Einl. C** 6
– Justizverwaltungsvorschriften **Einl. C** 15
– Landesrecht **Einl. C** 14
– Supranationales Recht **Einl. C** 9
– Völkerrecht **Einl. C** 7
Rechtssystem, Standort **Einl. B** 14
Spielarten des Normalverfahrens **Einl. F** 15
Strafverfolgung, Struktur **Einl. L** 14 ff
Unschuldsvermutung **MRK Art. 6 (Art. 14 IPBPR)** 121 ff
Vereinbarungen/Absprachen
– Begriff **Einl. G** 62
– Beteiligte, Offenlegung **Einl. G** 75
– Gegenleistung Geständnis **Einl. G** 81
– gescheiterte Vereinbarungen **Einl. G** 83
– Kontrollmöglichkeiten **Einl. G** 84
– Übersicht **Einl. G** 58
– unzulässige Vereinbarungen **Einl. G** 84
– Zulässigkeit **Einl. G** 63 ff
vereinfachte Verfahren **Einl. F** 13

Verfahrensbeteiligte und Prozesssubjekte **Einl. I** 1 ff
Verfahrenswirklichkeit, Bedeutung **Einl. B** 41
Verfahrenswirklichkeit, Erkenntnis **Einl. B** 42
Verfahrensziel **Einl. B** 4
Verfahrenszwecke **Einl. B** 6
Verwirkbarkeit staatlichen Strafanspruchs **Einl. G** 24
Vorbemerkungen **Einl. A** 1 ff
Wahrheit, Erforschung der materiellen
– Bedeutung, Grundlagen **Einl. G** 42 ff
– Beweisformen **Einl. G** 53
– Beweisgrade **Einl. G** 54
– Geständnis **Einl. G** 55
– Notwendigkeit und Mittel **Einl. G** 51

Strafverlangen, behördliches
Einstellung des Verfahrens/Prozessvoraussetzung **206a** 45a
Revision, Prüfung von Gesetzesverletzung **337** 45
Sicherungsverfahren **413** 13

Strafverteidiger (allgemein)
Absehen von Vereidigung, Verzichtserklärung **61** 35
Abwesenheit als absoluter Revisionsgrund **338** 93
Äußerung nach Verlesung des Anklagesatzes **243** 64
Akteneinsicht
Angaben in der Anklageschrift **200** 41
Anhörung bei Unterbringung zur Begutachtung **81** 21
Anhörung während der Beweisaufnahme **257** 10 ff
Antrags- und Anhörungsrechte bei Haftentscheidungen **117** 24, 32; **118** 19; **118a** 12, 17 ff, 22, 31 f; **119** 156, 218; **122** 21, 23; **128** 13
Antragsrecht (eigenes) auf Unterbringung zur Begutachtung **81** 6
Antragstellung im Klageerzwingungsverfahren **172** 141
Anwesenheit bei Vernehmung durch StA und Polizei **163a** 64, 95
Anwesenheit/Benachrichtigung bei Vernehmung **168c** 8 ff, 34
Anwesenheitsrecht bei Augenscheinseinnahme **86** 42
Anwesenheitsrecht bei Leichenschau/-öffnung **87** 12, 28
Ausschließung als Richter **22** 40
Aussetzung der Hauptverhandlung **228** 18 ff
Auswahl und Bestellung von Sachverständigen **73** 27
Befragungsrecht in der Hauptverhandlung **240** 9
Beiordnung eines Zeugenbeistandes **Nachtr. 68b** 1 ff
Berufung, Verbot der Verschlechterung **331** 23
Berufungsverhandlung ohne Angeklagten **329** 46 ff, 84
Berufungsverhandlung, Bestellung **326** 4
Beschlagnahmeverbot **97** 18, 24, 37, 50, 82 ff
beschleunigtes Verfahren, Bestellung **418** 42 ff
beschleunigtes Verfahren, Beweiserhebung **420** 36 ff
Beschränkung der Verteidigung als Revisionsgrund **338** 124 ff
Beschuldigter, Stellung im Strafverfahren **Einl. I** 101 ff
Beschwerdeberechtigung allgemein **304** 47
Bestellung durch das Gericht im Ermittlungsverfahren **117** 37; **118a** 17; **122** 21 ff
Bestellung durch das Gericht im Eröffnungsverfahren **201** 11
Bewährung, Aussetzung des Strafrestes **454** 19, 38
Beweisantrag in Verschleppungsabsicht **244** 215
Beweisantrag, Stellung in der Hauptverhandlung **244** 96
Beweiserhebung bei Bild-Ton-Aufzeichnungen **255a** 12 f
Beweissicherungsverfahren **286** 3
Dolmetscher, Hinzuziehung **GVG 185** 9 ff
Dolmetscher, kostenlose Beiordnung **MRK Art. 6 (Art. 14 IPBPR)** 244
Durchsuchung, Anwesenheit **106** 11 ff
Einstellungsregelungen nach den §§ 153 ff, Zustimmung **153** 72; **153a** 45, 107, 123; **153b** 17
Erklärung des Angeschuldigten im Eröffnungsverfahren **201** 20a ff
Ermittlungsverfahren, Stellung **Vor 158** 43ff, 46
Gebühren bei gerichtlicher Zurückweisung **146a** 14
Gebühren für Verfahren nach dem DNA-IFG **Anhang 81g** 18
Haftprüfungsverfahren vor dem OLG, Anhörung **122** 21, 23
Hauptverhandlung ohne Angeklagten **231** 30; **232** 28; **234** 1 ff
Hauptverhandlungsprotokoll, Inhalt **272** 15 ff
Hinzuziehung bei DNA-Analyse **81f** 12
Identitätsfeststellung, Festhalten von Personen **163b** 34

Justizverwaltungsakt, Rechtsschutz **EGGVG 23** 132
kommissarische Vernehmung, Benachrichtigung **224** 14
Kontakt mit Beschuldigtem
siehe Verteidigerkonsultation des Beschuldigten
als Kontaktperson bei Kontaktsperre für Gefangene **EGGVG 34a** 3 ff
Kontaktsperre für Gefangene **EGGVG 34** 5 ff
Kreuzverhör von Zeugen/Sachverständigen **239** 6 ff
Ladung zur Berufungsverhandlung **323** 18
Ladung zur Hauptverhandlung
siehe Ladung des Angeklagten
Mandantenverkehr in Untersuchungshaft **119** 42, 72, 106
Mitwirkung bei Berufungsbeschränkung, notwendige **318** 18
Nachverfahren bei Vorbehalt der Sicherungsverwahrung **Nachtr. 275a** 14
Notanwalt (§ 78b ZPO) im Klageerzwingungsverfahren **172** 159 ff
notwendige Auslagen
siehe auch unter Kosten des Verfahrens
notwendige Auslagen im Klageerzwingungsverfahren **177** 8
notwendige Verteidigung
siehe dort
notwendige Verteidigung bei mehreren **141** 32 ff
Organ der Rechtspflege **Einl. I** 106 ff; **Vor 137** 89
siehe auch Strafverteidiger, Stellung im Strafprozess
Pflichtverteidiger, Kosten des Verfahrens **464a** 2, 47
Pflichtverteidiger/Bestellung
siehe dort
Pflichtverteidigerbestellung, Ausschluss der Beschwerde **305** 29
präsente Beweismittel, Verzicht **245** 34
privater Lebensbereich, Gewährleistung **MRK Art. 8 (Art. 17 IPBPR)** 39
Rechte und Pflichten bei der Pflichtverteidigung
siehe notwendige Verteidigung
Rechtsbeistand im Privatklageverfahren **387** 1, 16 ff
Rechtsmittel, Einlegungsbefugnis **296** 1; **Vor 296** 17; **297** 1 ff
Rechtsmittelverzicht; Zurücknahme **302** 45, 54 ff, 65 ff
Rechtsstellung in der Hauptverhandlung **226** 12; **Vor 226** 22 ff, 29, 42
Register für staatsanwaltschaftliche Verfahren beim BZR **492** 27
Revision, Bestellung eines Pflichtverteidigers **350** 9
Revision, Einlegung **341** 6, 11
Revision, Mitwirkung in der Hauptverhandlung **350** 8 ff, 13
Revisionsbegründung, Beschränkung **344** 11 ff
Revisionsbegründung, Verteidiger und Rechtsanwalt **345** 17 ff
Sachverhaltserforschung im Ermittlungsverfahren **160** 14a
Schlussvortrag (Plädoyer) **258** 12, 17, 24
Sicherungsverfahren, Stellung **414** 2
Sitzungspolizei, Durchsuchung **GVG 176** 22
Sitzungspolizei, Ordnungsmittel **GVG 177** 7
Strafbefehlsverfahren, Bestellung **408b** 1 ff
Strafbefehlsverfahren, Verhandlungsvertretung **411** 23 ff
Strafbefehlsverfahren, Verwerfung bei Ausbleiben **412** 29 ff
Strafvollstreckung/Strafvollzug **Vor 449** 33 f
Täter-Opfer-Ausgleich, Hinwirkungspflicht **155a** 3 f
Teilnahme an Vernehmung des Beschuldigten **115** 16; **136** 44
teilweises Fernbleiben eines Mitangeklagten **231c** 6
Telekommunikationsüberwachung **100a** 75
Übertragung auf den Referendar
siehe Referendar
Urkundenbeweis, Selbstleseverfahren **249** 79
Verfahrenskosten, Haftung Mitangeklagter **466** 13
Verhältnis Angeklagter/Verteidiger **243** 100
Verhältnis zur Stellung als Kontaktperson **EGGVG 34a** 4
Verkehr mit dem Beschuldigten
siehe unter Beschuldigter
Verschulden als Wiedereinsetzungsgrund **172** 132
freie Verteidigerwahl (eigenmächtiges Handeln) **137** 34 ff
freie Verteidigerwahl des Beschuldigten
siehe Verteidigerwahl
Verteidigerwahl des Beschuldigten, freie **MRK Art. 6 (Art. 14 IPBPR)** 192 ff
Verursachen der Fortdauer der Untersuchungshaft **121** 38
Warnung des Beschuldigten vor Durchsuchung/Beschlagnahme/Verhaftung **147** 127
Wechsel **MRK Art. 6 (Art. 14 IPBPR)** 184
Wiederaufnahme des Verfahrens, Antrag **366** 6 ff

Wiederaufnahme, Anwesenheitsrecht/Benachrichtigung **369** 18 ff
Wiederaufnahme, Wirkung der Anordnung **370** 43
Wiedereinsetzung in den vorigen Stand **44** 48 ff
Zeuge, Ladung/Befragung durch den Angeklagten **MRK Art. 6 (Art. 14 IPBPR)** 221
Zeugenvernehmung durch die StA **161a** 31 ff
Zeugnisfähigkeit **Vor 48** 47
Zeugnisverweigerungsrecht, berufliche Gründe **53** 27 ff; **53a** 5

Strafverteidiger, Ausschließung
Anwendbarkeit auf Pflichtverteidiger **138a** 3
Aufhebung der Ausschließung
– Freispruchsregelung (Abs. 3 Satz 1 Nr. 2) **138a** 155
– Jahresfrist-Regelung (Abs. 3 Satz 1 Nr. 3)
– Jahresfrist-Verlängerungsregelung (Abs. 3 Satz 2) **138a** 159
– Verteidigungs- und Kommunikationsverbote **138a** 160
– Wegfall der Voraussetzungen (Abs. 3 Satz 1 Nr. 1) **138a** 149
Begriff der Ausschließung **138a** 13
Begriff der Mitwirkung des Verteidigers **138a** 12
Begriff des Verfahrens **138a** 10
Beteiligung an der Tat (Abs.1 Nr. 1) **138a** 23
Missbrauch des Verkehrsrechts (Abs. 1 Nr. 2)
– allgemein **138a** 90 ff
– Begehung von Straftaten **138a** 94
– Gefährdung der Sicherheit einer Vollzugsanstalt **138a** 99
notwendige Verteidigung **140** 46
Strafverfahren wegen Landesverrats u. ä.
– Aufhebung der Ausschließung **138b** 7
– Gefahr für die Sicherheit der Bundesrepublik **138b** 3
– Verdachtsgrad **138b** 4
– Verfahrensgegenstand **138b** 2
Unterstützung nach der Tat (Abs.1 Nr. 3)
– allgemein **138a** 26
– Begünstigung und Hehlerei **138a** 33
– Strafvereitelung („Beratung" des Beschuldigten) **138a** 38
– Strafvereitelung („Dirigieren" des Beschuldigten) **138a** 65
– Strafvereitelung (Einflussnahme auf Zeugen) **138a** 49
– Strafvereitelung (Vorsatz, Fahrlässigkeit, Schuld) **138a** 77
– Strafvereitelung (weiter Fälle) **138a** 56
– Strafvereitelung allgemein **138a** 35 f
Verdachtsgrade für Ausschließungsgründe **138a** 15
Verfahren über Straftaten nach § 129a StGB
– allgemein **138a** 103
– Beteiligungsverhalten des Verteidigers **138a** 109
– Neuregelung (Erweiterung auf § 129b StGB) **Nachtr. 138a** 1 ff
– Unterschiede zu den anderen Gründen (Abs. 1) **138a** 104 ff
– Verfahrensbegriff **138a** 122
Verfassungsmäßigkeit **138a** 1
Wirksamkeit der Ausschließung **138a** 146
Wirkungen der Ausschließung
– Besuchsverbote **138a** 137
– Verteidigungsverbot **138a** 125
– Verteidigungsverbot (anhängige Verfahren) **138a** 126
– Verteidigungsverbot (sonstige Verfahren) **138a** 130

Strafverteidiger, Ausschließungsverfahren
Ablauf der Verhandlung **138d** 7
Aufhebung der Ausschließung
– Veranlassung **138c** 54
– Voraussetzungen **138c** 48
– Zuständigkeit **138c** 52
Aufhebungsentscheidung **138d** 20
Bekanntmachung der Entscheidung **138d** 11
Beschwerde gegen Entscheidungen von OLG und BGH **304** 84
Beteiligten **138d** 5, 23
Einleitung des Verfahrens
– Beteiligung der Rechtsanwaltskammer **138c** 18
– nach Klageerhebung **138c** 10
– Mitteilung oder Vorlage des Antrags **138c** 16
– nach Rechtskraft des Urteils **138c** 15
– Unterbrechung/Aussetzung der Hauptverhandlung **138c** 19
– im vorbereitenden Verfahren **138c** 8
Erfordernis mündlicher Verhandlung **138d** 1 ff, 21
Gegenstand des Verfahrens **138c** 8
Inhalt der Entscheidung **138d** 10
Kosten **138c** 46
Ladung der Beteiligten **138d** 5
Rechtsschutz (Revision) **138d** 17, 24
Rechtsschutz (sofortige Beschwerde) **138d** 13, 24
Rechtsschutz gegen Ablehnung (Beschwerde) **138c** 22
Ruhen der Verteidigerrechte
– allgemein **138c** 24
– Bedeutung des Ruhens **138c** 31
– Unanfechtbarkeit des Beschlusses **138c** 37

– Verfahren **138c** 27
– Zuständigkeit **138c** 26
selbstständiges Verfahren (Abs. 5)
– allgemein **138c** 38
– Ausscheiden des Verteidigers **138c** 39
– Entscheidungsveranlassung **138c** 40
– Opportunitätsprinzip **138c** 42
– Weiterführung des Verfahrens **138c** 43
– Wirkung **138c** 45
Verhandlungsprotokoll **138d** 9
Wirkung der Entscheidung **138d** 18
Zuständigkeit des Bundesgerichtshofes **138c** 5
Zuständigkeit des Oberlandesgerichts **138c** 2
Strafverteidiger, Empfang von Zustellungen, etc.
Ladungen, ausdrückliche Ermächtigung **145a** 9
Unterrichtung des Beschuldigten, Abschrift **145a** 11
Zustellung durch Übergabe **145a** 8
Zustellungsvollmacht **145a** 4 ff
Zweck der Vorschrift **145a** 1 ff
Strafverteidiger, Stellung im Strafprozess
als Beistand
berufliche „Rolle" **Vor 137** 105
Dogmatik der gesetzlichen Regelungen **Vor 137** 1 ff
einzelne Handlungen und Rechte **Vor 137** 139 ff
Geschichte **Vor 137** 5 ff
Haftung **Vor 137** 44
Handlungsspielraum bezüglich strafbaren Verhaltens **Vor 137** 112 ff
als Organ der Rechtspflege **Einl. I** 106 ff; **Vor 137** 89
Pflichtverletzung, Folgen **Vor 137** 171
Pflichtverteidigung **Vor 137** 66
Rechte, Folgen der Überschreitung **Vor 137** 158
Schweigepflicht, Inhalt **Vor 137** 159
als soziale Gegenmacht **Vor 137** 104
soziale, berufliche „Rolle" als Vertreter/Beistand **Vor 137** 104 ff
Stellung im gegenwärtigen Gesellschaftssystem **Vor 137** 28 ff
Strafverteidigerhonorare, bemakelte **Vor 137** 116 ff
Tätigkeit und Beteiligung an kriminellen Vereinigungen **Vor 137** 115
Tätigkeit und Gefangenenbefreiung **Vor 137** 138
Tätigkeit und Strafvereitelung **Vor 137** 120 ff
Vertragsprinzip **Vor 137** 33
Vollmacht, Prozesshandlungen **Vor 137** 79
Wahrheitspflicht **Vor 137** 160 ff
Weisungen (Divergenzen bei der Verteidigung) **Vor 137** 50
Strafvollstreckung
siehe auch Vollstreckung
Anwendungsbereich der Vorschriften **Vor 449** 23
Begriff, Sammelbezeichnung **Vor 449** 1
Datenabgleich (justizintern) **98c** 9
Grundlagen **Vor 449** 18
Rechtsschutz (Antrag auf gerichtliche Entscheidung)
siehe dort
Soldaten der Bundeswehr **Vor 449** 31
Verfahrensgarantien nach MRK und IPBPR **MRK Art. 6 (Art. 14 IPBPR)** 41
Strafvollstreckung, Verhältnis zum Strafvollzug
allgemein **Vor 449** 5
Begriffe **Vor 449** 15
Entwicklungsgeschichte **Vor 449** 13
Jugendgerichtsgesetz **Vor 449** 12
Justizverwaltungsangelegenheiten **Vor 449** 16
Rechtsfolgen, freiheitsentziehende **Vor 449** 8
Rechtsfolgen, nicht freiheitsentziehende **Vor 449** 6
Strafvollstreckungsordnung **Vor 449** 14
Unterscheidung von Vollzug und Vollstreckung **Vor 449** 11
Vollzugsbehörden und -anstalten **Vor 449** 9
Strafvollstreckungskammer
Begriff **GVG Vor 78a** 3
Besetzung allgemein **GVG 78b** 6
Besetzungsregeln, allgemeine **GVG 78b** 10
Bewährung, Aussetzung des Strafrestes **454** 24
Bildung, Voraussetzungen **GVG 78a** 1
Entstehungsgeschichte **GVG Vor 78a** 1
große Besetzung der Kammer, Zuständigkeit **GVG 78b** 2
kleine Besetzung der Kammer, Zuständigkeit **GVG 78b** 4
Landgerichte, geeignete **GVG 78a** 2
Mitglieder des Landgerichts **GVG 78b** 8
Rechtsschutz bei Besetzungsfehlern **GVG 78b** 11
Rechtsschutz bei Einzelrichter statt Kollegium **GVG 78b** 13
Rechtsschutz bei Kollegium statt Einzelrichter **GVG 78b** 12
Richter beim Amtsgericht **GVG 78b** 9
Spruchkörper des Landgerichts **GVG Vor 78a** 2
Unterteilung in große und kleine Strafkammer **GVG 78b** 1; **GVG Vor 78a** 6 ff
Verhältnis zu anderen Strafkammern **GVG Vor 78a** 5
Vollstreckung der Freiheitsstrafe, Nachtragsentscheidungen **462a** 4 ff, 29 ff, 85
Vollstreckungsbehörde, Aufgabenübertragung **451** 70
Vollzug außerhalb des Landes **GVG 78a** 8
Vorsitzender **GVG 78b** 7

Zuständigkeit **GVG 78a** 3
siehe auch Vollstreckung der Freiheitsstrafe, gerichtliche Zuständigkeit
Zuständigkeit bei Aussetzung mehrerer Strafen **GVG 78a** 4
Zuständigkeit, Abgrenzung bei Jugendstrafsachen **GVG 78a** 5
Zuständigkeit, Abgrenzung zu Justizverwaltungssachen **GVG 78a** 6
Zuständigkeitskonzentration **GVG 78a** 7
Zuständigkeitsstreit innerhalb der Kammern **GVG 78b** 5

Strafvollzug
siehe auch Vollzug
Behandlung Gefangener **IPBPR Art. 10 (Nach Art. 5 MRK)** 1 ff
Europäische Strafvollzugsgrundsätze **IPBPR Art. 10 (Nach Art. 5 MRK)** 5
Grundlagen **Vor 449** 20
Jugendliche/Heranwachsende, Grundlagen **Vor 449** 21
Justizverwaltungsakt, Rechtsschutz **EGGVG 23** 64
Mehrfachverteidigung, Verbot **146** 37
notwendige Verteidigung **140** 127
Oberlandesgericht, Wahrung einheitlicher Rechtsprechung **GVG 121** 86
Rechtsschutz
siehe Antrag auf gerichtliche Entscheidung
Verhältnis zur Strafvollstreckung
siehe dort
Verhältnis zur Untersuchungshaft **Vor 112** 46
freie Verteidigerwahl des Beschuldigten **137** 48

Strafvollzugsanstalt
Bewährung, Aussetzung des Strafrestes **454** 18, 38
Strafvollstreckung/Strafvollzug **Vor 449** 9
Wiedereinsetzung in den vorigen Stand **44** 47

Strafzeitberechnung
siehe Vollstreckungsbehörde

Strafzumessung
Revision, Aufhebung des Urteils **353** 13
Revision, Prüfung von Gesetzesverletzung **337** 190, 209
Wiederaufnahme des Verfahrens, Ausschluss **363** 4

Straßenkontrolle
siehe Kontrollstellen, Einrichtung von

Straßenverkehrsrecht
Kontrollstellen, Einrichtung von **111** 6

Subsidiarität
siehe Verhältnismäßigkeit
Ermittlung, verdeckte mit technischen Mitteln **100c** 32, 43, 51
Ermittlungsrichter, Untersuchungshandlungen **162** 45a
Rasterfahndung **98a** 29
Telekommunikationsüberwachung **100a** 43, 99
verdeckter Ermittler **110a** 30, 35

Subsidiarität des Gerichtsentscheids (§§ 23 ff EGGVG)
Anrufung des Haftrichters nach § 119 Abs. 6 StPO **EGGVG 23** 126 ff
Antrag nach § 161a Abs. 3 StPO **EGGVG 23** 92 ff
Antrag nach § 98 Abs. 2 Satz 2 StPO **EGGVG 23** 85 ff
Antrag nach den §§ 458, 459h, 459i, 462, 463 StPO **EGGVG 23** 98 ff
Ausschluss bei Abschluss der Ermittlungen **EGGVG 23** 121
Ausschluss bei Akteneinsicht **EGGVG 23** 114 ff
Ausschluss bei Anträgen der StA ans Gericht **EGGVG 23** 123
Ausschluss bei Ersetzung befangener StA **EGGVG 23** 125
Ausschluss bei Verteidigerbestellung **EGGVG 23** 124
Ausschluss im Ermittlungsverfahren **EGGVG 23** 113
Bedeutung allgemein **EGGVG 23** 82
Rechtschutzsystem der StPO **EGGVG 23** 106
Rechtsprechung des BVerfG **EGGVG 23** 108
willkürliche Maßnahmen **EGGVG 23** 112

Subsumtion
Methoden der Gesetzesanwendung **Einl. L** 68 ff
Revision, Prüfung von Gesetzesverletzung **337** 109

Sühneversuch
siehe Privatklageverfahren

Täter-Opfer-Ausgleich
Anwendungsbereich der Vorschrift **155a** 1
Beschuldigter, Stellung im Strafverfahren **Einl. I** 95
geeignete Fälle **155a** 7
Gerichtshilfe **160** 88
Nichtverfolgung gegen Auflagen/Weisungen, vorläufige **153a** 60 ff, 78
Prüfungs- und Hinwirkungspflicht **155a** 3
Rechtsschutz **155a** 15
Rechtsschutz (Datenschutz) **155b** 19
Revision, Prüfung von Gesetzesverletzung **337** 222
Staatsanwaltschaft im Ermittlungsverfahren **160** 15

Verfahrensstadien **155a** 5
Verhältnis zur Nichtverfolgung bei Absehen von Strafe **153b** 8 ff
verpflichtete Stellen **155a** 6
Wille des Verletzten **155a** 12

Täter-Opfer-Ausgleich, Datenschutz
allgemein **155b** 1
Anwendung datenschutzrechtlicher Vorschriften **155b** 16
beauftragte Stelle **155b** 2
Berichtspflicht (verpflichtete Stellen) **155b** 11
Einleitung des Ausgleichsverfahrens **155b** 7
Übermittlung personenbezogener Daten **155b** 3
Umfang der Berichtspflicht **155b** 12
Verarbeitung und Nutzung **155b** 9
Vernichtung der Daten **155b** 18
Zustimmung des Betroffenen **155b** 13
Zweckbindung der Datenübermittlung **155b** 6

Täuschung
Wirksamkeit einer Prozesshandlung **Einl. J** 30 ff

Tagebuchaufzeichnungen
Beweiserhebung/-verwertung **Einl. K** 82

Tagessatz
Revision, Prüfung von Gesetzesverletzung **337** 205

Tat, prozessuale
siehe Prozessgegenstand;
siehe auch Straftat

Tatbegriff
siehe auch Prozessgegenstand;
siehe Straftat

Tatbeteiligter
Beschlagnahmeverbot **97** 36 ff, 95, 128, 137
Datenverarbeitung für künftige Strafverfahren **484** 10

Tatort-/Unfallskizze
Urkundenbeweis, Vorrang persönlicher Vernehmung **250** 11

Tatprovokation, unzulässige
siehe Ermittlungsmaßnahmen, verdeckte;
siehe auch Lockspitzel
Verfahrenshindernis, Einstellung **206a** 55

Tatsache
Beibringung neuer zur Wiederaufnahme **359** 51 ff
Erwiesenheit, Ablehnung präsenter Beweismittel **245** 68 ff
Erwiesenheit/Offenkundigkeit/Unerheblichkeit
siehe auch Beweisantrag, Ablehnung
Offenkundigkeit, Ablehnung präsenter Beweismittel **245** 68 ff
Offenkundigkeit, Beweiswürdigung, freie richterliche **261** 25 ff
Unerheblichkeit, Ablehnung präsenter Beweismittel **245** 74
Unterstellung als wahr
siehe Beweisantrag, Ablehnung

Tatverdacht (allgemein)
Anfangsverdacht (zureichende tatsächliche Anhaltspunkte **152** 21 ff
Anfangsverdacht, Vorermittlungen **152** 33 ff
Anfangsverdacht/Ermittlungen der Staatsanwaltschaft **160** 18
Auskunft über Telekommunikationsverbindung **100g** 18
dringender Tatverdacht
siehe unten
Durchsuchung **105** 41
Durchsuchung beim Verdächtigen **102** 5, 8, 11 ff
Einstellungsregelungen nach den §§ 153, 153a **153** 35 ff; **153a** 39 f
Ermittlung, verdeckte mit technischen Mitteln **100c** 54
Freiheitsentziehung, Rechte bei **MRK Art. 5 (Art. 9, 11 IPBPR)** 65 ff
hinreichender Tatverdacht
siehe unten
Kontrollstellen, Einrichtung von **111** 8
Privatklageverfahren, Eröffnungsentscheidung **383** 8
Prüfung im Eröffnungsverfahren **Vor 198** 16
Rasterfahndung **98a** 28
Schleppnetzfahndung **163d** 15
Telekommunikationsüberwachung **100a** 42, 99
Überzeugung, richterliche und Revision **337** 157
Überzeugung, volle richterliche (persönliche Gewissheit)
siehe auch Beweiswürdigung, freie richterliche
Unschuldsvermutung **MRK Art. 6 (Art. 14 IPBPR)** 124
Verdacht (einer Straftat) **160**
verdeckter Ermittler **110a** 36

Tatverdacht (Ermittlungsmaßnahmen der §§ 94 ff)
Anfangsverdacht **Vor 94** 80
Bedeutung der Verdachtsvariationen **Vor 94** 82
dogmatische Bedeutung **Vor 94** 91
Einordnung, rechtliche **Vor 94** 101
einzelne Verdachtsvoraussetzungen **Vor 94** 81
Inhalt **Vor 94** 91
Kriterien, allgemeine **Vor 94** 86
Prüfung und Plausibilisierung **Vor 94** 92
Prüfungs- und Kontrollkompetenzen **Vor 94** 96
Prüfungsvorgang **Vor 94** 98
Rechtsprechung **Vor 94** 87
uneinheitliche Verdachtsvoraussetzungen **Vor 94** 80 ff

Universalrechtsgütern, Schutz von **Vor 94** 102
Verdacht „in rem" oder „in personam" **Vor 94** 99

Tatverdacht, dringender
Abgrenzung zu hinreichendem Tatverdacht **112** 19
Begriff **112** 17
Bestimmtheit der Tatsachen **112** 22 ff
dringender Verdacht (der Verdunkelung) **112** 27
als Tatfrage **112** 18
Tatsachengrundlage für die Haftentscheidung **112** 20
Überprüfung durch das Beschwerdegericht **112** 20
Unterbringung zur Begutachtung **81** 13
bei Verfahrenshindernissen **112** 14
Verurteilung in der Vorinstanz **112** 20

Tatverdacht, hinreichender
Begriff **170** 21 ff; **203** 6
Beweisbarkeit, prozessuale Situation **203** 14
Prozessvoraussetzungen **203** 16
Rechtsschutz **203** 19
Strafbarkeit **203** 15
Tatsachengrundlage der Prognose **203** 11
unzulässige Entscheidungsmaßstäbe **203** 18

technische Mittel
Ermittlung, verdeckte mit technischen Mitteln **100c** 24, 35

Teilrechtskraft
Einstellung des Verfahrens/Prozessvoraussetzung **206a** 16
Nichtigkeit gerichtlicher Entscheidungen **Einl. J** 122
Rechtsmittel allgemein, Einlegung **Vor 296** 34 ff
Wiederaufnahme des Verfahrens **Vor 359** 70 ff

Telebrief
Wahrung der Erklärungsfrist **Vor 42** 30

Telefax
Revisionsbegründung, Form **345** 23
Telekommunikationsüberwachung **100a** 29
Übermittlung der Berufungsschrift **314** 30
Übermittlung der Revisionsschrift **341** 17a
Übersendung von Erklärungen **308** 12
Wahrung der Erklärungsfrist **Vor 42** 31

Telefon
siehe Telekommunikationsüberwachung

Telegramm
Telekommunikationsüberwachung **100a** 46
Wahrung der Erklärungsfrist **Vor 42** 26

Telekommunikationsüberwachung (allgemein)
abschließende Regelung **100a** 32
allgemein, rechtliche Grundlagen **100a** 13
Anordnung **100a** 43
Aufzeichnung **100a** 60
Auskunft des Netzbetreibers (Verbindungsdaten)
siehe Auskunft über Telekommunikationsverbindung
Auslegung, einschränkende **100a** 32
Außenwirtschaftsgesetz (§ 39) **100a** 23
Bedeutung der Vorschrift **100a** 26
Benachrichtigung Betroffener
siehe dort
Beschuldigter **100a** 65
Bestands- und Vertragsdaten (§§ 89, 90 TKG) **100a** 17
Betroffene allgemein **100a** 64
Einwilligung **100a** 35
Entstehungsgeschichte **100a** 1
Ermittlung der Polizei, verdeckte **163** 46
Ermittlungsrichter, Untersuchungshandlungen **162** 20
Fernmeldegeheimnis (Art. 10 GG) **100a** 12
Funkzelle **100a** 51
Geltungsbereich der Vorschrift **100a** 27
Gesetz zu Art. 10 GG (G 10 2001) **100a** 24
Grundlagen, rechtliche
siehe unten
Inhalt der Kommunikation **100a** 47
Mailboxen **100a** 57
Mobilfunk; IMSI-Catcher (100i) **100a** 16
Mobiltelefon, Überwachung
siehe Mobilfunkendgerät, Überwachung
Netzbereich **100a** 56
Netzbetreiber, Auskunftspflicht
siehe Auskunft über Telekommunikationsverbindung
Nichtbeschuldigter **100a** 66
Postreform (Privatisierung) **100a** 5
privater Lebensbereich, Gewährleistung **MRK Art. 8 (Art. 17 IPBPR)** 7, 33 ff, 37ff
Raumgespräch **100a** 54
Rechtsschutz (Revision) **100a** 117
Rechtsverhältnisse der Betroffenen **100a** 6
Reform des Fernmeldeverkehrs **100a** 4 ff
SMS, stille **100a** 55
Standortdaten **100a** 51
Straftatenkatalog **100a** 39
Tatverdacht **100a** 42
Telegramme **100a** 46
Telekommunikation, Begriff **100a** 45
Überwachung **100a** 60
Überwachung und Aufzeichnung (§§ 100a, 100b) **100a** 14
Überwachung z. Zt. des staatl. Monopols **100a** 4
Umstände der Kommunikation **100a** 47
Unentbehrlichkeit der Anordnung **100a** 43
Verbindungsdaten (§§ 100g, 100h) **100a** 15

Verbindungsdaten, Auskunft des Netzbetreibers
siehe Auskunft über Telekommunikationsverbindung
Verhältnismäßigkeit **100a** 44
Vertrauensverhältnisse, gesetzlich geschützte **100a** 70
Voraussetzungen **100a** 39 ff
Zweck der Strafverfolgung **100a** 34

Telekommunikationsüberwachung, Anordnung
allgemeines **100b** 1
Antrag **100b** 8
Beendigung der Maßnahme **100b** 32
Befristung des Beschlusses **100b** 15
Begründung des Beschlusses **100b** 16
Bekanntmachung des Beschlusses **100b** 17
Beschluss, Inhalt **100b** 9 ff
Beschlussformel **100b** 9
Durchführung der Maßnahme **100b** 26 ff
Entscheidungsgrundlage **100b** 8
Form **100b** 7
Identifizierung des Anschlusses **100b** 11
Kennung des Anschlusses **100b** 11
Kosten **100b** 41
Mitwirkungspflicht des Anbieters **100b** 29
Netzbetreiber, Mitwirkungspflicht **100b** 29
Prüfung, eigenverantwortliche richterliche **100b** 8
rechtliches Gehör **100b** 17
Rechtsschutz (Beschwerde)
– allgemein **100b** 42
– vor Beendigung der Maßnahmen **100b** 44; **100b** 45
– Berechtigte **100b** 48
– Entfernung aus den Akten **100b** 50
Rechtsschutz (Revision) **100b** 51
Staatsanwaltschaft (Eilkompetenz)
– Außerkrafttreten der Anordnung **100b** 24
– Form **100b** 20
– Gefahr im Verzug **100b** 19
– gerichtliche Bestätigung **100b** 22
– Inhalt **100b** 21
Überwachung der Maßnahme **100b** 32
Verlängerung der Maßnahme **100b** 18
Vernichtung der Daten **100b** 38
Verwendung der Daten **100b** 37
Vollstreckung **100b** 26
Zuständigkeit **100b** 2

Telekommunikationsüberwachung, Verwendungsbeschränkungen
§ 100b Abs. 5 in der Fassung des OrgKG **100a** 84
Äußerungen Dritter **100a** 94
Datentransfer von und zur Polizei **100a** 85
Meinungsstand bis zum OrgKG, allgemein **100a** 80
Meinungsstand bis zum OrgKG, BGH **100a** 82
Meinungsstand bis zum OrgKG, Literatur **100a** 83
Verwendungsregelung, Einzelheiten **100a** 86
Verwertung im Ausgangsverfahren **100a** 90
Verwertung in anderen Verfahren **100a** 92
Verwertung nicht zu Beweiszwecken **100a** 93
Verwertung, Art der **100a** 76
Verwertungsverbot
siehe unten

Telekommunikationsüberwachung, Verwertungsverbote
allgemeines **100a** 95
Aufzeichnung außerhalb der Netze **100a** 112
Begründung des Tatverdachts, mangelhafte **100a** 99 ff
Begründungsinhalt und -umfang (BGH) **100a** 107
Beurteilungsspielraum bei Anordnung (BGH) **100a** 99a
Fernwirkung **100a** 116
Hörfalle **100a** 111
Katalogtat, fehlende **100a** 98
Kritik an Rechtsprechung **100a** 100
Mängel bei sachlichen Voraussetzungen **100a** 97
Prüfungsanforderungen (BGH) **100a** 107
Prüfungspflicht des Revisionsgerichts **100a** 108
Prüfungspflicht des Richters **100a** 108
Rechtmäßigkeit, Überprüfung **100a** 101
Reichweite **100a** 114 ff
Selbstbelastung, provozierte **100a** 111
Subsidiaritätsklausel, Mängel bei Behandlung **100a** 99 ff
Überprüfung der Rechtmäßigkeit **100a** 101
Überwachungsverbot **100a** 98
Vernehmungsmethoden, verbotene (136a) **100a** 111
Verwendungsregel **100a** 97
Verwertbarkeit, Voraussetzungen **100a** 102
Voraussetzungen, Mängel bei den förmlichen **100a** 109
Voraussetzungen, Mängel bei sachlichen **100a** 97
Vorhalt **100a** 114
Widerspruchslösung **100a** 96

Terminbestimmung
Eröffnungsbeschluss **207** 27

Terrorismusbekämpfung
Entwicklungsgeschichte des Strafverfahrensrechts **Einl. E** 117 ff, 124
Freiheitsentziehung, Rechte bei **MRK Art. 5 (Art. 9, 11 IPBPR)** 57, 120

Kontrollstellen, Einrichtung von **111** 2
privater Lebensbereich, Gewährleistung **MRK Art. 8 (Art. 17 IPBPR)** 20

TKG
Telekommunikationsüberwachung **100a** 17, 27, 48

Tod des Beschuldigten
Einlegung von Rechtsmitteln durch Strafverteidiger **297** 6
Einstellung des Verfahrens/Prozessvoraussetzung **206a** 36
Kosten des Verfahrens bei Freispruch **467** 10 ff, 61
Kostenpflicht des Verurteilten/Nachlass **465** 43
Nichtigkeit gerichtlicher Entscheidungen **Einl. J** 135
objektives Verfahren (Einziehung/Verfall) **440** 7
Verfahrenshindernis, Wiederaufnahmeverfahren **Vor 359** 63
Vollstreckung, Beitreibung der Geldstrafe **459c** 12 ff
Wiederaufnahme des Verfahrens **371** 5 ff

Tod einer Auskunftsperson
Ersetzen der Vernehmung durch Protokollverlesung **251** 32

Tod eines Nebenbeteiligten **433** 29 ff
Kosten des Rechtsmittels bei Erfolglosigkeit/Rücknahme **473** 85
Kostenlast im Privatklageverfahren **471** 10

Todesfall, nicht natürlicher
Anzeigepflicht der Behörden **159** 2 ff

Todesstrafe
Folter, Verbot der **MRK Art. 3 (Art. 7 IPBPR)** 33
Leben, Recht auf **MRK Art. 2 (Art. 6 IPBPR)** 15
Menschenrechtskonvention **MRK Einf.** 28

Trennung von Verfahren
siehe auch Verbindung/Trennung von Verfahren
Beschwerdeverfahren **2** 65
Form **2** 59
präsente Beweismittel **245** 85
Rechtsnatur **2** 49
durch Urteil **2** 66
Verhandlungstrennung bei Mitbeschuldigten **2** 61
Zeitpunkt **2** 59
Zulässigkeit **2** 53
Zweck **2** 53

Tribunal
Gleichheit vor dem Gericht **MRK Art. 6 (Art. 14 IPBPR)** 57
Rechtsschutzgarantie **MRK Art. 6 (Art. 14 IPBPR)** 49

Überhaft
Beschleunigungsgebot **Vor 112** 36
bei mehrfacher Haft, Doppelhaft **Vor 112** 56
weitere Beschwerde **Vor 112** 56
weitere Beschwerde, Zulässigkeit **310** 34

Überlastung der Gerichte
Beschleunigungsgebot **MRK Art. 6 (Art. 14 IPBPR)** 79
Geschäftsverteilungsplan **GVG 21e** 45 ff

Übermaßverbot
siehe Verhältnismäßigkeit, Untersuchungshaft

Übersendung polizeilicher Ermittlungsakten/Gegenstände
Abgabe innerhalb der Polizei **163** 87
Adressaten **163** 89
Akten **163** 81
Aktenführung, Pflicht zur **163** 78
allgemeines **163** 74 ff
Anwendungsbereich **163** 76
Bedeutung **163** 74
Beweisgegenstände **163** 81
Schlussbericht **163** 83
Übersendung an das Amtsgericht **163** 91
Umfang des Materials **163** 80
Verhandlungen, Begriff **163** 80 ff
Vorweginformation der StA **163** 79
Weg der Übermittlung **163** 88
Zeitpunkt **163** 84

Übersetzer
Abgrenzung zum Dolmetscher **GVG 185** 1
Kosten des Verfahrens **464a** 8 ff
Urkundenbeweis, fremdsprachige Schriften **249** 32 ff

Überwachung von Verdächtigen
siehe u. a. Ermittlung

Überwachungseinrichtungen, technische
Verkehr des Beschuldigten mit dem Verteidiger **148a** 43

Umlaufverfahren
Geschäftsverteilungsplan **GVG 21e** 75

Unabhängigkeit, richterliche
allgemein **GVG 1** 1 ff
Auslegung und Fortbildung des Rechts **GVG 1** 7
Beurteilung, dienstliche **GVG 1** 31
Bindung an gerichtliche Entscheidungen **GVG 1** 19
Dienstaufsicht allgemein **GVG 1** 21
Dienstaufsicht, Rechtsschutz **GVG 1** 33
Dienstaufsicht, Zuständigkeit **GVG 1** 32
disziplinarrechtliche Verantwortung **GVG 1** 34
Entwicklung und Reichweite der Regelung **GVG 1** 1

Ermahnung (Dienstaufsicht) **GVG 1** 30
EuGH, Vorabentscheidung **GVG 1** 18
Gesetzgebung, nachkonstitutionelle **GVG 1** 11
Gewissenskonflikt **GVG 1** 13
Gültigkeit von Gesetzen, formelle/materielle **GVG 1** 15
innere **GVG 1** 5
Justizverwaltung, Weisungsgebundenheit **GVG 1** 2
persönliche **GVG 1** 4
Rechtsänderung durch Auslegung **GVG 1** 10
Rechtskraft und Bestandskraft, Beachtung **GVG 1** 20
Rechtsnormen, Prüfung der Gültigkeit **GVG 1** 14
Rechtsschutzgarantie **MRK Art. 6 (Art. 14 IPBPR)** 49, 53
sachliche **GVG 1** 3
Schöffenunfähigkeit bei Ermittlungsverfahren **GVG 32** 8
Unterwerfung unter das Gesetz **GVG 1** 6
Verfassungskonflikte **GVG 1** 12
Verwerfungskompetenz der Landes-VerfG **GVG 1** 17
Verwerfungsmonopol des BVerfG **GVG 1** 16
Vorhalt (Dienstaufsicht) **GVG 1** 22 ff
Wandel der Rechtsauffassung **GVG 1** 9

Unbekannt, Verfahren gegen
Klageerzwingungsverfahren **172** 20
Strafanzeige, Erstattung **158** 14

Unbrauchbarmachung/Vernichtung
Anwendbarkeit der Einziehungsvorschriften **442** 1
Berufung, Verbot der Verschlechterung **331** 110
Kosten/notwendige Auslagen des Nebenbeteiligten **472b** 1 ff
Nebenbeteiligter, Begriff **431** 28
Strafbefehlsverfahren, Zulässigkeit **407** 35
Urteilsgründe, Inhalt/Darstellung **267** 118
Vollstreckung von Nebenfolgen **459g** 12

Under-cover-agent 110a 20

Ungebühr
Sitzungspolizei, Ordnungsmittel **GVG 178** 1 ff

Ungehorsam
Einziehungs-/Verfallsbeteiligter, Befugnisse **433** 35 ff
Sitzungspolizei, Ordnungsmittel **GVG 177** 1 ff

Ungehorsamshaft (§§ 230 Abs. 2, 236, 239 Abs. 4 StPO)
Berufungsverhandlung ohne Angeklagten **329** 92 ff
Fortdauer der Haft (über 6 Monate) **121** 3, 12
Haftzweck **Vor 112** 11
Verhältnis zur Untersuchungshaft **112** 5 ff
Voraussetzungen **230** 19 ff, 35

unmittelbarer Zwang, Anwendung
erkennungsdienstliche Maßnahmen **81b** 24; **81g** 4, 56
erkennungsdienstliche Maßnahmen (§ 81 b) **81b** 24
körperliche Untersuchung des Beschuldigten **81a** 77
körperliche Untersuchungen des Beschuldigten **81a** 77; **81b** 24; **81f** 34
körperliche Untersuchungen nichtverdächtiger Personen **81c** 5, 12, 29, 40, 52, 57 ff
Vollzug der Untersuchungshaft **119** 164 ff
Vorführung zur Vernehmung durch den Ermittlungsrichter **134** 9; **135** 8
vorläufige Festnahme **127** 28

Unmittelbarkeitsgrundsatz
Aufklärungspflicht, Beweisaufnahme **244** 56
beschleunigtes Verfahren **420** 6
Prozessmaxime **Einl. H** 60 ff
Urkundenbeweis, Selbstleseverfahren **249** 58

Unparteilichkeit, richterliche
Rechtsschutzgarantie **MRK Art. 6 (Art. 14 IPBPR)** 49, 54

Unschuldsvermutung
allgemeines **MRK Art. 6 (Art. 14 IPBPR)** 103 ff
Anwendungsbereich Strafverfahren **MRK Art. 6 (Art. 14 IPBPR)** 121
Anwendungsbereich, zeitlicher **MRK Art. 6 (Art. 14 IPBPR)** 126 ff
Auslieferung, Ausweisung **MRK Art. 6 (Art. 14 IPBPR)** 122
Ausschließung des Verteidigers **138a** 19
außerhalb des Strafverfahrens **MRK Art. 6 (Art. 14 IPBPR)** 150 ff
Bemessung der Rechtsfolgen **MRK Art. 6 (Art. 14 IPBPR)** 123
Beschuldigter, Stellung im Strafverfahren **Einl. I** 75 ff
Beweiswürdigung, freie richterliche **261** 1
Dauer, Grundregel für **MRK Art. 6 (Art. 14 IPBPR)** 126
Disziplinarverfahren **MRK Art. 6 (Art. 14 IPBPR)** 121
Drittwirkung, mittelbare **MRK Art. 6 (Art. 14 IPBPR)** 113
Einstellung des Verfahrens **MRK Art. 6 (Art. 14 IPBPR)** 141
Einstellung des Verfahrens/Prozessvoraussetzung **206a** 68
Einzelfragen **MRK Art. 6 (Art. 14 IPBPR)** 132 ff
Entschädigungsansprüche **MRK Art. 6 (Art. 14 IPBPR)** 145

Entscheidung, abschließende **MRK Art. 6 (Art. 14 IPBPR)** 128
Entscheidungen, Regeln für **MRK Art. 6 (Art. 14 IPBPR)** 134
Erkenntnisverfahren, Abschluss **MRK Art. 6 (Art. 14 IPBPR)** 130
Ermittlungsverfahren **MRK Art. 6 (Art. 14 IPBPR)** 124
Erstattungsansprüche **MRK Art. 6 (Art. 14 IPBPR)** 144
Europäische Grundrechte-Charta **MRK Art. 6 (Art. 14 IPBPR)** 104
Exklusivität der Schuldfeststellung **MRK Art. 6 (Art. 14 IPBPR)** 152
Fahndungsmaßnahmen **MRK Art. 6 (Art. 14 IPBPR)** 131
Freiheitsentziehung, Rechte bei **MRK Art. 5 (Art. 9, 11 IPBPR)** 2, 60, 65
Gefahrenabwehrmaßnahme **MRK Art. 6 (Art. 14 IPBPR)** 106
Geständnis **MRK Art. 6 (Art. 14 IPBPR)** 115
Hauptverhandlung, Erörterung von Vorstrafen **243** 97
Konventionsgarantien **MRK Art. 6 (Art. 14 IPBPR)** 104
Kosten des Verfahrens bei Freispruch **467** 1, 54, 60, 67
Kosten und Auslagen **MRK Art. 6 (Art. 14 IPBPR)** 143
Medienberichterstattung **MRK Art. 6 (Art. 14 IPBPR)** 113
Menschenrechte, Allgemeine Erklärung der **MRK Art. 6 (Art. 14 IPBPR)** 104
Mitberücksichtigung verfahrensfremder Taten **MRK Art. 6 (Art. 14 IPBPR)** 146
Nebenklage **MRK Art. 6 (Art. 14 IPBPR)** 143
Nichtverfolgung wegen Geringfügigkeit, Kostenlast **153** 80
Ordnungswidrigkeiten **MRK Art. 6 (Art. 14 IPBPR)** 121
Presse **MRK Art. 6 (Art. 14 IPBPR)** 113
Pressemitteilungen **MRK Art. 6 (Art. 14 IPBPR)** 131
Prinzip, konstituierendes **MRK Art. 6 (Art. 14 IPBPR)** 103
Privatklageverfahren **MRK Art. 6 (Art. 14 IPBPR)** 143
Prognosebeurteilung **MRK Art. 6 (Art. 14 IPBPR)** 149
Prognoseentscheidungen (Haftbefehl) **112** 58 f
Recht, innerstaatliches **MRK Art. 6 (Art. 14 IPBPR)** 105
Schuldnachweis **MRK Art. 6 (Art. 14 IPBPR)** 136
Schuldvermutungen, gesetzliche **MRK Art. 6 (Art. 14 IPBPR)** 138
Schuldzuweisungen Verfahrensbeteiligter **MRK Art. 6 (Art. 14 IPBPR)** 133
Schutz, allgemeiner **MRK Art. 6 (Art. 14 IPBPR)** 151
Schutzpflichten des Staates, allgemeine **MRK Art. 6 (Art. 14 IPBPR)** 114
Strafrichtermonopol **MRK Art. 6 (Art. 14 IPBPR)** 155 ff
Tatverdacht **MRK Art. 6 (Art. 14 IPBPR)** 124
Tragweite **MRK Art. 6 (Art. 14 IPBPR)** 116
Tragweite der Konventionsgarantien **MRK Art. 6 (Art. 14 IPBPR)** 117
Untersuchungshaft allgemein **Vor 112** 31, 37
Urkundenbeweis, frühere Strafurteile **249** 17
Verfahren, gesetzmäßiges **MRK Art. 6 (Art. 14 IPBPR)** 139
Verfassungsgrundsatz **MRK Art. 6 (Art. 14 IPBPR)** 106
Verhältnis Konvention – Verfassung **MRK Art. 6 (Art. 14 IPBPR)** 111
Verhaltensprinzip **MRK Art. 6 (Art. 14 IPBPR)** 116
Verhaltensregeln vor Gericht **MRK Art. 6 (Art. 14 IPBPR)** 132
Verlautbarungen, amtliche **MRK Art. 6 (Art. 14 IPBPR)** 131
Verzichtbarkeit **MRK Art. 6 (Art. 14 IPBPR)** 115
Widerruf der Strafaussetzung **MRK Art. 6 (Art. 14 IPBPR)** 148
Widerruf eines Geständnisses **MRK Art. 6 (Art. 14 IPBPR)** 115

Untätigkeitsbeschwerde
siehe auch Beschleunigungsgebot
Begriff **Vor 304** 31
Beschleunigungsgebot **MRK Art. 6 (Art. 14 IPBPR)** 85
Beschwerderecht bei Konventionsverletzung **MRK Art. 13 (Art. 2 Abs. 3 IPBPR)** 6d f
Menschenrechtsbeschwerde (EGMR) **MRK Anhang/Verfahren** 37 f
Zulässigkeit **304** 6, 7 ff

Unterbringung
Änderung der gerichtlichen Zuständigkeit **225a** 29
Freiheitsentziehung, Rechte bei **MRK Art. 5 (Art. 9, 11 IPBPR)** 12, 75 ff, 126
Gefangenenbehandlung **IPBPR Art. 10 (Nach Art. 5 MRK)** 11 ff
Justizverwaltungsakt, Rechtsschutz **EGGVG 23** 65
Öffentlichkeit der Verhandlung, Ausschluss **GVG 171a** 1 ff

Privatklageverfahren **384** 21
Sachverständigenbegutachtung, obligatorische **246a** 1 ff
Sicherungsverfahren *siehe dort*
Vollstreckung von Maßregeln **463** 26

Unterbringung zur Begutachtung
Anhörung der Staatsanwaltschaft **81** 24
Anhörung des Verteidigers **81** 21
Anhörung eines Sachverständigen **81** 16
Anrechnung der Unterbringungszeit **81** 34
Anstalt *siehe psychiatrisches Krankenhaus*
Antragsberechtigte **81** 6
Anwendungsbereich der Vorschrift **81** 1 f
Auswahl des psychiatrischen Krankenhauses **81** 29
Bedeutung der Sache **81** 14
Beobachtung ohne Unterbringungsanordnung **81** 4
Dauer **81** 25
dringender Tatverdacht **81** 13
in Haft befindlicher Beschuldigter **81** 4, 27
Kosten **81** 33
Maßnahmen während der Unterbringung **81** 31
notwendige Verteidigung **140** 43
psychiatrisches Krankenhaus *siehe dort*
Rechtsmittel, Einlegungsmöglichkeit **299** 2 ff
Unerlässlichkeit **81** 15
Unterbringungsbeschluss
– Abänderung **81** 37
– Begründung bei geringer Strafe **81** 36
– Bekanntgabe **81** 38
– Rechtsschutz (Revision) **81** 45
– Rechtsschutz (sofortige Beschwerde) **81** 40
– Vollstreckung **81** 39
– Zuständigkeit **81** 35
Untersuchung der Gemeingefährlichkeit **81** 9
Untersuchung der Schuldfähigkeit **81** 8
Untersuchung der Verhandlungsfähigkeit **81** 10
Untersuchung des Entwicklungsstandes **81** 11
Wiederholung/Höchstdauer **81** 28

Unterbringung, einstweilige
Änderung des Haftbefehls in Unterbringungsbefehl **114** 51
Änderung des Unterbringungsbefehls in Haftbefehl **126a** 19
Anstaltsbezeichnung **126a** 14
Aufhebung des Unterbringungsbefehls **126a** 18
Ausschluss der Beschwerde, Ausnahme **305** 32
Begriff **126a** 3
Beschluss über Fortdauer bei Urteilsfällung **268b** 6 ff
dringende Gründe **126a** 6
Erlass eines Unterbringungsbefehls **126a** 12
Fortdauer der Untersuchungshaft (über 6 Monate) **121** 12; **121** 3
Gefangenenbehandlung **IPBPR Art. 10 (Nach Art. 5 MRK)** 12
Justizverwaltungsakt, Rechtsschutz **EGGVG 23** 67
Kontaktsperre für Gefangene **EGGVG 38** 4
notwendige Verteidigung **140** 32 ff
öffentliche Sicherheit **126a** 8
Rechtsmittel, Einlegungsmöglichkeit **299** 2 ff
Rechtsschutz **126a** 20
Unterbringungsprüfung **126a** 17
Verfahrenskosten, Haftung Mitangeklagter **466** 15
Verhältnis zur Untersuchungshaft **126a** 4
Vollzug **126a** 16
weitere Beschwerde, Zulässigkeit **310** 46
Zuständigkeit *siehe Zuständigkeit (Haftentscheidungen)*
Zweck der Unterbringung **Vor 112** 10; **126a** 1

Unterbringungsbefehl
Einstellung mangels hinreichenden Tatverdachts, Mitteilungspflicht **170** 40
Eröffnungsverfahren, gerichtliche Entscheidung **204** 13a; **207** 24
Sicherungsverfahren, Anwendbarkeit **414** 4
Vollstreckung, Absehen/Nachholung bei Auslieferung/Ausweisung **456a** 14
vorläufige Einstellung nach § 205 **205** 26

Unterhaltspflichten
Nichtverfolgung gegen Auflagen/Weisungen, vorläufige **153a** 59
Wiederaufnahme des Verfahrens, Verteidigerbestellung **364b** 11 f

Unterrichtung des Angeklagten von Beschuldigung
Adressat **MRK Art. 6 (Art. 14 IPBPR)** 170
Anklageschrift **MRK Art. 6 (Art. 14 IPBPR)** 170
Anlass **MRK Art. 6 (Art. 14 IPBPR)** 163
Ausländer **MRK Art. 6 (Art. 14 IPBPR)** 171 f
Beschuldigung **MRK Art. 6 (Art. 14 IPBPR)** 167
Dolmetscher **MRK Art. 6 (Art. 14 IPBPR)** 171
Form **MRK Art. 6 (Art. 14 IPBPR)** 170
Gegenstand, erhobene Beschuldigung **MRK Art. 6 (Art. 14 IPBPR)** 167
Haftprüfungsverfahren **MRK Art. 6 (Art. 14 IPBPR)** 167
Rechtsschutz **MRK Art. 6 (Art. 14 IPBPR)** 173

Sprache des Angeklagten **MRK Art. 6 (Art. 14 IPBPR)** 171
Strafbefehl **MRK Art. 6 (Art. 14 IPBPR)** 170
Wahlfeststellung **MRK Art. 6 (Art. 14 IPBPR)** 168
Zeitpunkt **MRK Art. 6 (Art. 14 IPBPR)** 164
Zweck der Garantie **MRK Art. 6 (Art. 14 IPBPR)** 162

Unterschrift
Revisionsbegründung, Form **345** 22 ff
Strafbefehl, Inhalt **409** 35
Wiederaufnahme des Verfahrens, Antrag **366** 11 ff

Untersuchung durch das Gericht, Umfang
siehe Amtsaufklärungsgrundsatz

Untersuchung einer Frau
ärztliche Untersuchung **81d** 5
Anwendungsbereich der Vorschrift **81d** 1 f
Augenscheinseinnahme, richterliche **81d** 6
Einwilligung **81d** 8
Personenkreis **81d** 3
Rechtsschutz (Revision) **81d** 9
Schamgefühl **81d** 4
Wahl der untersuchenden Person/des Angehörigen **81d** 7

Untersuchung nicht tatverdächtiger Personen
Anwendungsbereich der Vorschrift **81c** 1 ff
Durchsetzung (Zwangsmaßnahmen) **81c** 57
Einwilligung des Betroffenen **81c** 4
Feststellung der Abstammung
– allgemein **81c** 23
– Aufklärungsgrundsatz **81c** 24
– Nachteile für die Gesundheit **81c** 25
– Unerlässlichkeit **81c** 26
– Zumutbarkeit **81c** 27
Feststellung von Spuren und Tatfolgen
– Art und Umfang **81c** 18
– Duldungspflicht **81c** 12
– Notwendigkeit **81c** 17
– Zumutbarkeit **81c** 21
– Zweck **81c** 13
Immunität eines Abgeordneten **152a** 24
mangelnde Verstandesreife/-kraft
– allgemein **81c** 41
– Duldungspflicht **81c** 51
– Entscheidung im Eilfall **81c** 48
– gesetzlicher Vertreter **81c** 44
Nutzung der Ergebnisse **81c** 54
Rechtsschutz (Anordnungen Richter/StA) **81c** 61
Rechtsschutz (Revision) **81c** 64
Untersuchung einer Frau
siehe Untersuchung, körperliche
Vernehmungsprotokoll, Verlesung bei Zeugnisverweigerung **252** 36
Verweigerungsrecht
– Angehörigeneigenschaft **81c** 31
– Auskunftsverweigerungsrecht **81c** 38
– Belehrung **81c** 34
weitergehende Untersuchungszwecke **81c** 8
Zuständigkeit **81c** 52

Untersuchung, körperliche
eines Abgeordneten **81a** 103; **152a** 24
Abgrenzung zur körperlichen Durchsuchung **81a** 19
Anhörung des Beschuldigten **81a** 67; **81a** 67
Anordnung durch den Richter **81a** 65
Anrechnung im Urteil **81a** 78
Anwendungsbereich/Verfassungsmäßigkeit **81a** 1
Ausschluss der Beschwerde, Ausnahme **305** 34
Begriff der einfachen **81a** 18
Beschuldigter **81a** 6
Beweisverwertungsverbote
siehe dort
Blutprobenentnahme **81a** 40
Brechmittel (Vomitivmittel) **81a** 52
Duldungspflicht **81a** 23
Eingriff durch einen Arzt **81a** 35
Einwilligung des Beschuldigten **81a** 12
Einzelheiten zu Untersuchungen und Eingriffe **81a** 38 ff
von Exterritorialen; Konsularbeamten **81a** 104
Festnahme zur Durchsetzung **81a** 72
Form und Inhalt der Anordnung **81a** 68
Gegenüberstellung **81a** 44
körperlicher Eingriff (Begriff) **81a** 27
Lügendetektor (Polygraphentest) **81a** 58
Maßnahmen bei Gefahr im Verzug **81a** 75
Nachteile für die Gesundheit **81a** 31
Nutzung von Blutproben und Körperzellen allgemein **81a** 79
Rechtsschutz (Anordnungen der StA und ihrer Hilfsbeamten) **81a** 89
Rechtsschutz (Revision) **81a** 101
Rechtsschutz (richterliche Anordnungen) **81a** 84
Speicheltest **81a** 60
unmittelbarer Zwang zur Durchsetzung **81a** 77
Unterbringung zur Vornahme des Eingriffs **81a** 34
in Untersuchungshaft **119** 39
Urinabnahme **81a** 63
Verhältnismäßigkeit **81a** 31
Vernichtung von Blutproben und Körperzellen **81a** 81
Verwendung von Blutproben und Körperzellen **81a** 80
Zuständigkeit **81a** 70
Zweck **81a** 15

Untersuchungsausschuss, parlamentarischer
Akteneinsicht/Auskünfte **474** 16
Herausgabepflicht bei Sicherstellung **95** 22
Verfahrensgarantien nach MRK und IPBPR **MRK Art. 6 (Art. 14 IPBPR)** 40
Zeuge, anwendbare Vorschriften **Vor 48** 22
Untersuchungsgrundsatz
siehe Amtsaufklärungsgrundsatz
Untersuchungshaft (allgemein)
Änderung der gerichtlichen Zuständigkeit **225a** 29
Angaben in der Anklageschrift **200** 7, 43
Anordnung durch den Richter **114** 22; **115** 20
Anordnung im Wiederaufnahmeverfahren **112** 11 f
Anordnung nach Rechtskraft des Urteils **112** 10 ff
Anordnung, Zeitpunkt **112** 10; **Vor 112** 57 ff
Anrechnung auf Freiheitsstrafe **Vor 112** 67; **450** 1 ff, 19
Anrechnung bei Rechtsmittel des ges. Vertreters **298** 18
Anrechnung, Beschränkung der Berufung **318** 94
Aufhebung
siehe dort
Bagatellsachen
siehe dort
Beginn **117** 6
Begriff **Vor 112** 44
Berufung, Anrechnung bei Verspätung **319** 21
Beschluss über Fortdauer bei Urteilsfällung **268b** 4 ff
dringender Tatverdacht
siehe Tatverdacht
Durchsuchung, Zufallsfunde **108** 6
Entschädigung **Vor 112** 67
Eröffnungsverfahren, gerichtliche Entscheidung **207** 24
Eröffnungsverfahren, Wirkung der Ablehnung **211** 15
Folter, Verbot der **MRK Art. 3 (Art. 7 IPBPR)** 29
Freiheitsentziehung, Rechte bei **MRK Art. 5 (Art. 9, 11 IPBPR)** 89 ff, 102 ff
Gefangenenbehandlung **IPBPR Art. 10 (Nach Art. 5 MRK)** 2, 12 ff
Haftalternativen **112** 64 ff
Haftbefehl
siehe dort
Haftgründe allgemein **112** 28 ff, 51 ff; **112a** 13 ff
Haftgründe im Einzelnen
siehe auch Hauptverhandlungshaft
– Flucht
siehe dort
– Fluchtgefahr
siehe dort
– Schwerkriminalität
siehe dort
– Verdunkelungsgefahr
siehe dort
– Wiederholungsgefahr
siehe dort
Haftprüfungsverfahren
siehe dort
Haftunfähigkeit **112** 68
Haftzwecke **Vor 112** 1 ff
Höchstdauer
siehe dort
Kontaktsperre für Gefangene **EGGVG 34** 5 f
Kosten des Verfahrens **464a** 16
mehrfache Haft, Doppelhaft **Vor 112** 50 ff
Mehrzahl von Straftaten **114** 10
Menschenrechtsbeschwerde (EGMR) **MRK Anhang/Verfahren** 29
Missbrauch des Haftrechts **112** 54; **Vor 112** 6 f
mündliche Verhandlung bei Haftprüfung/Haftbeschwerde
siehe dort
NATO-Truppenstatut **Vor 112** 66
im Privatklageverfahren **Vor 112** 63
Rechtsmittel, Einlegungsmöglichkeit **299** 2 ff
Rechtsschutz
siehe Haftprüfungsverfahren/Haftbeschwerde
Reformbestrebungen **Vor 112** 70 ff
Revision, Entscheidung des Gerichts **354** 38
Revisionsbegründung, Beschränkung auf Anrechnung **344** 36
richterliche Anordnung (materielle Voraussetzungen) **Vor 112** 44
sicheres Geleit **295** 5
Sitzungspolizei, Ordnungsmittel **GVG 178** 28
im Strafbefehlsverfahren **112** 55 ff; **Vor 112** 2
Tatsachengrundlage für die Haftentscheidung **112** 20 ff
Verbindung/Trennung von Verfahren **2** 26
Verfahrenskosten, Haftung Mitangeklagter **466** 15
Verfassungsmäßigkeit **Vor 112** 16 ff
Verhältnis zur Ungehorsamshaft **112** 5 ff
Verhältnismäßigkeit
siehe dort
Vernehmung durch StA und Polizei **163a** 51
Verteidigung, Recht auf Vorbereitung **MRK Art. 6 (Art. 14 IPBPR)** 182
Vollzug
siehe dort
Vollzugsunfähigkeit und Schwangerschaft **112** 70

Vollzugsunfähigkeit, krankheitsbedingte **112** 69
Voraussetzungen allgemein **112** 1 ff, 15 ff; **Vor 112** 44 f; **Vor 112** 44 f
vorläufige Festnahme
siehe Festnahme (vorläufige)
im Wiederaufnahmeverfahren **112** 11; **Vor 112** 2
Zuständigkeit
siehe Zuständigkeit, Erlass eines Haftbefehls/Haftentscheidungen
Zuständigkeitsänderung/Verweisung **270** 31

Untersuchungshaft, Disziplinarmaßnahmen
allgemein **119** 52 ff
Arten **119** 55
bei mehreren Verstößen **119** 59
rechtliches Gehör des Gefangenen **119** 62 ff
Rechtsnatur **119** 60
nach der UVollzO **119** 56 ff
Zuständigkeit **119** 61

Untersuchungshaft, Haftbedingungen
Arbeit (in der Anstalt eingeführte) **119** 108 f
Arztwahl **119** 131
Aufenthalt im Freien **119** 102
Aufenthalte außerhalb der Anstalt **119** 103 ff
Ausstattung der Zelle **119** 101
Begriff, Inhalt **119** 96 ff
Beleuchtungszeiten **119** 120
Bücher, Zeitungen, Zeitschriften **119** 115 f
Computer, Schreibmaschine **119** 114
Drogen, Alkohol **119** 102; **119** 130
Glaubensfreiheit, Seelsorge **119** 132
Glücksspiel **119** 118
Journalistenbesuche **119** 126 f
Kassettenrecorder **119** 114
Kleidung **119** 102
Reinigung des Haftraumes **119** 110
Rundfunk, Fernsehen, Video **119** 122 ff
Selbstbeköstigung **119** 128
Selbstbeschäftigung **119** 112
Tabakwaren **119** 129
Taschengeld **119** 111
Telefonate **119** 106
Tierhaltung **119** 121
Unterhaltungselektronik, Elektrogeräte **119** 114
Wertgegenstände **119** 121

Untersuchungshaft, Haftfortdauer (über 6 Monate hinaus)
allgemein zur Rechtfertigung **121** 29
wegen anderer wichtiger Gründe **121** 28
Großverfahren **121** 31
Personalmangel **121** 43
wegen Schwierigkeit und Umfang der Ermittlungen **121** 26
Terminsstand des Gerichts **121** 42
Verhalten des Beschuldigten **121** 34
Verhalten des Verteidigers **121** 37
Verzögerung der Strafverfolgungsorgane **121** 40

Untersuchungshaft, Höchstdauer
Anwendungsbereich **121** 1 ff
Ende der Haftbeschränkung **121** 22
Haftbegrenzung allgemein **121** 10
Haftbegrenzung auf dieselbe Tat **121** 15
Haftbegrenzung bei mehreren Taten **121** 14
Ruhen der Frist
– allgemein **121** 17
– Aussetzen der Hauptverhandlung **121** 19
– nach Vorlage (dem OLG) **121** 18
– während der Hauptverhandlung **121** 19
Unterbrechungen der Haft **121** 11
Verfahren nach Fristablauf **121** 45
Wiederholungsgefahr (§ 112 a StPO)
– Begehung neuer Straftaten **122a** 11
– Fristbegrenzung **122a** 8
– Voraussetzungen **122a** 6
– Zweck abweichender Regelung **122a** 3
Zuständigkeit für Haftprüfung
siehe dort

Untersuchungshaft, Kontrolle des Gefangenen
Besucher und Gespräche **119** 40
Druckerzeugnisse **119** 117
Empfang von Paketen **119** 45 ff
Pakete **119** 47
Sichtüberwachung **119** 95

Untersuchungshaft, Kontrolle des Schriftverkehrs
anzuhaltende Schreiben **119** 78 ff
ausgehende Schreiben **119** 71
bei Ausländern **119** 70, 77
beleidigende Schreiben **119** 82 ff
Beschlagnahme von Schreiben als Beweismittel **119** 89 ff
eingehende Schreiben
Grundrechtsgewährleistung **119** 68
Inhaltskontrolle **119** 75
beim Jugendlichen **119** 76
Kontrollverfahren **119** 85 f
nicht kontrollierbare Schreiben **119** 77
Schreiben an Behörden **119** 73
Umfang von Beschränkungen **119** 69
Verfahren bei Beschlagnahme **119** 87; **119** 91 f
Verteidigerpost **119** 72

Untersuchungshaft, medizinische/körperliche Zwangsbehandlung
Arztvorbehalt **119** 185
Arztvorbehalt und Richtervorbehalt **119** 188
Behandlung **119** 173
Gefahr für den Gefangenen **119** 174
Gefahrengrade **119** 176

gesetzliche Regelung, Rechtsnatur **119** 170
künstliche Ernährung **119** 195
Seuchengefahr **119** 192
Stellungnahme **119** 208 ff
Untersuchung **119** 172
Untersuchung zum Gesundheitsschutz **119** 191
Zuständigkeit des Richters **119** 182
Zwangsernährung und freie Willensbestimmung **119** 204
Zwangsernährung, Abgrenzung **119** 198
Zwangsernährung, Anlass **119** 193
Zwangsernährung, Stellungnahme **119** 208 ff
Zwangsernährung, Zumutbarkeit **119** 199
Zwangsheilung **119** 180

Untersuchungshaft, Rechtsschutz gegen Vollzug
Antrag auf richterliche Entscheidung **119** 154
Antrag nach § 23 EGGVG **119** 160
Beschwerde **119** 155
Dienstaufsichtsbeschwerde **119** 153
nach Ende der Untersuchungshaft **119** 157
Revisionsgrund **119** 163
weitere Beschwerde **119** 159

Untersuchungshaft, Vollzug
allgemeine Eingriffsbefugnisse **119** 39
Anstaltsordnung (Verhältnismäßigkeit) **119** 36 ff
Anstaltsordnung und Bequemlichkeiten/Beschäftigungen **119** 99
Anstaltsordnung und staatliche Fürsorgepflicht **119** 34
Anstaltsordnung, Beachtung durch den Richter **119** 35
Antrag auf Zusammenlegung **119** 18 f
Anwendbarkeit (Haftarten) **119** 10
gemeinsame Arbeit mit Strafgefangenen **119** 17
Beschränkung des Briefverkehrs **114b** 28
Beschränkung des Paketempfangs **119** 48 ff
Besuche bei Verdunkelungsgefahr **119** 43
Besuche des Verteidigers **119** 42
Besuche von Familienangehörigen **119** 41
Besuche von Untersuchungshäftlingen untereinander **119** 43
Besuchsregelungen durch den Richter **119** 44
Einschränkungen einzelner Grundrechte **119** 26
Einschränkungen wegen der Anstaltsordnung **119** 25
Einschränkungen wegen des Haftzwecks **119** 27 ff
Einzelhaft (Grundsatz) **119** 14, 18
Fesselung des Beschuldigten **119** 65 f
Fesselung des Beschuldigten in der Hauptverhandlung **119** 67
Gründe für Freiheitsbeschränkungen in der Haft **119** 22
Grundrechte des Beschuldigten **Vor 112** 40 f
Grundrechte und besonderes Gewaltverhältnis **119** 23 ff
Justizverwaltungsakt, Rechtsschutz **EGGVG 23** 63, 126 ff
mehrfache Haft **119** 137
Ordnung in der Vollzugsanstalt (Anstaltsordnung) **119** 30 ff
Prinzipien der gesetzlichen Regelung **119** 1ff
Sonderung nach Gruppen **119** 20
Trennung von Strafgefangenen (Grundsatz) **119** 15 f
unmittelbarer Zwang
– allgemein **119** 13
– Anwendungsfälle **119** 168
– Regelungen im Strafvollzugsgesetz (StVollzG) **119** 164
– Voraussetzungen **119** 166
Unterbrechung der Haft in anderer Sache **Vor 112** 54 f
Verfassungsmäßigkeit **Vor 112** 40 f
Verhältnis zum Strafvollzug **Vor 112** 46
Verlegung in eine andere Anstalt **119** 12
verschärfte Sicherheitsvorkehrungen **119** 93 f
Vollzugsanstalt (Begriff) **119** 11
Vollzugsordnungen der Landesjustizverwaltungen **119** 5

Untersuchungshaft, Zuständigkeiten
Anordnungen der Staatsanwaltschaft **119** 138
Anordnungen des Anstaltsleiters **119** 133
Anordnungen des Richters **119** 133
Anordnungen in dringenden Fällen **119** 143
nach Ende der Untersuchungshaft **119** 149
Genehmigung von vorläufigen Maßnahmen **119** 146
des Gerichts allgemein
siehe Zuständigkeit (Haftentscheidungen)
Meinungsverschiedenheiten **119** 148

Untersuchungsmaxime (Instruktionsgrundsatz)
Umfang gerichtlicher Untersuchung und Entscheidung **155** 7 ff

Urkunde
Akteneinsicht des Verteidigers **147** 17, 117, 140
Revision, Verlesung zum Beweis der Gesetzesverletzung **337** 80 f, 117 ff
richterliche Augenscheinseinnahme **86** 38
Sicherstellung/Beschlagnahme **94** 12
Unerreichbarkeit des Beweismittels **244** 273
Urteilsgründe, Inhalt/Darstellung **267** 25 ff
Wiederaufnahme des Verfahrens bei Fälschungen **359** 13 ff; **362** 6

Urkundenbeweis (allgemein)
Augenschein, Umfang der Protokollverlesung **249** 28
Augenscheinseinnahme, fehlerhafte **249** 27
Augenscheinseinnahme, Protokoll **249** 24
Augenscheinsprotokolle von StA/Polizei **249** 26
Begriff **249** 1
behördliche Schriftstücke **249** 29
Berufungsverfahren **325** 6 f, 8 ff
Beweiswert von Schriftstücken **249** 5
Beweiswürdigung, freie richterliche **261** 97
Bild- oder Tonaufzeichnungen *siehe Bild-Ton-Aufzeichnung*
Formen **249** 37
Geheimschriften **249** 36
Kirchenbuchauszüge **249** 23
Kurzschrift **249** 36a
öffentliche Urkunden, Bedeutung der Aufzählung **249** 16
Personenstandsregister **249** 23
Sachverständigenbeweis **249** 31
Schriftstücke, fremdsprachige **249** 32
Schriftstücke, verlesbare **249** 10 ff
Straflisten **249** 21
Strafurteile, früher ergangene **249** 17
Strengbeweisrecht **249** 4
Telekommunikationsüberwachung **100a** 76
Urkundenbegriff **249** 6
Urteile, andere **249** 20
Vernehmungsprotokoll
siehe Protokollverlesung bei Zeugnisverweigerung;
siehe Protokollverlesung zur Ersetzung der Vernehmung;
siehe Urkundenbeweis, Vorrang persönlicher Vernehmung
Wiederaufnahme des Verfahrens bei neuem **359** 107
Zeuge, Ladung/Befragung durch den Angeklagten **MRK Art. 6 (Art. 14 IPBPR)** 211
Zulässigkeit als Beweismittel **249** 3
Zusammentreffen mit Augenscheinsbeweis **249** 30

Urkundenbeweis, formfreier Vorhalt
Abgrenzung zum Urkundenbeweis **249** 93
Gegenstand **249** 97
Protokollvermerk **249** 101
Urteilsgründe **249** 102
Zeitpunkt **249** 100
Zweck **249** 92

Urkundenbeweis, Rechtsschutz
Beschwerde **249** 107
Gerichtsentscheidung **249** 104
Revision **249** 103 ff
Wiederspruch **249** 103

Urkundenbeweis, Selbstleseverfahren
Anordnung des Vorsitzenden **249** 64 ff
Anwendungsbereich **249** 60 ff
Bindungswirkung **249** 87
Durchführung außerhalb der Hauptverhandlung **249** 78
Feststellung des Vorsitzenden **249** 84
Protokoll **249** 90
Vereinbarkeit mit Verfahrensgrundsätzen **249** 56
Widerspruch der Verfahrensbeteiligten **249** 70
Widerspruch, Form **249** 71
Widerspruch, Gerichtsentscheidung **249** 76
Widerspruch, Unverzüglichkeit **249** 74
Widerspruchsberechtigte **249** 73
Zweck **249** 53

Urkundenbeweis, Verlesen der Urkunde
Ausführung **249** 43
Entscheidung über Erforderlichkeit **249** 41
Inhaltsfeststellung durch Vorsitzenden **249** 44
Protokoll **249** 49
teilweises Verlesen **249** 39
Unzulänglichkeit der bloßen Verlesung **249** 40
wörtliches Verlesen **249** 38

Urkundenbeweis, Verlesen von Behörden-/Ärzteerklärungen
ärztliche Erklärungen **256** 37
Anordnung der Verlesung **256** 50
Attest über Körperverletzung **256** 39
Attest, Gegenstand **256** 40
Attest, Vorlage **256** 45
Attest, zusätzliche Angaben **256** 43
Aufklärungspflicht des Gerichts **256** 4
Auslegung der Vorschrift **256** 5
Behörde, öffentliche (Begriff) **256** 7
Behördengutachten **256** 23
Beweisgrundsätze, allgemeine **256** 53
Blutentnahme, ärztliche Berichte **256** 49
Form der Gutachten/Zeugnisse **256** 27
gerichtsärztlicher Dienst **256** 37
Leumundszeugnisse, nicht verlesbare **256** 29 ff
Protokoll **256** 52
Rechtfertigungsgrund für Ausnahme **256** 3
Rechtsschutz (Revision) **256** 62 ff
Routinegutachten (Fahrtenschreiber, BAK, etc.) **256** 46
verlesbare Erklärungen **256** 14
Zeugnis **256** 19
Zweck, Verfahrenserleichterung **256** 1, 6

Urkundenbeweis, Verlesen von Gutachten kollegialer Fachbehörde
beauftragtes Mitglied des Kollegiums **256** 60
Ersuchen des Gerichts **256** 57
monokratische Behörden **256** 61
Verfahrenserleichterung **256** 55
Voraussetzungen **256** 56

Urkundenbeweis, Verlesung bei Geständnis/ Widerspruch
Geständnisverlesung **254** 1
Urkundenbeweis, Verlesung bei Geständnis/ Wiederspruch
Anordnung des Vorsitzenden, Umfang **254** 21
Anordnung teilweiser Verlesung **254** 22
Beweisaufnahme über Geständnis **254** 11
Bezugnahme aus nichtrichterliche Protokolle **254** 23
Bild- oder Tonaufzeichnungen **254** 10
Geständnisbegriff **254** 12
Hauptverhandlung ohne Angeklagten **254** 17
Mitangeklagte **254** 18
Niederschrift, nichtrichterliche **254** 7
Niederschrift, richterliche **254** 5
Protokoll **254** 28
Protokollierung auf Antrag **255** 1 ff
Rechtsschutz (Revision) **254** 29
Verlesen anderer Schriften **254** 3
Verlesung des Vernehmungsprotokolls bei Widersprüchen **254** 19
Vernehmung der Verhörsperson **254** 4
Vorhalt, formfreier **254** 24
Widersprüchliche Aussage, Verlesung **254** 2
Urkundenbeweis, Verlesung zur Gedächtnisunterstützung
Abschriften, verlesbare **253** 17
Abwesenheit der Auskunftsperson **253** 21
Anordnung der Verlesung **253** 19
Anwendungsbereich der Vorschrift **253** 1
beauftragter/ersuchter Richter **253** 22
Beweisart, Urkundenbeweis **253** 3
Beweiswürdigung **253** 24
Einvernahme der Beweisperson, vollständige **253** 6
Erinnerung, mangelnde **253** 10
Protokoll **253** 23
Protokollierung auf Antrag **255** 1 ff
Rechtsschutz (Revision) **253** 26
Rückgriff auf eigene Aussage **253** 9
teilweise Verlesung **253** 20
Tonbandaufnahmen **253** 18
verlesbare Niederschriften **253** 15
widersprüchliche Aussagen **253** 11
Zusammenhang mit Vernehmung, unmittelbarer **253** 8
Urkundenbeweis, Vorrang persönlicher Vernehmung
Anwendungsbereich **250** 2
Ausnahmen
siehe auch Protokollverlesung zur Ersetzung der Vernehmung
Behördenangehörige, kommissarische Einvernahme **250** 37
Behördenauskünfte, fernmündliche **250** 36
Behördenauskünfte, schriftliche **250** 35
berichtende Schriftstücke **250** 4
Bindungswirkung des Vorrangs **250** 21
ergänzende Verlesung **250** 17
Geschäftsbücher/Buchbelege **250** 9
Hörensagen, unbekannte Gewährsmänner **250** 27
Hörensagen, Unmittelbarkeit des Zeugnisses **250** 24
Lichtbilder, Filme **250** 10
Rechtsschutz (Revision) **250** 38 ff
sachnächstes Beweismittel **250** 22
Sachverständiger **250** 29
Sachverständiger als Zeuge **250** 32
Sachverständiger vom Hörensagen **250** 30
schriftliche Mitteilungen **250** 12
Unfall-, Tatortskizzen **250** 11
Verwendbarkeit von Berichtsurkunden **250** 13
Vorrang, Tragweite **250** 3
Zweck der Vorschrift **250** 1
Urkundsbeamter der Geschäftsstelle (UdG)
siehe Geschäftsstelle
Ablehnung von Gerichtspersonen **31** 4 ff
auswärtige Strafkammer beim Amtsgericht **GVG 78** 20
Dolmetscher **GVG 190** 1 ff
Hauptverhandlungsprotokoll **271** 12, 13, 25
Rechtsstellung in der Hauptverhandlung **226** 9; **Vor 226** 22 f, 35
Strafverfahren, Funktion (Gericht) **Einl. I** 39
Wiedereinsetzung in den vorigen Stand **44** 45
Zeugnisfähigkeit **Vor 48** 41
Urlaubsreise
erufungsverhandlung ohne Angeklagten, Entschuldigung **329** 38
Schöffe, vorübergehende Verhinderung **GVG 54** 6
Urteil (allgemein)
siehe auch Gericht, Beratung und Abstimmung
Abschluss der Instanz **260** 5
Änderung des rechtlichen Gesichtspunktes *siehe dort*
bedingter Schuldspruch **260** 19
Beratung **260** 3
Berichtigung, Revisionsbegründungsfrist **345** 8
Berufung, Nachholung von Entscheidungen **327** 11
Bindungswirkung für anderes Gericht **262** 12
Ergänzungsurteil **260** 17
Erledigungsfunktion **260** 6

Gerichtssprache Deutsch **GVG 184** 11
Menschenrechtsbeschwerde (EGMR) **MRK Anhang/Verfahren** 67 ff
Nachverfahren bei Vorbehalt der Sicherungsverwahrung **Nachtr. 275a** 31 ff
Nebenkläger, Rechtsmittel **400** 1 ff
Nichtigkeit **260** 22
Nichtigkeitsgründe **Einl. J** 116 ff
Rechtsschutz (Revision) **260** 127 ff
Revision, Prüfung des Rechtsfolgenausspruchs **337** 180 ff
Revisionsgericht, Aufhebung des Rechtsfolgenausspruchs **353** 12 ff, 25; **354** 35 ff
Revisionsgericht, Aufhebung des Schuldspruchs **353** 6 ff
Revisionsgericht, Bekanntgabe (§§ 165, 200 StGB) der Entscheidung **354** 41
Revisionsgericht, Nebenentscheidungen bei Freispruch **354** 6
Revisionsgericht, Prüfung der Urteilsurkunde **337** 101 ff; **356** 3
Sach- und Prozessentscheidung **260** 11
Strafverfahren, Absprachen **Einl. G** 86 ff
Teilurteil **260** 15
Tenor
siehe unten Urteilsformel
Urteilsverfahren als Nachverfahren/objektives Verfahren **441** 9 ff
Verkündung, wesentlicher Teil der Hauptverhandlung, **260** 1
Verwertung von Sachverständigengutachten **Vor 72** 17
Vorbehalt **260** 19
Wesensmerkmale **260** 7
Wiederaufnahme, Erneuerung des Schuldspruchs **373** 21
Zwischenurteil **260** 14

Urteil, Abänderung
Urteil, Abänderung **268** 36; **268** 41; **268** 44; **268** 53; **268** 55 ff

Urteil, Belehrung über Fahrverbot
Abwesenheit des Angeklagten **268c** 8
Anwendungsbereich **268c** 2
Gegenstand der Belehrung **268c** 4
Nachholung der Belehrung **268c** 9
Protokoll **268c** 10
Rechtsschutz **268c** 11
Vorsitzender, Durchführung **268c** 7
Zweck der Regelung **268c** 1

Urteil, Belehrung über Vorbehalt der Sicherheitsverwahrung
Gegenstand der weiteren Entscheidung **Nachtr. 268d** 2
Nachholung **Nachtr. 268d** 5
Zeitpunkt der Belehrung **Nachtr. 268d** 4
Zeitraum des Vorbehalts **Nachtr. 268d** 3
Zweck der Neuregelung **Nachtr. 268d** 1

Urteil, Berichtigung
Abgrenzung zur Abänderung **268** 44
Beschluss als Teil der Sachentscheidung **268** 55
Beschluss des erkennenden Gerichts **268** 53
inhaltliche Änderung, Verbot **268** 42
Rechtsschutz (Beschwerde) **268** 57
Rechtsschutz, Strafvollstreckungsentscheidung **268** 60
zugunsten/zuungunsten des Angeklagten **268** 52

Urteil, Bezeichnung der angewendeten Strafvorschriften
allgemein **260** 116
bei Einstellung **260** 125
bei Freispruch **260** 124
Rechtsschutz (Revision) **260** 127, 131
Richtigstellung der Liste **260** 126
bei Verurteilung **260** 20

Urteil, einstellendes
allgemein **260** 94
andere rechtliche Würdigung **260** 106
behebbares Verfahrenshindernis **260** 102
Beweisaufnahme, Umfang **260** 111
Einheitlichkeit der Entscheidung **260** 101
Erörterung in der Hauptverhandlung **260** 108
irrige Annahme von Tatidentität **260** 107
Sachentscheidung bei dauerndem Hindernis **260** 103
Umfang **260** 99
Urteilsgründe **260** 110
Urteilsgründe, Inhalt/Darstellung **267** 158 ff
Urteilsspruch, Fassung **260** 109
Verfahrensentscheidung **260** 97
Verfahrensvoraussetzungen, Begriff **260** 95
Vorrang der Sachentscheidung **260** 100
Wirkung **260** 115

Urteil, Form/Absetzung
Änderung bei Einverständnis der Richter **275** 57
Änderungsvermerk der Geschäftsstelle **275** 58
Aktenkundigkeit der Verzögerung **275** 17
Anwendbarkeit auf Beschlüsse **275** 45
Aufnahme in das Protokoll, vollständige **275** 20 ff
Ausfertigungen **275** 68
Berichtigung **275** 62
Bindung an fertiges Urteil **275** 56
Eingangsvermerk **275** 54
Fertigstellung **275** 4
Folge der Fristüberschreitung **275** 18
Frist, Bedeutung **275** 1

Fristüberschreitung, zulässige Ausnahmen **275** 14
Höchstdauer, Fristen **275** 10
Rechtsschutz (Berufung) **275** 70
Rechtsschutz (Revision) **275** 71 ff
Rechtsschutz, Rechtsbeschwerde **275** 77
Unabänderlichkeit, Zeitpunkt **275** 59
Unterschrift des Urkundsbeamten **275** 44
Unterschriften der Richter **275** 36 ff
Unterschriften, Sinn **275** 40
Unterschriften, zwischenzeitige Änderung **275** 42
unverzügliche Absetzung **275** 9
unvorhersehbarer/unabwendbarer Umstand **275** 15
Verbleib der Urschrift **275** 65
Verbringung zu den Akten **275** 7
Verfasser **275** 3
Verhinderung, Gründe **275** 47
Verhinderungsvermerk **275** 46
Verhinderungsvermerk, Form **275** 51
Widerspruch zwischen Protokoll und Urteil **275** 63

Urteil, Gegenstand (angeklagte Tat)
Abgrenzungsfunktion **264** 13
Abweichung bei Alternativitätsverhältnis **264** 40
Abweichung bei Dauerstraftaten **264** 38
Abweichung bei fortgesetzten Handlungen **264** 32
Abweichung bei gewerbs-/gewohnheitsmäßiger Tat **264** 39
Abweichung des Urteils in beiderlei Hinsicht **264** 30
Abweichung des Urteils in rechtlicher Hinsicht **264** 28
Abweichung des Urteils in tatsächlicher Hinsicht **264** 26
Auslegung nach Verfolgungswille **264** 15
Bußgeldverfahren **264** 16
Erschöpfung der Anklage **264** 17
Rechtsprechung zu Abweichungen/Tatidentität **264** 44
Rechtsschutz (Revision) **264** 73 f
Strafklageverbrauch, Umfang **264** 2
Tat im prozessualen Sinn
siehe auch Prozessgegenstand;
siehe Straftat, prozessualer Tatbegriff
Umgestaltung
siehe unten
Verhältnis Anklage/Urteil **264** 1
vorläufig eingestellte Taten/Tatteile **264** 14

Urteil, Nebenentscheidung über Bewährung/ Strafvorbehalt
Abgrenzung von Urteil und Beschluss, inhaltlich **268a** 1
Begründung **268a** 5
Belehrung, Inhalt/Form **268a** 12 ff
Belehrung, obligatorische **268a** 10
Berufungsgericht **268a** 19
Erlass bei Abwesenheit des Angeklagten **268a** 8
Folgen unrichtiger Belehrung **268a** 26
Inhalt, materiell-rechtlich **268a** 3
nachträgliche Entscheidung **268a** 9
Protokoll **268a** 18
Rechtsschutz (Beschwerde) **268a** 23
Rechtsschutz, Belehrung **268a** 25
Rechtsschutz, unterbliebene Verkündung **268a** 22
Revisionsgericht **268a** 21
Tenor **268a** 4
Zeitpunkt des Erlasses **268a** 6

Urteil, Nebenentscheidung über Fortdauer der Freiheitsentziehung
Belehrung **268b** 10
Beschluss **268b** 7
Folgen des Unterlassens **268b** 8
Protokoll **268b** 11
Rechtsschutz **268b** 10
Überprüfungspflicht **268b** 1
Unterbringung, einstweilige **268b** 6
Untersuchungshaft, Entscheidung **268b** 4
Urteilsfällung, Zeitpunkt **268b** 2
Verkündungszeitpunkt **268b** 9
Zweck der Vorschrift **268b** 1 ff

Urteil, Umgestaltung
von Amts wegen **264** 20
in der Berufung **264** 23
Beschränkung der Strafverfolgung (§ 154a) **264** 69
Gerichtsbarkeit, fehlen deutscher **264** 71
Grenzen der Befugnis **264** 68 ff
Immunität **264** 72
Spezialitätsgrundsatz **264** 70
Verfahrensvoraussetzungen **264** 68
zulasten der Verteidigung **264** 25

Urteil, Verkündung
Abänderung/Berichtigung **268** 36 ff
Antragstellung der Beteiligten **268** 3
Anwesenheitsrechte und -pflichten **268** 5
Dolmetscher **268** 23
Eingangssatz **268** 14
Fahrverbot, Belehrung
siehe oben Urteil, Belehrung
Frist **268** 10
Heilung von Mängeln bis Abschluss **268** 61
jugendlicher Angeklagter **268** 21
Öffentlichkeit **268** 22
Öffentlichkeitsausschluss bei Gefährdung **GVG 172** 43; **GVG 173** 1 ff

Protokoll **268** 26
Rechtsmittelbelehrung **268** 33 ff
Rechtsschutz (Revision)
– Abwesenheit **268** 69
– Aufklärungsrüge **268** 71
– Fristüberschreitung **268** 68
– Öffentlichkeit **268** 70
– Verkündungsfehler **268** 63
– Widersprüche **268** 67
Reihenfolge der Verlesung **268** 16
Schlussteil der Hauptverhandlung **268** 1
schriftliche Feststellung der Gründe **268** 24
Sicherheitsverwahrung, Belehrung über Vorbehalt
siehe oben Urteil, Belehrung
Urteilsformel und -gründe **268** 17
Verkündungstermin **268** 8
Verlesen des Tenors **268** 20
Vorsitzender, Aufgabe **268** 15
Zurückverweisung zur Nachholung der Heilung **268** 62
Zustellung **268** 30

Urteil, zivilgerichtliches
Bindungswirkung für das Gericht **262** 9 ff
Wiederaufnahme des Verfahrens bei Wegfall **359** 45 ff

Urteilsformel (Tenor)
Berufung, Entscheidung des Gerichts **328** 5 ff
Berufungsverhandlung ohne Angeklagten **329** 68
Bußgeldverfahren **260** 31
Eindeutigkeit **260** 24
Ergebnis der Mehrheitsentscheidung **260** 23
Fassung nach Ermessen des Gerichts **260** 29
Hauptverhandlungsprotokoll, Inhalt **273** 27
Öffentlichkeit der Urteilsverkündung **GVG 173** 1
Rechtsfolgenausspruch, Begründung
siehe dort
Rechtsmittel allgemein, Beschwer **Vor 296** 57
Rechtsschutz (Revision) **260** 127, 129
Sicherungsverwahrung, Vorbehalt **Nachtr. 260** 1 ff
Strafbefehlsverfahren **260** 31
Trennung von den Urteilsgründen **260** 28
Verlesung in der Berufungsverhandlung **324** 12
Vollständigkeit **260** 26
Wahlfeststellung **261** 166

Urteilsformel bei Freispruch
Absehen von Strafe **260** 36
ohne Abstufungen **260** 33
Maßregeln, gleichzeitige Verhängung **260** 35
Voraussetzungen **260** 32

Urteilsformel bei teilweisem Freispruch
Beurteilung von Tateinheit und -mehrheit **260** 43
Dauerstraftat **260** 50
Deckungsgleichheit mit Anklage **260** 41
eine Tat **260** 37
Erschöpfung des Verfahrensgegenstandes **260** 40
Fortsetzungszusammenhang **260** 47
gewerbsmäßige u.ä. Handlungen **260** 51

Urteilsformel bei Verurteilung
Absehen von Strafe **260** 78
allgemein **260** 52
Anrechnung von Untersuchungshaft **260** 79
Aussetzung zur Bewährung **260** 76
Bekanntmachung des Urteils **260** 90
Berufsverbot **260** 85
Bezeichnung der Tat, rechtliche **260** 55
fortgesetzte Handlung **260** 65
Freiheitsstrafe **260** 71
Geldstrafe **260** 72
Gesamtstrafe **260** 73
Konkurrenzen **260** 62
Kostenentscheidung **260** 93
Maßregeln der Besserung und Sicherung **260** 82
Rechtsfolgen allgemein **260** 68
Rechtsfolgen, nicht vollstreckbare **260** 91
Schuldspruch **260** 55 ff
Strafzumessungsregeln **260** 60
Verfall, Einziehung, Wertersatz **260** 86
Verwarnung mit Strafvorbehalt **260** 77

Urteilsgründe (allgemein)
siehe auch Entscheidungsgründe
Augenscheinsergebnis **267** 62
Bedeutung allgemein **267** 1
Berichtigung **267** 160
Berufungsverhandlung ohne Angeklagten **329** 69
Beweisantrag, Bescheidung **244** 150
Beweistatsachen, Angabe **267** 47
Beweistatsachen, Urteilsstelle **267** 50
Beweiswürdigung, freie richterliche **261** 58
Beweiswürdigung, Wiedergabe **267** 51 ff
Bezugnahme auf Abbildungen
– bei den Akten befindlich **267** 16
– bildliche Darstellungen **267** 13
– Umfang **267** 21
– Zweck **267** 11
keine Bezugnahmen bei Tonträgern/Schriften **267** 24
Bezugnahmen im Berufungsurteil **267** 30
Darstellung bei Tonträgern **267** 27
Darstellung von Schriftstücken **267** 26
Darstellung von Urteilen **267** 28 f

Darstellung, geschlossene **267** 9
Eingehen auf einzelne Beweismittel **267** 56
einstellendes Urteil, notwendiger Inhalt **267** 158
Fehlen/Verspätung als absoluter Revisionsgrund **338** 115 ff
Förmlichkeiten **267** 160
Gegenstand allgemein **267** 2
mehrdeutige Tatsachengrundlage **267** 46
Merkmale der Straftat, Verständlichkeit **267** 32
Öffentlichkeit der Urteilsverkündung **GVG 173** 2
Rechtsausführungen **267** 77
Rechtsfolgenausspruch, Begründung *siehe dort*
Rechtsschutz (Revision)
– abgekürztes Urteil **267** 173
– besondere Strafbarkeitsumstände **267** 167
– Sicherungsverwahrung, Vorbehalt **Nachtr. 267** 7 f
– Strafgesetzbezeichnung **267** 169
– Strafzumessung **267** 170
– Tatsachen-/Beweisdarstellung **267** 161 ff
Revision, Beweis der Gesetzesverletzung **337** 73
Revision, Prüfung der Darstellung **337** 120 ff
Sachverständigengutachten **267** 61
Strafbarkeitsumstände, besondere **267** 64
Strafbarkeitsumstände, Erörterungspflicht **267** 67
Strafgesetze, nicht angewandte **267** 76
Strafgesetze, angewandte **267** 73
Tatsachen, äußere **267** 34
Tatsachen, innere **267** 41
Übereinstimmung mit Beratungsergebnis **267** 8
verfahrensrechtliche Erörterungen **267** 63
Verfahrensurteil (einstellendes) **267** 159
Verlesung in der Berufungsverhandlung **324** 15
Vordrucke, Verwendung **267** 31
Vortrag der Beteiligten **267** 57
Wahlfeststellung **261** 170
Zeugenaussagen **267** 59
Zweck **267** 5

Urteilsgründe, abgekürztes Urteil
Anwendungsbereich **267** 121
Bezugnahme auf Anklage **267** 129
Bezugnahme, Ermessen **267** 138 ff
Bezugnahme, Gegenstand **267** 135
Bezugnahme, Umfang/Form **267** 142
Bezugnahme, Voraussetzungen **267** 132
Ergänzung, nachträgliche **267** 143 ff
Ermessen des Gerichts **267** 125
Inhalt **267** 127
Rechtskraft **267** 122
tragende Urteilsfeststellungen **267** 130
Verfahrensfragen **267** 146

Urteilsgründe, freisprechendes Urteil
abgekürzte Fassung **267** 154
Begründung allgemein **267** 148
Bezugnahme auf Abbildungen **267** 153
Freispruch in rechtlicher Hinsicht **267** 152
Freispruch in tatsächlicher Hinsicht **267** 150
Maßregeln der Besserung und Sicherung **267** 157

Urteilskopf (Rubrum)
Angeklagter **275** 31
Beschwer bei Unrichtigkeiten, Rechtsmittel **Vor 296** 60
Bezeichnung des Gerichts **275** 26
Name der Richter **275** 25
Nebenbeteiligte, sonstige **275** 34
Privatkläger **275** 35
Staatsanwalt **275** 27
Tag der Sitzung **275** 24
Urkundsbeamter der Geschäftsstelle **275** 30
Verteidiger **275** 28

Verbergen
Sicht-Verborgen-Halten als Haftgrund **112** 30

Verbindung mehrerer Strafsachen
Anhängigmachen **2** 38
beschleunigtes Verfahren **Vor 417** 49
Dauer **2** 46
Entscheidung des Gerichts **237** 6
Ermittlungsverfahren **2** 33
gleiches Gericht **237** 1
Grundsatz, Zweck **2** 18
Prozesslage **2** 41
Rechtsschutz (Beschwerde) **2** 43; **237** 19
Rechtsschutz (Revision) **237** 23
Staatsanwaltschaft, Maßnahmen **2** 47
Strafsache gegen Jugendlichen und Erwachsenen **2** 29
Trennung verbundener Sachen **237** 16
Wirkung, Entscheidung **237** 15
Wirkung, Selbstständigkeit der Strafsachen **237** 11
Wirkung, Verfahrensgestaltung **237** 12
Zeitpunkt **237** 5
Zulässigkeit **2** 21
Zusammenhang **237** 3
Zuständigkeit besonderer Spruchkörper **2** 31 f
Zweck der Verbindung **237** 5
zwischen Spezialstrafkammern **2** 28

Verbindung/Trennung nach Eröffnung des Hauptverfahrens
allgemein **4** 4
analoge Anwendung **4** 28
in Berufungs- oder Revisionsinstanz **4** 10 ff

besondere Verfahrensarten **4** 7
Ermessen **4** 19
gemeinschaftliches oberes Gericht **4** 37
gerichtliche Verbindung allgemein **4** 1
Gerichtsbeschluss **4** 23
Konsequenzen **4** 8
Rechtshängigkeit **4** 40
Rechtsschutz (Beschwerde) **4** 43
Rechtsschutz (Revision) **4** 44
von Sicherungs- und Strafverfahren **4** 6
unzulässige Verbindung **4** 30
vor Eröffnung **4** 3
im Wiederaufnahmeverfahren **4** 18
Zuständigkeit der Staatsanwaltschaft **4** 36
Zuständigkeit, Bedeutung **4** 32
Zuständigkeit, bes. Strafkammern **4** 35
Zuständigkeit, Klarstellung **4** 33

Verbindung/Trennung von Verfahren
Anwesenheitsrechte und -pflichten in der Hauptverhandlung **230** 12 ff
besondere Verbindungen **2** 5
Eröffnungsbeschluss **207** 8a, 28, 42
Eröffnungsbeschluss, Abgabe an ein anderes Gericht **209** 17; **209a** 18, 27, 36
erstinstanzliche Zuständigkeit **2** 9
Gerichtsbesetzung, Besetzungsrüge **222b** 9
Landgericht, Besetzung der Strafkammer **GVG 76** 2
Rechtsschutz (Revision) **2** 67
Sachverbindung **2** 1
Teilverbindung **2** 4
Trennung
siehe dort
unzulässige/unzweckmäßige Verbindungen **2** 15
Verfahren, maßgebendes (allgemein) **5** 1
Verfahren, maßgebendes (Eigenständigkeiten) **5** 7
Verfahren, maßgebendes (Rechtsmittel) **5** 5
verschiedene Ordnung **2** 11
Zusammenhang
- Begriff **3** 1
- Bezugsbegriff der Tat, Entwicklung **3** 7 ff
- persönlicher/sachlicher (bei Mehrheit von Taten) **3** 4
- prozessualer Tatbegriff **3** 12

Verbot der Mehrfachbestrafung, Art. 103 Abs. 3 GG (ne bis in idem)
Absehen von der Verfolgung von Auslandstaten **153c** 2
Wiederaufnahme zu Lasten des Angeklagten **362** 1

Verbot der Verschlechterung (reformatio in peius)
Berufung **331** 1 ff
Berufung, Verweisungsentscheidung **328** 35
Beschuldigter, Stellung im Strafverfahren **Einl. I** 80
Beschwerde **Vor 304** 13
Beschwerde gegen Strafaussetzungsbeschluss **305a** 7
Gesamtstrafenbildung, nachträgliche **460** 29
Nichtverfolgung unwesentlicher, einzelner Taten **154** 57
Privatklageverfahren, Einstellungsurteil **389** 11
Rechtsmittel allgemein
Revision, Entscheidung nach Zurückverweisung **358** 18 ff
Strafbefehlsverfahren, Entscheidung **411** 56 ff
Verfahren des Beschwerdegerichts **309** 21 f
Wiederaufnahme, Neuverhandlung **373** 39

Verbrechen
siehe Straftat

Verbrechensbekämpfung, vorbeugende
Datenverarbeitung für künftige Strafverfahren **484** 3 ff
Ermittlungsverfahren **Vor 158** 9 ff
Strafverfahren, Funktion **Einl. B** 13

Verdacht
siehe Tatverdacht

verdeckte Ermittlung
siehe Ermittlung

verdeckter Ermittler (allgemein)
Aktenführung
siehe unten
Anordnungskompetenzen **110b** 6 ff
Beamtenstatus **110a** 12
Begriff **110a** 11
Benachrichtigung Betroffener (verdeckte Datenerhebung) **101** 10
Beweisverwertung **Einl. K** 59
Eilkompetenz der Staatsanwaltschaft **110b** 14
Einsatz gegen Beschuldigten, richterl. Zustimmung **110b** 11
Einsatz gegen bestimmten Beschuldigten **110b** 4
Einsatz, allgemeiner **110b** 2
Einsatz, qualifizierter **110b** 3
Einsatzarten **110b** 1
Ermittlung der Polizei, verdeckte **163** 55
Ermittlung, verdeckte mit technischen Mitteln **100c** 6
Generalklausel allgemein **110a** 32
Generalklausel und Straftatenkatalog **110a** 26
geschichtliche Entwicklung
- Gesetzentwürfe, frühere **110a** 6
- Gesetzgebungsverfahren, Weg **110a** 7

- organisierte Kriminalität **110a** 1 ff
- Polizeirecht **110a** 9
- Rechtslage, frühere **110a** 4 f

gesetzliche Regelung, Überblick **110a** 10
Identität, geänderte (Legende) **110a** 21
Identitätsschutz **110b** 19
Katalogtaten allgemein **110a** 27
Legende **110a** 21
Legende, Aufbau **110a** 22
Öffentlichkeit, Ausschlussgründe **GVG 172** 7
Polizei, Anordnungskompetenz **110b** 6
Rechtsschutz **110b** 22
Rechtsschutz (Revision)
- Einsatzvoraussetzungen **110a** 39
- Provokation zur Tat, rechtswidrige **110a** 40
- Rechtsfehler beim Einsatz **110a** 46

Rechtsverkehr, Teilnahme am **110a** 23
Richtervorbehalt **110b** 9
sonstige nicht offen operierende Beamte **110a** 13
Staatsanwaltschaft, Zustimmung **110b** 7
Straftaten von erheblicher Bedeutung **110a** 29
Straftatenkatalog **110a** 28
Subsidiarität (Generalklausel) **110a** 35
Subsidiarität (Katalogtaten) **110a** 30
Tatverdacht **110a** 36
Under-cover-agents **110a** 20
Vernehmungsprotokoll, Verlesung bei Zeugnisverweigerung **252** 29
Vernehmungsvorschriften, Anwendbarkeit **136** 64 f
Verwertbarkeit der Erkenntnisse *siehe unten*
Voraussetzungen des Einsatzes (tatbestandliche) **110a** 25
Voraussetzungen des Einsatzes (verfahrensrechtlich) **110b** 6 ff
Wiederholungsgefahr **110a** 33

verdeckter Ermittler, Aktenführung
Entscheidungen **110d** 10
Gegenstand der Regelung **110d** 1
Problematik der Regelung **110d** 11
Rechtsschutz **110d** 20
Rechtsschutz (Revision) **110d** 24
Sonderakten **110d** 9
sonstige Unterlagen **110d** 10
keine Sperrung ggü. dem Ermittlungsrichter **110d** 15
Sperrung ggü. dem Prozessgericht **110d** 16
Sperrung, Zuständigkeit **110d** 14

verdeckter Ermittler, Betreten von Wohnungen
allgemein **110b** 5
analoge Anwendung **110c** 24
Befugnisse, sonstige **110c** 4 ff
Benachrichtigung allgemein **110d** 1
Benachrichtigung, Adressat **110d** 4
Benachrichtigung, Inhalt **110d** 5
Benachrichtigung, Zeitpunkt **110d** 7
Benachrichtigung, Zuständigkeit **110d** 8
Benachrichtigung, Zweck **110d** 2
Betretungsrecht allgemein **110c** 1
Eingriff in Art. 13 Abs. 1 GG **110c** 11
Einordnung, systematische **110c** 23
heimliches Betreten **110c** 3
Kritik **110c** 11 ff
Legende, Nutzung der **110c** 2
präventive Maßnahmen **110c** 10
repressive Maßnahmen **110c** 4
Schranken des Art. 13 GG, ungeschriebene **110c** 21
Schrankenvorbehalt des Art. 13 GG **110c** 19
Täuschung, rechtliche Bedeutung **110c** 14
Verfassungsmäßigkeit **110c** 11 ff
Wertentscheidung, gesetzgeberische **110c** 23 ff
Zitiergebot, Art. 19 Abs. 1 Satz 2 GG **110c** 18
Zustimmung, richterliche **110b** 12

verdeckter Ermittler, Verwertbarkeit der Erkenntnisse
allgemein **110a** 38; **110e** 5 ff
andere Strafverfahren **110e** 2
Begründungsmängel **110e** 30
Benachrichtigung, unterbliebene **110e** 32
fehlende Einsatzvoraussetzungen **110e** 17
fehlende Verfahrensvoraussetzungen **110e** 19
fehlende Zustimmung der StA **110e** 29
fehlende Zustimmung des Richters **110e** 22
fehlerhaftes Betreten **110e** 31
rechtmäßig gewonnene **110e** 7
rechtswidrig gewonnene **110e** 17 ff
Regelungsgehalt der Vorschrift **110e** 1
Revision, Sachrüge **110e** 35
Revision, Verfahrensrüge **110e** 34
Straftatenkatalog, Bindung an **110e** 3
technische Mittel, Verwendung **110e** 4
Verwertungsverbot, Reichweite **110e** 33

Verdunkelungsgefahr
Aufhebung des Haftbefehls nach Fortfall **120** 8
Aussetzung des Vollzugs eines Haftbefehls
- allgemein *siehe dort*
- Eignung der Maßnahme **116** 26
- Unterbinden des Kontakts mit dem Verteidiger **116** 27

bei Bagatellsachen **113** 6
dringender Verdacht **112** 27
einstweilige Unterbringung **126a** 5
unlauteres Einwirken auf Beweismittel (Absatz 2 Nr. 3 a) **112** 46 f
unlauteres Einwirken auf Verfahrensbeteiligten (Absatz 2 Nr. 3 b) **112** 48

Erschwerung der Wahrheitsermittlung **112** 50
Freiheitsentziehung, Rechte bei **MRK Art. 5 (Art. 9, 11 IPBPR)** 68
Gefahrenbegriff **112** 17, 25 f, 27, 43; **112** 25 f
Subsidiarität des Haftgrundes **112** 65
Tatsachenfeststellung **112** 41 ff
Veranlassen eines anderen zu Verdunkelungshandlungen **112** 49
Verdunkelungshandlungen allgemein **112** 44 ff
Verfall der Sicherheit (Haftbefehl) **124** 21

Vereidigung (allgemein)
Antrag eines Prozessbeteiligten **59** 17
Anwendungsbereich **59** 1
außerhalb der Hauptverhandlung
– Anwendungsbereich **66a** 1
– Protokollierung des Grundes **66a** 3
– Rechtsschutz (Revision) **66a** 4
Begründung **59** 18
Beweissicherung bei vorläufiger Einstellung nach § 205 **205** 36
Dolmetscher **GVG 189** 1 ff
Eidesleistung
siehe dort
Einzelvereidigung **59** 10
Ersetzen der Vernehmung durch Protokollverlesung **251** 86 ff
Fremdsprachige Personen **GVG 188** 1 ff
gesetzliche Ausnahmen, Erweiterungsverbot **59** 3
hör- oder sprachbehinderte Person **GVG 186** 16
informatorische Befragung **59** 5
Protokoll **59** 19
Rechtsschutz (Revision) **59** 20 f
eines Sachverständigen **72** 14
siehe auch dort
Teilvereidigung **59** 6
Umfang des Eides **59** 11
Vereidigungspflicht **59** 2
Vorabentscheidung des Vorsitzenden **59** 13
Wiederaufnahme des Verfahrens, Zulassungsverfahren **369** 14 f
Zeitpunkt **59** 8
Zeitpunkt der Entscheidung **59** 12

Vereidigung im vorbereitenden Verfahren
allgemein **65** 1
Entscheidung **65** 5
Gefahr im Verzug **65** 2
Rechtsschutz (Revision) **65** 8
Verfahren, weiteres **65** 7
Verhinderung des Zeugen, voraussichtliche **65** 4
wahre Aussage, Herbeiführung **65** 3

Vereidigung, Absehen (allgemein)
Erforderlichkeit einer Entscheidung **61** 42
Ermessensfälle allgemein **61** 1
Heilung eines Verstoßes **60** 57
Jugendlicher zwischen 16 und 18 Jahren **61** 3
Privatklageverfahren **62** 1 ff
Protokollierung des Grundes **64** 1 ff
Rechtsschutz (Revision)
– allgemein **60** 58; **61** 43
– Begründung, mangelhafte **60** 64
– Nichtvereidigung, unzulässige **60** 62
– Prüfung, Fehlen/Unterlassen **60** 61
– Vereidigung, unzulässige **60** 63
Vereidigungsverbot allgemein **60** 1
Zuständigkeit zur Entscheidung **61** 41

Vereidigung, Absehen bei Angehörigen des Verletzten/Beschuldigten
allgemein **61** 16
Begründung **61** 19
Ermessensentscheidung **61** 18
Rechtsschutz (Revision) **61** 45
Teilvereidigung **61** 17

Vereidigung, Absehen bei Aussagen ohne wesentliche Bedeutung
allgemein **61** 20
Begründung **61** 27
Ermessensentscheidung **61** 26
Nachholen der Vereidigung **61** 24
Prognoseentscheidung **61** 23
Rechtsschutz (Revision) **61** 46
Teilvereidigung **61** 25
wesentliche Bedeutung, Fehlen **61** 21

Vereidigung, Absehen bei eidesunfähigem Zeugen
Begründung **60** 11
Entscheidung **60** 10
fehlende Verstandesreife/-kraft **60** 7
Rechtsschutz (Revision) **60** 60

Vereidigung, Absehen bei eidesunmündigem Zeugen
Begründung **60** 6
Entscheidung **60** 5
Personen unter 16 Jahren **60** 3
Rechtsschutz (Revision) **60** 59
Zeitpunkt, maßgebender **60** 4

Vereidigung, Absehen bei tat- oder teilnahmeverdächtiger Person
allgemein **60** 12
Begründung **60** 53
Begünstigung/Strafvereitelung **60** 26, 35
Beteiligung, Begriff **60** 16
Beteiligung, mittelbare Mitwirkung **60** 22 ff
Beteiligung, strafbare Mitwirkung **60** 17 ff
Entscheidung **60** 52
Hehlerei **60** 32, 41
Nachholen der Vereidigung **60** 56
Straftatbestände, einzelne **60** 33 ff

Tatbegriff **60** 14
Tatverdacht **60** 46
Teilvereidigung **60** 51
Vorverurteilung, erfolgte **60** 50
Vereidigung, Absehen bei Verzicht der Beteiligten
allgemein **61** 34
Begründung **61** 40
Ermessensentscheidung **61** 39
Personenkreis **61** 35
Rechtsschutz (Revision) **61** 48
Verzichtserklärung **61** 36
Vereidigung, Absehen bei wegen Meineides verurteiltem Zeugen
allgemein **61** 28
Begründung **61** 33
Ermessensentscheidung **61** 32
Rechtsschutz (Revision) **61** 47
Verurteilung **61** 29
Vorbestrafung, getilgte/tilgungsreife **61** 31
Vereidigung, Absehen beim Verletzten
allgemein **61** 6
Begriff **61** 7
Begründung **61** 15
Einzelfälle **61** 10
Ermessensentscheidung **61** 14
Rechtsschutz (Revision) **61** 45
Teilvereidigung **61** 13
Vereidigung, kommissarische Vernehmung 223 36
Ersuchen der Vernehmung **66b** 2
Ersuchen um eidliche Vernehmung **66b** 3
Ersuchen um uneidliche Vernehmung **66b** 6
Geltungsbereich der Vorschrift **66b** 1
Vereidigung, Privatklageverfahren
Anwendungsbereich **62** 1
Bedeutung, ausschlaggebende **62** 5
Begründung **62** 12
Entscheidungszuständigkeit **62** 11
Ermessensausübung **62** 9
Rechtsschutz (Revision) **62** 16 ff
Vereidigungsgründe allgemein **62** 4
Verhältnis zu den allg. Verzichtsgründen **62** 3
wahre Aussage, Herbeiführung **62** 8
Vereidigung, Verweigerungsrecht des Angehörigen
Anwendungsbereich **63** 1
Belehrung allgemein **63** 4
Belehrungszeitpunkt **63** 5
Folge der Eidesverweigerung **63** 2
Heilung von Fehlern **63** 8
Protokollierung der Belehrung **63** 7
Rechtsschutz **63** 9
Widerruf der Erklärung **63** 3
Wiederholung der Belehrung **63** 6
Vereinbarung
siehe Strafverfahrensrecht
Vereinigungsfreiheit
siehe Versammlungs- und Vereinigungsfreiheit
Vereinigungsrechts-Übereinkommen
Versammlungs- und Vereinigungsfreiheit **MRK Art. 11 (Art. 21, 22 IPBPR)** 3
Vereinten Nationen, Charta der
Ad-hoc-Gerichtshöfe, Absehen von der Strafverfolgung **Nachtr. 153f** 21
Atlantik Charta **MRK Einf. (Einf. IPBPR)** 4
Menschenrechtsausschuss (UN-AMR)
Menschenrechtsbeschwerde **MRK Anhang/Verfahren** 92
Menschenrechtsschutz, internationaler **MRK Einf. (Einf. IPBPR)** 3, 5
Verfahren, beschleunigtes
siehe beschleunigtes Verfahren
Verfahren, schriftliches
Beschwerdeverfahren **309** 1 f
Menschenrechtsbeschwerde (EGMR) **MRK Anhang/Verfahren** 64
Öffentlichkeitsgrundsatz **MRK Art. 6 (Art. 14 IPBPR)** 90
Verfahrensarten, besondere
allgemeine Vorschriften **Vor 407** 9
Auswertung der Unterschiede
beschleunigtes und Strafbefehlsverfahren **Vor 407** 4
beschleunigtes Verfahren **Vor 407** 2
einzelne Verfahren **Vor 407** 3
Festsetzung bestimmter Rechtsfolgen **Vor 407** 6
Landesgesetzgebung **Vor 407** 26
Nebenfolgen **Vor 407** 8
Praktische Bedeutsamkeit (Statistik) **Vor 407** 13 ff
Reformentwicklung **Vor 407** 59 ff
Sicherungsverfahren **Vor 407** 7
Strafbefehlsverfahren, Besonderheiten **Vor 407** 10
Strafbefehlsverfahren, Ziel **Vor 407** 11
Systematik **Vor 407** 1
Verfahren, abgeschaffte **Vor 407** 20
Verfahrensgarantien nach MRK und IPBPR
Adhäsionsverfahren **MRK Art. 6 (Art. 14 IPBPR)** 24
allgemeines **MRK Art. 6 (Art. 14 IPBPR)** 1 ff
Anklage, Begriff **MRK Art. 6 (Art. 14 IPBPR)** 38
Anklage, strafrechtliche **MRK Art. 6 (Art. 14 IPBPR)** 28

Anwendungsbereich, Verfahrenarten **MRK Art. 6 (Art. 14 IPBPR)** 15
Anwesenheit in der Hauptverhandlung *siehe Hauptverhandlung*
Auslieferungsverfahren **MRK Art. 6 (Art. 14 IPBPR)** 35
Beamtenrecht **MRK Art. 6 (Art. 14 IPBPR)** 26
Befragung von Zeugen *siehe Zeuge*
Beschleunigungsgebot *siehe dort*
Beschwerderecht *siehe dort*
Disziplinarverfahren **MRK Art. 6 (Art. 14 IPBPR)** 34
Dolmetscher, kostenlose Beiordnung *siehe dort*
Doppelaburteilung, Verbot der *siehe Strafklageverbrauch*
Einziehungs-/Verfallsverfahren **MRK Art. 6 (Art. 14 IPBPR)** 24, 33
Entschädigung bei Fehlurteil *siehe dort*
Entschädigungsverfahren **MRK Art. 6 (Art. 14 IPBPR)** 24
Entscheidung, Recht auf gerichtliche *siehe Rechtsschutzgarantie*
Ermittlungsmaßnahmen **MRK Art. 6 (Art. 14 IPBPR)** 39
Europäische Union, Grundrechte-Charta **MRK Art. 6 (Art. 14 IPBPR)** 4a
Europäischer Gerichtshof **MRK Art. 6 (Art. 14 IPBPR)** 5
Europäisches Parlament, Erklärung **MRK Art. 6 (Art. 14 IPBPR)** 4
Exequaturverfahren (inländische Strafvollstreckung) **MRK Art. 6 (Art. 14 IPBPR)** 36
faires Verfahren, Recht auf *siehe dort*
Geltungsbereich, persönlicher **MRK Art. 6 (Art. 14 IPBPR)** 12
Geltungsbereich, sachlicher **MRK Art. 6 (Art. 14 IPBPR)** 15 ff
Gerichte, Bindung nationaler **MRK Art. 6 (Art. 14 IPBPR)** 17
Gleichheit vor dem Gericht *siehe dort*
Jugendstrafsachen *siehe dort*
juristische Person, Personenvereinigungen **MRK Art. 6 (Art. 14 IPBPR)** 14
KSZE-Abschlussdokument **MRK Art. 6 (Art. 14 IPBPR)** 4
Ladung von Zeugen *siehe Zeuge*
Maßregeln der Besserung und Sicherung **MRK Art. 6 (Art. 14 IPBPR)** 32
Menschenrechte, Allgemeine Erklärung der **MRK Art. 6 (Art. 14 IPBPR)** 3
Menschenrechte, selbstständige **MRK Art. 6 (Art. 14 IPBPR)** 1
Ne-bis-in-idem-Grundsatz *siehe Strafklageverbrauch*
Öffentlichkeitsgrundsatz *siehe dort*
Ordnungswidrigkeiten **MRK Art. 6 (Art. 14 IPBPR)** 30
private Lebensgestaltung, Zuordnung **MRK Art. 6 (Art. 14 IPBPR)** 22
Rechtsmittel gegen Verurteilung, Recht auf *siehe dort*
Rechtsschutzgarantie *siehe dort*
Selbstbelastung, Verbot des Zwangs *siehe Nemo-tenetur-Grundsatz*
Steuerrecht **MRK Art. 6 (Art. 14 IPBPR)** 27
Stichhaltigkeit einer Anklage **MRK Art. 6 (Art. 14 IPBPR)** 28 ff
Strafrecht, Zuordnung **MRK Art. 6 (Art. 14 IPBPR)** 24, 29; **MRK Art. 6 (Art. 14 IPBPR)** 29
Strafverfahren, Ende **MRK Art. 6 (Art. 14 IPBPR)** 41
Unschuldsvermutung *siehe dort*
Unterrichtung des Angeklagten von Beschuldigung *siehe dort*
Untersuchungsausschüsse **MRK Art. 6 (Art. 14 IPBPR)** 40
Verfahrensarten, Auslegung **MRK Art. 6 (Art. 14 IPBPR)** 16
Verfahrensprinzipien, allgemeine **MRK Art. 6 (Art. 14 IPBPR)** 55 ff
Verfahrensrechte des Angeklagten, besondere **MRK Art. 6 (Art. 14 IPBPR)** 160 ff
Verfassungsrecht, innerstaatliches **MRK Art. 6 (Art. 14 IPBPR)** 7
Verhältnis zwischen MRK und IPBPR **MRK Art. 6 (Art. 14 IPBPR)** 6
Verletzung der Konvention, Beschwerderecht *siehe Beschwerderecht bei Konventionsverletzung*
Verteidigung, Vorbereitung der *siehe dort*
freie Wahl des Verteidigers *siehe Verteidigerwahl des Beschuldigten, freie*
zivilrechtlich, autonome Auslegung **MRK Art. 6 (Art. 14 IPBPR)** 19

zivilrechtliche Ansprüche, Beispiele **MRK Art. 6 (Art. 14 IPBPR)** 21
zivilrechtliche Ansprüche/Verpflichtungen **MRK Art. 6 (Art. 14 IPBPR)** 19 ff
Zweck der Prinzipien **MRK Art. 6 (Art. 14 IPBPR)** 55
Verfahrensgrundsätze
siehe Prozessmaximen
Verfahrenshindernis
siehe auch Prozessvoraussetzung
Begriff (fehlende Prozessvoraussetzung) **206a** 22 f
Begriff, Abgrenzung zum Hindernis **205** 8 ff
Beschleunigungsgebot, Verstöße **206a** 54
Einstellungsurteil **260** 103 ff
Entführung, völkerrechtswidrige **206a** 56
Kosten des Verfahrens bei Freispruch **467** 50 ff
Nebenklage, Berechtigung **395** 25
nicht anerkannte Fälle **206a** 48a, 57
Rechtskraft von Entscheidungen **Einl. J** 95
Rechtsstaatlichkeit des Verfahrens, schwere Verstöße **206a** 53
Revision, Aufhebung des Urteils **353** 19
Revision, Entscheidung des Gerichts **354** 10
Revision, Verfahren bei Verspätung **346** 21, 32
Sicherungsverfahren **413** 9
Tatprovokation, Lockspitzeleinsatz
siehe auch Ermittlungsmaßnahmen, verdeckte
Tatprovokation, unzulässige (EuGHMR-Rechtsprechung) **206a** 55
und Untersuchungshaft **112** 14, 71
vorübergehendes, Immunität eines Abgeordneten **152a** 49
Wahlfeststellung **261** 163
Zuständigkeitsänderung/Verweisung **270** 18
Verfahrensrüge
siehe Revisionsgründe, relative
Wiedereinsetzung in den vorigen Stand **44** 15 ff
Verfall der Sicherheitsleistung
allgemein **124** 1 f
Beschwerdeverfahren **309** 18
Bestellen eines Verteidigers **124** 31
Entscheidung (1. Instanz) **124** 38
Erlass aus Billigkeitsgründen **124** 26
Folge des Eintritts der Verfallsgründe **124** 23
freiheitsentziehende Maßregeln **124** 12
Freiheitsstrafen **124** 10
Gegenstand der Entscheidung **124** 28
Geldstrafe **124** 13
bei Hauptverhandlungshaft (§ 127 b StPO) **124** 22
mündliche Verhandlung (zweite Instanz) **124** 41
Rechtsschutz **124** 39, 47
sich entziehen **124** 15
sich entziehen – Einzelfälle **124** 18
bei sonstigen Haftgründen **124** 21
Termin **124** 46
bei Ungehorsamshaft **124** 22
Untersuchung (Begriff, Zeitraum) **124** 3
Verfahren (zweite Instanz) **124** 44
Voraussetzungen (1. Instanz) **124** 32
Wirkung der Entscheidung **124** 48
Zustellungsbevollmächtigter (1. Instanz) **124** 35
Verfall rechtswidrig erlangter Tatvorteile
Revision, Prüfung von Gesetzesverletzung **337** 252
Revisionsbegründung, Beschränkung **344** 63
Verfahren
Verfassungsbeschwerde
Beschleunigungsgebot **MRK Art. 6 (Art. 14 IPBPR)** 85
Bundesgerichtshof, Entscheidung des Großen Senats **GVG 138** 11
Menschenrechtsbeschwerde (EGMR) **MRK Anhang/Verfahren** 42
Rechtsbehelf **Vor 359** 148
Sitzungspolizei, Willkür **GVG 176** 49
Verhältnis zum Ausschluss der einfachen Beschwerde **305** 2
freie Verteidigerwahl des Beschuldigten **137** 45
Verfassungsmäßigkeit
siehe auch Grundrechte
Anordnung körperlicher Untersuchung des Beschuldigten **81a** 3
Aussetzung des Haftbefehlvollzugs bei Schwerkriminalität **116** 30
Aussetzung des Haftbefehlvollzugs bei Sicherheitsleistung **116a** 2
der Aussetzung des Vollzugs eines Haftbefehls **116** 2
von Beschränkungen in der Untersuchungshaft **119** 24, 48, 64, 113
des Haftgrundes der Schwerkriminalität (Untersuchungshaft) **112** 53; **Vor 112** 25
rechtliches Gehör des Beschuldigten bei Untersuchungshaft **114** 26 f
Strafverfahren, Absprachen **Einl. G** 65
der Untersuchungshaft allgemein **Vor 112** 16 ff
der Untersuchungshaft bei Verhandlungsunfähigkeit (BerlVerfGH) **112** 72
Vermögensbeschlagnahme **443** 2

Verfassungsrecht
Geltung von MRK und IPBPR **MRK Einf. (Einf. IPBPR)** 40
Strafverfahren, Vorgaben **Einl. G** 1 ff
Verfolgungs-/Verurteilungshindernis
objektives Verfahren (Einziehung/Verfall) **440** 6 ff
Verfügungsverbot
Vermögensbeschlagnahme **292** 2
Vergehen
Strafbefehlsverfahren, Zulässigkeit **407** 3
Vergleich, gerichtlicher
Adhäsionsverfahren **404** 21
Kostenlast im Privatklageverfahren **471** 17 ff
Privatklageverfahren **391** 14 ff
Vergleichsbehörde der Landesjustizverwaltung
Privatklageverfahren, Sühneversuch **380** 4 ff
Verhältnismäßigkeit (allgemein)
„Steckbrief"-Fahndungen (§§ 131 ff n. F.) **Nachtr. 131** 3, 20; **Nachtr. 131a** 7; **Nachtr. 131b** 3; **Nachtr. Vor 131** 7
Akteneinsicht/Auskünfte für Justizbehörden/öffentliche Stellen **474** 6, 10
Anordnung körperlicher Untersuchung des Beschuldigten **81a** 31
Auskunft über Telekommunikationsverbindung **100g** 19
Ausschreibung zur polizeilichen Beobachtung **163e** 5, 11, 39
Beschlagnahmeverbot **97** 12
Datenabgleich (justizintern) **98c** 13
Datenverarbeitung für künftige Strafverfahren **484** 7
Datenverarbeitung zum Zwecke des Strafverfahrens **483** 8
DNA-Analyse bei Wiederholungsgefahr **81g** 5, 37 ff
Durchsuchung **105** 33 ff, 43, 76
Durchsuchung bei Dritten **103** 7
Durchsuchung beim Verdächtigen **102** 18
Einziehungs-/Verfallsverfahren, Verzicht **430** 3 ff, 21
erkennungsdienstliche Maßnahmen (§ 81 b) **81b** 10
Ermittlungsmaßnahmen der §§ 94 ff **Vor 94** 117 ff
Fahrerlaubnis, vorläufige Entziehung **111a** 24
Festnahme bei Amtsverrichtungen **164** 1
Grundsatz als Prozessmaxime **Einl. H** 92 ff
Herausgabepflicht bei Sicherstellung **95** 21
Identitätsfeststellung, Festhalten von Personen **163b** 24 ff
Kontrollstellen, Einrichtung von **111** 15
Meinungsäußerungsfreiheit **MRK Art. 10 (Art. 19 IPBPR)** 20
Nichtverfolgung unwesentlicher, einzelner Taten **154** 23, 26
objektives Verfahren (Einziehung/Verfall) **440** 24
Postbeschlagnahme **99** 1 ff, 24
privater Lebensbereich, Gewährleistung **MRK Art. 8 (Art. 17 IPBPR)** 21
Prozessvoraussetzungen, Erweiterung **Einl. J** 56
Rasterfahndung **98a** 31
Schleppnetzfahndung **163d** 18
Sicherstellung zur Vollstreckungssicherung **111b** 19
Sicherstellung/Beschlagnahme **94** 51 ff; **Vor 94** 117 ff
Staatsanwaltschaft im Ermittlungsverfahren **160** 40
Steckbrieffahndung (§ 131 a.F.) **131** 33; **131** 8
Telekommunikationsüberwachung **100a** 44
Überwachung, akustische (Lauschangriff) *siehe Ermittlung, verdeckte mit technischen Mitteln; siehe auch Wohnraumüberwachung, akustische*
Unterbringung zur Begutachtung **81** 14
Unterbringung, einstweilige **126a** 11
Untersuchung nicht tatverdächtiger Personen **81c** 21, 27
Vermögensbeschlagnahme **290** 5
Vernehmung des Angeklagten zur Person **243** 45
Vorführungsbefehl **133** 13
vorläufige Festnahme **127** 19
vorläufiges Berufsverbot **132a** 7
Zwangsmittel bei Ausbleiben des Angeklagten **230** 26 ff
Verhältnismäßigkeit der Untersuchungshaft
allgemein **112** 55 ff; **Vor 112** 29 ff
Aufhebung des Haftbefehls bei Fehlen **120** 10
Bagatellsachen *siehe dort*
Bedeutung der Sache **112** 58
Begründung im Haftbefehl **114** 19 f
Beschränkungen im Haftvollzug **119** 36, 166
bei geringer Strafe **112** 63
Grundrechte, Berücksichtigung **Vor 112** 18 f, 35 ff
Haftfortdauer (über 6 Monate hinaus) **121** 5, 22
in Jugendstrafsachen **112** 67
als materielle Voraussetzung **112** 60
Prognoseentscheidung **112** 59
Subsidiarität bei freiwilliger Selbsteinschränkung **112** 64 ff
Übermaßverbot **112** 62
bei Wiederholungsgefahr **112a** 37, 45 f

Verhaftung
siehe auch Freiheitsentziehung
eines Abgeordneten (Haftbefehl) **114** 29
Ausschluss der Beschwerde, Ausnahme **305** 31
Begriff **114** 28; **114b** 6
Benachrichtigung Dritter
siehe dort
zur Nachtzeit **114** 30
weitere Beschwerde, Zulässigkeit **310** 30 ff
Verhandlung, Inbegriff der
andere Hauptverhandlungen **261** 17
Anklageschrift, Kenntnis der Schöffen **261** 30
Aufzeichnungen der Verhandlung **261** 39
Bedeutung, doppelte **261** 14
dienstliches Wissen der Richter **261** 19
Erfahrungssätze **261** 27
fremde Auffassungen **261** 29
Gesamteindruck der Hauptverhandlung **261** 15
kommissarische Einvernahme **261** 18
offenkundige Tatsachen **261** 25
privates Wissen der Richter **261** 24
Protokoll **261** 40
Richter mit Behinderung **261** 33
Richtwerte für Strafzumessung **261** 32
schlafender Richter **261** 33
Verfahrensfragen **261** 28
Verpflichtung zum eigenen Urteil **261** 29 ff
vorzeitige Festlegung des Urteils **261** 37
Verhandlung, mündliche (Haftprüfung, §§ 117 ff StPO)
Anberaumung von Amts wegen **118a** 6
Bekanntmachung der Entscheidung **118a** 31
Beschwerde bei Verfall der Sicherheit (Haftbefehl) **124** 41
im Beschwerdeverfahren über Haftentscheidungen **118** 3
Beteiligte **118a** 21 ff
Beweisaufnahme (Art und Umfang) **118a** 25
Durchführung **118a** 24
Entscheidung **118a** 27 ff
Fristverlängerung **118** 18
Fristversäumung **118** 20
Gericht, verhandelndes **118a** 20
Menschenrechtsbeschwerde (EGMR) **MRK Anhang/Verfahren** 64 f
mündliche Verhandlung nach § 122 StPO **122** 24
Protokoll **118a** 26
Rechtsschutz (Beschwerde) **118a** 32 f
Terminsbenachrichtigung **118a** 10
Terminsbenachrichtigung (Form) **118a** 11
Übergang in das beschleunigte Verfahren **118a** 7
Unterbleiben der Vorführung wegen weiter Entfernung **118a** 16
unverzügliche Durchführung **118** 16
Verteidigerbestellung bei unterbliebener Vorführung **118a** 17 ff
Verzicht auf Vorführung **118a** 14
Vorbereitung der Beweisaufnahme **118a** 7
Vorführung des Verhafteten **118a** 13
weitere Hindernisse der Vorführung **118a** 15
Zuständigkeit
siehe Zuständigkeit (Haftentscheidungen)
Zweck und Inhalt **118** 1 f; **118a** 1 ff
Verhandlung, weitere mündliche (Haftprüfung, §§ 117 ff StPO)
Aussetzung zur Bewährung **118** 13
Dauer der Hauptverhandlung **118** 8 ff, 15
Dauer der Untersuchungshaft **118** 7
Einschränkung des Anspruchs **118** 4 f
Freiheitsentziehendes Urteil **118** 12
Maßregeln der Besserung und Sicherung **118** 14
Unterbrechung der Hauptverhandlung **118** 11
Zweck **118a** 4
Verhandlungsfähigkeit
Abgrenzung zur Haftfähigkeit **112** 71
Berufungsverhandlung ohne Angeklagten **329** 7
Einstellung des Verfahrens/Prozessvoraussetzung **206a** 34
Einstellung, vorläufige (§ 205)
siehe dort
Einziehungs-/Verfallsbeteiligter, Befugnisse **433** 23
Erklärung des Angeschuldigten im Eröffnungsverfahren **201** 20a
Ersetzen der Vernehmung durch Protokollverlesung **251** 75
Hauptverhandlung ohne Angeklagten bei Verschulden **231a** 1 ff
hohes Alter oder Krankheit **112** 71 f
Prozesshandlung, Vornahme **Einl. J** 18
Rechtsmittel, Einlegungsbefugnis des Beschuldigten **296** 5
Revision, Prüfung von Gesetzesverletzung **337** 39
Revision, Wirksamkeit der Einlegung **333** 16
Sicherungsverfahren **413** 7 f; **414** 32 f
Unterbringung zur Begutachtung **81** 11
Wiederaufnahme des Verfahrens **Vor 359** 111
Wiederaufnahme des Verfahrens, analoge Anwendung **361** 7
Verhetzungsverbot
siehe Propaganda- und Verhetzungsverbot

Verhinderung des Vorsitzenden
Begriff **GVG 21f** 19
dauernde partielle Verhinderung **GVG 21f** 29 f
Entwicklungsgeschichte der Vertretung **GVG 21f** 16
Feststellung **GVG 21f** 20
Form der Feststellung **GVG 21f** 23
Gründe vorübergehender (Rechtsprechung) **GVG 21f** 25
Mitwirkung als Beisitzer **GVG 21f** 31
Nachprüfung **GVG 21f** 24
regelmäßiger/ständiger Vertreter **GVG 21f** 17
Verhinderung, vorübergehende bei Wiederbesetzung
Vertretung bei Ergänzungsrichter **GVG 21f** 36
Vertretung bei kleiner Strafkammer **GVG 21f** 18
Vertretung des Vertreters, ältestes Mitglied **GVG 21f** 32
Vertretung des Vertreters, Spruchkörpermitglied **GVG 21f** 34
Wieder-/Neubesetzung, Möglichkeit **GVG 21f** 27 ff
Zuständigkeit zur Feststellung **GVG 21f** 22

Verjährung
Einstellung des Verfahrens/Prozessvoraussetzung **206a** 42 ff
Fristberechnung **43** 11
Geldstrafe, Zahlungserleichterungen **459a** 21
Gesamtstrafenbildung, nachträgliche **460** 24
Revision, Prüfung von Gesetzesverletzung **337** 64
Rückwirkungsverbot **Einl. L** 50
Rückwirkungsverbot von Strafgesetzen **MRK Art. 7 (Art. 15 IPBPR)** 15
Sicherungsverfahren **413** 11
Sitzungspolizei, Ordnungsmittel **GVG 178** 30
Unterbrechung durch Einstellungen nach den §§ 153 ff **153a** 139 ff; **154** 25, 35, 42, 71 f; **154a** 30; **154e** 21
Unterbrechung durch vorläufige Einstellung nach § 205 **205** 27
Wiederaufnahme des Verfahrens **362** 3
Wiederaufnahme, Wirkung der Anordnung **370** 39
Wiedereinsetzung in den vorigen Stand **46** 13

Verkehrszentralregister
Fahrerlaubnis, vorläufige Entziehung **111a** 6
Urkundenbeweis, Verlesung von Auszügen **249** 22

Verkündung
Bekanntmachung der gerichtlichen Entscheidung **35** 5
Öffentlichkeitsgrundsatz **MRK Art. 6 (Art. 14 IPBPR)** 93

Verlesbarkeit von Vernehmungsniederschriften
audiovisuelle Zeugenvernehmung **247a** 12 ff
Hauptverhandlung ohne Angeklagten **233** 30
kommissarische Vernehmung, fehlerhafte **224** 31

Verletzter
Absehen von Vereidigung, Ermessen **61** 6 ff
Akteneinsichtsrecht
siehe dort
Angaben in der Anklageschrift **200** 45a
Anwesenheit/Benachrichtigung bei Vernehmung **168c** 23, 34
Begriff **Einl. I** 117; **Vor 5. Buch** 15; **22** 7 f; **374** 2; **Vor 406d** 8
Behandlung durch Verfahrensbeteiligte **Einl. I** 123
Beistand/Vertretung durch Rechtsanwalt
– Bedeutung der Vorschrift **406f** 1
– Mandat **406f** 2
– Vernehmung des Verletzten, Beistand **406f** 3
berechtigte Interessen im Verfahren **Einl. I** 119
Bescheidung und Belehrung bei Einstellung **171** 8 ff, 14 ff
Beschwerdeberechtigung allgemein **304** 51
Beteiligungsformen **Vor 5. Buch** 5
Beziehung zum Beschuldigten **Einl. I** 118
Entschädigung/Entschädigungsverfahren
siehe Adhäsionsverfahren
Entwicklung der Rechtsstellung **Einl. I** 113
Ermittlungsverfahren, Stellung **Vor 158** 47
Mitteilung der Anklageschrift im Eröffnungsverfahren **201** 13a
Mitteilungspflichten, gerichtliche
– Beistand eines Rechtsanwalts **406d** 4
– Umfang, Inhalt **406d** 2
– Unerreichbarkeit **406d** 3
– Zweck der Vorschrift **406d** 1
Öffentlichkeit, Zulassung einzelner **GVG 175** 7
Privatklageverfahren, Klageerhebung **381** 1 ff
als Prozesssubjekt **Einl. I** 122
Rechtsschutz gegen vorläufiges Absehen von Klageerhebung **153a** 117 ff
Rechtsstellung im Verfahren
– allgemein **Vor 406d** 1
– Hauptverhandlung **226** 13; **Vor 226** 45
– Hinweispflicht der Strafverfolgungsorgane **406h** 1 ff
– Jugendgerichtsgesetz, Vorrang **Vor 406d** 6
– Verhältnis zum Recht der Nebenklage **Vor 406d** 5
Reformbestrebungen **Vor 5. Buch** 26
Sicherungsverfahren, Rechtsstellung **Vor 406d** 7

Täter-Opfer-Ausgleich **Vor 5. Buch** 21; **155a** 12 ff; **155b** 13 f
Überblick über die gesetzlichen Regelungen **Vor 5. Buch** 1
als Verfahrensbeteiligter **Einl. I** 111
Verfassungsrecht **Vor 5. Buch** 2
freie Verteidigerwahl **137** 59
Vertrauensperson bei Zeugenaussage **406f** 6
Viktimologie **Vor 5. Buch** 25
Zeugenschutz **Vor 5. Buch** 24
Zeugnisfähigkeit des Beistandes **Vor 48** 44

Verletzter, Klageerzwingungsverfahren
Antragsteller im Klageerzwingungsverfahrens **172** 42 ff
Begriff nach den §§ 172 ff, 406d ff **172** 48
Begriff nach den §§ 22 Nr. 1, 61 Nr. 2 **172** 54
Behörden, öffentlich-rechtliche jur. Personen **172** 59
Bestimmung anhand einzelner Straftatbestände **172** 63
einzelne Straftatbestände **172** 66 ff
bei Gefährdungsdelikten **172** 58
privatrechtliche juristische Personen **172** 61
nach dem Schutzbereich der Strafrechtsnorm **172** 55

Verletzter, Rechtsbeistand für Nebenklagebefugte
Anwesenheit in Hauptverhandlung **406g** 8
Anwesenheitsrechte, sonstige **406g** 9
Auslagen **406g** 14
Bedeutung der Regelung **406g** 1
Benachrichtigungen **406g** 14
Bestellung durch das Gericht **406g** 16
einstweilige Beiordnung, Berechtigte **406g** 24
einstweilige Beiordnung, sonstiges **406g** 28
einstweilige Beiordnung, Verfahren **406g** 26
einstweilige Beiordnung, Voraussetzungen **406g** 25
einstweilige Beiordnung, Zweck **406g** 23
Entscheidung/Rechtsschutz **406g** 12
Prozesskostenhilfe, sonstiges **406g** 22
Prozesskostenhilfe, Verfahren **406g** 20
Prozesskostenhilfe, Voraussetzungen **406g** 18
Rechtsanwalt **406g** 4
Rechtsschutz (Revision) **406g** 29
Reichweite der Regelung **406g** 2
Vernehmung, Anwesenheit/Überwachung **406g** 7

Verlobter
siehe Angehörige

Vermögensbeschlagnahme
Arrest, dinglicher (Vollstreckungssicherung) **111d** 31
Aufhebung **293** 1
Aufhebung, Beschwerde der StA **293** 6
Aufhebungsverfahren **293** 3
Beendigung der Beschlagnahme **443** 8
Beschluss **290** 12
Bundesanzeiger, Bekanntmachung **291** 1 f
Erhebung der öffentlichen Klage **290** 6
Ermessen des Gerichts **290** 11
Gegenstände der Beschlagnahme **290** 14
Grundgedanke der Regelung **443** 1
Haftgründe **290** 8
Rechtsschutz (Beschwerde) **290** 15
Sicherstellung zur Vollstreckungssicherung **111b** 9
terroristische Vereinigungen im Ausland **Nachtr. 443** 1
Unzulässigkeit bei Bagatellfällen **290** 4
Unzulässigkeit bei Untauglichkeit **290** 2
Verfahren **443** 3
Verfahren nach Anklageerhebung
– Beweissicherungsverfahren **294** 1
– Entscheidung des Gerichts **294** 3
– weitere Prüfung **294** 5
– Ziel und Umfang des Verfahrens **294** 2
Verfassungsmäßigkeit **443** 2
Verfassungswidrigkeit, festgestellte **111p**
Verhältnismäßigkeit **290** 5
Wirkung der Bekanntmachung
– Anwesenheitspflegschaft **292** 3
– Güterpflegschaft, Führung **292** 6
– Rechtsschutz nach FGG **292** 7
– Rechtsschutz nach StPO **292** 8
– Verfügungsverbot, absolutes **292** 2
– Wirksamkeitszeitpunkt **292** 1
Zuständigkeit **290** 13
Zuständigkeit der Staatsanwaltschaft **443** 7
Zuständigkeit des Gerichts **443** 4
Zweck der Regelung **290** 1

Vermögensrechte
Sicherstellung zur Vollstreckungssicherung **111b** 39 ff; **111c** 7 ff; **111d** 1 ff; **111f** 4, 7

Vermögensstrafe, Vollstreckung
siehe dort

Vermummungsverbot
Meinungsäußerungsfreiheit **MRK Art. 10 (Art. 19 IPBPR)** 23a

Vernehmung
Abgrenzung zur informatorischen Befragung **136** 7; **136a** 13
des Angeklagten
siehe Vernehmung des Beschuldigten in der Hauptverhandlung
durch beauftragten/ersuchten Richter **239** 5; **240** 3
Belehrung der zu verhörenden Person
siehe unten;
siehe auch Belehrung
durch Bewährungshelfer **136** 2

Entfernen des Angeklagten
siehe Hauptverhandlung ohne Angeklagten
Ermittlungsmaßnahmen der Staatsanwaltschaft **161** 33
Fragerecht der Verfahrensbeteiligten in der Hauptverhandlung
siehe dort
Führungsaufsicht, Aufsichtsstellen **463a** 7
durch Gerichtshilfe **136** 2
informatorische Befragung/Anhörung
siehe dort
Protokollverlesung zur Ersetzung der Vernehmung
siehe dort
Regierungsmitglieder/Gesetzgebungsorgane, Vernehmung
siehe dort
Sachverständiger (Einzelheiten)
siehe dort
durch Strafverteidiger in der Hauptverhandlung
siehe Kreuzverhör
Verhörsperson **252** 18 ff; **254** 4
Vernehmung in der Hauptverhandlung **239** 4
Vernehmungsfähigkeit
siehe Verhandlungsfähigkeit
Vernehmungsprotokoll, Verlesung bei Zeugnisverweigerung **252** 10, 29 ff

Vernehmung des Beschuldigten (Ermittlungsrichter)
allgemein **Vor 133** 1 f; **136** 1
Anwendbarkeit auf andere Vernehmungen **136** 2
Anwesenheitsrechte und -pflichten **136** 44 ff
siehe auch Vernehmung durch den Ermittlungsrichter
Auskunftspflicht bei Angaben zur Person **136** 12
über Aussagefreiheit **136** 21 f
Behandlung von Beschuldigten **136** 7
Belehrung
siehe dort
Beschuldigteneigenschaft (Abgrenzung) **136** 4
Beschuldigteneigenschaft (Entscheidung) **136** 8
Beweisantrag des Beschuldigten **166** 1 ff
Durchführung und Inhalt **136** 38
Eröffnung des Tatvorwurfs (Inhalt) **136** 17
Eröffnung des Tatvorwurfs (Zeitpunkt) **136** 15
Gegenüberstellung von Mitbeschuldigten **136** 48
Gelegenheit zur Beseitigung der Verdachtsgründe **136** 34
Ladung
siehe dort
mündliche Äußerung **136** 36
Protokoll **136** 51; **168** 1 ff; **168a** 1 ff
Recht auf Lüge
siehe unten Wahrheitspflicht
Recht auf Lüge/Wahrheitspflicht **136** 41
Rechtsfolge bei Vernehmungsmängeln
siehe Beweisverwertungsverbot
Rechtsschutz (Beschwerde) **136** 52
Rechtsschutz (Revision) **136** 77; **136a** 70
über schriftliche Äußerung (Möglichkeit) **136** 33
Sicherungsverfahren, Protokollverlesung **415** 3
verbotene Vernehmungsmethoden
siehe dort
Vernehmung allgemein **136** 9
Vernehmung zur Person **136** 10
Vernehmung zur Sache, Zweck **136** 35
über Verteidigerkonsultation **136** 29
Vorführung
siehe dort
Wahrheitspflicht **136** 41

Vernehmung des Beschuldigten (Haftrichter)
Aufhebung des Haftbefehls, beabsichtigte **115** 19
Dolmetscher **115** 16
Erforderlichkeit **115** 15
erweiterte richterliche Fürsorgepflicht **115** 18
Form **115** 14
Haftentscheidung **115** 20
Inhalt **115** 17 ff
mehrere Haftbefehle **115** 26
Rechtsmittelbelehrung **115** 21 ff; **136** 30
Rechtsschutz **114** 31 ff
Richter des nächsten Amtsgerichts
– Aufhebung des Haftbefehls **115a** 12
– Belehrung über weitere Vorführung **115a** 17
– Mitteilung an den zuständigen Richter **115a** 7, 13
– Prüfungs-, Entscheidungsumfang **115a** 8 ff
– Rechtsschutz **115a** 14 f
– Umfang der Vernehmung **115a** 7
Teilnahme der Staatsanwaltschaft **115** 16
Teilnahme des Verteidigers **115** 16
bei Überhaft **115** 27
Vernehmungsfrist **115** 13
vorläufige Festnahme nach Klageerhebung **129** 4
vorläufige Festnahme vor Klageerhebung **128** 11
vorläufige Festnahme, Durchführung **128** 12
Zeitpunkt
Zuständigkeit allgemein
siehe Zuständigkeit (Haftentscheidungen)

Vernehmung des Beschuldigten (Hauptverhandlung)
Belehrung über Schweigerecht *siehe dort*
Durchführung **243** 79
Form, äußere **243** 84
zur Person
– Beweiserhebung **243** 47
– Rechtsschutz **243** 102 ff, 106
– wesentlicher Teil der Hauptverhandlung **243** 33
– Wiederholung nach Zurückverweisung **243** 48
– Zurückstellung der Erörterung **243** 44
– Zweck und Gegenstand **243** 34
Rechtsschutz **243** 102 ff, 112, 114; **243** 106 ff
zur Sache, Gegenstand **243** 81
Sinn der Regelung **243** 77
Vorstrafen, Erörterung **243** 91
Vernehmung des Beschuldigten (Staatsanwaltschaft)
Abwesenheit des Beschuldigten **163a** 33
Adressaten der Regelung **163a** 6
Anwendbarkeit von Vernehmungsvorschriften **136** 2
Anwesenheitsrechte **163a** 64
Art der Vernehmung **163a** 40
Bedeutung der Vorschrift **163a** 1, 47
Belehrungsvorschriften, Verstöße *siehe Belehrung*
Beschuldigteneigenschaft
– allgemeines **163a** 7
– Beginn, Einzelfragen **163a** 12
– Beginn, grundsätzlich **163a** 11
– Begriff des Beschuldigten **163a** 9 *siehe auch Beschuldigter*
– Ende **163a** 24
– Übergang bei der Befragung **163a** 22
Beweisantragsrecht des Beschuldigten *siehe dort*
Durchführung **163a** 61 ff
Einstellung des Verfahrens **163a** 32
Entbehrlichkeit allgemein **163a** 30
Entwicklungsgeschichte **163a** 47
Erscheinenspflicht **163a** 50
ersuchte Staatsanwaltschaft **163a** 70
Form der Anhörung **163a** 38
Geltungsbereich, zeitlicher **163a** 5
informatorische Anhörung
– Belehrung **163a** 21a
– Problematik **163a** 15
– Stellungnahme **163a** 19
– Verwertbarkeit **163a** 21a
Inhalt **163a** 40
Inhalt der Vorschrift **163a** 3
Ladung **163a** 55
Notwendigkeit **163a** 26
Protokollierung **163a** 66
Rechtsschutz **163a** 67
schriftliche Äußerung
– allgemeines **163a** 41
– Durchführung, Ergebnis **163a** 44
– einfache Sachen **163a** 42
– Verwertbarkeit **163a** 46
Spontanäußerungen **163a** 21c
Terminsmitteilung **163a** 56
Umfang **163a** 35
Unterlassens, Folgen des **163a** 118
Verzicht des Beschuldigten **163a** 34
Vorführung des Beschuldigten **163a** 58
Zeitpunkt **163a** 37
Zweck **163a** 26
Vernehmung des Zeugen
Abwesenheit später zu hörender Zeugen **58** 3
Abwesenheit vor der Vernehmung **58** 5
Altersangabe **68** 4
Anwendungsbereich **58** 1
Anwendungsbereich der Vorschrift **69** 2
Anwesenheit nach der Vernehmung **58** 7
Anwesenheitsrechte allgemein **58** 9
audiovisuell in der Hauptverhandlung *siehe unten*
Auskunftspflicht **68** 21
Beiordnung eines Rechtsanwalts *siehe Rechtsanwalt*
Belehrung *siehe dort*
Berufsangabe **68** 5
Beweissicherungsverfahren **286** 7 ff
Beziehung zum Beschuldigten/Verletzten **68** 19
Bild-Ton-Aufzeichnung *siehe dort*
Dienstort, Angabe **68** 7
Einzelvernehmung **58** 2
Frage nach Vorstrafen/entehrende Tatsachen
– allgemein **68a** 1
– Auskunftspflicht **68a** 9
– entehrende Tatsachen **68a** 2
– Entscheidung über Fragerecht **68a** 8
– persönlicher Lebensbereich **68a** 3
– Rechtsschutz (Revision) **68a** 10
– Unerlässlichkeit **68a** 4
– Vorstrafen **68a** 5
Fragerecht **68** 20
Gefährdung, Anlass zur Besorgnis **68** 10
Gegenüberstellung *siehe dort*
Geheimhaltung der Personalien **68** 13
Geheimhaltung des Wohnortes **68** 11

Geheimhaltung, Befragung **68** 15
Geheimhaltung, Entscheidung über **68** 12
Geltungsbereich der Abwesenheitsregel **58** 4
Generalfragen **68** 17
Geschäftsort, Ersatzangabe **68** 9
Glaubwürdigkeit **68** 18
Identitätsverheimlichung **68** 14
mündliche Vernehmung zur Sache **69** 4
Namensangabe **68** 3
zur Person allgemein **68** 1 ff
Personalfragen, Zweck **68** 2
Protokoll **68** 22; **69** 13
Protokollverlesung bei Zeugnisverweigerung
siehe dort
Rechtsschutz (Revision) **58** 18; **68** 23; **69** 15 ff
Reihenfolge der Vernehmung **58** 8
Religionszugehörigkeit **68** 8
zur Sache, allgemeines **69** 1
Schutzmaßnahmen, sonstige **68** 16
Unterrichtung über Untersuchungsgegenstand **69** 3
unzulässige Vernehmungsmethoden **69** 12
Vereidigung
siehe dort
Vernehmungshilfen **69** 9
Wohnortangabe **68** 6
zusätzliches Verhör **69** 8
zusammenhängender Bericht **69** 6

Vernehmung des Zeugen (Staatsanwaltschaft)
Akteneinsicht des Verteidigers des Beschuldigten **161a** 35
allgemeines **161a** 8
Anwendbarkeit der §§ 48 ff, entsprechende **161a** 10
Anwesenheit des Beschuldigten/Verteidigers **161a** 31
Beanstandung **161a** 21
Beistand des Zeugen **161a** 11
Durchführung **161a** 20
Entschädigung **161a** 23
Ladung **161a** 14
Protokollierung **161a** 22
Terminsmitteilung **161a** 14
Wahrheitspflicht **161a** 12
Weigerungsrechte **161a** 17
Zwangsmaßnahmen
siehe Vernehmung durch die Staatsanwaltschaft

Vernehmung des Zeugen unter 16 Jahren (Hauptverhandlung)
Anrufung des Gerichts **241a** 12
Grundsatz der alleinigen Vernehmung **241a** 3
Rechtsschutz (Beschwerde) **241a** 14
Rechtsschutz (Revision) **241a** 15
Übertragung des Fragerechts **241a** 6
Zurückweisung von Fragen **241a** 11
Zweck der Sonderregelung **241a** 1

Vernehmung des Zeugen, audiovisuell im Ermittlungsverfahren
anwendbare Vorschriften **168e** 20
Anwendungsbereich **168e** 5
Anwesenheitsbefugnisse, bestehende **168e** 13
Bedeutung der Vorschrift **168e** 1
Bild-Ton-Aufzeichnung **Nachtr. 58a** 1 ff; **168e** 24; **255a** 1 ff
Bild-Ton-Übertragung **168e** 18
Durchführung **168e** 14 ff
Entscheidung, richterliche **168e** 27
Entstehungsgeschichte **168e** 1
Gefahr für das Zeugenwohl **168e** 9
Mitwirkungsbefugnisse **168e** 18
Normzweck **168e** 3
Rechtsschutz **168e** 31
Rechtsschutz (Revision) **168e** 32
Sollvorschrift **168e** 26
Subsidiarität **168e** 12
Trennung, räumliche **168e** 14
Verfahren **168e** 26 ff
Verhältnis zu anderen Vorschriften **168e** 7
Verwertbarkeit **168e** 30
Verwertung der Aufzeichnung
siehe Bild-Ton-Aufzeichnung
Voraussetzungen **168e** 8 ff
Ziel, gesetzgeberisches **168e** 3

Vernehmung des Zeugen, audiovisuelle (Hauptverhandlung)
Aufklärungspflicht **247a** 16
Aufzeichnung, Anordnung/Ermessen **247a** 26 f
Aufzeichnung, Sollvorschrift **247a** 22
Bedeutung **247a** 2
Bild-Ton-Aufzeichnung **247a** 28
Ermessensentscheidung **247a** 6
Gerichtsbeschluss **247a** 4
kommissarische Vernehmung **247a** 20
Nachteile für das Zeugenwohl **247a** 8
Protokoll **247a** 29
Rechtsschutz (Beschwerde) **247a** 30
Rechtsschutz (Revision) **247a** 31
Regelungszweck **247a** 1
Subsidiarität **247a** 10
Teil der Hauptverhandlung **247a** 3
Unanfechtbarkeit des Beschlusses **247a** 7
Voraussetzungen der Protokollverlesung **247a** 12 ff
weiteres Verfahren **247a** 17

Vernehmung des Zeugen, Bundespräsident
allgemein **49** 1
Anwesenheit von Prozessbeteiligten **49** 5
Erzwingung der Aussage **49** 4

Ort **49** 2
Protokollverlesung in der Hauptverhandlung **49** 6
vernehmende Person **49** 3
Vernehmung durch Beamte des Polizeidienstes
siehe auch jeweils bei der Person des Vernommenen
allgemeines **163a** 1 ff, 71
Anwendbarkeit von Vernehmungsvorschriften **136** 2
Anwesenheitsrechte
– allgemeines **163a** 92 ff
– Beschuldigter bei Zeugenvernehmung **163a** 97
– Erziehungsberechtigte **163a** 99
– Verbote **163a** 93
– Verletztenbeistand **163a** 98
– Verteidiger **163a** 95
– Vertrauensperson **163a** 99
– Zeuge bei Beschuldigtenvernehmung **163a** 97
– Zeugenbeistand **163a** 98
Auskunftsverweigerungsrecht **163a** 91
Belehrung **163a** 77
Belehrung Angehöriger **163a** 90
Belehrungsvorschriften, Verstöße **163a** 119 ff
Beschuldigtenvernehmung allgemein **163a** 7 ff, 26 ff, 71 ff
Beweisantragsrecht des Beschuldigten *siehe dort*
Durchführung **163a** 83
Protokollierung **168b** 2a
– Aushändigung einer Abschrift **163a** 104
– Form **163a** 100
– Inhalt **163a** 103
– Notwendigkeit **163a** 100
– Verwertbarkeit **163a** 105
Rechtsschutz **163a** 106
Sachverständige **163a** 86
Sachverständige, Belehrung **163a** 88
Selbstbelastung, Gefahr **163a** 91
Spontanäußerungen **163a** 89
Unterlassen der Vernehmung **163a** 118
Zeugen **163a** 86
Zeugen, Belehrung **57** 2
Zeugenbelehrung **163a** 88
Zweck **163a** 75
Vernehmung durch den (Vorsitzenden) Richter
siehe auch Vernehmung des Beschuldigten bzw. Zeugen;
siehe Vernehmung in der Hauptverhandlung
Vernehmung durch den Ermittlungsrichter, Anwesenheitsrechte
Akteneinsicht **168c** 14a
allgemeines **168c** 1 ff
Anwendungsbereich **168c** 4 f
Aufbau der Vorschrift **168c** 2
Auslandsbezug **168c** 5
Bedeutung der Vorschrift **168c** 1
Befugnisse der Berechtigten allgemein **168c** 30
Beistand des Zeugen **168c** 24
Beschuldigter bei Mitbeschuldigten **168c** 13
Beschuldigter bei Zeugen/Sachverständigen **168c** 11
Beschuldigter, Ausschluss bei Untersuchungsgefährdung **168c** 15
Beschuldigter, inhaftierter **168c** 18
Beurteilungsspielraum **168c** 29, 54
Bußgeldverfahren **168c** 4, 7
Ehegatte nach richterlicher Gestattung **168c** 26
Einziehungs-/Verfallberechtigte **168c** 22
Erziehungsberechtigter **168c** 21
Fragerecht bei jugendlichen Zeugen **168c** 31
Fragerecht der Berechtigten **168c** 31
Gefährdung des Untersuchungszwecks **168c** 15
Geltungsbereich **168c** 4 f
Inhalt der Vorschrift **168c** 2
Kontaktsperre für Gefangene **168c** 8, 11
Mitwirkungsrechte der Berechtigten, sonstige **168c** 31
Nebenklageberechtigter **168c** 23
bei notwendiger Verteidigung **168c** 8
Personen, sonstige **168c** 25 f
Pflichtverteidiger, Bestellung **168c** 9
Polizeibeamte nach richterlicher Gestattung **168c** 26
Rechtsschutz (Beschwerde) **168c** 61
Rechtsschutz (Revision) **168c** 64
Staatsanwaltschaft **168c** 7
Steuerstrafsachen **168c** 7
Terminsverlegung **168c** 47 ff
Verfahrensfragen **168c** 28
Verlesbarkeit bei Verstoß **168c** 56
Verletzter **168c** 23
zu vernehmende Person **168c** 6
Verstoß, Folgen **168c** 53
Vertauensperson nach richterlicher Gestattung **168c** 26
Verteidiger **168c** 8
Vertreter, gesetzlicher **168c** 21
Verwertbarkeit bei Verstoß, sonstige **168c** 58
Zeugenvernehmung, getrennte *siehe Vernehmung des Zeugen, audiovisuell*
Vernehmung durch den Ermittlungsrichter, Benachrichtigungen
allgemeines **168c** 32
Anwesenheitsberechtigte **168c** 34
Anwesenheitsinteressierte **168c** 36

Bedeutung der Verpflichtung **168c** 34
Beschuldigter, inhaftierter **168c** 35
Dokumentation der Entscheidung **168c** 52
Entscheidungsmaßstab **168c** 49
Gefährdung des Erfolgs durch Zeitablauf **168c** 40
Gefährdung des Erfolgs, materielle **168c** 42
Gefährdung des Untersuchungserfolgs **168c** 39
Personenkreis **168c** 34 ff
Rechtsschutz (Beschwerde) **168c** 61
Rechtsschutz (Revision) **168c** 64
Terminsnachricht **168c** 51
Terminsverlegung **168c** 47
Undurchführbarkeit **168c** 38
Unterbleiben bei Gefährdung des Erfolgs **168c** 39
Verfahrensfragen **168c** 49 ff
Verstöße **168c** 53 ff
Verteidiger, Gefährdung des Erfolgs **168c** 42a
Verwertbarkeit **168c** 58
bei V-Mann-Einsatz **168c** 43
Wegfall, möglicher **168c** 37
Zeitpunkt der Beurteilung **168c** 49
Zeugen, gesperrte **168c** 43

Vernehmung durch den Haftrichter (Vorführung)
Anwesenheitsrechte **168c** 1 ff, 7 ff
siehe auch Vernehmung durch den Ermittlungsrichter, Anwesenheitsrechte
Haftprüfungsverfahren
siehe dort
Vorführung
siehe oben Vernehmung des Beschuldigten (Haftrichter)

Vernehmung durch die Staatsanwaltschaft
Akteneinsicht des Verteidigers **161a** 35
allgemein zur Zeugen-/Sachverständigenvernehmung **161a** 1
Anwesenheit des Beschuldigten/Verteidigers **161a** 31 ff
Bedeutung, dogmatische **161a** 1
Bedeutung, rechtspolitische **161a** 1
Berechtigung zur Vernehmung **161a** 5
ersuchte Staatsanwaltschaft
- allgemeines **161a** 62
- Befugnisse **161a** 63
- Rechtsschutz **161a** 65 f
- Zwangsmaßnahmen **161a** 63

Geltungsbereich, zeitlicher **161a** 7
Haftanordnung **161a** 44
in der Hauptverhandlung
siehe Kreuzverhör
Inhalt der Vorschrift **161a** 4
Kostenauferlegung bei Nichterscheinen **161a** 38
Nichterscheinen des Zeugen **161a** 36 ff
Ordnungsgeld bei Nichterscheinen **161a** 38
Protokollierung, Anwendung des § 168 **168b** 11
Protokollierung, Anwendung des § 168a **168b** 12
Protokollierung, Notwendigkeit **168b** 9
Protokollierung, Verstöße/Mängel **168b** 13
Rechtsschutz (Antrag auf gerichtliche Entscheidung)
siehe dort
Sachverständigengutachten
- allgemeines **161a** 24
- Anwesenheitsrechte bei Erstattung **161a** 34
- Art der Erstattung **161a** 28
- Auswahl der Person **161a** 25
- fristgerechte Erstattung **161a** 27

Vorführung des Zeugen **161a** 40
Zeugen, Belehrung **57** 2
Zeugenvernehmung, Einzelheiten
siehe Vernehmung des Zeugen (Staatsanwaltschaft)
Zwangsmaßnahmen allgemein **161a** 36
Zwangsmaßnahmen bei Aussageverweigerung **161a** 42
Zwangsmaßnahmen gegen Sachverständigen **161a** 43
Zwangsmaßnahmen gegen Zeugen **161a** 36 ff

Vernehmung in der Hauptverhandlung
Hauptverhandlung ohne Angeklagten **233** 17 ff
Protokollverlesung bei Zeugnisverweigerung
siehe dort
Protokollverlesung zur Ersetzung der Vernehmung
siehe dort
Sachverständiger **72** 12, 21 ff
durch Staatsanwalt
siehe Kreuzverhör
Vernehmung durch StA/Verteidigung, Abgabe
siehe Kreuzverhör
durch Verteidiger
siehe Kreuzverhör
durch den Vorsitzenden, Bestandteil der Verhandlungsleitung **238** 11
siehe auch jeweils bei der Person des Vernommenen

Vernehmung, kommissarische
siehe auch ersuchter Richter/beauftragter Richter
audiovisuelle Zeugenvernehmung **247a** 20
Beweissicherungsverfahren **289** 3
Beweiswürdigung, freie richterliche **261** 18
Vorbereitung der Hauptverhandlung **223** 32 ff

Vernehmungsmängel allgemein
Einsatz verdeckter Ermittler; „Hörfalle" **136** 64; **136a** 37 a

Fernwirkung, Fortwirkung **136** 74
Gefährdung des Rechts zur Verteidigerkonsultation **136** 67
mangelndes Verstehen der Belehrungen **136** 60
Umfang des Verwertungsverbots **136** 76
Unterlassen der Belehrung (DDR/Ausland) **136** 61
Unterlassen der Belehrung über Aussagefreiheit **136** 53
Verletzung sonstiger Vernehmungsvorschriften **136** 71
Wirkung gegenüber Mitbeschuldigten **136** 63

Vernehmungsmethoden, verbotene
Absprachen im Strafprozess **136a** 55
allgemein **136a** 61
Ausnutzen eines Irrtums **136a** 38
Beeinträchtigungen der Einsichtsfähigkeit **136a** 59
Beeinträchtigungen der Willensfreiheit **136a** 15
Beeinträchtigungen des Erinnerungsvermögens **136a** 58
Befragung durch Sachverständigen **136a** 8
Beweis des Verfahrensverstoßes **136a** 68
Beweiserhebung, Hauptverhandlung **244** 200
Beweisverwertungsverbot *siehe dort*
Drohen mit unzulässigen Maßnahme **136a** 48
Ermüdung **136a** 19
faires Verfahren, Recht auf ein **MRK Art. 6 (Art. 14 IPBPR)** 73a
Fernwirkung **136a** 66
Folter, Verbot der **MRK Art. 3 (Art. 7 IPBPR)** 9, 18, 23
Fortwirkung **136a** 65
Geltung bei Vernehmungen **136a** 13
geschützter Personenkreis **136a** 12
gesetzliche Regelung allgemein **136a** 1
heimliche Tonbandaufnahmen **136a** 44
Hypnose **136a** 45
Inhalt **136a** 64
körperliche Eingriffe **136a** 23
Lügendetektor **136a** 56
Misshandlung **136a** 18
private Spitzel in der Untersuchungshaft **136a** 37a
Quälerei **136a** 31
Suggestivfragen **136a** 43
Täuschung
– absichtliche **136a** 35
– allgemein **136a** 33
– Gegenstände der Täuschung **136a** 34
– unbeabsichtigte **136a** 41
Umfang **136a** 63
Unbeachtlichkeit einer Einwilligung **136a** 61
Unwirksamkeit von Rechtsmittelverzicht, -zurücknahme **302** 48 ff
unzulässige Mittel allgemein **136a** 16
ursächlicher Zusammenhang **136a** 62
Verabreichung von Mitteln **136a** 24
verfahrensrechtliche Erklärungen **136a** 14
Vernehmung des Zeugen zur Sache **69** 12
Vernehmungen durch sonstige Personen; Drittwirkung **136a** 8 ff
Vernehmungen durch Strafverfolgungsorganen **136a** 6
Vernehmungsmängel allgemein *siehe dort*
Verschweigen von Rechten oder Tatsachen **136a** 36
Versprechen eines Vorteils **136a** 50
Zwang **136a** 47

Vernichtung (Daten/Beweismittel/Gegenstände)
Auskunft über Telekommunikationsverbindung **100h** 33
Ermittlung, verdeckte mit technischen Mitteln **100d** 32
Mobilfunkendgerät, Überwachung **100i** 14
Rasterfahndung **98b** 23
Telekommunikationsüberwachung **100b** 38

Veröffentlichung der Verurteilung (Nebenfolge)
siehe Bekanntmachung der Verurteilung, öffentliche (Nebenfolge)

Veröffentlichung von Abbildungen
siehe Abbildungen

Verpflichtungsantrag
Justizverwaltungsakt, Rechtsschutz **EGGVG 23** 75

Versammlungs- und Vereinigungsfreiheit
allgemeines **MRK Art. 11 (Art. 21, 22 IPBPR)** 1
Ausländer, politische Tätigkeit **MRK Art. 11 (Art. 21, 22 IPBPR)** 2; **MRK Art. 16** 1 ff
Ausländer-Versammlung **MRK Art. 11 (Art. 21, 22 IPBPR)** 5
Beurteilungsspielraum **MRK Art. 11 (Art. 21, 22 IPBPR)** 9b f, 11
Eingriffe, staatliche **MRK Art. 11 (Art. 21, 22 IPBPR)** 8 ff
Eingriffszwecke **MRK Art. 11 (Art. 21, 22 IPBPR)** 8
Europäische Grundrechte-Charta **MRK Art. 11 (Art. 21, 22 IPBPR)** 4
Friedlichkeit **MRK Art. 11 (Art. 21, 22 IPBPR)** 5
gesetzlich vorgesehene Eingriffe **MRK Art. 11 (Art. 21, 22 IPBPR)** 9

Gewerkschaften **MRK Art. 11 (Art. 21, 22 IPBPR)** 4, 7
Koalitionsfreiheit **MRK Art. 11 (Art. 21, 22 IPBPR)** 7
Menschenrechte, Allgemeine Erklärung der **MRK Art. 11 (Art. 21, 22 IPBPR)** 1
Notwendigkeit des Eingriffs **MRK Art. 11 (Art. 21, 22 IPBPR)** 9a
Parteiverbot **MRK Art. 11 (Art. 21, 22 IPBPR)** 9b
politische Parteien **MRK Art. 11 (Art. 21, 22 IPBPR)** 6
Polizeiangehörige **MRK Art. 11 (Art. 21, 22 IPBPR)** 10
Rassendiskriminierungs-Übereinkommen **MRK Art. 11 (Art. 21, 22 IPBPR)** 4
Schutzpflichten des Staates, positive **MRK Art. 11 (Art. 21, 22 IPBPR)** 11
Streikrecht **MRK Art. 11 (Art. 21, 22 IPBPR)** 7
Streitkräfte, Angehörige **MRK Art. 11 (Art. 21, 22 IPBPR)** 10
Vereinigungsfreiheit **MRK Art. 11 (Art. 21, 22 IPBPR)** 6
Vereinigungsrechts-Übereinkommen **MRK Art. 11 (Art. 21, 22 IPBPR)** 3
Versammlungsfreiheit **MRK Art. 11 (Art. 21, 22 IPBPR)** 5
Verwaltungsangehörige **MRK Art. 11 (Art. 21, 22 IPBPR)** 10
Zwangsmitgliedschaften **MRK Art. 11 (Art. 21, 22 IPBPR)** 6a f

Verschlechterungsverbot
siehe Verbot der Verschlechterung (reformatio in peius)

Verschleppung des Verfahrens
Ablehnung präsenter Beweismittel **245** 76
Beweisaufnahme, Hauptverhandlung **244** 167, 207, 209 ff
Entscheidung in angemessener Frist, Recht auf *siehe Beschleunigungsgebot*
Verwerfung eines Ablehnungsantrags **26a** 18

Verschlüsselung, Kryptographie
Telekommunikationsüberwachung **100a** 79

Verschulden
Wiedereinsetzung in den vorigen Stand **44** 20 ff

Verschwägerte
siehe Angehörige

Verschwiegenheitspflicht
Gerichtshilfe **160** 91
Überwachungsrichter, Verkehr des Beschuldigten mit dem Verteidiger **148a** 12 ff, 15

Verspätungen
Berufungsverhandlung ohne Angeklagten, Entschuldigung **329** 41

Verstandesreife/-kraft
Absehen von Vereidigung, zwingend **60** 7 ff
Untersuchung nicht tatverdächtiger Personen **81c** 42

Verteidiger
siehe Strafverteidiger

Verteidigerkonsultation des Beschuldigten
Beginn des Schutzes **148** 7
besondere Verfahrensarten und -abschnitte **148** 10
Besuche **148** 13
Durchsuchungen des Verteidigers **148** 20
Ende des Schutzes **148** 9
Kontrolle von Missbrauch **148** 18
Nachweis des Verteidigungsverhältnisses **148** 11
Rechtsschutz **148** 49
Schriftverkehr **148** 16
Strafgefangene, Regelungen des StVollzG **148** 10
Übergabe von Verteidigungsunterlagen **148** 15
Verteidiger **148** 6
Verteidigung, Recht auf Vorbereitung **MRK Art. 6 (Art. 14 IPBPR)** 175 ff
Zuständigkeit allgemein **148** 44
Zuständigkeit für den Vollzug **148** 51
Zuständigkeit, richterliche Anordnungen **148** 46
Zweck der Vorschrift **148** 1 ff
Zwecke der Verteidigung **148** 17

Verteidigerkonsultation des Beschuldigten, Beschränkung
andere gesetzlich geordnete Verfahren **148** 41
Dauer der Beschränkungen **148** 37
Erweiterung auf ausländische terroristische Vereinigungen **Nachtr. 138a** 1 ff; **Nachtr. 148**
rechtspolitische Grundlagen der Regelung **148** 21
Schriftverkehr **148** 42
Straftat, analoge Anwendung **148** 31
Terrorismusgesetzgebung von 1986 **148** 30
Untersuchungsgegenstand (§ 129a StGB) **148** 38
verwahrter Beschuldigter **148** 36
Vorrichtungen **148** 43

Verteidigerkonsultation des Beschuldigten, Überwachungsmaßnahmen
Anzeigepflicht, Überwachungserkenntnisse **148a** 11
Rechtsschutz (Beschwerde) **148a** 20
Rechtsschutz (Revision) **148a** 22
Regelungsgehalt der Vorschrift **148a** 1
Überwachung **148a** 4
Überwachungsrichter und Mitwirkung am Verfahren **148a** 14

Verschwiegenheitspflicht **148a** 12
Zuständigkeit, Überwachungsrichter **148a** 2
Verteidigerwahl des Beschuldigten, freie
Abwahl im Ausschließungsverfahren **138c** 38 f
Anzahl **MRK Art. 6 (Art. 14 IPBPR)** 200
Anzahl der Verteidiger **137** 79
Ausschließungsverfahren, Kommunikationsverbot mit dem Verteidiger **138a** 125 ff
Auswahl der Person
siehe Strafverteidiger, Wahlverteidiger
Bagatellsachen **MRK Art. 6 (Art. 14 IPBPR)** 203
Begrenzung der Anzahl **137** 79
Beistand **137** 6
Belehrung **MRK Art. 6 (Art. 14 IPBPR)** 208
Belehrung, Zeitpunkt **MRK Art. 6 (Art. 14 IPBPR)** 209
Bestellung, gerichtliche **MRK Art. 6 (Art. 14 IPBPR)** 205
Bevollmächtigung **138** 10 ff
Differenzen zwischen Beschuldigtem und Verteidiger **137** 32 ff
Divergenzen zum Prozessverhalten des Verteidigers **137** 32, 43 ff
Ende/Umwandlung der Wahlverteidigung **137** 84
Folgen eines Verstoßes **137** 78
Inanspruchnahme eines Verteidigers **137** 12
Kontaktsperre für Gefangene **EGGVG 34** 5 ff
in jeder Lage des Verfahrens; Rechtsstellung in den Verfahrensstadien
– Ermittlungsverfahren **137** 14
– Hauptverfahren **137** 23
– Hauptverhandlung **137** 26
– informatorische Befragung **137** 16
– Jugendgerichtsverfahren **137** 57
– Kostenfestsetzungsverfahren **137** 47
– Ordnungswidrigkeitenverfahren **137** 56
– Privatklageverfahren **137** 55
– Rechtsmittelverfahren **137** 44
– Sicherungsverfahren **137** 52
– sonstige Rechtsbehelfe **137** 45
– sonstige Verfahrensarten **137** 53 f
– Strafbefehlsverfahren **137** 51
– Vollstreckungsverfahren **137** 46
– Wiederaufnahmeverfahren **137** 50
– Zwischenverfahren **137** 22
Pflichtverteidiger, unentgeltliche Beiordnung **MRK Art. 6 (Art. 14 IPBPR)** 201
Realisierung der Wahlfreiheit durch Strafverfolgungsorgane
– erster Zugriff auf den Beschuldigten/Verdächtigen **137** 65
– Hauptverhandlung **137** 74b
– polizeiliche Vernehmung **137** 73
– staatsanwaltschaftliche Vernehmung **137** 74a
– Strafvollzug **137** 75
Rechtspflege, Interesse bei Pflichtverteidigung **MRK Art. 6 (Art. 14 IPBPR)** 203
Rechtsschutz allgemein
– Antrag auf gerichtliche Entscheidung **Vor 137** 174
– Berufung, Revision **Vor 137** 175 ff
– Beschwerde **Vor 137** 173
– Verteidigerausschluss **Vor 137** 178
– Verwirkung **Vor 137** 179
Selbstverteidigungsrecht **MRK Art. 6 (Art. 14 IPBPR)** 192
Unentgeltlichkeit des Pflichtverteidigers **MRK Art. 6 (Art. 14 IPBPR)** 202, 207
verfassungsrechtliche Bedeutung **137** 2
Wahl des Beschuldigten
siehe dort
Wahl, Bevollmächtigung
– Dauer der Vollmacht **138** 16
– Nachweis der Vollmacht **138** 13
– Referendar, Übertragung der Verteidigung **139** 10
– Untervollmacht (Einwilligung, Personenkreis) **138** 19 ff
– Verteidigervollmacht **138** 10
– Vertretungsvollmacht **138** 12
Wahlrecht **MRK Art. 6 (Art. 14 IPBPR)** 195
Wahlrecht des gesetzlichen Vertreters **137** 76
Wahlrecht des Verletzten **137** 59
Wahlrecht des Zeugen **137** 64
Wahlverteidiger, Anwaltssozietät **137** 5
Weisungsrecht/Meinungsverschiedenheiten **137** 43 ff; **Vor 137** 65 ff
Zweck der Verfahrensgarantie **MRK Art. 6 (Art. 14 IPBPR)** 187
Verteidigerwahl des Beschuldigten, Zurückweisung
allgemein **146a** 14
Auswahl bei mehreren Verteidigern **146a** 4
Folgen **146a** 12
Inhalt und Umfang des Zurückweisungsrechts **146a** 1
Rechtsschutz (Beschwerde) **146a** 15
Rechtsschutz (Revision) **146a** 16
Zuständigkeit **146a** 11
Verteidigerwahl, Personenkreis
andere Personen und notwendige Verteidigung **138** 35
Genehmigung des Gerichts **138** 27
Genehmigung des Gerichts (Zuständigkeit) **138** 30
Gesetz über die Tätigkeit europäischer Rechtsanwälte in Deutschland (EuRAG) **138** 3a f

Personen mit Genehmigung **138** 23
Rechtsanwälte, dienstleistende europäische **138** 7c
Rechtsanwälte, in Deutschland zugelassen **138** 2
Rechtsanwälte, niedergelassene europäische **138** 7
Rechtslehrer an deutschen Hochschulen **138** 9
Rechtsschutz gegen die Genehmigung **138** 32
Steuerberater, Buchprüfer u.ä. **138** 8

Verteidigerwahl, Verbot der Mehrfachverteidigung
Anwaltssozietät **146** 15
Bußgeldverfahren **146** 40
gemeinschaftlicher Verteidiger **146** 11
gleichzeitige Verteidigung **146** 23
Mandatsanbahnung **146** 12 ff
Privatklageverfahren **146** 39
Strafvollstreckung **146** 32
Strafvollzug **146** 37
Tatidentität **146** 16
Tatidentität bei Taten krimineller/terroristischer Vereinigung **146** 19
Verfahrensidentität **146** 25
Verfahrensstadien und -arten, allgemein **146** 31, 41
Verhältnis zum Recht aus freie Verteidigerwahl **146** 9
Wahl- und Pflichtverteidigung **146** 10
Zweck und Auswirkungen der Vorschrift **146** 1 ff

Verteidigung
notwendige
siehe notwendige Verteidigung

Verteidigung, Recht auf Vorbereitung
Akteneinsicht **MRK Art. 6 (Art. 14 IPBPR)** 181 f
Anwesenheit bei Untersuchungshandlungen **MRK Art. 6 (Art. 14 IPBPR)** 176
Beschlagnahme von Unterlagen **MRK Art. 6 (Art. 14 IPBPR)** 176
diplomatische, konsularische Vertretung **MRK Art. 6 (Art. 14 IPBPR)** 180
Gelegenheit, ausreichende **MRK Art. 6 (Art. 14 IPBPR)** 175
Großverfahren **MRK Art. 6 (Art. 14 IPBPR)** 185
in Haft befindlicher Beschuldigter **MRK Art. 6 (Art. 14 IPBPR)** 177
Kontaktsperre für Gefangene **MRK Art. 6 (Art. 14 IPBPR)** 179
Schnellverfahren **MRK Art. 6 (Art. 14 IPBPR)** 186
Untersuchungshaft **MRK Art. 6 (Art. 14 IPBPR)** 182
Verkehr mit dem Verteidiger **MRK Art. 6 (Art. 14 IPBPR)** 175
Wechsel des Verteidigers **MRK Art. 6 (Art. 14 IPBPR)** 184
Zeit, ausreichende **MRK Art. 6 (Art. 14 IPBPR)** 183
Zweck der Verfahrensgarantie **MRK Art. 6 (Art. 14 IPBPR)** 174

Vertrauensperson
Anwesenheit/Benachrichtigung bei Vernehmung **168c** 25 f, 36
Schöffe, Wahlausschuss **GVG 40** 6 ff
Verletzter, Beistand bei Zeugenaussage **406f** 6

Verurteilter
siehe Beschuldigter

Verwahrung, amtliche
Durchsuchung **109** 1
Identitätsfeststellung, Festhalten von Personen **163b** 31
Sicherstellung von Beweismitteln **94** 32, 47

Verwaltungsakt (VA)
Anwendungsbereich der Strafprozessordnung **EGStPO 3** 7
Bindungswirkung für das Gericht **262** 15 ff
Justizverwaltungsakt, Rechtsschutz **EGGVG 23** 42 ff
Sperrerklärung der obersten Dienstbehörde **96** 72

verwaltungsgerichtliche Entscheidung
Bindungswirkung für das Gericht **262** 13 ff, 69

verwaltungsgerichtliches Verfahren
Geschäftsverteilungsplan, Anfechtung **GVG 21e** 80

Verwaltungsrecht
Sperrerklärung der obersten Dienstbehörde **96** 106 ff
Verhältnis zum Strafprozessrecht **Einl. L** 33
Wiedereinsetzung in den vorigen Stand **44** 44; **45** 3 f

Verwaltungsverfahren
Berufung, Verbot der Verschlechterung **331** 20
Rechts- und Amtshilfe **GVG Vor 156** 7 ff

Verwandte
siehe Angehörige

Verwarnung mit Strafvorbehalt
Ausspruch im Urteilstenor **260** 77
Belehrung bei Urteilsverkündung **268a** 10 ff
Berufung, Verbot der Verschlechterung **331** 47
Beschluss, Verkündung mit Urteil **268a** 1 ff
Beschränkung der Berufung **318** 99
Kostenpflicht des Verurteilten **465** 4
nachträgliche Entscheidung
siehe unter Strafaussetzung, nachträgliche Entscheidung
Revision, Prüfung von Gesetzesverletzung **337** 241
Sicherungshaft (§ 453 c) **453c** 2

Strafbefehlsverfahren, Zulässigkeit **407** 22
Überwachung durch das Gericht
– Bedeutung der Vorschrift **453b** 1
– Mitwirkung anderer Stellen **453b** 4
– Umfang **453b** 2
– Zuständigkeit **453b** 5
Urteilsgründe, Inhalt/Darstellung **267** 109
Verweisung an ein anderes Gericht
Berufung, Entscheidung des Gerichts **328** 20 ff
Verweisung der Sache bei Zuständigkeitsänderung
Änderung des Eröffnungsbeschlusses **270** 32
Anhörung der Verfahrensbeteiligten **270** 24
Anwendungsbereich **270** 2 ff
Ausschluss der Verweisung
– Anwendungsbereich **269** 1 ff
– Anwendungsfälle **269** 9
– Fortwirkung bei Trennung des Verfahrens **269** 10
– Gericht niederer Ordnung **269** 6
– Rechtshängigkeit, mehrfache **269** 11
– Rechtsschutz (Revision) **269** 12
– Zweck der Regelung **269** 4
– zwingendes Recht **269** 5
Bekanntgabe der Entscheidung **270** 27
Beschluss, Inhalt **270** 25
Beweiserhebung vor Hauptverhandlung/Verweisung
– Entscheidung des (unzuständigen) Gerichts **270** 43
– Fristbestimmung **270** 42
– Strafrichter/Schöffengericht **270** 39
Bindungswirkung **270** 35
Entscheidung von Amts wegen **270** 23
im Eröffnungsverfahren/-beschluss
siehe Zuständigkeitsänderung
Fortdauer der Untersuchungshaft **270** 31
Gericht höherer Ordnung **270** 7
Gericht niederer Ordnung **269** 6
im Hauptverfahren (außerhalb der Hauptverhandlung)
siehe Zuständigkeitsänderung
Heilung von Mängeln des Beschlusses **270** 28
Kontinuität des Verfahrens **270** 38
Rechtsschutz (Beschwerde) **270** 44 ff
Rechtsschutz (Revision) **270** 50 ff
Sachentscheidung neben Verweisung **270** 29
Übergang des Verfahrens **270** 33
Voraussetzungen
– besondere Strafkammer **270** 22
– Erkenntnisse der Hauptverhandlung **270** 8
– Jugendgericht **270** 21
– korrigierende Verweisung **270** 16
– Sachentscheidungskompetenz, fehlende **270** 13
– Strafgewalt, unzureichende **270** 20
– Tatsachengrundlage **270** 10
– Tatverdacht, Änderung **270** 17
– Zuständigkeit, sachliche **270** 7
Zweck der Vorschrift **270** 1
Verweisung während des Hauptverfahrens
Landgericht, reduzierte Kammerbesetzung **GVG 76** 5
Verweisungs-/Übernahmebeschluss
Eröffnungsbeschluss, Ersetzung **207** 42
Verwerfungsentscheidung
Strafbefehlsverfahren nach Einspruch **412** 4, 33 ff
Verwirkung
Bewährung, Aussetzung des Strafrestes **454** 49
Fahrerlaubnis, vorläufige Entziehung **111a** 23
Revision, Prüfung von Gesetzesverletzung **337** 281 ff
Wirksamkeit einer Prozesshandlung **Einl. J** 34 ff
Verzicht auf Verfahrensrechte
Beschlagnahmeverbot **97** 46 ff, 145, 150
Einziehungs-/Verfallsbeteiligter **431** 73 ff
Revision, Prüfung von Gesetzesverletzung **337** 269 ff, 278
Videoaufnahmen
siehe auch Bild- und Tonaufnahmen
Akteneinsicht des Verteidigers **147** 102
Identifizierungsmaßnahmen (§ 81 b) **81b** 19
Urkundenbeweis, Vorrang persönlicher Vernehmung **250** 10
V-Leute
allgemein **163** 57
Ermittlungsmaßnahmen der §§ 94 ff **Vor 94** 3 f, 51
Ermittlungsmaßnahmen der Staatsanwaltschaft **161** 39
Geheimhaltung **163** 66
Problematik **163** 62
Terminologie, Abgrenzung **163** 59
verdeckter Ermittler **110a** 12; **110c** 24
Vertraulichkeitszusage, Grenzen **163** 66
Zeuge, Ladung/Befragung durch den Angeklagten **MRK Art. 6 (Art. 14 IPBPR)** 224, 228
Zulässigkeit des Einsatzes **163** 63
V-Leute als Zeuge
Beweisverwertung **Einl. K** 59
notwendige Verteidigung **140** 94
Öffentlichkeit, Ausschlussgründe **GVG 172** 7
Urkundenbeweis, Vorrang persönlicher Vernehmung **250** 27 ff
Vernehmung, Angaben zur Person **68** 15
Vernehmungsprotokoll, Verlesung bei Zeugnisverweigerung **252** 29

Völkermord-Konvention
Menschenrechtsschutz, internationaler **MRK Einf. (Einf. IPBPR)** 10
Völkerrecht
Absehen von der Verfolgung von Auslandstaten **153c** 8
Befreiung von der deutschen Gerichtsbarkeit **GVG 20** 3ff
Beweisaufnahme, Hauptverhandlung **244** 2
Eigentumsschutz **1. ZP MRK Art. 1** 8
Folter, Verbot der; zwingende Regeln (ius cogens) **MRK Art. 3 (Art. 7 IPBPR)** 6
Menschenrechtsbeschwerde **MRK Anhang/ Verfahren** 92
MRK und IPBPR **MRK Einf. (Einf. IPBPR)** 37
privater Lebensbereich, Gewährleistung **MRK Art. 8 (Art. 17 IPBPR)** 4
Rückwirkungsverbot von Strafgesetzen **MRK Art. 7 (Art. 15 IPBPR)** 10
Strafverfahren, Rechtsgrundlagen **Einl. C** 7
Völkerstrafgesetzbuch
Absehen von der Verfolgung von Taten nach dem VölkerStGB **Nachtr. 153f** 9 f
Oberlandesgericht, Zuständigkeit **GVG Nachtr. 120** 2
Weltrechtsprinzip **Nachtr. 153f** 2 f
Volksgerichtshof/Sondergericht
Entwicklungsgeschichte des Strafverfahrensrechts **Einl. E** 55 ff
Wiederaufnahme des Verfahrens **Vor 359** 101, 146
Wiederaufnahme, gerichtliche Zuständigkeit **367** 29
Volkszählungsurteil des BVerfG
Rasterfahndung **98a** 13
Vollstreckbarkeitsbescheinigung
siehe Vollstreckungsbehörde
Gesamtstrafenbildung, nachträgliche **460** 52
Vollstreckung
siehe auch Strafvollstreckung
Bußgeldbescheide der Verwaltung **Vor 449** 26
Bußgeldentscheidungen, gerichtliche **Vor 449** 28
DDR, rechtskräftige Entscheidungen
– Art. 18 EinigungsV **Vor 449** 36 ff
– frühere Regelung **Vor 449** 35
– Maßgaben zur StPO, Bedeutung **Vor 449** 41 ff
Einziehungs-/Verfallsverfahren **Vor 430** 16
Hindernis der parlamentarischen Immunität **449** 9 f
Hindernisse allgemein **449** 8
Kosten des Verfahrens **464a** 17 ff
Nachverfahren **439** 5 ff
Nebengeschäfte **Vor 449** 29
Ordnungs- und Zwangsmittel **449** 35
Rechtshilfe **Vor 449** 30
Rechtshilfeersuchen **GVG 160** 4
Rechtshilfeersuchen (Amtshilfe) **GVG 162** 8 ff
Rechtskraft der Entscheidung
– Bedeutung, praktische **449** 17
– Eintrittszeitpunkt **449** 12 ff
– formelle **449** 11
– Wirksamkeit von Verwerfungsbeschlüssen **449** 18
Rechtsschutz gegen behördliche Maßnahmen **Vor 449** 22
Sicherungshaftbefehl (§ 453 c) **453c** 12
Sitzungspolizei, Ordnungsmittelbeschluss **GVG 178** 42; **GVG 179** 1 ff
Staatsanwaltschaft, Aufgabe im Strafverfahren **Einl. I** 46
Staatsanwaltschaft, Zuständigkeitskonzentration **GVG 143** 20
Teilrechtskraft bei Anfechtung
– Beschränkung auf Nebenfolgen **449** 23
– Beschränkung auf Tatteile **449** 24
– Beschränkung bei Gesamtstrafe **449** 26 ff
– Jugendstrafsachen **449** 331
– Vollstreckbarkeitsbescheinigung **449** 32
Verfahrenskosten, Haftung Mitangeklagter **466** 15
bei Verlust von Rechten/Fähigkeiten **Vor 449** 4
Vollstreckbarkeit nach Rechtskraft
– absolute Rechtskraft **449** 21
– Adhäsionsverfahren **449** 4
– Bußgeldentscheidungen **449** 5
– Grundsatz **449** 1
– Jugendstrafsachen **449** 2
– mehrere Angeklagte **449** 18
– mehrere Freiheitsstrafen **449** 34
Vollstreckungspflicht **449** 6
Vollstreckungspflicht, Ausnahmen **449** 7
Wiederaufnahme, Wirkung der Anordnung **370** 36
Wiedereinsetzung in den vorigen Stand **47** 1 ff
Zeuge, Folgen des Ausbleibens **51** 27
Zwangsmaßnahmen bei Zeugnis-/Eidesverweigerung **70** 39 ff
Vollstreckung der Freiheitsstrafe (allgemein)
mehrere Freiheits-/Ersatzfreiheitsstrafen
– Entscheidung, gleichzeitige **454b** 39
– Entscheidungsinhalt **454b** 41
– Entwicklungsgeschichte der Regelung **454b** 1
– Rechtsbehelfe **454b** 43
– Rechtsmittel **454b** 44
– Rechtzeitigkeit der Vorbereitung **454b** 40
– Reihenfolge allgemein **454b** 6

– Reihenfolge bei Freiheits- und Ersatzfreiheitsstrafen **454b** 10
– Reihenfolge bei Freiheitsstrafen **454b** 9
– Zuständigkeit **454b** 45
Unterbrechung bei mehreren Strafen
– allgemein **454b** 13, 17
– Anrechnungsmodell **454b** 27
– Entwicklungsgeschichte **454b** 14
– Kritik **454b** 28
– lebenslange Freiheitsstrafen **454b** 23
– Maßregeln und Freiheitsstrafen **454b** 24
– Rückwirkungsmodell **454b** 26
– Strafreste nach Aussetzungswiderruf **454b** 31 f
– Verspätung allgemein **454b** 25
– Voraussetzungen **454b** 30
– Widerruf allgemein **454b** 34
– Widerruf einer Zurückstellung **454b** 35
– Widerruf nach Therapie **454b** 38
– zeitige Freiheitsstrafen **454b** 18 f

Vollstreckung der Freiheitsstrafe, Aufschub
allgemein **455** 4
analoge Anwendung **455** 36
Anwendungsbereich **455** 1
Beachtung von Amts wegen **455** 7
Begriffserläuterungen **455** 3
Dauer **455** 13
Geisteskrankheit, Verfall **455** 8
Gnadenentscheidung **455** 33
körperlicher Zustand **455** 10
Krankheiten, sonstige **455** 12
Lebensgefahr, Besorgnis naher **455** 9
Rechtsschutz, Anrufung des Gerichts **455** 30 f
Rechtsschutz, Dienstaufsichtsbeschwerde **455** 32
Strafvollzugsgesetz **455** 34
Vollzugsorganisation
– Aufschubsgrund **455a** 2
– öffentliches Interesse, entgegenstehendes **455a** 3
– Rechtsschutz **455a** 7
– Vollstreckungsverjährung **455a** 5
– Zuständigkeit **455a** 4
– Zweck der Vorschrift **455a** 1
vorübergehender bei familiären Nachteilen
– Antragstellung **456** 7
– Antragstellung, Zeitpunkt **456** 8
– Anwendungsbereich der Vorschrift **456** 1
– Dauer, Berechnung **456** 10
– Gnadenentscheidung **456** 12
– Ordnungs-/Zwangshaft, Anwendbarkeit **456** 14
– Rechtsschutz **456** 13
– Sicherheitsleistung **456** 11
– vorangegangene Vollstreckung **456** 3
– Voraussetzungen **456** 5
– Zuständigkeit **456** 9
Zuständigkeit der Vollstreckungsbehörde **455** 28
Zuständigkeit des Gerichts **455** 29

Vollstreckung der Freiheitsstrafe, gerichtliche Zuständigkeit
Gericht des ersten Rechtszuges
– Abgabe an Amtsgericht, Bindung **462a** 58
– Abgabe an Amtsgericht, Rechtsschutz **462a** 60
– Abgabe an Amtsgericht, Umfang **462a** 56
– Abgabe an Amtsgericht, Zuständigkeit **462a** 54
– Befassung durch ein anderes Gericht **462a** 40 ff
– Betäubungsmittelrecht **462a** 26
– Umfang **462a** 39
– verbleibende Fälle **462a** 25
– Verurteilung im Wiederaufnahmeverfahren **462a** 51
– Zurückverweisung der Sache **462a** 44 ff
– Zuständigkeit der Staatsanwaltschaft **462a** 61
Gesamtstrafenbildung
– nachträgliche Bildung **462a** 66
– Reichenfolge der Gerichte **462a** 63 ff
– Strafgewalt, fehlende **462a** 67 ff
– Strafgewalt, Rechtsfolgen fehlender **462a** 69
– Zuständigkeit **462a** 62
Konzentration von Nachtragsentscheidungen **462a** 1 ff
Mehrheit von Verurteilungen
– durch dasselbe Gericht **462a** 78
– Jugend- und Erwachsenenstrafe **462a** 75
– mehrere Strafvollstreckungskammern **462a** 77
– Rechtskraft der Verurteilungen **462a** 72
– sachliche Zuständigkeit **462a** 73
– Wirkung auf Staatsanwaltschaft **462a** 79 ff
– Zuständigkeitsregelung **462a** 70
Oberlandesgericht
– Abgabe an Strafvollstreckungskammer **462a** 83
– erstinstanzliches OLG-Urteil **462a** 82
– mündliche Anhörung **462a** 84
Strafvollstreckungskammer
– Abgabe an Gericht des ersten Rechtszuges **462a** 37 f
– Abschließende Entscheidung **462a** 20
– Aussetzung des Strafrests **462a** 35
– Beendigung der Zuständigkeit **462a** 22
– Befasstwerden mit der Sache, Begriff **462a** 15

- Befasstwerden mit der Sache, Zeitpunkt **462a** 14
- Besetzung **462a** 85
- Ende der Zuständigkeit **462a** 36
- Entscheidungen (Vollstreckungsfälle) **462a** 29ff
- Erzwingungshaft **462a** 7
- Freiheitsstrafe **462a** 4
- Jugendstrafe **462a** 5
- Nachtragsentscheidungen, Grundsatz **462a** 33
- örtliche Zuständigkeit der Staatsanwaltschaft **462a** 10 ff
- Strafarrest **462a** 6
- Unterbrechung der Vollstreckung **462a** 34
- Vollstreckung **462a** 8

Vollstreckung der Freiheitsstrafe, Unterbrechung
allgemein **455** 16
analoge Anwendung **455** 36
Bundeswehr **455** 22
Entwicklungsgeschichte **455** 14 f
Erkrankungen, sonstige schwere **455** 18 ff
Geisteskrankheit **455** 17
gewaltsame Strafunterbrechung **455** 27
Gnadenentscheidung **455** 33
Lebensgefahr, Besorgnis **455** 17
Rechtsschutz, Anrufung des Gerichts **455** 30 f
Rechtsschutz, Dienstaufsichtsbeschwerde **455** 32
Sicherheit, öffentliche **455** 21
Strafvollzugsgesetz **455** 34
teilweise Revisionseinlegung **455** 26
Vollzugsorganisation
- öffentliches Interesse, entgegenstehendes **455a** 3
- Rechtsschutz **455a** 7
- Unterbrechungsgrund **455a** 2
- Vollstreckungsverjährung **455a** 5
- Zuständigkeit **455a** 4
- Zweck der Vorschrift **455a** 1

Zuständigkeit der Vollstreckungsbehörde **455** 28
Zuständigkeit des Gerichts **455** 29

Vollstreckung der Vermögensstrafe
Absehen von Vollstreckung **459i** 11
Aufhebung von Maßnahmen **459i** 14
Beitreibung **459i** 6
Ersatzfreiheitsstrafe **459i** 8
Teilzahlungen, Verrechnung **459i** 5
Verfahren allgemein **459i** 3
Vermögensstrafe, materiellrechtlicher Begriff **459i** 2
Vorschriften, nicht anwendbare **459i** 13
Zahlungserleichterungen **459i** 4
Zuständigkeit des Gerichts **459i** 12
Zweck der Regelung **459i** 1

Vollstreckung im anderen Bundesland
siehe Ladung in anderem Bundesland

Vollstreckung von Maßregeln
Abgabemöglichkeiten **463** 21
Anträge Dritter **463** 25
anwendbare Vorschriften, Bedeutung **463** 1
anwendbare Vorschriften, Beispiele **463** 2
Anwendbarkeit der Aufschubsregelungen **463** 10
Anwendbarkeit des Beschlussverfahrens **463** 11
Bekanntgabe ungünstiger Stellungnahmen **463** 22
gerichtliche Zuständigkeit für Nachtragsentscheidungen
- allgemein **463** 12
- Dauer der Unterbrechung **463** 15
- Entlassung aus der Sicherungsverwahrung **463** 16
- Führungsaufsicht **463** 18
- Unterbringung, Abbruch **463** 17
- Unterbringung, späterer Beginn **463** 14

Jugendliche, nachträgliche Anordnung bei Unterbringung **463** 27 f
Nachtragsentscheidungen bei Aussetzung **463** 8
Nachtragsentscheidungen bei Führungsaufsicht **463** 7
Nachtragsentscheidungen, Anhörungen **463** 9
Strafvollstreckungsordnung, Ergänzung **463** 4
Überprüfung der Sicherungsverwahrung
- Altfälle **Nachtr. 463** 14
- Anwendungsbereich **Nachtr. 463** 2
- Aussetzung der Vollstreckung **Nachtr. 463** 3 ff
- Erwägen der Aussetzung **Nachtr. 463** 11
- mündliche Anhörung **Nachtr. 463** 21, 23
- öffentliche Sicherheit, entgegenstehende **Nachtr. 463** 13
- Sachverständigenauswahl **Nachtr. 463** 18
- Sachverständigengutachten **Nachtr. 463** 7 ff
- Sachverständigengutachten, Anlasstat **Nachtr. 463** 7
- Sachverständigengutachten, Inhalt **Nachtr. 463** 16
- Verfahrensbeteiligte, Mitwirkung **Nachtr. 463** 22
- Verfahrensmängel **Nachtr. 463** 24
- Verteidigerbestellung **Nachtr. 463** 20
- Zeitpunkt für Gutachten **Nachtr. 463** 19
- Zweck der Neuregelung **Nachtr. 463** 1

Verteidiger, Mitwirkung **463** 6
Vollzug der Unterbringung **463** 26
Widerruf, Rechtskraft **463** 24

Zuständigkeit der Staatsanwaltschaft **463** 5
Zuständigkeit für DDR-Entscheidungen **463** 29

Vollstreckung von Nebenfolgen
Entwicklungsgeschichte **459g** 1
ergänzende Vorschriften **459g** 2
Justizbeitreibungsordnung **459g** 17
Tod des Verurteilten nach Rechtskraft **459g** 15
Unbrauchbarmachung **459g** 12
Verfall/Einziehung
– besitzender Dritter **459g** 8
– Durchsuchungs- und Zwangsbefugnisse **459g** 5 f
– eidesstattliche Versicherung **459g** 7
– Kraftfahrzeugbrief **459g** 10
– Rechte **459g** 11
– Sachen, bewegliche/unbewegliche **459g** 3
– Unausführbarkeit **459g** 9
Verwertung **459g** 19
Zuständigkeit **459g** 20

Vollstreckung, Absehen/Nachholung bei Auslieferung/Ausweisung
Absehen, Umfang **456a** 7
Anordnungen, weitere **456a** 14
Anwendungsbereich **456a** 1
Ausländer **456a** 3
Auslieferung **456a** 4
Ausweisung **456a** 4
Belehrungspflicht **456a** 15
Freiheits-/Ersatzfreiheitsstrafe **456a** 12
internationaler Strafgerichtshof, Überstellung **Nachtr. 456a** 1 f
Maßregel, freiheitsentziehende **456a** 13
Nachprüfung, gerichtliche **456a** 10
Rechtsschutz **456a** 17
Staatenloser **456a** 3
Strafvollstreckungsordnung, Ergänzung **456a** 2
Voraussetzung **456a** 6
Zuständigkeit **456a** 16
Zwischenmaßnahmen **456a** 11

Vollstreckungsbehörde
Amtsanwälte **451** 7
Begriff **451** 1
Gerichtsentscheidung bei Strafvollstreckungsmaßnahmen **458** 1 ff
Herbeiführung des Vollzugs **451** 55
Jugendstrafsachen **451** 6
Staatsanwaltschaft **451** 5
Strafzeitberechnung
– anderweitiger Vollzug **451** 65
– natürliche Berechnungsweise **451** 58
– Rechtsgrundlagen **451** 57
– Selbstgestellung des Verurteilten **451** 66
– Unterbrechung des Laufs **451** 64
– Urlaubs-/Entlassungsregelungen **451** 61
Übertragung auf Vollstreckungskammer-Bezirk
– Aufgabenübertragung **451** 70
– Reformvorschläge **451** 72
– StA im Beschwerdeverfahren, beteiligte **451** 71
– Zweck der Regelung **451** 67
Vollstreckbarkeitsbescheinigung
– Aktenverlust **451** 54
– Gesamtstrafenbildung **451** 50
– Rechtsschutz **451** 39
– Strafbefehlsverfahren **451** 49
– Urkundsbeamter, Entscheidung **451** 38
– Vorschriften, ergänzende **451** 42 ff
– Wesen **451** 40
– Widerruf der Strafaussetzung **451** 51
– Zuständigkeit **451** 48
Vollstreckungshilfe
– Adressat des Ersuchens **451** 24
– freiheitsentziehende Maßregeln **451** 23
– Generalbundesanwalt **451** 25
– GVG und Ländervereinbarungen **451** 19 ff
– GVG und Strafvollstreckungsordnung **451** 16
– Jugendstrafe **451** 26
– Rechtsgrundlage **451** 15
– Urteile gegen Soldaten **451** 22
Wahrnehmung der Geschäfte
– Ablehnungsrecht **451** 35b
– Ausnahmen nach BegrenzungsVO **451** 31 ff
– Gnadenverfahren **451** 37
– Rechtspfleger, Übertragung **451** 27 ff
– Selbstständigkeit **451** 35
– vorbereitende Tätigkeit **451** 36
– Weisungsgebundenheit **451** 35a
Zuständigkeit in Notfällen **451** 9
Zuständigkeit, Ausnahmen **451** 3 f
Zuständigkeit, Grundsatz **451** 2
Zuständigkeit, instanzielle **451** 8
Zuständigkeit, örtliche **451** 11 ff

Vollstreckungsbehörde, Herbeiführung des Vollzugs
Anwendungsbereich der Regelung **457** 1 ff
bedingter Haft-/Vorführungsbefehl **457** 19
Entweichen aus dem Strafvollzug **457** 20
Ermittlungsbefugnisse **457** 5
Festnahmebefugnis allgemein **457** 25
Fluchtverdacht **457** 18
Ladung zum Strafantritt **457** 6 ff
mittellose Verurteilte **457** 10
Polizei, Amtshilfeersuchen **457** 22
Polizei, Vollziehungsersuchen **457** 21
Rechtsschutz **457** 31
Strafzeitberechnung **457** 30
Vollstreckungshaftbefehl **457** 14 ff

Vollstreckungsplan **457** 7
Vollstreckungssteckbrief **457** 27
Voraussetzungen allgemein **457** 12
Vorführungsbefehl **457** 17
Zuständigkeit, richterliche **457** 29
Zwangsbefugnisse, Umfang **457** 23
Zwangsmaßnahmen, weitere **457** 11

Vollstreckungshaftbefehl
siehe auch Vollstreckungsbehörde, Befugnisse
Anrechnung auf Freiheitsstrafe **450** 16 f
Vollstreckung, Absehen/Nachholung bei Auslieferung/Ausweisung **456a** 14

Vollstreckungshilfe
siehe Vollstreckungsbehörde
Gerichtsentscheidung bei Strafvollstreckungsmaßnahmen **458** 30

Vollstreckungsverfahren
Ausschluss der Beschwerde **305** 7
Berufung, Verbot der Verschlechterung **331** 36
Beschwerde gegen Entscheidungen von OLG und BGH **304** 81
Bestellen eines Verteidigers **Vor 449** 32
Ermittlungsmaßnahmen der §§ 94 ff, Geltungsbereich **Vor 94** 21
Landgericht, Kammerbesetzung **GVG 76** 22
Mehrfachverteidigung, Verbot **146** 32
notwendige Verteidigung **140** 118
Rechtsschutzgarantie **MRK Art. 6 (Art. 14 IPBPR)** 43
Revision, Verfahren bei Verspätung **346** 37
Sicherstellung/Beschlagnahme **94** 22
Strafverfahren, Struktur **Einl. F** 2
Telekommunikationsüberwachung **100a** 34
freie Verteidigerwahl des Beschuldigten **137** 46

Vollzug
siehe auch Strafvollzug
Beschwerdeentscheidung bei Konventionsverletzung **MRK Art. 13 (Art. 2 Abs. 3 IPBPR)** 25
Menschenrechtsbeschwerde (EGMR) **MRK Anhang/Verfahren** 76 ff

Vollzugsunfähigkeit
Abgrenzung zu Haftunfähigkeit **112** 68
bei Untersuchungshaft **112** 69

Vorbehalt des Gesetzes
Ermittlungsmaßnahmen der §§ 94 ff **Vor 94** 25

Vorbereitung eines psychiatrischen Gutachtens
siehe Unterbringung zur Begutachtung

Vorführung (allgemein)
Freiheitsentziehung, Rechte bei **MRK Art. 5 (Art. 9, 11 IPBPR)** 102 ff, 109 ff
aus der Haft, Ladung zur Hauptverhandlung **214** 12 ff
Privatklageverfahren **387** 23
Vernehmung durch die Staatsanwaltschaft **161a** 40, 51
Vorführungsbefehl
- Anrechnung auf Freiheitsstrafe **450** 16 f
- Vollstreckungsbehörde, Herbeiführung des Vollzugs **457** 17

Zeuge, Folgen des Ausbleibens **51** 22

Vorführung (Ermittlungsrichter)
nach Androhung in der Ladung **133** 12
sofortige Vorführung
- Abgeordneter **134** 12
- allgemein **134** 1
- Rechtsschutz **134** 11
- Zulässigkeit **134** 4

Vorführungsbefehl
- Anwendungsbereich **135** 1
- Bekanntmachung **133** 15; **134** 7
- Beschleunigungsgebot **135** 2
- Festhalten des Beschuldigten (Art und Weise) **135** 9
- Festhalten des Beschuldigten (zeitliche Grenze) **135** 7
- Form, Inhalt **133** 14; **134** 6; **134** 6
- Unverzüglichkeit **135** 3
- Verhältnismäßigkeit **133** 13
- Vollstreckung **134** 8
- Voraussetzungen **133** 11
- Vorführung vor den Richter **135** 4
- Zuständigkeit **134** 5

Vorführung (Haftrichter)
Ausschreibung zur Festnahme **Nachtr. 131** 29
Auswahl des nächsten Amtsgerichts **115** 8; **115a** 2
Begriff **115** 5; **128** 5
bei vorläufiger Festnahme nach Klageerhebung allgemein **129** 1 ff
Durchführung **115** 6; **115a** 2, 18
Erreichbarkeit des zuständigen Richters **115** 8; **115a** 3 f
Frist **115** 8; **115a** 5
Frist bei vorläufiger Festnahme **128** 9
Grundrechtsgewährleistung **115** 1 f; **115a** 4
Haftbefehl als Voraussetzung **115** 3 f
bei mehreren Haftbefehlen **115a** 5 f
Örtlichkeit bei vorläufiger Festnahme **128** 6
Protokollierung
siehe Protokoll über Untersuchungshandlung
Rechtsschutz **114** 31 ff; **115a** 15
richterliche Vernehmung
siehe Vernehmung des Beschuldigten (Haftrichter)
Sicherstellung der Vorführung **115** 10
Übermittlung der Akten **115** 7
unverzügliche Vorführung **115** 9; **115a** 5

weitere Vorführung zum zuständigen Gericht **115a** 16 ff
Zuständigkeit allgemein
siehe Zuständigkeit (Haftentscheidungen)
Vorführung des Beschuldigten
Berufungsverhandlung ohne Angeklagten **329** 19
Identifizierungsmaßnahmen (§ 81 b) **81b** 25
Zwangsmittel bei Ausbleiben des Angeklagten **230** 32 ff
Vorgesetzter
Staatsanwaltschaft, Weisungsrecht **GVG 146** 2
Vorhalt
Abgrenzung zur Verlesung zur Gedächtnisunterstützung **253** 1 ff
Beweiserhebung bei Bild-Ton-Aufzeichnungen **255a** 23
Dienstaufsicht, richterliche Unabhängigkeit **GVG 1** 23 ff
Hauptverhandlung, Vernehmung zur Sache **243** 87
Schriftstücke, Inhalt
siehe Urkundenbeweis
Vernehmungsprotokoll, Verlesung bei Geständnis/Wiederspruch **254** 24
Vernehmungsprotokoll, Verlesung bei Zeugnisverweigerung **252** 24
Vorlage an den EGMR MRK Einf. (Einf. IPBPR) 70
Vorlage an den EuGH GVG 121 55; **262** 60 ff
Vorlage der Sache allgemein
siehe Aussetzung des Verfahrens;
siehe auch Divergenzausgleich
Vorlagepflicht an das BVerfG (Art. 100, 126 GG) GVG 121 56; **262** 49 ff
Vorlagepflicht des BGH-Senats bei grundsätzlicher Bedeutung
siehe Bundesgerichtshof
Vorlagepflicht des OLG an den BGH
siehe Divergenzausgleich (OLG)
Vormund, Betreuer
Ausschließung eines Richters **22** 10
Vorsitzender Richter
siehe auch Richter/Gericht, Vorsitz in den Spruchkörpern
Begriff **213** 8
Hauptverhandlung, Ladung/Terminsbestimmung **213** 8 f; **214** 5 ff
Hauptverhandlung, Verhandlungsleitung **238** 1 ff
Vorsitzender Richter, Anrufung bei Beanstandungen
Anwendungsbereich **238** 24
Beanstandung der Zulässigkeit **238** 31
Berechtigte **238** 28
Einzelrichter **238** 36
Entscheidung des Gerichts **238** 33
Protokoll **238** 37
Sachleitung **238** 20
sachleitungsbezogenen Anordnungen **238** 16
Vorsitzender Richter, Verhandlungsleitung
Aufgabenverteilung (Vorsitzender/Gericht) **238** 1
Beweisaufnahme **238** 11
Rechtsschutz (Beschwerde) **238** 38
Rechtsschutz (Revision) **238** 39 ff
Rücknahme von Anordnungen **238** 14
Sitzungspolizei **238** 12
Übertragung der Aufgaben **238** 15
Verhandlungsleitung **238** 3
Vernehmung des Angeklagten **238** 11
Vorstrafen
Beweiserhebung, Hauptverhandlung **244** 41, 159, 198, 291 ff
Erörterung, Öffentlichkeit der Verhandlung **GVG 171b** 9
Frage nach Vorstrafen/entehrende Tatsachen **68a** 5 ff
Hauptverhandlung, Vernehmung zur Sache **243** 91 ff
Revision bei unzulässiger Verwertung **337** 214
Urkundenbeweis, frühere Strafurteile **249** 17
Urteilsgründe, Inhalt/Darstellung **267** 79 ff
Wiederholungsgefahr als Haftgrund **112a** 37
Vorverfahren
siehe Ermittlungsverfahren

Waffen
Durchsuchung des Verteidigers, Verkehr mit dem Beschuldigten **148** 20
Waffengleichheit, Grundsatz
Gleichheit vor dem Gericht **MRK Art. 6 (Art. 14 IPBPR)** 59
Prozessmaxime **Einl. H** 115 ff
Wahl des Präsidiums eines Gerichts
siehe dort
Wahl des Verteidigers
siehe Verteidigerwahl
Wahl von Schöffen/Schöffenwahlausschuss GVG 40 2 ff, 11 ff; **GVG 42** 1 ff
Wahlfeststellung
alleinige Tatsachenalternativität **261** 137 ff
alternativ verletzte Strafgesetze **261** 141
Alternativität, echte **261** 142
Angaben in der Anklageschrift **200** 15
Auffangtatbestand **261** 132
Ausschöpfen aller Beweismöglichkeiten **261** 159
Freispruch nach dem In-dubio-pro-reo-Grundsatz **261** 127

Gesetzesanwendung allgemein **Einl. L** 66
mehrere Möglichkeiten des Tatverlaufs **261** 125
Rechtsprechung, Beispiele **261** 148
Rechtsschutz (Revision) **261** 171 ff
Revision, Entscheidung des Gerichts **354** 29
Rückgriff auf erwiesenen Straftatbestand **261** 128
Strafzumessung **261** 165
Stufenverhältnis, sachlogisches **261** 129
Stufenverhältnis, wertlogisches **261** 133
Überzeugungsbildung der Richter **261** 160
Unterrichtung des Angeklagten von Beschuldigung **MRK Art. 6 (Art. 14 IPBPR)** 168
Urteilsgründe **261** 170
Urteilsgründe, Inhalt/Darstellung **267** 46
Urteilsspruch, Fassung **261** 166
Veränderung des rechtlichen Gesichtspunktes **261** 164

Wahlrecht
Ausgestaltung **1. ZP MRK Art. 3 (Art. 25 IPBPR)** 3
Entzug **1. ZP MRK Art. 3 (Art. 25 IPBPR)** 3
Europäisches Parlament **1. ZP MRK Art. 3 (Art. 25 IPBPR)** 2
Körperschaften, gesetzgebende **1. ZP MRK Art. 3 (Art. 25 IPBPR)** 1 f
Meinungsäußerungsfreiheit **MRK Art. 10 (Art. 19 IPBPR)** 14b
Wahlverfahren **1. ZP MRK Art. 3 (Art. 25 IPBPR)** 3

Wahrheitsermittlung
Beweiserhebung **Einl. K** 10 ff
Entfernen des Angeklagten bei Vernehmungen **247** 14 ff
Erschwerung durch den Beschuldigten **112** 50
Staatsanwaltschaft, Aufgaben/Pflichten im Ermittlungsverfahren **160** 1
Wiederaufnahme des Verfahrens **Vor 359** 6 ff

Wahrheitspflicht
Vernehmung des Beschuldigten **136** 41
Vernehmung durch die Staatsanwaltschaft **161a** 12

Wanze
Ermittlung, verdeckte mit technischen Mitteln **100c** 9
Ermittlungsmaßnahmen der §§ 94 ff **Vor 94** 40

Wehrdienst, Militärdienst
Zwangs-/Pflichtarbeit, Verbot **MRK Art. 4 (Art. 8 IPBPR)** 25

Wehrmachtsgericht
Wiederaufnahme des Verfahrens **Vor 359** 101, 146
Wiederaufnahme, gerichtliche Zuständigkeit **367** 29

Weimarer Republik
Entwicklungsgeschichte des Strafverfahrensrechts **Einl. E** 25 ff

Weisungsgebundenheit/-recht
Staatsanwaltschaft **GVG 146** 1 ff

Wesentlichkeitstheorie
Ermittlungsmaßnahmen der §§ 94 ff **Vor 94** 28

Widerklage
Adhäsionsverfahren **404** 16
Anwendungsbereich **388** 1
Bedeutung, sachlich-rechtliche **388** 17
bedingte Widerklage **388** 22
Beitritt **388** 27
Erhebung in der Hauptverhandlung **388** 21
Erledigung der Privatklage **388** 37
Eröffnungsbeschluss **388** 23
Gerichtsstand **388** 19
gleichzeitige Entscheidung, Ausnahmen **388** 31 ff
gleichzeitige Entscheidung, Grundsatz **388** 28, 35
Kosten **388** 38
Kostenlast im Privatklageverfahren **471** 34
Privatklageverfahren **375** 21
Privatklageverfahren, Eröffnungsentscheidung **383** 18, 38 ff
Privatklageverfahren, Sühneversuch **380** 53
Prozesskostenhilfe für Privatkläger **379** 34
Staatsanwaltschaft, Beteiligung **388** 25
Übernahme der Verfolgung bei Privatklage **377** 26
Verhältnis zur selbstständigen Privatklage **388** 18
Voraussetzungen
– Erfordernisse allgemein **388** 7
– Frist, Klagezeitraum **388** 4 ff
– Parteiidentität **388** 14
– Strafantrag **388** 11
– zulässige Privatklage **388** 2
– Zusammenhang mit Privatklage **388** 13
Vorschusszahlung **388** 26
Zustellung/Ladung an den Verletzten **388** 20

Widerruf von Prozesshandlungen Einl. J 23 ff

Widerspruch
Urkundenbeweis, Selbstleseverfahren **249** 70 ff, 103

Wiederaufgreifen des Verfahrens
Ermittlungsverfahren nach Einstellung **170** 49
Unschuldsvermutung **MRK Art. 6 (Art. 14 IPBPR)** 124

Wiederaufnahme des Verfahrens (allgemein)
Adhäsionsverfahren **406c** 1 ff
Änderung des rechtlichen Gesichtspunktes **265** 15
Ausschließung eines Richters **23** 13 ff

Begründetheit allgemein
– Wiederaufnahmegrund **Vor 359** 136
– Zulässigkeitsbeschluss **Vor 359** 135
– Zulässigkeitsvoraussetzungen **Vor 359** 134
Berufen des Zeugen auf früheren Eid **67** 10
Beschleunigungsgebot **MRK Art. 6 (Art. 14 IPBPR)** 82
Beschwerde gegen Entscheidungen von OLG und BGH **304** 82
Beschwerderecht bei Konventionsverletzung **MRK Art. 13 (Art. 2 Abs. 3 IPBPR)** 18
Einstellung bei Auslieferung oder Ausweisung **154b** 13 ff
nach Einstellung gem. § 154 *siehe dort*
Einziehungs-/Verfallsbeteiligter, Befugnisse **433** 9 ff
erster Rechtszug, Begriff **304** 64
Freiheitsentziehung, Rechte bei **MRK Art. 5 (Art. 9, 11 IPBPR)** 48
Gerichtsstandsbestimmung **13a** 7
geschichtliche Entwicklung **Vor 359** 184
Kosten des Rechtsmittels bei Erfolglosigkeit/ Rücknahme **473** 96
Menschenrechtsbeschwerde (EGMR) **MRK Anhang/Verfahren** 39, 71 ff
Nachverfahren **439** 38
Nachverfahren bei Vorbehalt der Sicherungsverwahrung **Nachtr. 275a** 36
Nebenkläger, Rechtsbehelfe **400** 26
Nebenkläger, Rechtsstellung **397** 12
Nebenklage allgemein **Vor 395** 17
neues Sachentscheidungsverfahren
– Entscheidung **Vor 359** 143
– Wiederaufnahmebeschluss **Vor 359** 142
– Zulässigkeitsvoraussetzungen **Vor 359** 137
Nichtigkeit gerichtlicher Entscheidungen **Einl. J** 140
Nichtverfolgung unwesentlicher, einzelner Taten **154** 62 ff
Privatkläger, Rechtsmittel **390** 14 f
Privatklageverfahren **375** 11
Privatklageverfahren, Eröffnungsentscheidung **383** 43
Rechtsmittel, Einlegung durch Inhaftierte **299** 5
Rechtsmittel, kein Verbesserungsverbot **301** 10
Reformvorschläge **Vor 359** 187
Sicherungsverfahren **414** 38
Strafklageverbrauch **IPBPR Art. 14 (Art. 6 MRK)** 278
Übernahme der Verfolgung bei Privatklage **377** 6
Unschuldsvermutung **MRK Art. 6 (Art. 14 IPBPR)** 130
Verbindung/Trennung von Verfahren **4** 18
Verfahren im Überblick **Vor 359** 104
Verhältnis zur Gesamtstrafenbildung **Vor 359** 151
Verhältnis zur MRK-Verstößen **Vor 359** 149
Verhältnis zur Verfassungsbeschwerde **Vor 359** 148, 153
Verhältnis zur Wiedereinsetzung in den vorigen Stand **Vor 359** 150, 152
Wiedergutmachung von DDR-Unrecht **Vor 359** 182
Wiedergutmachung von NS-Unrecht **Vor 359** 180

Wiederaufnahme nach § 79 Abs. 1 BVerfGG
Anfechtungsgegenstand **Vor 359** 162
Antragsberechtigung **Vor 359** 167
Beruhen auf der verfassungswidrigen Grundlage **Vor 359** 164
Entscheidungsform **Vor 359** 177
Entscheidungsinhalt **Vor 359** 178
Form und Inhalt des Antrags **Vor 359** 170
Kostenentscheidung **Vor 359** 179
strafgerichtliche Entscheidung **Vor 359** 155
Verfahren, anwendbare Vorschriften **Vor 359** 165
verfassungswidrige Rechtsgrundlage **Vor 359** 158
Verhältnis beider Rechtsbehelfe zueinander **Vor 359** 145, 153
zuständiges Gericht **Vor 359** 173
Zwischenentscheidungen **Vor 359** 176

Wiederaufnahme trotz Erledigung
analoge Anwendung **361** 7
Bedeutung der Vorschrift **361** 1
Strafvollstreckung, abgeschlossene **361** 2
Tod des Verurteilten
– Antragsrecht der Staatsanwaltschaft **361** 5
– Antragsrecht des Angehörigen **361** 3
– Antragsrecht des Lebenspartners **Nachtr. 361** 1
– weiteres Verfahren **361** 6

Wiederaufnahme zugunsten des Verurteilten, Gründe
absolute und relative Wiederaufnahmegründe **359** 1
Amtspflichtverletzung, strafbare
– Antragserfordernisse **359** 44
– Bezug auf die Sache **359** 40
– Richter oder Schöffe **359** 35
– Sache, bezogene **359** 38
– Veranlassung durch Verurteilten **359** 43
Aussagen oder Gutachten, falsche
– Antragserfordernisse **359** 33
– Dolmetscher **359** 29
– Eidespflichtverletzung **359** 30
– Falschaussage, uneidliche **359** 30

– Nachteil zulasten des Verurteilten **359** 32
– Sachverständiger **359** 28
– Zeuge **359** 28
auf Begehung einer Straftat gerichtet **359** 7
mehrere Wiederaufnahmegründe **359** 8
Menschenrechtsverletzung
– Beruhen **Nachtr. 359** 6
– Beweismittel **Nachtr. 359** 5
– MRK, Durchsetzung **Nachtr. 359** 2
– MRK, Geltung **Nachtr. 359** 1
– Prüfungsumfang **Nachtr. 359** 3
neue Tatsachen oder Beweismittel, rechtsfolgenverändernde
– Augenscheinsbeweis **359** 120
– Bedeutung der Regelung **359** 51
– Bedeutungslosigkeit des Vorbringens **359** 169
– Beibringung von Beweismitteln **359** 185
– Beibringung von Tatsachen **359** 179
– Beibringung, Bedeutung **359** 177
– Beweismittel **359** 82
– Beweismittel, Personalbeweis **359** 83
– Beweismittel, Sachbeweis **359** 86
– Eignung zum Freispruch **359** 133
– Eignung zur Änderung der Maßregeln **359** 150
– Eignung zur Einstellung **359** 138
– Eignung zur Strafmilderung **359** 143
– Einstellung begründende Tatsachen **359** 66
– Fehler, materiell-rechtliche **359** 75
– Geeignetheit, Begriff, Abgrenzung **359** 125
– Geeignetheit, Gegenstand **359** 124
– Gegenstand der Prognose **359** 153
– Neuheit von Beweismitteln **359** 104
– Neuheit von Tatsachen **359** 87 ff
– Prognosestandpunkt **359** 157
– Sachverständigenbeweis **359** 113
– Schuld und Rechtsfolgen mildernde Tatsachen **359** 61
– Tatsachen allgemein **359** 58 ff
– Untauglichkeit des Vorbringens **359** 165
– Urkundsbeweis **359** 107
– Voraussetzungen allgemein **359** 53
– Zeugenbeweis **359** 110
numerus clausus der Gründe **359** 10
Urkunden, unechte/verfälschte
– Antragserfordernisse **359** 27
– Nachteil zulasten des Verurteilten **359** 25
– Unechtheit/Verfälschung **359** 20
– Urkundenbegriff, materiell-rechtlicher **359** 15
– Urkundenbegriff, prozessualer **359** 14
– vorgebrachte Urkunden **359** 22
Wiederaufnahmeziele **359** 11
zivilrechtliches Urteil, Wegfall
– Antragserfordernisse **359** 50
– Aufhebung **359** 48
– Grundlage für das Strafurteil **359** 49
– Urteil, zivilrechtliches **359** 46
Wiederaufnahme zulasten des Angeklagten, Gründe
Amtspflichtverletzung, strafbare **362** 7
Antragsberechtigung **362** 1
Aussagen oder Gutachten, falsche **362** 6
Bedeutung der Regelung **362** 1
Einstellungsurteil **362** 4
Geständnis der Tat, glaubwürdiges
– Antragsvorbringen **362** 20
– außergerichtlich **362** 17
– Begriff des Geständnisses **362** 14
– Freigesprochener **362** 8
– Freigesprochener, teilweise **362** 9
– vor Gericht **362** 16
– Geständnis des Freigesprochenen **362** 13
– Geständnis nach Freispruch **362** 12
– Glaubwürdigkeit **362** 19
– Unterbringung **362** 10
Urkunden, unechte/verfälschte **362** 6
Verjährung **362** 3
Wiederaufnahmegründe allgemein **362** 2, 5
Wiederaufnahme, Antrag
Anträge der Staatsanwaltschaft **366** 18
anwendbare Vorschriften
– Einziehungsbeteiligte **365** 15
– Geltungsbereich **365** 1
– Nebenkläger **365** 13
– Privatkläger **365** 12
– Rechtsmittelvorschriften, einzelne **365** 2
Erklärung zu Protokoll **366** 16
Form
– allgemein **366** 4
– Rechtsanwalt **366** 9
– Schriftsatz **366** 10
– Unterschrift, eigenhändige **366** 11
– Verantwortungsübernahme des Verteidigers **366** 13
– Verteidiger **366** 6
Geschäftsstelle, zuständige **366** 14
Inhalt
– Beweismittel **366** 3
– Gegenstand (Urteil) und Ziel des Antrags **366** 1
– Wiederaufnahmegrund, gesetzlicher **366** 2
Wiederaufnahme, Ausschluss
Anwendungsbereich **363** 1
Strafbemessung, andere **363** 4
dasselbe Strafgesetz, Absehen von Strafe **363** 14
dasselbe Strafgesetz, Bedeutung **363** 6

dasselbe Strafgesetz, besonders schwere Fälle **363** 12
dasselbe Strafgesetz, Einzelfälle **359** 143 ff
dasselbe Strafgesetz, minder schwere Fälle **363** 8
dasselbe Strafgesetz, Tateinheit **363** 7
verminderte Schuldfähigkeit **363** 16

Wiederaufnahme, Bedeutung, systematische Stellung
Berücksichtigung von Nova **Vor 359** 31
Devolutiv- und Suspensiveffekt, fehlender **Vor 359** 28
Gemeinsamkeiten mit Rechtsmitteln **Vor 359** 26 f
Grenzen der Verfahrensprinzipien **Vor 359** 22
Rechtsbehelf gegen rechtskräftige Entscheidungen **Vor 359** 30
Spannungsverhältnis zwischen Verfahrensprinzipien **Vor 359** 11 ff
Überprüfungsgegenstand, erweiterter **Vor 359** 29
Verfahrensgestaltung und Verfahrensprinzipien **Vor 359** 21
Verfahrensprinzipien, betroffene **Vor 359** 2 ff
Verfahrensziel der Gerechtigkeit **Vor 359** 5
Verfahrensziel der Rechtssicherheit **Vor 359** 10
Verfahrensziel der Wahrheit **Vor 359** 6
Wiederaufnahmegründe und Verfahrensziele **Vor 359** 17

Wiederaufnahme, Entscheidung
Bedeutung der Regelung **370** 1
Entscheidung, Form/Inhalt/Zuständigkeit **370** 27
Erschütterung der Urteilsfeststellungen **370** 19
Prüfung der gesetzlichen Wiederaufnahmegründe **370** 11 ff
Prüfung des ursächlichen Zusammenhangs **370** 25 f
Prüfung des Vortrags des Antragstellers **370** 17
Rechtsschutz gegen Anordnungsbeschluss **370** 52
Rechtsschutz gegen Verwerfungsbeschluss **370** 51
Revision, Prozessvoraussetzung **370** 53
sofortiger Freispruch
– analoge Anwendung **371** 3, 18
– Bedeutung **371** 2, 16
– Bekanntmachung, öffentliche **371** 26
– Entschädigung **371** 29
– Entscheidungsform **371** 25
– Ermessensentscheidung **371** 22
– Rechtsschutz **371** 30
– Teilfreispruch **371** 19
– Zustimmung der Staatsanwaltschaft **371** 20
Tod des Verurteilten
– analoge Anwendung **371** 3
– nach Antragstellung **371** 12
– nach Antragstellung, Eintrittsrecht der Beteiligten **371** 13
– nach Antragstellung, Entscheidung **371** 15
– Bedeutung der Regelung **371** 1
– Bekanntmachung, öffentliche **371** 27
– Beweisaufnahme **371** 7
– Einstellung des Verfahrens **371** 11
– Entschädigung **371** 29
– Entscheidungsform **371** 25
– Freispruch oder Verwerfung **371** 8
– Rechtsschutz **371** 30
– Verfahren, Überblick **371** 5
Verwerfungsbeschluss **370** 28
Wahrscheinlichkeitsurteil **370** 23
Wiederaufnahmebeschluss **370** 29
Wiederaufnahmebeschluss, beschränkter **370** 30
Wirkung des Wiederaufnahmebeschlusses
– Anordnungen, vorläufige **370** 46
– Beseitigung der angefochtenen Entscheidung **370** 31
– Eintragung im Bundeszentralregister **370** 44
– Erneuerung der Hauptverhandlung **370** 48
– Mitverurteilter **370** 47
– Unzulässigkeit der Strafvollstreckung **370** 36
– Verjährung, neue Frist **370** 39
– Wegfall der Verteidigervollmacht/-beiordnung **370** 43
– Wegfall von Gnadenentscheidungen **370** 45
– Zurücknahme von Strafanträgen **370** 42
– Zurückversetzung des Verfahrens **370** 35
– Zurückverweisungen **370** 49
Würdigung der Beweisaufnahme **370** 18
Zulässigkeitsbeschluss **370** 2
Zulässigkeitsvoraussetzungen **370** 5 ff

Wiederaufnahme, Gegenstand der Anfechtung
allgemein **Vor 359** 32 f
Beschlüsse allgemein **Vor 359** 49 f
Beschlüsse, einstellende **Vor 359** 54
Beschlüsse, rechtsfolgenfestsetzende **Vor 359** 66
Beschlüsse, rechtsmittelverwerfende **Vor 359** 52
Entscheidung, formell rechtskräftige **Vor 359** 34
Entscheidung, materiell rechtskräftige **Vor 359** 35
Entscheidungen bestehender Gerichte **Vor 359** 91
Entscheidungen in ehemals deutschen Gebieten **Vor 359** 99
Entscheidungen von Besatzungsgerichten **Vor 359** 103

Entscheidungen von Gerichten der DDR **Vor 359** 95 ff
Fortsetzungszusammenhang, Aufgabe **Vor 359** 84
Grenzen der Anfechtbarkeit **Vor 359** 90
Prozessurteile **Vor 359** 42
Reichsgericht/OGH für die britische Zone **Vor 359** 92
teilrechtskräftige gerichtliche Entscheidungen **Vor 359** 70 ff
Urteile über fortgesetzte Taten **Vor 359** 83
Urteile, allgemein **Vor 359** 39
Urteile, sachentscheidende **Vor 359** 40
Wehrmachts- und Sondergerichte **Vor 359** 101

Wiederaufnahme, gerichtliche Zuständigkeit
Anwendungsbereich **367** 3 ff
bei Berufungsentscheidungen **367** 8
Besetzung **367** 32
Einreichung der Anträge **367** 30
bei Entscheidungen desselben Gerichts **367** 15
bei Entscheidungen eines Dienstgerichts **367** 18
bei Entscheidungen eines Ehrengerichts **367** 18
bei Entscheidungen nach Zurückverweisung **367** 21
bei Entscheidungen nicht mehr bestehender Gerichte **367** 26 ff
bei erstinstanzlichen Entscheidungen **367** 6
fehlende örtliche Zuständigkeit **367** 38, 41
fehlende sachliche Zuständigkeit **367** 33 f, 39
Form der Entscheidung **367** 32
bei Gesamtstrafe, nachträglich gebildeter **367** 20
bei jugendgerichtlicher Entscheidung **367** 17
bei Revisionsentscheidungen **367** 13
bei Wegfall der Spruchkörpergattung **367** 25
bei Zuständigkeitskonzentration **367** 19

Wiederaufnahme, Neuverhandlung
Anklagesatz, Verlesung **373** 8
Anrechnung früherer Vollstreckungen **373** 30 ff
Entschädigung **373** 37
frühere Entscheidung, Verlesung **373** 10
Hinweise an den Angeklagten **373** 15
Kostenentscheidung **373** 36
Nebenkläger **373** 14
neue Entscheidung **373** 16
neue Entscheidung, notwendiger Urteilsinhalt **373** 29
neue Gesamtstrafe **373** 24
neue Maßregeln **373** 25
neue Strafbemessung **373** 23
neuer Schuldspruch **373** 21
Rechtsschutz **373** 38
Urteilsausspruch bei Aufhebung **373** 26
Urteilsausspruch bei Aufrechterhaltung **373** 27
Verfahrensgegenstand **373** 5
Verschlechterungsverbot **373** 39
Verteidigerbestellung **373** 4
Zeugen **373** 12
zuständiges Gericht **373** 1

Wiederaufnahme, Rechtsschutz
Anfechtungsberechtigte **372** 9
Anwendungsbereich der Regelung **372** 1
Beschwerdefrist, formelle Rechtskraft **372** 22
Beschwerdefrist, materielle Rechtskraft **372** 24
einfachen Beschwerde, Statthaftigkeit **372** 6 ff
sofortige Beschwerde
– Entscheidung des Beschwerdegerichts **372** 19
– Form **372** 13
– Nachschieben neuen Vorbringens **372** 15 ff
– Vorbringen, zu berücksichtigendes **372** 14
sofortigen Beschwerde
– Statthaftigkeit **372** 4
Staatsanwaltschaft, Ausschluss **372** 10

Wiederaufnahme, Strafbefehl
anwendbare Vorschriften **373** 7
Bedeutung der Vorschrift **373a** 3
Gründe allgemein **373a** 6
Rechtskraft des Strafbefehls **373a** 1
Strafverfügungen **373a** 10
Wiederaufnahmeziel **373a** 9
zulasten des Angeklagten bei Verbrechen **373a** 8

Wiederaufnahme, Verteidigerbestellung
Antragstellung **364a** 9
Bedeutung und Reichweite der Vorschrift **364a** 1
Bestellung zur Vorbereitung
– Antrag **364b** 13
– Bedeutung der Vorschrift **364b** 1
– Begünstigte **364b** 2
– Erfolgsaussicht **364b** 9
– Mittellosigkeit **364b** 11
– Mittellosigkeit, Nachweis **364b** 12
– Rechtsschutz **364b** 16
– Sach- und Rechtslage, schwierige **364b** 10
– Staatsanwaltschaft, Stellung **364b** 7
– Verteidigertätigkeiten **364b** 5 f
– zuständiges Gericht, Entscheidung **364b** 15
Bestellung, Umfang **364a** 4
Entscheidung **364a** 14
Erfolgsaussichten des Antrags **364a** 6
Rechtsschutz **364a** 15
Sach- und Rechtslage, schwierige **364a** 8
Verteidiger, Vorhandensein **364a** 3
zuständiges Gericht **364a** 12

Wiederaufnahme, Vollstreckungshemmung
Aufschub der Vollstreckung **360** 4
Bedeutung der Vorschrift **360** 1
Entscheidung des Gerichts **360** 6

Rechtsschutz **360** 8
Unterbrechung der Vollstreckung **360** 4
Vollstreckung des Urteils **360** 3
Wiederaufnahme, Zulässigkeit
Amnestie **Vor 359** 114
Antragsberechtigte **Vor 359** 123
Antragserfordernis **Vor 359** 128; **364** 4
Arten von Voraussetzungen **Vor 359** 105
Begnadigung **Vor 359** 113
Beschwer **Vor 359** 124
Form des Antrags **Vor 359** 128
gerichtliche Zuständigkeit **Vor 359** 110
neue Tatsachen oder Beweismittel, rechtsfolgenverändernde **364** 5
Privatklage, Zeitpunkt der Antragstellung **Vor 359** 132 f
Privatklageverfahren, Tod der Klägers **Vor 359** 130
Prozessvoraussetzungen im Vorverfahren **Vor 359** 106
Prozessvoraussetzungen, allgemeine **Vor 359** 107
Statthaftigkeit der Wiederaufnahme **Vor 359** 122
Unzulässigkeit **Vor 359** 108
Verfolgungshindernisse, Nichtverurteilung **364** 2
Verhandlungsfähigkeit **Vor 359** 111
Verurteilung, rechtskräftige **364** 1
Wahl des Wiederaufnahmegrundes **364** 6
Wiederaufnahmegrund, Angabe **Vor 359** 129
Wiederaufnahme, Zulassungsverfahren
Begründetheitsprüfung
– Anwesenheit, Berechtigte **369** 18
– Anwesenheitsrecht, Inhaftierte **369** 19
– Anwesenheitsrechte nach früherem Recht **369** 16
– Benachrichtigung **369** 22
– Beweisaufnahme, Durchführung **369** 11
– Beweisaufnahme, Erforderlichkeit **369** 4
– Beweisaufnahme, Wesen **369** 9
– ergänzende Beweisaufnahme **369** 27
– Protokollvorlage **369** 24
– Rechtsschutz **369** 28
– Schlussanhörung **369** 25
– Unterrichtung von der Beweisaufnahme **369** 26
– Untersuchungsgegenstand **369** 3
– Untersuchungsmaxime **369** 7
– Vernehmung, eidliche **369** 14
– Ziel und Umfang des Verfahrens **369** 1
Zulässigkeitsprüfung
– Anhörung der Staatsanwaltschaft **368** 35
– Anhörung des Gegners **368** 36
– Anhörung des Verurteilten **368** 35
– Anhörung, Art der Erklärung **368** 37
– Bedeutung der Zulässigkeitsprüfung **368** 8
– Entscheidungsinhalt allgemein **368** 27
– Prüfung der Förmlichkeiten **368** 10
– Prüfung der gesetzlichen Wiederaufnahmegründe **368** 12 ff
– Prüfung geeigneter Beweismittel **368** 15, 19 ff
– Prüfung neuer Tatsachen oder Beweismittel **368** 16
– Prüfungs-/Beurteilungsmaßstäbe **368** 22 ff
– Prüfungsgegenstand **368** 7
– Rechtsschutz **368** 38
– Verwerfungsbeschluss **368** 28
– Voraussetzungen allgemein **368** 1
– Zulassungsbeschluss, Begründung **368** 34
– Zulassungsbeschluss, Bekanntmachung **368** 34
– Zulassungsbeschluss, Beschränkungen **368** 32
– Zulassungsbeschluss, Verfahren **368** 30
Wiederaufnahme, Zuständigkeit
anderes Gericht, Begriff **GVG 140a** 4
Antrag gegen erstinstanzliche OLG-Entscheidung **GVG 140a** 12
Antrag gegen Revisionsurteil **GVG 140a** 6
Auslegung der Vorschrift **GVG 140a** 5
Bestimmung des anderen Gerichts **GVG 140a** 7
Bestimmung des Spruchkörpers **GVG 140a** 8
Bußgeldentscheidungen **GVG 140a** 14
Entscheidungen, Begriff **GVG 140a** 2
Entstehungsgeschichte der Regelung **GVG Vor 140a** 1
gleiche sachliche Zuständigkeit **GVG 140a** 3
Grundsatz des anderen Gerichts **GVG Vor 140a** 2
Länder mit nur einem Landgericht **GVG 140a** 10
OLG-Bezirk mit nur einem Landgericht **GVG 140a** 9
Sonderregelungen **GVG 140a** 11
Staatsanwaltschaft, zuständige **GVG 140a** 13
Trennung von örtlicher und sachlicher **GVG 140a** 1
Wiederaufnahmeverfahren
Aufhebung des Haftbefehls **120** 38
Ausschluss der Beschwerde **305** 7
Einstellung des Verfahrens/Prozessvoraussetzung **206a** 21
notwendige Verteidigung **140** 131b
Sicherstellung/Beschlagnahme **94** 22
und Untersuchungshaft **112** 11 f
freie Verteidigerwahl des Beschuldigten **137** 50

Wiedereinsetzung in den vorigen Stand (allgemein)
Anrechnung auf Freiheitsstrafe **450** 15
Anspruchsberechtigte **44** 19
Anwalt als Vertreter, Fristversäumnis **44** 55 ff
Behörden, Verzögerungen **44** 41
Berufung, Verfahren bei Verspätung **319** 22 ff
Berufungsfrist, Verhältnis **315** 1 ff
Berufungsverhandlung ohne Angeklagten **329** 111 ff
Einziehungs-/Verfallsbeteiligte, Abwesenheit **436** 6
Entscheidung des Gerichts
– Antragserfordernis **46** 1
– Entscheidung **46** 9
– Rechtsmittelinstanz **46** 5
– Wirkung **46** 11
– Zuständigkeit **46** 3
Erklärung des Angeschuldigten im Eröffnungsverfahren **201** 20
fehlgeschlagene Zustellung **44** 29
Fristen **44** 7
Gerichtsbesetzung, Besetzungsrüge **222b** 15
Gerichtssprache Deutsch **GVG 184** 20
Hauptverhandlung ohne Angeklagten **232** 47; **233** 42; **235** 1 ff
Inhalt und Zweck der Regelung **44** 1
Justizverwaltungsakt, Rechtsschutz **EGGVG 26** 8 ff
Klageerzwingungsverfahren **44** 11
Kosten des Rechtsmittels bei Erfolglosigkeit/ Rücknahme **473** 100
Menschenrechtsbeschwerde (EGMR) **MRK Anhang/Verfahren** 38
Nachholen von Verfahrensrügen **44** 15
Nebenkläger, Rechtsbehelf **401** 27
öffentliche Zustellung **44** 35
persönliche Verhältnisse **44** 24
Post- oder Beförderungsfehler **44** 38
Privatklageverfahren, Versäumnisse des Klägers **391** 41
Rechtsmittel, Einlegung durch Inhaftierte **299** 9
Rechtsmittelbelehrung, gerichtliche **35a** 19, 29
Rechtsmittelbelehrung, unterbliebene **44** 64
Rechtsmittelbelehrung, unvollständige **44** 66
Rechtsmittelverzicht; Zurücknahme **302** 58
Rechtsschutz (sofortige Beschwerde)
– ablehnende Beschlüsse **46** 19
– allgemein **46** 15 f
– stattgebende Beschlüsse **46** 17
Revision, Anwesenheit des Angeklagten **350** 14 f
Revision, Verfahren bei Verspätung **346** 38 ff
Revision, Verwerfung ohne Hauptverhandlung **349** 29
Revision, Zusammentreffen beider Rechtsbehelfe **342** 1 ff
Revisionsbegründung, Frist/Form **345** 9, 41
Sprungrevision, Wahl des Rechtsmittels **335** 13, 19
Staatsanwaltschaft, Fristversäumnis **44** 62
Strafantrag bei Haftbefehl **130** 10
Strafaussetzung, nachträgliche Entscheidung **453** 40
Strafbefehlsverfahren, Einspruch **410** 24 ff
Strafbefehlsverfahren, Verwerfungsurteil **412** 41
unwirksame Zustellung **44** 34
Verhinderung **44** 21
Versäumnis, Vermutung unverschuldeter **44** 63
Versäumung **44** 6
Verschulden **44** 22
Verschulden, fehlendes (Begriff) **44** 20
Verteidiger, Fristversäumnis **44** 48 ff
Vollstreckungsaufschub
– Aufschub **47** 2
– Inhalt der Regelung **47** 1
– Vollstreckungsbehörden **47** 6
– Zuständigkeit **47** 3
Vollzugsanstalten, Verzögerung **44** 47
Wiederaufnahme des Verfahrens **Vor 359** 152
Wiedereinsetzungsantrag
– eidesstattliche Versicherung **45** 22
– Entwicklungsgeschichte **45** 1 ff
– Form des Antrags **45** 5
– Glaubhaftmachung **45** 16
– Glaubhaftmachung, Frist **45** 23
– Glaubhaftmachung, Mittel **45** 17
– Nachholen der versäumten Handlung **45** 28
– Versäumnisgründe, Angabe **45** 13
– Wegfall des Hindernisses **45** 7
– Wiedereinsetzung ohne Antrag **45** 29
– Zuständigkeit, Entgegennahme **45** 9
Wirkung **44** 68
Zustellungsbevollmächtigter **44** 37

Wiedereinsetzung in den vorigen Stand (§§ 23 ff EGGVG)
höhere Gewalt **EGGVG 26** 11
Rechtsmittelbelehrung, fehlende **EGGVG 26** 10
Verhältnis zur StPO-Regelung **EGGVG 26** 8
Verschulden des Rechtsanwalts **EGGVG 26** 9

Wiedereinsetzung, Hauptverhandlung ohne Angeklagten
Antrag **235** 10
Anwendungsbereich der Regelung **235** 1
Belehrung **235** 9
Entscheidung des Gerichts **235** 11

Frist **235** 8
mehrfache **235** 14
Rechtsmittel **235** 15
Verhältnis zu Rechtsmitteln **235** 16
Voraussetzungen **235** 5

Wiedergutmachung von DDR-Unrecht
Wiederaufnahme des Verfahrens **Vor 359** 182

Wiedergutmachung von Konventionsverletzungen
MRK Art. 13 (Art. 2 Abs. 3 IPBPR) 26

Wiedergutmachung von NS-Unrecht
Wiederaufnahme des Verfahrens **Vor 359** 180

Wiederholungsgefahr
siehe auch Sicherungshaft (§ 112 a)
Anlasstat
– Änderungen durch Neuordnung des StGB **Nachtr. 112a**
– besonders schwerer Fall des Landfriedensbruchs **112a** 22
– Betäubungsmitteldelikte **112a** 21
– Brandstiftungsdelikte **112a** 20
– Körperverletzung **112a** 18
– räuberischer Angriff auf Kraftfahrer **112a** 20
– Straftaten gegen die sexuelle Selbstbestimmung **112** 65; **112a** 17
– Vermögensdelikte **112a** 19
Anlasstat im Versuchsstadium **112a** 23
Anlasstat und Vollrausch **112a** 24
Ausscheiden als Haftgrund **112** 65; **112a** 51
Aussetzung des Vollzugs eines Haftbefehls
– allgemein **112a** 49 f
– Eignung der Maßnahmen **116** 28
– in Jugendstrafsachen **116** 29
bei Bagatellsachen **113** 5
Begehen weiterer Straftaten **112a** 39 ff
Bestimmtheit der Entscheidungsgrundlage **112a** 36
Doppelverwertung einer Vorbestrafung **112a** 37
einstweilige Unterbringung **126a** 4
fortgesetzte Begehung einer Straftat (Abs. 1 Nr. 2) **112a** 30
Freiheitsentziehung, Rechte bei **MRK Art. 5 (Art. 9, 11 IPBPR)** 68
Gefahrenbegriff **112** 25 f; **112a** 38
Haftalternativen **112** 65
allgemeine Haftvoraussetzungen **112a** 48
schwerwiegende Straftat (Abs. 1 Nr. 2) **112a** 31 ff
verdeckter Ermittler **110a** 33
Verhältnis zu anderen Haftgründen **112a** 51
Verhältnismäßigkeit **112a** 37, 45 f
wiederholte Begehung einer Straftat (Abs. 1 Nr. 2) **112a** 26 ff

Wiener Übereinkommen über diplomatische/konsularische Beziehungen
Befreiung von der deutschen Gerichtsbarkeit **GVG 18** 1 ff; **GVG 19** 1 ff
Strafverfahren, Rechtsgrundlagen **Einl. C** 8

Willkür
Entziehung des gesetzlichen Richters **GVG 16** 26
Justizverwaltungsakt, Rechtsschutz **EGGVG 23** 112
Meinungsäußerungsfreiheit **MRK Art. 10 (Art. 19 IPBPR)** 17, 21b
privater Lebensbereich, Gewährleistung **MRK Art. 8 (Art. 17 IPBPR)** 14

wirtschaftliche, soziale und kulturelle Rechte
Menschenrechtsschutz, internationaler **MRK Einf. (Einf. IPBPR)** 10

Wirtschaftsprüfer
Beschlagnahmeverbot **97** 109 ff

Wirtschaftsreferent
Staatsanwaltschaft, Hilfspersonen **GVG 142** 25 f
Zeugnisfähigkeit **Vor 48** 49

Wirtschaftsstrafkammer
Berufung, Verweisungsentscheidung **328** 42
Eröffnungsbeschluss, Abgabe an ein anderes Gericht **209a** 2, 5a, 8 ff, 14, 29, 37
gerichtliche Zuständigkeitsprüfung **6a** 1 ff
Verbindung/Trennung von Verfahren **2** 28 ff

Wirtschaftsstrafkammer, Zuständigkeit
als Berufungsgericht **GVG 74c** 9
als Beschluss- und Beschwerdegericht **GVG 74c** 11
Bildung gemeinschaftlicher Kammern **GVG 74c** 16
Einstellung nach den §§ 153 ff StPO **GVG 74c** 3
Entwicklungsgeschichte der Regelung **GVG 74c** 1
Konzentration bei der Kammer **GVG 74c** 8
Schöffen gemeinschaftlicher Kammern **GVG 74c** 18
Stellung gemeinschaftlicher Kammern **GVG 74c** 17
Straftatenkatalog **GVG 74c** 4
Straftatenkatalog, Änderung bei Computerbetrug **GVG Nachtr. 74c** 1 ff
Straftatenkatalog, Änderung bei Schwarzarbeit **GVG Nachtr. 74c** 1 ff
Zuweisungsprinzip **GVG 74c** 2

wissenschaftliche Mitarbeiter
Gericht, Teilnahme an Beratung/Abstimmung **GVG 193** 15

Wissenschaftsfreiheit
Meinungsäußerungsfreiheit **MRK Art. 10 (Art. 19 IPBPR)** 11

Wochenende
Fristberechnung **43** 7
Wohnraumüberwachung, akustische
allgemein zur Ermittlung mit technischen Mitteln
siehe Ermittlung, verdeckte mit technischen Mitteln
Beendigung, auch vorzeitige **100d** 31
Befristung der Maßnahme **100d** 30
Befristung des Beschlusses **100c** 53
Benachrichtigung Betroffener
siehe dort
Berichtspflichten allgemein **100e** 1
Berichtspflichten der Bundesregierung **100e** 13
Berichtspflichten der StA, Gegenstand **100e** 7
Berichtspflichten der StA, Inhalt **100e** 7
Berichtspflichten der StA, Zeitpunkt **100e** 4
Berichtspflichten der StA, Zweck **100e** 4
BVerfGE vom 3. März 2004
– § 100d Abs. 3 außerhalb des Kernbereichs **100c** 55*
– § 100d Abs. 3 bei Berührung des Kernbereichs **100c** 41*
– Abbruch bei Kernbereichsberührung **100c** 37*
– allgemein **100c** 1* ff
– andere Verfahren, konkretisierte Verdachtslage in **100c** 97*
– Ausgangsverfahren, Verwendung **100c** 98*
– Benachrichtigungspflichten **100c** 74*
– Datenvernichtung **100c** 103*
– Familienangehörige **100c** 24*
– Gespräche über begangene Straftaten **100c** 21*
– Gesprächsinhalte, relevante **100c** 34*
– Gesprächsort **100c** 28*
– Gesprächspartner **100c** 31*
– Kennzeichnungspflicht, fehlende **100c** 100*
– Kernbereich und häusliche Kommunikation **100c** 19*
– Kernbereich und Wohnraumüberwachung **100c** 13*
– Kernbereich und Wortlaut des Art. 13 GG **100c** 37*
– Kernbereich, absoluter Schutz **100c** 8*
– Menschenwürde **100c** 8* ff
– präventive Zwecke **100c** 99*
– Rechtsschutz **100c** 89*
– Rechtsstaatsgedanke **100c** 39*
– Richtervorbehalt, gesetzl. Ausgestaltung **100c** 66*
– Rundumüberwachung **100c** 34*
– Schutzbereich des Art. 13 GG **100c** 5*
– Spurenansatz, Verwendungsverbot **100c** 95*
– Straftaten, besonders schwere **100c** 94*
– Unantastbarkeitsklausel, Art. 79 Abs. 3 GG **100c** 7*
– Verbot der Überwachung von vornherein **100c** 17*
– Verfassungsmäßigkeit von Art. 13 Abs. 3 GG **100c** 5* ff
– Verfassungswidrigkeit der gesetzl. Regelung **100c** 40* ff
– Vermutung für Kernbereich **100c** 24*
– Vertraute, engste **100c** 24*
– Verwendung präventiv erhobener Daten **100c** 102*
– Verwendungsregelung **100c** 91* ff
– Zurückhaltung bei Überwachung und Auswertung **100c** 35*
Einsatz gegen Beschuldigten **100c** 56
Ermittlung der Polizei, verdeckte **163** 50
Katalog von Anknüpfungstaten, spezieller **100c** 49
Rechtsschutz (Antrag auf gerichtliche Entscheidung) **100d** 46
Rechtsschutz (Revision) **100d** 53
Richtervorbehalt, besonderer **100c** 52
Subsidiarität **100c** 51
ultima ratio **100c** 51
Verdacht (einer Straftat) **100c** 54
Verfassungsmäßigkeit **100c** 11 ff
Vernichtung der Aufzeichnungen **100d** 32
Vertrauensverhältnisse, gesetzlich geschützte
– Erhebungsverbot **100d** 20
– Regelungsgehalt des § 100d Abs. 3 **100d** 19
– Schutz bei verdeckten Ermittlungen **100d** 16
– Tatverstrickung **100d** 25
– Überprüfung der Verwertbarkeit **100d** 26
– Unverwertbarkeit, zu erwartende **100d** 24
– Verwertungsverbot **100d** 23
Verwendungslegenden
siehe unten
Verwertungsverbote **100d** 39 ff
Voraussetzungen **100c** 46 ff
Wohnung **100c** 46
Zuständigkeit **100d** 9
– Außerkrafttreten der Anordnung **100d** 14
– Form der Anordnung **100d** 13
– Inhalt der Anordnung **100d** 13
Wohnraumüberwachung, polizeirechtliche
Anwendungsbereich des Abs. 2 **161** 66
Eigensicherung der Beamten **161** 68
Entstehung der Verwendungsregelung **161** 65
Ermittlungsmaßnahmen der Staatsanwaltschaft
siehe dort
personenbezogene Erkenntnisse **161** 67
polizeirechtliche Grundlage **161** 70
Rechtmäßigkeitsprüfung, Eilkompetenz **161** 79
Rechtmäßigkeitsprüfung, Gegenstand **161** 75

Rechtmäßigkeitsprüfung, richterliche **161** 74
Rechtmäßigkeitsprüfung, Umfang **161** 75
Rechtmäßigkeitsprüfung, Zuständigkeit **161** 77
Rechtsschutz (Beschwerde) **161** 80
technischer Mittel, Einsatz **161** 69
verdeckte Ermittlung **161** 68
Verwendung von Erkenntnissen **161** 63
Verwendung, Begrenzung der **161** 71
Verwertungsverbot **161** 81
Wohnung **161** 67

Wohnraumüberwachung, Verwendungsregelungen
Adressat der Regelung **100f** 4
allgemein **100d** 34 ff; **100f** 1
Gefahrenabwehr **100f** 14
informationelle Selbstbestimmung, Eingriff **100f** 2
personenbezogene Informationen **100f** 5
präventiv-polizeiliche Informationen **100f** 18 ff, 26
präventiv-polizeiliche Maßnahmen **100f** 20 ff
Unterschiede in Bundes- und Landesrecht **100f** 15
Verhältnis zu anderen Regelungen **100f** 6
verschiedene Strafverfahren **100f** 11

Wohnsitz, Aufenthaltsort
örtliche Zuständigkeit, Bestimmung **8** 1 ff
Vernehmung des Zeugen, Geheimhaltung **68** 9 ff

Wohnung
Abwesenheit, zeitweilige **MRK Art. 8 (Art. 17 IPBPR)** 33
Begriff **MRK Art. 8 (Art. 17 IPBPR)** 33
berufliche Nutzung **MRK Art. 8 (Art. 17 IPBPR)** 33
Durchsuchung beim Verdächtigen **102** 25 ff
Eingriff auf gesetzlicher Grundlage **MRK Art. 8 (Art. 17 IPBPR)** 35
Eingriff durch Umwelteinflüsse **MRK Art. 8 (Art. 17 IPBPR)** 34
Eingriffe **MRK Art. 8 (Art. 17 IPBPR)** 34
Ermittlung, verdeckte mit technischen Mitteln **100c** 20, 46
Garage **MRK Art. 8 (Art. 17 IPBPR)** 33
Hausboot **MRK Art. 8 (Art. 17 IPBPR)** 33
verdeckter Ermittler **110b** 5, 12; **110c** 1 ff; **110d** 2 ff
Wohnwagen **MRK Art. 8 (Art. 17 IPBPR)** 33

Wohnung, Unverletzlichkeit, Art. 13 GG
Durchsuchung **102** 1, 25; **104** 1; **105** 85 ff
Ermittlungsmaßnahmen der Staatsanwaltschaft **161** 63 ff
Überwachung, akustische (Lauschangriff) **100c** 5* ff, 13 ff
verdeckter Ermittler **110c** 11 ff

Würde des Gerichts
Öffentlichkeit, Ausschluss einzelner Personen **GVG 175** 3

Zahlungsaufforderung
Geldstrafe, Vollstreckung **459** 7

Zeichnungsbefugnis
Staatsanwaltschaft, Organisation **GVG 144** 4

Zensur
Meinungsäußerungsfreiheit **MRK Art. 10 (Art. 19 IPBPR)** 10

Zeuge (allgemein)
Abgrenzung zum Sachverständigen
– allgemein **85** 1, 3, 11
– Aussageinhalt **85** 7
– Einzelfälle **85** 14
– Sachkunde **85** 4
– Wahrnehmungen **85** 9 f
allgemeine Zeugnisfähigkeit **Vor 48** 23
Auskunftsverweigerungsrecht *siehe dort*
im Ausland, Ablehnung von Beweisanträgen **244** 339 ff
Aussage als Prozesshandlung **Einl. J** 10
Ausschließung als Richter **22** 42
Ausschreibung zur Aufenthaltsermittlung/Abbildungen **Nachtr. 131a** 3, 9; **Nachtr. 131b** 4
als Beistand, Zulassung **149** 16
Belehrung vor Vernehmung *siehe Vernehmung des Zeugen*
Berufungsverhandlung **324** 22
Beschwerdeberechtigung allgemein **304** 51
Beweisaufnahme, Hauptverhandlung **244** 12
Beweismittel, persönliches **Vor 48** 1
Bundespräsident, Vernehmung *siehe dort*
Bundesratsmitglieder, Vernehmung *siehe Regierungsmitglieder/oberste Staatsorgane*
Bundestags-/Landtagsmitglieder, Vernehmung *siehe Regierungsmitglieder/oberste Staatsorgane*
Durchsuchung **105** 53 ff
Eidesleistung *siehe dort*
Einflussnahme durch Verteidiger oder Beschuldigten **138a** 36 ff
unlauteres Einwirken des Beschuldigten **112** 48
Einziehungs-/Verfallsbeteiligter **431** 61, 75; **432** 8
Entfernen des Angeklagten bei Vernehmungen **247** 14 ff, 26 ff
Entlassung in der Hauptverhandlung **248** 1 ff

Entschädigung **71** 1 ff
Europäischer Gerichtshof für Menschenrechte **MRK Anhang/Verfahren** 18
Gegenstand des Zeugenbeweises **Vor 48** 2
Gegenüberstellung **58** 10 ff
Geheimhaltung durch Sperrerklärung **96** 60 ff
Glaubhaftmachung des Verweigerungsgrundes **56** 1 ff
Herausgabepflicht bei Sicherstellung **95** 15
vom Hörensagen **Vor 48** 18
vom Hörensagen, richterliche Aufklärungspflicht **244** 69
vom Hörensagen, Vorrang der Personalbeweises **250** 24 ff
Kind/Jugendlicher **Vor 48** 20
kommissarische Vernehmung **223** 6 ff
Kronzeuge **Vor 48** 19
Ladung zur Berufungsverhandlung **325** 9, 27
Ladungen durch den Angeklagten **220** 1, 5, 24
Leumundszeuge **Vor 48** 16
Nachverfahren bei Vorbehalt der Sicherungsverwahrung **Nachtr. 275a** 13, 23 ff
Nachverfahren/objektives Verfahren **441** 17 f
Nebenkläger, Rechtsstellung **397** 15 ff
notwendige Verteidigung **140** 114
Öffentlichkeitsausschluss bei Gefährdung **GVG 172** 9 ff, 49
parlamentarischer Untersuchungsausschuss **Vor 48** 22
Personalangaben in der Anklageschrift **200** 35 ff
Pflichten allgemein **Vor 48** 6 f
präsente Beweismittel des Gerichts **245** 11 ff
präsente Beweismittel von StA/Verteidigung **245** 46 ff
Privatklageverfahren **384** 9, 11 ff
Protokoll über Untersuchungshandlung
siehe dort;
siehe auch Vernehmung durch die Staatsanwaltschaft
Rechte allgemein **Vor 48** 8
Rechtsmittel, Einlegungsbefugnis **296** 1
Rechtsstellung in der Hauptverhandlung **Vor 226** 43
Regierungsmitglieder, Vernehmung
siehe Regierungsmitglieder/oberste Staatsorgane
sachverständiger Zeuge **Vor 48** 17; **85** 12
Schutz bei Vernehmungen
siehe Vernehmung durch den Ermittlungsrichter, Anwesenheitsrechte
Schutz durch Vernehmungsvorschriften **136a** 12
Sitzungspolizei, Ordnungsmittel **GVG 177** 9
Vereidigung nach Vernehmung
siehe dort
als Verfahrensbeteiligter **Einl. I** 125 f
Verfahrensgarantien nach MRK und IPBPR **MRK Art. 6 (Art. 14 IPBPR)** 28
Verletzter **Vor 48** 21
Vernehmung
siehe dort
Vernehmung als Zeuge und Sachverständiger **79** 17; **85** 13
Vernehmung durch Beamte des Polizeidienstes **163a** 86 ff
Vernehmung, Durchführung **68** 1 ff
Vernehmungsprotokoll, Verlesung zur Gedächtnisunterstützung **253** 1 ff
Weigerungsrechte **Vor 48** 9
Wiederaufnahme des Verfahrens bei Falschaussage **359** 28 ff; **362** 6
Wiederaufnahme, Neuverhandlung **373** 12
Zeugenbeistand **Vor 48** 10
Zeugenschutz **Einl. I** 127
Zeugnisfähigkeit des anwaltlichen Zeugenbeistandes **Vor 48** 43
Zeugnisfähigkeit des Behördenvertreters **Vor 48** 48
Zeugnisfähigkeit des Mitbeschuldigten
– Grundsatz der prozessualen Gemeinsamkeit **Vor 48** 31
– Grundsatz der Tatbeteiligung **Vor 48** 33
– manipulierter Rollentausch **Vor 48** 34
Zeugnisfähigkeit einzelner Verfahrensbeteiligter **Vor 48** 24 ff
Zeugnisverweigerungsrechte
siehe dort

Zeuge, Folgen der Zeugnis-/Eidesverweigerung
Abänderung der Entscheidung **70** 38
Abgeordneter **70** 43
Anwendungsbereich **70** 1
Auferlegung der Kosten **70** 12
Aufhebung des Ordnungsgeldes **70** 15
Bemessung des Ordnungsgeldes **70** 14
Beugehaft
– Aufhebung **70** 20
– Aussetzung des Verfahrens **70** 29
– Dauer **70** 19
– Ermessen **70** 18
– Verhältnis zur Ordnungshaft **70** 17
Eidesleistung, unberechtigte Verweigerung **70** 9
Entschädigung **70** 44
Entscheidung, Gerichtsbeschluss **70** 37
Festsetzung von Ordnungsgeld **70** 13
Ordnungshaft **70** 16
Rechtsschutz (Beschwerde) **70** 40
Rechtsschutz (Revision) **70** 41

Schuldfähigkeit **70** 4
Teilverweigerung **70** 7
unwahre Aussage des Zeugen **70** 8
Vollstreckung **70** 39
Wiederholung der Maßnahmen **70** 30
Wiederholungsverbot bei Identität der Tat **70** 33
Zeugnisverweigerung, unberechtigte **70** 5
Zuständigkeit **70** 34

Zeuge, Folgen des Ausbleibens
Abgeordneter **51** 34
Änderung, Aufhebung (nachträgliche) **51** 25
allgemein **51** 1
Ausländer **51** 34
Entschuldigung **51** 8
Entschuldigung, rechtzeitige **51** 9
Entschuldigungsgründe **51** 11
Exterritoriale **51** 34
Gerichtsbeschluss **51** 24
Kosten, Auferlegung **51** 16
Ladung, ordnungsgemäße **51** 3
Nichterscheinen **51** 5
Ordnungsgeld
– Bemessung **51** 19
– Einstellung **51** 20
– Festsetzung **51** 18
– Geringfügigkeit **51** 20
– Verjährung **51** 20
– Wiederholung **51** 18
– Zahlungserleichterungen **51** 19
Ordnungshaft **51** 21
Rechtsschutz
– Beschwerdeberechtigte **51** 28
– Kosten **51** 32
– nachträgliche Entschuldigung **51** 31
– rechtliches Gehör **51** 30
Rechtsschutz (Revision) **51** 33
Schuldfähigkeit **51** 2
Vorführung **51** 22
Zuständigkeit **51** 23

Zeuge, Ladung
allgemein **48** 1
Ausführung der Anordnung **48** 9
im Ausland **48** 10
Form allgemein **48** 2
Hinweis auf gesetzliche Folgen des Ausbleibens **48** 7
Inhalt allgemein **48** 6
Kind/Jugendlicher **48** 11
mündliche **48** 5
nicht sesshafte Personen **48** 15
Rechtsbeistände **48** 17
schriftliche **48** 4
Seeleute, Binnenschiffer **48** 12
Soldaten **48** 13
Zeugen, besonders gefährdete **48** 16

Zeuge, Ladung/Befragung durch den Angeklagten
Adressat **MRK Art. 6 (Art. 14 IPBPR)** 223
allgemein **MRK Art. 6 (Art. 14 IPBPR)** 210
Auslandsvernehmung, kommissarische **MRK Art. 6 (Art. 14 IPBPR)** 229
Belastungszeuge, Befragung **MRK Art. 6 (Art. 14 IPBPR)** 219
Beweiserbringung, sonstige **MRK Art. 6 (Art. 14 IPBPR)** 211
Bild- oder Tonaufzeichnungen **MRK Art. 6 (Art. 14 IPBPR)** 224
Entlastungszeuge, Befragung **MRK Art. 6 (Art. 14 IPBPR)** 215
Entlastungszeuge, Ladung **MRK Art. 6 (Art. 14 IPBPR)** 215
Ermessen der Gerichte **MRK Art. 6 (Art. 14 IPBPR)** 218
Ermittlungsverfahren **MRK Art. 6 (Art. 14 IPBPR)** 227a
Form **MRK Art. 6 (Art. 14 IPBPR)** 230
Fristen **MRK Art. 6 (Art. 14 IPBPR)** 216
Gegenüberstellung **MRK Art. 6 (Art. 14 IPBPR)** 210
Inhaltskontrolle **MRK Art. 6 (Art. 14 IPBPR)** 231
Kontrolle durch MRK-Organe **MRK Art. 6 (Art. 14 IPBPR)** 232
Notwendigkeit der Garantie **MRK Art. 6 (Art. 14 IPBPR)** 217
Pflichtverteidiger, Bestellung **MRK Art. 6 (Art. 14 IPBPR)** 227a
Schutz von Zeugen **MRK Art. 6 (Art. 14 IPBPR)** 228
Verhandlungsführung **MRK Art. 6 (Art. 14 IPBPR)** 220
Vernehmungsfähigkeit **MRK Art. 6 (Art. 14 IPBPR)** 227
Vernehmungsniederschrift, frühere **MRK Art. 6 (Art. 14 IPBPR)** 227
Verteidiger, Befragung durch **MRK Art. 6 (Art. 14 IPBPR)** 221
V-Leute **MRK Art. 6 (Art. 14 IPBPR)** 224
Waffengleichheit **MRK Art. 6 (Art. 14 IPBPR)** 210
wiederholte Befragung **MRK Art. 6 (Art. 14 IPBPR)** 219
Zeugen vom Hörensagen **MRK Art. 6 (Art. 14 IPBPR)** 225

Zeugenbeweis
Beweiswürdigung, freie richterliche **261** 81 ff
Gegenstand, Inhalt **Vor 48** 1 ff
Telekommunikationsüberwachung **100a** 76
Urteilsgründe, Inhalt/Darstellung **267** 59
Wiederaufnahme des Verfahrens bei neuem **359** 110

Zeugenschutz
Entwicklungsgeschichte des Strafverfahrensrechts **Einl. E** 155
Zeugnis
Urkundenbeweis, Verlesen von Behörden-/Ärzteerklärungen **256** 19 ff
Zeugnis-/Auskunftsverweigerungsrecht
Beweisverwertung bei Verstößen **Einl. K** 28 ff, 39 ff
Beweiswürdigung, freie richterliche **261** 87
Glaubhaftmachung des Verweigerungsgrundes
– allgemein **56** 1
– eidesstattliche Versicherung **56** 8
– Erklärung, Aufforderung **56** 2
– Gegenstand **56** 4
– Mittel allgemein **56** 6
Rechtsschutz (Revision) **56** 10
Sachverständiger, unberechtigte Weigerung **72** 24
unberechtigte Weigerung
siehe Zeuge, Folgen der Zeugnis-/Eidesverweigerung
Unerreichbarkeit des Beweismittels **244** 270
Zeugnisverweigerungsrecht
Auskunft über Telekommunikationsverbindung **100h** 21 ff
Ausschreibung zur polizeilichen Beobachtung **163e** 23
Beschlagnahmeverbot
siehe dort
Beweiserhebung bei Bild-Ton-Aufzeichnungen **255a** 20
Beweisverwertung bei Verstößen **Einl. K** 28 ff, 39 ff
Gerichtshelfer **160** 104
Herausgabepflicht bei Sicherstellung **95** 15
Meinungsäußerungsfreiheit **MRK Art. 10 (Art. 19 IPBPR)** 10
Öffentlichkeitsausschluss, Verhältnis **GVG 172** 32
Rasterfahndung **98a** 32
Sachverständiger **72** 7; **76** 1
Untersuchung nicht tatverdächtiger Personen **81c** 31
Vernehmungsprotokoll, Verbot der Verlesung **252** 1, 11 ff
Zeugnisverweigerungsrecht, berufliche Gründe
Abgeordneter **53** 41; **53a** 7
Ärzte, Apotheker, Hebammen **53** 33 f; **53a** 6
ärztlicher Sachverständiger **53** 35
analoge Anwendung **53** 3
anvertraute Tatsachen **53** 16
Ausländische Zeugnisverweigerungsrechte **53** 5
Aussagegenehmigung der Dienstbehörde
siehe dort
Ausübung des Rechts allgemein **53** 64
befugte Offenbarung **53** 9
bekannt gewordene Tatsachen **53** 18
Belehrung **53** 69
Berufshelfer
– allgemein **53a** 1
– Entbindung von der Schweigepflicht **53a** 12
– Hilfspersonen allgemein **53a** 2
– Hilfspersonen bei Abgeordneten **53a** 7
– Hilfspersonen bei Ärzten **53a** 6
– Hilfspersonen bei Geistlichen **53a** 4
– Hilfspersonen bei Rechtsanwälten **53a** 5
– Rechtsschutz (Revision) **53a** 13
– Verweigerungsrecht **53a** 8
Dauer des Bestehens **53** 19
Drogenberatungsstellen **53** 39
Entbindung von der Schweigepflicht
– allgemein **53** 70
– Berechtigte **53** 71
– Erklärung **53** 73
– Vertretung **53** 74
– Widerruf **53** 76
– Wirkung **53** 75
Entscheidungsbefugnis der Zeugen **53** 13
Folgen der Zeugnisverweigerung **53** 68
Geistliche allgemein **53** 20
Geistliche, Umfang des ZVR **53** 24; **53a** 4
Glaubhaftmachung des Verweigerungsgrundes
siehe Zeugnis-/Auskunftsverweigerungsrecht
Presse- und Rundfunkmitarbeiter
– allgemein **53** 44
– Anwendungsbereich, persönlicher **Nachtr. 53** 10
– Anwendungsbereich, sachlicher **Nachtr. 53** 7
– Ausnahmen vom ZVR **Nachtr. 53** 14
– Erweiterung, Überblick **Nachtr. 53** 6
– geschützte Informationen **Nachtr. 53** 11
– Personenkreis **53** 46
– Umfang des ZVR **53** 56
– Verfahren **Nachtr. 53** 17
Protokollierung der Erklärung **53** 67
Psychotherapeuten **Nachtr. 53** 1
Rechtsanwälte, Buchprüfer, Steuerberater, u. a. **53** 30 f; **53a** 5
Rechtsanwaltskammer, Mitglieder **53a** 5; **Nachtr. 53** 2
Rechtsschutz (Revision) **53** 77
Schwangerschaftsberatungsstellen **53** 37 f
Strafverteidiger **53** 27 f; **53a** 5
Umfang allgemein **53** 15

unberechtigte Weigerung
siehe Zeuge, Folgen der Zeugnis-/Eides-verweigerung
Verhältnis zum Geheimnisverrat (§ 203 StGB) **53** 7
Verwertbarkeit unberechtigter Aussagen **53** 14
Verzicht auf Weigerungsrecht **53** 65
Widerruf der Erklärung **53** 66
Zweck der Vorschrift **53** 1

Zeugnisverweigerungsrecht, persönliche Gründe
durch Adoption verbundene Personen **52** 14
Anwendungsbereich **52** 1
Ausübung allgemein **52** 23
Belehrung
– allgemein **52** 45; **Nachtr. 52** 3
– Art und Weise **52** 49
– zu belehrende Person **52** 46
– Heilung von Fehlern **52** 53
– Person des Belehrenden **52** 47
– Protokoll **52** 52
– Verwertungsverbot bei Unterlassen **52** 54
– Wiederholung **52** 51
– Zeitpunkt **52** 48
Beweiswürdigung bei Verweigerung **52** 42
Beziehung zum Beschuldigten **52** 18
Beziehung zum Mitbeschuldigten **52** 20
Ehegatte **52** 9
gesetzlicher Vertreter, Ausschluss **52** 33
Glaubhaftmachung des Verweigerungsgrundes
siehe Zeugnis-/Auskunftsverweigerungsrecht
Lebenspartner **Nachtr. 52** 1 ff
Personen, sonstige **52** 17
psychische Beeinträchtigungen **52** 29
Rechtsschutz (Revision)
– unrichtige Belehrung **52** 56
– unterbliebene Zustimmung des ges. Vertreters **52** 57
– unterlassene Belehrung **52** 55
unberechtigte Weigerung
siehe Zeuge, Folgen der Zeugnis-/Eides-verweigerung
Verlobter **52** 5
Verschwägerte **52** 12
Verstandesreife, fehlende **52** 27
Verstandesreife/-kraft, allgemein **52** 26
Verwandte **52** 10
Verzicht auf Weigerungsrecht **52** 34
Wegfall des Beweisantragsrechts **52** 41
Wegfall des Beweismittels **52** 39
Weigerungsberechtigte allgemein **52** 4
Widerruf der Erklärung **52** 35 ff
Zustimmung des gesetzlichen Vertreters **52** 30; **Nachtr. 52** 2

Zins, Verzinsung
Kostenfestsetzungsverfahren **464b** 7; **Nachtr. 464b** 1

Zivildienst, ziviler Ersatzdienst
Zwangs-/Pflichtarbeit, Verbot **MRK Art. 4 (Art. 8 IPBPR)** 25

Zivilprozess
Adhäsionsverfahren **403** 24

Zivilprozessrecht
Geldstrafe, Vollstreckung **459** 8
Prozesskostenhilfe für Privatkläger **379** 21
Rechtsmittel im Adhäsionsverfahren **406a** 2

zivilrechtliche Vorfrage, Mitentscheidung
Auslegung eines Verwaltungsaktes **262** 23
Ausnahme bei ausschließlicher Kompetenzzuweisung **262** 6
Ausnahme nach Landesrecht **262** 7
Aussetzung des Verfahrens
– Adressat **262** 38
– Anwendungsbereich **262** 26
– Aussetzungspflicht **262** 35
– Bekanntgabe der Entscheidung **262** 43
– Bindungswirkung **262** 44
– Ermessensentscheidung **262** 34
– Folgen **262** 45
– Fristbestimmung **262** 39
– Gerichtsbeschluss **262** 41
– Gründe, nicht ausreichende **262** 30 ff
– Verhältnis zu Sonderregelungen **262** 46
– Zweck der Regelung **262** 25
Bindungswirkung anderer Hoheitsakte
– allgemein **262** 8
– ausländische Hoheitsakte **262** 19
– Nichtigkeit **262** 18
– Urteile **262** 9
– Verwaltung, rechtsgestaltende Entscheidungen **262** 15
– Verwaltungsgericht, rechtsgestaltende Urteile **262** 15
Entscheidungsbefugnis des Strafgerichts **262** 3
gesetzlicher Richter, Grundsatz **262** 5
Rechtsgebiete, Reichweite **262** 1
Rechtsschutz (Beschwerde) **262** 70
Rechtsschutz (Revision) **262** 72
Steuerstrafsachen, Sonderregelung **262** 2
Tatbestandswirkung **262** 20 ff

Züchtigung
privater Lebensbereich, Gewährleistung **MRK Art. 8 (Art. 17 IPBPR)** 30

Zufallserkenntnisse/-funde
Ausschreibung zur polizeilichen Beobachtung **163e** 36 f
Durchsuchung/Beschlagnahme **108** 1 ff
Observation, längerfristige **163f** 18
Schleppnetzfahndung **163d** 38, 63, 70 ff

Zurückgewinnungshilfe, strafprozessuale
allgemein **111b** 48 ff; **111g** 1 f
Arrestgegenstände **111h** 1
Aufrechterhaltung der Beschlagnahme **111i** 3
Begünstigung des Verletzten **111g** 16
BRAGO **111g** 20
Entscheidung über Zulassung **111g** 10
gesetzliche Vorschriften **111g** 1
Glaubhaftmachung **111g** 9
Grundstücke (Arrest) **111h** 1 ff
Herausgabe beweglicher Sachen
siehe Herausgabe sichergestellter Gegenstände
Rangänderung bei Grundstücken **111h** 2
Rechtsschutz **111g** 15
Regelungsgehalt der Vorschrift **111g** 2
Rückgabe an den Berechtigten **98** 66
Rückgabe durch die Staatsanwaltschaft **98** 65
Schadensersatz **111g** 19; **111h** 5
nach Urteil (Aufrechterhaltung der Beschlagnahme) **111i** 1 ff
Veräußerungsverbot des § 111c Abs. 5 **111g** 16
Verfahren **111b** 50
Verletztenschutz, § 73 Abs. 1 Satz 2 StGB **111b** 48
Verletzter **111b** 49
Voraussetzungen des Zugriffs **111g** 3
Wirkung bei Grundstücken **111g** 17
Wirkung bei Schiffen/Luftfahrzeugen **111g** 18
Wirkung der Zulassung **111g** 16
Wirkung des Zulassungsbeschlusses **111g** 11
Zugriff des Verletzten auf Sichergestelltes **111b** 50a; **111g** 3 ff; **111h** 2 ff
Zulassung allgemein **111g** 8
Zulassung bei Arrestgrundstücken **111h** 3

Zuständigkeit besonderer Strafkammern
Bedeutung der Regelung **6a** 1
Berufung, Verweisungsentscheidung **328** 48
Einwand des Angeklagten **6a** 12 ff
Einwand des Angeklagten bei Abwesenheit **6a** 17
Einwand des Angeklagten, Form **6a** 18
mehrere Beschuldigte **6a** 21
Prüfung bei Eröffnung des Hauptverfahrens **6a** 9
Prüfung nach Rechtshängigkeit **6a** 10
Prüfung von Amts wegen **6a** 3 ff
Prüfung vor Rechtshängigkeit **6a** 7
Rechtsschutz (Beschwerde) **6a** 22
Rechtsschutz (Revision) **6a** 24
Unzuständigkeit des Rechtsmittelgerichts **6a** 26 ff
Verbrauch des Einwands **6a** 20
Verfahren, Übersicht **6a** 6
Verlust des Einwands **6a** 19

Zuständigkeit des Gerichts (allgemein)
siehe auch bei den einzelnen Gerichten
Abgabe des Verfahrens an ein anderes Gericht
siehe Verweisung der Sache;
siehe Zuständigkeitsänderung
Änderung im Eröffnungsverfahren
siehe Abgabe des Verfahrens im Eröffnungsverfahren
Änderung im Hauptverfahren vor Verhandlung
siehe Abgabe des Verfahrens
Anordnung körperlicher Untersuchung **81a** 65
besondere
siehe unten
besondere Spruchkörper
– Einstellung des Verfahrens/Prozessvoraussetzung **206a** 52
– Eröffnungsverfahren, gerichtliche Entscheidung **204** 5; **209** 6
– Fehlen als absoluter Revisionsgrund **338** 74
Deliktseinteilung **1** 5
Eingangsinstanz **Vor 1** 1
Einstellung des Verfahrens/Prozessvoraussetzung **206a** 51
Eröffnungsverfahren, gerichtliche Entscheidung **204** 5; **207** 48; **209** 3
erster Rechtszug (Amts- und Landgerichte) **1** 2
Fehlen als absoluter Revisionsgrund **338** 69
funktionelle **Vor 1** 8
siehe auch unten
– Abgrenzung der Zuständigkeiten **Vor 1** 8
– geschäftliche Zuständigkeit **Vor 1** 11
– Kompetenzkonflikte **Vor 1** 19
– Zuständigkeit im Einzelnen
geschäftliche Zuständigkeit **Vor 1** 11
Jugendsachen allgemein **1** 3
Nachverfahren bei Vorbehalt der Sicherungsverwahrung **Nachtr. 275a** 4 ff
örtliche
– Einstellung des Verfahrens/Prozessvoraussetzung **206a** 50
– Eröffnungsverfahren, gerichtliche Entscheidung **204** 6; **207** 47; **209** 5
– Fehlen als absoluter Revisionsgrund **338** 67
Prüfung von Amts wegen
– allgemein **6** 1
– Berufungsinstanz **6** 10
– bei Eröffnung des Hauptverfahrens **6** 5
– zwischen Eröffnung und Hauptverhandlung **6** 8
– fehlerhafter/fehlender Verweisungsbeschluss **6** 26
– in der Hauptverhandlung **6** 9

– ordentliche Gerichtsbarkeit **6** 31
– Rechtsschutz **6** 21
– Revisionsinstanz **6** 16
Rechtsmittelgerichte **Vor 1** 4
Rechtsmittelzug allgemein **1** 4
Revision, Prüfung von Gesetzesverletzung **337** 65
sachliche allgemein **1** 1 ff
Unterbringung des Beschuldigten zur Begutachtung **81** 35
Wiederaufnahme des Verfahrens **367** 3 ff, 32 ff
Zuständigkeitsstreit **Vor 1** 15

Zuständigkeit des Gerichts (Erlass eines Haftbefehls)
Abgrenzung zu sonstigen Haftentscheidungen **125** 1 ff
allgemein
siehe dort;
siehe Zuständigkeit (Haftentscheidungen)
Antrag der Staatsanwaltschaft **125** 10
außerhalb der Hauptverhandlung **125** 16
nach Beschwerde und weiterer Beschwerde **125** 8
bei Gefahr im Verzug **125** 11
bei Hauptverhandlungshaft **127b** 28
nach Klageerhebung **125** 13; **125** 5
Richtervorbehalt **114** 2

Zuständigkeit des Gerichts (Haftentscheidungen)
Ausschreibung zur Festnahme **Nachtr. 131** 9, 15 f, 23, 29
Eilfall
siehe dort
bei Hauptverhandlungshaft (§ 127 b Abs. 2) **127b** 28
nach Klageerhebung
– beauftragter Richter **126** 23
– Befugnisse des Revisionsgerichts **126** 24
– Grundsatz **126** 16
– des Oberlandesgerichts **126** 28
– des Vorsitzenden allgemein **126** 17
– des Vorsitzenden bei Haftentlassungen **126** 21
nach Rechtskraft des Urteils **126** 29
vor Klageerhebung
– Empfänger der Übertragung **126** 12
– Folgen der Übertragung **126** 16
– Grundsatz **126** 6
– übertragender Richter **126** 8
– Voraussetzung der Übertragung **126** 11
Vorführung nach Verhaftung **115** 11
Vorführung vor den Richter des nächsten Amtsgerichts **115a** 1, 5
vorläufige Festnahme **128** 5; **129** 7
Wechsel nach Beschwerde **125** 9

Zuständigkeit im Eilfall
siehe auch Gefahr im Verzug
„Steckbrief"-Fahndungen (§§ 131 ff n. F.) **Nachtr. 131** 10, 13, 24; **Nachtr. 131c** 3
Anordnung körperlicher Untersuchung **81a** 66
Anordnung von Leichenöffnung/-ausgrabung **87** 18, 32
Anordnungen im Vollzug der Untersuchungshaft **119** 143
Aufhebung/Aussetzung des Haftbefehls durch den Vorsitzenden **126** 17
DNA-Analyse, erkennungsdienstliche Maßnahmen **81g** 45 ff
einstweilige Unterbringung **126a** 2
Erlass des Haftbefehls vom Vorsitzenden **125** 17
Erlass eines Haftbefehls ohne Antrag **125** 11; **128** 15 f
Gerichtsstand, örtliche Zuständigkeit **21** 1 ff
Sicherheitsleistung (Wohnsitz im Ausland) **132** 9
Staatsanwaltschaft **GVG 143** 6
Untersuchung nicht tatverdächtiger Personen **81c** 48, 52
Verfahren nach dem DNA-IFG **Anhang 81g** 15
Vollstreckungsbehörde, Anordnungen **451** 9
vorläufige Festnahme ohne Haftbefehl **127** 40; **127b** 17

Zuständigkeitskonzentration
Oberlandesgericht **GVG 120** 4, 15
Schöffengericht, gemeinsames Amtsgericht **GVG 58** 5 ff
Schwurgericht **GVG 74d** 1 f
Staatsschutz-Strafkammer **GVG 74a** 3 f
Strafvollstreckungskammer **GVG 78a** 7
Wirtschaftsstrafkammer **GVG 74c** 8
Zuständigkeit, örtliche/Gerichtsstand **Vor 7** 11

Zustellung (allgemein)
in anderem Bundesland
siehe Ladung in anderem Bundesland
Beistand des Privatklägers **378** 9
Einziehungs-/Verfallsbeteiligte, Ladung/ Mitteilungen **435** 3
Einziehungs-/Verfallsbeteiligter, Urteil **436** 21
Hauptverhandlungsprotokoll, Fertigstellung **273** 55
Mitteilung der Anklageschrift im Eröffnungsverfahren **201**
öffentliche
– Einziehungs-/Verfallsbeteiligte, Ladung/ Mitteilungen **435** 12
– Strafaussetzung, Widerrufsbeschluss **453** 37
Privatkläger, Rechte der Staatsanwaltschaft **385** 6

Privatkläger, Rechtsmittel **390** 17
Rechtshilfeersuchen **GVG 160** 4
Revision, angefochtenes Urteil **343** 4 ff
Strafbefehl, Inhalt **409** 41 ff
Strafbefehlsverfahren, Verwerfung bei Ausbleiben **412** 5
Urteilsverkündung **268** 30
Wiedereinsetzung in den vorigen Stand **44** 29 ff

Zustellung von gerichtlichen Entscheidungen
Ausführung der Anordnung **36** 11
Bedeutung der Vorschrift **36** 1
Bekanntmachung **35** 17 ff
Entscheidungen, gerichtliche **36** 3
Hauptverhandlung ohne Angeklagten **232** 35
öffentliche Zustellung
- Anwendungsbereich **40** 1
- Art der Zustellung **40** 16
- Ausschluss **40** 7
- Begriff, Grundsatz **40** 5
- Belehrungspflicht **40** 15
- Berufungsverfahren **40** 10
- Erforschungspflicht **40** 6
- Mitwirkungspflichten, zusätzliche **40** 13
- Personenkreis **40** 4
- Rechtsschutz **40** 21
- Unterschiede **40** 14
- Zustellungshindernisse **40** 8
- Zweitzustellung **40** 8

Rechtsschutz **36** 33
richterliche Anordnung **36** 5
an die Staatsanwaltschaft **41** 1 ff
unmittelbare Ladung, Begriff **38** 1
unmittelbare Ladung, Gerichtsvollzieher **38** 2
unmittelbare Ladung, Verfahren **38** 3
zu vollstreckende Entscheidung
- Einzelfälle **36** 20
- Inhalt **36** 14
- Übergabe an Staatsanwaltschaft **36** 22
- Veranlassen des Erforderlichen **36** 24
- Vollstreckung **36** 17

Vollstreckung, richterliche
- Anordnung der Beweiserhebung **36** 29
- Erzwingungshaft **36** 28
- Ladungen **36** 30
- Ordnung in der Sitzung **36** 26
- Revisionsbegründung der StA **36** 31
- Zuständigkeiten, weitere **36** 27

Zusammenfallen von Anordnung und Ausführung **36** 13
Zuständigkeit der Staatsanwaltschaft **36** 10
Zustellung, Begriff **36** 4
Zustellungsverfahren
siehe dort

Zustellungsbevollmächtigter
Hauptverhandlung ohne Angeklagten **232** 36
Klageerzwingungsverfahren **172** 111
Sicherheitsleistung (Aussetzung des Haftbefehls **116a** 15; **124** 35
Sicherheitsleistung (Wohnsitz im Ausland) **132** 7
vorläufige Festnahme **127a** 9
Wiedereinsetzung in den vorigen Stand **44** 37
Zustellungsverfahren nach ZPO (n. F.) **Nachtr. 37** 9

Zustellungsverfahren nach ZPO (a. F.)
Anwendungsbereich **37** 1
Bundeswehr **37** 53
Ersatzzustellung
- allgemein **37** 26
- Familie **37** 30
- Haushaltskräfte **37** 36
- Hauswirt **37** 37
- Minderjährigkeit **37** 35
- sonstige Vorschriften **37** 38 ff
- Übergabe **37** 42
- Wiedereinsetzung **37** 44
- Wohnung **37** 27

geschlossene Unterkünfte allgemein **37** 51
Inhalt der Zustellungsurkunde **37** 20
kommissarische Gerichtswachtmeister **37** 55
Krankenhäuser **37** 54
mehrfache Zustellung
- Anwendungsbereich **37** 71
- Empfangsberechtigte **37** 75
- Rechtskraft **37** 73
- Zustellung **37** 77

Ort der Zustellung **37** 18
Strafanstalten **37** 52
vereinfachte Zustellung im Ausland **37** 56 ff
ZPO-Vorschriften, anwendbare allgemein **37** 14
ZPO-Vorschriften, beschränkt anwendbare **37** 11 ff
ZPO-Vorschriften, nicht anwendbare **37** 3 ff
Zustellung an Anwalt **37** 24
Zustellung durch die Post **37** 21
Zustellung durch Übergabe **37** 15
Zustellung im Ausland **37** 22
Zustellung von Amts wegen **37** 23
Zustellung zur Nachtzeit **37** 19
Zustellungsbevollmächtigter **37** 45 ff
Zustellungsmängel, Folgen **37** 67
Zustellungsmängel, Heilung **37** 63

Zustellungsverfahren nach ZPO (n. F.)
Aufgaben der Geschäftsstelle **Nachtr. 37** 21
einheitliche Zustellungsvordrucke **Nachtr. 37** 48

Ersatzzustellung
– Einlegen in den Briefkasten **Nachtr. 37** 58
– Niederlegung **Nachtr. 37** 62
– verweigerte Annahme **Nachtr. 37** 55
– Wohnungen/Geschäftsräume/Einrichtungen **Nachtr. 37** 49
– Zustellungsurkunde **Nachtr. 37** 66
Ort der Zustellung **Nachtr. 37** 44
ZPO-Vorschriften, anwendbare allgemein **Nachtr. 37** 17
ZPO-Vorschriften, beschränkt anwendbare **Nachtr. 37** 15 f
ZPO-Vorschriften, nicht anwendbare **Nachtr. 37** 6 ff
Zustellung durch Aushändigung an Amtsstelle **Nachtr. 37** 25
Zustellung durch Einschreiben mit Rückschein **Nachtr. 37** 37
Zustellung gegen Empfangsbekenntnis **Nachtr. 37** 28
Zustellung im Ausland **Nachtr. 37** 45
Zustellungsauftrag, Verfahren **Nachtr. 37** 41
Zustellungsbegriff, Zustellung von Amts wegen **Nachtr. 37** 18
Zustellungsmängel, Heilung **Nachtr. 37** 67
Zustellungsverfahren, neues **Nachtr. 37** 5
Zweck der Gesetzesänderung **Nachtr. 37** 1

Zwangs- und Pflichtarbeit
ILO-Übereinkommen **MRK Einf. (Einf. IPBPR)** 10
Verbot

Zwangsgeld
Ordnungs- und Zwangsmittel, Art. 6 ff EGStGB **Anhang 51** 3

Zwangsmittel
Anordnung persönlichen Erscheinens **236** 15
Ermittlungsmaßnahmen der Staatsanwaltschaft **161** 34
Vollstreckungsbehörde, Herbeiführung des Vollzugs **457** 6 ff, 23 ff
Zeugenvernehmung, Bild- und Tonaufnahmen **Nachtr. 58a** 14 f

Zwangsvollstreckung
Adhäsionsverfahren **406** 16; **406b** 1 ff

Zweifel, Grundsatz: im Zweifel für den Angeklagten
siehe in dubio pro reo

Zwischenverfahren
siehe Eröffnungsverfahren

www.ingramcontent.com/pod-product-compliance
Lightning Source LLC
LaVergne TN
LVHW081331011026
849161LV00013BB/2894
* 9 7 8 3 8 9 9 4 9 1 6 0 9 *